教育部高等学校高职高专汽车类专业教学指导委员会规划教材
总主编 仪垂杰

汽车底盘
构造与维修

主　编　张松青
副主编　刘　成　杜　潜
主　审　祁翠琴

山东大学出版社

内容简介

本书系统介绍了汽车底盘的构造与维修，主要包括传动系统的离合器、变速器、自动变速器、万向传动装置、驱动桥以及行驶系统、转向系统和制动系统的组成、工作原理、故障诊断和排除方法，内容新颖，理论与实践结合紧密，可作为高职高专院校汽车类专业的教材，也可作为汽车维修行业中高级技术工种及相关企业员工的培训教材。

图书在版编目(CIP)数据

汽车底盘构造与维修/张松青主编．—济南：山东大学出版社，2011.8

教育部高等学校高职高专汽车类专业教学指导委员会规划教材/仪垂杰总主编

ISBN 978-7-5607-3741-6

Ⅰ．①汽…

Ⅱ．①张…

Ⅲ．①汽车－底盘－结构－高等职业教育－教材

②汽车－底盘－车辆修理－高等职业教育－教材

Ⅳ．①U463.1②U472.41

中国版本图书馆 CIP 数据核字(2011)第 158787 号

山东大学出版社出版发行

(山东省济南市山大南路 20 号　邮政编码：250100)

山 东 省 新 华 书 店 经 销

山东汇文印务有限公司印刷

787×1092 毫米　1/16　26.25 印张　601 千字

2011 年 8 月第 1 版　2011 年 8 月第 1 次印刷

定价：43.00 元

教育部高等学校高职高专汽车类专业教学指导委员会规划教材

编审委员会

总　序

进入新世纪以来，我国加快了转变经济发展方式的步伐，从而有力地推动着各领域的科学发展。随着科技创新能力的不断提高，科学技术的产业化进程日益加快，制造业不断优化结构，改善品种质量，并淘汰落后产能，汽车制造业尤其如此。《中华人民共和国国民经济和社会发展十二五规划纲要》提出的培育发展新能源汽车等新兴产业的战略目标就充分体现了这一点。

2010 年，中国汽车产销量已超过 1800 万辆，居全球首位，市场潜力巨大。中国汽车与装备制造业已进入了一个新的发展阶段。汽车工业的飞速发展带动了汽车与制造相关产业链的发展，为汽车和机械制造类相关专业毕业生提供了广阔的就业空间和很好的发展前景。然而，老版本的汽车类教材已经远远不能满足汽车专业的教学需求，为广大汽车专业的师生提供一套新版教材成为当务之急。同时，为贯彻《教育部财政部关于实施国家示范性高等职业院校建设计划加快高等职业教育改革与发展的意见》（教高[2006]14 号）和《教育部关于全面提高高等职业教育教学质量的若干意见》（教高[2006]16 号）的精神，进一步推动职业教育由“重视规模发展”向“注重提高质量”的工作重心转变，适应我国现代汽车工业和职业教育发展的需要，教育部高等学校高职高专汽车类专业教学指导委员会决定在工学结合课程开发和教材建设方面进行探索，组织高校富有经验的教师和企业专家共同编写一套理论性和实践性相结合的汽车类专业教材。

教学质量是学校的生命线。提高教学质量，专业建设是龙头，课程建设是关键。高职教育的课程改革是一项长期的工作，它不是片面的课程内容的解构与重构，必须以人才培养模式创新为核心，以双师素质教师团队建设、实训条件建设、实训项目开发、教学方法改革、教学实施创新等一系列条件为支撑。多年来，在教育部高等学校高职高专汽车类专业教学指导委员会指导下，各高职高专院校进行了广泛的调研，以课程建设为抓手，以校企合作、工学结合为突破口，狠抓课程实施，在教材建设方面做出了高等职业教育的特色。本套教材既注重技能的提高，又兼顾理论的提升，力求满足广大高职高专汽车类专业学生学习的需要，为学生的就业和继续深造打下坚实的基础，充分体现了工学结合的职业教育特色。

经过各分册编写者和主审们的辛勤劳动，本套教材即将陆续面世。希望教育部高等学校高职高专汽车类专业教学指导委员会的工作可以为各高职院校提供一些借鉴，并通过这套教材进一步推动各地的高职高专教学与课程改革。同时，也希望业内专家和同仁对本套教材提出指导性和建设性意见，以便在教学实践中共同完善和提高。

在本套教材编写过程中，得到了教育部领导、行业专家、各高职高专院校和企业专家的支持，山东大学出版社对教材的出版给予了大力支持和帮助，在此一并致谢。

教育部高等学校高职高专汽车类专业
教 学 指 导 委 员 会 主 任 委 员　仪垂杰

2010年12月于青岛

前言

本书在内容设置上按照“以行业需求为导向、以能力为本位、以学生为中心”的原则，按照行业能力要求组织教学内容，针对学生学习的特征，主要在模拟或真实的工作场所中设计教学活动，使学生在掌握相关知识和实践技能的情况下，通过实训项目实施学习分析问题、解决问题的能力。

本书包括底盘概述、传动系统、行驶系统、转向系统和制动系统五篇，共十三章内容，对汽车底盘构造、工作原理与诊断维修进行了较为详细的讲解。

本书建议学时数为90学时。其中理论环节为50学时，实践环节为40学时，各部分的参考学时见下面的学时分配表。

篇	课程内容	学时分配	
		讲　授	实　训
汽车底盘概述	汽车底盘构造与维修知识	1	1
汽车传动系统	传动系统概述	1	1
	离合器	2	2
	手动变速器	6	6
	自动变速器	6	4
	万向传动装置	2	4
	驱动桥	4	2
汽车行驶系统	车架和车桥	2	4
	车轮与轮胎	4	2
	悬架	6	4
汽车转向系统	转向系统	6	4
汽车制动系统	制动系统	6	2
	汽车制动防抱死与驱动防滑控制系统	4	4
合　计		50	40

本书由河南机电高等专科学校张松青担任主编，刘成、杜潜担任副主编。其中第1章、第2章、第3章、第4章由张松青编写，第5章由吉林交通职业技术学院刘成编写，第6章由河南机电高等专科学校赵向阳编写，第7章、第8章、第9章、第10章由河南机电高等专科学校杜潜编写，第11章由河南机电高等专科学校刘庆编写，第12章、第13章由常州工程职业技术学院于瑞编写。本书在编写时参考了大量有关书籍和汽车维修手册，在此向作者表示诚挚的谢意。

限于编者水平，书中难免存在不妥之处，恳请读者和专家批评指正。

编　者

2010年12月

目　录

第1篇　汽车底盘概述

第2篇　汽车传动系统

第 3 篇　汽车行驶系统

第 4 篇 汽车转向系统

第 5 篇 汽车制动系统

第 1 篇

汽车底盘概述

第1章　汽车底盘构造与维修基本知识

1.1　汽车底盘基本知识

学习目标

了解汽车底盘的基本组成和功用；了解汽车底盘的布置形式；熟悉汽车底盘各部件的组成和工作原理；了解汽车行驶的基本原理。

1.1.1　汽车底盘的组成及功用

汽车底盘由传动系统、行驶系统、转向系统和制动系统组成，其功用是接受发动机输出的动力，驱动汽车按驾驶者的操纵行驶。轿车底盘的组成如图1-1所示。

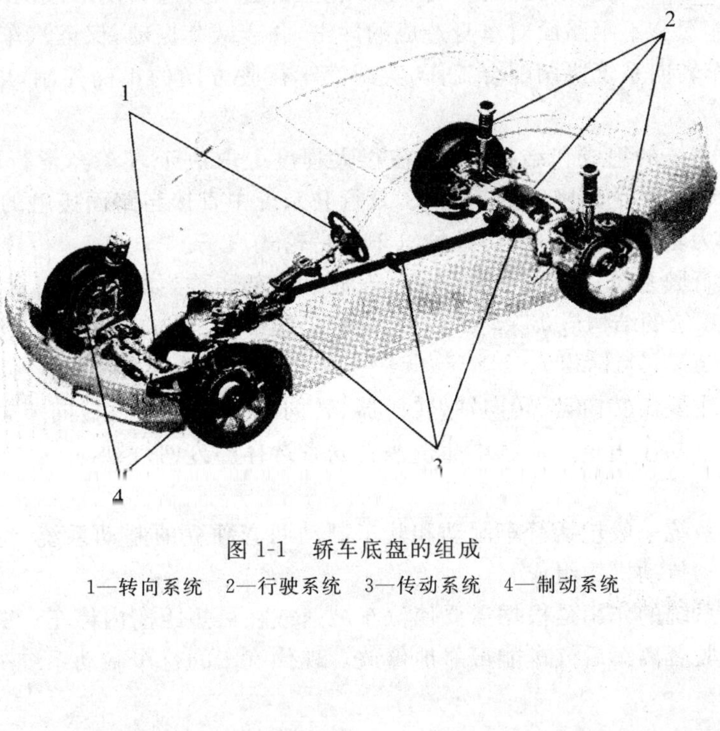

图1-1　轿车底盘的组成

1—转向系统　2—行驶系统　3—传动系统　4—制动系统

1. 传动系统

汽车底盘接受发动机输出的动力，经传动系统将动力传递到驱动轮。从发动机到驱动轮之间所有参与动力传递的装置总称为传动系统。

普通汽车的传动系统一般由离合器、变速器、万向节、传动轴和驱动桥等组成，如图1-2所示。有些轿车采用了自动变速器，越野汽车采用了分动器。

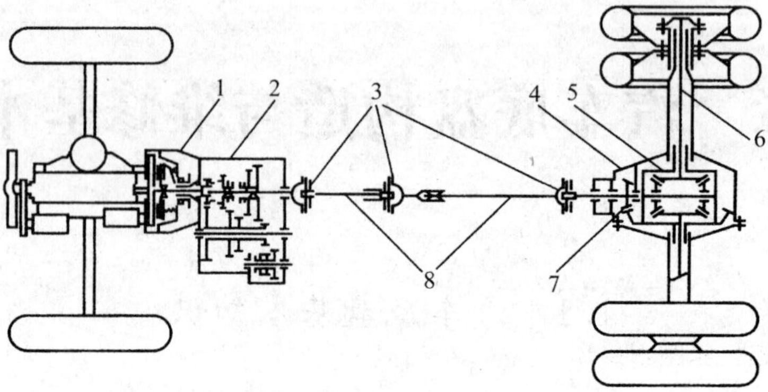

图 1-2 汽车传动系统的组成

1—离合器 2—手动变速器 3—万向节 4—驱动桥壳 5—差速器 6—半轴 7—主减速器 8—传动轴

2. 行驶系统

行驶系统的作用是支承汽车承受的各种载荷，以保证汽车正常行驶。

行驶系统的基本功能是：

(1)接受由发动机经传动系统传来的转矩，并通过驱动轮与路面间的附着作用，产生路面对驱动轮的驱动力，以保证汽车正常行驶。

(2)支持全车，传递并承受路面作用于车轮上的各反力及其所形成的力矩。

(3)尽可能缓和不平路面对车身造成的冲击，并衰减其振动，保证汽车行驶的平顺性。

(4)与汽车转向系统协调配合工作，实现汽车行驶方向的正确控制，以保证汽车操纵的稳定性。

汽车行驶系统的组成和结构形式，在很大程度上取决于汽车经常行驶路面的性质。绝大多数汽车行驶在比较坚实的道路上，其行驶系统中直接与路面接触的部件是车轮，称这种行驶系统为轮式行驶系统，这样的汽车便是轮式汽车。

轮式汽车行驶系统一般由车架、车桥、车轮和悬架组成，如图1-3所示。

汽车行驶系统的结构形式除轮式以外，还有半履带式、全履式和车轮—履带式等几种。

3. 转向系统

转向系统主要由转向盘、转向轴、转向器、转向垂臂、纵拉杆、转向节臂、横拉杆、左右梯形臂等组成。其作用是保证汽车能按照驾驶者选择的方向行驶。

4. 制动系统

汽车制动系统一般包括行车制动和驻车制动两套独立的制动系统，每套制动系统均由制动器和制动传动机构组成。

行车制动系统的作用是根据需要使汽车减速或在最短距离内停车。驻车制动系统的作用是保证驾驶者离车后汽车能可靠地停放。现代汽车的行车制动系统一般都装有防抱死制动系统。

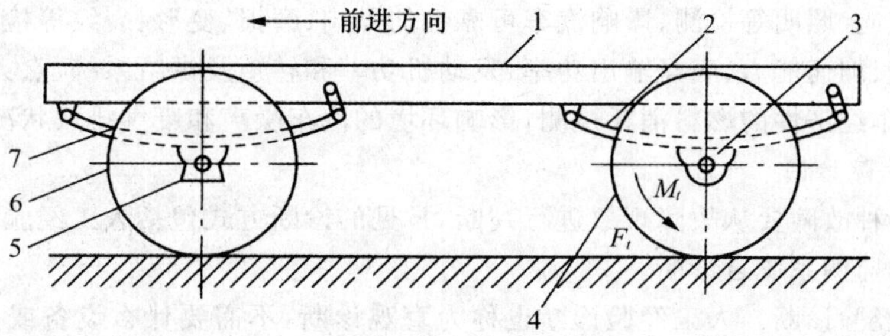

图1-3 汽车行驶系统的组成

1—车架 2—后悬架 3—驱动桥 4—后轮 5—转向桥 6—前轮 7—前悬架

F_t—牵引力 M_t—驱动转矩

1.1.2 汽车行驶基本原理

只有对汽车施加一个驱动力克服各种阻力，才能使汽车行驶，驱动力产生的原理如图1-4所示。发动机经由传动系统在驱动车轮上施加了一个为 T_t 的驱动力矩，驱动车轮旋转。在 T_t 的作用下，驱动车轮对地面施加一个与汽车行驶方向相反的圆周力 F_0。地面也将对驱动车轮施加一个与 F_0 大小相等、方向相反的反作用力 F_t，F_t 就是汽车的驱动力，也称牵引力。驱动力作用在驱动轮上，再通过车桥、悬架、车架等行驶系统传到车身上，使汽车行驶。

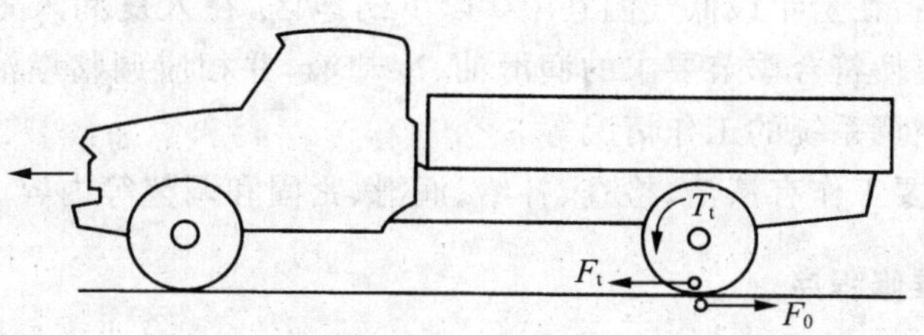

图1-4 汽车行驶原理示意图

1.2 汽车底盘维修基本方法

1.2.1 汽车维修基本方法

汽车维修是汽车维护和汽车修理的总称。汽车维护是为维持汽车具有完好的技术状况和工作能力而进行的作业；汽车修理是为恢复汽车的完好技术状态和工作能力而进行的作业。汽车维修的原则是“预防为主、定期检测、强制维护、视情修理”。

1. 汽车检测

汽车检测是确定汽车技术状况和工作能力的检查，主要内容包括：影响汽车安全性的制动、侧滑、转向、照明等检测；影响汽车可靠性的异响、磨损、变形、裂纹等检测；影响汽车动力性的车速、加速能力、底盘输出功率、发动机功率和转矩及供给系统、点火系统状况等检测；影响汽车经济性的燃料消耗检测；影响环境的汽车噪声和废气排放状况等检测。

2. 汽车故障诊断

汽车的各种故障要从故障现象进行判断，常见的诊断方式包括人工经验诊断、仪器设备诊断和电子监测系统自诊断。

(1)人工经验诊断。人工经验诊断也称为直观诊断，不需要什么设备或条件，诊断的准确性在很大程度上取决于诊断人员的技术水平和经验。

(2)仪器设备诊断。如用仪器或设备，可测试发动机性能和故障的参数、曲线或波形，甚至能自动分析、判断发动机的技术状况。

(3)电子监测系统自诊断。在某些高级轿车上，在采用计算机实现对发动机、变速器等进行控制的同时，还可在汽车工作时通过各种传感器对汽车进行动态监测，当可能出现故障时，能及时在显示器上显示不同的故障码信息，以便及早发现和排除可能出现的故障。

3. 汽车维护

汽车维护一般可分为常规性维护、磨合期维护和季节性维护。

常规性维护又分为日常维护、一级维护和二级维护。各级维护的参考间隔里程或使用时间间隔，一般以汽车生产厂家的规定为准。

磨合期维护是指新车和修复车在磨合期开始、磨合中及磨合期满后所规定的有关维护，由维修厂负责执行，其作业内容以检查、紧固和润滑等工作为主。

季节性维护是指在全年最低气温在0℃以下的地区，在入夏和入冬前需要进行的维护，其作业内容是更换符合季节要求的润滑油、冷却液，并相应调整燃油供给系统和充电系统，检查取暖或空调系统的工作情况等。

汽车维护的主要工作有清洁、检查、补给、润滑、紧固和调整等内容。

1.2.2 汽车维修程序

1. 汽车维修部门团队合作

汽车维修部门包括四类工作人员：业务接待、调度/维修经理、维修班组长/维修技师、维修工。他们对应的工作为：

(1)业务接待在前台，负责预约、接待，做好初步维修准备工作后，将后续工作转交调度/维修经理。

(2)调度/维修经理根据工作内容、维修工作的技术水平等给维修班组长或维修技师下派任务，并监督每项工作的进程。

(3)维修班组长/维修技师组织维修工进行修理，并检查每项工作完成的质量。

(4)维修工进行维护工作，并在维修班组长/维修技师的指导下进行必要的维修工作。

这四类人员必须理解各自的工作角色和职责，并相互协作、及时沟通，作为一个团队进行工作，为客户提供最优质的服务，使客户满意。

2. 汽车维修基本流程

汽车维修基本流程如图 1-5 所示。

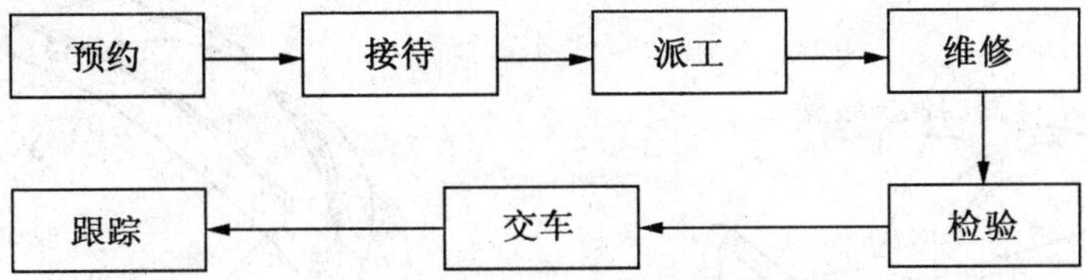

图 1-5　汽车维修基本流程

(1)预约。预约工作由业务员接待完成,包括:询问用户及车辆的基础信息(核对老用户数据、登记新用户数据);询问行驶里程;确认用户的需求、车辆故障问题;确定接车时间;接收用户相关的资料(随车文件、防盗器密码、防盗螺栓钥匙、维修记录等);通知有关人员(车间、备件、接待、资料、工具)做准备;根据维修项目的难易程度合理安排人员等。

(2)接待。接待工作主要包括:

①业务接待主要包括出迎问候顾客、引导顾客停车;记录用户陈述;明确用户需求,定期保养(PM)、一般修理(CR)、钣金喷漆(B/P)及其他;陪同用户的前往停车场,当着用户的面安装 CS 件(座套、方向盘套、地板垫);检查车辆外观(损伤痕迹、凹陷等)时,一定要在用户陪同下进行,并加以确认。

②调度/维修经理的工作主要包括询问故障现象、故障再现确认、推测故障原因、对维修费用进行估算、预计完成时间。

(3)派工。依照对顾客承诺的时间安排、分配维修工作。正确的分配工作包括记录与跟踪每一个维修工单。分配维修工单时,要考虑时间、人员和设备三个主要因素。

(4)维修。维修工作包括维修班组长/维修技师接收、检查修理单,接收用于维修的零件;挑选合适的修理工,向其发出工作指令,并将维修工单交给修理工;修理工在预计的时间内完成工作,并向调度/维修经理确认工作完成等。如果有技术难题,应及时向调度/维修经理寻求技术支持。

(5)检验。检验工作包括维修班组长/维修技师进行最后的验车,确认完成维修任务并向调度/维修经理确认工作完成;调度/维修经理向业务接待确认工作完成。

(6)交车。交车工作包括维修班组长/维修技师检查车辆是否清洁,检查座套、地板垫、方向盘套、翼子板布、前罩等是否齐全;带领客户完成车辆维修的结算,并为所有费用开出发票,提供详细的发票说明;最后将车辆交付客户。

(7)跟踪。三日内与客户联系,确认客户修后车况是否良好。

1.2.3　汽车维修安全生产

1. 个人安全

(1)眼睛的防护。在汽车维修企业中,眼睛经常会受到各种伤害,如飞来的物体、腐蚀性的化学飞溅、有毒的气体或烟雾等,这些伤害几乎都是可以防护的。护目镜和安全面具是常见的保护眼睛的装备(图 1-6 和图 1-7)。护目镜可以防护各种对眼睛的伤害。安全面具不仅能够保护眼睛，还能保护整个面部。如果进行电弧焊或气焊，要使用带有色镜片的护目镜或深色镜片的特殊面罩，以防止有害光线或过强的光线伤害眼睛。

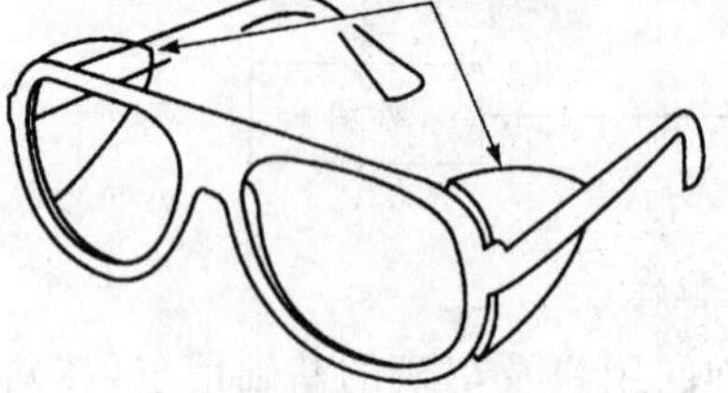

图 1-6　护目镜图

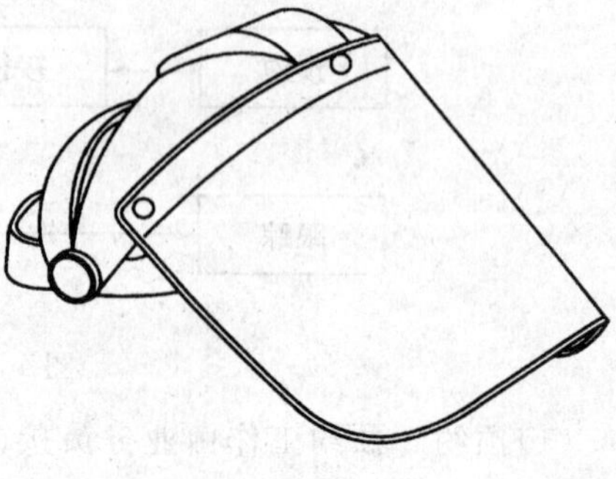

图 1-7　安全面具

(2)听觉的保护。汽车修理厂是个噪声很大的场所。短时的高噪声会造成暂时性听力丧失，持续的低噪声则更有害。常见的听力保护装备有耳罩和耳塞，噪声极高时可同时佩戴。

(3)手的保护。手是身体经常受伤的部位之一，保护要从两方面着手：一是不要把手伸到危险区域；二是必要时戴上防护手套，不同的场合需要不同的防护手套。

(4)衣服、头发及饰物。员工要穿戴整洁合体的工作服、干净的帽子、干净的劳保鞋；头发利落整洁；不能戴手表、戒指等首饰，应着无扣腰带，口袋内要有干净的抹布。常见的个人安全防护设备如图 1-8 所示。另外在搬举重物时应采用如图 1-9 所示的方式进行，以避免损伤身体。

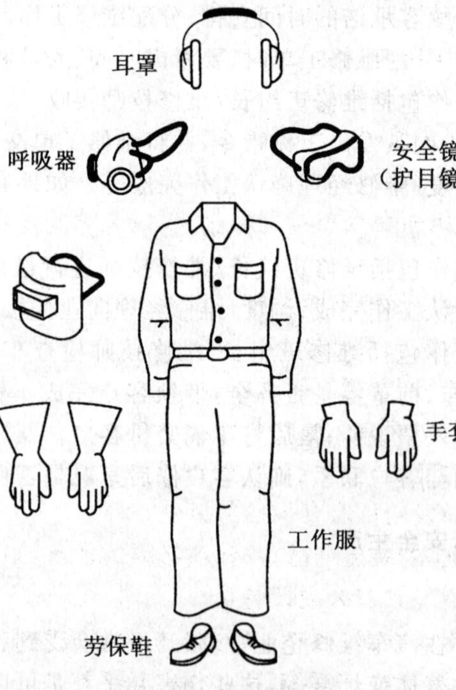

图 1-8　常见的个人安全防护设备

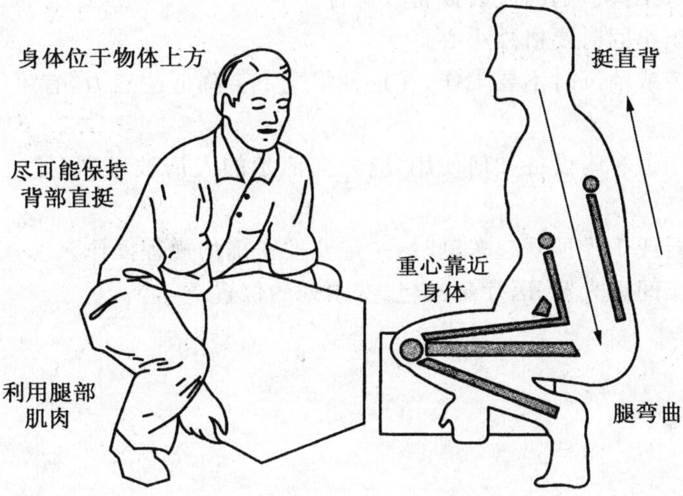

图 1-9 搬运重物

2. 工具和设备安全

(1)手动工具的安全。手动工具看起来是安全的，但使用不当也会导致事故。使用带锐边的工具时，锐边不要对着自己和同事；传递工具时要将手柄朝向对方。

(2)动力工具的安全。所有的电器设备都要使用三相插座，地线要安全接地，电缆若装配松动应及时维护；所有旋转的设备都应有安全罩，以减小发生部件飞出伤人的可能性。在进行电子系统维修时，应断开电路的电源，方法是断开蓄电池的负极搭铁线。许多维修工序需要将车升离地面，在升起车辆前应确保汽车已被正确支撑，并应使用安全锁，以免汽车落下。用千斤顶支起汽车时应当确保千斤顶支撑在汽车底盘大梁部分或较结实的部分。工具和设备都要定期检查、维修和保养。

(3)压缩空气的安全使用。压缩空气吹到人时，会造成鼓膜失聪、肺部或皮肤损伤等，被压缩空气吹起的尘土或金属颗粒会造成皮肤、眼睛损伤。使用压缩空气时，应非常小心，不要玩耍，不要将压缩空气对着自己或别人，不要对着地面、设备或车辆乱吹。

3. 日常安全守则

(1)工具不使用时应保持干净并放置到正确的位置。

(2)各种设备和工具要及时检查和保养。

(3)手上应避免油污，以免工具滑脱。

(4)启动发动机的车辆应保证驻车制动正常。

(5)不要在车间内乱转。

(6)在车间内启动发动机时要保持通风良好。

(7)在车间内穿戴、着装要合适，并佩戴必要的装备，如手套、护目镜、耳塞等。

(8)不要将压缩空气对着人或设备吹。

(9)尖锐的工具不要放到口袋里，以免扎伤自己或划伤车辆。

(10)常用通道上不要放、停置工具、设备、车辆等。

(11)用正确的方法使用正确的工具。

(12)手、衣服、工具应远离旋转设备或部件。

(13)开车进出车间时要格外小心。

(14)在极疲劳或消沉时不要工作,在这种情况下会降低注意力,有可能导致自身或他人受到伤害。

(15)如果不知道车间设备如何使用,应先向清楚的人请教,以掌握正确、安全的使用方法。

(16)用举升器或千斤顶升起车辆时,一定要按正确的规程操作。

(17)应知道车间灭火器、医疗急救包、洗眼处的位置。

第 2 篇

汽车传动系统

第2章　汽车传动系统概述

学习目标

了解汽车传动系统的作用；了解汽车传动系统的布置形式及其特点；掌握汽车传动系统的类型、组成和工作原理；熟悉汽车传动系统维修常用工具及操作规程。

2.1　汽车传动系统组成及功用

普通汽车的传动系统一般由离合器、变速器、万向节、传动轴和驱动桥等组成（见图1-2）。

传动系统的作用是与发动机配合工作，保证汽车在各种行驶条件下有所必需的驱动力与车速，使汽车具有良好的动力性和燃油经济性。

为了满足汽车在各种行驶条件下行驶的需要，要求汽车传动系统具备以下功能：

1. 变速增扭

汽车的使用情况复杂多变，为了保证汽车在各种行驶条件下有所必需的驱动力与车速，通常由变速器和驱动桥中的主减速器共同实现转速和扭矩的变化。

2. 中断动力传递

变速器设有空挡，以便汽车长时间停车或汽车暂时停车而发动机不停止运转时，中断发动机到驱动轮的动力传递。

3. 倒车

汽车在进入停车场、车库或在狭窄路面上调头时，需要倒车，因此在变速器内设置了倒挡，在发动机旋转方向不变的情况下，使驱动轮反向旋转，实现倒车。

4. 具有差速作用

当汽车转弯行驶时，左右两侧车轮在相同时间内滚过的距离是不同的，为保持左右两驱动轮以不同的角速度旋转滚动，在驱动桥内装有差速器。

2.2　汽车传动系统的类型

传动系统一般可分为机械传动系统、液力机械传动系统和电力传动系统等类型。

2.2.1 机械传动系统

普通双轴汽车广泛采用机械传动系统，其组成如图 2-1 所示。

机械传动系统的特点是发动机纵向布置在汽车前部，后轮为驱动轮。发动机发出的动力依次经离合器、变速器、万向传动装置、主减速器、差速器和半轴，最后传给驱动轮。

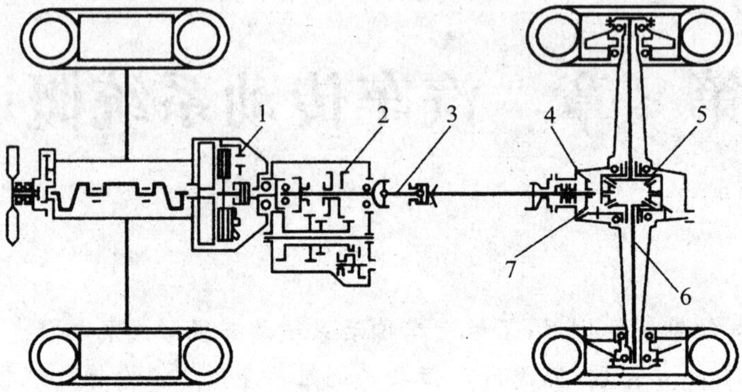

图 2-1 机械传动系统的组成

1—离合器 2—变速器 3—传动轴 4—驱动桥 5—差速器 6—半轴 7—主减速器

传动系统各部件的功用：

(1)离合器：按照需要适时接合或切断发动机与传动系统之间的动力传递。

(2)变速器：改变发动机输出转速的高低、转矩的大小以及输出轴的旋转方向，也可以利用空挡切断发动机向驱动轮的动力传递。

(3)万向传动装置：将变速器输出的动力传给主减速器，并适应两者之间距离和轴线夹角的变化。

(4)主减速器：将万向传动装置传来的动力降低转速、增大转矩、改变动力传递方向后传递给差速器。

(5)差速器：将主减速器传来的动力分配给左右半轴，并允许左右半轴以不同角速度旋转，以满足左右驱动轮在行驶过程中差速的需要。

(6)半轴：将差速器传来的动力传递给驱动轮，使驱动轮获得驱动力。

2.2.2 液力机械传动系统

液力机械传动系统的特点是以液力机械变速器取代机械传动系统的摩擦式离合器和普通齿轮式变速器，其他组成部件均与机械传动系统相同。液力机械变速器由液力传动装置、有级机械变速器、控制机构和操纵机构组成，如图 2-2 所示。

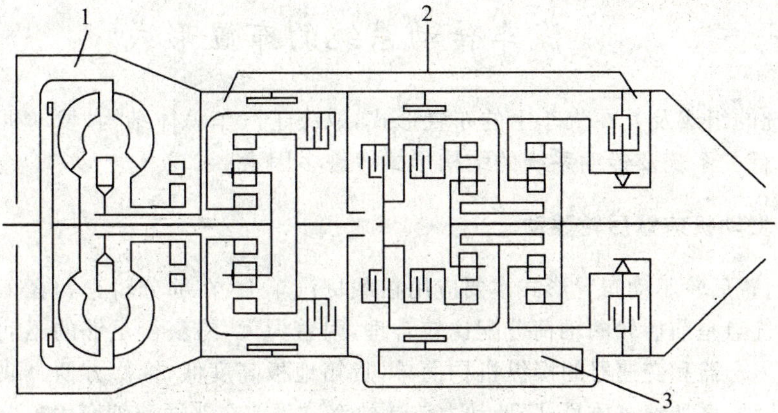

图 2-2 液力机械变速器示意图

1—液力传动装置 2—有级机械变速器 3—控制机构

2.2.3 电力传动系统

电力传动系统的特点是主动部件为发动机驱动的发电机，从动部件为牵引电动机，电力传动系统在组成和布置上与液力机械传动系统有些类似，如图 2-3 所示。

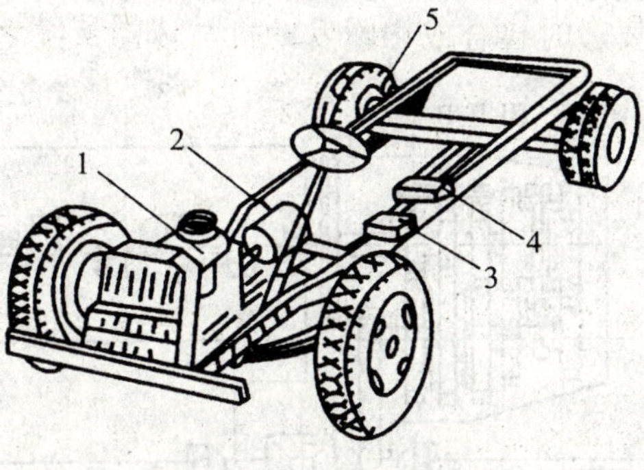

图 2-3 电力传动系统的示意图

1—发动机 2—发电机 3—可控硅整流器 4—逆变装置 5—电动轮

电力传动系统也可以只用一个电动机，与传动轴或驱动桥相连，电动机输出的动力经主减速器、差速器、半轴传给驱动轮。也可以在每个驱动轮上装一个电动机，电动机输出的动力通过一套减速机构传递给驱动轮，减速机构可以起到降低转速、增大转矩的作用，把这种直接与车轮相连的减速机构称为轮边减速器，这种驱动轮通称为电动轮。驾驶者通过操纵控制电路来控制发动机和发电机的转速与转矩，从而控制电动轮的转速和牵引力矩的大小及方向，以实现汽车的起步、倒车、前进和停车。

电力传动系统的优点是布置简单、可实现无级变速、对环境无污染和驱动平稳等；不足之处是传动效率低、质量较大和消耗有色金属材料铜较多等。

2.3 汽车传动系统的布置形式

传动系统的组成及其在汽车上的布置形式，取决于汽车总体结构、发动机的布置形式和性能、汽车行驶系统及传动系统的结构形式等许多因素。

2.3.1 发动机前置后轮驱动

发动机前置后轮驱动布置形式主要应用在载货汽车上，在部分轿车和客车上也有应用（图 2-1）。其优点是前后轮的轴荷分配比较合理，附着力大，易获得足够的驱动力。发动机散热条件好，离合器和变速器的操纵机构简单，货箱地板高度低，维修方便。缺点是需要一根较长的传动轴，增加整车质量，降低动力传递效率。目前在普通双轴商用车上广泛应用。

2.3.2 发动机前置前轮驱动

发动机前置前轮驱动布置形式是将发动机、离合器、变速器、主减速器和差速器等都装配在一起，成为一个十分紧凑的整体，固定在汽车前面的车架或车身底架上，前轮为驱动轮。

发动机在车上的布置有纵置和横置两种形式。发动机横置时，将曲轴轴线布置成垂直于车身轴线，此时变速器轴线与驱动桥轴线平行，主减速器采用结构、加工都较简单的圆柱形齿轮副，如图 2-4 所示。

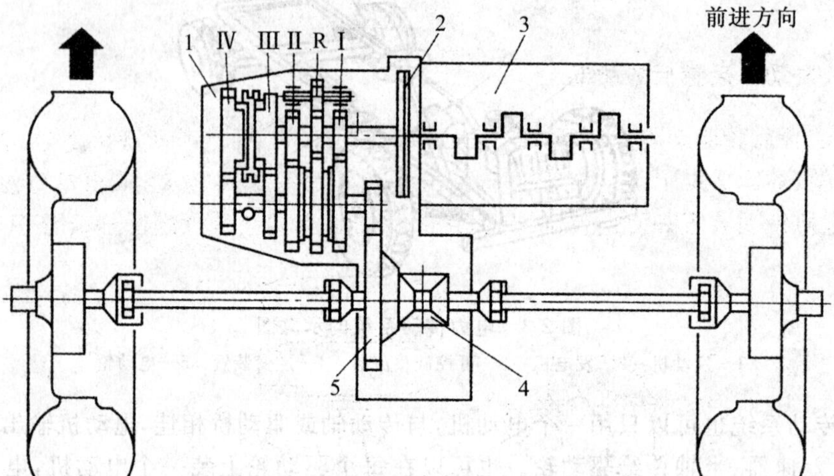

图 2-4 发动机前置、横置式前轮驱动示意图

1—变速器 2—离合器 3—发动机 4—差速器 5—主减速器

发动机纵置时，曲轴轴线平行于车身轴线，主减速器多采用主、从动齿轮轴线垂直的准双曲面或曲线齿锥齿轮副，如图 2-5 所示。

发动机前置前轮驱动布置形式的传动系统集中布置在汽车前部，省去了变速器和驱动桥之间的万向节和传动轴，使车身底板高度可以降低，有助于提高汽车的乘坐舒适性和高速行驶时的操纵稳定性，操纵机构比较简单；但由于前轮既是驱动轮，又是转向轮，需要使用等速万向节，结构较为复杂，且前轮的轮胎寿命较短，汽车的爬坡能力相对较差，目前广泛应用于微型和中型轿车上，在中高级和高级轿车上的应用也日渐增多。

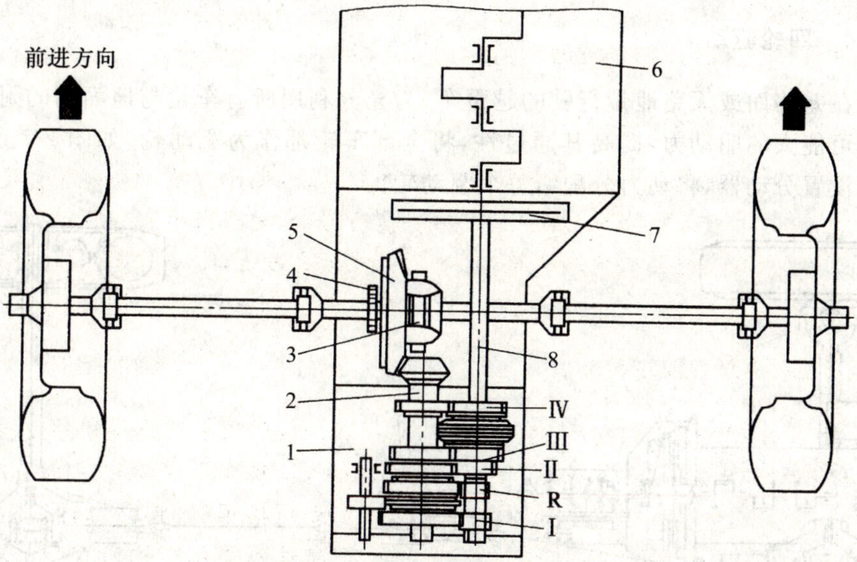

图 2-5　发动机前置、纵置式前轮驱动示意图

1—变速器　2—主动齿轮（输出轴）　3—差速器　4—车速表齿轮　5—从动齿轮
6—发动机　7—离合器　8—变速器输入轴

2.3.3　发动机后置后轮驱动

发动机后置后轮驱动将发动机、离合器和变速器都横向布置于驱动桥之后，驱动桥采用非独立悬架，如图 2-6 所示。由于驱动桥与变速器之间距离较大，其相对位置经常变化，所以设置角传动装置和万向传动装置，使前后轴更容易获得合理的轴荷分配，并具有

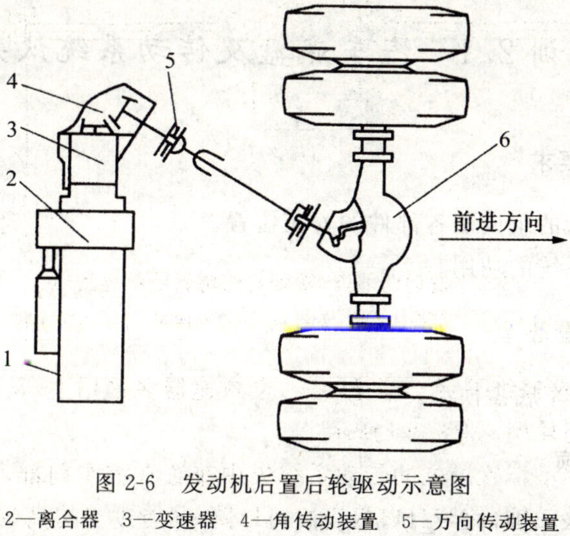

图 2-6　发动机后置后轮驱动示意图

1—发动机　2—离合器　3—变速器　4—角传动装置　5—万向传动装置　6—驱动桥

车内噪声低、空间利用率高、行李箱体积大等优点。但是,发动机的冷却、散热条件较差,发动机和离合器、变速器的操纵机构都较复杂。因此,广泛应用于大中型客车,少数轿车和微型汽车也采用该方案。

2.3.4 四轮驱动

对于在差路面或无路地带行驶的越野车,为充分利用所有车轮与地面间的附着条件,以获得尽可能大的驱动力,提高其通过性,将全部车轮都作为驱动轮,如图 2-7 所示。在变速器后设置分动器,将动力分配给每个驱动轮。

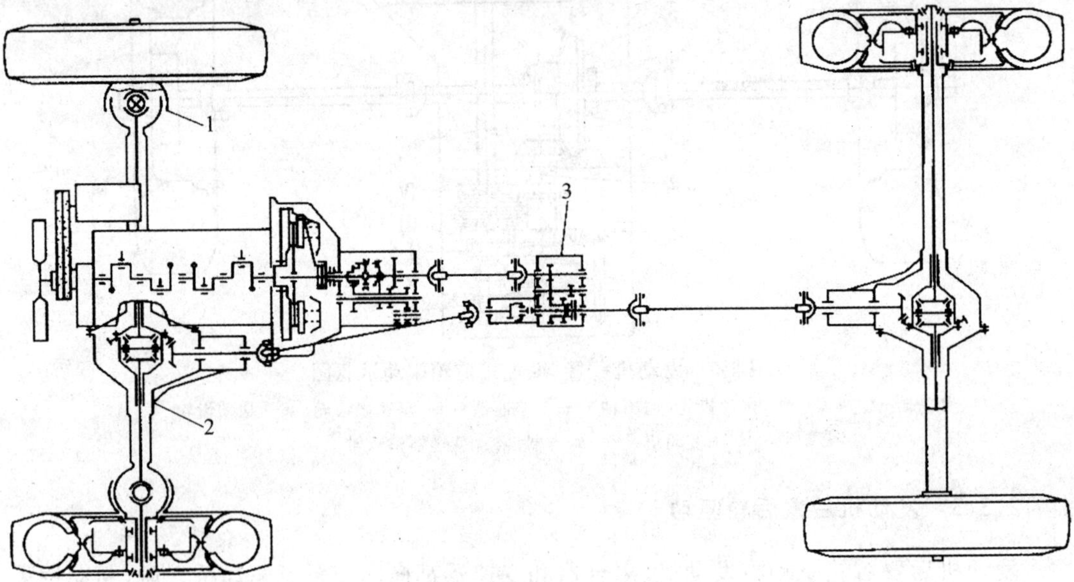

图 2-7 4×4 越野汽车传动系统示意图

1—万向节 2—转向驱动桥 3—分动器

实训 2.1 汽车底盘及传动系统认知

一、实训目的与要求

1. 了解汽车底盘的组成及各部件的安装位置。
2. 掌握汽车各系统的功用。

二、实训仪器和设备

举升机、轿车、汽车底盘模型。

三、实训注意事项

1. 实训前应对学生进行安全防护培训。

2. 作业人员要遵守基本操作规范及作业流程。
3. 使用举升机要遵守车辆顶起设备的安全操作规程。

四、实训步骤

1. 观看汽车底盘模型，了解其组成系统及零部件的安装位置。
2. 操作运转模型，体会各组成系统及零部件的功用。
3. 操作举升机提升汽车，观看汽车底盘的结构组成。

复习思考题

1. 汽车底盘由哪些系统组成？
2. 汽车传动系统的基本功用是什么？
3. 汽车传动系统有哪几种布置形式？其特点是什么？
4. 汽车常见的驱动形式有哪些？
5. 越野汽车分动器有何作用？

第3章 离合器

学习目标

了解离合器的功用和类型;熟悉常见离合器的结构和工作原理;掌握离合器的检测和检修方法。

3.1 概 述

离合器属于汽车传动系统的部件,是将发动机的动力传递给传动系统,安装在发动机和变速器之间的飞轮壳内,用螺钉将离合器总成固定在飞轮后平面上,离合器的输出轴即是变速器的输入轴。

在汽车从起步到行驶的整个过程中,驾驶者可根据需要踏下或松开离合器踏板,使发动机与变速器暂时分离或逐渐接合,以切断或传递发动机向变速器输入的动力。

3.1.1 离合器的功用和要求

1. 离合器的功用

(1)平稳起步

汽车在起步前处于静止状态,如果发动机与变速器是刚性连接的,一旦挂上挡,汽车将因突然接上动力而猛然前冲一下。这不但会造成机件的损伤,而且产生的驱动力也不足以克服汽车由静止到猛然前冲时的巨大的惯性力,促使发动机转速急剧下降而熄火,汽车无法起步。如果在起步时利用离合器暂时将发动机和变速器分离,再挂挡,然后逐渐加大油门的同时,使离合器逐渐接合,汽车就能平稳起步。离合器的主动部分与从动部分之间存在着滑磨的现象,在保持发动机不熄火的情况下,经离合器传出的转矩由零逐渐增大,使汽车的驱动力也逐渐增大,当大于行驶阻力时,汽车由静止状态逐渐加速,汽车便能平稳地起步。

(2)平顺换挡

为了满足汽车在各种行驶条件下的需要,汽车在行驶过程中经常换用不同的挡位。如果没有离合器将发动机与变速器暂时分离,原来啮合着的传力齿轮因载荷没有卸除,其啮合齿面间的压力很大，难于分开。而另一对待啮合的齿轮，因二者圆周速度不等，将难于啮合，强行进入啮合也会产生很大的齿端冲击，容易损坏机件。利用离合器使发动机和变速器暂时分离后进行换挡，则原来啮合的一对齿轮因载荷卸除，啮合齿面间的压力大大减小，就容易分开。而待啮合的另一对齿轮，由于主动齿轮与发动机分开后转动惯量很小，采用合适的换挡动作就能使待啮合的齿轮圆周速度相等或接近相等，从而避免或减轻齿轮间的冲击。

(3)防止传动系统过载

当汽车紧急制动时，车轮突然急剧降速，而与发动机相连的传动系统由于旋转的惯性，仍有保持原有转速的趋势，这往往会在传动系统中产生远大于发动机转矩的惯性矩，容易损坏传动系统的零件。由于离合器是靠摩擦力来传递转矩的，所以当传动系统内载荷超过摩擦力所能传递的转矩时，离合器的主、从动部分就会自动打滑，因而达到了防止传动系统过载的目的。

2. 对离合器的要求

离合器应满足下列要求：

(1)保证传递发动机输出的最大转矩而不打滑。

(2)离合器主、从动部分分离应迅速、彻底，接合应平顺、柔和。

(3)具有良好的热稳定性，保证工作可靠。

(4)离合器从动部分的质量要尽可能小，以减小换挡时齿轮的冲击。

(5)操纵轻便，减轻驾驶者的疲劳强度。

3.1.2　离合器的类型

汽车上应用的离合器的结构形式有多种，按传递扭矩方式的不同可分为摩擦式、液力式和电磁式。

1. 摩擦式离合器

摩擦式离合器是利用主、从动元件间的摩擦力传递扭矩，目前应用最为广泛。

2. 液力式离合器

液力式离合器是利用主、从动元件间的液体介质传递扭矩。常用于高级轿车、大型公共汽车和载重汽车。

3. 电磁式离合器

电磁式离合器是利用主、从动元件间的电磁力传递扭矩，如汽车空调上就应用这种离合器。

3.2　摩擦式离合器的组成及工作原理

以目前广泛应用的摩擦式离合器为例进行分析。摩擦式离合器的种类虽多，但其组成与工作原理基本相同。

3.2.1 摩擦式离合器的组成

摩擦式离合器由主动部分、从动部分、压紧机构和操纵机构四部分组成，如图 3-1 所示。

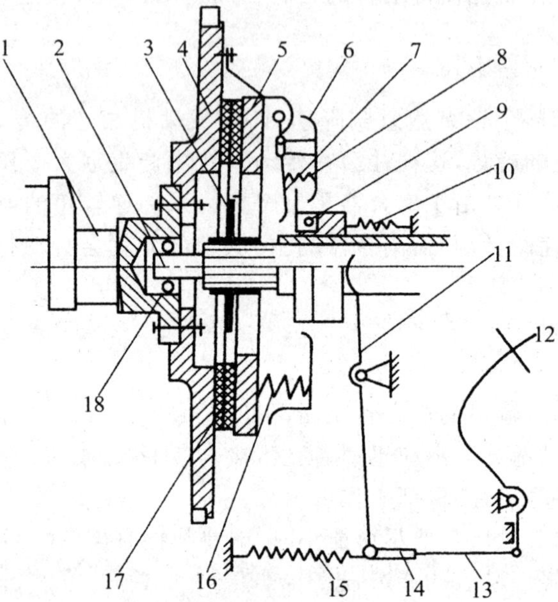

图 3-1　摩擦式离合器的基本组成

1—曲轴　2—从动轴　3—从动盘　4—飞轮　5—压盘　6—离合器盖　7—分离杠杆　8—弹簧　9—分离轴承　10、15—回位弹簧　11—分离叉　12—踏板　13—拉杆　14—拉杆调节叉　16—压紧弹簧　17—从动盘摩擦片　18—轴承

离合器的主动部分包括飞轮、离合器盖和压盘三部分。离合器盖用螺栓固定在飞轮上，压盘后端圆周上的凸台伸入离合器盖的窗口中，并可沿窗口轴向移动。当发动机曲轴转动时，动力便经飞轮、离合器盖传到压盘，三者一起转动。

离合器的从动部分包括从动盘和从动轴。从动盘带有双面的摩擦衬片，离合器正常结合时摩擦衬片分别与飞轮和压盘相接触；从动盘通过花键毂装在从动轴的花键上，从动轴是手动变速器的输入轴（一轴），其前端通过轴承支承在曲轴后端的中心孔中，后端支承在变速器壳体上。

离合器的压紧机构有若干个沿圆周均匀布置的压紧弹簧，它们装在压盘与离合器盖之间，用来将压盘和从动盘压向飞轮，使飞轮、从动盘和压盘三者压紧在一起。

离合器的操纵机构由离合器踏板、分离拉杆、调节叉、分离叉、分离套筒、分离轴承、分离扛杆和回位弹簧等组成。

3.2.2 摩擦式离合器工作原理

摩擦式离合器按照工作过程可以分为三个状态。

1. 接合状态

离合器在接合状态下，操纵机构各部件在回位弹簧的作用下回到如图3-1所示的各自位置，分离杠杆内端与分离轴承之间保持一定的间隙，压紧弹簧将飞轮、从动盘和压盘三者压紧在一起，发动机的转矩经过飞轮及压盘通过从动盘两摩擦面的摩擦作用传给从动盘，再由从动轴输入变速器。

2. 分离状态

分离离合器时，驾驶者踩下离合器踏板，分离套筒和分离轴承在分离叉的推动下，先消除分离轴承与分离杠杆内端之间的间隙，然后推动分离杠杆内端前移，使分离杠杆外端带动压盘克服压紧弹簧作用力后移，摩擦作用消失，离合器的主、从动部分分离，中断动力传动。

3. 接合状态

接合离合器时，驾驶者缓慢抬起离合器踏板，在压紧弹簧的作用下，压盘向前移动并逐渐压紧从动盘，使接触面间的压力逐渐增大，摩擦力矩也逐渐增大；当飞轮、压盘和从动盘之间接合还不紧密时，所能传动的摩擦力矩较小，离合器的主、从动部分有转速差，离合器处于打滑状态；随着离合器踏板的逐渐抬起，飞轮、压盘和从动盘之间的压紧程度逐渐紧密，主、从动部分的转速也渐趋相等，直到离合器完全接合就停止打滑，接合过程结束。

3.2.3 摩擦式离合器的类型

摩擦式离合器可以按从动盘的数目、压紧弹簧的形式和操纵机构的形式分类。

1. 按从动盘的数目分类

摩擦式离合器按从动盘的数目可分为单片离合器和双片离合器。轿车、客车和部分中、小型货车多采用单片离合器，因为发动机的最大转矩一般不是很大，单片从动盘就可以满足动力传动的要求。双片离合器由于增加了一片从动盘，在其他条件不变的情况下，它比单片离合器所能传动的转矩增大一倍(由于一个从动盘是两个摩擦面传递动力，因而两个从动盘则是四个摩擦面传递动力)，多用于重型车辆上。

2. 按压紧弹簧的形式分类

摩擦式离合器按压紧弹簧的形式可以分为周布弹簧式离合器、中央弹簧式离合器和膜片弹簧式离合器。周布弹簧式离合器和中央弹簧式离合器采用螺旋弹簧，分别沿压盘的圆周和中央布置；膜片弹簧式离合器采用的是膜片弹簧，目前应用最为广泛。

3. 按操纵机构的形式分类

摩擦式离合器按操纵机构的形式可分为机械式(杆式和绳式)、液压式、气压式和空气助力式离合器。

3.3 膜片弹簧式离合器的组成及工作原理

膜片弹簧式离合器目前应用最广泛，其构造分别如图3-2、图3-3和图3-4所示。

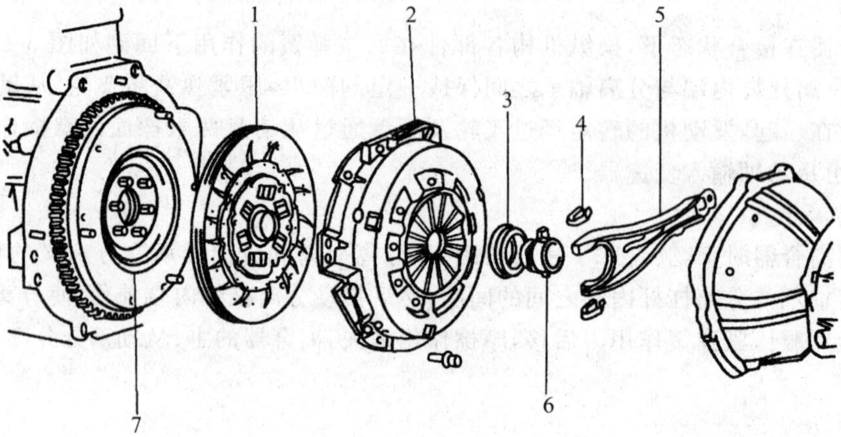

图 3-2　膜片弹簧式离合器分解图

1—从动盘　2—离合器和压盘　3—分离轴承　4—卡环　5—分离叉　6—分离套筒　7—飞轮

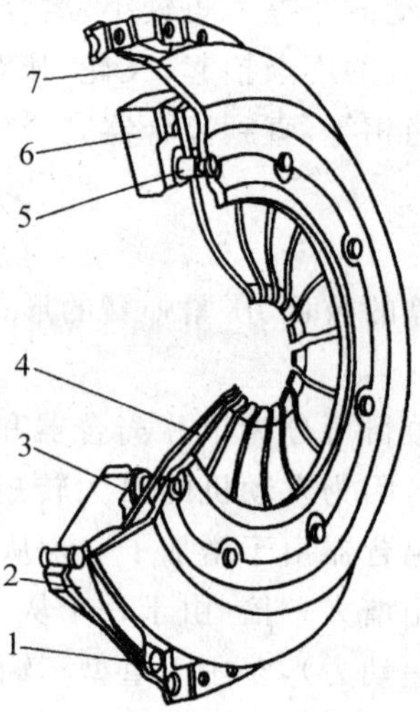

图 3-3　膜片弹簧式离合器盖和压盘

1—铆钉　2—传动片　3—支承环　4—膜片弹簧　5—支撑铆钉　6—压盘　7—离合器盖

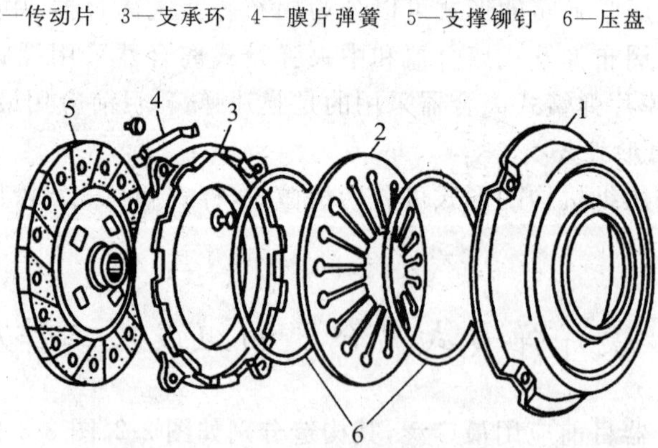

图 3-4　膜片离合器盖和压盘分解图

1—离合器盖　2—膜片弹簧　3—压盘　4—传动片　5—从动盘　6—支承环

3.3.1 膜片弹簧式离合器的组成

膜片弹簧式离合器由主动部分、从动部分、压紧机构和操纵机构组成。

主动部分由飞轮、离合器盖和压盘组成。离合器盖通过螺栓固定在飞轮上，为了保持正确的安装位置，离合器盖通过定位销进行定位。压盘与离合器盖之间通过周向均布的三组或四组传动片传递转矩。传动片用弹簧钢片制成，每组两片，一端用铆钉铆在离合器盖上，另一端用螺钉连接在压盘上。

从动部分包括从动盘和从动轴，从动盘一般都带有扭转减振器。发动机传到传动系统的转速和转矩是周期性变化的，它使传动系统产生扭转振动，这将使传动系统的零部件受到冲击性交变载荷，使寿命下降、零件损坏。采用扭转减振器可以有效地防止传动系统的扭转振动。带扭转减振器的从动盘的结构和原理如图 3-5 所示。

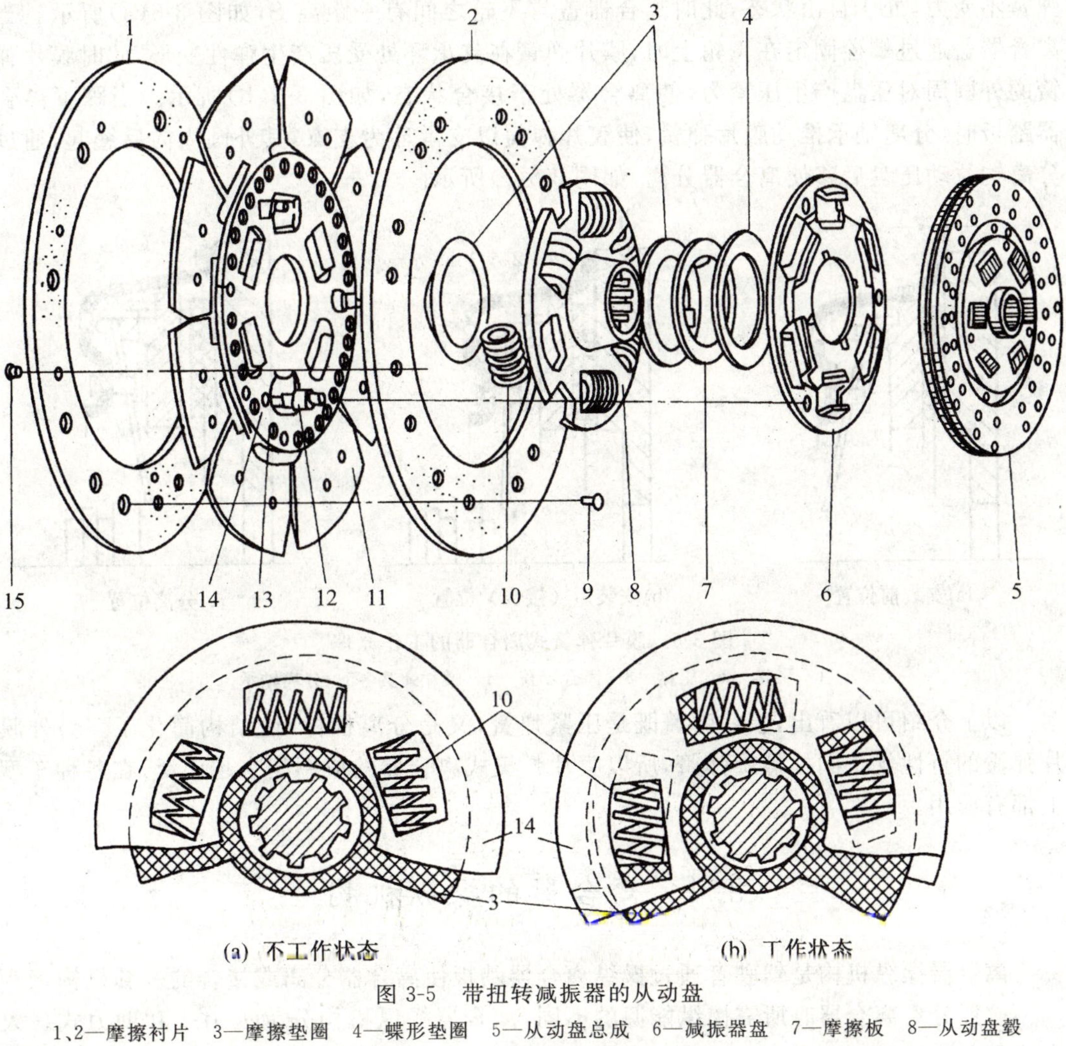

图 3-5　带扭转减振器的从动盘

1、2—摩擦衬片　3—摩擦垫圈　4—蝶形垫圈　5—从动盘总成　6—减振器盘　7—摩擦板　8—从动盘毂　9、13、15—铆钉　10—减振弹簧　11—波浪形弹簧钢片　12—止动销　14—从动钢盘

从动盘钢片外圆周铆接波浪形弹簧钢片，摩擦衬片分别铆接在弹簧钢片上，从动盘钢片与减振器盘铆接在一起，这两者之间夹有摩擦垫圈和从动盘毂。从动盘毂、从动盘钢片和减振器盘上都有沿圆周均布的六个窗孔，减振弹簧装在窗孔中。

当从动盘受到转矩作用时，转矩从摩擦衬片传到从动盘钢片，再经减振弹簧传给从动盘毂，此时弹簧将被压缩，吸收发动机传来的扭转振动。

3.3.2 膜片弹簧式离合器的工作原理

压紧机构是膜片弹簧，其径向开有若干切槽，形成弹性杠杆。切槽末端有圆孔，固定铆钉穿过圆孔，并固定在离合器盖上。膜片弹簧两侧装有钢丝支承环，这两个钢丝支承环是膜片弹簧工作时的支点。膜片弹簧的外缘通过分离钩与压盘联系起来。

膜片弹簧式离合器的工作原理如图 3-6 所示。当离合器盖未安装到飞轮上时，膜片弹簧不受力，处于自由状态，此时离合器盖与飞轮之间有一距离 S，如图 3-6(a)所示。当离合器盖通过螺栓固定在飞轮上时，膜片弹簧在支承环处受压产生弹性变形，此时膜片弹簧的外圆周对压盘产生压紧力，使离合器处于接合状态，如图 3-6(b)所示。当踩下离合器踏板时，分离轴承推动膜片弹簧，使膜片弹簧以支承环为支点，其外圆周向后翘起，通过分离钩拉动压盘后移使离合器分离，如图 3-6(c)所示。

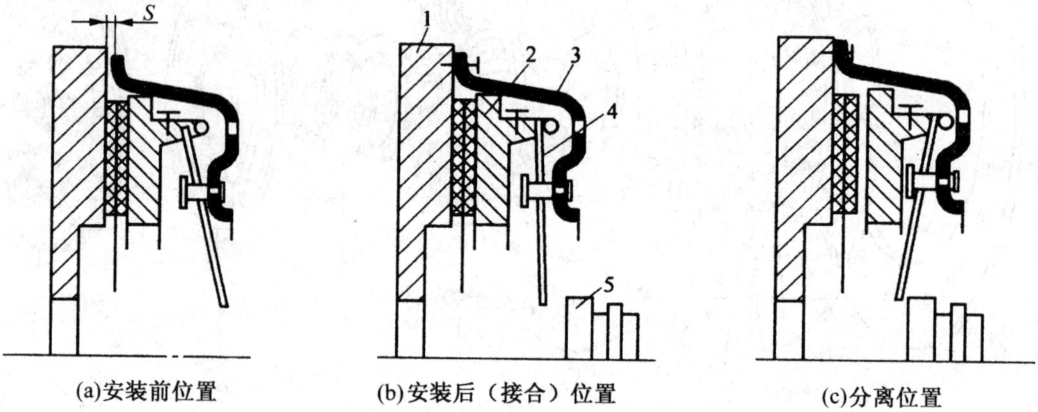

图 3-6 膜片弹簧式离合器的工作原理

1—飞轮 2—压盘 3—离合器盖 4—膜片弹簧 5—分离轴承

以上介绍可以看出，膜片弹簧既是压紧弹簧，又是分离杠杆，使结构简化了。另外膜片弹簧的特性优于圆柱螺旋弹簧，所以膜片弹簧式离合器的应用越来越广泛，在各种车型上都有应用。

3.4 离合器的操纵机构

离合器操纵机构是驾驶者通过操纵离合器踏板使离合器分离或接合的一套机构。

按照分离离合器时所需操纵能源的不同，离合器操纵机构分为人力式和助力式。人力式可分为机械式和液压式；助力式可分为气压助力式和弹簧助力式。

人力式操纵机构是以驾驶者作用在踏板上的力作为唯一的操纵能源。助力式操纵机构除了驾驶者的力以外，一般主要以其他形式的能源作为操纵辅助动力。

机械式操纵机构、液压式操纵机构和弹簧助力式操纵机构在轿车中应用较多，其中，液压式操纵机构应用最多。

3.4.1　机械式操纵机构

机械式操纵机构分为杆系传动和绳索传动两种形式。

杆系传动机构如图 3-7 所示，其结构简单，工作可靠，广泛应用于各类型汽车上。但杆系传动机构中杆件间铰接多，摩擦损失大，车架或车身变形以及发动机位移时，都会影响其正常工作。

绳索传动机构如图 3-8 所示，它可消除杆系传动机构的一些缺点，并能采用便于驾驶者操纵的吊挂式踏板。但绳索寿命较短，拉伸刚度较小，故只适用于轻型、微型汽车和轿车。例如桑塔纳、捷达轿车离合器的操纵机构中就采用了绳索传动机构。

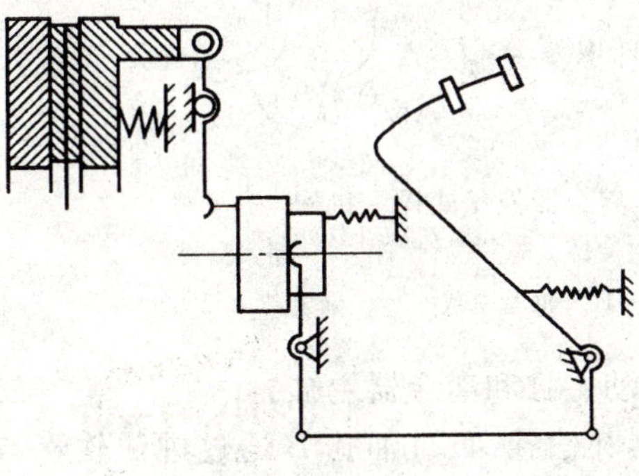

图 3-7　杆系传动机构

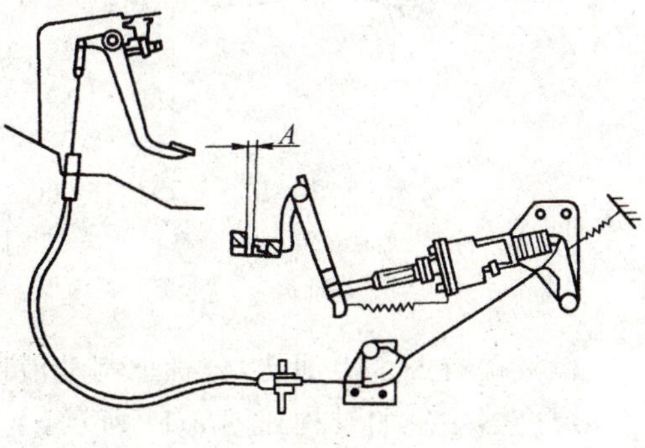

图 3-8　绳索传动机构

3.4.2　液压式操纵机构

液压式操纵机构的示意图如图 3-9 所示，它主要由主缸、工作缸和管路系统等组成。目前液压式操纵机构在各类型汽车上应用广泛。

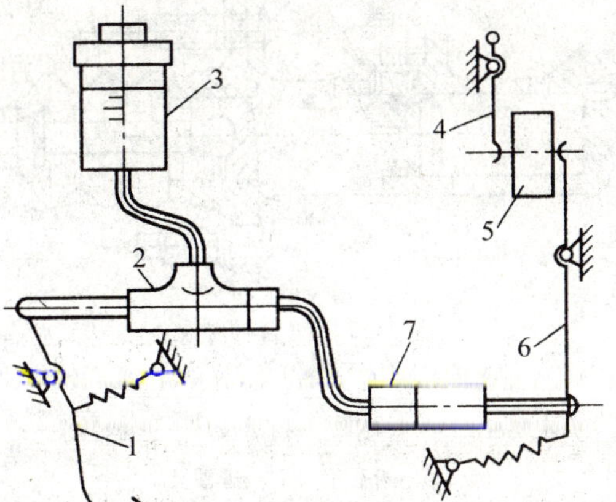

图 3-9　液压式操纵机构示意图

1—离合器踏板　2—主缸　3—储液罐　4—分离杠杆　5—分离轴承　6—分离叉　7—工作缸

以桑塔纳 2000GSi 型轿车离合器为例，介绍其液压式操纵机构的构造与工作原理。

桑塔纳 2000GSi 型轿车离合器液压式操纵机构由离合器踏板、储液罐、进油软管、离合器主缸、离合器工作缸、油管总成、分离叉、分离轴承等组成，如图 3-10 所示。

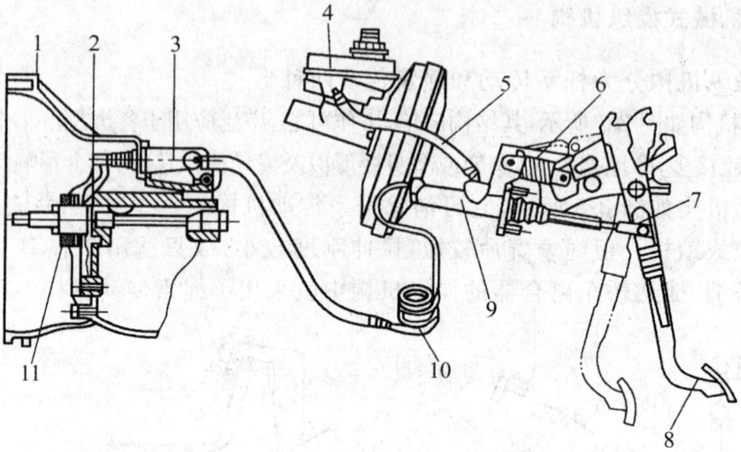

图 3-10　桑塔纳 2000GSi 型轿车离合器液压式操纵机构

1—变速器壳　2—分离叉　3—工作缸　4—储液罐　5—进油软管　6—助力弹簧　7—推杆接头　8—离合器踏板　9—主缸　10—油管总成　11—分离轴承

储液罐有两个出油孔，分别把制动液供给制动主缸和离合器主缸。

离合器主缸的结构如图 3-11 所示，主缸体借补偿孔 A、进油孔 B 通过进油软管与储液罐相通。主缸内装有活塞，活塞中部较细，且为“十”字形断面，使活塞右方的主缸内腔形成油室，活塞两端装有皮碗。

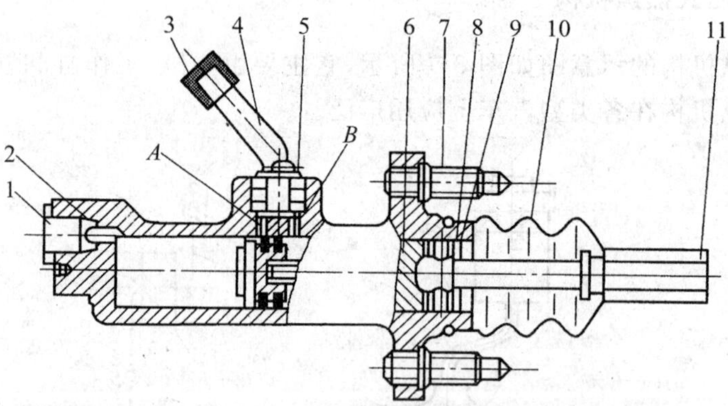

图 3-11　离合器主缸

1—保护塞　2—壳体　3—保护套　4—管接头　5—皮碗　6—活塞　7—固定螺栓　8—卡簧　9—挡圈　10—护套　11—推杆

A—补偿孔　B—进油孔

活塞左端中部装有单向阀，经小孔与活塞右方主缸内腔的油室相通。当离合器踏板处于初始位置时，活塞左端皮碗位于补偿孔 A 与进油孔 B 之间，两孔均开放。

离合器工作缸的结构如图 3-12 所示。工作缸内装有活塞、皮碗、推杆等，缸体上设有放气螺塞。当管路内有空气影响操纵时，可拧松放气螺塞进行放气。工作缸活塞直径略大于主缸活塞直径，故液压系统有增力作用，以补偿液流通道的压力损失。

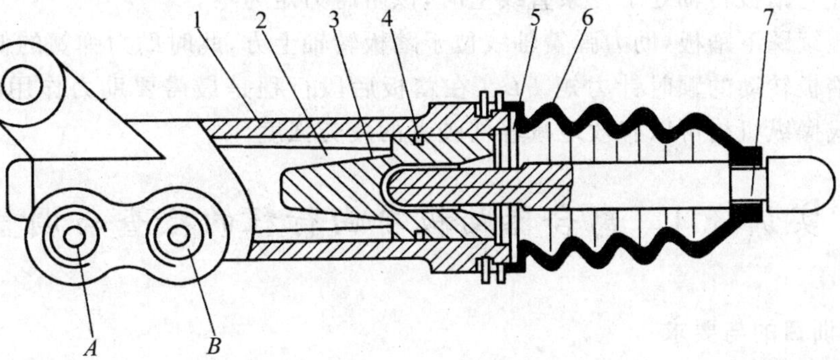

图 3-12　离合器工作缸

1—壳体　2—活塞　3—皮碗　4—密封圈　5—挡圈　6—保护套　7—推杆

A—放气孔　*B*—进油孔

3.4.3　弹簧助力式操纵机构

为了减轻驾驶者的劳动强度，减小作用于离合器踏板上的力，在有些离合器操纵机构中采用了弹簧助力式操纵机构。

图 3-13 为某轿车弹簧助力式操纵机构的示意图。当离合器踏板完全放松时，即

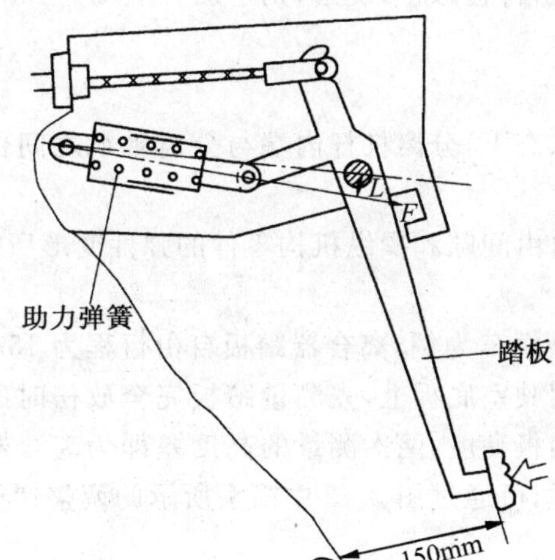

图 3-13　弹簧助力式操纵机构

离合器接合时，此时助力弹簧轴线位于踏板转轴下方。当踩下离合器踏板时，踏板绕自身转轴顺时针转动，压缩助力弹簧，此时助力弹簧实际是起到阻碍作用，即助力弹簧的伸张力产生一个阻碍踏板转动的逆时针力矩 FL，但这个力矩比较小。当踏板转动到助力弹簧的轴线并与踏板转轴处于一条直线上时，该阻碍力矩为零。

随着继续踩下踏板，助力弹簧轴线位于踏板转轴上方，此时助力弹簧的伸张力产生一个有助于踏板转动的顺时针力矩 FL。在踏板后段行程是最需要助力作用的，因而这种弹簧助力式操纵机构可以有效地减轻驾驶者的疲劳强度。

实训 3.1　离合器踏板自由行程的检查与调整

一、实训目的与要求

1. 了解离合器的功用和结构特点。
2. 掌握离合器的拆装方法和步骤。
3. 掌握离合器踏板自由行程的调整方法。

二、实训仪器和设备

通用工具、通用量具、举升机、桑塔纳 2000GSi 型轿车及维修专用工具。

三、实训注意事项

调整螺母旋入，则自由行程减小，旋出，则增加。

四、实训步骤

离合器在正常接合状态下，分离杠杆内端与分离轴承之间留有一个间隙称为离合器自由间隙。

为了消除离合器的自由间隙和操纵机构零件的弹性变形所需要的离合器踏板行程称为离合器踏板自由行程。

以桑塔纳 2000GSi 型轿车为例，离合器踏板自由行程为 15～20mm，如图 3-14 所示。检查时用一个直尺抵在驾驶室底板上，先测量踏板完全放松时的高度，再用手按踏板，当感到阻力增大时再测量踏板高度，两次测量的高度差即为离合器踏板的自由行程。若离合器踏板自由行程不合适，可通过图 3-15 中箭头所示的调整螺母进行调整。

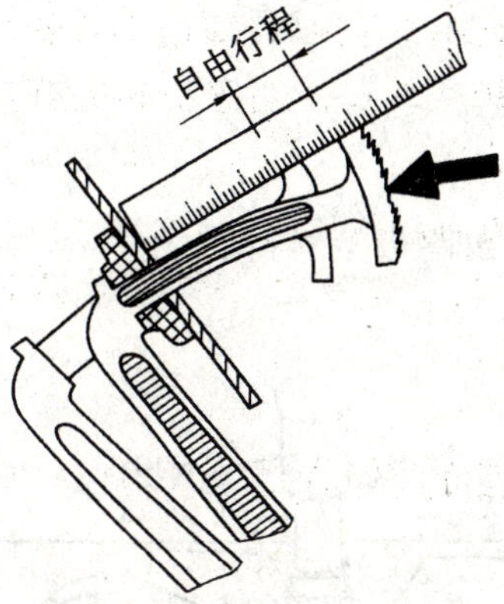

图 3-14　离合器踏板自由行程的检查

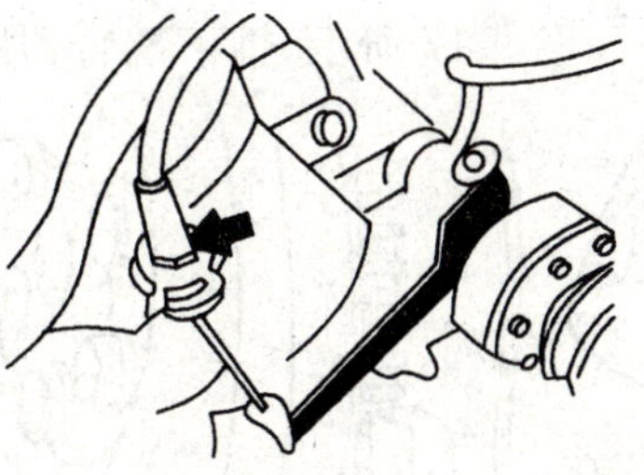

图 3-15　离合器踏板自由行程的调整

实训 3.2　离合器的拆装和检修

一、实训目的与要求

1. 掌握膜片弹簧式离合器的拆装步骤。
2. 掌握膜片弹簧式离合器的检修内容和方法。

二、实训仪器和设备

举升机、桑塔纳 2000Gsi 轿车、拆装工具。

三、实训注意事项

1. 在进行离合器踏板修理工作时，应将蓄电池搭铁线拆下。
2. 作业人员要遵守基本操作规范及作业流程。
3. 使用举升机要遵守车辆顶起设备的安全操作规程。

四、实训步骤

以桑塔纳 2000GSi 型轿车膜片弹簧式离合器为例，介绍其拆装、调整和检修程序。

(一)离合器的拆卸

1. 首先拆下变速器，用专用工具 10-201 将飞轮固定，如图 3-16 所示。

2. 逐渐将离合器压盘的固定螺栓对角拧松，取下离合器盖及压盘总成，并取下离合器从动盘。

3. 分解离合器各部件。

(二)离合器的检修

1. 离合器踏板的更换

(1)拉开并拆下离合器拉索。

(2)拆下固定在踏板轴上的离合器踏板保险装置。

(3)取下离合器踏板。

(4)装上新的离合器踏板。

2. 离合器踏板衬套的更换

(1)如图 3-17 所示,拆下离合器踏板,用专用工具压出踏板塑料衬套。

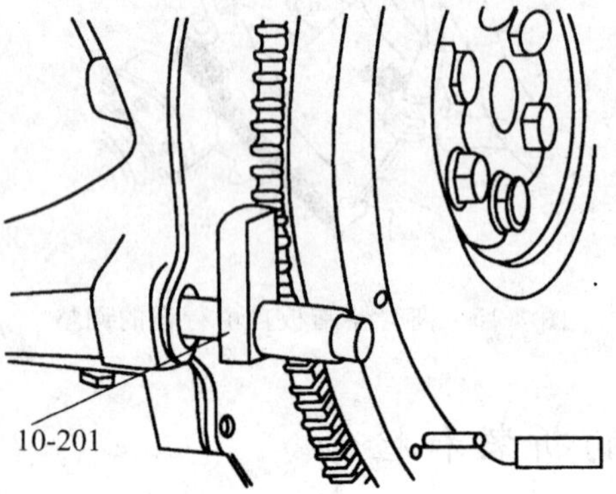

图 3-16　用专用工具固定飞轮

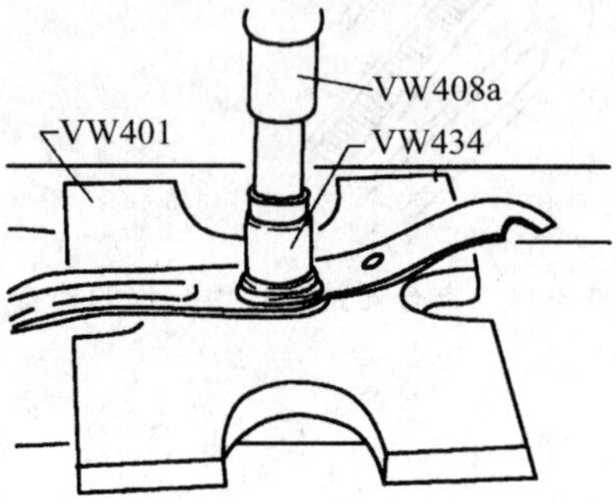

图 3-17　压出离合器踏板塑料衬套

(2)如图 3-18 所示,拆下踏板橡胶衬套。

(3)装上新的橡胶衬套,涂上无酸润滑脂,使塑料衬套与导管长的一端齐平,如图 3-19 所示。

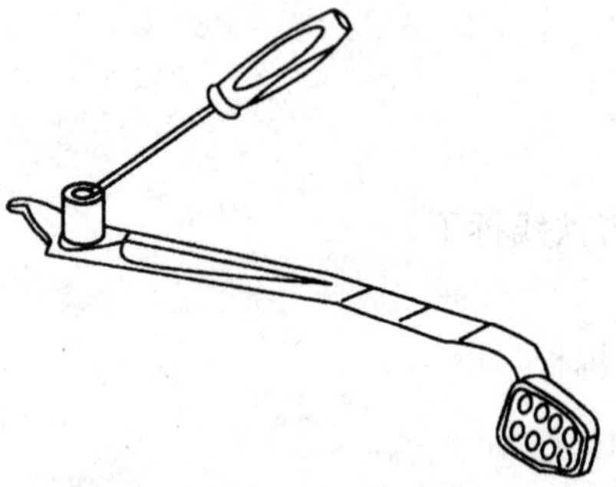

图 3-18　拆下离合器踏板橡胶衬套图

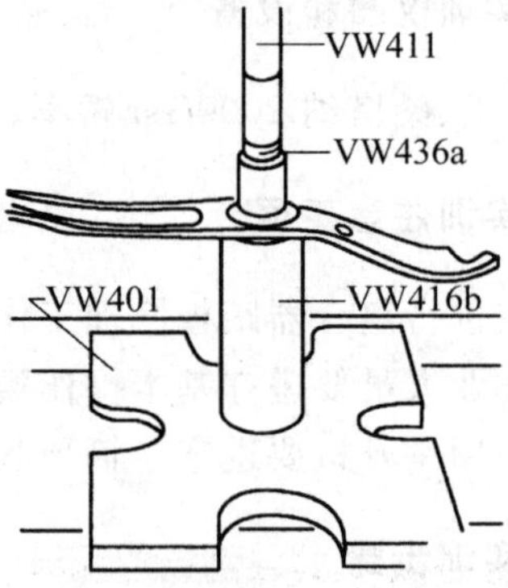

图 3-19　压入离合器踏板塑料衬套

3. 拉索的更换

(1)旋松调整踏板自由行程的防松螺母,并放松拉索,如图 3-20 所示。

(2)取下拉索,装上新的拉索。

4. 分离叉轴的更换

(1)拆卸变速器,用润滑脂润滑分离叉轴用于连接的两端。

(2)拆下离合器分离叉轴传动杆,拆下分离轴承,拆下挡圈,如图 3-21 所示。

(3)取下橡胶防尘套,拆下分离套筒。

(4)拆下分离叉轴的定位螺栓,拆下分离叉轴左衬套,取下分离叉轴,拆下分离叉轴右衬套，如图 3-22 所示。

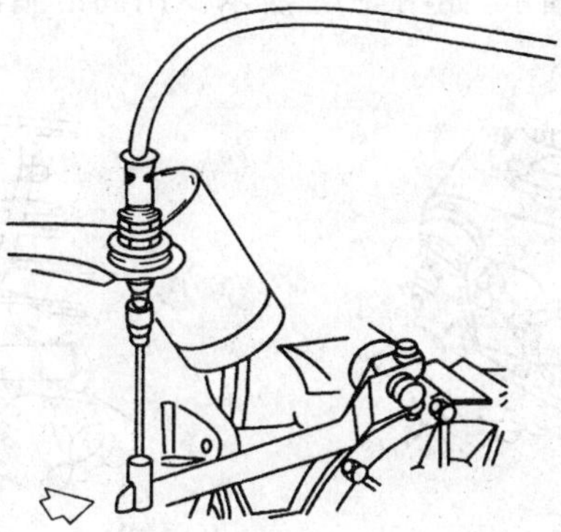

图 3-20　更换离合器踏板拉索

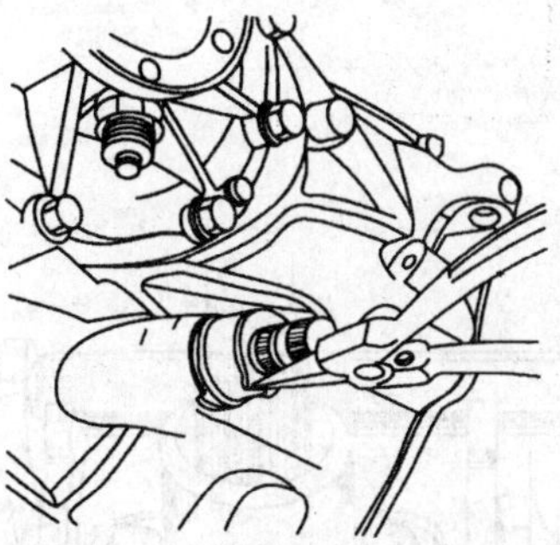

图 3-21　拆下分离叉轴的挡圈

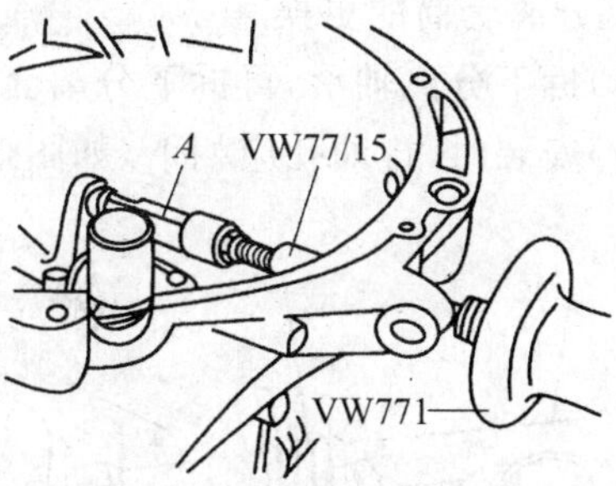

图 3-22　拉出分离叉衬套

(5)装上新的离合器分离叉轴右衬套，装上新的分离叉轴，用适量的润滑脂润滑衬套及分离叉轴的支承位置并安装。

(6)用 15N・m 的力矩旋紧分离叉轴的定位螺栓，如图 3-23 所示箭头位置。

(7)装上分离套筒，将防尘套推入分离叉轴，挡圈压至尺寸 A＝18mm 的位置，如图 3-24所示。

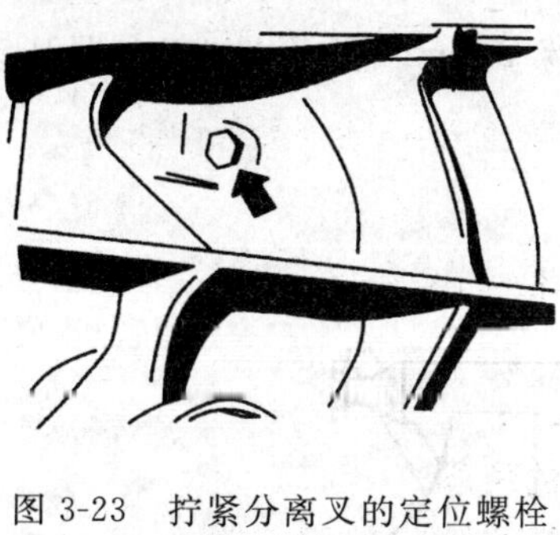

图 3-23　拧紧分离叉的定位螺栓

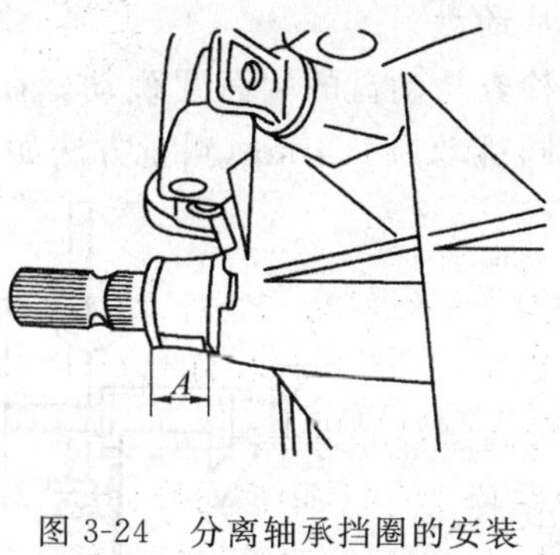

图 3-24　分离轴承挡圈的安装

(8)装上分离轴承，并使分离叉轴传动杆的安装位置达到 a＝(20±5)mm，如图 3-25 所示。

5. 分离轴承的更换

拆卸变速器。拆下分离轴承，如图 3-26 所示。用润滑脂润滑接触点，装上新的轴承，装上回位弹簧，如图 3-27 所示。

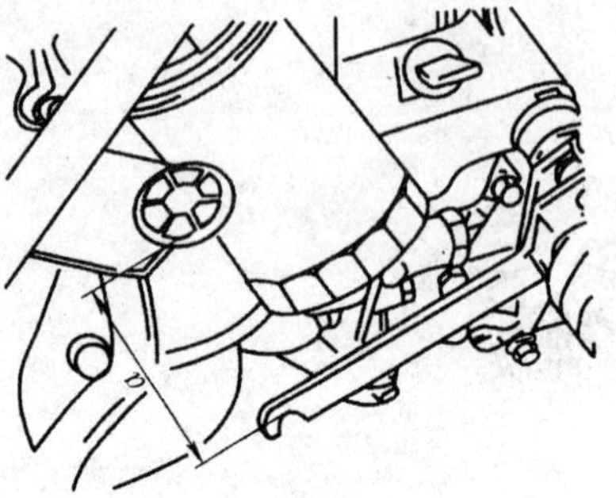

图 3-25　分离叉轴传动杆的安装位置

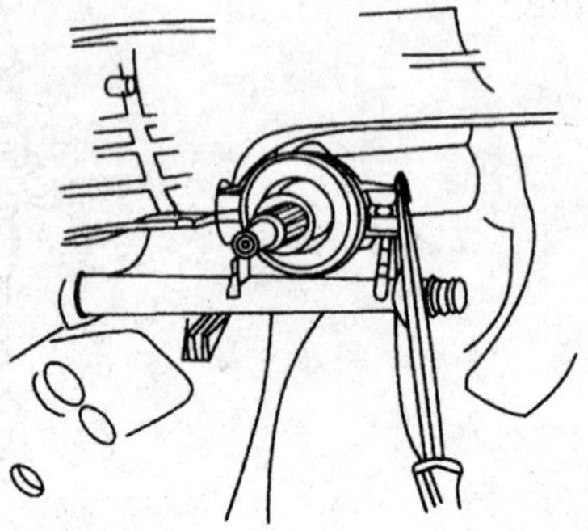

图 3-26　拆下分离轴承

6. 分离套筒的更换

(1)拆下分离轴承，再拆下分离套筒。

(2)安装时，排油孔应朝下，如图 3-28 所示。

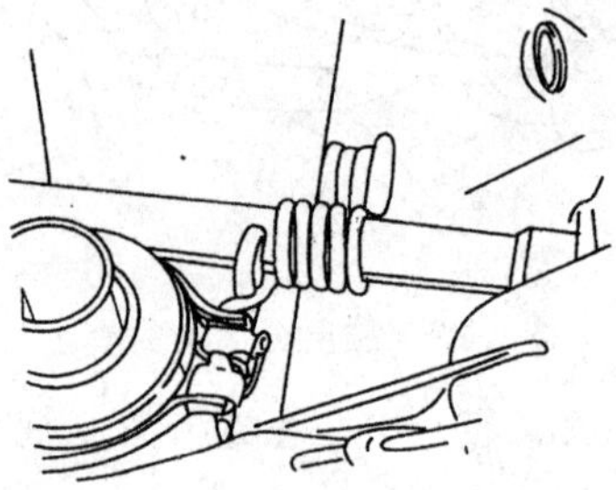

图 3-27　回位弹簧的安装位置

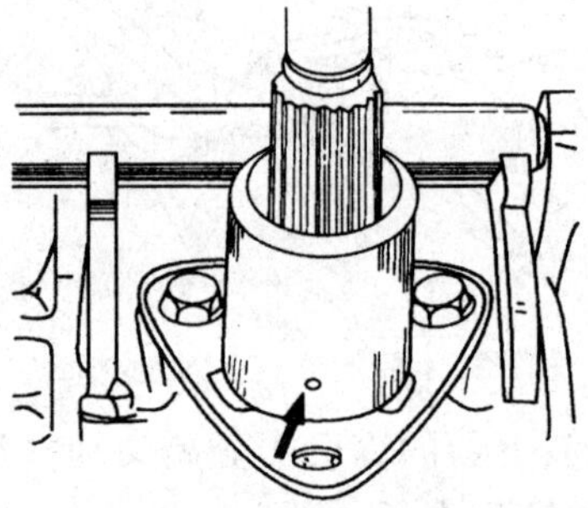

图 3-28　分离套筒的更换

7. 从动盘的检查

先目视检查，看从动盘摩擦片是否有裂纹、铆钉外露、减振器弹簧断裂等情况，如果有则更换从动盘。

再检查从动盘的端面圆跳动。在距从动盘外边缘 2.5mm 处测量，离合器从动盘最大端面圆跳动为 0.4mm，测量方法如图 3-29 所示。

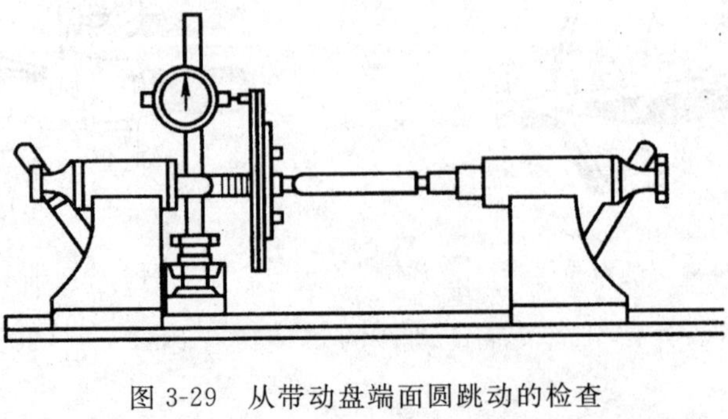

图 3-29　从带动盘端面圆跳动的检查

最后检查从动盘摩擦片的磨损程度。摩擦片的磨损程度可用游标卡尺进行测量，如图 3-30 所示。铆钉头埋入深度应不小于 0.20mm。如果检查结果超过要求，则应更换从动盘。

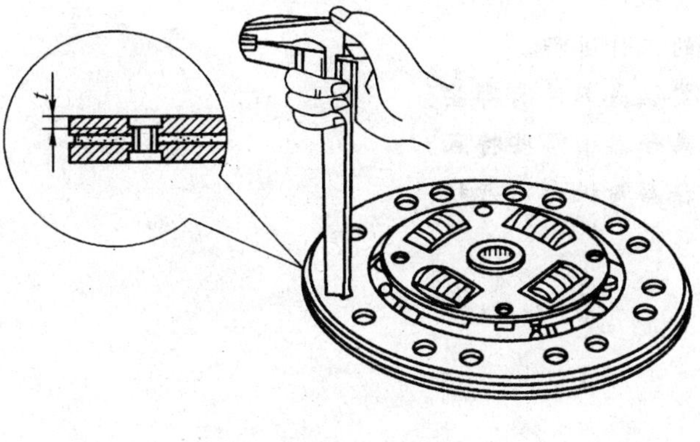

图 3-30　摩擦片磨损的检查

8. 压盘平面度的检查

离合器压盘平面度不应超过 0.2mm，检查方法是用钢直尺压在压盘上，然后用塞尺测量，如图 3-31 所示。

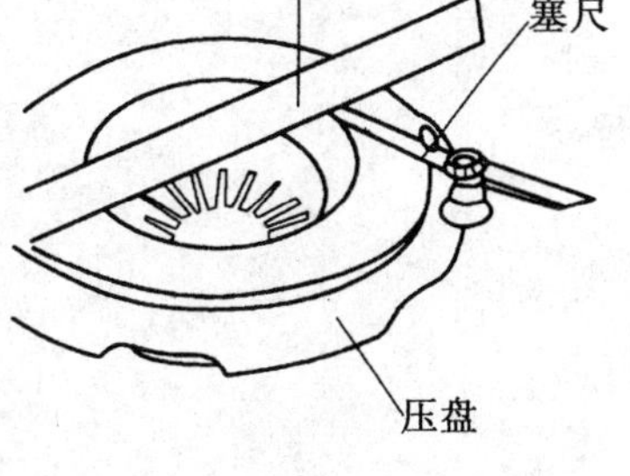

图 3-31　压盘平面度的检查

注意：

(1)衬垫：更换纸质密封垫圈，更换 O 形环。

(2)调整垫片：用千分尺多点检测调整垫片，可以精确地测出所需垫片的厚度。检查调整垫片边缘是否有损坏，只能装完好的调整垫片。

(3)挡圈、锁圈：调整挡圈及锁圈，不能拉开过度，必须将其完全放在槽内。

(4)螺栓、螺母：固定盖和罩壳的螺栓和螺母应交叉拧紧和拧松(特别是易损件)，并且应按规定的拧紧力矩拧紧螺栓和螺母。

(5)轴承：将有标志的一面的滚针轴承(壁厚较大)朝向安装工具，在轴与轴承之间涂一层润滑油。所有的轴承和接触表面均使用白色 ET-Nr. 126S12600005 润滑脂润滑。

(三)离合器的安装

用专用工具 10-201 将飞轮固定。如图 3-32 所示，用专用工具 10-213 将离合器从动盘定位于飞轮和压盘中心。装上紧固螺栓，并用 25N・m的力矩对角逐渐旋紧。

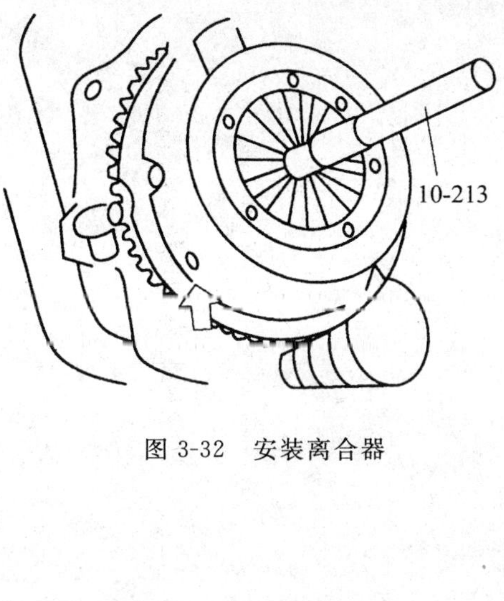

图 3-32　安装离合器

复习思考题

1. 离合器有何功用?
2. 简述离合器的工作过程。
3. 离合器的主要组成部件有哪些?
4. 膜片弹簧式离合器由哪些特点?
5. 如何调整离合器踏板自由行程?

第4章　手动变速器

学习目标

了解变速器的类型；熟悉手动变速器的结构和工作原理；掌握手动变速器的故障诊断和排除方法。

4.1　概　述

汽车上广泛采用的活塞式内燃机具有转矩变化范围小、转速高等特点，而复杂的使用条件则要求汽车的驱动力和车速在相当大的范围内变化。为了解决这一矛盾，在传动系统中设置了变速器。

4.1.1　变速器的功用

1. 实现变速、变矩

如果直接将发动机与驱动桥连接在一起，首先，由于发动机的转矩小，不能克服汽车的行驶阻力，使汽车根本无法起步；其次，即使汽车行驶起来，也会由于车速太快而不易驾控，甚至无法驾控。所以，必须通过变速器增大发动机的转矩，使转速下降，以适应汽车实际行驶的要求。变速器是通过不同的挡位来实现这一功用的。

2. 实现倒车

发动机曲轴的旋转方向从前往后看为顺时针方向，且旋转方向是不能改变的，为了实现汽车的倒向行驶，变速器中设置了倒挡。

3. 实现中断动力传动

在发动机起动和怠速运转、变速器换挡、汽车滑行和暂时停车等情况下，都需要中断发动机的动力传动，因此变速器中设有空挡。

4.1.2　变速器的类型

现代汽车上采用的变速器有多种结构形式，一般可以按照传动比和操纵方式进行分类。

1. 按传动比的变化方式分类

变速器按传动比的变化方式可分为有级式、无级式和综合式三种。

(1)有级式变速器

有级式变速器采用齿轮传动,它具有若干个定值传动比。轿车和轻、中型货车变速器多采用3~5个前进挡和一个倒挡,每个挡位对应一个传动比。重型汽车行驶的路况复杂,变速器的挡位较多,可有8~20个挡位。

齿轮式变速器具有结构简单、易于制造、工作可靠、传动效率高等优点,按照结构不同又可以分为二轴式和三轴式变速器。二轴式变速器广泛用于发动机前置前轮驱动的轿车,而三轴式变速器可应用于其他各类型车辆。

(2)无级式变速器

无级式变速器(英文缩写为CVT)传动比的变化是连续的。目前使用的无级式变速器一般都是采用金属带传动动力,通过主、从动带轮直径的变化实现无级变速。这种变速器在中、高级轿车上应用越来越多。

(3)综合式变速器

综合式变速器是由液力变矩器和有级齿轮式变速器组成的,一般都是由电脑来自动实现换挡,所以多把这种变速器称为自动变速器。这种变速器的传动比可在最大值与最小值之间的几个间断的范围内作无级变化,目前应用较多。

2. 按变速器操纵方式分类

按变速器操纵方式可分为手动变速器、自动变速器和手动自动一体变速器三种形式。

(1)手动变速器

手动变速器(英文缩写为MT)是通过驾驶者用手操纵变速杆来选定挡位,并直接操纵变速器的换挡机构进行挡位变换。齿轮式有级变速器大多数都采用这种换挡方式。

(2)自动变速器

自动变速器(英文缩写为AT)的自动控制系统根据发动机的负荷和车速的变化情况自动地选定挡位,并进行挡位变换,即自动地改变传动比。驾驶者只需要操纵加速踏板即可控制车速。

(3)手动自动一体变速器

这种变速器可以自动换挡,也可以手动换挡,比较典型的如奥迪A6的Tiptrunic,上海帕萨特1.8T也装有手动自动一体变速器。

4.1.3 普通齿轮传递的基本原理

普通齿轮变速器是利用不同齿数的齿轮啮合传动来实现转矩和转速的改变。

齿轮传动的基本原理如图4-1所示,一对齿数不同的齿轮啮合传动时可以实现变速,而且两齿轮的转速比与其齿数成反比。设主动齿轮转速为n_1,齿数为z_1,从动齿轮转速为n_2,齿数为z_2。主动齿轮(即输入轴)转速与从动齿轮(即输出轴)转速之比值称为传动比,用字母i_{12}表示。

$$i_{12}=n_1/n_2=z_2/z_1$$

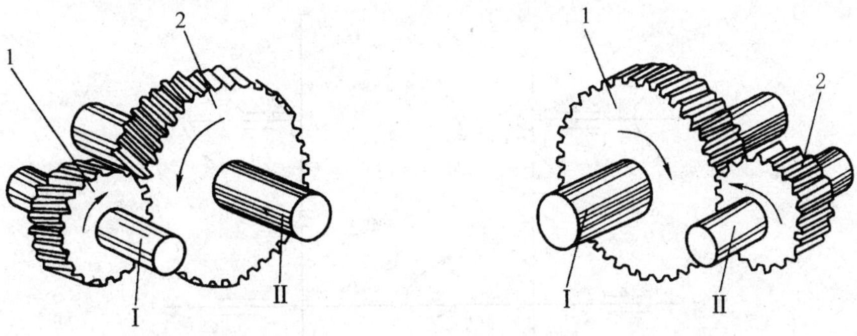

(a) 减速机构　　(b) 增速机构

图 4-1　齿轮传递的基本原理

Ⅰ—输入轴　Ⅱ—输出轴

1—主动齿轮　2—从动齿轮

如图 4-1(a)所示，当小齿轮为主动齿轮带动大齿轮转动时，输出转速降低，即 $n_2 < n_1$，称为减速传动，此时传动比 $i_{12} > 1$；如图 4-1(b)所示，当大齿轮驱动小齿轮时，输出转速升高，即 $n_2 > n_1$，称为增速传动，此时传动比 $i_{12} < 1$。这就是齿轮传动的变速原理。汽车变速器就是根据这一原理，利用若干大小不同的齿轮副传动而实现变速的。

图 4-2 为两级齿轮传动示意图，齿轮 1 为主动齿轮，驱动齿轮 2 转动，齿轮 2 与齿轮 3 连接在一起，再由齿轮 3 驱动齿轮 4 转动并输出动力，此时动力由齿轮 1 传递到齿轮 4 的传动比为：

$$i_{14} = \frac{n_1}{n_4} = \frac{(z_2 z_4)}{(z_1 z_3)} = i_{12} i_{34}$$

因此，多级齿轮传动总的传动比 $i_{总}$ 为：

$$i = \frac{\text{所有从动齿轮齿数的乘积}}{\text{所有主动齿轮齿数的乘积}} = \text{各级齿轮传动比的乘积}$$

对于变速器，各挡的传动比 i 就是变速器输入轴转速与输出轴转速之比，即

$$i = \frac{n_{输入}}{n_{输出}} = \frac{T_{输出}}{T_{输入}}$$

当 $i > 1$ 时，$n_{输出} < n_{输入}$，$T_{输出} > T_{输入}$，此时实现降速增矩，为变速器的低挡位，且 i 越大，挡位越低；当 $i = 1$ 时，$n_{输出} = n_{输入}$，$T_{输出} = T_{输入}$，为变速器的直接挡；当 $i < 1$ 时，$n_{输出} > n_{输入}$，$T_{输出} < T_{输入}$，此时实现升速降矩，为变速器的超速挡。

以桑塔纳 2000GSi 型轿车五挡手动变速器为例，各挡传动比见表 4-1。其中，一至三挡为降速挡，四挡为直接挡，五挡为超速挡。

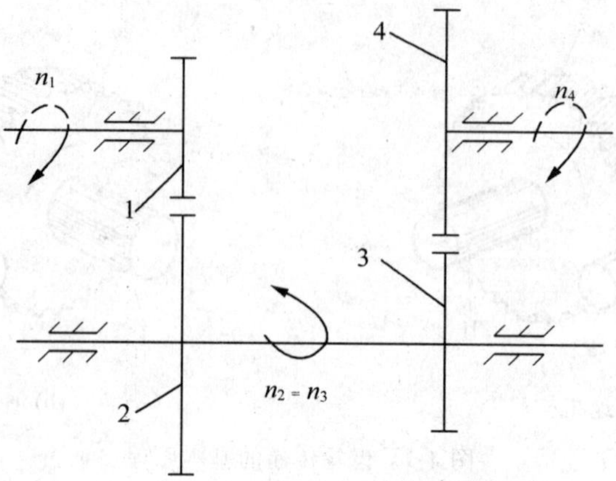

图 4-2　两级齿轮传动示意图

1、3—主动齿轮　2、4—从动齿轮

表 4-1　　　桑塔纳 2000GSi 型轿车五挡手动变速器各挡传动比

挡　位	传动比
Ⅰ	3.455
Ⅱ	1.944
Ⅲ	1.286
Ⅳ	1
Ⅴ	0.800

4.2　手动变速器的变速传动机构

手动变速器包括操纵机构和变速传动机构两大部分。

操纵机构是驾驶者操纵变速器的一套机构，其作用是通过驾驶者的操作，实现换挡。

变速传动机构是变速器的主体，是由若干组齿轮组成的齿轮副，其作用是通过改变齿轮的啮合路线，实现变速器输出转速和转矩的改变。

按照变速器工作轴的数量(不包括倒挡轴)不同，可分为二轴式变速器和三轴式变速器。

4.2.1　二轴式变速器的变速传动机构

二轴式变速器主要用于发动机前置前轮驱动的汽车，一般与驱动桥(前桥)合称为手动变速驱动桥。目前，国产轿车均采用这种变速器，如桑塔纳、捷达、富康和奥迪轿车等。

前置发动机有纵向布置和横向布置两种形式，与其配用的二轴式变速器也有两种不同的结构形式。

1. 发动机纵向布置的二轴式变速器

发动机前置且纵置时，主减速器为一对圆锥齿轮，如图 4-3 所示，奥迪 100 型轿车和桑塔纳 2000GSi 型轿车上均采用这种形式。

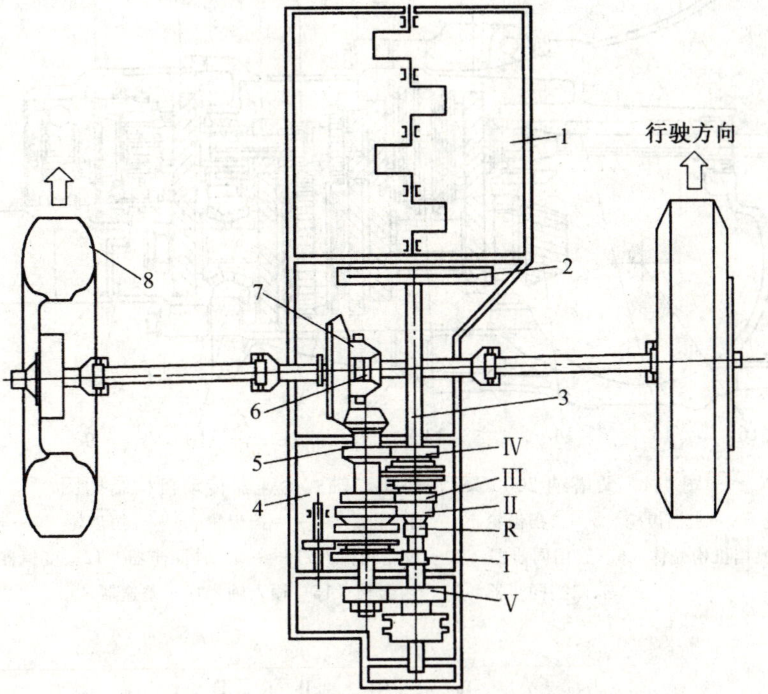

图 4-3　发动机纵置的二轴式变速器传动示意图

1—纵置发动机　2—离合器　3—变速器输入轴　4—变速器　5—变速器输出轴（主减速器主动锥齿轮）
6—差速器　7—主减速器从动锥齿轮　8—前轮
Ⅰ、Ⅱ、Ⅲ、Ⅳ、Ⅴ— 一、二、三、四、五挡齿轮　R—倒挡

桑塔纳 2000GSi 型轿车二轴式变速器传动机构的结构如图 4-4 所示。

(1)结构

该变速器的变速传动机构的输入轴和输出轴平行布置，输入轴也是离合器的从动轴，输出轴也是主减速器的主动锥齿轮轴。该变速器具有五个前进挡和一个倒挡，全部采用锁环式惯性同步器换挡。输入轴上有一至五挡主动齿轮，其中一、二挡主动齿轮与轴制成一体，三、四、五挡主动齿轮通过滚针轴承空套在轴上。输入轴上还有倒挡主动齿轮，它与轴制成一体。三、四挡同步器和五挡同步器也装在输入轴上。输出轴上有一至五挡从动齿轮，其中一、二挡从动齿轮通过滚针轴承空套在轴上，三、四、五挡齿轮通过花键套装在轴上。一、二挡同步器也装在输出轴上。在变速器壳体的右端还装有倒挡轴，上面通过滚针轴承套装有倒挡中间齿轮。

桑塔纳 2000GSi 型轿车二轴式变速器传动机构的示意图如图 4-5 所示。

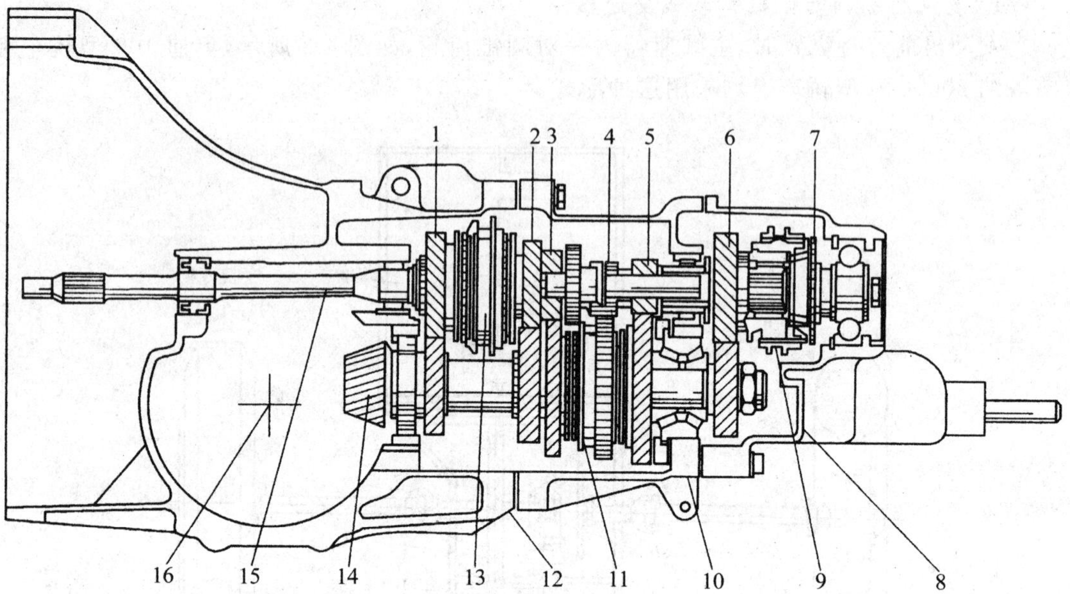

图 4-4　桑塔纳 2000GSi 型轿车二轴式变速器传动机构结构图

1—四挡齿轮　2—三挡齿轮　3—二挡齿轮　4—倒挡齿轮　5—一挡齿轮　6—五挡齿轮　7—五挡运行齿环　8—换挡机构壳体　9—五挡同步器　10—齿轮箱体　11— 一、二挡同步器　12—变速器壳体　13—三、四挡同步器　14—输出轴　15—输入轴　16—差速器

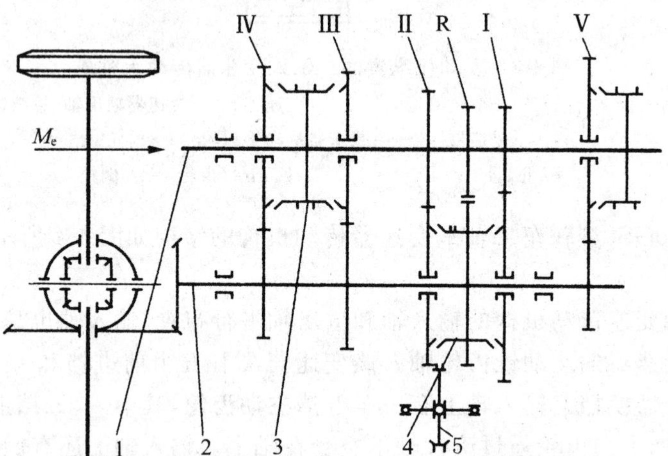

图 4-5　桑塔纳 2000GSi 型轿车二轴式变速器传动机构示意图

1—输入轴　2—输出轴　3—三、四挡同步器　4— 一、二挡同步器　5—倒挡中间齿轮

Ⅰ—一挡齿轮　Ⅱ—二挡齿轮　Ⅲ—三挡齿轮　Ⅳ—四挡齿轮　Ⅴ—五挡齿轮　R—倒挡齿轮

(2)各挡动力传动路线

桑塔纳 2000GSi 型轿车二轴式变速器各挡动力传动路线见表 4-2。

表 4-2　　　　　桑塔纳 2000GSi 型轿车五挡手动变速器各挡动力传动路线

挡位	动力传递路线
一	变速器操纵杆从空挡向左、向前移动，实现： 动力→输入轴→输入轴上一挡齿轮→输出轴上一挡齿轮→输出轴上一、二挡同步器→输出轴→动力输出
二	变速器操纵杆从空挡向左、向后移动，实现： 动力→输入轴→输入轴上二挡齿轮→输出轴上二挡齿轮→输出轴上一、二挡同步器→输出轴→动力输出
三	变速器操纵杆从空挡向前移动，实现： 动力→输入轴→输入轴上三、四同步器→输入轴上三挡齿轮→输出轴挡齿轮→输出轴→动力输出
四	变速器操纵杆从空挡向后移动，实现： 动力→输入轴→输入轴上三、四同步器→输入轴上四挡齿轮→输出轴上四挡齿轮→输出轴→动力输出
五	变速器操纵杆从空挡向右、向前移动，实现： 动力→输入轴→输入轴上五挡同步器→输入轴上五挡齿轮→输出轴→动力输出
倒	变速器操纵杆从空挡向右、向后移动，实现： 动力→输入轴→输入轴上倒挡齿轮→倒挡轴上倒挡齿轮→输出轴上倒挡齿轮→输出轴→动力输出

2. 发动机横向布置的二轴式变速器

捷达轿车采用这种形式。

(1)结构

发动机横向布置的二轴式变速器结构如图 4-6 所示，所有前进挡齿轮和倒挡齿轮都采用常啮合斜齿轮，并采用锁环式同步器换挡。

(2)各挡动力传动路线

1)一挡

如图 4-7 所示，一、二挡同步器使一挡齿轮与主减速器主动齿轮轴接合，将变速齿轮锁定到主减速器主动齿轮轴上。输入轴齿轮的一挡主动齿轮顺时针转动，顺时针旋转驱动一挡从动齿轮和主减速器主动齿轮轴逆时针旋转，主减速器主动齿轮又驱动主减速器从动齿轮。

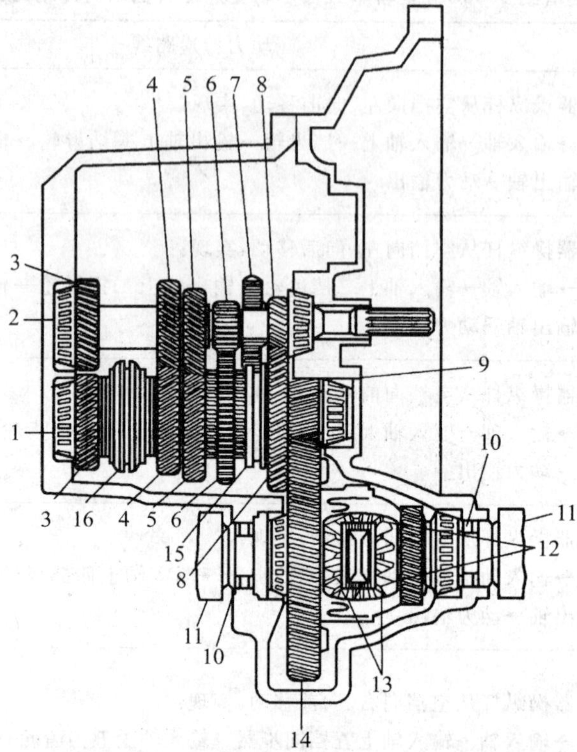

图 4-6　发动机横向布置的二轴式变速器结构图

1—输出轴　2—输入轴　3—四挡齿轮　4—三挡齿轮　5—二挡齿轮　6—倒挡齿轮　7—倒挡惰轮　8—一挡齿轮　9—主减速器主动齿轮　10—差速器油封　11—等速万向节轴　12—差速行星齿轮　13—差速半轴齿轮　14—主减速器从动齿轮　15—一、二挡同步器　16—三、四挡同步器

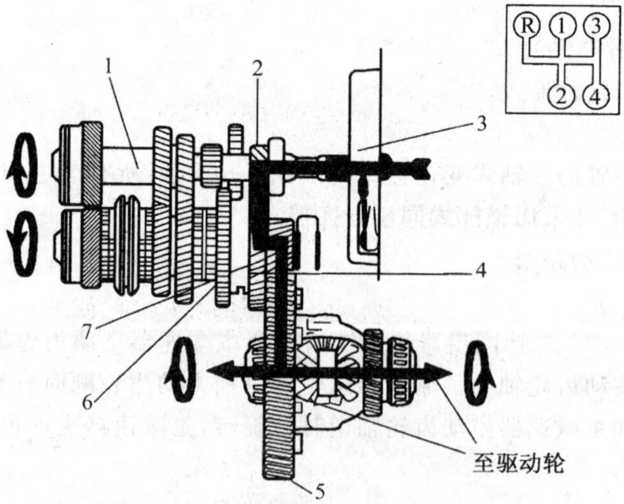

图 4-7　一挡动力传动路线

1—输入轴齿轮组件　2—一挡主动齿轮　3—离合器总成　4—一挡从动齿轮　5—主减速器从动齿轮　6—一、二挡同步器　7—主减速器主动齿轮

2)二挡

从一挡换到二挡时,一、二挡同步器分离一挡从动齿轮,并结合二挡从动齿轮,其动力传动路线如图 4-8 所示。

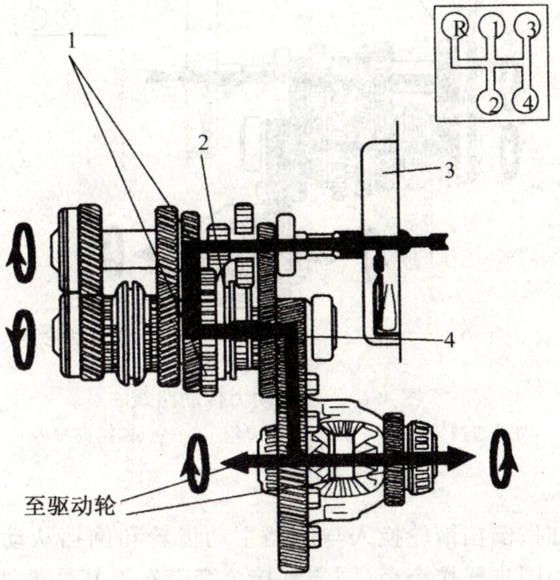

图 4-8　二挡动力传动路线

1—二挡齿轮　2—一、二挡同步器　3—离合器总成　4—主减速器主动齿轮

3)三挡

当二挡同步器接合套返回空挡后,将三、四挡同步器锁定到主减速器主动齿轮轴上的三挡齿轮上,其动力传动路线如图 4-9 所示。

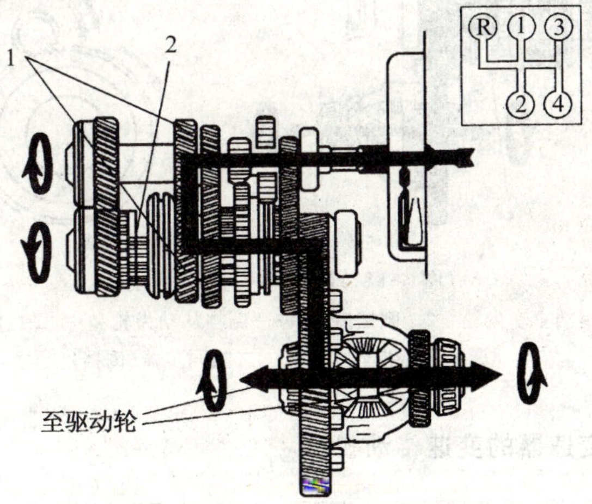

图 4-9　三挡动力传动路线

1—三挡齿轮　2—三、四挡同步器套

4)四挡

将三、四挡同步器接合套从三挡齿轮移开,移向四挡齿轮,将其锁定在主减速器主动

齿轮轴上，其动力传动路线如图 4-10 所示。

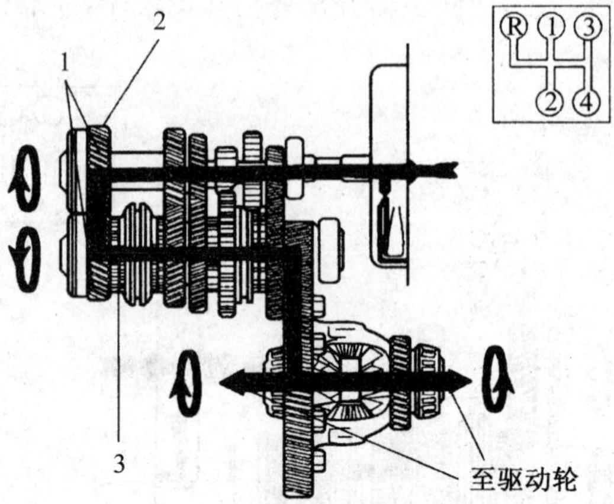

图 4-10　四挡动力传动路线

1—四挡齿轮　2—四挡主动齿轮　3—三、四挡同步器

5)倒挡

变速杆位于倒挡时，倒挡惰轮换入与倒挡主动齿轮和倒挡从动齿轮啮合。倒挡从动齿轮同时又是一、二挡同步器接合套，同步器接合套带有沿其外缘加工的直齿。倒挡惰轮改变变速齿轮的转动方向，汽车就可以倒车，其动力传动路线如图 4-11 所示。

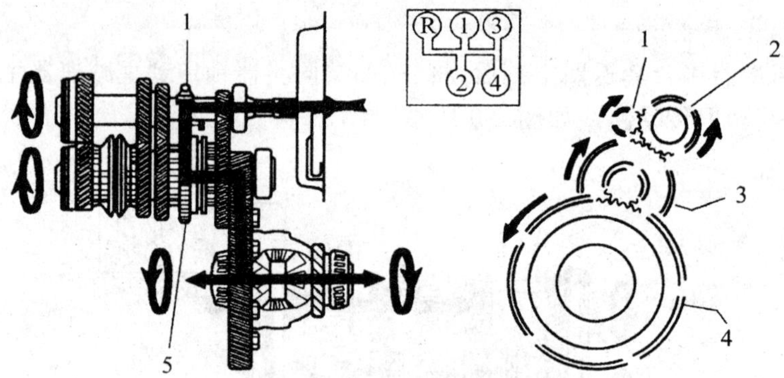

图 4-11　倒挡动力传动路线

1—倒挡主动齿轮　2—倒挡惰轮　3—倒挡从动齿轮和一、二挡同步器

4—差速器齿圈　5—一、二挡同步器(倒挡)

4.2.2　三轴式变速器的变速传动机构

三轴式变速器有三根传动轴，所以称为三轴式变速器，主要用于发动机前置后轮驱动汽车。以东风 EQ1092 型商用车变速器为例介绍其结构和工作原理。

1. 结构

该变速器为三轴五挡变速器，即五个前进挡和一个倒挡。设有一轴(1)、二轴(14)和中间轴(16)，另外还设有倒挡轴(17)，图 4-12 为其结构和工作原理示意图。

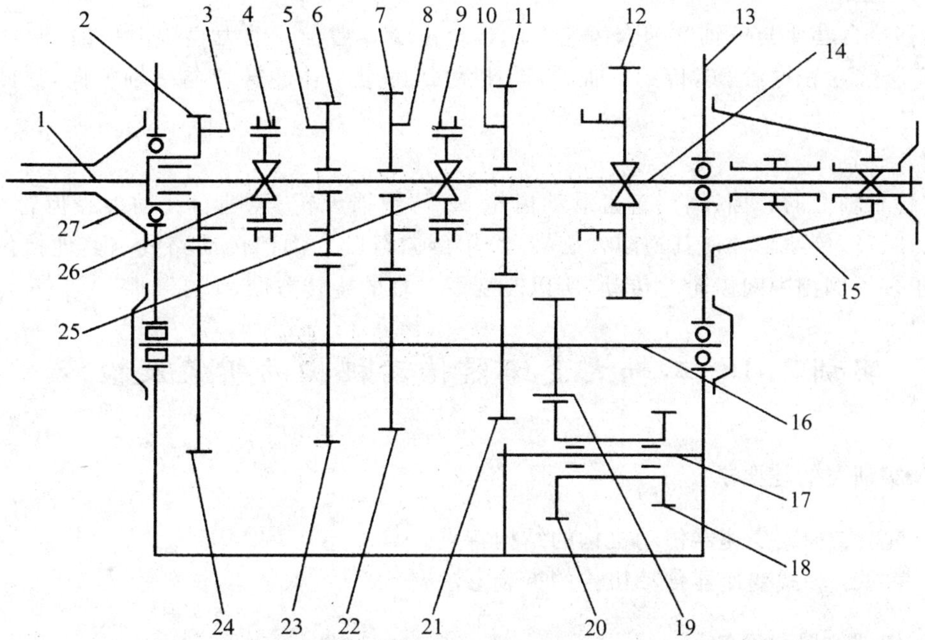

图 4-12　东风 EQ1092 型商用车三轴式变速器工作原理示意图

1—一轴　2—一轴常啮合齿轮　3—一轴常啮合齿轮接合齿圈　4、9—接合套　5—四挡齿轮接合齿圈　6—二轴四挡齿轮　7—二轴三挡齿轮　8—三挡齿轮接合齿圈　10—二挡齿轮接合齿圈　11—二轴二挡齿轮　12—二轴一挡、倒挡直齿滑动齿轮　13—变速器壳体　14—二轴　15—回油螺纹　16—中间轴　17—倒挡轴　18、20—倒挡中间齿轮　19—中间轴一挡、倒挡齿轮　21—中间轴二挡齿轮　22—中间轴三挡齿轮　23—中间轴四挡齿轮　24—中间轴常啮合齿轮　25、26—花键毂　27—一轴轴承盖

2. 各挡动力传动路线

(1)空挡

二轴上的各接合套、传动齿轮均处于中间空转的位置，动力不传给第二轴。

(2)一挡

前移二轴上的一挡、倒挡直齿滑动齿轮 12，与中间轴一挡、倒挡齿轮 19 啮合。动力经一轴常啮合齿轮 2，中间轴常啮合齿轮 24，中间轴一挡、倒挡齿轮 19，二轴一挡、倒挡齿轮 12，传到第二轴，使其顺时针旋转（与第一轴同向）。

(3)二挡

后移接合套 9 与二轴二挡齿轮 11 的接合齿圈 10 啮合。动力经齿轮 2、24、21、11，齿圈 10，接合套 9，花键毂 25，传到二轴使其顺时针旋转。

(4)三挡

前移接合套 9 与二轴三挡齿轮 7 的接合齿圈 8 啮合。动力经齿轮 2、24、22、7，齿圈 8，接合套 9，花键毂 25，传到二轴使其顺时针旋转。

(5)四挡

后移接合套 4 与二轴四挡齿轮 6 的接合齿圈 5 啮合。动力经齿轮 2、24、23、6，齿圈 5，接合套 4，花键毂 26，传到二轴使其顺时针旋转。

(6)五挡

前移接合套 4 与一轴常啮合齿轮 2 的接合齿圈 3 啮合。动力直接由一轴、齿轮 2、齿圈 3、接合套 4、花键毂 26,传到二轴,传动比为 1,由于二轴的转速与一轴相同,故此挡称为直接挡。

(7)倒挡

后移二轴上的一挡、倒挡直齿滑动齿轮 12 与倒挡齿轮 18 啮合。动力经齿轮 2、24、19、20、18、12,传给二轴使其逆时针旋转,汽车倒向行驶。倒挡传动路线与其他挡位相比较,由于多了倒挡中间齿轮的传动,所以改变了二轴的旋转方向。

实训 4.1　二轴式变速器传动机构的拆装及检修

一、实训目的与要求

1. 熟悉二轴式变速器传动机构的结构特点。
2. 掌握二轴式变速器传动机构的拆装方法。

二、实训仪器和设备

通用工具、通用量具、桑塔纳 2000GSi 二轴式变速器变速传动机构及该车维修专用工具。

三、注意事项

1. 装配前认真清洗零件,除去污物、毛刺和铁屑等。各润滑油孔保证畅通。
2. 装配各部轴承及键槽时,应涂质量优良的润滑油进行预润滑。总成修理时,应更换所有的滚针轴承。
3. 不得用硬金属直接锤击零件的工作表面。
4. 解体变速器时,对同步器各元件做好装配记号,以免装错。
5. 组装中间轴和第二轴时,注意各挡齿轮、同步器花键毂、推力垫圈的方向及位置,以保证齿轮的正确啮合位置。
6. 安装第一轴、第二轴及中间轴的轴承时,只许用压套垂直压在内圈上,禁止施加冲击载荷,轴承内圈圆角较大的一侧必须朝向齿轮。
7. 变速器装配后,要检查各齿轮的轴向间隙和各齿轮副的啮合间隙及啮合印痕。

四、实训步骤

二轴式变速器的变速传动机构包括输入轴、输出轴及其上的齿轮。输入轴和输出轴的分解分别如图 4-13 和图 4-14 所示。

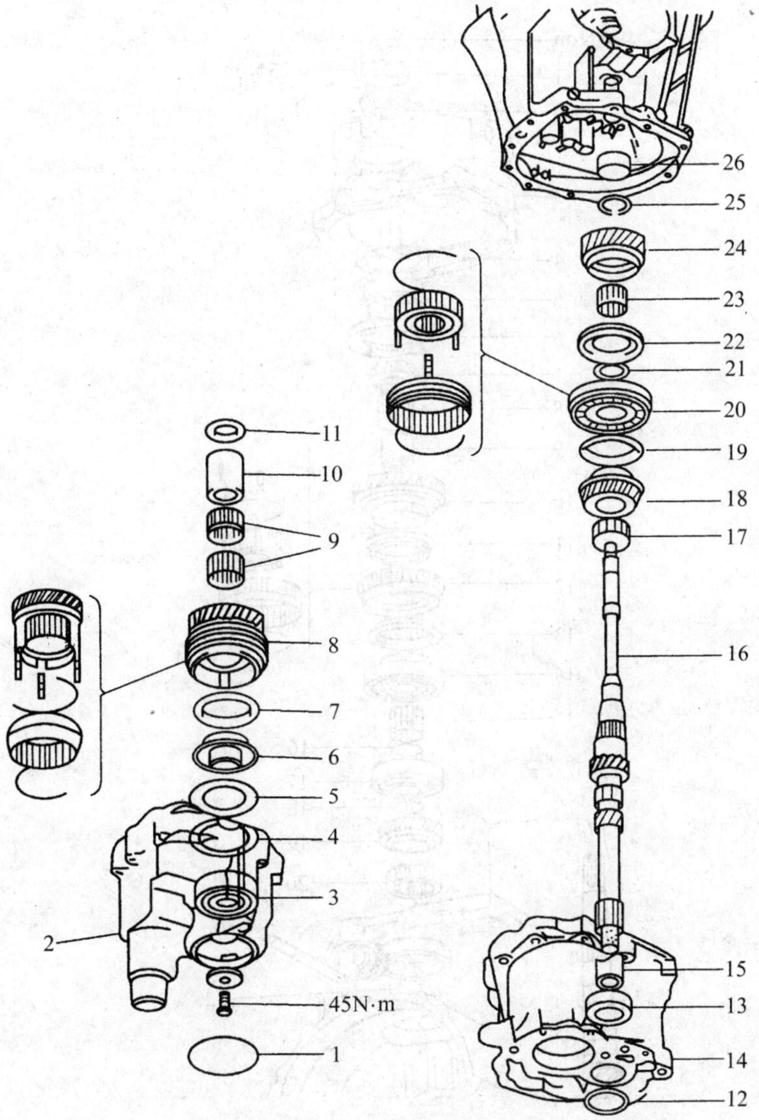

图 4-13　变速器输入轴分解

1—后轴承的罩盖　2—变速器后盖　3—输入轴后轴承　4—卡环　5—挡油圈　6—五挡同步套管　7—五挡同步环　8—五挡同步器和齿轮　9—五挡齿轮滚针轴承　10—五挡齿轮滚针轴承内座圈　11—固定垫圈　12—卡环　13—中间轴承　14—轴承支座　15—中间轴承内座圈　16—输入轴　17—三挡齿轮滚针轴承　18—三挡齿轮　19—三挡同步环　20—三挡和四挡同步器　21—卡环　22—四挡同步器　23—四挡齿轮滚针轴承　24—四挡齿轮　25—卡环　26—输入轴滚针轴承

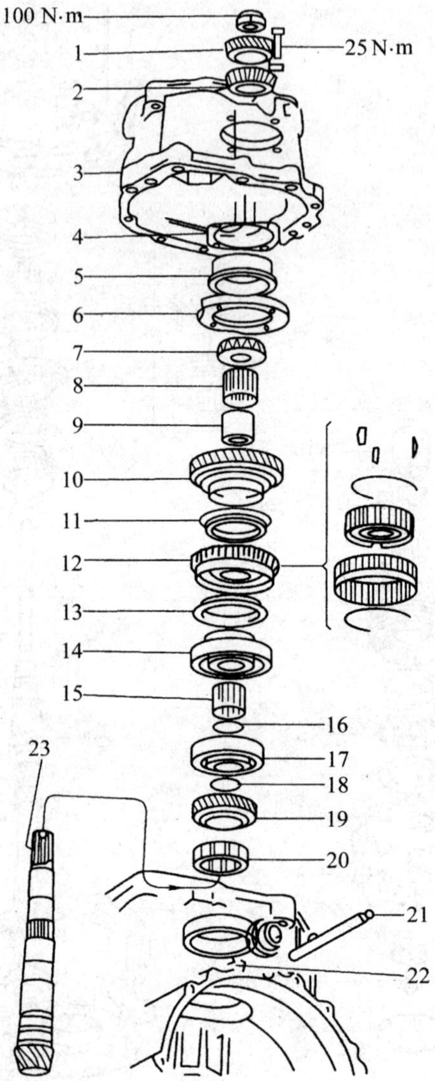

图 4-14　变速器输出轴分解

1—五挡齿轮　2—输出轴外后轴承　3—轴承支座　4—调整垫片　5—后轴承外圈　6—轴承保持架　7—输出轴内后轴承　8—一挡齿轮滚针轴承　9—一挡齿轮滚针轴承内座圈　10—一挡齿轮　11—一挡同步环　12—一挡和二挡同步器　13—二挡同步环　14—二挡齿轮　15—二挡齿轮滚针轴承　16—挡环　17—三挡齿轮(凸缘应转向四挡齿轮)　18—挡环　19—四挡齿轮(凸缘应转向主动锥齿轮)　20—输出轴前轴承　21—圆柱销　22—输出轴前轴承外圈　23—输出轴

(一)整套齿轮的拆卸

1. 拆卸变速器。

2. 拆下变速器后盖。

3. 拆下轴承支座。

4. 拆下整套齿轮。

(二)输入轴的拆卸

拆下四挡齿轮的卡环。取下四挡齿轮、同步环和滚针轴承。拆下同步器锁环,如图 4-15 所示。取下三挡和四挡同步器、三挡同步环和齿轮,如图 4-16 所示。取下三挡齿轮的滚针轴承。取下输入轴的中间轴承内座圈,如图 4-17 所示。

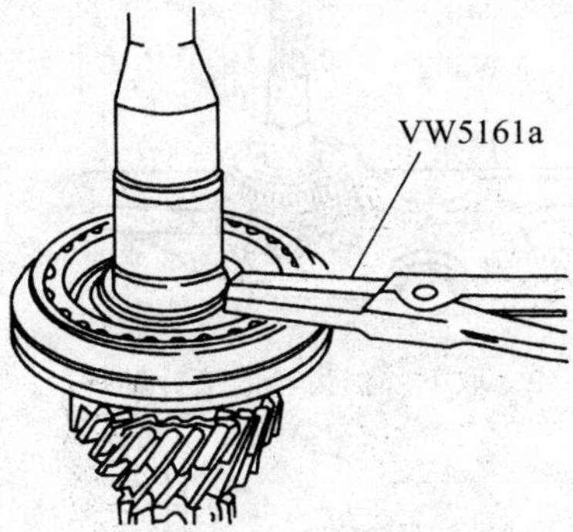

图 4-15　拆下同步器锁环

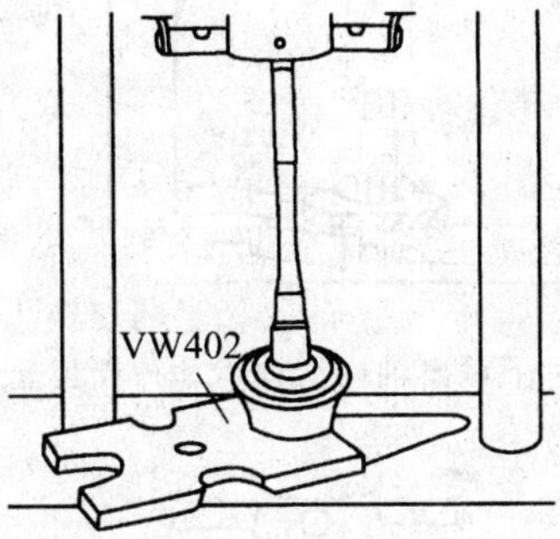

图 4-16　取下三挡和四挡同步器、三挡同步器和齿轮

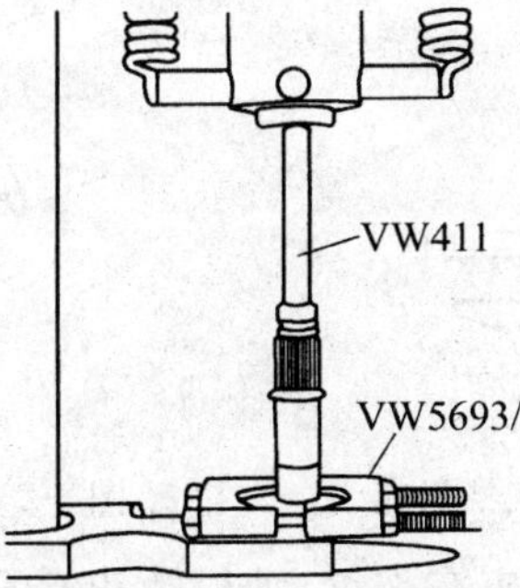

图 4-17　取下输入轴的中间轴承内座圈

(三)输出轴的拆卸

拆下输出轴内后轴承和一挡齿轮,如图 4-18 所示。取下滚针轴承和一挡同步环。取下滚针轴承的内座圈、同步器和二挡齿轮。如图 4-19 所示,取下二挡齿轮的滚针轴承。拆下三挡齿轮的卡环、三挡齿轮,如图 4-20 所示。拆下四挡齿轮的卡环、四挡齿轮。拆下输出轴的前轴承。

(四)输入轴、输出轴的安装

1. 检查所有齿轮和轴承的损坏情况。齿面有轻微斑点的,在不影响使用的情况下可以用油石修磨。当齿厚磨损超过 0.2mm、齿长磨损超过原齿长的 15%或斑点面积超过齿面 15%时,则应更换齿轮,齿轮应成对更换。装好滚针轴承和内座圈后,用百分表检查齿轮与内座圈之间的间隙,如图 4-21 所示。标准间隙为 0.009～0.060mm,极限间隙为 0.15mm,超过极限应更换轴承。

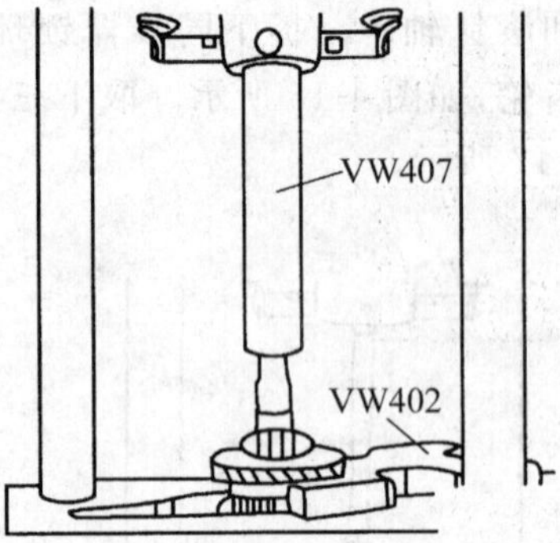

图 4-18　拆下输出轴内后轴承和一挡齿轮

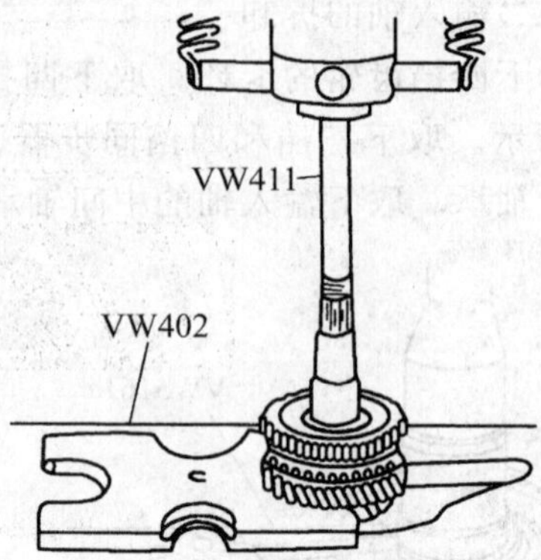

图 4-19　取下二挡齿轮的滚针轴承

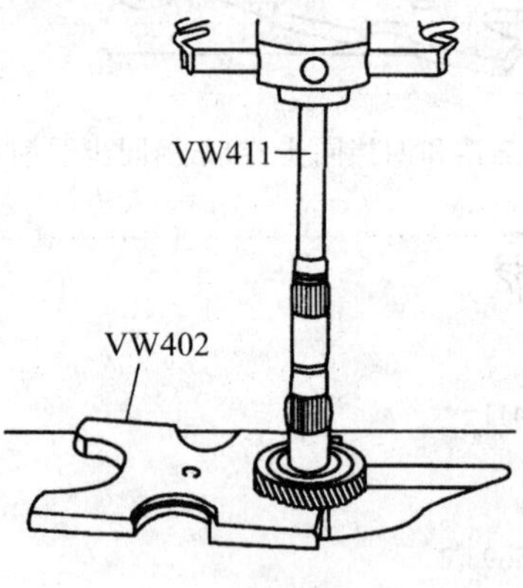

图 4-20　拆下三挡齿轮的卡环、三挡齿轮

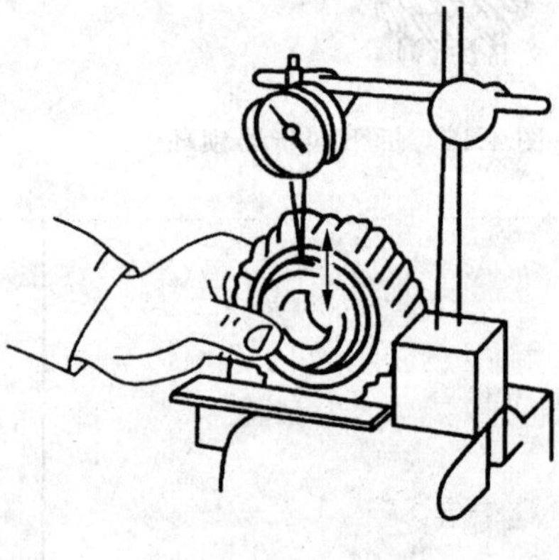

图 4-21　检查齿轮与内座圈之间的间隙

2. 检查输入轴和输出轴，不应有裂纹，轴径及花键不应有严重磨损，轴上的齿轮不应有断齿和严重磨损，否则应更换。检查轴的径向圆跳度，如图 4-22 所示，不应超过 0.05mm，否则应更换或校正。

图 4-22　检查轴的径向圆跳度

3. 用钢丝刷清洗同步环的内锥面。在更换一挡齿轮滚针轴承的内座圈或输出轴的后轴承时，计算输出轴的调整垫片厚度。

将同步环压在各自齿轮的锥面上，按压转动同步环时要有阻力，用塞尺测量环齿与轮齿之间的间隙 α，如图 4-23 所示。间隙 α 的规定值见表 4-3。如果不符合规定，应更换同步环。

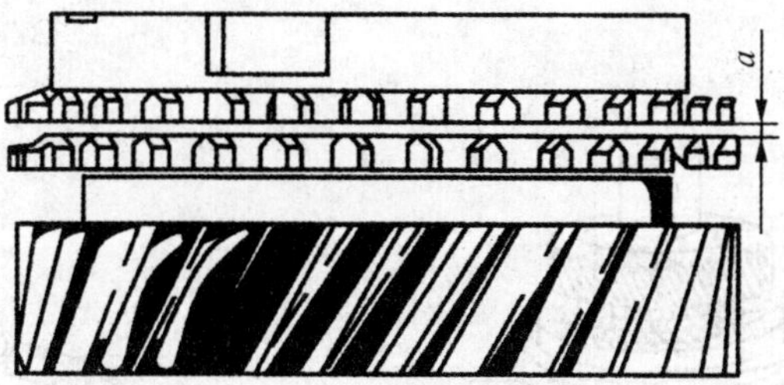

图 4-23 检查同步器间隙

表 4-3 **同步器环齿与齿轮的间隙（α/mm）**

同步环	间隙 α	
	新零件	磨损限度
一挡和二挡	1.10～1.17	0.05
三挡和四挡	1.35～1.90	0.05
五挡	1.10～1.70	0.05

5. 装上中间轴承的内座圈，如图 4-24 所示。

6. 将预先润滑过的三挡齿轮滚针轴承装上，把油槽转向二挡齿轮。组装三挡、四挡同步器。装上三挡齿轮和三挡、四挡同步器，装上卡环，如图 4-25 所示。

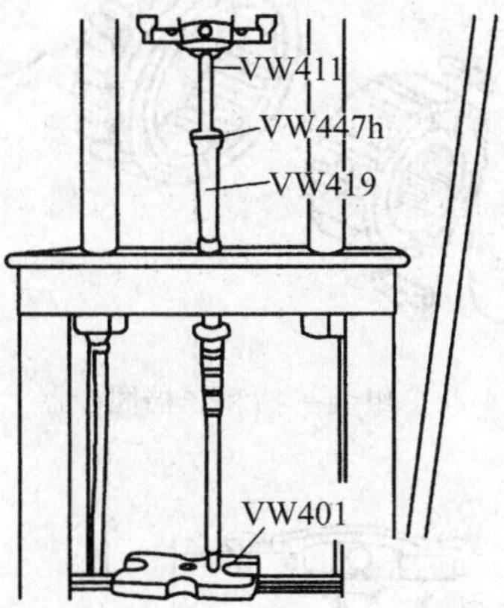

图 4-24 装上中间轴内座圈

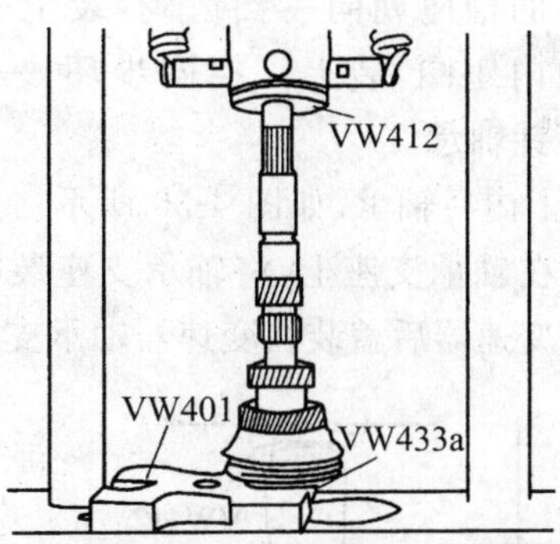

图 4-25 装上三挡齿轮和三挡、四挡同步器

7. 装上同步环、滚针轴承和四挡齿轮，再装卡环。如图 4-26 所示，用 2kN 的力将三挡齿轮、同步器和四挡齿轮紧紧压在卡环上，把总成固定好。

8. 将前轴承装在输出轴上。装上四挡齿轮。用手扶住前轴承，齿轮有凸缘的一边应朝向轴承。用卡环将四挡齿轮固定好，卡环的厚度有 2.35mm、2.38mm、2.41mm、2.44mm、2.47mm 等几种。

9. 安装三挡齿轮，凸缘应朝向四挡齿轮。用塞尺测量卡环的厚度，如图 4-27 所示。

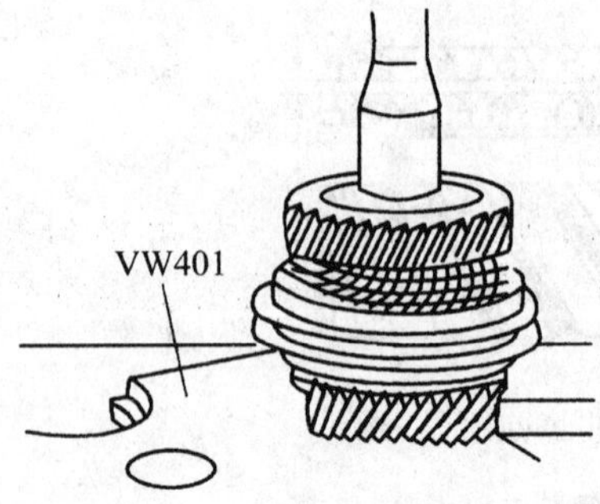

图 4-26　装上三挡齿轮、同步器和四挡齿轮

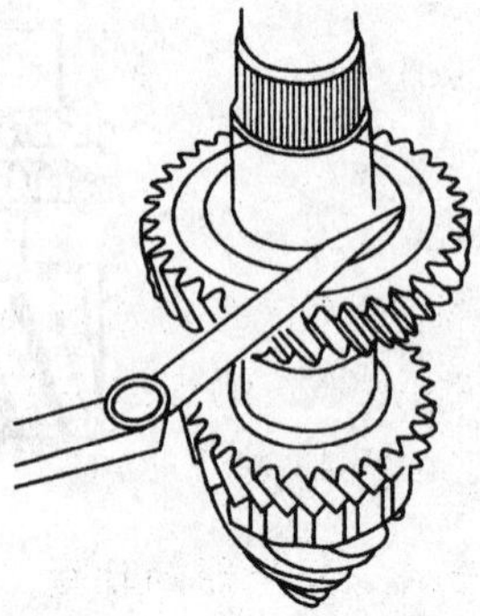
图 4-27　测量卡环厚度

根据测量结果，选择适当的卡环装上，卡环厚度的选择见表 4-4。

表 4-4　　卡环厚度的选择

测量尺寸/mm	卡环厚度/mm
＜1.6	1.5
≥1.6	1.6

10. 安装滚针轴承、齿轮和二挡同步环。装配一挡和二挡同步器，如图 4-28 所示。

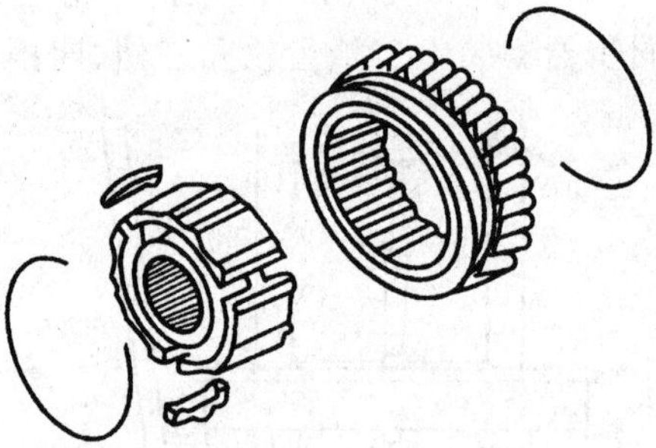
图 4-28　组装一挡和二挡同步器

11. 装上一挡和二挡同步器，如图 4-29 所示，同步器壳体的槽应朝向一挡齿轮，装上一挡齿轮滚针轴承的内座圈，装上一挡同步环、一挡齿轮、一挡齿轮滚针轴承。

12. 装上内后轴承，如图 4-30 所示。将输入轴和输出轴装在轴承支座上，将轴承支座装在变速器壳体上。将变速器后盖装在变速器轴承支座上。

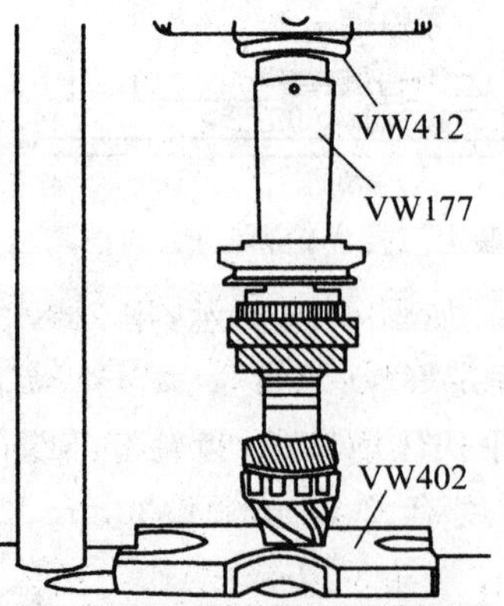

图 4-29　装上一挡和二挡同步器

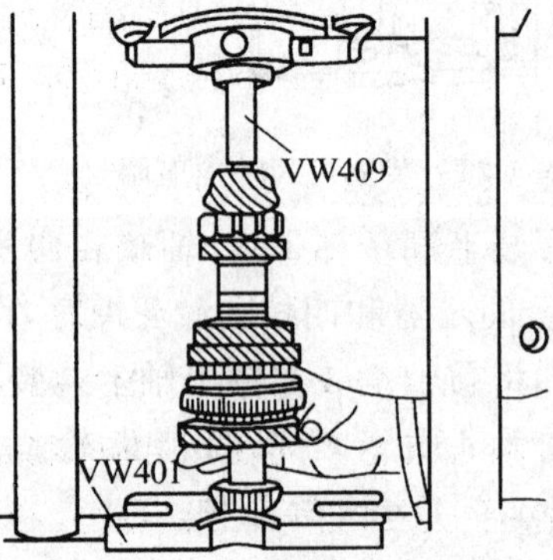

图 4-30　安装内座圈

4.3　同步器

目前汽车上手动齿轮变速器换挡方式有两种：一是采用直齿滑动齿轮，如东风EQ1092的一挡、倒挡的换挡方式；二是采用同步器换挡，几乎所有的变速器都是采用同步器进行换挡。

4.3.1　同步器的功用

同步器的功用是使接合套与待啮合的齿圈迅速同步，以缩短换挡时间，实现顺利换挡。防止待啮合齿轮在同步前啮合，产生换挡冲击。

4.3.2　无同步器的换挡过程

以无同步器五挡变速器的四、五挡互换为例进行介绍，示意图如图4-31所示，它是采用接合套进行换挡的。

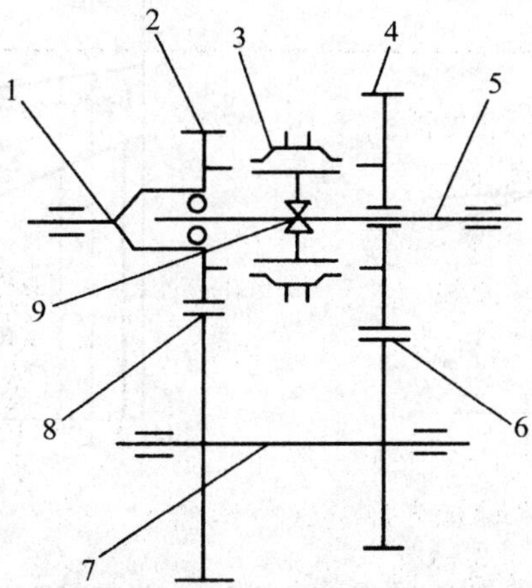

图4-31　无同步器五挡变速器的四、五挡互换示意图

1—一轴　2—一轴常啮合齿轮　3—接合套　4—二轴四挡齿轮　5—二轴　6—中间轴四挡齿轮　7—中间轴　8—中间轴常啮合齿轮　9—花键毂

1. 低挡换高挡(四挡换五挡)

变速器在四挡工作时，接合套3与二轴四挡齿轮4上的接合齿圈啮合，两者接合齿的圆周速度$v_3=v_4$。欲换入五挡时，驾驶者先踩下离合器踏板，离合器分离，再通过变速操纵机构将接合套3左移，处于空挡位置。此时仍是$v_3=v_4$，因二轴四挡齿轮4的转速低于一轴常啮合齿轮2的转速，圆周速度$v_4<v_2$。所以在换入空挡的瞬间，$v_3<v_2$，为避免齿轮冲击，不应立即换入五挡，应先在空挡停留片刻。在空挡位置时，变速器输入轴各零件已与发动机中断了动力传递且转动惯量较小，再加上中间轴齿轮有搅油阻力，所以v_2下降较快，如图4-32(a)所示；而整个汽车的转动惯性大，导致接合套3(与第二轴转速相同)

的圆周速度 v_3 下降慢，因图 4-32(a)中两直线 v_3、v_2 的倾斜度不同而相交，交点即为同步状态($v_3=v_2$)。此时将接合套左移与齿轮 2 上的齿圈啮合挂入五挡，就不会产生冲击。但自然减速出现同步的时刻太晚，应在摘下四挡后，立即抬起离合器踏板，利用发动机怠速工况迫使一轴 1 更快地减速，v_2 下降较快，如图 4-32(a)中虚线所示，同步点出现的早，从而缩短了换挡时间。

2. 高挡换低挡(五挡换四挡)

变速器在五挡工作时以及由五挡换入空挡的瞬间，接合套 3 与一轴常啮合齿轮 2 接合齿圈的圆周速度相同，即 $v_3=v_2$，因 $v_2>v_4$，故 $v_3>v_4$，如图 4-32(b)所示。但在空挡时 v_4 下降得比 v_3 快，即 v_4 与 v_3 不会出现相交点，不可能达到自然同步状态。所以，驾驶者应在变速器退回空挡后，立即抬起离合器踏板，同时踩下加速踏板，使发动机连同离合器从动盘和一轴都从 B 点开始升速，让 $v_4>v_3$，如图 4-32(b)中虚线所示，再踩下离合器踏板稍等片刻，$v_3=v_4$(同步点 A)，即可换入四挡。

图 4-32(b)中还有一次同步时刻 A'，可以利用这一点来缩短换挡时间。由于此点是踩加速踏板过程中出现的，因此要求有熟练的操作技能。

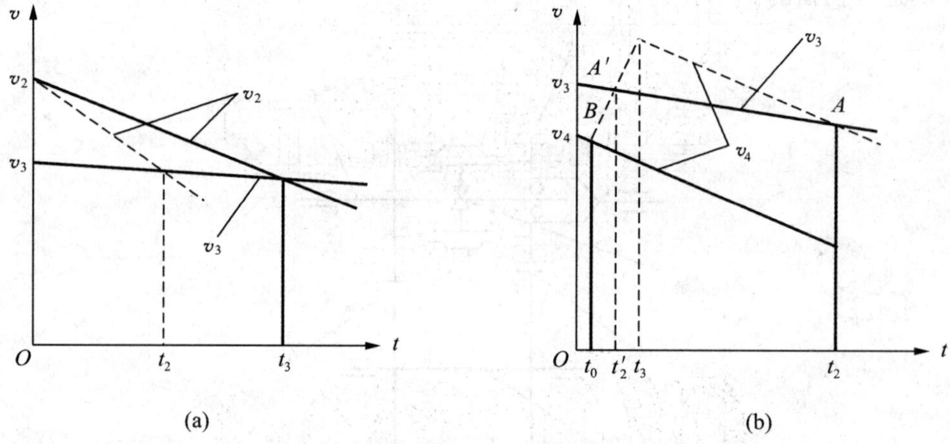

图 4-32 无同步器变速器的换挡过程高挡换低挡

由此可见，欲使无同步器变速器换挡时不产生换挡冲击，需采取较复杂的操作，不仅易使驾驶者产生疲劳，而且齿轮间会产生撞击，降低齿轮的使用寿命。

4.3.3 同步器的构造及工作原理

目前所采用的几乎都是摩擦式惯性同步器，按锁止装置不同，可分为锁环式惯性同步器和锁销式惯性同步器。

1. 锁环式惯性同步器

(1)构造

锁环式惯性同步器的结构如图 4-33 所示，花键毂 7 用内花键套装在二轴外花键上，用垫圈、卡环轴向定位。花键毂 7 两端与齿轮 1 和 4 之间各有一个青铜制成的锁环(即同步环)5 和 9。锁环上有短花键齿圈，其花键的尺寸和齿数与花键毂、齿轮 1 和 4 的外花键齿相同。两个齿轮和锁环上的花键齿，靠近接合套 8 的一端都有倒角(锁止角)，且与接合套齿端的倒角相同。锁环有内锥面，与齿轮 1、4 的外锥面锥角相同。

在锁环内锥面上制有细密的螺纹(或直槽)，当锥面接触后，它能及时破坏油膜，增加锥面间的摩擦力。锁环内锥面摩擦副称为摩擦件，外沿带倒角的齿圈是锁止件，锁环上还有三个均布的缺口 12。三个滑块 2 分别装在花键毂 7 上三个均布的轴向槽 11 内，沿槽可以轴向移动。滑块被两个弹簧圈 6 的径向力压向接合套，滑块中部的凸起部位压嵌在接合套中部的环槽 10 内。滑块和弹簧是推动件。滑块两端伸入锁环 5 的缺口 12 中，滑块窄而缺口宽，两者之差等于锁环的花键齿宽。锁环相对于滑块顺转和逆转都只能转动半个齿宽，且只有当滑块位于锁环缺口的中央时，接合套与锁环才能接合。

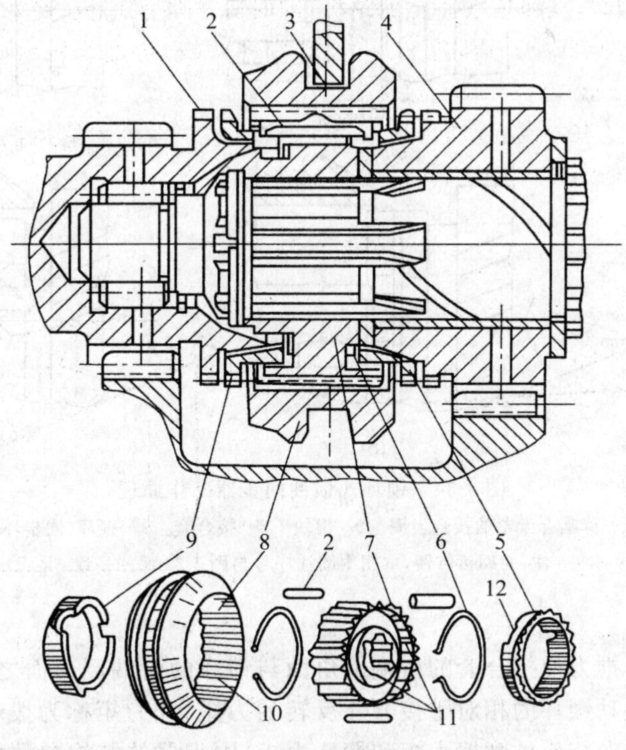

图 4-33　锁环式惯性同步器

1—一轴常啮合齿轮的接合齿圈　2—滑块　3—拨叉　4—二轴齿轮　5、9—锁环(同步环)　6—弹簧圈　7—花键毂　8—接合套　10—环槽　11—三个轴向槽　12—缺口

(2)工作原理

以二挡换三挡为例，说明同步器的工作原理，如图 4-34 所示。

1)空挡位置

接合套 8 刚从二挡退入空挡时，如图 4-34(a)所示，三挡齿轮 1、接合套 8、锁环 9 以及与其有关联的运动件，因惯性作用而沿原方向继续旋转(图示箭头方向)。由于齿轮 1 是高挡齿轮(相对于二挡齿轮来说)，所以接合套 8、锁环 9 的转速低于齿轮 1 的转速。

2)挂挡

欲换入三挡时，驾驶者通过变速杆使拨叉 3 推动接合套 8 连同滑块 2 一起向左移动，如图 4-34(b)所示，滑块又推动锁环移向齿轮 1，使锥面接触。驾驶者作用在接合套上的轴向推力，使两锥面有正压力 N，又因两者有转速差，所以产生摩擦力矩。通过摩擦作用，齿轮 1 带动锁环相对于接合套向前转动一个角度，直至锁环缺口靠在滑块的另一侧(上侧)为止，此时接合套的内齿与锁环上错开了约半个齿宽，接合套的齿端倒角面与锁环的齿端倒角面互相抵住。

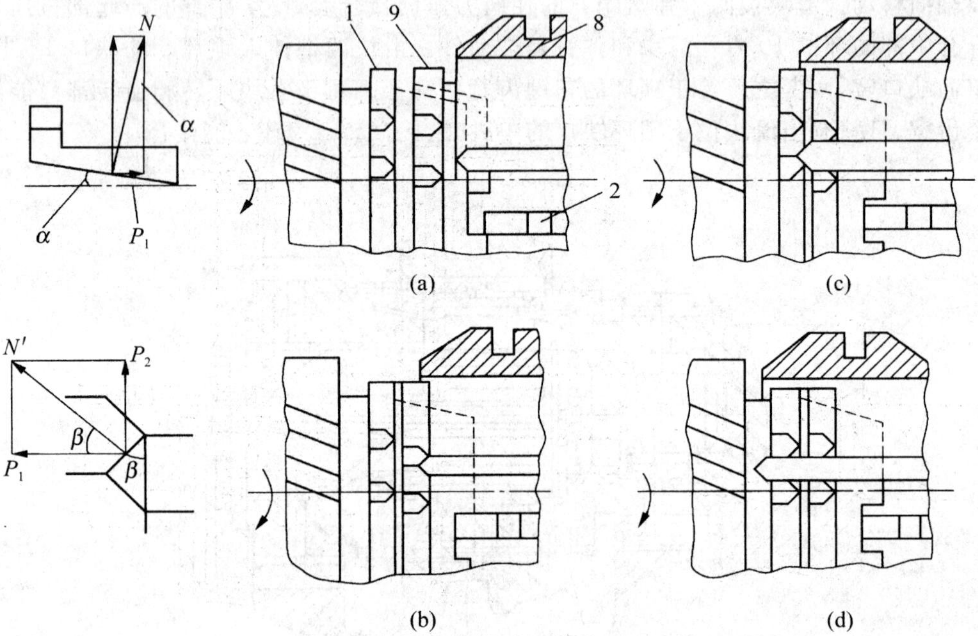

图 4-34　锁环式惯性同步器工作原理

1—待啮合齿轮的接合齿圈　2—滑块　8—接合套　9—锁环(同步环)

注：为阅读方便，本图中图注序号与图 4-33 保持一致

3)锁止

驾驶者的轴向推力使接合套的齿端倒角面与锁环的齿端倒角面之间产生正压力，从而形成一个企图拨动锁环的相对于接合套反转的力矩，此力矩称为拨环力矩。这样在锁环上同时作用着方向相反的摩擦力矩和拨环力矩，同步器的结构参数可以保证在同步前(存在摩擦力矩)拨环力矩始终小于摩擦力矩，所以，在同步之前无论驾驶者施加多大的操纵力，都不会挂上挡，即产生锁止作用，如图 4-34(c)所示。

4)同步啮合

随着驾驶者施加于接合套上的推力加大，摩擦力矩不断增加，使齿轮 1 的转速迅速降低。当齿轮 1、接合套 8 和锁环 9 达到同步时，作用在锁环上的摩擦力矩消失。此时在拨环力矩的作用下，锁环 9、齿轮 1 以及与之相连的各零件都相对于接合套反转一个角度，滑块 2 处于锁环缺口的中央，如图 4-34(c)所示，键齿不再抵触，锁环的锁止作用消除。接合套压下弹簧圈继续左移(滑块脱离接合套的内环槽而不能左移)，与锁环的花键齿圈进入啮合，进而再与齿轮 1 进入啮合，如图 4-34(d)所示，从而换入三挡。

锁环式同步器尺寸小、结构紧凑、摩擦力矩也小，多用于轿车和轻型车辆。

2. 锁销式惯性同步器

大、中型商用车普遍采用锁销式惯性同步器，东风 EQ1092 型商用车五挡变速器的四、五挡锁销式惯性同步器的结构如图 4-35 所示。

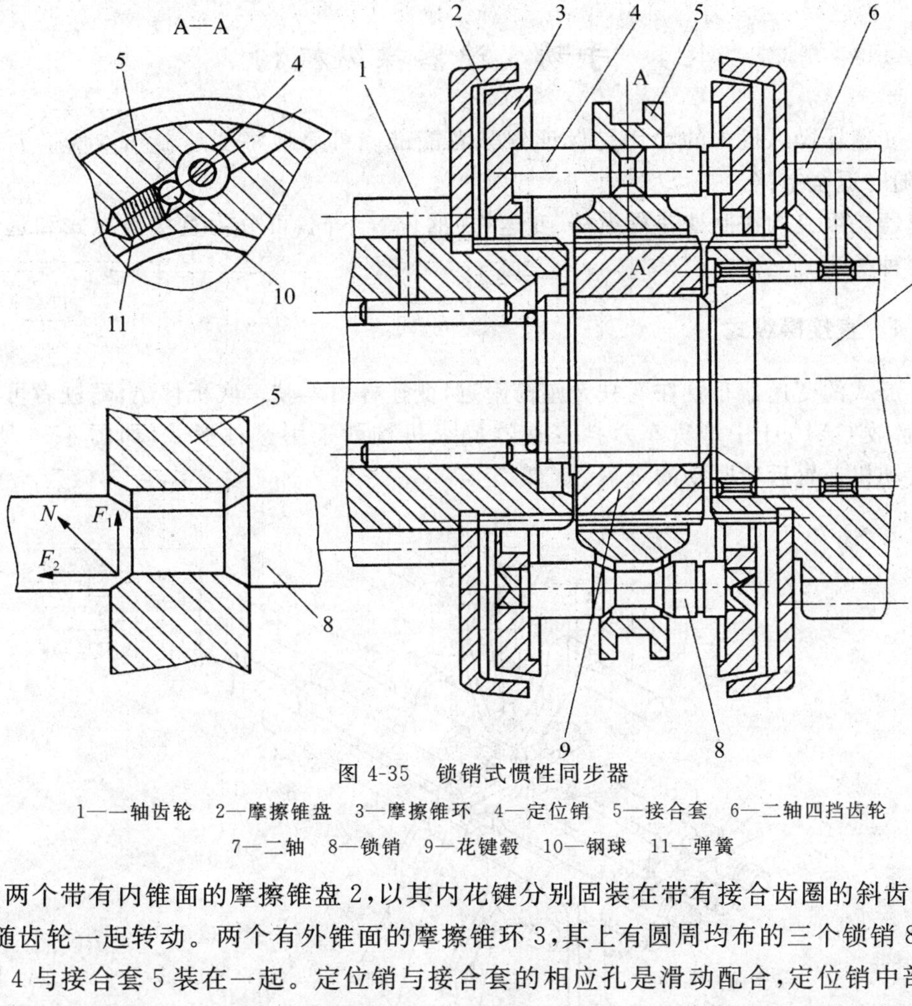

图 4-35　锁销式惯性同步器

1—一轴齿轮　2—摩擦锥盘　3—摩擦锥环　4—定位销　5—接合套　6—二轴四挡齿轮　7—二轴　8—锁销　9—花键毂　10—钢球　11—弹簧

两个带有内锥面的摩擦锥盘 2，以其内花键分别固装在带有接合齿圈的斜齿轮 1 和 6 上，随齿轮一起转动。两个有外锥面的摩擦锥环 3，其上有圆周均布的三个锁销 8、三个定位销 4 与接合套 5 装在一起。定位销与接合套的相应孔是滑动配合，定位销中部切有一小段环槽，接合套钻有斜孔，内装弹簧 11 把钢球 10 顶向定位销中部的环槽，使接合套处于空挡位置，定位销随接合套能轴向移动。定位销两端伸入两锥环 3 内侧面的弧线形浅坑中，定位销与浅坑有周向间隙，锥环相对于接合套在一定范围内作周向摆动。锁销中部环槽的两端和接合套相应孔两端切有相同的倒角；锁销与孔对中时，接合套才能沿锁销轴向移动；锁销两端铆接在锥环相应的孔中。两个锥环、三个锁销、三个定位销和接合套构成一个部件，套在花键毂 9 的齿圈上。

锁销式惯性同步器的工作原理与锁环式惯性同步器类似。

换挡时接合套受到拨叉的轴向推力作用，通过钢球 10、定位销 4 推动摩擦锥环 3 向前移动。因摩擦锥环与锥盘有转速差，故接触后的摩擦作用使锥环和锁销相对于接合套转过一个角度，锁销与接合套上相应孔的中心线不再同心，锁销中部倒角与接合套孔端的锥面相抵触，在同步前，作用在摩擦面的摩擦力矩总大于拨销力矩，因而接合套被锁止不能前移，以防止在同步前接合套与齿圈进入啮合。同步后摩擦力矩消失，拨销力矩使锁销、摩擦锥盘和相应的齿轮相对于接合套转过一个角度，锁销与接合套的相应孔对中，接合套克服弹簧 11 的张力压下钢球并沿锁销向前移动，从而完成换挡。

4.4 手动变速器操纵机构

手动变速器操纵机构的功用是保证驾驶者能准确可靠地将变速器挂入所需要的挡位，并可随时退至空挡。

变速器操纵机构按照变速操纵杆（变速杆）的位置不同，可分为直接操纵式和远距离操纵式两种类型。

4.4.1 直接操纵式

这种形式的变速器布置在驾驶者座椅附近，变速杆由驾驶室底板伸出，驾驶者可以直接操纵，解放 CA1091 中型货车六挡变速器操纵机构就采用这种形式，如图 4-36 所示。多用于发动机前置后轮驱动的车辆。

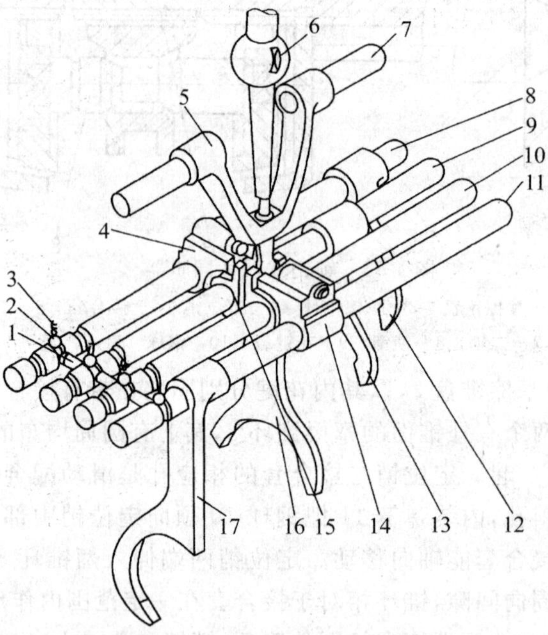

图 4-36 解放 CA1091 中型货车六挡变速器操纵机构

1—互锁销 2—自锁钢球 3—自锁弹簧 4—倒挡拨块 5—叉形拨杆 6—变速杆 7—换挡轴 8—倒挡拨叉轴 9—一、二挡拨叉轴 10—三、四挡拨叉轴 11—五、六挡拨叉轴 12—倒挡拨叉 13—一、二挡拨叉 14—五、六挡拨块 15—一、二挡拨块 16—三、四挡拨叉 17—五、六挡拨叉

拨叉轴 11、10、9 和 8 的两端均支承于变速器盖的相应孔中，可以轴向滑动。所有的拨叉和拨块都以弹性销固定于相应的拨叉轴上。三、四挡拨叉 16 的上端具有拨块。拨叉 16 和拨块 15、14、4 的顶部制有凹槽。变速器处于空挡时，各凹槽在横向平面内对齐，叉形拨杆 5 下端的球头即伸入这些凹槽中。换挡时可使变速杆绕其中部球形支点横向摆动，则其下

端推动叉形拨杆 5 绕换挡轴 7 的轴线摆动，从而使叉形拨杆下端球头对准与所选挡位对应的拨块凹槽，然后使变速杆纵向摆动，带动拨叉轴及拨叉向前或向后移动，即可实现挂挡。例如，横向摆动变速杆使叉形拨杆下端球头深入拨块 15 顶部凹槽中，拨块 15 连同拨叉轴 9 和拨叉 13 沿纵向向前移动一定距离，便可挂入二挡；若向后移动一段距离，则挂入一挡。当使叉形拨杆下端球头深入拨块 4 的凹槽中，并使其向前移动一段距离时，便挂入倒挡。

各种变速器由于挡位数及挡位排列位置不同，其拨叉和拨叉轴的数量及排列位置也不相同。例如，上述的六挡变速器的六个前进挡用了三根拨叉轴，倒挡独立使用了一根拨叉轴，共有四根拨叉轴；而东风 EQ1092 的五挡变速器具有三根拨叉轴，其二、三挡和四、五挡各用一根拨叉轴，一挡和倒挡共用一根拨叉轴。

4.4.2　远距离操纵式

在有些汽车上，由于变速器离驾驶者座位较远，则需要在变速杆与拨叉之间加装一些辅助杠杆或一套传动机构，构成远距离操纵机构。这种操纵机构多用于发动机前置前轮驱动的轿车，如桑塔纳 2000GSi 型轿车的五挡手动变速器，由于变速器安装在前驱动桥处，远离驾驶者座椅，因此需要采用这种操纵方式，如图 4-37 所示。而在变速器壳体上则具有类似于直接操纵式的内换挡机构，如图 4-38 所示。

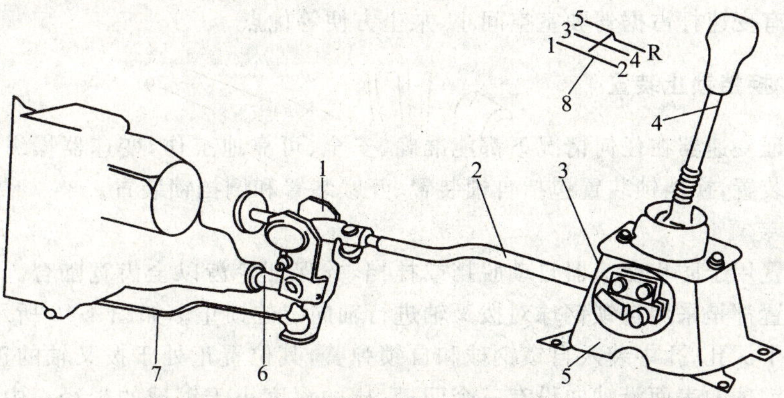

图 4-37　桑塔纳 2000GSi 型轿车五挡手动变速器的远距离操纵机构

1—换挡杆接合器　2—外换挡杆　3—换挡手柄座　4—变速杆
5—倒挡保险挡块　6—内换挡杆　7—支撑杆　8—换挡标记

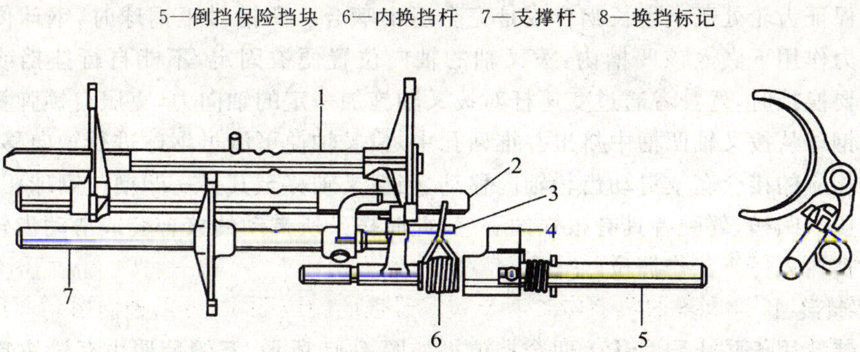

图 4-38　桑塔纳 2000GSi 型轿车五挡手动变速器的内换挡机构

1—五、倒挡拨叉轴　2—三、四挡拨叉轴　3—定位拨销　4—倒挡保险挡块
5—内换挡杆　6—定位弹簧　7—一、二挡拨叉轴

有些轿车和轻型货车的变速器，将变速杆安装在转向柱管上，如图 4-39 所示。

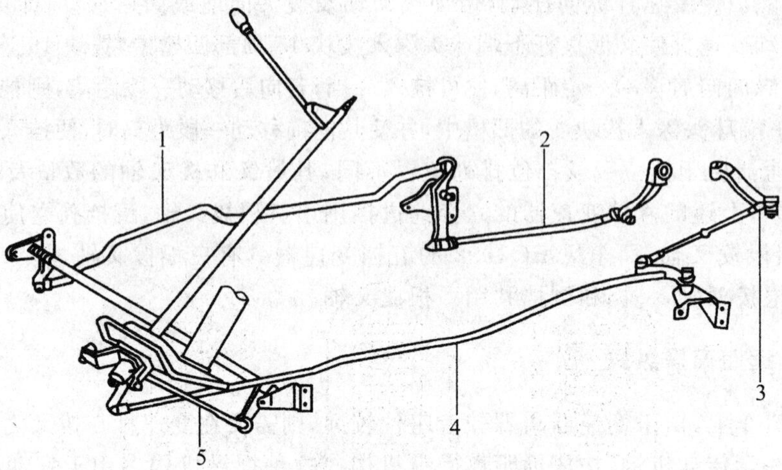

图 4-39　柱式换挡操纵机构

1—第 2 号变速杆　2—第 3 号变速杆　3—第 2 号选速杆　4—第 1 号选速杆　5—第 1 号变速杆

因此，在变速杆与变速器之间也是通过一系列的传动件进行传动，这也是远距离操纵方式。它具有变速杆占据驾驶室空间小、乘坐方便等优点。

4.4.3　换挡锁止装置

为了保证变速器在任何情况下都能准确、安全、可靠地工作，变速器操纵机构一般都具有换挡锁装置，换挡锁装置包括自锁装置、互锁装置和倒挡锁装置。

1. 自锁装置

自锁装置用于防止变速器自动脱挡或挂挡，并保证轮齿以全齿宽啮合。大多数变速器的自锁装置都是采用自锁钢球对拨叉轴进行轴向定位锁止。如图 4-40 所示，在变速器盖中钻有三个深孔，孔中装入自锁钢球和自锁弹簧，其位置正处于拨叉轴的正上方，每根拨叉轴对着钢球的表面沿轴向设有三个凹槽，槽的深度小于钢球的半径。中间的凹槽对正钢球时为空挡位置，前边或后边的凹槽对正钢球时则处于某一工作挡位置，相邻凹槽之间的距离保证齿轮处于全齿长啮合或是完全退出啮合。凹槽对正钢球时，钢球便在自锁弹簧的压力作用下嵌入该凹槽内，拨叉轴的轴向位置便被固定，不能自行挂挡或自行脱挡。当需要换挡时，驾驶者通过变速杆对拨叉轴施加一定的轴向力，克服自锁弹簧的压力而将自锁钢球从拨叉轴凹槽中挤出并推回孔中，拨叉轴便可滑过钢球进行轴向移动，并带动拨叉及相应的接合套或滑动齿轮轴向移动，当拨叉轴移至其另一凹槽与钢球相对正时，钢球又被压入凹槽，驾驶者具有很强的手感，此时拨叉所带动的接合套或滑动齿轮便被拨入空挡或被拨入另一工作挡位。

2. 互锁装置

互锁装置用于防止同时挂上两个挡位。如图 4-41 所示，互锁装置由互锁钢球和互锁销组成。

当变速器处于空挡时，所有拨叉轴的侧面凹槽同互锁钢球、互锁销都在一条直线上。

当移动中间拨叉轴 2 时，如图 4-41(a)所示，轴 2 两侧的内钢球从其侧凹槽中被挤出，而两外钢球 6 和 4 则分别一嵌入拨叉轴 1 和轴 3 的侧面凹槽中，因而将轴 1 和轴 3 刚性地锁止在其空挡位置。若欲移动拨叉轴 3，则应先将拨叉轴 2 退回到空挡位置。于是在移动拨叉轴 3 时，钢球 4 便从轴 3 的凹槽中被挤出，间时通过互锁销 5 和其他钢球将轴 2 和轴 1 均锁止在空挡位置，如图 4-41(b)所示。同理，当移动拨叉轴 1 时，则轴 2 和轴 3 被锁止在空挡位置，如图 4-41(c)所示。由此可知，互锁装置工作的机理是当驾驶者用变速杆推动某一拨叉轴时，即可自动锁止其余的拨叉轴，从而防止同时挂上两个挡位。

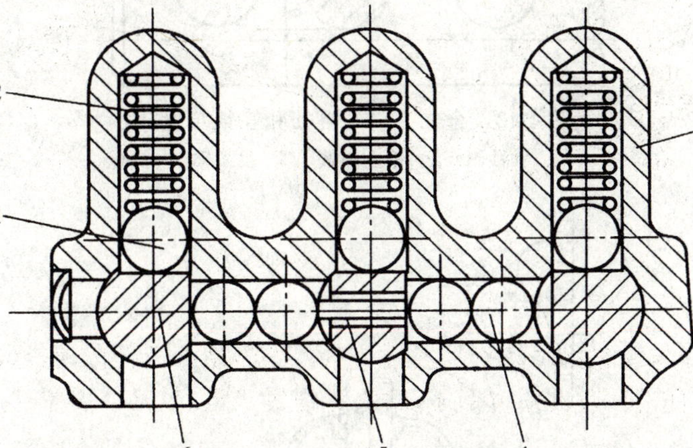

图 4-40　自锁和互锁装置

1—自锁钢球　2—自锁弹簧　3—变速器盖　4—互锁钢球　5—互锁销　6—拨叉轴

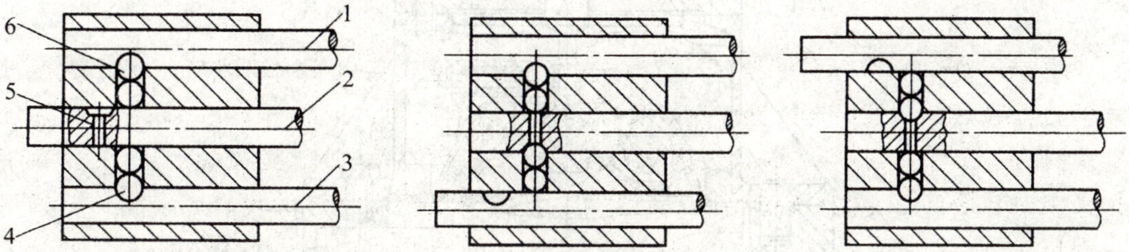

图 4-41　互锁装置工作示意图

1、2、3—拨叉轴　4、6—互锁钢球　5—互锁销

有的三挡变速器将自锁和互锁装置合二为一，如图 4-42 所示，其中 $a=b$。

3. 倒挡锁装置

倒挡锁装置用于防止误挂倒挡。如图 4-43 所示为常见的锁销式倒挡锁装置。当驾驶者想挂倒挡时，必须用较大的力使变速杆 4 下端压缩弹簧 2，将锁销推入锁销孔内，才能使变速杆下端进入拨块 3 的凹槽中进行换挡。由此可见，倒挡锁的作用是使驾驶者必须对变速杆施加更大的力，才能挂入倒挡，因而可以起到警示注意作用，以防误挂倒挡。

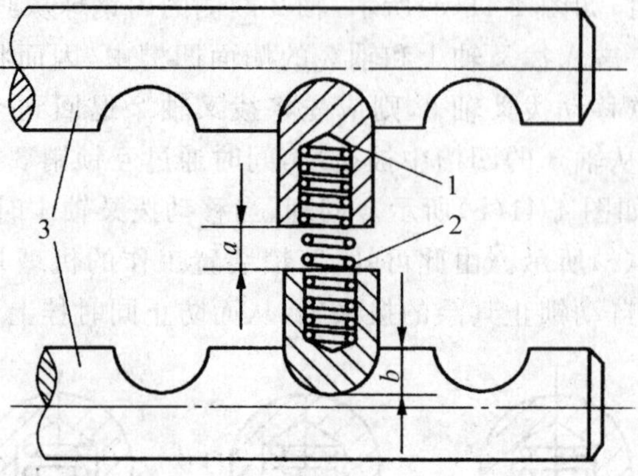

图 4-42 合二为一的自锁和互锁装置

1—锁销 2—锁止弹簧 3—拨叉轴

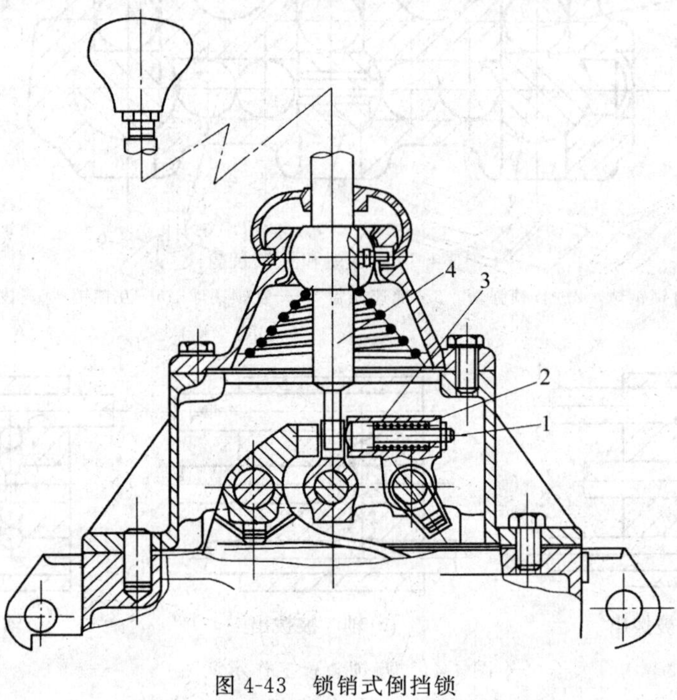

图 4-43 锁销式倒挡锁

1—倒挡锁销 2—倒挡锁弹簧 3—倒挡拨块 4—变速杆

实训 4.2 手动变速器操纵机构的拆装和检修

一、实训目的与要求

1. 掌握手动变速器操纵机构的结构特点。

2. 掌握手动变速器操纵机构的拆装与调整方法。

二、实训仪器和设备

通用工具、通用量具、桑塔纳 2000GSi 型轿车手动变速器及该车维修专用工具。

三、注意事项

1. 装配前对零件进行认真的清洗，除去污物、毛刺和铁屑等。
2. 不得用硬金属直接锤击零件的工作表面。

四、实训步骤

以桑塔纳 2000GSi 型轿车五挡手动变速器的操纵机构为例进行介绍。桑塔纳 2000GSi 型轿车五挡手动变速器操纵机构分解图如图 4-44 所示。

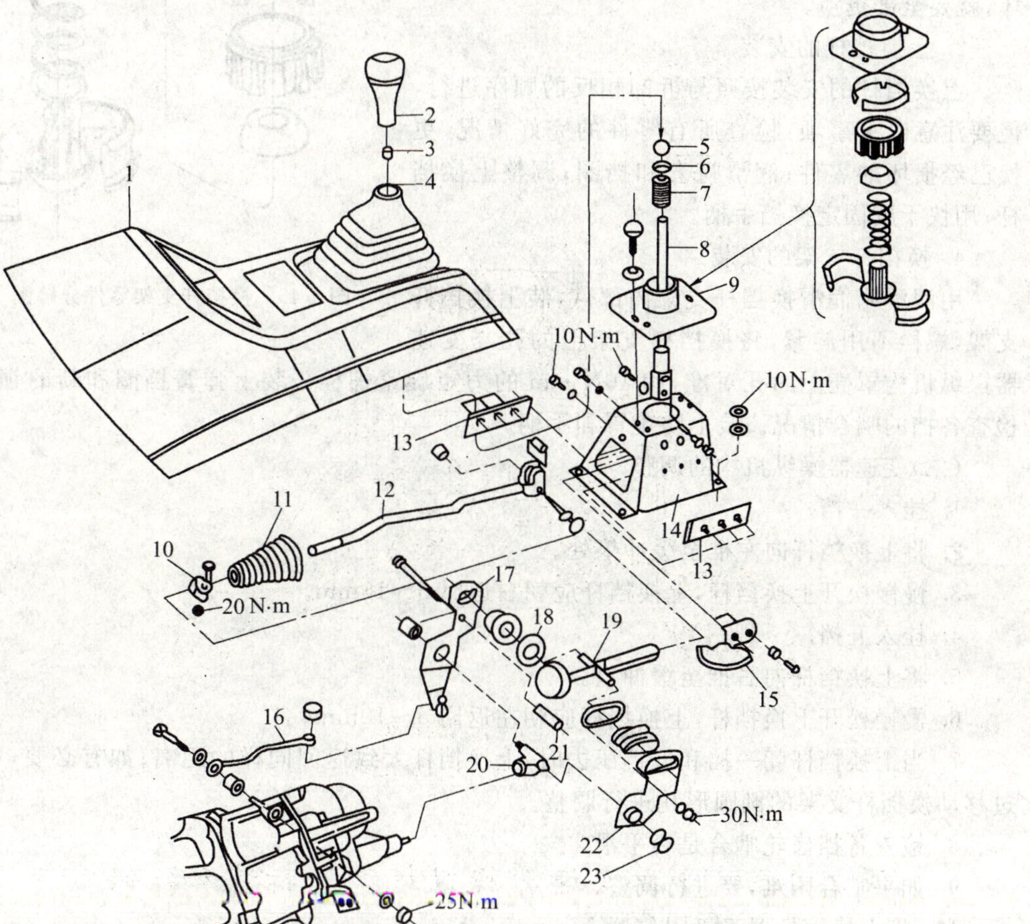

图 4-44 桑塔纳 2000GSi 型轿车五挡手动变速器操纵机构分解图

1—仪表板 2—换挡手柄 3—防尘罩衬套 4—防尘罩 5—锁圈 6—挡圈 7—弹簧 8—上换挡杆 9—换挡杆支架 10—夹箍 11—密封罩 12—下换挡杆 13—缓冲垫 14—变速杆罩壳 15—倒挡缓冲垫 16—支撑杆 17—轴承右侧压板 18—罩盖 19—换挡连接套 20—离合块 21—支撑轴 22—轴承左侧压板 23—塑料衬套

(一)变速器操纵机构的拆装

1. 上换挡杆的拆卸

拆下换挡手柄,取下防尘罩,取下仪表板,拆下固定在上换挡杆的弹簧锁圈(注意锁圈一经拆卸,就要更换),取下挡圈和弹簧,拆下换挡杆支架,拆下变速控制器罩壳,使上、下换挡杆脱离。

2. 换挡杆支架的拆卸

取下换挡手柄和防尘罩。拆下锁圈、挡圈和弹簧(锁圈一经拆卸,就要更换)。拆下换挡杆支架的固定螺栓,取下换挡杆支架。用手取下换挡杆支架,换挡杆支架零件分解图如图 4-45 所示。换挡杆支架只有加润滑油时才分解,一旦发现任何零件损坏,就要全部更换。

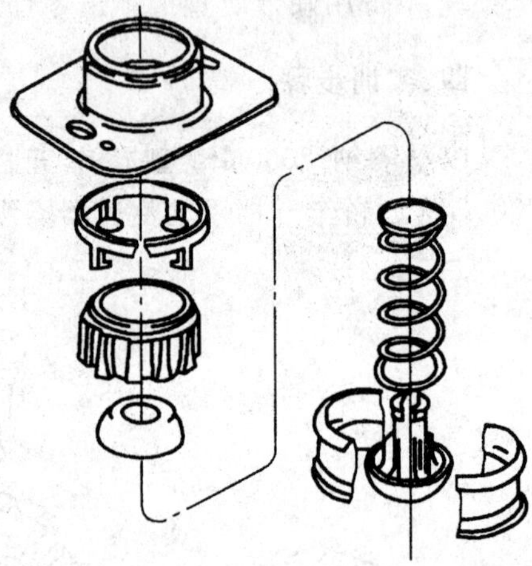

图 4-45 换挡杆支架零件分解图

3. 上换挡杆的安装

上换挡杆的安装按照与拆卸相反的顺序进行,但要注意以下事项:检查所有零件的完好情况,更换已经损坏的零件;润滑衬套和挡圈;调整上换挡杆;用快干胶固定换挡手柄。

4. 换挡杆支架的安装

用润滑脂润滑换挡杆支架内部件,装上换挡杆支架,螺栓不用旋紧,将换挡杆支架上的孔与变速器操纵机构罩壳上的孔对准,用 10N·m 的力矩旋紧螺栓。装上弹簧挡圈和新的锁圈。检查各挡的啮合情况。装上防尘罩和手柄。

(二)变速器操纵机构的调整

1. 挂入一挡。

2. 将上换挡杆向左推至缓冲垫处。

3. 慢慢松开上换挡杆,上换挡杆应朝右返回 5～10mm。

4. 挂入五挡。

5. 将上换挡杆向右推至缓冲垫。

6. 慢慢松开上换挡杆,上换挡杆应朝左返回 5～10mm。

7. 当上换挡杆朝一挡和五挡压去时,上换挡杆大致返回同样的距离;如有必要,可通过移动换挡杆支架的椭圆形孔进行调整。

8. 检查各挡齿轮啮合是否平滑。

9. 如果啮合困难,要进行调整。

10. 将上换挡杆置于极限位置上。

11. 旋松夹箍的螺母,移动上换挡杆,要求下换挡杆在连接时自由滑动,如图 4-46 所示。

12. 取下换挡手柄和防尘罩。

13. 将换挡杆支架孔与变速杆罩壳的孔对准,并旋紧螺栓,如图 4-47 所示。

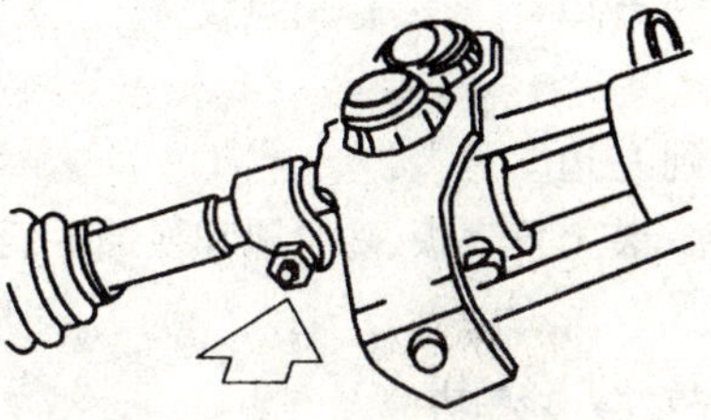

图 4-46　旋松夹紧螺母

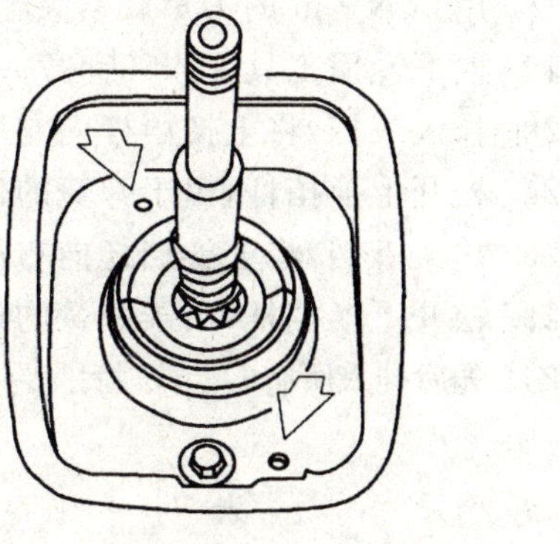

图 4-47　换挡杆支架孔与变速杆罩壳孔对准

14. 用专用工具 VW5305/7 进行安装，将其嵌入换挡杆支架前孔中，将上换挡杆放在“C”位置上，如图 4-48 所示。

15. 轻轻地旋紧下面的螺栓，将专用工具 VW5305/7 固定好，如图 4-49 所示。

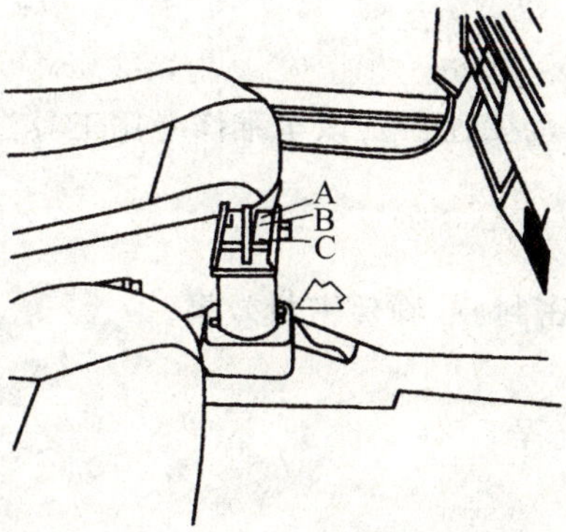

图 4-48　将上换挡杆放在“C”位置上

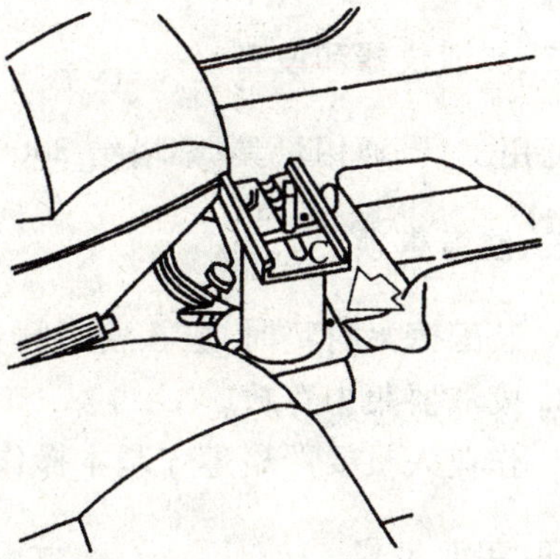

图 4-49　固定用专用工具 VW5305/7

16. 将上换挡杆放到最右面直至缓冲垫，旋紧定位器螺栓，如图 4-50 所示。

17. 将上换挡杆放在“B”位置上，如图 4-51 所示。

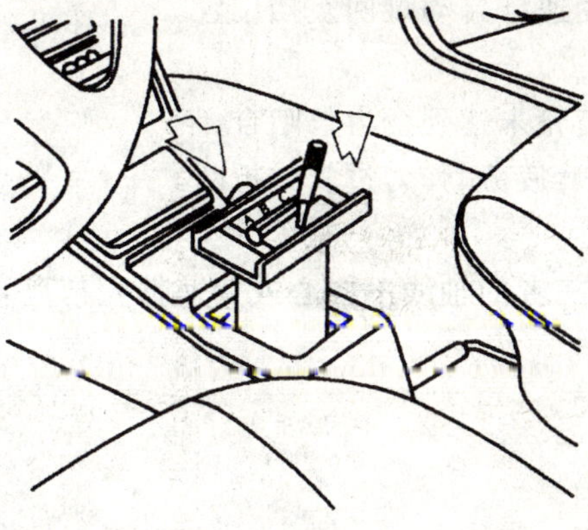

图 4-50　旋紧定位器螺栓

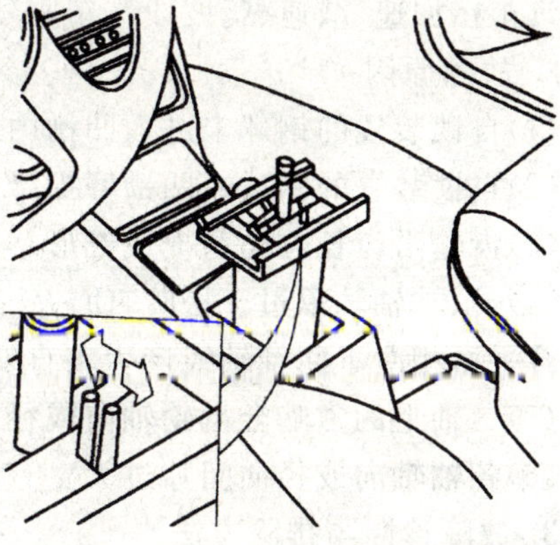

图 4-51　将上换挡杆放在“B”位置上

18. 用20N·m的力矩旋紧夹箍螺母。
19. 取下专用工具VW5305/7。
20. 挂入一挡，将上换挡杆向左压到底。
21. 松开上换挡杆，由于弹簧的作用上换挡杆返回到右边。
22. 挂入五挡，将上换挡杆向右压到底。
23. 松开上换挡杆，由于弹簧的作用上换挡杆返回到左边。
24. 先后挂入所有的挡位，特别要注意倒挡的锁止功能。装上仪表板、防尘罩和换挡手柄。

实训4.3　手动变速器故障诊断

一、实训目的与要求

1. 了解手动变速器常见的故障。
2. 掌握手动变速器常见故障的排除方法。

二、实训仪器和设备

通用工具、通用量具、桑塔纳2000GSi型轿车手动变速器及该车维修专用工具。

三、注意事项

1. 装配密封衬垫时，应在密封衬垫的两侧涂以密封胶，确保密封效果。
2. 废液要集中存放。
3. 作业人员要严格遵守基本操作规范及作业流程。

四、实训步骤

手动变速器常见故障主要有跳挡、乱挡、挂挡困难和异响等。

(一)跳挡

1. 故障现象

汽车在加速、减速、爬坡或汽车剧烈振动时，变速杆自动跳回空挡位置。

2. 故障原因

(1)自锁装置的钢球未进入凹槽内或挂挡后齿轮未达到全齿长啮合。

(2)自锁装置的钢球或凹槽磨损严重，自锁弹簧疲劳、弹力过软或折断。

(3)齿轮沿齿长方向磨损成锥形。

(4)一、二轴轴承过于松旷，使一、二轴和曲轴三者的轴线不同心或变速器壳与离合器壳接合平面相对于曲轴轴线产生垂直变动。

(5)二轴上的常啮合齿轮轴向或径向间隙过大。

(6)各轴轴向或径向间隙过大。

3. 故障诊断与排除方法

先确知跳挡挡位：预热全车后，采用连续加速、减速的方法逐挡进行路试便可确定。

将变速杆挂入跳挡挡位，发动机熄火，小心拆下变速器盖，观察跳挡齿轮的啮合情况。

(1)未达到全长啮合，则故障由此引起。

(2)达到全长啮合，应继续检查。

(3)检查啮合部位磨损情况：磨损成锥形，则故障可能由此引起。

(4)检查二轴上该挡齿轮和各轴的轴向与径向间隙，间隙过大，则故障可能由此引起。

(5)检查自锁装置，若自锁装置的止动阻力很小，甚至手感钢球未插入凹槽(把变速器盖夹在虎钳上，用手摇动换挡杆)，则故障为自锁效能不良；否则，故障为离合器壳与变速器壳接合平面对曲轴轴线产生的垂直变动等引起。

(二)乱挡

1. 故障现象

在离合器技术状况正常的情况下，变速器同时挂上两个挡或挂需要挡位时，结果挂入别的挡位。

2. 故障原因

(1)互锁装置失效：如拨叉轴、互锁销或互锁钢球磨损过度等。

(2)变速杆下端弧形工作面磨损过大或拨叉轴上拨块的凹槽磨损过大。

(3)变速杆球头定位销折断或球孔、球头磨损而过于松旷。

总之，乱挡的主要原因是变速器操纵机构失效。

3. 故障诊断与排除方法

(1)挂需要挡位时，结果挂入了别的挡位：摇动变速杆，检查其摆转角度，若超出正常范围，则故障由变速杆下端球头定位销与定位槽配合松旷或球头、球孔磨损过大引起。变速杆摆转360°，则为定位销折断。

(2)如摆转角度正常而仍挂不上挡或摘不下挡，则故障由变速杆下端从凹槽中脱出引起(脱出的原因是下端弧形工作面磨损或导槽磨损)。

(3)同时挂入两个挡：则故障由互锁装置失效引起。

(三)挂挡困难

1. 故障现象

离合器技术状况良好，但挂挡时不能顺利挂入挡位，常发生齿轮撞击声。

2. 故障原因

(1)同步器故障。

(2)拨叉轴弯曲、锁紧弹簧过硬、钢球损伤等。

(3)一轴花键损伤或一轴弯曲。

(4)齿轮油不足或过量、齿轮油不符合规格。

3. 故障诊断与排除方法

(1)检查同步器是否散架、锥环内锥面螺旋槽是否磨损、滑块是否磨损、弹簧弹力是否过软等。

(2)如果同步器正常，检查一轴是否弯曲、花键是否磨损严重。

(3)检查拨叉轴是否移动正常。

(四)变速器异响

1. 故障现象

变速器异响是指变速器工作时发出的不正常的响声。

2. 故障原因

(1)齿轮异响

齿轮磨损过度变薄,间隙过大,运转中有冲击;齿面啮合不良,如修理时没有成对更换齿轮,新、旧齿轮搭配不当,齿轮不能正确啮合;齿面有金属疲劳剥落或个别齿损坏折断;齿轮与轴上的花键配合松旷,或齿轮的轴向间隙过大;轴弯曲或轴承松旷引起齿轮啮合间隙改变。

(2)轴承响

轴承磨损严重;轴承内(外)座圈与轴颈(孔)配合松动;轴承滚珠碎裂或有烧蚀麻点。

(3)其他原因发响

如变速器内缺油,润滑油过稀、过稠或质量变坏;变速器内掉入异物;某些紧固螺栓松动;里程表软轴或里程表齿轮发响等。

3. 故障诊断与排除

(1)变速器发出金属干摩擦声,即为缺油或油的质量不好。应加油和检查油的质量,必要时需更换。

(2)行驶时换入某挡若响声明显,即为该挡齿轮轮齿磨损;若发生周期性的响声,则为个别齿损坏。

(3)空挡时响,而踏下离合器踏板后响声消失,一般为一轴前、后轴承或常啮合齿轮响;如换入任何挡都响,多为二轴后轴承响。

(4)变速器工作时发生突然撞击声,多为轮齿断裂,应及时拆下变速器盖检查,以防机件损坏。

(5)行驶时,变速器只有在换入某挡时齿轮发响,在上述情况完好的前提下,应检查啮合齿轮是否搭配不当,必要时应重新装配一对新齿轮。此外,也可能是同步器齿轮磨损或损坏,应视情况修复或更换。

(6)换挡时齿轮相互撞击而发响,则可能是离合器不能分离或离合器踏板行程不正确、同步器损坏、怠速过大、变速杆调整不当或导向衬套紧等。遇到这种情况,先检查离合器能否分离,再分别调整怠速或变速杆位置,检查导向衬套与分离轴承配合的松紧度。

如经上述检查并将不正常现象排除后,变速器仍发响,则应检查各轴轴承与轴孔的配合情况、轴承本身的技术状态等;如完好,再查看里程表软轴及齿轮是否发响,必要时予以修理或更换。

(五)变速器漏油

1. 故障现象

变速器周围出现齿轮润滑油,变速器齿轮箱的油量减少,则可判断为润滑油泄漏。

2. 故障原因及排除方法

(1)润滑油选用不当,产生过多泡沫,或润滑油油量太多,此时需更换润滑油或调节润滑油油量。

(2)侧盖太松，密封垫损坏，油封损坏，密封垫和油封损坏应更换新件。

(3)放油塞和变速器箱体及盖的固定螺栓松动，应按规定力矩拧紧。

(4)变速器壳体破裂或延伸壳油封磨损而引起的漏油，必须更换。

(5)里程表齿轮限位器松脱破损，必须锁紧或更换；变速杆油封漏油应更换油封。

复习思考题

1. 简述手动变速器挂挡困难的原因及排除方法。
2. 以一对齿轮为例，说明如何实现降速挡、直接挡和超速挡。
3. 简述锁环式惯性同步器的工作原理。
4. 简述桑塔纳 2000GSi 型轿车二轴五挡手动变速器如何换挡及各挡动力传动情况。
5. 如何检查各挡位同步环之间的间隙？

第5章　自动变速器

学习目标

了解自动变速器的组成及自动变速器技术的发展趋势；熟悉典型自动变速器的结构和工作原理；掌握自动变速器的维护保养与故障检测方法。

5.1　01M型自动变速器总体认识

大众公司生产的01M型自动变速器主要用于捷达和宝来轿车。如图5-1所示，其结构先进，性能优良，采用计算机“模糊逻辑”控制技术，在换挡时以车速和发动机负荷信号为主要参数，同时又参照行驶阻力、驾驶者的驾驶习惯等因素，对换挡过程进行自动控制，从而使该车具有良好的动力性、经济性和驾驶操纵性能。

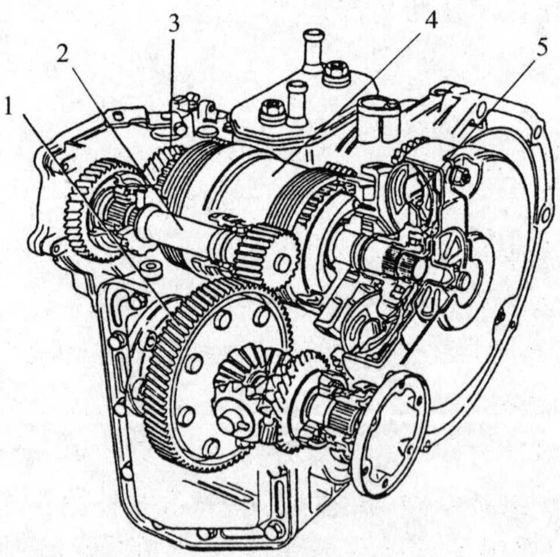

图5-1　自动变速器结构简图

1—主减速器　2—中间传动齿轮轴　3—中间传动主动齿轮　4—行星齿轮机构　5—液力变矩器

01M型自动变速器主要由变速系统（包括液力变矩器、齿轮变速系统、换挡执行元件）、液压控制系统和电子控制系统组成。

1. 变速系统

(1)液力变矩器

液力变矩器由泵轮、涡轮、导轮、锁止离合器等部件组成,用于把发动机的动力传给齿轮变速系统。

(2)换挡执行元件

大众 01M 型自动变速器的换挡执行元件由 3 个离合器(K_1、K_2、K_3)、2 个制动器(B_1、B_2)和 1 个单向离合器(F)组成。

(3)齿轮变速系统

大众 01M 型自动变速器采用的是拉维奈式行星齿轮机构,通过对大、小太阳轮及行星架的不同驱动、制动组合,来实现 4 个前进挡及一个倒挡。

2. 液压控制系统

液压控制系统由油泵、带油道的阀体、滤清器、各种滑阀等零部件组成,用于动力传递及提供液压元件的动力源。

3. 电子控制系统

电子控制系统由电子控制单元 J217 和相应的传感器组成,用于实现对变速器的自动控制。

5.2　变速系统

5.2.1　液力变矩器

液力变矩器是在液力耦合器的基础上发展来的,和变矩器相比,耦合器的结构和原理更为简单。早期的自动变速器使用的都是液力耦合器,下面我们首先了解一下液力耦合器的结构和工作原理。

1. 液力耦合器结构

图 5-2 为液力耦合器的结构简图。在发动机曲轴的凸缘上,固定着耦合器外壳。泵轮与耦合器外壳制成一体而与曲轴一起旋转,为耦合器的主动元件。涡轮装在耦合器内部,通过花键与从动轴(变速器输入轴)相连,为耦合器的从动元件。泵轮和涡轮统称为工作轮。涡轮端面与泵轮端面相对,二者之间留有一定间隙(3～4mm)。在泵轮和涡轮的环状壳体中,径向排列着许多叶片。耦合器壳体内储有工作液(ATF)。

2. 液力耦合器工作原理

当发动机带动泵轮旋转时,ATF 在泵轮叶片的带动下,随泵轮一起绕泵轮中心轴线做圆周运动。圆周运动产生离心力,使 ATF 从泵轮中心沿叶片向四周甩出,如图 5-3 所示。因为 ATF 在离心力作用下从叶片内缘向叶片外缘流动,所以叶片外缘处液压较高而内缘处液压较低,其压力差取决于泵轮的半径和转速的大小。从能量角度讲,这个过程是曲轴输入的机械能转变为 ATF 的动能。

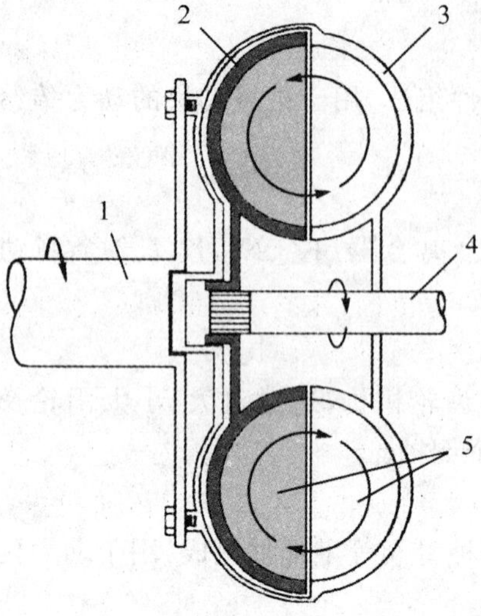

图 5-2　液力耦合器结构示意图

1—曲轴　2—涡轮　3—泵轮

4—变速器输入轴　5—泵轮、涡轮叶片

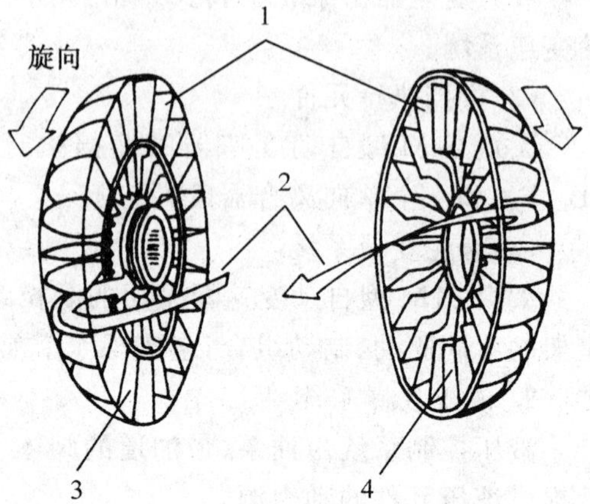

图 5-3　液力耦合器工作原理示意图

1—叶片　2—液流　3—涡轮　4—泵轮

因为泵轮和涡轮的半径是相等的，所以当泵轮的转速大于涡轮的转速时，泵轮叶片外缘处的液压高于涡轮叶片外缘处的液压。在此压力差的作用下，ATF 从泵轮流入涡轮，推动涡轮按泵轮相同方向旋转，然后 ATF 顺着涡轮叶片从外缘流到内缘，又从涡轮内缘返回到泵轮的内缘，再重复上述过程。从能量角度讲，这个过程是 ATF 的动能转变为涡轮的机械能。

从上述液力耦合器的工作过程可以看出，在液力耦合器内部的 ATF 同时具有两种运动。一是和工作轮一起绕工作轮轴线旋转的圆周运动（牵连运动）；二是从泵轮到涡轮，又从涡轮返回泵轮的环流运动（相对运动），所以 ATF 在液力耦合器内部的实际运动轨迹是两种运动的合成，如图 5-4 所示，是一条首尾相接的空间螺旋线。

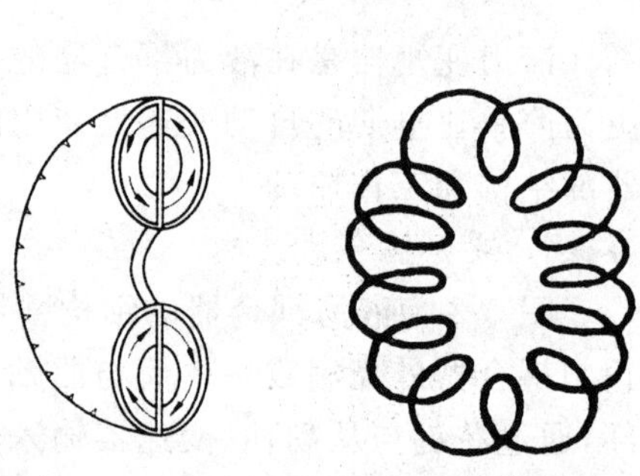

图 5-4　ATF 的运动轨迹（空间螺旋线）

液力耦合器能量的转换就是 ATF 在空间螺旋运动过程中完成的。首先是泵轮对 ATF 做功，使之在从泵轮叶片内缘流向外缘的过程中，圆周速度和动能逐渐增大；而在 ATF 从涡轮叶片外缘流向内缘的过程中，ATF 对涡轮做功，其圆周速度和动能则逐渐减小。即液力耦合器以 ATF 作为传动介质，利用 ATF 在泵轮、涡轮之间循环流动过程中动能的变化来传递动力。

因此，液力耦合器实现传动的必要条件是 ATF 在泵轮和涡轮之间有循环流动，而这种循环流动是因泵轮与涡轮叶片外缘的压力差所致，而压力差又是由泵轮和涡轮之间的转速差引起的。转速差越大，压力差也越大，则作用于涡轮叶片的力矩也越大；若两轮转速相等，则液力耦合器空转，不起传动作用。

一般情况下，汽车前行时，泵轮转速总大于涡轮转速。但在汽车快速下坡时，涡轮转速有可能大于泵轮转速，则涡轮成了主动元件，而泵轮成了从动元件，ATF反方向流动，涡轮带动泵轮旋转。此时，泵轮便与发动机一起阻止汽车高速下坡行驶，起发动机制动作用。

由于液力耦合器采用自动变速器油(ATF)作为其传动介质，泵轮与涡轮之间又允许存在转速差，因此液力耦合器能保证汽车起步和加速的稳定性，能够缓冲和衰减传动系统的扭转振动，防止传动系统过载，延长发动机与传动系统各零件的使用寿命。

但是，从液力耦合器的工作原理中可以看出，ATF在循环流动的过程中没有受到其他任何外力的作用，所以涡轮输出的扭矩与泵轮从发动机(曲轴)上获得的扭矩之比，最高只能达到1∶1(忽略其中因摩擦和冲击造成的能量损失)，即液力耦合器只传递扭矩，而不能改变扭矩的大小。

3. 液力变矩器的结构

常见的液力变矩器如图5-5所示，主要由可旋转的泵轮和涡轮，以及固定不动的导轮三个元件组成。现在多数液力变矩器还在涡轮的前端装有一个锁止离合器。各工作轮用铝合金精密铸造，或用钢板冲压焊接而成。泵轮与变矩器壳体连成一体，固定在发动机曲轴后端的凸缘上。涡轮通过输出轴(变速器输入轴)把动力传到变速器。导轮通过单向离合器固定在油泵套管上。泵轮、涡轮和导轮在装配后，形成断面为圆形的环状体。

图5-5 液力变矩器结构简图

1—涡轮 2—泵轮 3—导轮 4—单向离合器 5—输出轴 6—锁止离合器 7—变矩器壳体

4. 液力变矩器工作原理

变矩器工作时，储于环形内腔中的工作液，除有绕变矩器轴的圆周运动以外，还有如图5-6中箭头所示方向的循环流动，所以变矩器能将转矩连续的从泵轮传到涡轮。变矩器中导轮的作用是改变液流的方向。

下面用变矩器工作轮的展开图来说明变矩器的工作原理。展开图的制取方法如图5-7所示。即将循环圆上的中间流线(此流线将液流通道断面分割成面积相等的内外两部分)展开成一直线，各循环圆中间流线均在同一平面上展开，于是在展开图上，泵轮 B、

涡轮 W 和导轮 D 便成为三个环形平面，且工作轮的叶片角度也清楚地显示出来。

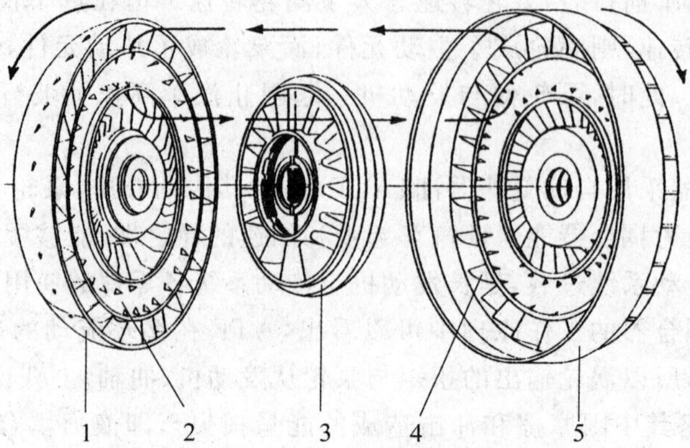

图 5-6　液力变矩器原理示意图

1—涡轮　2—导环　3—导轮　4—叶片　5—泵轮

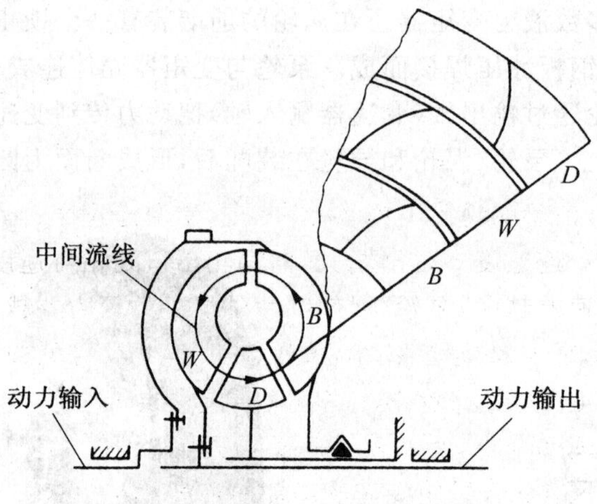

图 5-7　液力变矩器工作轮展开示意图

(1)变矩工况

为便于说明，设发动机转速及负荷不变，即变矩器泵轮的转速 n_B 及转矩 M_b 为常数。先讨论汽车起步工况，开始时，涡轮转速 n_W 为零，如图 5-8(a)所示。工作液在泵轮叶片带动下，以一定的绝对速度沿图中箭头 1 的方向冲向涡轮叶片。因涡轮静止不动，液流将沿着叶片流出涡轮并冲向导轮，液流方向如图中箭头 2 所示。然后液流再从固定不动的导轮叶片沿箭头 3 方向流入泵轮中。当液体流过叶片时，受到叶片的作用力，其方向发生变化。设泵轮、涡轮和导轮对液流的作用转矩分别为 M_B、M'_W 和 M_D。

根据液流受力平衡条件，则 $M'_W = M_B + M_D$。由于液流对涡轮的作用转矩 M_W（即变矩器输出转矩）与 M'_W 大小相等、方向相反，因而在数值上，涡轮转矩等于泵轮转矩 M_B 与导轮转矩 M_D 之和，即 $M_W = M_B + M_D$。显然，此时涡轮转矩 M_W 大于泵轮转矩 M_B，即液力变矩器起了增大转矩的作用。当变矩器输出的转矩，经传动系统传到驱动轮上所产生的牵引力足以克服汽车起步阻力时，汽车即起步并开始加速，与之相联系的涡轮转速 n_W 也从零逐渐增加。这时液流在涡轮出口处不仅具有沿叶片方向的相对速度 W，而且具有沿圆周方向的牵连速度 u，故冲向导轮叶片的液流的绝对速度 V 应是二者的合成速度，如图5-8(b)所示。

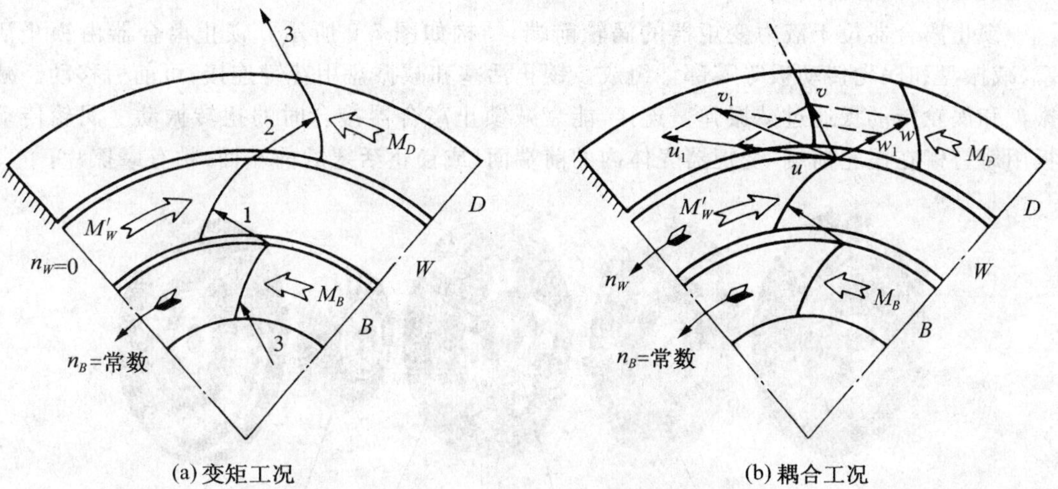

图5-8 变矩器工作原理图

冲向导轮叶片的液流绝对速度 v 的大小和方向受牵连速度 u 和相对速度 w 的影响。随着涡轮转速的提高，牵连速度 u 逐渐增大，而涡轮出口处相对速度 w 的大小和泵轮、涡轮间的转速差有关，转速差越大，泵轮、涡轮叶片外缘处的压力差越大，液流沿涡轮叶片流动的速度(相对速度)就越大；转速差越小，泵轮、涡轮叶片外缘处的压力差越小，液流沿涡轮叶片流动的速度(相对速度)就越小。当涡轮转速逐渐增加时，泵轮转速不变(原来假设)，泵轮、涡轮间的转速差变小，所以相对速度 w 逐渐减小。因此，牵连速度 u 和相对速度 w 的合成速度 v 的方向随着涡轮转速的增加而逐渐向左倾斜。

(2)耦合工况

当涡轮转速增大到某一数值，由涡轮流出的液流正好沿导轮出口方向冲向导轮时(如图5-8中 v 所示方向)，由于液体流经导轮时方向不改变，故导轮转矩 M_D 为零，于是涡轮转矩与泵轮转矩相等，$M_W=M_B$。

若涡轮转速 n_w 继续增大，液流绝对速度 v 的方向继续向左倾，如图5-8中 v_1 所示方向，此时导轮转矩方向变为与泵轮转矩方向相反，则涡轮转矩为前二者转矩之差，即 $M_W=M_B-M_D$，即变矩器输出转矩反而比输入转矩小(注：这里没有考虑导轮带单向离合器的情况，如果有单向离合器，则此时 $M_D=0$)。当涡轮转速 n_w 增大到与泵轮转速 n_B 相等时，工作液的循环流动停止，将不能传递动力。

5. 带锁止离合器的液力变矩器

当速比较大(泵轮与涡轮转速差较小)，变矩器进入耦合区时，变矩器变为耦合器，没有增扭作用，曲轴传递多大扭矩给泵轮，最终传到涡轮的扭矩仍是多大。而实际上在扭矩传递过程中，因泵轮和涡轮之间至少存在4%～5%的转速差，ATF循环流动时和相关元件间存在着摩擦和冲击载荷(致使 ATF 油温度升高),所以变矩器并不是将发动机的动力 100%地传递给变速器,而是有一定的能量损失。

为了提高变矩器在高速工况下的传动效率,提高汽车正常行驶时的燃油经济性,现在多数汽车的液力变矩器中都装有锁止离合器。

(1)锁止离合器结构

锁止离合器位于液力变矩器的涡轮前端,结构如图 5-9 所示。锁止离合器由锁止活塞、减振盘和涡轮传动板等零部件组成。锁止活塞和减振盘用花键连接,可前后移动。减振盘和涡轮传动板通过减振弹簧连接,能衰减锁止离合器接合时的扭转振动。涡轮传动板用铆钉铆在涡轮前端,变矩器壳体内的前端面(或锁止活塞的前端面)粘有摩擦片。

图 5-9 锁止离合器结构图

1—变矩器壳体 2—锁止活塞 3—涡轮传动板 4—减振盘 5—涡轮 6—导轮 7—泵轮

(2)锁止离合器工作原理

锁止离合器的接合与分离是由电控单元通过锁止电磁阀进行控制的。当车辆低速行驶时,液力变矩器处于变矩工况。此时,电控单元控制锁止电磁阀断电,ATF 经变速器输入轴中心油道进入锁止离合器活塞前部,在油压的作用下,锁止活塞向后移动,锁止离合器分离,如图 5-10 所示。此时动力传递路线为:发动机→变矩器壳体→泵轮→涡轮→变速器输入轴。

车辆高速行驶时,液力变矩器转换为耦合工况。此时,电控单元控制锁止电磁阀通电,锁止离合器控制阀左移,液压控制系统流向变矩器的 ATF 改变方向,即 ATF 油由导轮轴套上油道流入变矩器内部,锁止活塞前侧的 ATF 经控制阀油道排出,故锁止活塞前后侧油压不等,前侧油压低,后侧油压高,锁止活塞在油压差的作用下向前移动,压靠在前盖上,如图 5-11 所示。此时动力传递路线为:发动机→变矩器壳体→锁止离合器→涡轮→变速器输入轴。

变矩器中的 ATF 不再作为传力介质,因此减小了变矩器的能量损失,提高了液力变矩器的传动效率。锁止电磁阀是脉冲宽度调节(PWM)电磁阀,也叫占空比信号控制电磁阀,当电控单元控制锁止电磁阀接通时,其占空比大约为 25%,此时锁止离合器的接合压力较低,锁止离合器和变矩器壳体之间存在一定的打滑现象,目的是使锁止离合器接合更为平顺、柔和。然后电控单元会根据车速和负载信号,控制占空比逐渐增加,直到锁止离合器完全锁止,此时占空比可达到 95%~100%。

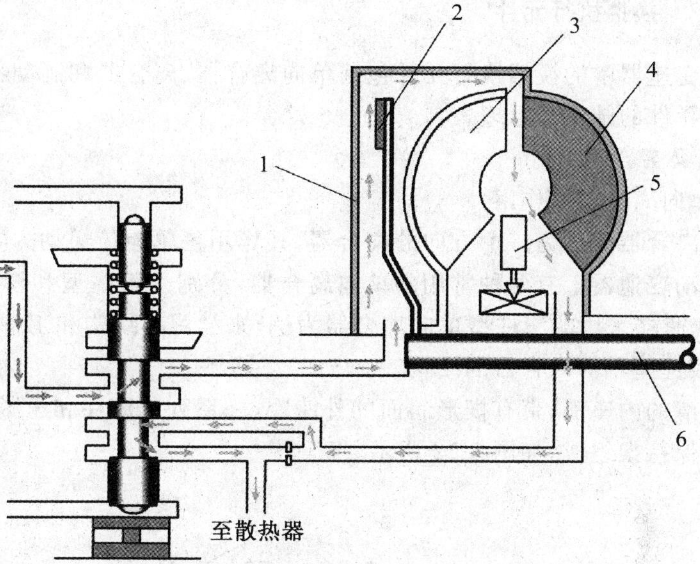

图 5-10　锁止离合器工作原理示意图(分离状态)

1—变矩器壳体　2—锁止活塞　3—涡轮　4—泵轮　5—导轮　6—输出轴

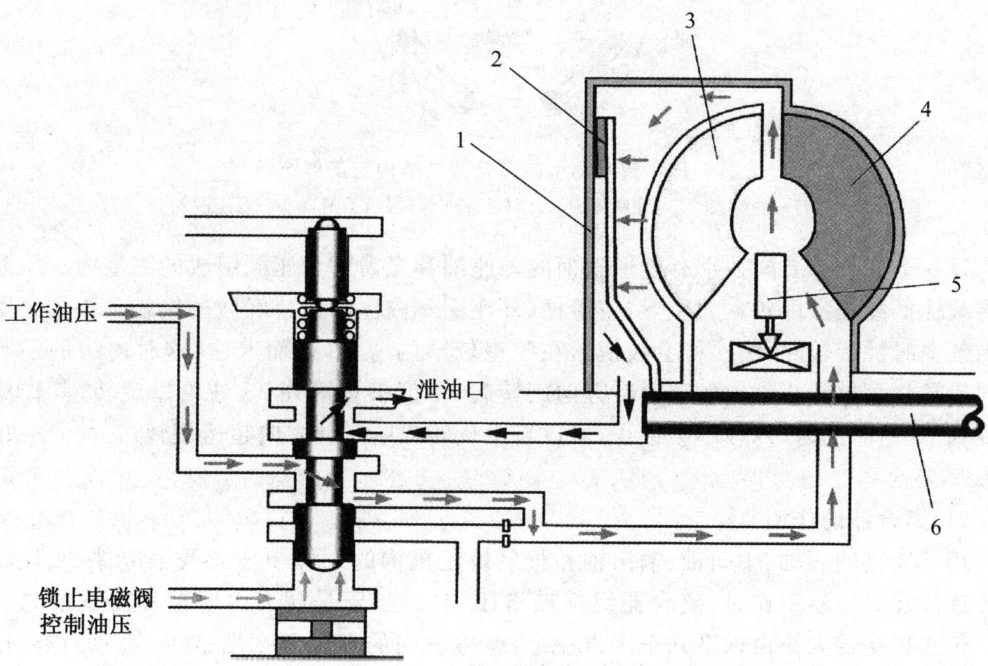

图 5-11　锁止离合器工作原理示意图(接合状态)

1—变矩器壳体　2—锁止活塞　3—涡轮　4—泵轮　5—导轮　6—输出轴

5.2.2 换挡执行元件

自动变速器中的换挡执行元件包括单向离合器、离合器和制动器，下面主要介绍这些换挡执行元件的结构与原理。

1. 单向离合器

(1)单向离合器的作用

单向离合器也称为一个方向的离合器，其作用是单向传递动力，反向时不传递动力。

在自动变速器上有两种常用的单向离合器，分别是滚柱型和楔块型。下面我们以大众01M变速器采用的滚柱型单向离合器为例，来学习其结构和工作原理。

(2)滚柱型单向离合器的结构

由光滑的内座圈、带有楔形斜面的外座圈、一系列的滚柱和压紧弹簧以及对弹簧起导向作用的保持架组成，如图5-12所示。

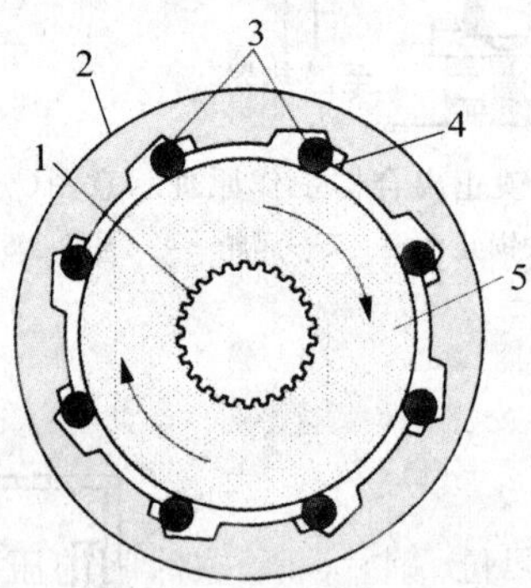

图5-12 楔块型单向离合器的结构与工作原理

1—花键毂 2—外座圈 3—滚柱 4—弹簧(示意图) 5—内座圈

每一个滚柱都装配在带有楔形斜面的外座圈和光滑的内座圈组成的腔室内。压紧弹簧将滚柱推离腔室内较宽的位置，使滚柱、外座圈和内座圈保持轻微的接触。当内座圈上的内毂逆时针旋转时，滚柱将会被楔紧在腔室较窄的一侧，进而卡住，这时内毂的逆时针方向旋转将会被锁止。内毂顺时针方向旋转时，不能楔紧滚柱，滚柱可以旋转，其作用像滚柱轴承一样；同时，内毂不会锁止，可以自由旋转或顺时针方向超速旋转。

2. 离合器

(1)离合器的作用

用来连接输入轴、中间轴、输出轴和行星齿轮机构的元件中任意两个部件，实现转矩的传递。在离合器工作时，离合器组件被挤压到一起，于是动力由摩擦片传输给离合器盘。传递扭矩的大小由以下几个因素决定：摩擦表面的直径和宽度、摩擦表面的数量(离合器组件每个相邻的表面)、工作压力的大小(液压压力、活塞面积)。离合器盘的压力越大，数量越多，活塞的尺寸越大，产生的液压力越大，获得的扭矩也越大。

(2)离合器的结构和工作原理

一般为多片摩擦式离合器，是液压控制系统的主要的执行元件，特点是：径向尺寸小，接合柔和，能传递较大的转矩。

图 5-13 为离合器实物图片。离合器鼓又称离合器壳，在它的内部有与离合器盘配合的一组花键。离合器盘又称钢片，上有伸出的凸缘，钩住离合器鼓，与输入轴连接，可轴向移动。离合器片又称摩擦片，是双面均粘有摩擦材料的钢片，摩擦片内侧有键齿与离合器毂的花键连接，也可沿花键毂轴向移动。离合器鼓内侧是油缸、活塞、密封圈及复位弹簧，用来压紧离合器盘与离合器片或保持离合器盘与离合器片处在分离状态。因为离合器盘、离合器片均浸在变速器油中，故称为湿式多片式离合器。

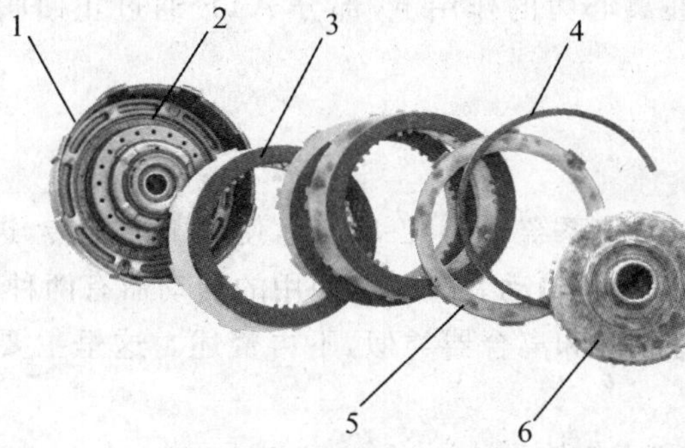

图 5-13 离合器的结构

1—离合器鼓 2—离合器活塞 3—离合器摩擦片 4—限位卡簧 5—离合器钢片 6—离合器毂

如图 5-14 所示，当自动变速器 ATF 经油道流入活塞缸内，活塞在油压的作用下克服弹簧的弹力在缸体内移动，使离合器片压紧，钢片和摩擦片之间具有很高的摩擦力，压紧后钢片和摩擦片以相同转速旋转，此时离合器处于接合状态。当变速器油从活塞缸内排出时，活塞在回位弹簧的作用下回位，钢片和摩擦片间的压紧力消失，此时离合器分离。

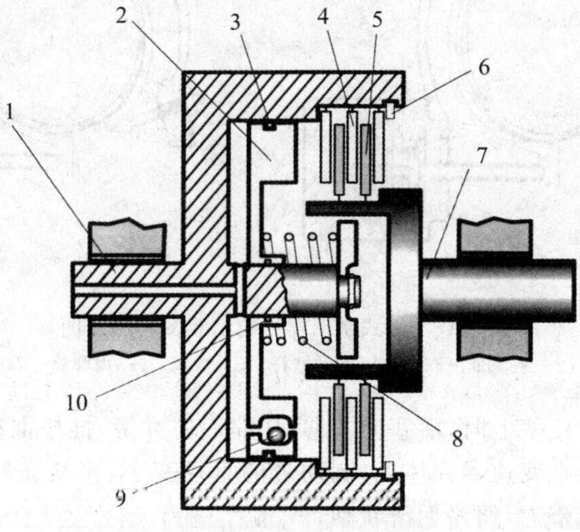

图 5-14 离合器原理图

1—输入轴 2—活塞 3—密封圈 4—钢片 5—摩擦片 6—卡环

7—输出轴 8—回位弹簧 9—单向阀 10—密封圈

在离合器的活塞内仅有一条油道。通常油道设在离合器鼓旋转的中心部位。当离合器接合时，具有一定压力的 ATF 通过油路流入离合器油缸内，当离合器脱开时，ATF 从同一油路排出。车辆行驶时，离合器高速旋转，作用在 ATF 上的离心力很大，因此，离合器分离时，部分 ATF 在离心力的作用下按与排油相反的方向流动，这会引起离合器脱开不良或阻滞现象，所以在活塞外缘上设一个活塞止回阀(防松球)。当 ATF 流入离合器时，借助 ATF 的压力使防松球落座，ATF 不能排出。当 ATF 通过油路排出时，油压下降，防松球从座上移开，在离心力的作用下，部分 ATF 通过止回阀排出，使离合器快速、完全脱开。

3. 制动器

(1)制动器的作用

制动器的作用是固定变速系统中的某一元件，使之不能旋转，进而产生不同的转向或速比。依据变速器型号的不同，自动变速器中使用的制动器有两种类型：片式制动器和带式制动器。片式制动器的原理和离合器类似，不再赘述。这里主要介绍带式制动器的结构和工作原理。

(2)带式制动器结构和工作原理

带式制动器主要由制动带、制动鼓、油缸、活塞和调整件等组成，如图 5-15 所示，将内侧粘有摩擦材料的制动带卷绕在制动鼓上，一端与壳体相连，另一端由液压伺服油缸的活塞推动，从而产生对制动带的箍紧作用力。

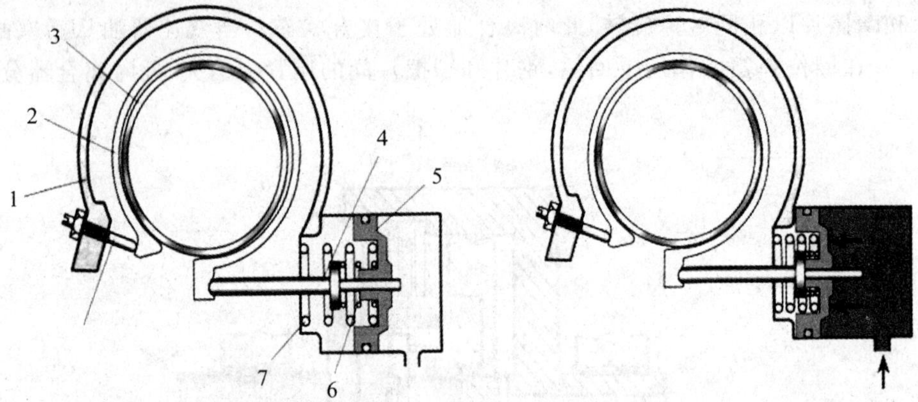

图 5-15　带式制动器结构示意图和原理图

1—壳体　2—制动带　3—转鼓　4—推杆　5—活塞　6—内弹簧　7—回位弹簧

当控制油压加在活塞上时，活塞向左移，压缩回位弹簧，推杆推动制动带的一端，由于制动带的另一端固定在变速器壳体上，制动带的直径变小，箍紧在转鼓上，在制动带与转鼓之间产生很大的摩擦力，使之无法转动。

当活塞缸中没有控制油压时，活塞和推杆在回位弹簧的作用下被推回，制动带松开，转鼓解除制动。

5.2.3　齿轮变速系统

在汽车实际应用中，使用最广泛的齿轮机构是辛普森式和拉维奈式行星齿轮机构，现在很多汽车为了实现更多的挡数而在这两种齿轮机构的基础上进行相应的改进，如串接行星排等。本节以大众 01M 变速器为例来讲解拉维奈式行星齿轮机构的结构和工作原理。

1. 拉维奈式行星齿轮机构的组成

如图 5-16 所示，拉威奈式行星齿轮变速系统主要由行星齿轮机构和换挡执行机构组成，行星齿轮机构包括大、小太阳轮各 1 个，长、短行星齿轮各 3 个，一个行星架和一个齿圈。长行星齿轮采用分段式结构，这样设计是为了使 3 挡到 4 挡的换挡更加平顺、柔和。

各元件之间的啮合关系是：短行星轮与长行星轮及小太阳轮啮合；长行星轮同时与大太阳轮、短行星轮及齿圈啮合，动力通过齿圈向后输出。

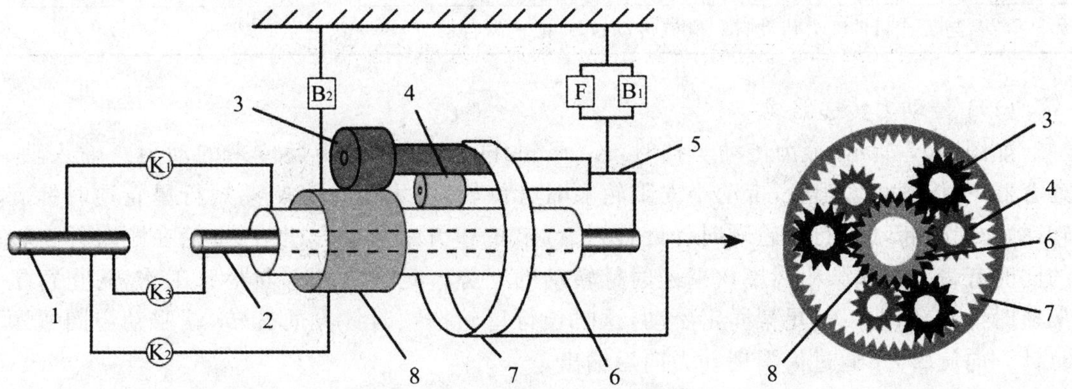

图 5-16　拉维奈式行星齿轮机构简图

1—输入轴　2—中间轴　3—长行星轮　4—短行星轮　5—行星架　6—小太阳轮　7—齿圈　8—大太阳轮

换挡执行机构主要由离合器、制动器和单向离合器三种执行元件组成。离合器 K_1 连接输入轴和小太阳轮，作用是把输入轴的动力传递给小太阳轮，离合器 K_2 连接输入轴和大太阳轮，作用是把输入轴的动力传递给大太阳轮，离合器 K_3 连接输入轴和行星架，作用是把输入轴的动力传递给行星架，制动器 B_1 连接变速器壳体和行星架，其工作时可以制动行星架，制动器 B_2 连接壳体和大太阳轮，其工作时可以制动大太阳轮。

2. 拉维奈式行星齿轮机构的工作原理

捷达轿车采用的 01M 型自动变速器是拉维奈式行星齿轮机构，各换挡执行元件工作情况如表 5-1 所示。

表 5-1　　　　捷达 01M 型自动变速器各换挡执行元件工作情况

挡位	B_1	B_2	K_1	K_2	K_3	F	K_0
R	◎			◎			
1H			◎			◎	
1M			◎			◎	◎
2H		◎	◎				
2M		◎	◎				◎
3H			◎		◎		
3M			◎		◎		◎
4H		◎			◎		
4M		◎			◎		◎

◎:参与工作;H:液力传动;M:机械传动;K0:锁止离合器

(1)1 挡动力传递路线

如图 5-17 所示,液力传动 1 挡时,K_1、F 工作。由液力变矩器传来的动力经输入轴、离合器 K_1 传到小太阳轮,带动小太阳轮顺时针旋转,小太阳轮又驱动短行星轮逆时针旋转,短行星轮带动长行星轮顺时针旋转,长行星轮和齿圈内啮合,长行星轮在顺时针自转的同时有带动行星架沿齿圈内壁逆时针转动的趋势。此时单向离合器 F 工作,防止行星架逆时针旋转,所以行星架固定不动,这时长行星轮按顺时针方向旋转,就驱动齿圈按顺时针方向旋转,又通过齿圈把动力向后输出。

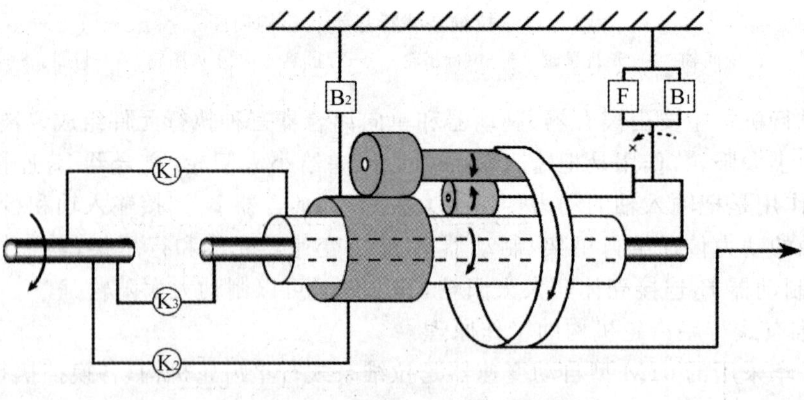

图 5-17　01M 变速器 1 挡工作原理简图

在 1 挡动力传递过程中要注意的是:齿圈是向后输出动力的元件,所以在克服地面行驶阻力之前,齿圈是固定不动的。

1 挡动力传递路线为:液力变矩器→输入轴→离合器 K_1→小太阳轮→短行星齿轮→长行星齿轮→齿圈→动力输出。

(2)2 挡动力传递路线

如图 5-18 所示，液力传动 2 挡时，K_1、B_2 工作。由液力变矩器传来的动力经输入轴、离合器 K_1 传到小太阳轮，带动小太阳轮顺时针旋转，小太阳轮又驱动短行星轮逆时针旋转，短行星轮带动长行星轮顺时针旋转，长行星轮和大太阳轮外啮合，制动器 B_2 工作，把大太阳轮固定，此时长行星轮在顺时针自转的同时绕大太阳轮顺时针公转，所以行星架也随着长行星轮一起顺时针公转，长行星轮又和齿圈内啮合，就带动齿圈顺时针旋转，最后通过齿圈向后输出动力。

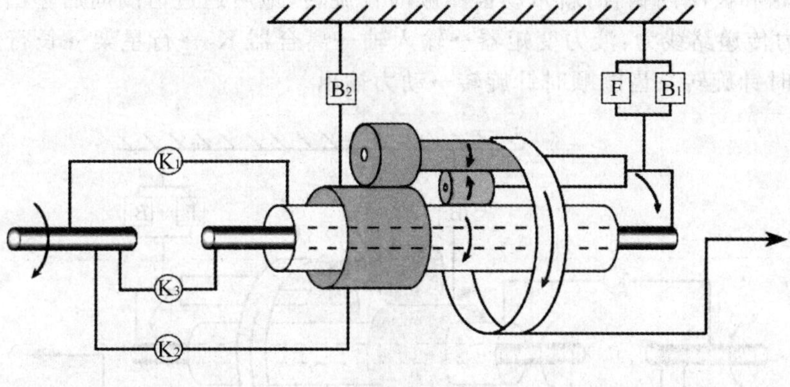

图 5-18　01M 变速器 2 挡工作原理简图

2 挡动力传递路线为：液力变矩器→输入轴→离合器 K_1→小太阳轮→短行星齿轮→长行星齿轮→长行星齿轮围绕大太阳轮转动并驱动齿圈→动力输出。

(3)3 挡动力传递路线

如图 5-19 所示，液力传动 3 挡时，K_1、K_3 工作，由液力变矩器传来的动力经输入轴、离合器 K_1 传到小太阳轮，带动小太阳轮顺时针旋转，由液力变矩器传来的动力又经输入轴、离合器 K_3 传到行星架，带动行星架顺时针旋转，此时，小太阳轮和行星架转速相同，旋转方向也相同，行星齿轮机构相当于一个整体而同步旋转，并由齿圈向后输出动力，此时为直接挡，传动比为 1∶1。

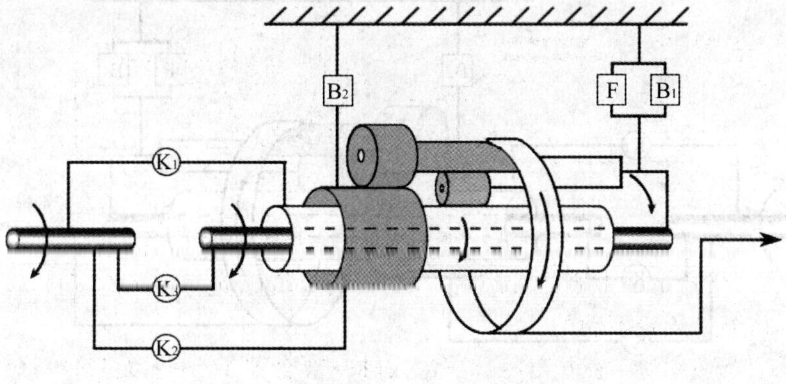

图 5-19　01M 变速器 3 挡工作原理简图

3 挡动力传递路线为:液力变矩器→输入轴→$\left\{\begin{matrix}\text{离合器 }K_1\rightarrow\text{小太阳轮}\\ \text{离合器 }K_3\rightarrow\text{行星架}\end{matrix}\right\}$→整个行星齿轮机构同步转动→动力输出。

(4)4 挡动力传递路线

如图 5-20 所示,液力传动 4 挡时,K_3、B_2工作,由液力变矩器传来的动力经输入轴、离合器 K_3传到行星架,带动行星架顺时针旋转,制动器 B_2工作,制动大太阳轮。因长行星轮和大太阳轮外啮合,行星架又顺时针旋转,所以长行星轮围绕大太阳轮顺时针自转和公转。长行星轮和齿圈内啮合,就带动齿圈顺时针旋转,最后通过齿圈向后输出动力。

4 挡动力传递路线为:液力变矩器→输入轴→离合器 K_3→行星架→长行星齿轮围绕大太阳轮顺时针旋转→齿圈顺时针旋转→动力输出。

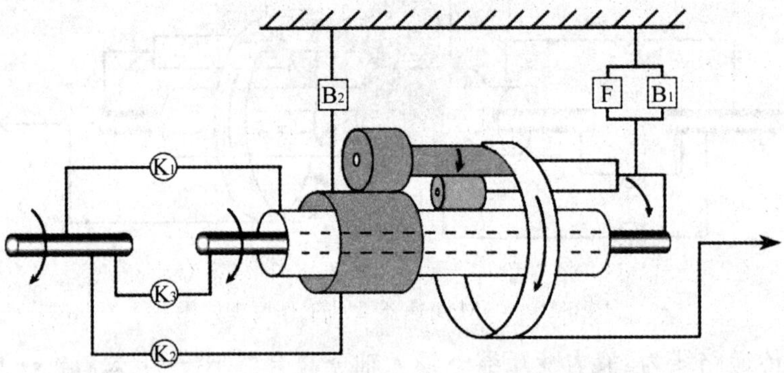

图 5-20　01M 变速器 4 挡工作原理简图

(5)倒挡动力传递路线

如图 5-21 所示,换挡手柄位于“R”位置时,K_2、B_1工作,由液力变矩器传来的动力经输入轴、离合器 K_2传到大太阳轮,带动大太阳轮顺时针旋转,制动器 B_1工作,制动行星架。大太阳轮和长行星轮外啮合,带动长行星轮逆时针旋转,长行星轮又和齿圈内啮合,带动齿圈逆时针旋转,最后通过齿圈向后输出动力。

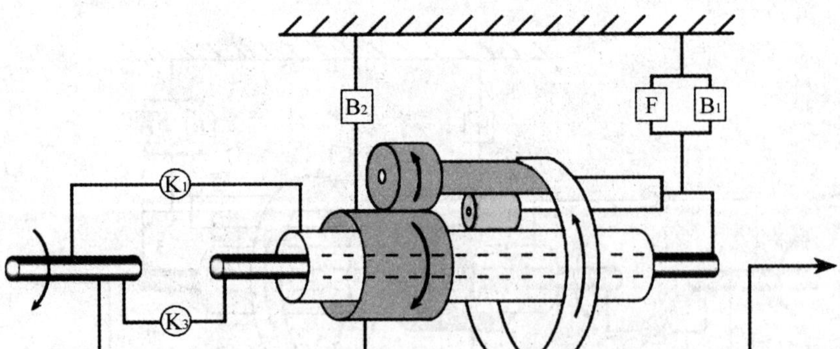

图 5-21　01M 变速器 R 挡工作原理简图

倒挡动力传递路线为：液力变矩器→输入轴→离合器 K_2→大太阳轮→长行星齿轮逆时针旋转→齿圈逆时针旋转→动力输出。

实训 5.1 捷达轿车自动变速器离合器 K_1、K_2、K_3 的解体、检查与装配

一、实训目的与要求

1. 掌握 01M 型变速器离合器的解体方法与步骤。
2. 掌握 01M 型变速器离合器的部件的检查方法。
3. 掌握 01M 型变速器离合器的装配方法与步骤。

二、实训仪器和设备

捷达轿车 01M 型变速器、通用工具、通用量具、变速器拆装台架。

三、注意事项

1. 自动变速器油液的检查一般在发动机怠速工作时热态下进行。
2. 自动变速器油液不足时补充的油液一定为原厂规定型号的液压油。

四、实训步骤

1. 离合器 K_1 解体、检查及装配

(1)离合器 K_1 和 K_3 分解

将 K_1 从 K_3 上压出，如图 5-22 所示，方法是将套管对着离合器的 K_1 鼓，压涡轮轴，即离合器 K_1 和 K_3 被分解。

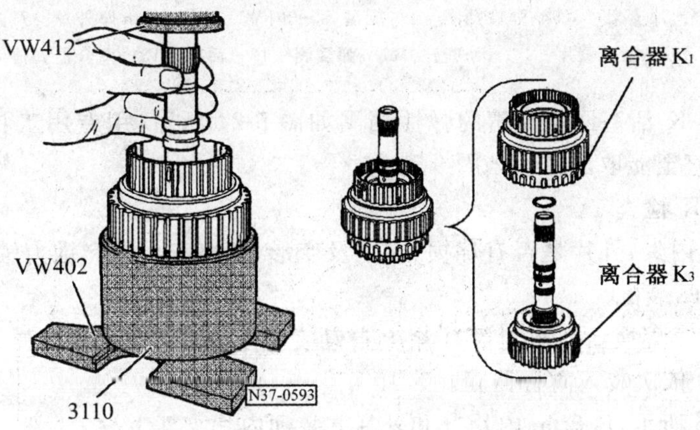

图 5-22 离合器 K_1 和 K_3 分解

(2)离合器 K_1 解体

离合器 K_1 分解图如图 5-23 所示。

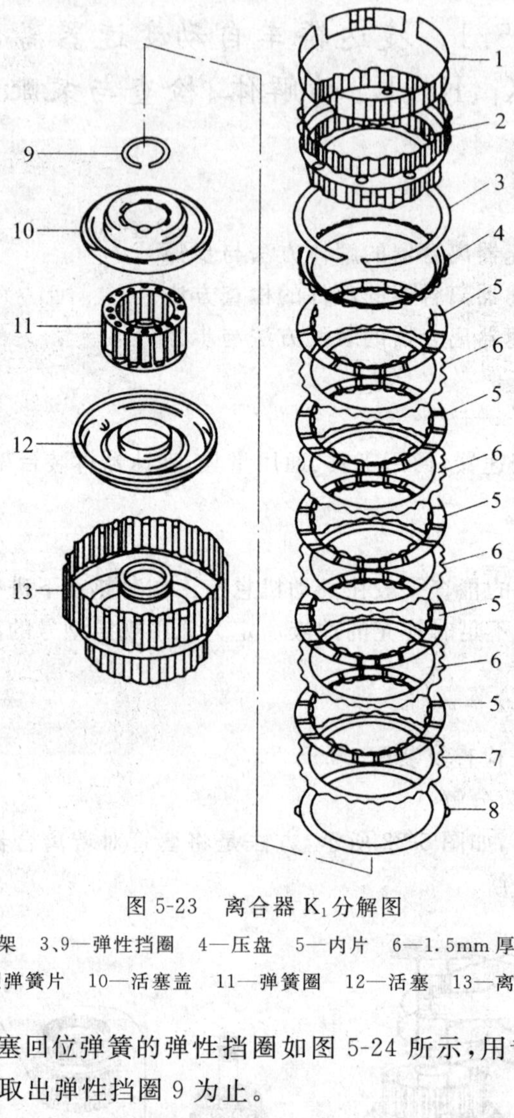

图 5-23　离合器 K_1 分解图

1—支撑环　2—内片支架　3、9—弹性挡圈　4—压盘　5—内片　6—1.5mm 厚外片　7—2.0mm 厚外片　8—波型弹簧片　10—活塞盖　11—弹簧圈　12—活塞　13—离合器壳体

拆卸离合器 K_1 活塞回位弹簧的弹性挡圈如图 5-24 所示，用专用工具或适当的工具压缩弹簧圈 11 直至能取出弹性挡圈 9 为止。

(3)离合器 K_1 检查

检查离合器内片、外片是否有烧损、剥落及变形，活塞密封圈和推力轴承是否损坏。

(4)离合器 K_1 装配

①装配活塞。更换活塞密封圈并涂上自动变速器油，将活塞 12、弹簧圈 11、活塞盖 10 及弹性挡圈 9 依次装入离合器壳。

②如图 5-25 所示，压盘 a、内片 b 和外片 c 装到内片支架上。

③装入带棱的立式轴向推力轴承。

④将波形弹簧圈(图 5-23 中 8)安装到离合器壳上如图 5-26 所示，再装上 2mm 厚的外片，装上其他的内片和外片。

⑤将内片支架装入离合器壳如图 5-27 所示，稍向上抬起内片支架，以便安装弹性卡簧。

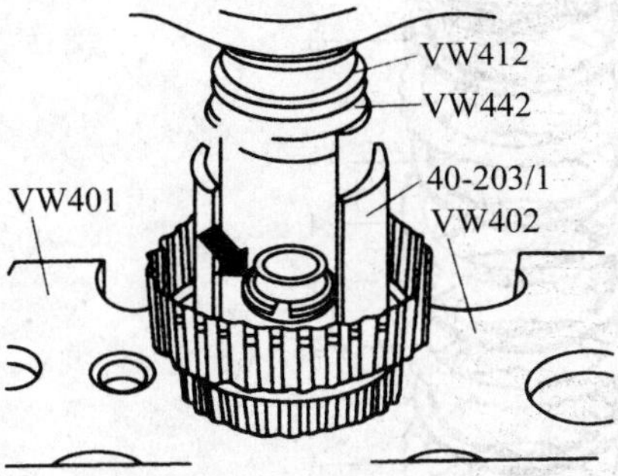

图 5-24　拆卸离合器 K_1 弹簧挡圈

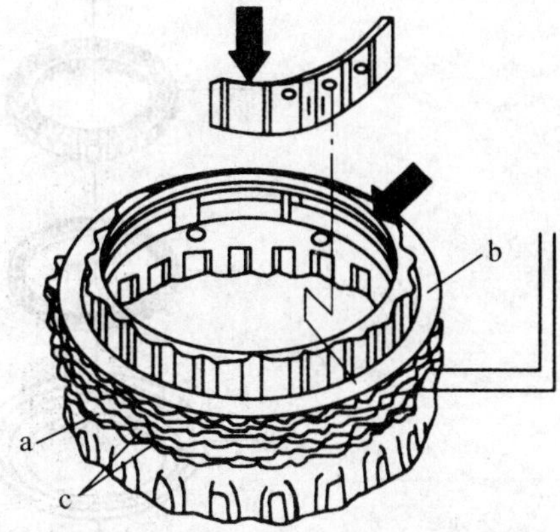

图 5-25　压盘和离合器装到内片支架上

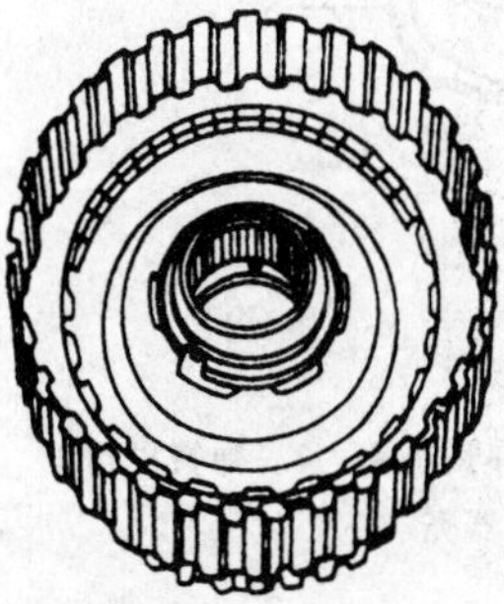

图 5-26　波形弹簧圈、外片和内片装入离合器壳

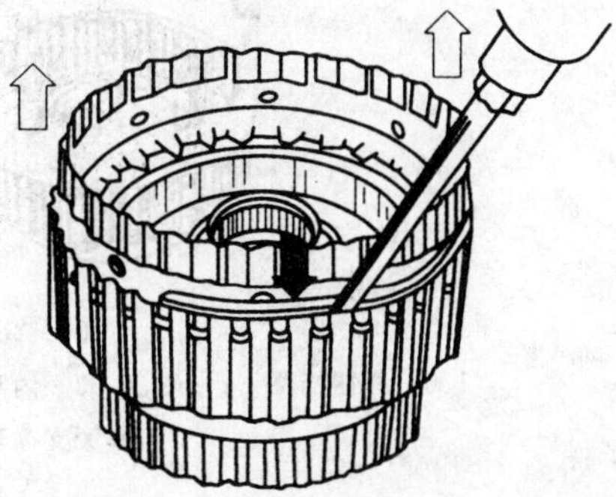

图 5-27　安装内片支架和弹簧挡圈

2. 离合器 K_2 解体、检查及装配

(1)离合器 K_2 解体

离合器 K_2 分解图如图 5-28 所示，拆下弹性挡圈 1，取下压盘 2、外片 3、内片 4 及波形弹簧垫圈 5。

拆卸离合器 K_2 活塞回位弹簧的弹性挡圈 6，用专用工具或适当的工具压缩弹性支承圈 8 直至能取出弹性挡圈为止。

(2)离合器 K_2 检查

检查离合器内片、外片是否有烧损、剥落及变形，活塞密封圈和推力轴承是否损坏。

(3)离合器 K_2 装配

①装配活塞。更换活塞密封圈并涂上自动变速器油，将活塞 9、弹簧支承圈 8、弹簧支撑板 7 及弹性挡圈 6 依次装入离合器壳。

②将波形弹簧圈 5、外片 3、内片 4、压盘 2 及弹性挡圈 1 依次装入离合器壳。

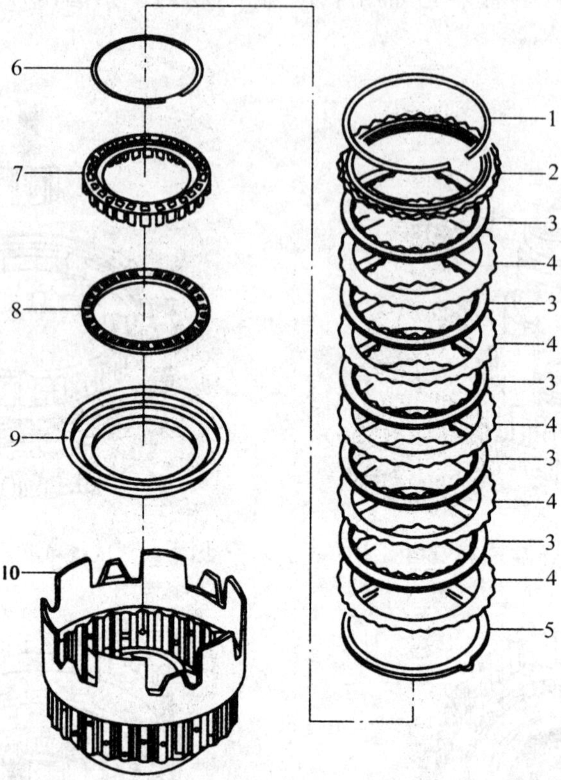

图 5-28　离合器 K_2 分解图

1、6—弹性挡圈　2—压盘　3—内片　4—外片　5—波形弹簧垫圈　7—弹簧支撑板
8—弹簧支撑环　9—活塞　10—离合器壳

3. 离合器 K_3 解体、检查及装配

(1)离合器 K_3 解体

离合器 K_3 分解图如图 5-29 所示。

拆下弹性挡圈 1,取下压盘 2、外片 3、内片 4、压板 5 及波形弹簧垫圈 6。

拆卸离合器 K_3 活塞回位弹簧的弹性挡圈 7,用专用工具或适当的工具压缩弹簧 9 直至能取出弹性挡圈 7 为止。

(2)离合器 K_3 检查

检查离合器内片、外片是否有烧损、剥落及变形,活塞密封圈和推力轴承是否损坏。

(3)离合器 K_3 装配

①装配活塞。参考图 5-29,更换活塞密封圈并涂上自动变速器油,将活塞 10、弹簧 9、活塞盖 8 及弹性挡圈 7 依次装入离合器壳。

②将波形弹簧圈 6、压板 5、外片 4、内片 3、压盘 2 及弹性挡圈 1 依次装入离合器壳。

(4)涡轮轴上密封环的更换

检查密封环是否损坏,更换密封环如图 5-30 所示。

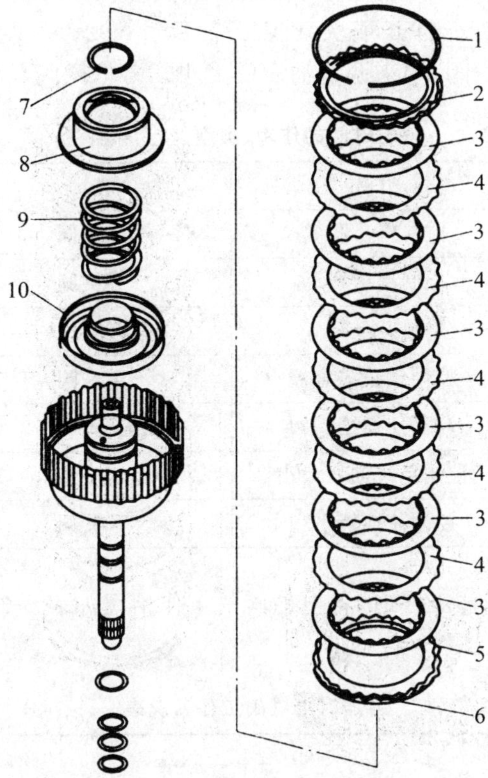

图 5-29　离合器 K_3 分解图

1、7—弹性挡圈　2—压盘　3—内片　4—外片　5—压板　6—波形弹簧垫圈　8—活塞盖　9—弹簧　10—活塞

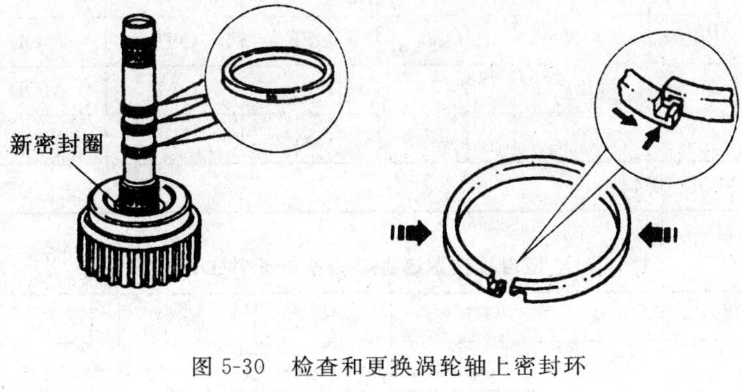

图 5-30　检查和更换涡轮轴上密封环

5.3　液压控制系统

大众 01M 型自动变速器的液压控制系统由油泵、带油道的阀体、滤清器、各种滑阀等零部件组成，采用手控阀和电磁阀联合控制进行换挡。手控阀控制接通不同挡位的油路，

电磁阀有 7 个，从 N88 到 N94，安装到液压阀体上，由电控单元 J217 进行控制。其中 N88～N90 为换挡电磁阀，用于打开或关闭某一油路。N92、N94 的作用是使换挡平顺。N91、N93 是油压调节电磁阀，用来调节油压的大小。各电磁阀具体作用如表 5-2 所示。

表 5-2　　各电磁阀的作用、类型、作用条件

电磁阀	作用	类型	作用条件
N88	控制离合器 K_1	开关阀	断电起作用
N89	控制制动器 B_2	开关阀	通电起作用
N90	控制离合器 K_3	开关阀	断电起作用
N91	控制锁止离合器	渐进阀	通电起作用
N92	控制使换挡平顺	开关阀	通电起作用
N93	控制系统油压大小	渐进阀	通电起作用
N94	控制使换挡平顺	开关阀	通电起作用

当变速器位于不同挡位工作时，各电磁阀的工作情况如表 5-3 所示，执行元件工作情况如表 5-4 所示。

表 5-3　　各挡时电磁阀工作情况表

	N88	N89	N90	N91	N92	N93	N94
P	ON	OFF	ON	OFF	ON	MOD	OFF
R	OFF	OFF	ON	OFF	OFF	MOD	OFF
N	ON	OFF	ON	OFF	ON	MOD	OFF
1H	OFF	OFF	ON	OFF	ON	MOD	OFF
2H	OFF	ON	ON	OFF	OFF	MOD	OFF
3H	OFF	OFF	OFF	OFF	OFF	MOD	ON
4H	ON	ON	OFF	OFF	OFF	MOD	OFF

H：液力传动；MOD：调节

表 5-4　　捷达 01M 型自动变速器各换挡执行元件工作情况

挡位	B_1	B_2	K_1	K_2	K_3	F	K_0
R	◎			◎			
1H			◎			◎	
1M			◎			◎	◎
2H		◎	◎				
2M		◎	◎				◎

续表

3H			◎		◎		
3M			◎		◎		◎
4H		◎			◎		
4M		◎			◎		◎
◎:参与工作;H:液力传动;M:机械传动;K_0:锁止离合器							

下面我们结合油路图来具体分析 01M 自动变速器位于不同挡位时液压控制系统的工作情况。

1. *P* 位油路分析

换挡手柄位于 P 位时,变速器电控单元 J217 根据挡位信号判断自动变速器位于驻车挡。此时电磁阀 N88、N90、N92 工作。K_1 换挡阀、K_3 换挡阀、换挡平顺阀在油压的作用下克服弹簧的弹力处于阀孔的上端,如图 5-31 所示。由油泵来的液压油经调压阀调压后分别流向液力变矩器、电磁阀压力调节阀和手控阀,又经手控阀流到制动器 B_2,B_2 工作,固定大太阳轮。此时无动力输出,变速器输入轴空转。具体流程图如图 5-32 所示。

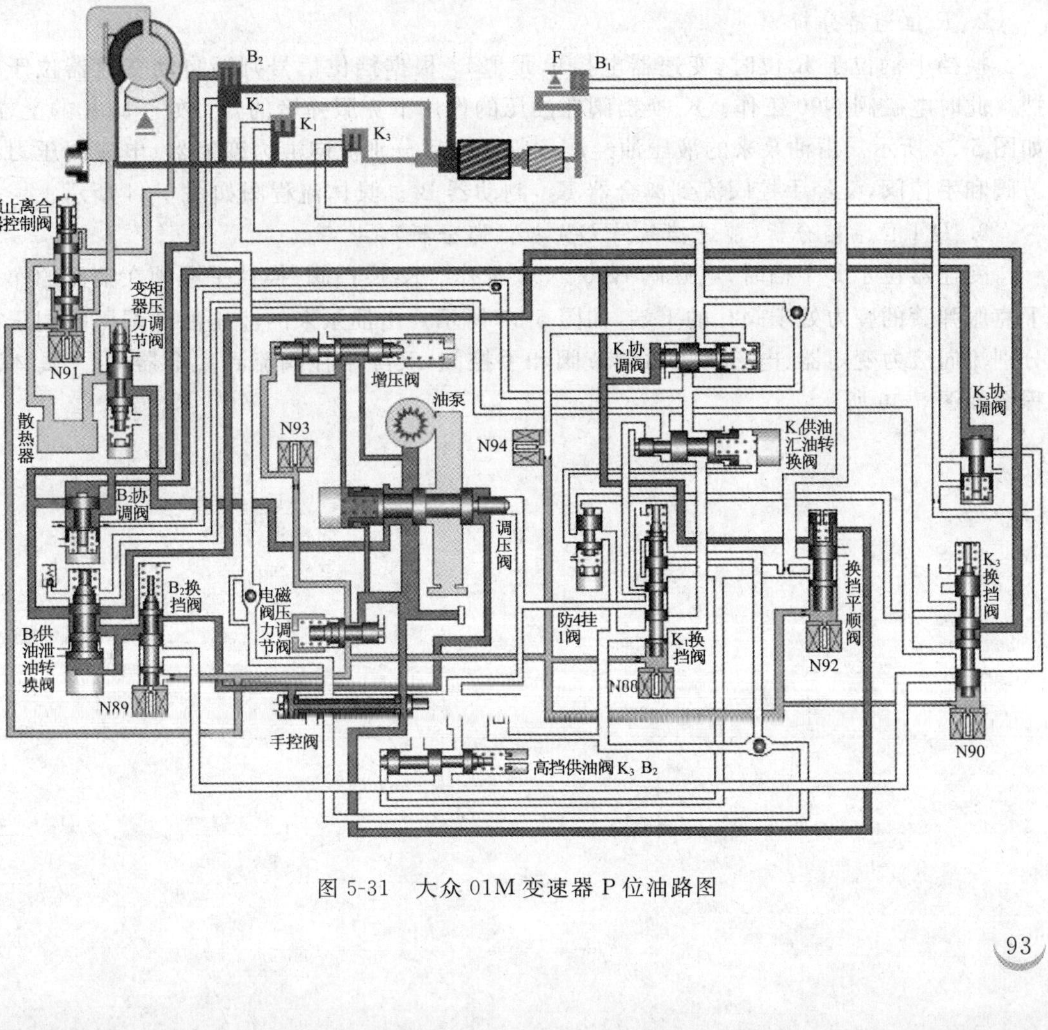

图 5-31　大众 01M 变速器 P 位油路图

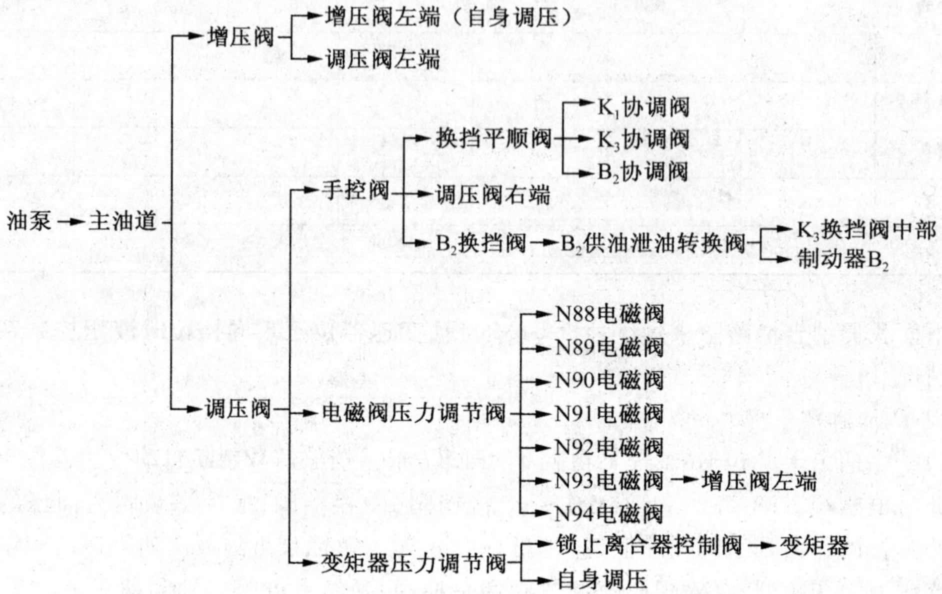

图 5-32　大众 01M 变速器 P 位流程图

2. *R* 位油路分析

换挡手柄位于 R 位时，变速器电控单元 J217 根据挡位信号判断自动变速器位于 R 挡。此时电磁阀 N90 工作。K_3换挡阀在油压的作用下克服弹簧的弹力处于阀孔的上端，如图 5-33 所示。由油泵来的液压油经调压阀调压后分别流向液力变矩器、电磁阀压力调节阀和手控阀，又经手控阀流到离合器 K_2，制动器 B_1。具体流程图如图 5-34 所示。

3. *D*-1 位油路分析（前进挡只做 *D*-1 位油路分析）

变速器位于 D-1 挡时，电磁阀 N90、N92 工作。K_3换挡阀、换挡平顺阀在油压的作用下克服弹簧的弹力处于阀孔的上端，如图 5-35 所示。由油泵来的液压油经调压阀调压后分别流向液力变矩器、电磁阀压力调节阀和手控阀，又经手控阀流到离合器 K_1。具体流程图如图 5-36 所示。

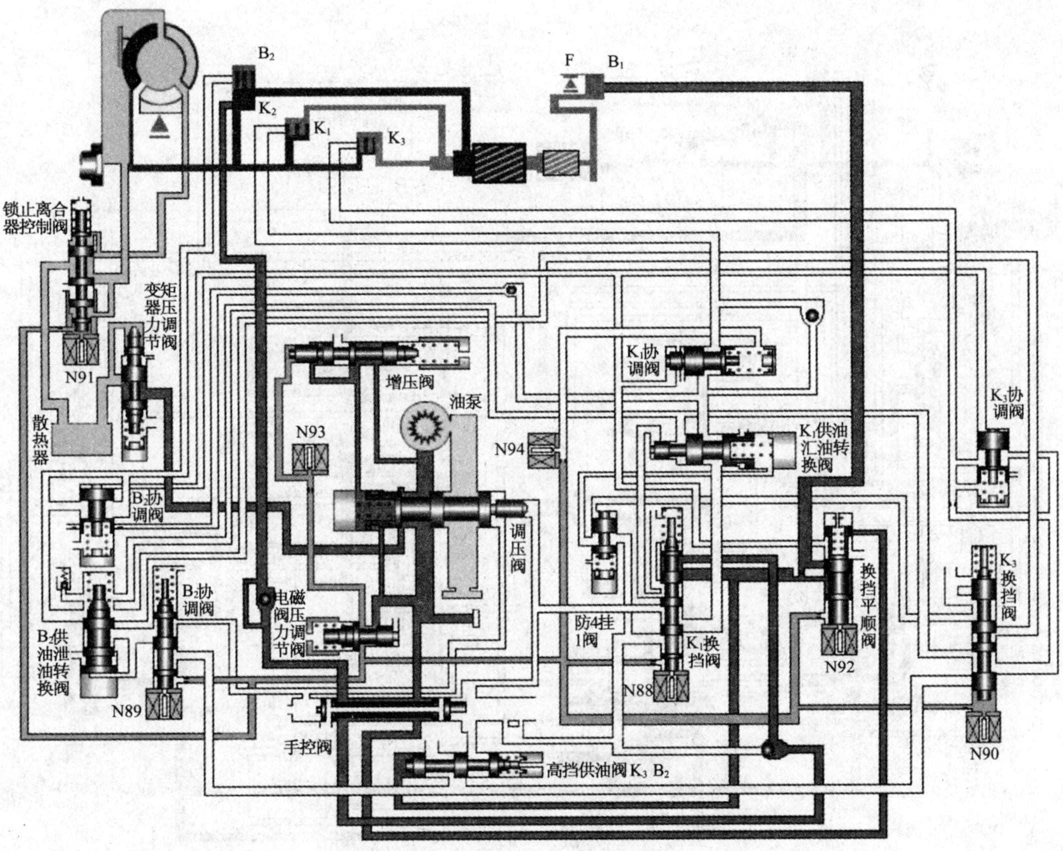

图 5-33　大众 01M 变速器 R 位油路图

油泵 → 主油道

- → 增压阀
  - → 增压阀左端（自身调压）
  - → 调压阀左端
- → 手控阀
  - → 换挡平顺阀
  - → 离合器K_2
  - → K_1换挡阀中部
    - → 高挡供油阀左端
    - → 换挡平顺阀 → 制动器B_1
    - → 节流孔 → 制动器B_1
- → 调压阀
  - → 电磁阀压力调节阀
    - → N88电磁阀
    - → N89电磁阀
    - → N90电磁阀
    - → N91电磁阀
    - → N92电磁阀
    - → N93电磁阀 → 增压阀左端
    - → N94电磁阀
  - → 变矩器压力调节阀
    - → 锁止离合器控制阀 → 变矩器
    - → 自身调压

图 5-34　大众 01M 变速器 R 位流程图

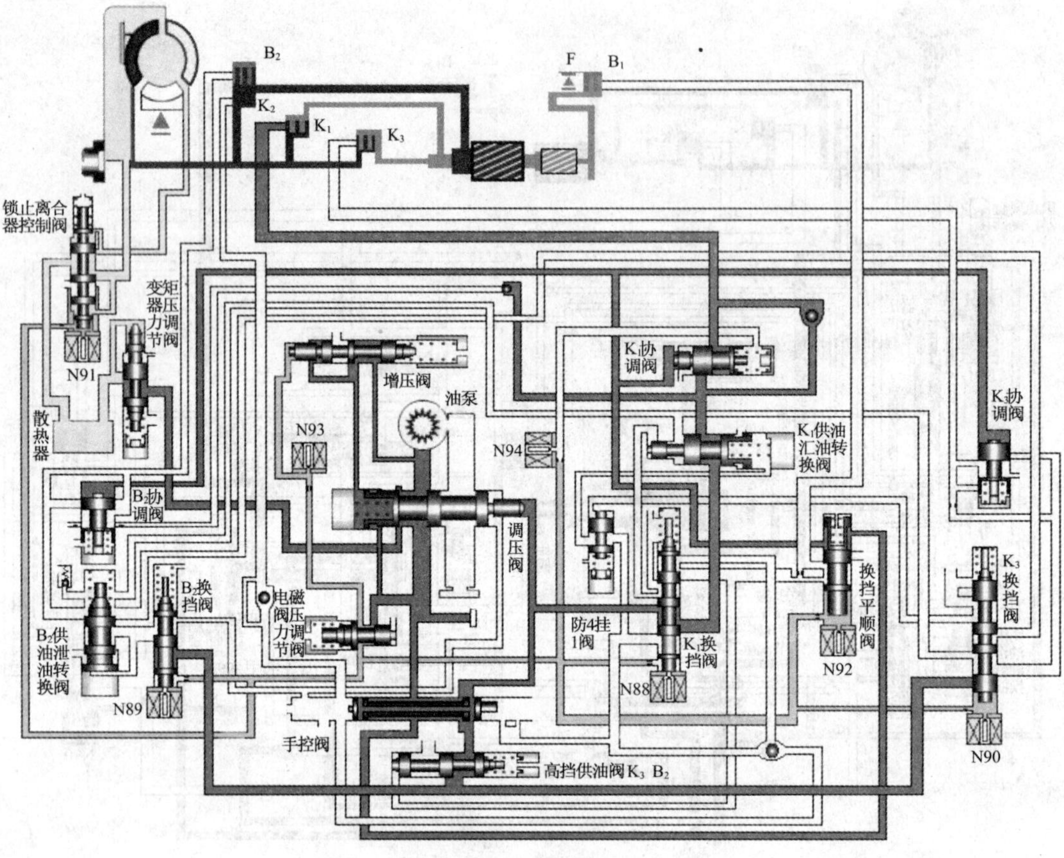

图 5-35　大众 01M 变速器 D-1 挡油路图

- 油泵 → 主油道
  - 增压阀
    - → 增压阀左端（自身调压）
    - → 调压阀左端
  - 手控阀
    - → 换挡平顺阀
      - → K_1协调阀
      - → K_3协调阀
      - → B_2协调阀
    - → 高挡供油阀
      - → B_2换挡阀
      - → K_3换挡阀下部
    - → 调压阀右端
    - → K_1换挡阀 → K_1供油泄油转换阀
      - → K_1协调阀
      - → 离合器K_1
  - 调压阀
    - 电磁阀压力调节阀
      - → N88电磁阀
      - → N89电磁阀
      - → N90电磁阀
      - → N91电磁阀
      - → N92电磁阀
      - → N93电磁阀 → 增压阀左端
      - → N94电磁阀
    - 变矩器压力调节阀
      - → 锁止离合器控制阀 → 变矩器
      - → 自身调压

图 5-36　大众 01M 变速器 D-1 挡流程图

5.4　电控系统

01M 型自动变速器的电子控制系统由传感器和自动变速器控制单元等部件组成，如图 5-37 所示。控制单元是电控系统的核心，它根据安装在发动机、自动变速器上的各种传感器所测得的节气门开度、汽车车速、变速器油温等运行参数，以及各控制开关传来的当前状态信号，进行运算比较和分析，然后调用其内设定的控制程序，向各个执行器发出指令，以使各液压控制阀动作，从而实现对自动变速器的控制。

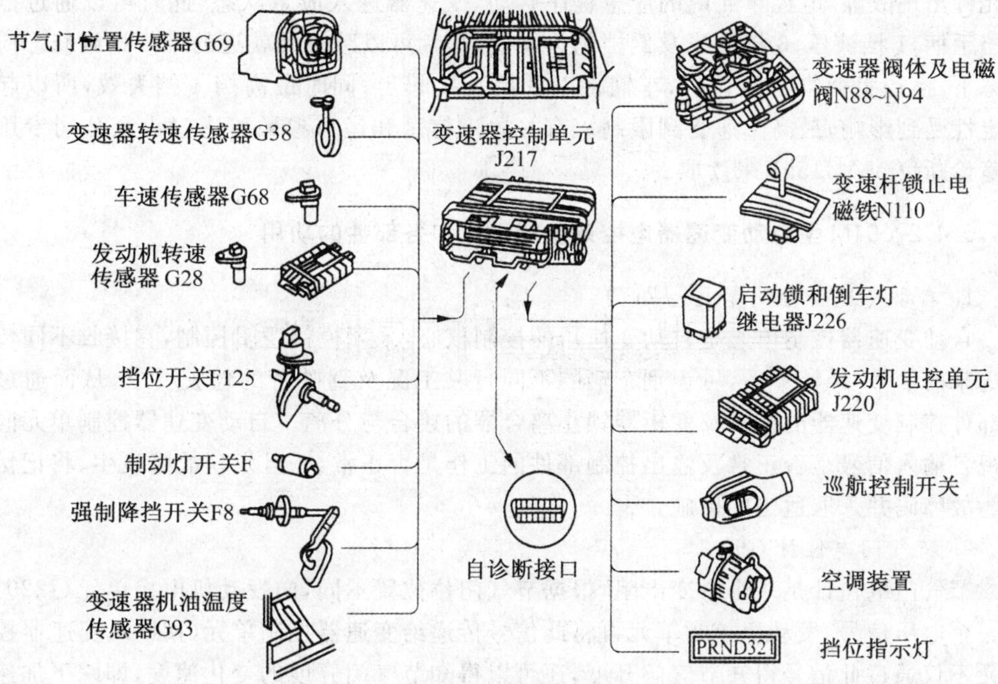

图 5-37　01M 型自动变速器电控系统的组成

5.4.1　01M 型自动变速器电控系统的特点

1. “模糊逻辑”控制技术

有的自动变速器有一个“Eco/Sport”开关，其含义是“经济/运动”换挡模式，也有的变速器标为“Eco/Power”，含义都相同。在 Eco 模式，电控单元将提前一些挂入高挡和稍后一些挂入低挡，这样发动机工作于低转速，虽有损动力性，但降低了油耗。在 Sport 模式，在相同的节气门开度下，在车速较高时才挂入高挡或换下低挡，发动机工作于高转速，功率增大，动力增强。这个开关实际上是选择了电控单元内的两条不同的换挡曲线。01M 型变速器采用计算机“模糊逻辑”控制技术，它取消了“Eco/Sport”开关，“模糊逻辑”的英文含义是“目标确定得不精确”，电控单元根据以下因素确定最佳换挡时刻：

(1)行驶阻力：即路面状况，如上坡、下坡及风向造成的不同空气阻力等。

(2)行车状况：如车速、节气门位置、发动机转速，变速器油温等。

(3)驾驶习惯：驾驶者踩下加速踏板，就产生了一个运动系数(如踩加速踏板的速度及加速度)，“模糊逻辑”识别出该系数，即能识别驾驶类型，适配出最佳的换挡规律，从而按驾驶者的意愿确定最佳换挡时刻，这是模糊逻辑控制的关键。这也可以理解为在“Eco”和“Sport”之间存在许多任意的换挡时刻，“Eco”和“Sport”两条换挡曲线被无数条曲线代替，因而对不同的行驶情况反应更灵敏。

2. 应急程序与自诊断

自动变速器电控单元不断对各传感器及执行元件的工作状态进行检测，如果某个重要元件出现故障，电控单元内的应急程序启动，变速器进入应急状态，此时可以通过操纵换挡手柄，1 挡液压、3 挡液压及倒挡仍然有效，车辆可以跛行到就近的维修站维修。应急状态下，换挡手柄位于 D 位时，车辆将以 3 挡直接起步，同时最高挡 4 挡失效，所以起步稳定性受到影响，最高车速受到限制。有关故障信息和运行参数可通过大众公司专用的故障诊断仪 VAG1551 来读取。

5.4.2 01M 型自动变速器电控系统的组成和各部件的功用

1. 自动变速器控制单元(J217)

自动变速器控制单元是自动变速器的控制核心，采用模糊逻辑控制，它接收不同传感器送来的信号，经计算后，可识别车辆的不同行驶工况及驾驶者的驾驶要求，从而通过输出部件控制变速器的换挡及变矩器锁止离合器的接合与分离。自动变速器控制单元同时监视各输入信号是否正常及输出控制部件的工作是否正常，一旦发现故障发生，将记忆相应的故障码并采取适当的措施。

2. 节气门电位计 G69

节气门电位计是一个滑变电阻，根据节气门位位置不同，向发动机电控单元(J220)输出一个电压信号，发动机控制单元再将此信号传递给变速器控制单元(J217)，变速器控制单元不仅通过此信号得知节气门开度，还可以得知节气门开度的变化速度，即踩下加速踏板的加速度，这反映了驾驶者的驾驶风格，自动变速器控制单元只有识别了驾驶者的驾驶风格才能进行“模糊控制”。该信号的作用：一是确定换挡曲线；二是进行油压控制。如果信号中断，变速器 ECU 不进入应急状态，替代值是中等负荷。

3. 变速器转速传感器 G38

变速器转速传感器是电磁式传感器，用以感应变速器内大太阳轮的转速，安装位置如图 5-38 所示。变速器转速传感器信号的作用：一是识别换挡时刻，在换挡过程中推迟点火提前角，以降低发动机转矩，减小换挡冲击；二是在换挡过程中控制相关离合器的油压，使换挡平顺。如果信号中断，自动变速器控制单元无替代值，进入应急状态。

4. 车速传感器 G68

车速传感器也是电磁式传感器，安装位置如图 5-38 所示，它通过主动齿轮上的脉冲叶轮感应变速器内主动齿轮(即齿圈，行星齿轮机构的输出端)的转速，如图 5-39 所示。车速传感器的作用：一是与节气门电位计 G69 一起确定换挡曲线；二是感知变矩器锁止离合器的滑差。对于装有定速巡航装置的车辆，它还用于速度调节。如果信号中断，变速器控制单元以发动机转速传感器 G28 的信号作为参考，不进入应急状态，但是锁止离合器不能锁止。

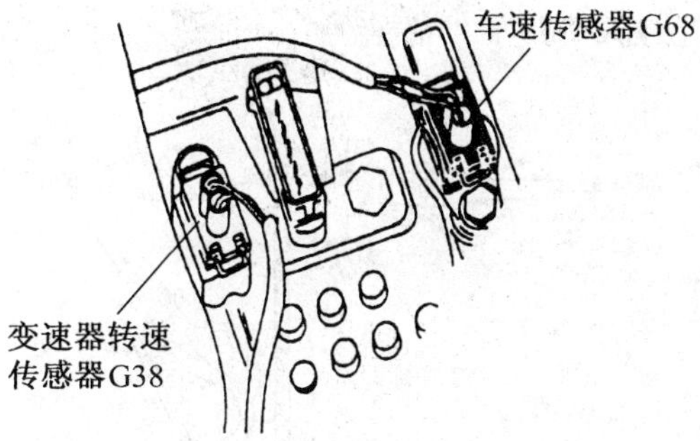

图 5-38　变速器转速传感器 G38 和车速传感器 G68

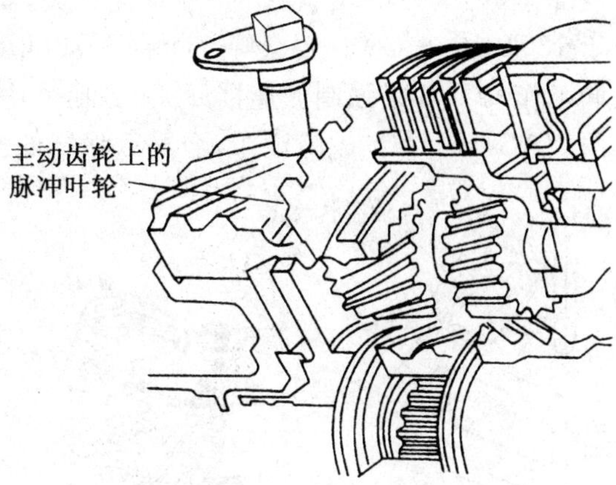

图 5-39　主动齿轮上的脉冲叶轮

5. 发动机转速传感器 *G*28

它安装于发动机缸体后部，也是电磁式传感器，如图 5-40 所示。它把发动机转速信号先传递给发动机电控单元 J220，再由 J220 传给变速器电控单元 J217，J217 将发动机转速信号和车速信号进行比较，根据转速差，J217 识别出锁止离合器的打滑状态，如果滑动过大，即转速差过大，J217 将增大锁止离合器压力，使滑动相对减小，所以发动机转速传感器 G28 的作用与车速传感器 G68 相近。G28 损坏后，用 VAG1551 检查故障记录为“G28 无转速信号”，变速器进入应急状态。

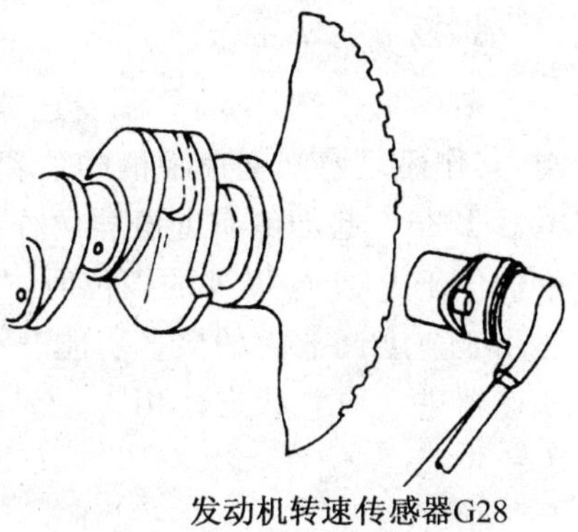

图 5-40　发动机转速传感器 G28

6. 变速器油温传感器 *G*93

变速器油温传感器位于变速器内滑阀箱上的传输线上，用于感应变速器内的机油温度，如图 5-41 所示。它是一个负温度系数电阻，随着温度的升高，阻值降低。其作用是：控制变速器的工作温度。如果变速器油温过高，当变速器油温高于 150℃时，变速器控制单元控制锁止离合器接合，如果油温还降不下来，变速器控制单元控制变速器降一个挡位。变速器油温传感器 G93 短路后，VAG1551 检查显示温度过高，变速器无法升入高挡；如果其断路，显示温度低，换挡迟缓。用 VAG1551 查询故障记录会显示油温传感器 G93“无法识别故障类型”。它损坏后，即无替代值，变速器也不进入应急状态。

7. 制动开关 *F*

制动开关安装在制动踏板上。当变速器电控单元 J217 的 15 脚收到制动信号后，其 29 脚接地，换挡手柄锁止电磁阀 N110 接通，变速杆解除锁止，方可从 P 位移出，挂入其他挡位。对于装有自动定速寻航装置的车辆，该信号用于解除定速巡航。信号中断后，换挡手柄不能移出，故障存储器中无故障记录。

8. 强制低速挡开关 *F*8

强制低速挡开关也称强制降挡开关，与节气门拉索为一体，安装位置如图 5-42 所示，当加速踏板踩到一定角度时，触动此开关，变速器控制单元 16 脚收到此信号后，当车速低于 120km/h 时，变速器会降一个挡位，以增大输出转矩；当车速低于 80km/h 时，切断空调工作 8s。如果强制低速挡开关 F8 信号中断，当加速踏板开度达 95%时，启动此功能，用 VAG1551 查询故障记录，会显示强制低速挡开关 F8“不可靠信号”。

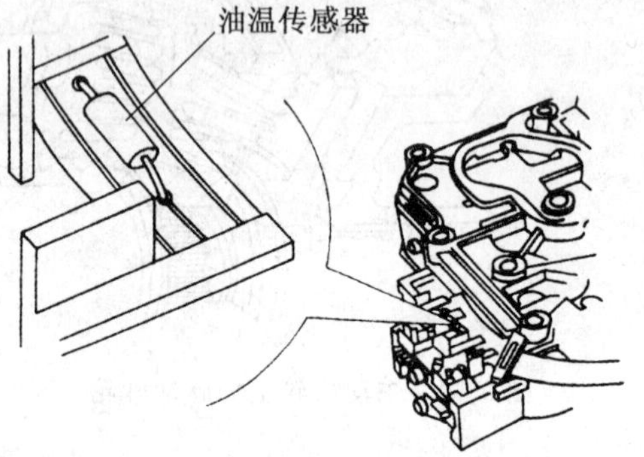

图 5-41　变速器油温传感器 G93

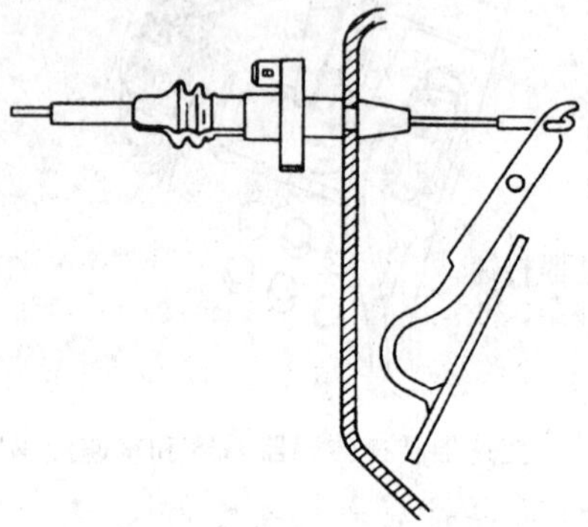

图 5-42　强制降挡开关 F8

9. 多功能开关 *F*125

多功能开关 F125 位于变速器壳体内，如图 5-43 所示，多功能开关由换挡手柄拉索控制，其作用是感知变速手柄的位置并将状态信号送给变速器控制单元 J217 和起动倒车继电器 J226。起动倒车继电器的作用：一是在换挡手柄位于 R 位时，接通倒车灯；二是换挡手柄位于 P 或 N 以外的挡位时，控制起动机不工作。对于装有定速寻航装置的车辆，它还用于速度调节。如果多功能开关信号中断，变速器控制单元认为换挡手柄处于 D 位，变速器进入应急状态。用 VAG1551 查询故障记忆，会显示多功能开关 F125“开关状态不稳定”。

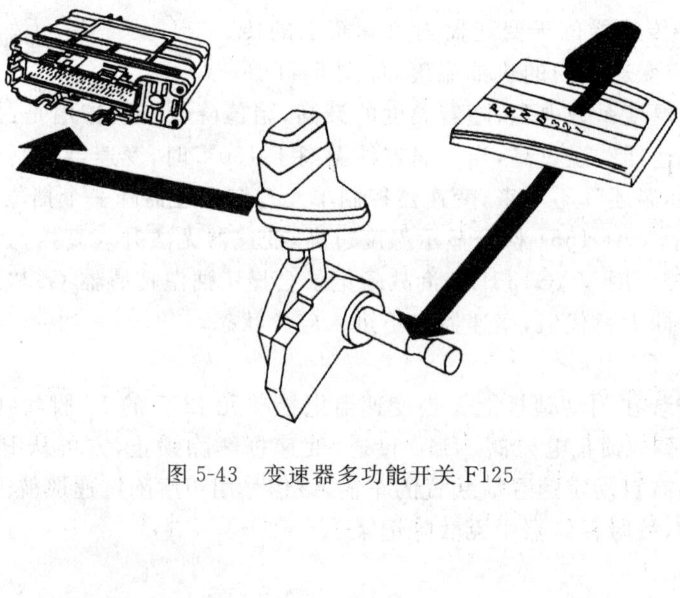

图 5-43　变速器多功能开关 F125

10. 变速杆锁止电磁阀 *N*110

变速杆锁止电磁阀位于变速杆下端，如图 5-44 所示。当点火开关移至 ON 位，变速杆位于 P、N 位时，变速杆锁止电磁阀 N110 插接器的 1 号端子得到来自蓄电池的电压，2 号端子到变速器控制单元 J217 的 29 号端子搭铁，此时电磁阀 N110 接通，变速杆被锁止不动。

在以下几种情况下变速杆会解除锁止。一是当点火开关在 OFF 位时，电磁阀 N110 不接通，此时变速杆不被锁止。二是当点火开关移至 ON 位，变速杆位于 P、N 位时，电磁阀 N110 接通，变速杆被锁止，如果此时踩下制动踏板，由发动机控制单元 J220 来的制动信号传给变速器控制单元 J217 的 15 号端子，控制单元 J217 将会控制 29 号端子的搭铁断开，此时电磁阀 N110 不接通，变速杆解除锁止。三是当车速超过 5km/h 时，控制单元 J217 将会控制 29 号端子的搭铁断开，此时电磁阀 N110 不接通，变速杆解除锁止。

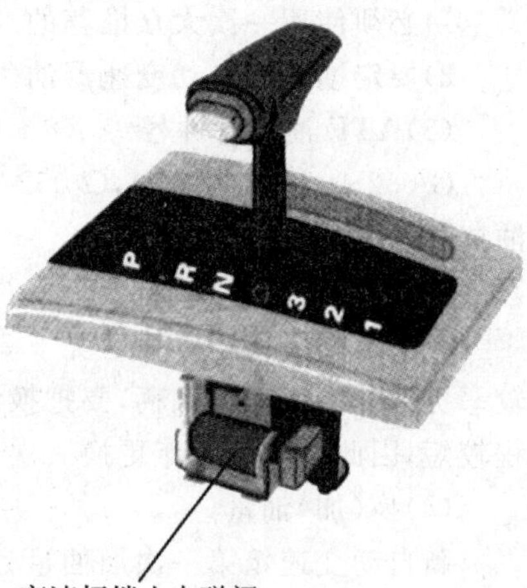

图 5-44 变速杆锁止电磁阀

实训 5.2 捷达轿车自动变速器的维护保养与性能试验

一、实训目的与要求

1. 熟悉自动变速器的维护内容。
2. 掌握自动变速器的试验方法。
3. 掌握自动变速器的故障自诊断方法。

二、实训仪器和设备

通用工具、通用量具、举升机、废油收集器、解码器、捷达轿车

三、注意事项

1. 自动变速器油液的检查一般在发动机怠速工作时热态下进行。
2. 自动变速器油液不足时补充的油液一定为原厂规定型号的液压油。

四、实训步骤

1. 自动变速器维护

自动变速器油(ATF)是特殊的高级润滑油，不仅具有润滑、冷却作用，还具有传递扭矩和液压以控制自动变速器的离合器和制动器工作性能的作用。如果不按规定使用自动变速器油，将影响自动变速器使用寿命。自动变速器型号很多，各国使用自动变速器油规格也不同。

(1)自动变速器油使用要求

1)必须使用一汽大众推荐的自动变速器油。

2)要定期更换自动变速器油。

(2)ATF 油的备件号

G 052 162 A1(0.5L),G 052 162 A2(1.0L),自动变速器的 ATF 油颜色为黄色,该油抗高温。

(3)自动变速器换油里程

公务及商务用车一般情况下 5 万～6 万公里更换一次 ATF 油;对于出租车或经常在较恶劣条件下工作的车辆,要把换油里程缩短为 2.5 万公里,对于家庭用车,由于行驶里程较短,因此要求每 2 年更换一次 ATF 油。

(4)换(加)油量

新自动变速箱第一次加油量为 5.3L,换油量为 3L。

(5)自动变速器油位检查

自动变速器油量的多少,对其使用性能和使用寿命均有较大影响。若油面低于标准,油泵会吸入空气,导致空气混入工作液,降低油压,使各控制阀和执行元件动作失准,操纵失灵;也可能造成离合器、制动器打滑,加速性能变坏和润滑不良等情况。若油面高于标准,控制阀体浸于自动变速器油中,则制动器和离合器的泄油口会被自动变速器油阻塞,使泻油不畅,导致离合器和制动器分离不彻底和换挡冲击等故障。

1)油面检查条件

①自动变速器不得进入故障应急状态。

②油温不许超过 30℃。

③变速器操纵手柄处于 P 挡位。

2)油面检查方法

①将 V.A.G1551 或 V.A.G1552 连接到诊断接口上。

②水平举升汽车,使发动机在怠速工况下运转。

③将操纵手柄从 P、R、N、D、3、2、1 各挡均走一遍,在各挡位下都停留几秒钟,其目的是使各挡油路充分排气和充油,然后再回到 P 位。

④拧下变速器油底壳放油螺钉,如图 5-45 所示。

⑤用 V.A.G1551 或 V.A.G1552 读取自动变速器油(ATF)油温,02—08—005 区即为 ATF 油温。

⑥当油温达到 35℃～45℃时,溢流管刚好有油滴出,油面高度符合标准。如没有油滴出,则要加以补充。然后用 15N·m 力矩拧紧放油螺塞。

油面过高应从加油口吸出或从油底壳放出多余自动变速器油,油面过低应加注相同牌号自动变速器油。

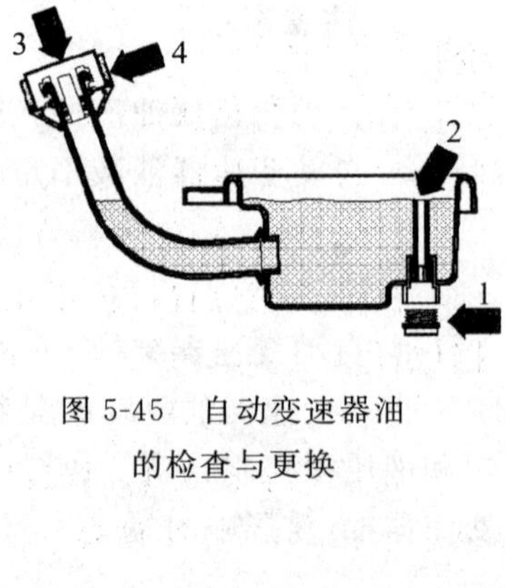

图 5-45　自动变速器油的检查与更换

(6)更换 ATF 油方法

①用举升器举起汽车。

②拆下变速器油底壳，放掉 ATF 油。

③更换过滤器。

④装上油底壳。

⑤从加注口加注 3L 左右 ATF 油。

⑥起动发动机并在车辆静止状态下将自动变速器所有挡位都试挂一次。

⑦重新检查 ATF 油面高度并补充自动变速器油。

2. 自动变速器基础检查

自动变速器基础检查目的是检查自动变速器是否有影响其正常工作的原因，主要有自动变速器外观检查、发动机怠速检查、自动变速器油位与品质检查、操纵手柄位置检查和空挡起动开关检查。

(1)自动变速器外观检查

外观检查是通过目视，检查传动系统部件是否松动和自动变速器是否有泄漏，检查线束和插接器是否松动和脱落。

(2)发动机怠速检查

发动机怠速转速为 800～1000r/min，如果怠速过高，会造成换挡冲击和汽车出现蠕动(不加油时汽车移动)过快现象，如果怠速过低，当操纵手柄从 N 位或 P 位换到其他位置时，车身振动，甚至熄火，因此必须检查发动机怠速。

发动机怠速检查时，将自动变速器操纵手柄置于 N 位或 P 位，关闭空调，起动发动机检查发动机运转情况，应该是发动机运转平稳、转速在规定的范围内，若不符合标准，应对其进行检查与调整。

(3)自动变速器油位与品质检查

自动变速器油位检查见前面章节，油液品质的检查方法为：仔细观察颜色，用手指捻一下油液，看是否有杂质并闻一下气味。如 ATF 油有焦味并且呈棕黑色，说明已经变质了。

具体分析如下：

1)油变成深棕色或棕褐色：可能原因是没及时更换 ATF 油或由于重负荷运转，某些部件打滑或损坏造成变速器油过热。

2)油中有金属屑：可能原因是单向离合器或轴承严重损坏。

3)油中有胶状油膏胶质：可能原因是 ATF 油温长期过热或混加过其他油，导致化学变化，形成絮状。

4)油有烧焦味道：可能原因是油温过高、油面过低、冷却器或管路堵塞导致离合器或制动器摩擦片烧蚀。

(4)操纵手柄位置检查

操纵手柄位置挡位不正确就会影响自动变速器正常工作，检查方法是操纵手柄从 P 挡位置换至其他挡位，检查其挡位是否正确，如果不正确应对其传动机构进行调整。

(5)空挡起动开关检查

将操纵手柄从 P 挡位置换至其他挡位时，检查挡位指示信号是否正确，同时检查操纵手柄在 P 位和 N 位是否能起动发动机。正确情况是：操纵手在 P 位和 N 位时，能起动发动机，而在其他挡位时，不能起动发动机。

3. 自动变速器的试验

自动变速器试验是自动变速器检修时经常使用的检测方法，目的是通过各个试验的结果来分析故障可能发生的部位。具体包括手动换挡试验、失速试验、时滞试验、油压试验和道路试验。

(1)自动变速器手动换挡试验

1)手动换挡试验的目的

判断自动变速器的故障原因是电子控制系统还是其他系统(液力变矩器、液压控制系统、换挡执行机构和行星齿轮机构)。

2)手动换挡试验方法

将自动变速器换挡电磁阀线束插接器或电脑插接器拔下(发动机和自动变速器各用一个电脑)，使自动变速器电脑失去控制换挡作用，然后通过手动换挡试验，检查自动变速器是否能正常工作。

自动变速器换挡电磁阀线束插接器或电脑插接器拔下后，自动变速器电脑失去控制换挡作用，自动变速器操纵手柄挡位与实际挡的对应关系见表5-5。

表5-5　　大众01M型变速器操纵手柄挡位与实际挡的对应关系

操纵手柄的位置	P	R	D	3	2	1
实际挡位	爪锁定	倒挡	3挡	3挡	1挡	1挡

手动换挡试验可以直接路拭，也可以将驱动轮架空后进行试验。如果手动换挡试验结果正常，说明自动变速器的换挡执行元件、液压控制系统、行星齿轮机构和液力变矩器正常，故障在自动变速器电子控制系统。如果手动换挡试验出现工作异常，则说明自动变速器电子控制系统正常，故障在自动变速器的换挡执行元件、液压控制系统、行星齿轮机构和液力变矩器。试验结束插上换挡电磁阀后，要清除电脑中的故障码。

(2)自动变速器失速试验

所谓失速是指液力变矩器涡轮因负荷过大而停止转动时的泵轮转速。失速试验就是通过挂挡和制动使液力变矩器涡轮不转，测得泵轮(发动机)转速。

1)失速试验目的

①检查发动机功率输出大小。

②检查液力变矩器(主要导轮单向离合器)性能。

③检查自动变速器离合器和制动器是否打滑。

2)失速试验条件

①发动机水温达到正常温度。

②自动变速器油温达到正常温度50℃～80℃。

③汽车轮胎气压正常。

④汽车制动系统工作正常。

3)失速试验方法

①将汽车停在平坦的场地。

②拉紧手制动,起动发动机。

③用左脚踩住制动踏板,将操纵手柄置于 D 挡。

④迅速将加速踏板踩到底,使发动机全负荷运转。

⑤当发动机转速上升至稳定值时,读取发动机的转速即为失速转速,并迅速放松加速踏板。

⑥将操纵手柄置于 N 挡或 P 挡,让发动机怠速运转 1min。

⑦将操纵手柄置于 R 挡,再测一次 R 挡的失速转速。

自动变速器失速转速见表 5-6。

表 5-6　　**自动变速器失速转速**

车　型	变速器类型	失速转速(r/min)
大众 PASSAT	01N	2750～2950
大众 JETA	01M	2350～3050

4)失速试验注意事项

①从迅速踩下加速踏板到读出失速转速后放松加速踏板全过程时间不得超过 5s。

②在完成了一个挡位的失速试验后,应使发动机在 N 挡或 P 挡下怠速运转 1min 左右,以使自动变速器油充分冷却。

③在失速试验过程中,如果出现车轮转动情况,应立刻放松加速踏板,停止试验。

5)失速试验结果分析(表 5-7)

表 5-7　　**大众 01M 型变速器失速试验结果分析**

试验结果	故障原因
D 挡和 R 挡转速均低于正常值	①发动机输出动力不足 ②液力变矩器导轮的单向离合器损坏而打滑
D 挡和 R 挡转速均高于正常值	①自动变速器油质不佳 ②自动变速器油面过低 ③滤油器滤网堵塞 ④油泵主从动齿轮磨损或损坏 ⑤主调压阀阀芯卡滞 ⑥主控制油路泄漏
只有 D 挡转速高于正常值	①前进挡控制油路泄漏 ②离合器 K_1 摩擦片磨损而打滑 ③离合器 K_1 活塞密封圈损坏而漏油 ④单向离合器 F 磨损严重或损坏而打滑 ⑤只有 R 挡转速高于正常值

续表

只有 R 挡转速高于正常值	①倒挡控制油路泄漏 ②倒挡离合器 K_2 摩擦片磨损而打滑 ③倒挡离合器 K_2 活塞密封圈损坏而漏油 ④倒挡制动器 B_1 摩擦片磨损而打滑 ⑤倒挡制动器 B_1 活塞密封圈损坏而漏油

(3)自动变速器时滞试验

1)时滞试验目的

时滞试验目的是进一步验证自动变速器失速试验的结果。

通过测量从挂挡开始到执行元件完成动作的时间差来分析自动变速器中离合器和制动器的工作情况，如图 5-46 所示。

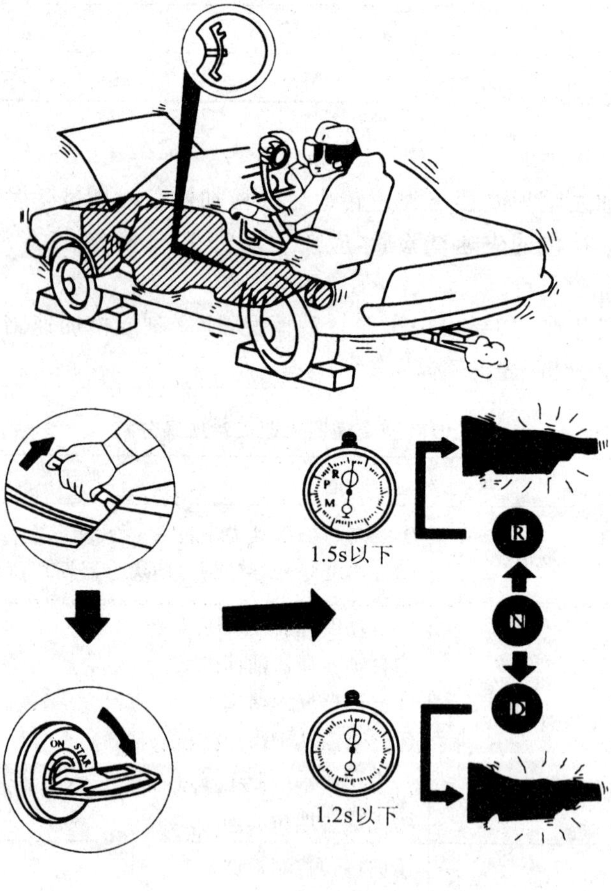

图 5-46　自动变速器时滞试验

2)时滞试验条件

①自动变速器油温正常(50℃～80℃)。

②手制动器工作正常。

3)时滞试验方法

①拉紧手制动，将操纵手柄置于 N 挡，起动发动机怠速运转。

②分别将操纵手柄从 N 挡挂入 D 挡和 R 挡，同时按下秒表记时，当感到有车身振动时，停住秒表记录时间。

③将操纵手换入 N 挡，使发动机怠速运转 1min，再做下一次试验。

N→D 和 N→R 各做三次，取三次的平均值。

正常时滞时间为：N→D 的时滞时间为 1.2S；N→R 的时滞时间为 1.6S。

4)时滞试验结果分析(表 5-8)

表 5-8　　大众 01M 型变速器时滞试验结果分析

试验结果	故障原因
N→D 和 N→R 时滞时间均过长	①自动变速器油质不佳 ②自动变速器油面过低 ③滤油器滤网堵塞 ④油泵主从动齿轮磨损或损坏 ⑤主调压阀阀芯卡滞 ⑥主控制油路泄漏
只有 N→D 时滞时间过长	①前进挡控制油路泄漏 ②一挡离合器 K_1 摩擦片磨损严重 ③一挡离合器 K_1 活塞密封圈损坏而漏油 ④单向离合器 F 磨损或损坏
只有 N→R 时滞时间过长	①倒挡控制油路泄漏 ②倒挡离合器 K_2 摩擦片磨损严重 ③倒挡离合器 K_2 活塞密封圈损坏而漏油 ④倒挡制动器 B_1 摩擦片磨损严重 ⑤倒挡制动器 B_1 活塞密封圈损坏而漏油

(4)自动变速器油压试验

1)油压试验的目的

测量液压控制管路中油压，用来判断各泵、阀工作性能好坏。

自动变速器控制油压过高，会造成自动变速器换挡时有较大冲击，密封件易过早损坏；自动变速器控制油压过低，会使自动变速器打滑，导致加速无力，加剧了离合器和制动器摩擦片的磨损，严重时会使摩擦片烧坏。

2)油压试验方法(图 5-47)

①将自动变速器油压表接到自动变速器测压孔上(自动变速器测压孔的位置查自动变速器维修手册)。

②拉紧手制动，起动发动机，使自动变速器油温达到正常值(50℃～80℃)。

③在发动机怠速工况和失速工况下分别测出D挡和R挡时的油压值。

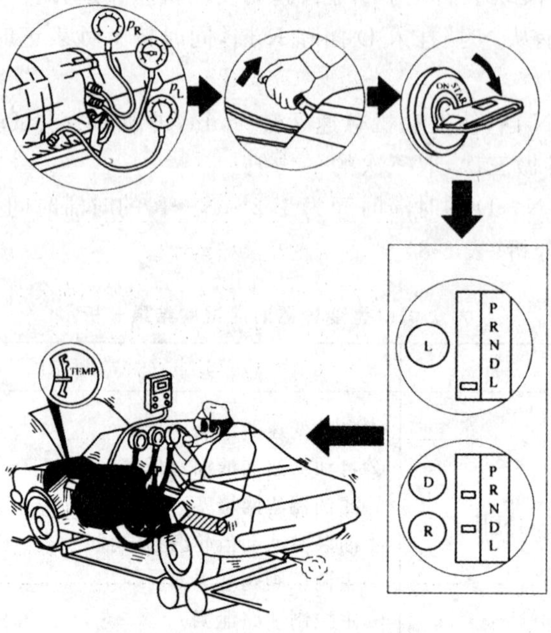

图5-47　自动变速器油压试验

自动变速器标准油压见表5-9。

表5-9　　大众01M型自动变速器主油路油压值

操纵手柄位置	主油路油压	
	怠速工况	应急状态(发动机转速设为2000r/min)
D	3.4～3.8bar	12.4～13.2bar
R	5.0～6.0bar	23～24bar

3)油压试验性能分析(表5-10)

表5-10　　大众01M型变速器油压试验结果分析

试验结果	故障原因
D挡和R挡油压均过高	①发动机怠速过高 ②主调压阀阀芯卡滞 ③节气位置传感器有故障 ④N93电磁阀失效或其电路有故障 ⑤自动变速器电控单元有故障

续表

D 挡和 R 挡油压均过低	①自动变速器油质不佳 ②自动变速器油面过低 ③滤油器滤网堵塞 ④油泵主从动齿轮磨损或损坏 ⑤主调压阀阀芯卡滞 ⑥主控制油路泄漏
D 挡油压过低，但 R 挡油压正常	①前进挡控制油路泄漏 ②离合器活塞密 K_1 封圈损坏而漏油 ③N93 电磁阀失效或其电路有故障 ④节气位置传感器有故障 ⑤电控单元有故障
R 挡油压过低，但 D 挡油压正常	①倒挡控制油路泄漏 ②倒挡离合器 K_2 活塞密封圈损坏而漏油 ③倒挡制动器 B_1 活塞密封圈损坏而漏油

(5)自动变速器道路试验

1)道路试验的目的

①进一步检查和分析自动变速器的故障原因。

②检查修复后的自动变速器是否恢复了正常工作的能力。

自动变速器道路试验的检测内容主要包括换挡点和换挡时有无冲击、振动、噪音、打滑等，道路试验前，发动机和底盘工作正常，自动变速器的油温达到正常工作温度。

2)道路试验方法

①操纵手柄在 D 挡

选择平坦的路面，将自动变速器操纵手柄置于 D 挡，踩下加速踏板使节气门保持在一定开度(发动机转速控制在 2000r/min)，使汽车加速行驶。

检查以下内容：

自动变速器是否自动 1→2 挡、2→3 挡、3→4 挡的规律进行升挡，升挡时车速与规定值是否相符。

汽车行驶时，是否有换挡冲击、打滑及振动等现象。

汽车在锁止离合器锁止情况下行驶时，变速器是否有不正常的振动和噪音。

检查锁止离合器的锁止情况，汽车在 80km/h 稳定行驶时，再踩下加速踏板，发动机转速应无明显的变化，否则说明锁止离合器没有锁止。

检查汽车在 2 挡、3 挡、4 挡行驶时，是否从 4→3 挡、3→2 挡、2→1 挡降挡，降挡车速是否符合标准，降挡时有无振动和噪音。

强制降挡检查，使汽车中速行驶，迅速将加速踏板踩到底，应有明显的增扭效果，说明自动变速器降低了一个挡位；松开加速踏板，自动变速器又回到高挡位。如果迅速踩下加速踏板时没有出现降挡增扭，则说明自动变速器强制降挡控制功能失效。

②操纵手柄在 3 挡

选择平坦的路面，将自动变速器操纵手柄置于 3 挡，踩下加速踏板使节气门保持在一定开度（发动机转速控制在 2000r/min），使汽车加速行驶。

检查以下内容：

自动变速器是否自动 1→2 挡、2→3 挡的规律进行升挡，升挡时车速与规定值是否相符。

汽车行驶时，是否有换挡冲击、打滑及振动等现象。

检查汽车在 2 挡、3 挡行驶时，是否从 3→2 挡、2→1 挡降挡，降挡车速是否符合标准，降挡时有无振动和噪音。

③操纵手柄在 2 挡

选择平坦的路面，将自动变速器操纵手柄置于 2 挡，踩下加速踏板使节气门保持在一定开度（发动机转速控制在 2000r/min），使汽车加速行驶。

检查以下内容：

自动变速器是否自动 1→2 挡的规律进行升挡，升挡时车速与规定值是否相符。

检查汽车在 2 挡，是否从 2→1 挡降挡，降挡车速是否符合标准。

④操纵手柄在 1 挡

选择平坦的路面，将自动变速器操纵手柄置于 1 挡，踩下加速踏板使节气门保持在一定开度（发动机转速控制在 2000r/min），使汽车加速行驶。

检查以下内容：

发动机制动效果检查，使汽车行驶，松开加速踏板汽车车速若明显降低，说明自动变速器有发动机制动作用；否则说明自动变速器无发动机制动作用。

⑤操纵手柄在 R 挡

将自动变速器操纵手柄置于 R 挡，应能迅速倒车，并无异响和打滑现象。

⑥操纵手柄在 P 挡

在坡度大于 9% 的坡道上停车，将自动变速器操纵手柄置于 P 挡，松开手制动和放松制动踏板后应不溜车。

4. 故障自诊断

以大众 01M 型自动变速器为例，使用故障阅读仪 VAG1551 或 VAG1552 进行故障自诊断。

点火开关关闭，处于“OFF”，连接故障阅读仪 VAG1551 或 VAG1552，打开点火开关处于“ON”挡，输入地址码“02”，按下“Q”键确认，直至显示屏显示功能选择“××”，选择“02”功能，查询故障记忆，再按“Q”键确认显示屏显示的故障码，通过“→”键翻页就可以分别显示故障码和内容（表 5-11）。

表 5-11　　大众 01M 型变速器故障一览表

故障码	显示内容	可能故障原因	故障排除方法
00258	电磁阀 1-N88 • 断路 • 对地短路	线束断路或对地短路 电磁阀 1-N88 有故障	• 按电路图检查线束和插接器 • 读取测量数据块显示组 04 • 检测电磁阀 1-N88
00260	电磁阀 2-N89 • 断路 • 对地短路	线束断路或对地短路 电磁阀 2-N89 有故障	• 按电路图检查线束和插接器 • 读取测量数据块显示组 04 • 检测电磁阀 2-N89
00262	电磁阀 3-N90 • 断路 • 对地短路	线束断路或对地短路 电磁阀 3-N90 有故障	• 按电路图检查线束和插接器 • 读取测量数据块显示组 04 • 检测电磁阀 3-N90
00264	电磁阀 4-N91 • 断路 • 对地短路	线束断路或对地短路 电磁阀 4-N91 有故障	• 按电路图检查线束和插接器 • 读取测量数据块显示组 04 • 检测电磁阀 4-N91
00266	电磁阀 4-N92 • 断路 • 对地短路	线束断路或对地短路 电磁阀 4-N92 有故障	• 按电路图检查线束和插接器 • 读取测量数据块显示组 04 • 检测电磁阀 4-N92
00268	电磁阀 6-N93 • 断路 • 对地短路	线束断路或对地短路 电磁阀 6-N93 有故障	• 按电路图检查线束和插接器 • 读取测量数据块显示组 04 • 检测电磁阀 6-N93
00270	电磁阀 7-N94 • 断路 • 对地短路	线束断路或对地短路 电磁阀 7-N94 有故障	• 按电路图检查线束和插接器 • 读取测量数据块显示组 04 • 检测电磁阀 7-N94
00281	车速传感器 G68 无信号	线束断路 车速传感器 G68 有故障	• 按电路图检查线束和插接器 • 读取测量数据块显示组 02 • 检测车速传感器 G68 • 更换车速传感器 G68
00293	多功能开关 F125 开关状态不确定	线束断路 多功能开关 F125 有故障	• 按电路图检查线束和插接器 • 读取测量数据块显示组 01 • 检测多功能开关 F125 • 更换多功能开关 F125
00297	变速器转速传感器 G38 无信号	线束断路 变速器转速传感器 G38 有故障	• 按电路图检查线束和插接 • 检测变速器转速传感器 G38 • 更换变速器转速传感器 G38
00300	变速器油温传感器 G93 无法识别故障类型	线束断路 变速器油温传感器 G93 有故障	• 按电路图检查线束和插接器 • 读取测量数据块显示组 05 • 检测变速器油温传感器 G93

续表

00518	节气门电位计 G69 信号超出允许值	线束断路或短路节气门电位计 G69 有故障	• 如果还显示了故障 00638，则应先排除该故障 • 按电路图检查线束和插接器 • 读取测量数据块显示组 01 和 03 • 检测节气门电位计 G69 • 更换节气门电位计 G69 • 对系统进行基本调整
		发动机控制单元或节气门电位计 G69 损坏	对系统进行基本调整
00529	无转速信号	线束短路	• 按电路图检查线束和插接器 • 读取测量数据块显示组 03 • 检查发动机控制单元
00532	电源电压	蓄电池损坏整流器电压过低	• 检查蓄电池 • 按电路图检查线束和插接器 • 读取测量数据块显示组 02 • 检查控制单元 J217 电压
00545	发动机/变速器电器连接断路对地短路	线束断路或对地短路发动机/变速器控制单元未接上	• 按电路图检查线束和插接器 • 读取测量数据块显示组 05 • 检查发动机控制单元 • 对系统进行基本调整
00596	整流器导线间短路	传输线/滑阀箱和线束间的 10 孔插头连接滑阀箱的传输线损坏	• 按电路图检查线束和插接器 • 检查整流器 • 更换传输线
00638	发动机/变速器电器连接无信号	线束断路或对地短路发动机/变速器控制单元未接上，节气门信号未传至变速器控制单元	• 按电路图检查线束和插接器 • 读取测量数据块显示组 05 • 检查发动机控制单元，如需要更换 • 对系统进行基本调整
00641	自动变速器油温度信号过大	变速器过热，最高为 148℃。自动变速器油温过高，变速器自动换入相邻低挡，汽车拖载过大，自动变速器油位不正常，变速器油温度传感器损坏	• 检查油位 • 读取测量数据块显示组 05 • 读取自动变速器油温度 • 检查变速器油温度传感器 G93 • 更换传输线
00652	挡位监控不可靠信号	电器/液压故障离合器或滑阀箱损坏	读取测量数据块显示组 04 并在行驶中确定哪一挡有故障

续表

00660	强制降挡开关/节气门电位计	线束断路	按电路图检查线束和插接器
	不可靠信号	节气门电位计 G69 损坏	• 如果还显示了故障 00638,则应先排除该故障 • 按电路图检查线束和插接器 • 读取测量数据块显示组 01 和 03 • 检测节气门电位计 G69 • 更换节气门电位计 G69 • 对系统进行基本调整
		强制降挡开关 F8 损坏	• 读取测量数据块显示组 01 • 检查强制降挡开关 F8 • 调整或更换油门拉索
65535	控制单元损坏	控制单元 J217 损坏	• 在确定可能的故障原因并排除机械故障、液压故障、严重电器/电器部件及线束连接故障后 • 更换控制单元 • 对系统进行基本调整
	无故障	修理后如显示无故障,自诊断结束。如自诊断后,自动变速器仍有故障,必须按故障诊断程序继续检查	

注:1. 显示内容中有的是有关部件的附加显示。

2. 显示的有些故障,要先检查插接器连接是否锈蚀、进水,如果需要进行更换。

3. 显示电磁阀有故障时,要特别注意变速器上传输线/滑阀箱和线束间的 10 孔插接器连接。

5.5 无级变速器和双离合变速器

无级变速器的应用越来越多,如奥迪 01J、本田飞度、奇瑞旗云等车型都装配有无级变速器,虽然其结构不尽相同,但变速原理基本相同。

5.5.1 无级变速器简介

以广州本田飞度(FIT)轿车采用的无级自动变速器(CVT)为例,分析无级变速器的变速原理。

1. 无级变速传动基本原理

如图 5-48 所示为本田飞度无级变速器的变速原理简图。

在 CVT 自动变速器内部没有固定传动比的齿轮,但有一个主动带轮和一个从动带轮，通过液压可以改变主、从动带轮的有效直径，进而改变传动比。钢带在两个带轮间起动力传递作用。

在高传动比时，主动带轮的直径增大，从动带轮的直径减小，如图 5-48(a)所示。

在低传动比时，主动带轮的直径减小，而从动带轮的直径增大，如图 5-48(b)所示。

CVT 自动变速器的控制系统也是采用了电控液动控制模式，由动力系统控制模块(PCM)接收各传感器的信号，然后通过电磁阀控制液压滑阀的动作，从而实现离合器的接合或分离，以及向主、从动带轮施加自动变速器油压。

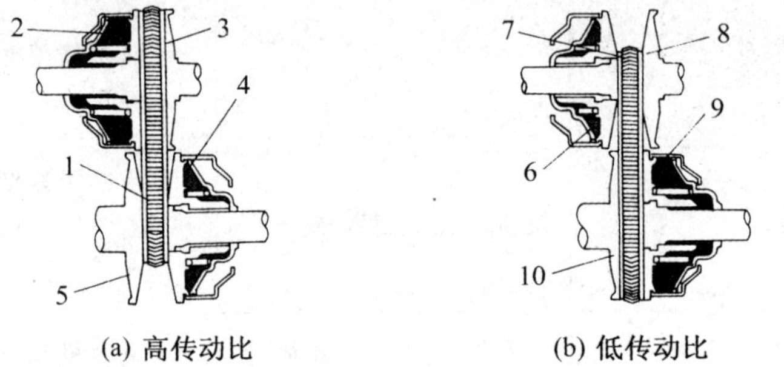

图 5-48　CVT 变速原理

1、7—钢带　2、9—高压油液　3、8—主动带轮　4、6—低压油液　5、10—从动带轮

2. 无级变速传动系统的组成

(1)带轮

广州本田飞度 CVT 自动变速器有两个带轮，即主动带轮和从动带轮，它们通过钢带连接在一起，如图 5-49 所示。

每个带轮都包括一个固定部分和一个活动部分，之间夹有钢带。带轮的有效工作直径是可变的，这是传动比变化的关键。另外，每只带轮上均装有弹簧，用于向带轮的活动部件施加压力，使其紧靠带轮的固定部分，同时液压系统向每个带轮施加变化的液压力，使两个带轮保持合适的有效直径，并且带轮与钢带间保持有足够的侧压力，以防止钢带打滑，造成钢带及带轮的损坏。

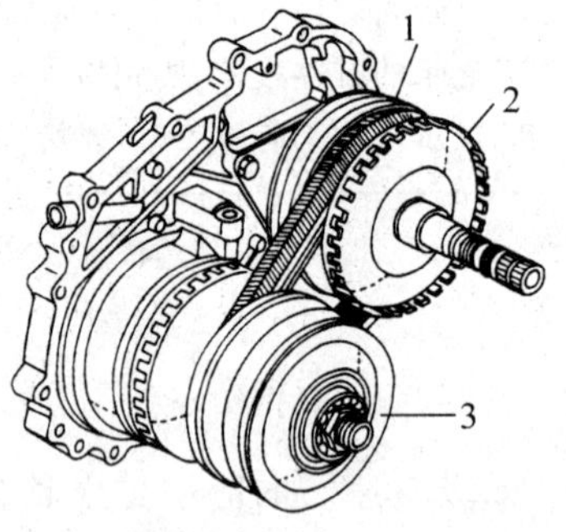

图 5-49　本田飞度自动变速器的带轮

1—钢带　2—主动带轮　3—从动带轮

主动带轮安装在输入轴上，在前进挡时其与输入轴锁止。在倒挡时，主动带轮的旋转方向与在前进挡时相反。从动带轮直接安装在从动带轮轴上，主动带轮通过钢带驱动从动带轮，从动带轮再驱动起步离合器。

(2)钢带

钢带用于在两个带轮之间传递转矩，它由两组钢质环形带组成，如图 5-50 所示。每组环形带各有 12 层，采用约 400 个钢质连接构件将它们组装在一起。钢带部件因受主、从动带轮的运动载荷而压缩在一起，这也增加了钢带与带轮表面间的摩擦力，可防止它们打滑。

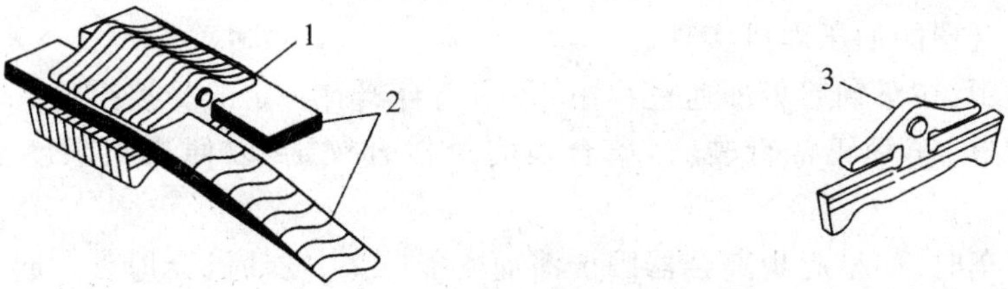

图 5-50 本田飞度自动变速器的钢带

1—钢带 2—钢质环形带 3—构件

(3)行星齿轮机构

在广州本田飞度CVT自动变速器的内部，有一组单排行星齿轮机构，用于形成前进挡和倒挡，如图5-51所示。太阳轮通过花键与输入轴相连，同时，它又是前进挡离合器的内毂，行星架同时是倒挡制动器的内毂，齿圈通过凸键与前进挡离合器外鼓啮合。

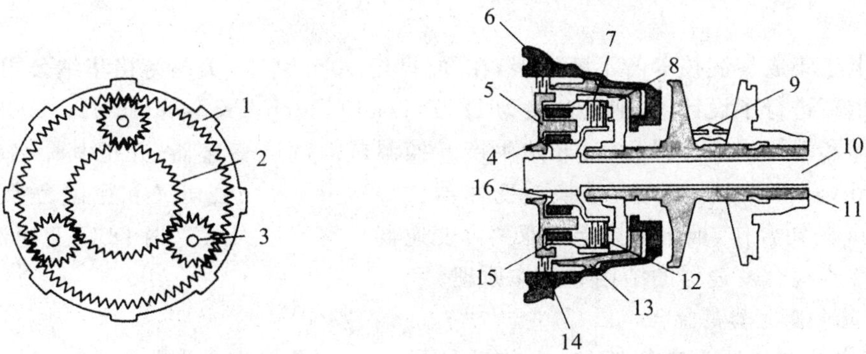

图 5-51 本田飞度自动变速器的行星齿轮机构

1、14—齿圈 2、16—太阳轮 3、4—行星架 5—行星轮 6—变速器壳体(倒挡制动器外鼓) 7—前进离合器 8—前进离合器外鼓 9—钢带 10—输入轴 11—主动带轮轴 12—前进离合器活塞 13—倒挡制动器活塞 14—倒挡制动器

(4)前进挡离合器

前进挡离合器内毂是太阳轮，外鼓通过凸键与齿圈啮合。前进挡离合器工作时，将太阳轮和内齿圈连接为一体，使整个行星齿轮机构以一个整体同向旋转，传动比为1∶1。

(5)倒挡制动器

倒挡制动器内毂是行星架，外鼓是自动变速器壳体。倒挡制动器工作时，将行星架与自动变速器壳连接为一体，使行星架固定不能旋转，此时内齿圈会反向减速旋转，形成倒挡。

(6)起步离合器

起步离合器是一个湿式多片式离合器，安装在从动带轮轴上，它可以将中间主动齿轮的动力传递至车轮，也可以切断中间主动齿轮至车轮的动力传递，其功用相当于普通自动变速器的液力变矩器。起步离合器具有如下功能：

①滑转状态：在起步离合器的滑动状态，允许车辆在不摘挡的情况下处于静止状态。

②"蠕动"状态:即在不摘挡停车或通过踩制动使车辆以较低的速度行驶,这通过控制作用于起步离合器的油压即可实现。

③加速作用:在车辆起步加速过程中,允许离合器有一定的受控打滑。

④正常行驶:车辆正常行驶时,离合器完全接合锁定,以便最大限度地向车轮传递动力。

在挂挡停车时,如果起步离合器因卡滞而不能分离,发动机会熄火。起步离合器回位弹簧用周布多弹簧取代了中央螺旋弹簧,这使起步离合器的工作更加平稳,尤其是在蠕动等要求精确控制的工作范围内,因此,起步离合器的可控性得到了提高。

5.5.2 双离合变速器简介

双离合变速器的构想最早于 1939 年由法国人阿道夫·加尔奇提出,但最终未能实施。1940 年,德国 Darmstadt 工业大学教授鲁道夫·弗兰克第一个申请了双离合变速器专利,并在卡车上进行了试验。之后,双离合变速器在赛车及跑车上有一定的应用,但是没有普及。

随着电子集成控制技术的不断发展,在 20 世纪 90 年代末,美国博格华纳公司对双离合变速器重新进行了设计,并把其命名为 DCT(Dual Clutch Transmission)。2003 年,德国大众公司和博格华纳公司合作,开始生产 6 挡湿式双离合变速器,并把其命名为 DSG (Direct Shift Gearbox),意为直接换挡变速器。2008 年,大众公司又和德国舍弗勒集团旗下的 Luk 公司合作,推出 7 挡干式双离合变速器。本节以大众 7 挡 DSG 变速器为例,来简要介绍双离合变速器的结构和工作原理。

1. 双离合变速器的优点

(1)双离合变速器没有变矩器,在传动过程中的能量损失少,提高了车辆的燃油经济性。

(2)双离合变速器同时有两个挡位啮合,使换挡过程更加快捷、平顺,车辆加速性更好。

(3)双离合变速器有手动和自动两种控制模式,车辆在行驶过程中,两种模式之间可以随时切换。

2. 大众 7 挡 *DSG* 变速器

大众 7 挡 DSG 变速器是大众公司 2008 年推出的最新一代变速器。采用的是干式双离合器结构,因为省却了控制双离合器的相关液压系统,减轻了变速器的重量,因此和之前的 6 挡湿式 DSG 变速器相比,7 挡变速器结构更为紧凑,传动效率更高(传动效率达 91%,6 挡 DSG 为 85%,普通自动变速箱为 83%),燃油经济性更好,成本更低。它把手动变速器和自动变速器的优点很好地结合在一起,既具有手动变速器的高传动效率和燃油经济性,又具有自动变速器的舒适性、易用性。

(1)结构

大众 7 挡 DSG 变速器包含了两个传统的离合器,它们安装在一起组成一个双离合器。两个离合器分别用 K_1 和 K_2 来表示,如图 5-52 所示(注:简图重在变速器各零件的相互连接关系,各齿轮位置和实际变速器结构不完全一致,可参阅相关资料)。离合器 K_1

通过花键将扭矩传递到输入轴 1。输入轴 1 连接变速器的奇数挡，包括 1 挡、3 挡、5 挡和 7 挡。离合器 K_2 通过花键将扭矩传递到输入轴 2。输入轴 2 连接变速器的偶数挡，包括 2 挡、4 挡和 6 挡。输出轴 2 通过倒挡中间齿轮将扭矩传递到输出轴 3 上的倒挡齿轮。三个输出轴都和主减速器齿轮连接。

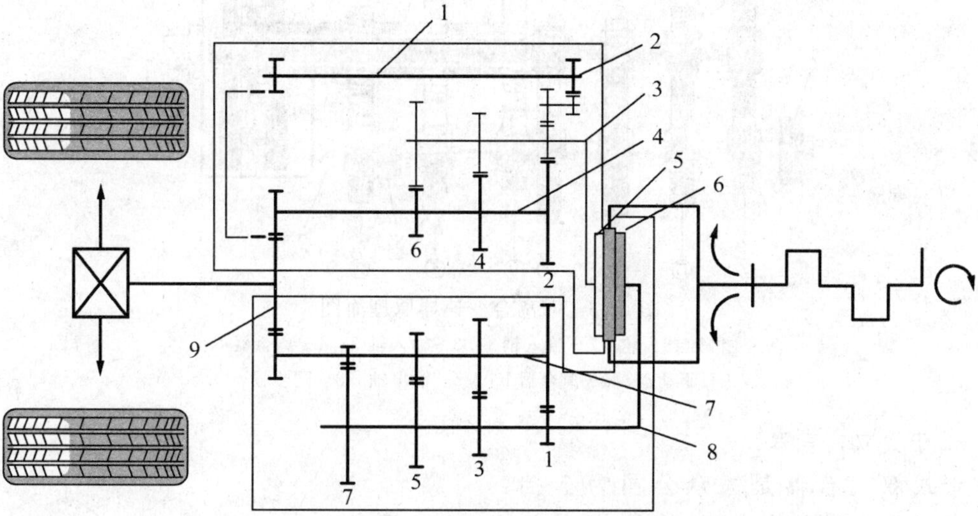

图 5-52　7 挡 DSG 变速器结构简图

1—输出轴 3　2—倒挡　3—输入轴 2　4—输出轴 2　5—离合器 K_2

6—离合器 K_1　7—输出轴 1　8—输入轴 1　9—主减速器齿轮

(2)工作原理

图 5-53 为双离合变速器原理简图。双离合变速器有 2 根同心的输入轴，输入轴 1 装在输入轴 2 里面。输入轴 1 和离合器 1 相连，其上的齿轮对应变速器奇数挡，分别是 1 挡、3 挡、5 挡、7 挡。空心的输入轴 2 和离合器 2 相连，其上的齿轮对应变速器偶数挡，分别是 2 挡、4 挡、6 挡。

当车辆起步时，离合器 1 接合，动力传递路线为：发动机→离合器壳体→离合器驱动盘→离合器 1→输入轴 1→1 挡主动齿轮→1 挡从动齿轮→输出轴。此时，离合器 2 分离，但 2 挡同步器(简图中只画了一个同步器)已经预先向右移动(如图中所示)，和输出轴 2 挡齿轮接合，为变速器进入 2 挡做好了准备，此时 2 挡齿轮随输出轴空转。当变速器满足升入 2 挡的条件时，在电控单元的作用下，离合器 1 分离，与此同时，离合器 2 进入接合。此时动力经发动机→离合器壳体→离合器驱动盘→离合器 2→输入轴 2→2 挡主动齿轮→2 挡从动齿轮→输出轴输出。

从以上 1 挡换 2 挡的过程就可以看出。双离合变速器不再像传统的手动变速器那样，在换挡过程中出现动力中断的现象。因为同步器早已完成了齿轮的挂挡，只要发动机的动力在电控单元的作用下从离合器 1 转换到离合器 2，就可以把动力向后输出。在完成 2 挡动力切换的同时，3 挡的同步器也会在电控单元的作用下，向 3 挡齿轮移动，使 3 挡齿轮处于预啮合状态。

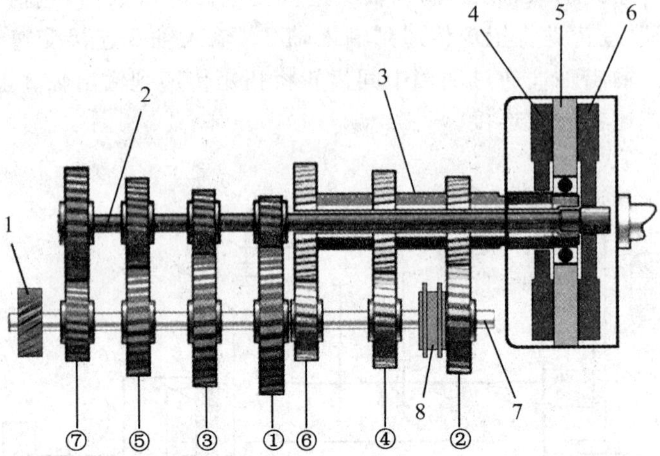

图 5-53　双离合变速器原理简图

1—主减速器齿轮　2—输入轴 1　3—输入轴 2　4—离合器 K_2
5—驱动盘　6—离合器 K_1　7—输出轴　8—同步器

3. 干式双离合器

干式双离合器是大众公司为 7 挡 DSG 变速器配备的离合器，简单说，就是两个简单膜片弹簧离合器组合在一起。

如图 5-54 所示，离合器的驱动盘通过支承环和双质量飞轮连接在一起。离合器 K_1 和离合器 K_2 位于驱动盘两侧，其中离合器 K_1 通过花键和输入轴 1 连接，离合器 K_2 通过花键和输入轴 2 连接。需要说明的是两个膜片弹簧离合器的分离杠杆支点位置不同。离合器 K_1 的分离杠杆支点位于杠杆的中部，而离合器 K_2 的支点位于分离杠杆的外端。

图 5-55 为双离合器工作原理简图。具体工作过程略，请参照膜片弹簧离合器相关内容（注：虽然双离合器的机械部分和膜片弹簧离合器相同，但其接合与分离是由电控单元控制的）。

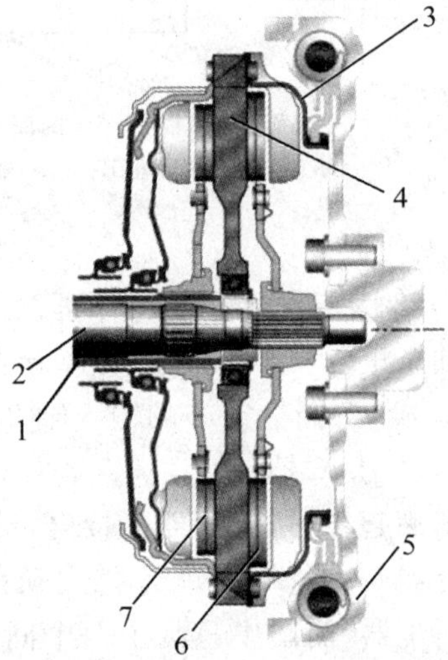

图 5-54　双离合器结构

1—输入轴 2　2—输入轴 1　3—支承环　4—驱动盘
5—双质量飞轮　6—离合器 K_1　7—离合器 K_2

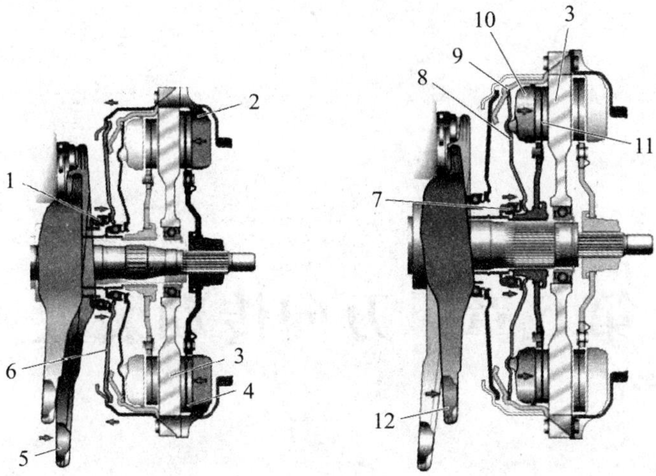

(a)K1分离时　　(b)K2分离时

图 5-55　双离合器工作原理简图

1—K_1 分离轴承　2—K_1 压盘　3—驱动盘　4—　K_1 从动盘　5—K_1 分离杠杆　6—K_1 膜片弹簧　7—K_2 分离轴承　8—K_2 膜片弹簧　9—K_2 支点　10—K_2 压盘　11—K_2 从动盘　12—K_2 分离杠杆

复习思考题

1. 自动变速器由哪些系统组成？
2. 试着从能量守恒的角度分析变矩器工作原理。
3. 锁止离合器的作用是什么？
4. 拉维奈式齿轮机构中各元件的啮合关系是什么？
5. 离合器为什么设有活塞止回阀？
6. 自动变速器的换挡执行元件有哪些？
7. 试作大众 01M 变速器 D-2 挡油路分析。
8. 电子控制系统由哪几部分组成？各部分的作用是什么？
9. 无级变速器如何改变传动比的大小？
10. 起步离合器和液力变矩器在功用上有什么区别？
11. 双离合变速器的优点有哪些？
12. 双离合变速器的基本工作原理是什么？
13. 自动变速器为什么要定期更换变速器油液？
14. 为什么要进行自动变速器试验？

第6章 万向传动装置

学习目标

了解万向传动装置的组成和类型；熟悉常见万向传动装置的结构和工作原理；掌握万向传动装置的故障诊断与排除方法；掌握万向传动装置的拆装方法。

6.1 概 述

万向传动装置在汽车上应用较广泛，根据用途不同，结构也略有不同，但其功能都是一样的，即在轴线相交且相互位置经常发生变化的两转轴之间传递动力。

6.1.1 万向传动装置的功能

万向传动装置在汽车上主要应用在以下几个方面：

(1)变速器(或分动器)与驱动桥之间：一般汽车的变速器、离合器与发动机三者合为一体装在车架上，驱动桥通过悬架与车架相连。在负荷变化及汽车在不平路面行驶时引起的跳动，会使驱动桥输入轴与变速器输出轴之间的夹角和距离发生变化，因此，要用万向传动装置。

(2)越野汽车变速器与分动器之间：为消除车架变形及制造、装配误差等引起的其轴线同轴度误差对动力传递的影响，需装有万向传动装置。

(3)汽车转向驱动桥的内、外半轴之间：转向时两段半轴轴线相交且交角发生变化，因此要用万向转动装置。

(4)断开式驱动桥的半轴：主减速器壳在车架上是固定的，桥壳上下摆动，半轴是分段的，需用万向转动装置。

(5)转向机构的转向轴和转向器之间：万向传动装置有利于转向机构的总体布置。

万向传动装置在汽车中最常见的应用是位于变速器与驱动桥之间，如图 6-1 所示。由于变速器输出轴和驱动桥的输入轴因汽车布置、设计等原因不可能在同一轴向上，并且变速器虽然是安装在车架(车身)上，可以认为其位置是不动的，但驱动桥会由于悬架的变形而引起其位置经常发生变化，所以在变速器和驱动桥之间的万向传动装置正好可以满足使用、设计的要求。

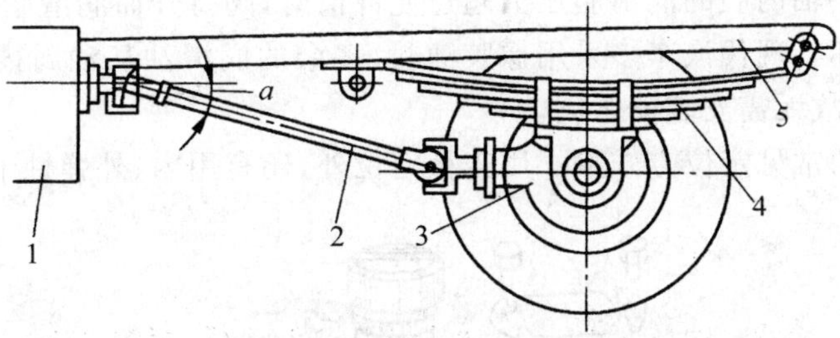

图 6-1　变速器与驱动桥之间的万向传动装置

1—变速器　2—万向传动装置　3—驱动桥　4—后悬架　5—车架

6.1.2　万向传动装置的组成

万向传动装置主要包括万向节和传动轴，对于传动距离较远的分段式传动轴，为了提高传动轴的刚度，还设置有中间支承，如图 6-2 所示。

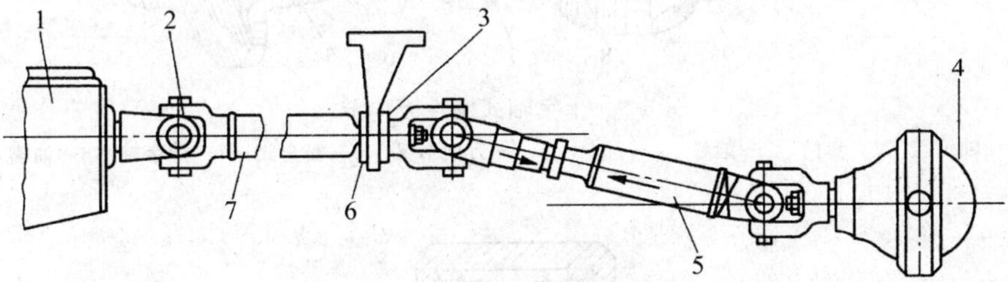

图 6-2　万向传动装置的组成

1—变速器　2—万向节　3—中间支承　4—驱动桥　5、7—传动轴　6—球轴承

6.2　万　向　节

汽车上采用的万向节按其刚度大小可分为刚性万向节和柔性万向节。刚性万向节按其速度特性分为不等速万向节(常用的为十字轴式)、准等角速万向节(双联式和三销轴式)和等角速万向节(包括球叉式和球笼式)。目前在汽车上应用较多的是十字轴式刚性万向节和等角速万向节。十字轴式刚性万向节主要用于发动机前置后轮驱动的变速器与驱动桥之间，等角速万向节主要用于发动机前置前轮驱动的内、外半轴之间。

6.2.1　十字轴式刚性万向节

十字轴式刚性万向节如图 6-3 所示，它允许相邻两轴的最大夹角为 20°。

1. 十字轴式刚性万向节的构造

十字轴式刚性万向节主要由十字轴、万向节叉等组成。万向节叉上的孔分别套在十字轴的四个轴颈上。在十字轴轴颈与万向节叉孔之间装有滚针和套筒，用带有锁片的螺钉和轴承盖使之轴向定位。为了润滑轴承，十字轴内钻有油道，且与油嘴、安全阀相通，如

图 5-4 所示。为避免润滑油流出及尘垢进入轴承，十字轴轴颈的内端套装着油封。安全阀的作用是当十字轴内腔的润滑脂压力超过允许值时，阀打开而润滑脂外溢，使油封不会因油压过高而损坏。现代汽车多采用橡胶油封，多余的润滑油从油封内圆表面与十字轴轴颈接触处溢出，故无需安装安全阀。

万向节轴承的常见定位方式除了用盖板定位外，还有用内、外弹性卡环进行定位的。

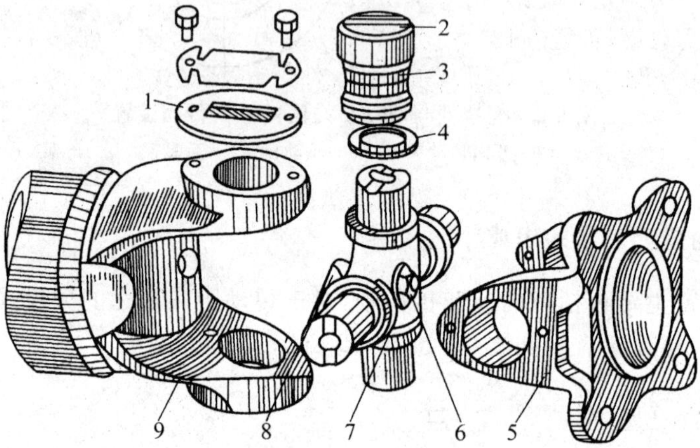

图 6-3　十字轴式刚性万向节

1—轴承盖　2—套筒　3—滚针　4—油封　5、9—万向节叉　6—安全阀　7—十字轴　8—油嘴

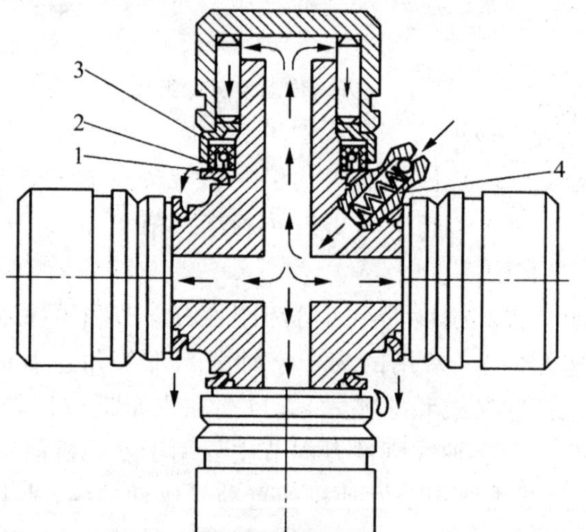

图 6-4　润滑油道及密封装置

1—油封挡盘　2—油封　3—油封座　4—油嘴

2. 十字轴万向节的特性

单个十字轴式刚性万向节在主动轴和从动轴之间有夹角的情况下，当主动叉是等角速转动时，从动叉是不等角速的，且两转轴之间的夹角 α 越大，不等速性就越大，如图 6-5 所示。

十字轴式刚性万向节的不等速特性，将使从动轴及与其相连的传动部件产生扭转震动，从而产生附加的交变载荷，影响部件寿命。

如果采用如图 6-6 所示的双十字轴刚性万向节传动，则第一万向节的不等速特性就可以被第二万向节的不等速特性所抵消，从而实现两轴间的等角速传动。具体条件是：

(1)第一万向节两轴间夹角 α_1 与第二万向节两轴间夹角 α_2 相等。

(2)第一万向节的从动叉与第二万向节的主动叉处于同一平面。

由于悬架的震动，不可能在任何时候都保证 $\alpha_1=\alpha_2$，因此，这种双十字轴刚性万向的传动只能近似地解决等速传动问题，且由于两轴夹角最大只能是 20°，因此使用上受到限制。

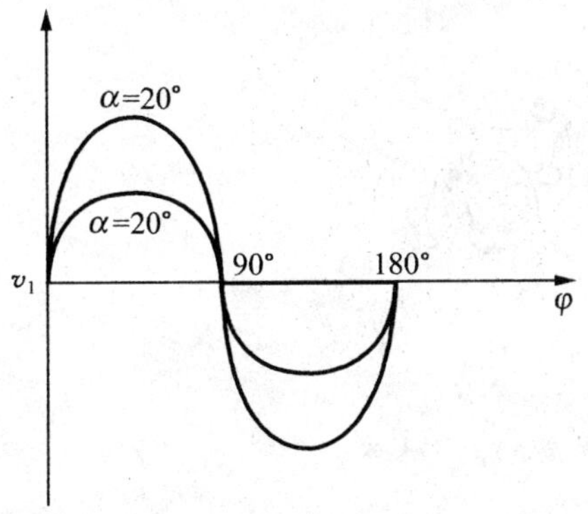

图 6-5　十字轴式刚性万向节的不等速特性

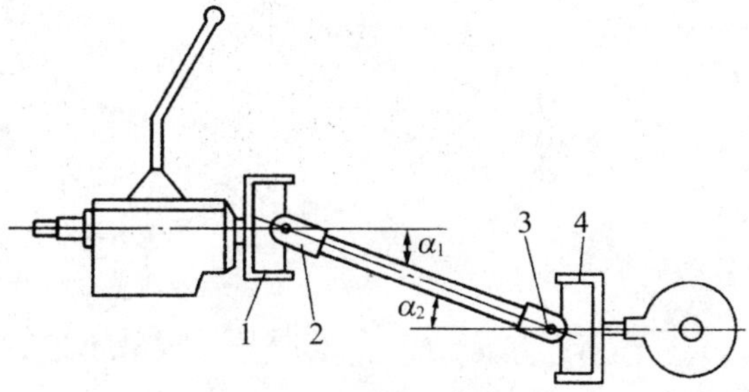

图 6-6　双十字轴刚性万向节等速传动布置图

1、3—主动叉　2、4—从动叉

6.2.2　等角速万向节

等角速万向节的基本原理是传力点永远位于两轴交点的平分面上，图 6-7 为等角速万向节的工作原理图。一对大小相同的锥齿轮的接触点 P 位于两齿轮轴线交角的平分面上，由 P 点到两轴的垂直距离都等于 r。P 点处两齿轮的圆周速度相等，两齿轮的角速度也相等。可见，若万向节的传力点在其交角变化时始终位于两轴夹角的平分面上，就能保证等速传动。

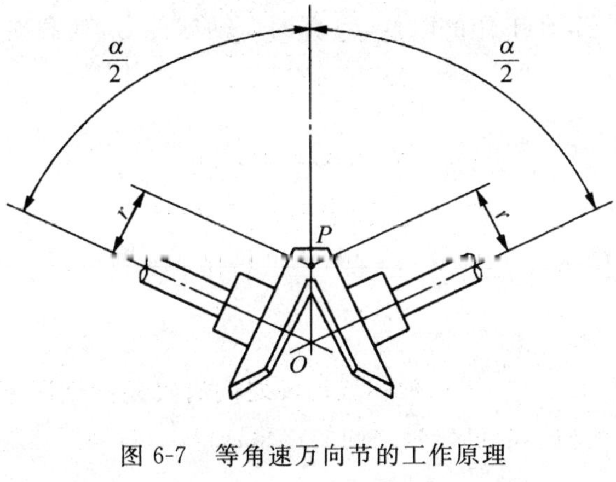

图 6-7　等角速万向节的工作原理

等角速万向节的常见结构形式有球笼式和球叉式。

1. 球笼式等角速万向节

如图 6-8 所示，球笼式万向节由 6 个钢球、星形套、球形壳和保持架等组成。

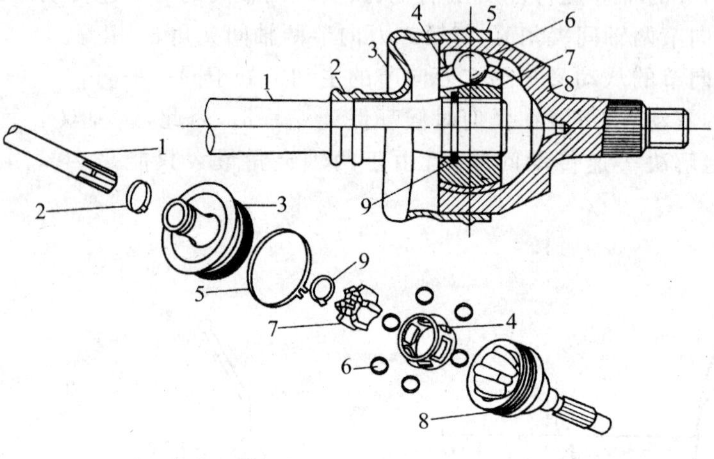

图 6-8　球笼式万向节

1—主动轴　2、5—钢带箍　3—外罩　4—保持架(球笼)　6—钢球
7—星形套(内滚道)　8—球形壳(外滚道)　9—卡环

万向节星形套与主动轴用花键固接在一起，星形套外表面有 6 条弧形凹槽滚道，球形壳的内表面有相应的 6 条凹槽，6 个钢球分别装在各条凹槽中，由球笼使其保持在同一平面内。动力由主动轴、钢球、球形壳输出。

球笼式万向节工作时，6 个钢球都参与传力，故承载能力强、磨损小、寿命长，被广泛应用于各种型号的转向驱动桥和独立悬架的驱动桥。

2. 球叉式等角速万向节

球叉式等角速万向节如图 6-9 所示，它是由主动叉、从动叉、4 个传动钢球、中心钢球、定位销、锁止销组成。主动叉与从动叉分别与内、外半轴制成一体。在主、从动叉上分别有 4 个曲面凹槽，装配后则形成两个相交的环形槽，作为钢球滚道。4 个传动钢球放在槽中，中心钢球放在两叉中心的凹槽内，以定中心。

球叉式等角速万向节在工作的时候，只有两个钢球传力，其磨损快，影响使用寿命，所以现在应用越来越少。

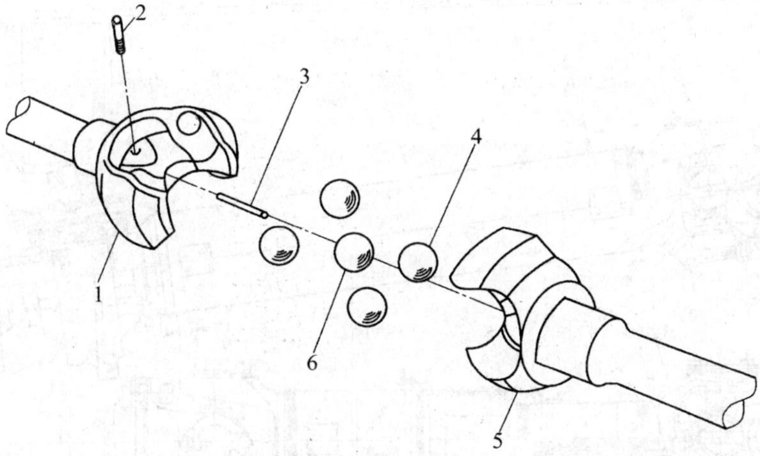

图 6-9　球叉式万向节

1—从动叉　2—锁止销　3—定位销　4—传动钢球　5—主动叉　6—中心钢球

6.3　传动轴和中间支承

6.3.1　传动轴

1. 功用

传动轴是万向传动装置中的主要传力部件，通常用来连接变速器（或分动器）和驱动桥，在转向驱动桥和断开式驱动桥中，则用来连接差速器和驱动车轮。

2. 构造

传动轴有实心轴和空心轴之分。为了减轻传动轴的质量，节省材料，提高轴的强度、刚度，传动轴多为空心轴，一般用厚度为 1.5～3.0mm 的薄钢板卷焊而成，超重型货车则直接采用无缝钢管。转向驱动桥、断开式驱动桥或微型汽车的传动轴通常制成实心轴。

如图 6-10 所示为解放 CA1092 型商用车的万向传动装置。因传动轴过长时自振频率降低，易产生共振，故将其分成两段并加中间支承。中间传动轴前端焊有万向节叉，后端焊有花键轴，其上套装带内花键的凸缘盘。主传动轴前端焊有花键轴，其上套装滑动叉并在花键轴上可轴向滑动，以适应变速器与驱动桥相对位置的变化，滑动部位用润滑脂润滑，并用油封（即橡胶伸缩套）防漏、防水、防尘，滑动叉前端装有带小孔的堵盖，以保证花键部位伸缩自如。

传动轴两端的连接件装好后，应进行动平衡试验。在质量轻的一侧补焊平衡片，使其不平衡量不超过规定值。为防止装错位置和破坏平衡，滑动叉、轴管上都刻有带箭头的记号。为保持平衡，油封 15 上两个带箍的开口销应装在间隔 180°位置上，万向节的螺钉、垫片等零件不应随意改换规格。为加注润滑脂方便，万向传动装置的油脂嘴应在一条直线上，且万向节上的油脂嘴应朝向传动轴。

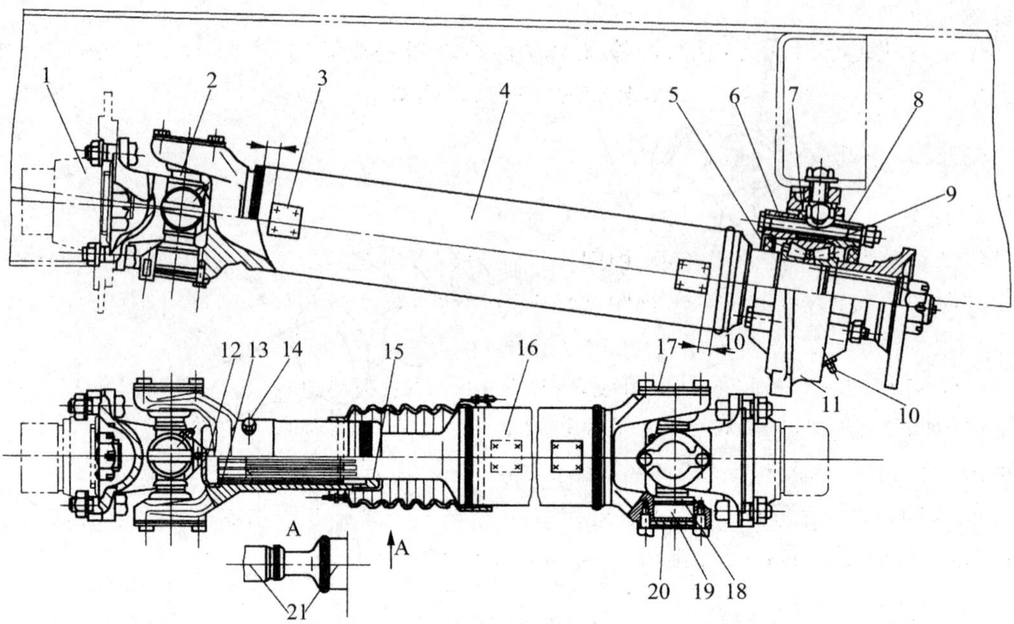

图 6-10　解放 CA1092 型商用车万向传动装置

1—凸缘叉　2—万向十字轴　3—平衡片　4—中间传动轴　5、15—油封　6—中间支承前盖　7—橡胶垫片　8—中间支承后盖　9—双列圆锥滚子轴承　10、14—润滑油脂嘴　11—支架　12—堵盖　13—滑动叉　16—主动轴　17—锁片　18—滚针轴承油封　19—万向节滚针轴承　20—滚针轴承轴承盖　21—装配位置标记

3. 检修

传动轴轴管不得有裂纹及严重的凹瘪现象。如图 6-11 所示，检查传动轴轴管全长上的径向圆跳动，应符合表 6-1 中的规定。

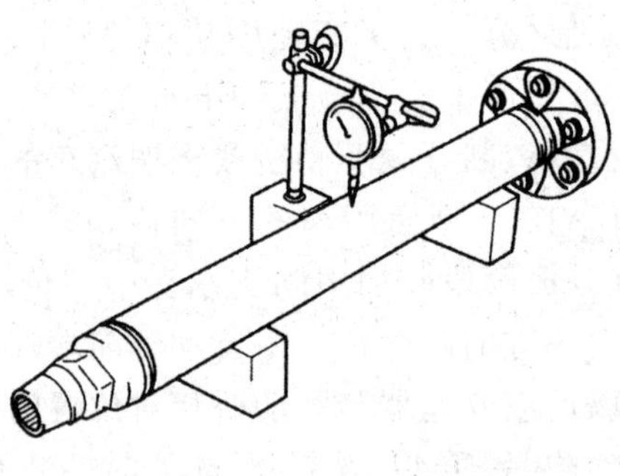

图 6-11　检查传动轴径向圆跳动

表 6-1　　**传动轴轴管的径向圆跳动公差**

轴长/mm	小于 600	600～1000	大于 1000
径向圆跳动/mm	0.6	0.8	1.0

轿车传动轴径向圆跳动应比表 6-1 的值相应减小 0.2mm。中间传动轴支承轴颈的径向圆跳动为 0.10mm。当传动轴轴管的径向圆跳动超过表 6-1 的规定时，应对传动轴

进行校正或更换。

传动轴花键与滑动叉花键、凸缘叉与所配合花键的侧隙：轿车应不大于 0.15mm，其他类型的汽车应不大于 0.30mm，装配后应能滑动自如。

6.3.2　中间支承

1. 功能

传动轴分段时需加中间支承，中间支承通常装在车架横梁上，它能补偿传动轴轴向和角度方向的安装误差，以及汽车行驶过程中因发动机窜动或车架变形等引起的位移。

2. 结构

中间支承是由支架和轴承等组成，常用弹性元件来满足上述功用，双列圆锥滚子轴承固定在中间传动轴后部的轴颈上，带油封的支承盖之间装有弹性元件橡胶垫环，用 3 个螺栓紧固。紧固时，橡胶垫环会径向扩张，其外圆被挤紧于支架的内孔中。

东风 EQ1090 型商用车中间支承如图 6-12 所示。轴承可在轴承座内轴向滑动，轴承座装在蜂窝形橡胶垫内，通过 U 形支架固定在车架横梁上。

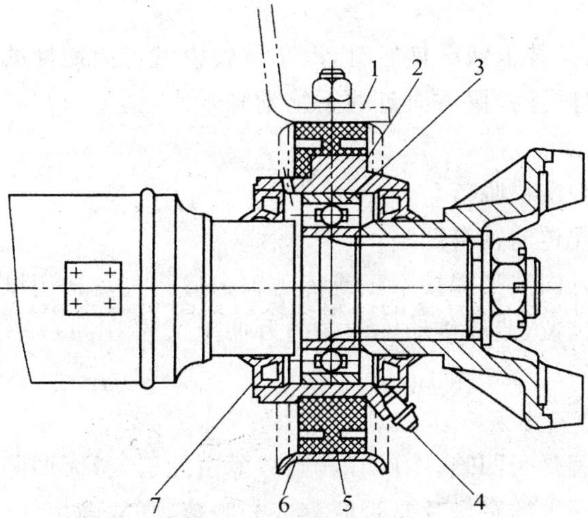

图 6-12　东风 EQ1092 型商用车中间支承

1—车架横梁　2—轴承座　3—轴承　4—注油嘴　5—蜂窝形橡胶垫　6—U 形支架　7—油封

3. 检修

检查中间支承的橡胶垫环是否开裂，油封磨损是否过甚而失效，轴承松旷或内孔磨损是否严重，如图 6-13 所示，如果是，均应更换新的中间支承。

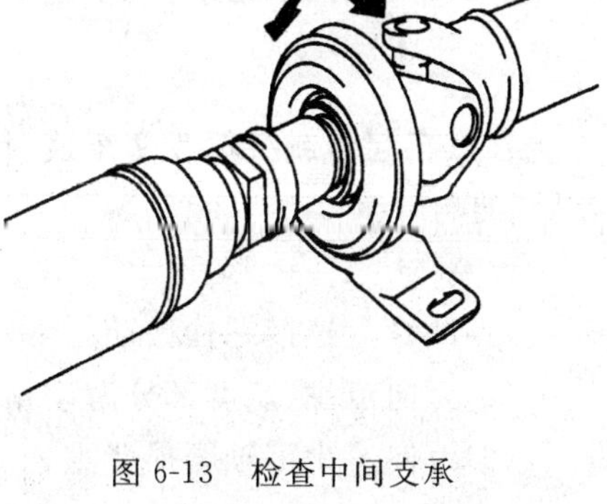

图 6-13　检查中间支承

中间支承轴承经使用磨损后，需及时检查和调整，以恢复其良好的技术状况。以解放 CA1092 型汽车为例，其传动系统中间支承为双列圆锥滚子轴承，它有两个内圈和一个外圈，两个内圈中间有一个隔套，供调整轴向间隙用。

磨损使中间支承轴向间隙超过 0.30mm 时，将引起中间支承发响和传动轴严重震动，从而导致各传力部件早期损坏。

调整方法：拆下凸缘和中间轴承，将调整隔板适当磨薄，传动轴承在不受轴向力的自由状态下，轴向间隙为 0.15～0.25mm，装配好后用 195～245N·m 的扭矩拧紧凸缘螺母，保证轴承轴向间隙在 0.05mm 左右，以转动轴承外圈而无明显的轴向游隙为宜，最后从油脂嘴注入足够的润滑脂，以减小磨损。

6.4 万向传动装置的故障诊断

万向传动装置由于经常受汽车在复杂道路上行驶的影响，使传动轴在其角度和长度不断变化的情况下传递转矩，因此常出现传动轴动不平衡、万向节与中间支承松旷、发响等故障。

6.4.1 传动轴动不平衡

1. 现象

在万向节和伸缩叉技术状况良好时，汽车行驶中发出周期性的响声，且速度越高响声越大，甚至伴随有车身震动，握方向盘的手感觉麻木。

2. 原因

(1)传动轴上的平衡块脱落。

(2)传动轴弯曲或传动轴管凹陷。

(3)传动轴管与万向节叉焊接不正或传动轴未进行过动平衡试验和校准。

(4)伸缩叉安装错位，造成传动轴两端的万向节叉不在同一平面内，不满足等速传动条件。

3. 故障诊断与排除方法

(1)检查传动轴管是否凹陷。有凹陷，则故障由此引起；无凹陷，则继续检查。

(2)检查传动轴管上的平衡片是否脱落。如脱落，则故障由此引起；否则继续检查。

(3)检查伸缩叉安装是否正确。不正确，则故障由此引起；否则继续检查。

(4)拆下传动轴进行动平衡试验。若不平衡，则应校准以消除故障；如果弯曲应校直。

6.4.2 万向节松旷

1. 现象

在汽车起步或突然改变车速时，传动轴发出"吭"的响声；在汽车缓行时，发出"咣当、咣当"的响声。

2. 原因

(1)凸缘盘连接螺栓松动。

(2)万向节主、从动部分游动角度太大。

(3)万向节十字轴磨损严重。

3. 故障诊断与排除方法

(1)用榔头轻轻敲击各万向节凸缘盘连接处,检查其松紧度。太松旷,则故障由连接螺栓松动引起,否则继续检查。

(2)用双手分别握住万向节主、从动部分转动,检查游动角度。游动角度太大,则故障由此引起。

6.4.3 中间支承松旷

1. 现象

汽车运行中出现一种连续的"呜呜"响声,车速越高响声越大。

2. 原因

(1)滚动轴承缺油烧蚀或磨损严重。

(2)中间支承安装方法不当,造成附加载荷而产生异常磨损。

(3)橡胶圆环损坏。

(4)车架变形,造成前后连接部分的轴线在水平面内的投影不同线而产生异常磨损。

3. 故障诊断与排除方法

(1)给中间支承轴承加注润滑脂,响声消失,则故障由缺油引起;否则继续检查。

(2)松开夹紧橡胶圆环的所有螺钉,待传动轴转动数圈后再拧紧,若响声消失,则故障由中间支承安装方法不当引起;否则故障可能是橡胶圆环损坏、滚动轴承技术状况不佳、车架变形等引起。

6.4.4 传动轴异响

1. 现象

汽车行驶中传动装置发出周期性的响声,车速越高响声越大,严重时伴随有车身震动。

2. 原因

主要原因是传动轴动不平衡、传动轴变形或平衡块脱落等;其次是中间支承吊架固定螺栓松动或万向节凸缘盘连接螺栓松动,使传动轴偏斜。

3. 故障诊断与排除

除"传动轴动不平衡"诊断方法外,再检查中间支承吊架固定螺栓和万向节凸缘盘连接螺栓是否松动,若有松动,则异响由此引起。

实训6.1 十字轴万向节的拆装和检修

一、实训目的

1. 掌握十字轴万向节拆装的方法。

2. 掌握十字轴万向节零件检验的方法。

二、仪器和设备

通用工具、通用量具、球笼式等角速万向节维修专用工具、EQ1092 型商用车万向传动装置。

三、注意事项

1. 万向节十字轴上的润滑脂嘴应朝向传动轴，且万向传动装置中所有的润滑脂嘴须在一条直线上，以便加注润滑脂。

2. 所有活动部位均应加足润滑脂。

四、实训步骤

1. 万向传动装置拆卸

打开锁片的锁爪，拆下轴承盖固定螺栓，取下锁片和轴承盖，用手推出轴承套筒及滚针。

对于较紧的轴承，可用手握住传动轴或伸缩套，用锤子敲击万向节叉，使十字轴撞击轴承套筒，震出滚针。

2. 检修

万向节分解完成后，需要用汽油清洗各零件，以便暴露出零件的损伤、磨损情况，而且应按以下要求检查和修复。

①检查滚针轴承，如果滚针断裂、油封失效，应更换旧件。

②检查十字轴轴颈磨损、压痕、剥落等情况。十字轴轴颈轻微磨损、轻微压痕或剥落，仍可继续使用，如果轴颈磨损过甚、严重压痕（深度超过 0.1mm）或严重剥落时，应予以更换。

③检查万向节叉，不得有裂纹或其他严重损伤，否则更换旧件。

④万向节装配完毕后，可用手扳动十字轴进行检验，以转动自如没有松旷感觉为合适。若装配过紧或过松，应查明原因，必要时应拆检及重新装配。

3. 装配

按与拆卸相反的顺序进行。

实训 6.2　球笼式等角速万向节的拆装和检修

一、实训目的

1. 掌握球笼式等角速万向节的拆装方法。

2. 掌握球笼式等角速万向节零件的检验方法。

二、仪器和设备

通用工具、通用量具、十字轴万向节维修专用工具、桑塔纳 2000GSi 型轿车万向传动装置。

三、注意事项

因星形套与球形壳体是选配的，拆卸时注意将星形套与壳体成对放置，不允许互换。

四、实训步骤

以桑塔纳 2000GSi 型轿车为例，介绍球笼式等角速万向节的拆装和检修。

1. 万向节的分解

(1)用钢锯锯开原装卡箍，拆下防尘罩，如图 6-14 所示。

图 6-14　拆卸卡箍和防尘罩

(2)万向节内、外圈解体。先拆弹簧卡圈，如图 6-15 所示。再用木锤敲打外万向节，使之从传动轴上卸下，然后用专用工具压出内万向节，如图 6-16 所示。

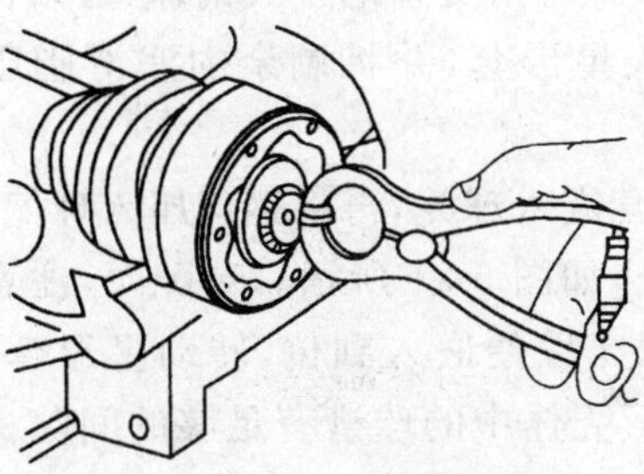

图 6-15　拆卸弹簧卡圈

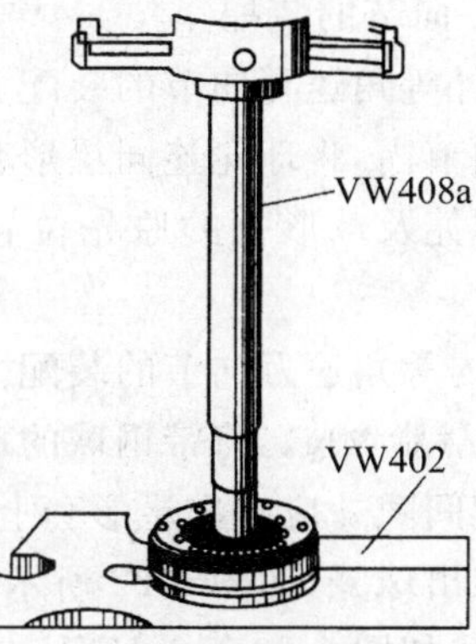

图 6-16　用专用工具压出内万向节

(3)外等角速万向节解体。分解前，在钢球球笼和球形壳上标出星形套位置，然后转动星形套与球笼，依次取出钢球，如图 6-17 所示。用力转动球笼使两个方孔与球形壳对上(如图 6-18 箭头所示)，将星形套、球笼一起拆下。将星形套上的扇形齿旋入球笼的方孔，然后从球笼中取出星形套，如图 6-19 所示。

(4)内等角速万向节解体。转动球笼和星形套，按垂直向前的方向压出球笼里的钢球，如图 6-20 箭头所示，从球槽上面取出球笼里的星形套。

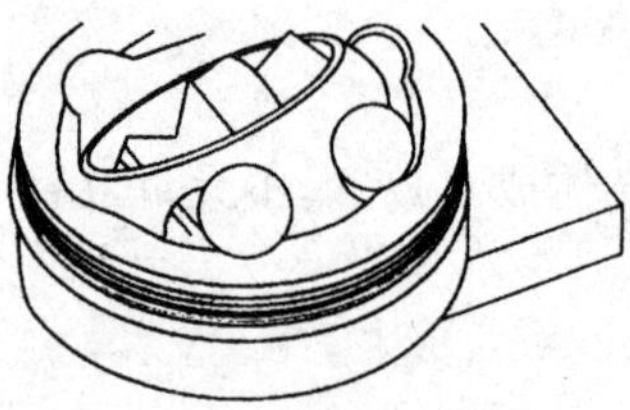

图 6-17　取出钢球

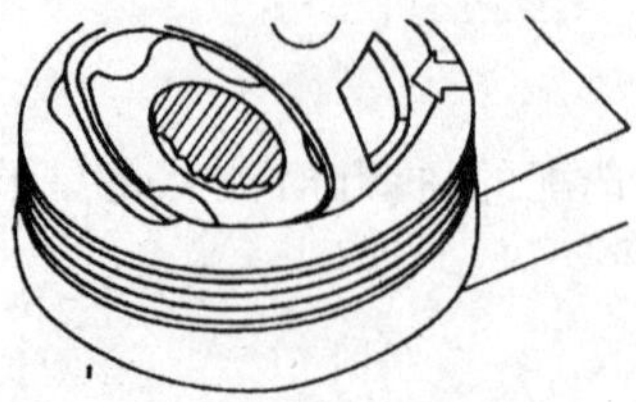

图 6-18　拆下球笼

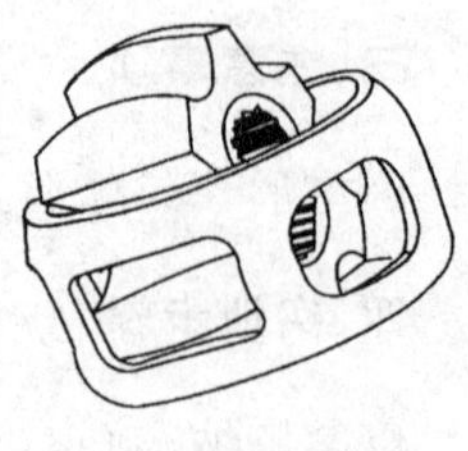

图 6-19　取出星形架

2. 检修

主要是检查内、外等角速万向节中各部件的磨损情况和装配间隙。一般外等角速万向节酌情单件更换。内等角速万向节，如某部件磨损严重，则应整体更换。

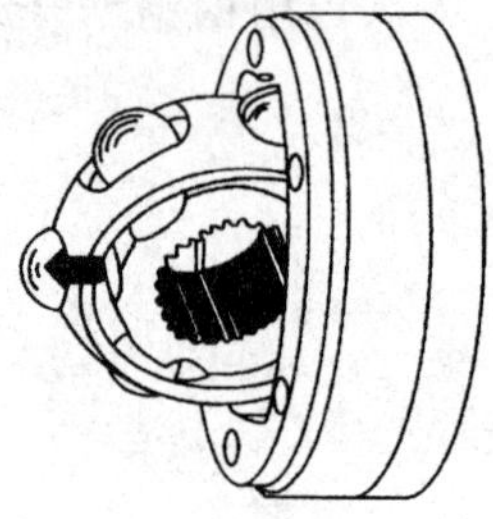

图 6-20　取出钢球

外等角速万向节的 6 颗钢球要求有一定的配合公差，并与星形套一起组成配合件。检查轴、球笼、星形套与钢球有无凹陷与磨损，若万向节间隙过大，需更换万向节。

内等角速万向节的检修要检查球形壳、星形套、球笼及钢球有无凹陷与磨损，如磨损严重则应更换。内等角速万向节只能整体调换，不可单个更换。

防尘罩及卡箍、弹簧挡圈等损坏时，应予以更换。

3. 万向节的装配

(1)外等角速万向节的装配。用汽油清洗各部件，将 G6 润滑脂总量的一半(45g)注入到万向节内，将球笼连同星形套一起装入球形壳体。对角交替地压入钢球，必须保持星形套在球笼及球形壳的原先位置。将弹簧挡圈装入星形套，并将剩余的润滑脂压入万向节。

(2)内等角速万向节的装配。对准凹槽，将星形套嵌入球笼，再将钢球压入球笼，并注入 G6 润滑脂 90g。将带钢球的球笼垂直装入球形壳，如图 6-21 所示。装配时，注意球形壳上的宽间隙 a 应对准星形套上的窄间隙 b，转动球笼以便嵌入到位，转动星形套，星形套就能转出球笼，如图 6-22 所示。安装时应保证球形壳体中的球槽有足够的间隙。用力掀压球笼，如图 6-23 箭头所示，使装有钢球的球笼完全转入球形壳。最后检查：如果用手能将星形套在轴向范围内来回灵活推动，则表明装配正确。

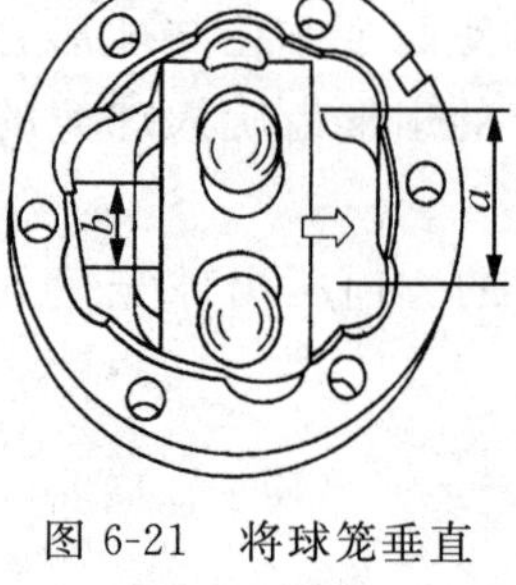

图 6-21　将球笼垂直装入球形壳

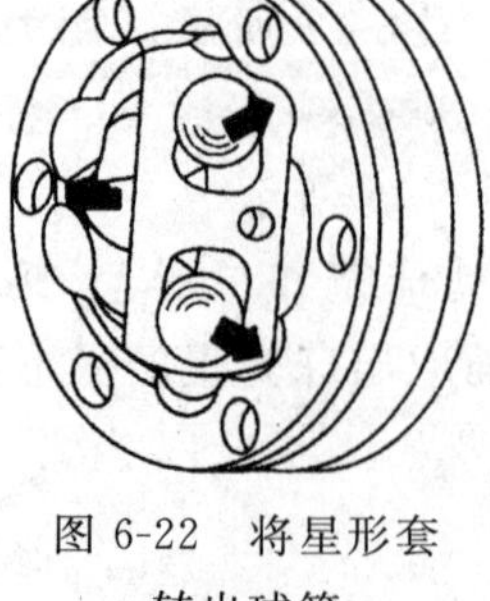

图 6-22　将星形套转出球笼

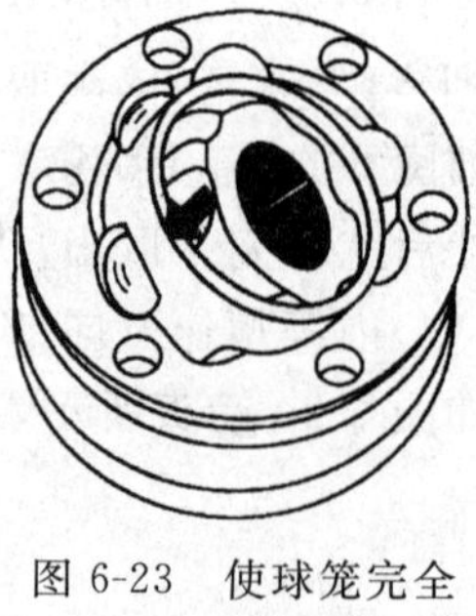

图 6-23　使球笼完全转入球形壳

(3)碟形座圈的安装。将碟形座圈装在传动轴带齿端的配合位置上，其安装位置如图 6-24 所示。

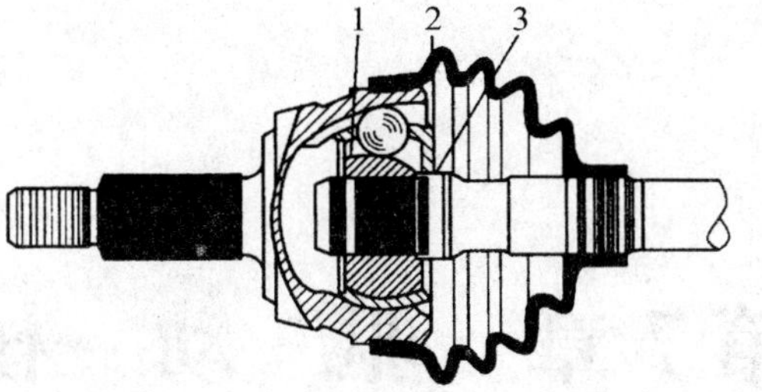

图 6-24　蝶形座圈和弹簧卡圈的安装位置

1—弹簧卡圈　2—中间挡圈　3—蝶形座圈

(4)压入内万向节。安装弹簧卡圈，装上外，万向节。

(5)安装防尘罩。万向节防尘罩受到挤压后内部将产生真空，所以安装防尘罩小口径后，要稍微充点气，使其压力平衡，不产生皱褶。

复习思考题

1. 传动轴的检修包括哪些项目？
2. 万向传动装置的中间支撑有何功用？检修项目有哪些？
3. 等速万向节有哪些结构形式？各有何特点？
4. 何谓十字轴式刚性万向节的不等速性？
5. 汽车起步或变速时万向传动装置有撞击声，试分析其原因，并予以排除。
6. 汽车行驶时传动轴处有异响，试分析并予以排除。

第7章 驱 动 桥

学习目标

了解驱动桥的组成和类型；熟悉常见驱动桥的结构和工作原理；掌握主减速器的拆装与调整的方法；掌握驱动桥零部件检修的内容和方法。

7.1 概 述

驱动桥是传动系统的最后一个部件，发动机的动力经离合器、变速器、万向传动装置传递到驱动桥，由半轴传到驱动桥。

7.1.1 驱动桥的组成

发动机的动力传到驱动桥后，首先传到主减速器，经主减速器减速增扭后，经差速器分配给左右半轴，最后通过半轴外端的凸缘传到驱动车轮的轮毂上。

驱动桥一般由主减速器、差速器、半轴等部件组成，主要零部件都安装在驱动桥的桥壳中，驱动桥壳由减速器壳和半轴套管组成，如图7-1所示。

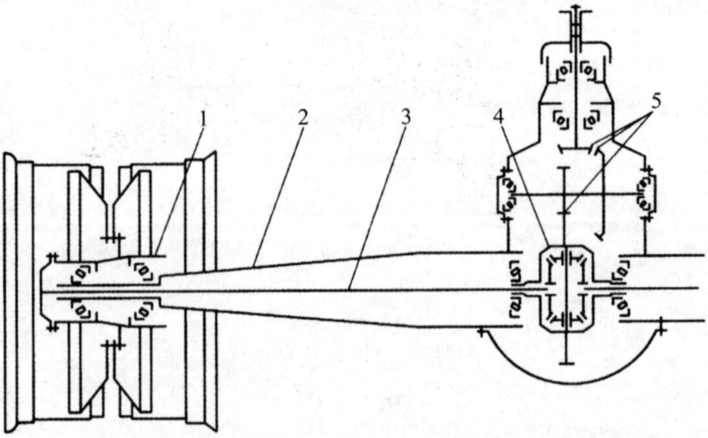

图7-1 驱动桥的组成

1—轮毂 2—桥壳 3—半轴 4—差速器 5—主减速器

7.1.2　驱动桥的功用

驱动桥的功用是将由万向传动装置传来的发动机转矩传给驱动车轮，并经降速增矩，使汽车行驶，改变动力传递方向，而且允许左右驱动车轮以不同的转速旋转。

其中主减速器的功用为降速增矩，改变动力传动方向，如果主减速器为一对圆柱齿轮时，则不改变动力传动方向。差速器的功用是允许左右驱动车轮以不同的转速旋转。半轴的功用是将差速器传来的动力传给驱动车轮，改变动力传动方向。

7.1.3　驱动桥的分类

按照悬架结构的不同，驱动桥可以分为整体式驱动桥和断开式驱动桥。整体式驱动桥又称为非断开式驱动桥。

1. 整体式驱动桥

整体式驱动桥如图 7-1 所示，它与非独立悬架配用，其驱动桥壳为一刚性的整体，驱动桥两端通过悬架与车架或车身连接，左右半轴始终在一条直线上，即左右驱动轮不能相互独立地跳动。当某一侧车轮通过地面的凸出物或凹坑升高或下降时，整个驱动桥及车身都随之发生倾斜，车身波动大。

2. 断开式驱动桥

断开式驱动桥如图 7-2 所示，它与独立悬架配用，其主减速器固定在车架或车身上，驱动桥壳制成分段并用铰链连接，半轴也分段并用万向节连接。驱动桥两端分别用悬架与车架或车身连接。这样两侧驱动车轮及桥壳可以彼此独立地相对于车架或车身上下跳动。

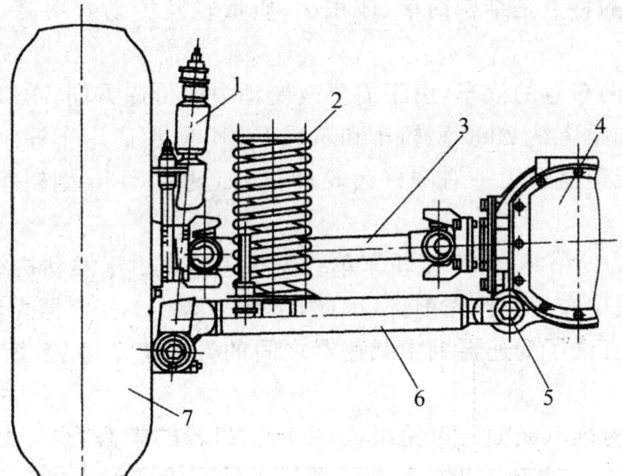

图 7-2　断开式驱动桥

1—减振器　2—弹性元件　3—半轴　4—主减速器　5—摆臂轴　6—摆轴　7—驱动车轮

7.2 主减速器

7.2.1 主减速器的功用与类型

1. 主减速器的功用

(1)将万向传动装置传来的发动机转矩传给差速器。

(2)在动力的传动过程中,增大转矩并降低转速。传动系统的传动比为变速器传动比与主减速器传动比的乘积。

(3)对于纵置发动机,将转矩的旋转方向改变90°。

2. 主减速器的类型

按参加传动的齿轮副数目不同,主减速器可分为单级主减速器和双级主减速器两种。有些重型汽车又将双级主减速器的第二级圆柱齿轮传动设置在两侧驱动车轮附近,称为轮边减速器。

按主减速器传动比的个数,可分为单速主减速器和双速主减速器。单速主减速器的传动比是固定的,而双速主减速器则有两个传动比供驾驶者选择。

按齿轮副的结构形式,主减速器可分为圆柱齿轮式(又可分为定轴轮系和行星轮系)主减速器和圆锥齿轮式(又可分为螺旋锥齿轮式和准双曲面锥齿轮式)主减速器。

目前,在轿车上应用的主要是单级主减速器。

7.2.2 单级主减速器

单级主减速器的特点是结构简单、体积小、质量轻及传动效率高,主要用于轿车及中型以下客货车上。

对于发动机纵向布置的汽车,由于需要改变动力的传递方向,单级主减速器都采用一对圆锥齿轮传动,如桑塔纳2000型轿车和东风EQ1090型商用车等。对于发动机横向布置的汽车,单级主减速器采用一对圆柱齿轮即可,如夏利7130型轿车和宝来1.8T型轿车等。

如图7-3所示为桑塔纳2000型轿车单级主减速器。由于发动机纵向前置,且采用前轮驱动,传动系统集中布置在汽车前部,因此,主减速器装于变速器壳体内,没有专门的主减速器壳体。由于省去了变速器到主减速器之间的万向传动装置,所以变速器输出轴即为主减速器主动轴。

主减速器由一对准双曲面锥齿轮组成,主动锥齿轮的齿数为9,从动锥齿轮的齿数为40,其传动比为4.444。主动锥齿轮与变速器输出轴制成为一体,用双列圆锥滚子轴承和圆柱滚子轴承支承在变速器壳体内,属于悬臂式支承。环状的从动锥齿轮靠凸缘定位,并用螺栓与差速器壳连接。差速器壳由一对圆锥滚子轴承支承在变速器壳体上。

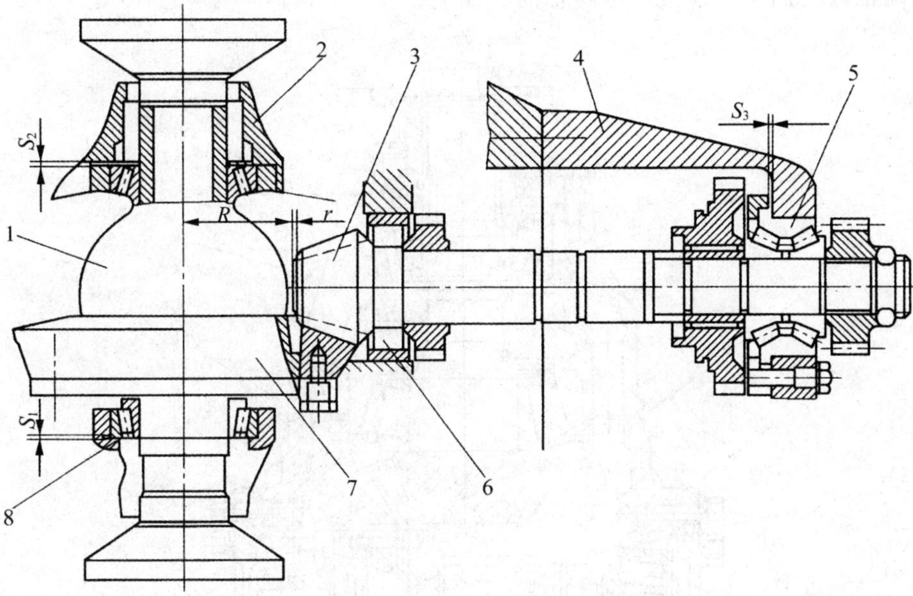

图 7-3　桑塔纳 2000 型轿车单级主减速器

1—差速器　2—变速器前壳体　3—主动锥齿轮　4—变速器后壳体　5—双列圆锥滚子轴承　6—圆柱滚子轴承　7—从动锥齿轮　8—圆锥滚子轴承　S_1—调整垫片(从动锥齿轮一侧)　S_2—调整垫片(与从动锥齿轮相对的一侧)　S_3—调整垫片　r—与理论上的尺寸 R 成比例的偏差(偏差 r 用(1/100)mm 表示,例如 25 表示 $r=0.25$mm)　R—主动锥齿轮理论上的尺寸($R=50.7$mm)

7.2.3　双级主减速器

有些汽车需要较大的主减速器传动比,单级主减速器已不能满足足够的离地间隙,这就需要采用有两对齿轮降速的双级主减速器。如图 7-4 所示为解放 CA1092 型商用车双级主减速器。

1. 结构

双级主减速器由一对螺旋圆锥齿轮和一对斜齿圆柱齿轮组成。

双级主减速器的结构较复杂、体积较大及传动效率高,主要用于中型及重型车辆车。

对于发动机纵向布置的汽车,由于需要改变动力的传递方向,主减速器第一级传递采用一对圆锥齿轮传动,第二级传递采用一对圆柱齿轮即可。

如图 7-4 所示,由于 CA1092 型商用车发动机纵向前置,且采用后轮驱动,因此,发动机的动力由经变速器、万向传动装置传到主减速器,经过主减速器降速增扭,再经差速器、半轴传递到驱动车轮。

2. 工作原理

第一级传动是一对螺旋锥齿轮,其传动比为 25/13＝1.923,第二级传动是一对斜齿圆柱齿轮,其传动比为 45/15＝3。

第一级传递的主动锥齿轮和第一级主动齿轮轴制成一体,用两个圆锥滚子轴承(相距较远)支承在轴承座的座孔中,因主动锥齿轮悬伸在两轴承之后,故称为悬臂式支承。第一级从动锥齿轮用铆钉铆接在中间轴的凸缘上。

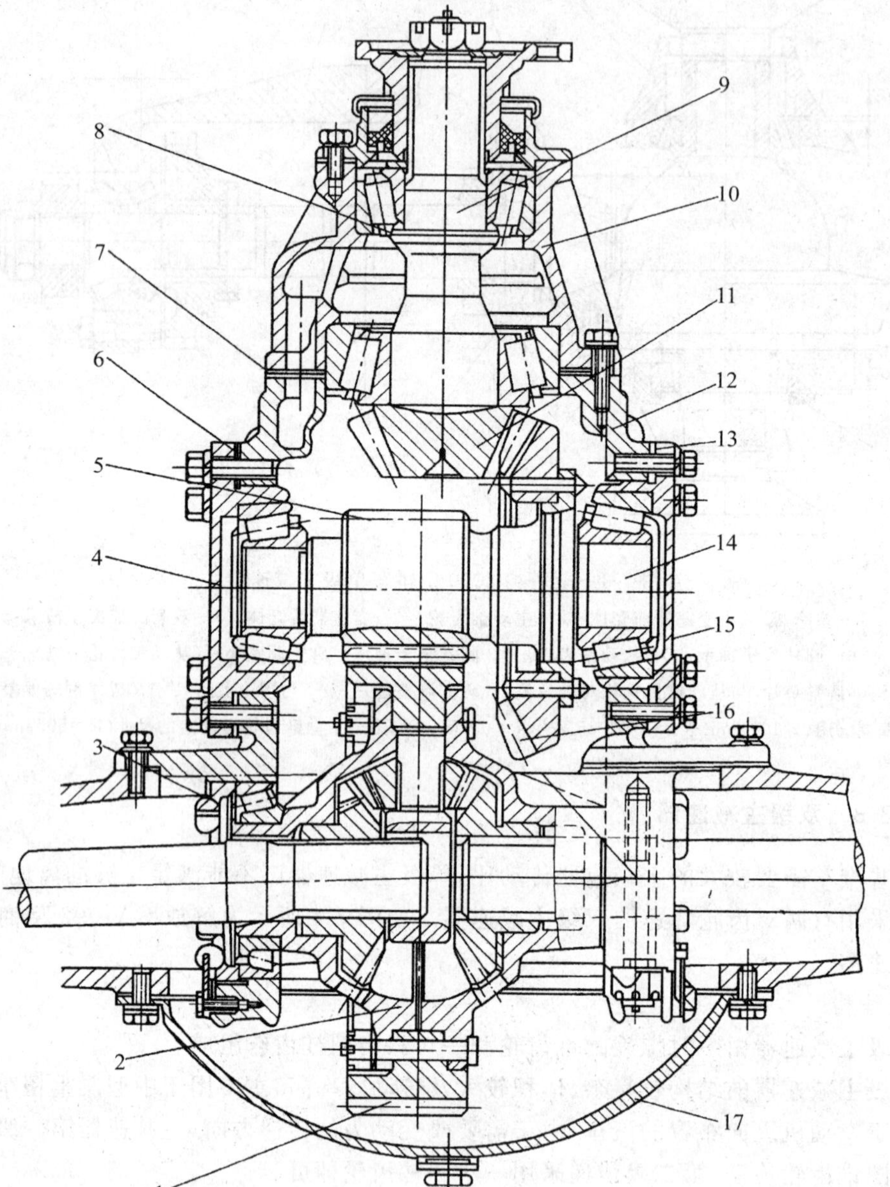

图 7-4　解放 CA1092 型商用车双级主减速器

1—第二级从动齿轮　2—差速器　3—调整螺母　4、15—轴承盖　5—第二级主动齿轮　6、7、8、13—调整垫片　9—第一级主动锥齿轮轴　10—轴承座　11—第一级主动锥齿轮　12—主减速器　14—中间轴　16—第一级从动锥齿轮　17—后盖

第二级主动齿轮与中间轴制成一体，用两个圆锥滚子轴承支承在两端轴承盖的座孔中，轴承盖用螺栓与主减速器壳固定连接。第二级从动齿轮夹在左右两半差速器壳之间，并用螺栓将它们紧固在一起，其支承形式与东风 EQ1090 型汽车主减速器中差速器壳的

支承形式相同。

发动机的动力传递到主减速器后，经过两级齿轮传递的两次降速增扭，改变动力传递方向，再经差速器、半轴传递到驱动车轮。

7.3　差速器

发动机的动力传递到驱动桥后，经过主减速器降速增扭后，再经差速器将动力传递给半轴，驱动车轮旋转，差速器允许左右半轴以不同速度旋转。

差速器按其工作特性可分为普通齿轮差速器和防滑差速器两大类。在汽车上应用最广泛的是普通齿轮差速器，采用的是圆锥齿轮。

7.3.1　普通齿轮差速器

1. 结构

如图 7-5 所示为桑塔纳 2000 型轿车差速器。由差速器壳、行星齿轮轴、2 个行星齿轮、2 个半轴齿轮、复合式推力垫片等组成。行星齿轮轴装入差速器壳体后用止动销定位。行星齿轮和半轴齿轮的背面制成球面，与复合式推力垫片相配合，以减摩、耐磨。螺纹套用于紧固半轴齿轮。差速器通过一对圆锥滚子轴承支承在变速器壳体中。

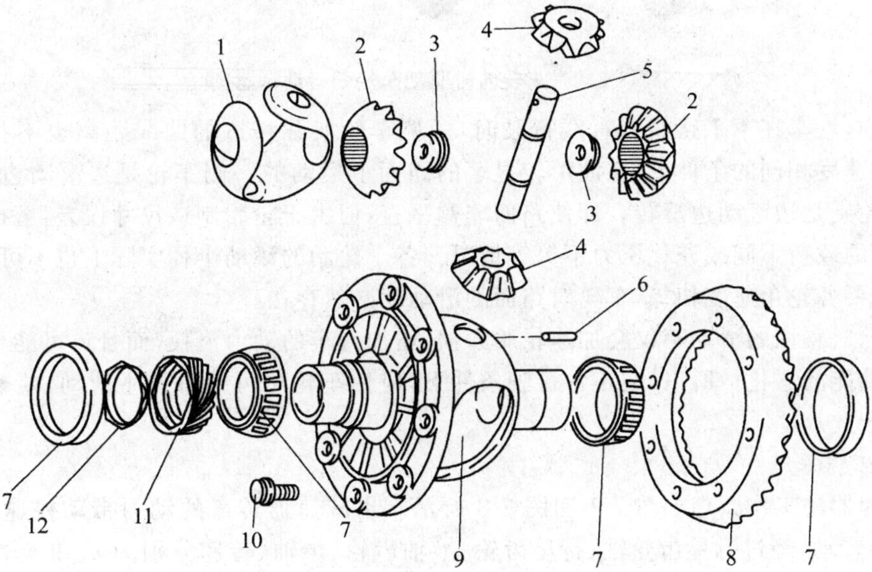

图 7-5　桑塔纳 2000 型轿车差速器

1—复合式推力垫片　2—半轴齿轮　3—螺纹套　4—行星齿轮　5—行星齿轮轴　6—止动销　7—圆锥滚子轴承　8—主减速器从动齿轮　9—差速器壳　10—螺栓　11—车速表齿轮　12—车速表齿轮锁紧套筒

2. 功用

差速器的功用是将主减速器传来的动力传给左、右两半轴，并在必要时允许左、右半轴以不同的转速旋转，使左、右驱动车轮相对于地面纯滚动而不是滑动。汽车行驶过程中，车轮相对于路面有两种运动状态：滚动和滑动。滑动又有滑转和滑移两种。设车轮中心相对于路面的速度为 v，车轮旋转角速度为 ω，车轮滚动半径为 r。如果 $v=\omega r$，则车轮对路面的运动为滚动，这是最理想的运动状态；如果 $\omega>0$，但 $v=0$，则车轮的运动为滑转；如果 $v>0$，但 $\omega=0$，则车轮的运动为滑移。

当汽车转弯行驶时，内外两侧车轮中心在同一时间内移过的曲线距离显然不同，即外侧车轮移过的距离大于内侧车轮，如图 7-6 所示。若两侧车轮都固定在同一刚性转轴上，两轮角速度相等，则此时外轮必然是边滚动边滑移，内轮必然是边滚动边滑转。

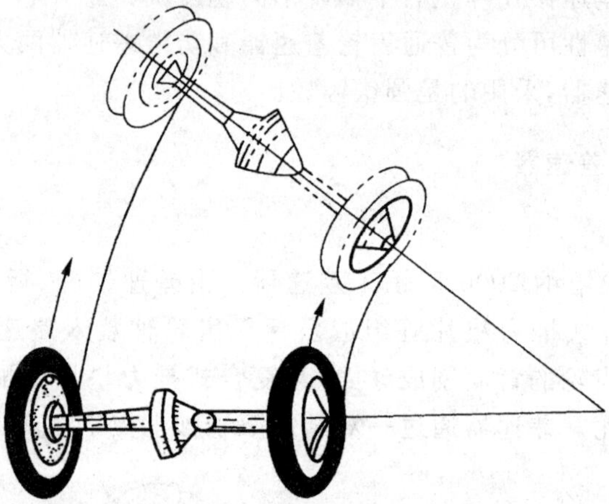

图 7-6　汽车转向时驱动车轮的运动示意图

同样，汽车在不平路面上直线行驶时，两侧车轮实际移过的曲线距离也不相等。因此，在角速度相同的条件下，在波形较显著的路面上运动的一侧车轮是边滚动边滑移，另一侧车轮则是边滚动边滑转。即使路面非常平直，但由于轮胎制造尺寸误差，磨损程度不同，承受的载荷不同或充气压力不等等情况。各个轮胎的滚动半径实际上也不可能相等，因此，只要各轮角速度相等，车轮对路面的滑动就必然存在。

车轮对路面的滑动不仅会加速轮胎磨损，增加汽车的动力消耗，而且还可能导致转向和制动性能的恶化。所以，在正常行驶条件下，应使车轮尽可能不发生滑动，差速器的作用就在于此。

3. 工作原理

差速器的工作原理如图 7-7 和图 7-8 所示。主减速器传来的动力带动差速器壳（转速为 n_0）转动，经过行星齿轮轴、行星齿轮、半轴齿轮、半轴（转速分别为 n_1 和 n_2），最后传给两侧驱动车轮。

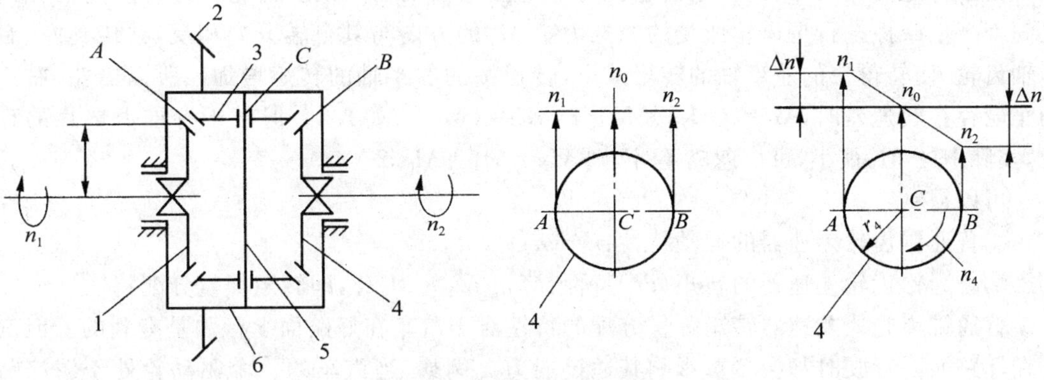

图 7-7　差速器运动原理

1、4—半轴齿轮　2—主减速器从动齿轮　3—行星齿轮　5—行星齿轮轴　6—差速器壳

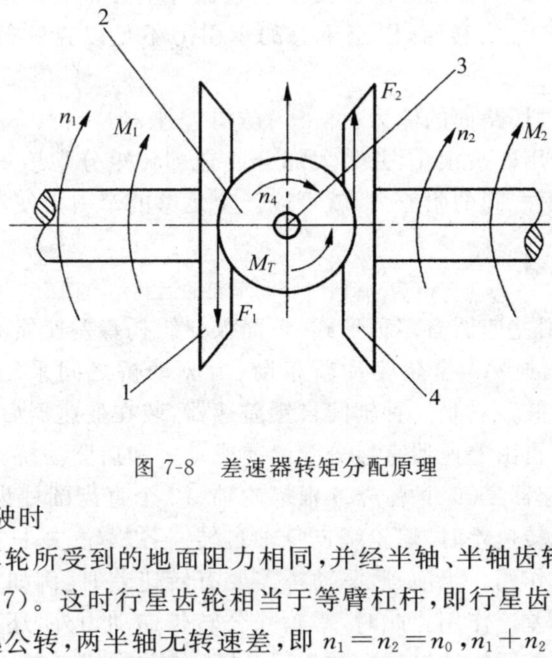

图 7-8　差速器转矩分配原理

(1)汽车直线行驶时

此时两侧驱动车轮所受到的地面阻力相同,并经半轴、半轴齿轮反作用于行星齿轮两啮合点 A 和 B(图 7-7)。这时行星齿轮相当于等臂杠杆,即行星齿轮不自转,只随差速器壳和行星齿轮轴一起公转,两半轴无转速差,即 $n_1=n_2=n_0$,$n_1+n_2=2n_0$。

同样,由于行星齿轮相当于等臂杠杆,主减速器传动差速器壳体上的转矩 M_0 等分给两半轴齿轮(半轴),即 $M_1=M_2=M_0/2$。

(2)汽车转向行驶时

此时两侧驱动车轮所受到的地面阻力不同。如果车辆右转,右侧(内侧)驱动车轮所受的阻力大,左侧(外侧)驱动车轮所受的阻力小。这两个阻力经半轴、半轴齿轮反作用于行星齿轮两啮合点 A 和 B(图 7-7),使行星齿轮除了随差速器壳公转外还顺时针自转,设自转转速 n_4,则左半轴齿轮的转速增加,右半轴齿轮的转速降低,且左半轴齿轮增加的转速等于右半轴齿轮降低的转速。设半轴齿轮的转速变化为 Δn,则 $n_1=n_0+\Delta n$,$n_2=n_0-\Delta n$,即汽车右转时,左侧(外侧)车轮转得快,右侧(内侧)车轮转得慢,实现纯滚动。此时依然有 $n_1+n_2=2n_0$。

由于行星齿轮的自转,行星齿轮孔与行星齿轮轴轴径间以及齿轮背部与差速器壳体之间都产生摩擦。行星齿轮所受的摩擦力矩 M_T 的方向与其自转方向相反,并传到左、右半轴齿轮,使转得快的左半轴的转矩减小,转得慢的右半轴的转矩增加。所以当左、右驱动车轮存在转速差时,$M_1=(M_0-M_T)/2$,$M_2=(M_0+M_T)/2$。但由于有推力垫片的存在,实际中的 M_T 很小,可以忽略不计,则 $M_T=M_T=M_0/2$。

可以得到:

①普通锥齿轮差速器的运动特性:$n_1+n_2=2n_0$。

②普通锥齿轮差速器的转矩分配特性:$M_1=M_2=M_0/2$,即转矩等量分配特性。

普通锥齿轮式差速器转矩等量分配的特性对于汽车在好路面上行驶是有利的。但汽车在坏路面上行驶时却会严重影响其通过能力。例如,当汽车的一个驱动轮处于泥泞路面因附着力小而原地打滑时,即使另一驱动轮处于附着力大的路面上未滑转,汽车仍不能行驶。这是因为附着力小的路面只能对驱动车轮作用一个很小的反作用力矩,而驱动转矩也只能等于这一很小的反作用力矩。由于差速器等量分配转矩的特性,附着力好的驱动轮也只能分配到同样小的转矩,以至于总的牵引力不足以克服行驶阻力,汽车便不能前进。

为了提高汽车通过坏路面的能力,可采用防滑差速器。当汽车某一侧驱动轮发生滑转时,差速器的差速作用即被锁止,并将大部分或全部转矩分配给未滑转的驱动轮,充分利用未滑转车轮与地面之间的附着力,就可以产生足够的牵引力使汽车继续行驶。

7.3.2 防滑差速器

汽车上常用的防滑差速器有多种形式,下面仅介绍托森差速器的构造和工作原理。

如图 7-9 所示为奥迪 A4 全轮驱动轿车前、后驱动桥之间采用的新型托森差速器。"托森"表示"转矩—灵敏",它是一种轴间自锁差速器,装在变速器后端。转矩由变速器输出轴传给托森差速器,再由差速器直接分配给前驱动桥和后驱动桥。

托森差速器由差速器壳、6 个蜗轮、6 根蜗轮轴、12 个直齿圆柱齿轮及前、后轴蜗杆组成。当前、后驱动桥无转速差时,蜗轮绕自身轴自转。各蜗轮、蜗杆与差速器壳一起等速转动,差速器不起差速作用。当前、后驱动桥需要有转速差时,例如,汽车转弯时,因前轮转弯半径大,差速器起差速作用。此时,蜗轮除公转传递动力外,还要自转。由于直齿圆柱齿轮的相互啮合,使前后蜗轮自转方向相反,从而使前轴蜗杆转速增加,后轴蜗杆转速减小,实现了差速。托森差速器起差速作用时,由于蜗杆、蜗轮啮合副之间的摩擦作用,转速较低的后驱动桥比转速较高的前驱动桥所分配到的转矩大。若后桥分配到的转矩大到一定程度而出现滑转时,则后桥转速升高一点,转矩又立刻重新分配给前桥一些,所以驱动力的分配可根据转弯的要求自动调节,使汽车转弯时具有良好的驾驶性。当前、后驱动桥中某一桥因附着力小而出现滑转时,差速器即起作用,将转矩的大部分分配给附着力好的另一驱动桥(最大可达 3.5 倍),从而提高了汽车通过坏路面的能力。

普通锥齿轮差速器为了减少行星齿轮、半轴齿轮背部的摩擦、磨损,在行星齿轮、半轴齿轮背部的差速器壳体之间采用了推力垫片,使内摩擦力矩 M_T 很小,可以忽略不计。而防滑差速器是特意增加内摩擦力矩 M_T,使转得慢的驱动轮(驱动桥)获得的转矩大,转得快的驱动轮(驱动桥)获得的转矩小，因而提高了汽车通过坏路面的能力。

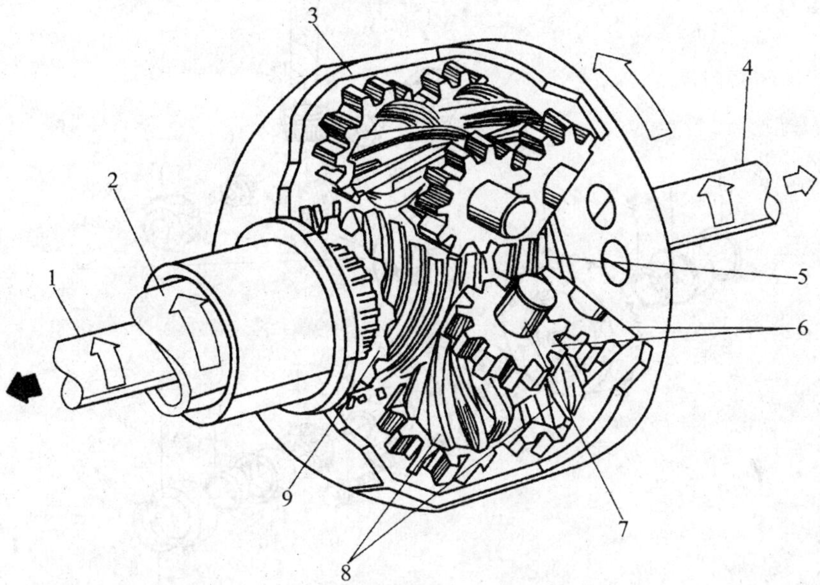

图 7-9　托森差速器的结构

1—差速器齿轮轴　2—空心轴　3—差速器外壳　4—驱动轴凸缘盘
5—后轴蜗杆　6—直齿圆柱齿轮　7—蜗杆轴　8—蜗轮　9—前轴蜗杆

实训 7.1　主减速器的拆装

一、目的与要求

1. 熟悉主减速器和差速器的结构和工作原理。
2. 掌握主减速器和差速器的拆装和调整的方法。

二、仪器和设备

通用工具、通用量具、桑塔纳 2000 轿车维修专用工具、桑塔纳 2000 型轿车主减速器。

三、注意事项

1. 分解前应作标记，将调整垫片放好，防止错乱、损坏和丢失。
2. 装配时注意其原始装复位置，各部件配合间隙及啮合位置应符合技术要求。

四、实训步骤

以桑塔纳 2000 型轿车为例，主减速器和差速器的零件分解图如图 7-10 所示。

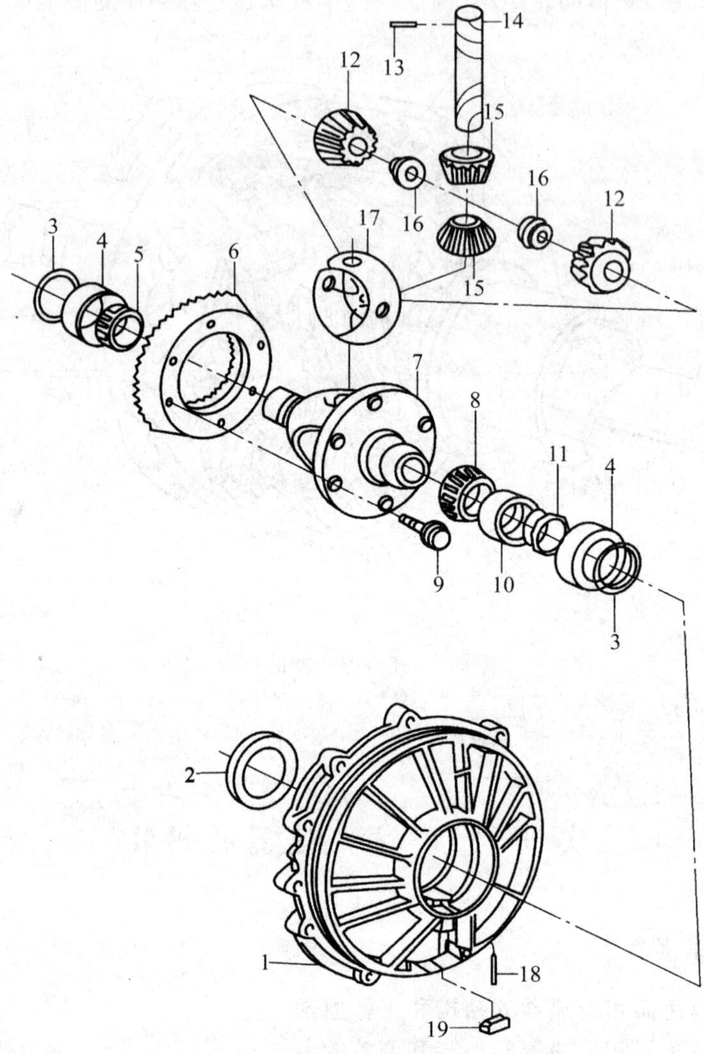

图 7-10　桑塔纳 2000 轿车主减速器和差速器的零件分解图

1—主减速器盖　2—密封圈　3—从动锥齿轮的调整垫片　4—轴承外座圈　5—差速器轴承　6—从动锥齿轮
7—差速器壳　8—差速器轴承　9—螺栓(拧紧力矩 70N·m)　10—车速表主动齿轮　11—锁紧套筒
12—半轴齿轮　13—夹紧销　14—行星齿轮轴　15—行星齿轮　16—螺纹套
17—复合式止推垫片　18—磁铁固定销　19—磁铁

(一)主、从动锥齿轮总成的拆卸

从车上拆下变速器,将其固定在支架上。拆下轴承支座和后盖。取下车速里程表传感器,如图 7-11 所示。锁住传动轴(半轴),拆下紧固螺栓,如图 7-12 所示。取下传动轴。取下车速里程表的主动齿轮导向器和齿轮。拆下主减速器盖,如图 7-13 所示。

从变速器壳体上取下差速器。用铝质的夹具将差速器壳固定在台虎钳上,拆下从动齿轮的紧固螺栓。

注意:从动锥齿轮的紧固螺栓是自动锁紧的,一经拆卸就必须更换。取下从动锥齿轮，如图 7-14 所示。

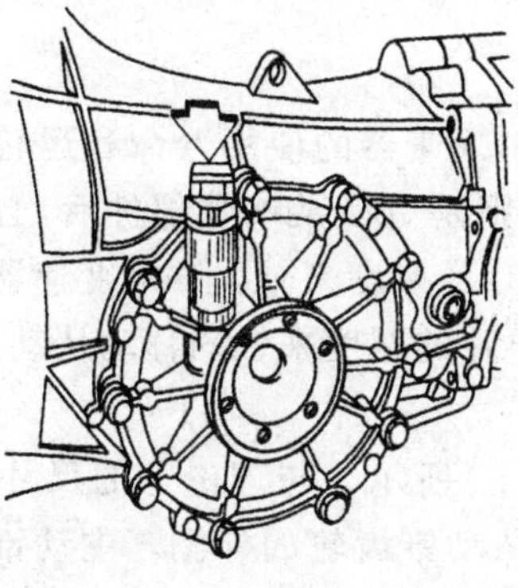

图 7-11　取下车速里程表传感器

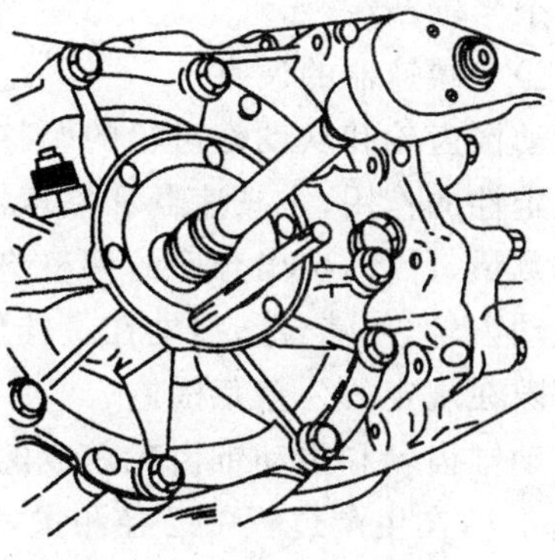

图 7-12　拆卸紧固螺栓

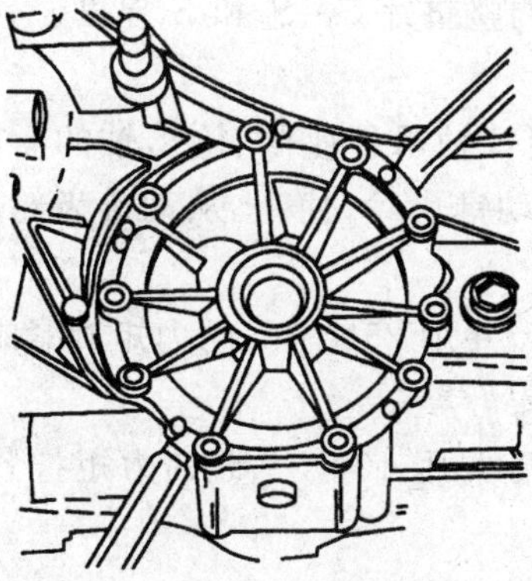

图 7-13　拆下主减速器盖

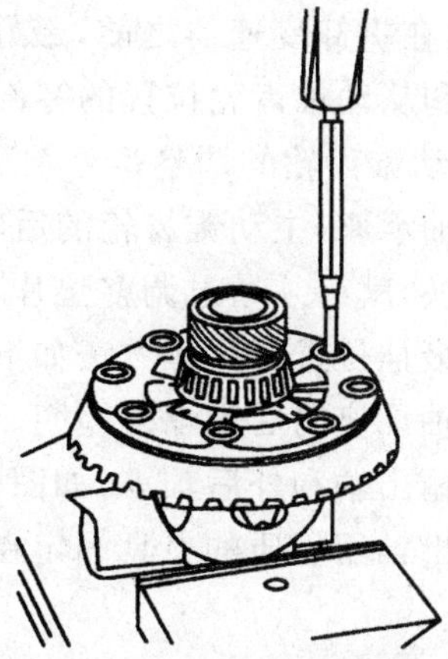

图 7-14　拆卸从动锥齿轮

（二）主、从动锥齿轮总成的安装

在变速器输出轴上装上所有齿轮、轴承及同步器，计算输出轴的调整垫片 S_3 的厚度。

如图 7-15 所示，将从动锥齿轮加热至 120℃，并将其装在差速器壳上。安装时用两个螺纹销做导向。

装上新的从动锥齿轮螺栓，并用 70N・m 的力矩交替旋紧。

计算从动齿轮的调整垫片 S_1 和 S_2 的厚度。把计算好的垫片装在适当的位置上。

将轴承支座装在变速器壳体上，并换用新的衬垫。装上变速器后盖。

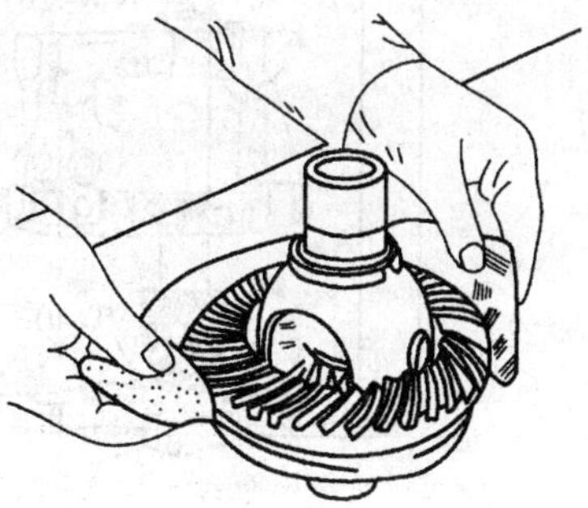

图 7-15　安装从动锥齿轮

将差速器装在变速器壳体上。将主减速器盖装在壳体上，用 25N・m 的力矩旋紧螺栓。

装上车速里程表的主动齿轮和导向器。装上车速里程表的传感器。

装上半轴凸缘中的一个,用錾子将它锁住,装上螺栓,用 20N·m 的力矩把它旋紧。装另一个半轴凸缘。

(三)主减速器的调整

主动锥齿轮和从动锥齿轮的调整正确与否,对于主减速器的使用寿命和运转平稳性起着决定性的作用,主减速器和差速器总成拆装后,特别是更换某些零部件后,必须通过精确的测量、计算,选出合适的调整垫片。通过改变垫片的厚度来轴向移动变速器输出轴上的主动齿轮,使啮合印痕处在最佳位置。通过改变垫片的厚度来轴向移动从动齿轮,使啮合间隙在规定的公差范围内。

从动锥齿轮和主动锥齿轮总成的调整部位如图 7-15 所示。与理论上的尺寸 R 成比例的偏差 r,在生产过程中已经测量好了,并把它刻在从动锥齿轮的外侧。主动锥齿轮和从动锥齿轮只能一起更换。

根据零件的排列情况,会出现"间隙",这在调整主动锥齿轮和从动锥齿轮时应该考虑。因此,在拆卸变速器之前,最好测量齿面的平均间隙以及偏差 r。只要修理影响到主动锥齿轮和从动锥齿轮位置的零部件,必须重新测定调整垫片 S_1、S_2 和 S_3 厚度。

1. 主动锥齿轮的调整

只要轴承座、主动锥齿轮的后轴承、一挡齿轮的滚针轴承外座圈、输出轴的后轴承外座圈被更换,就必须通过调整垫片 S_3 的厚度来调整主动锥齿轮,使主、从动锥齿轮的啮合印痕处在最佳位置。具体方法如下:

装上轴承座的后轴承外座圈。装上轴承的保持架,并用 25N·m 的力矩旋紧螺栓。

装上输出轴和外后轴承,如图 7-16 所示。

将输出轴用铝质的夹具固定在台虎钳上,装上螺母并用 100N·m 的力矩拧紧,如图 7-17 所示。

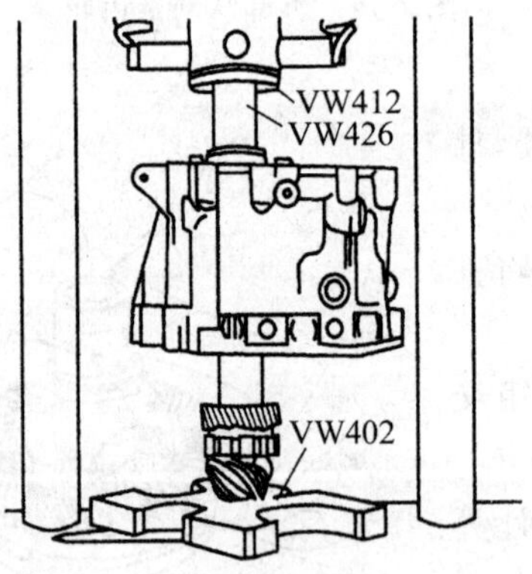

图 7-16 安装输出轴和后轴承

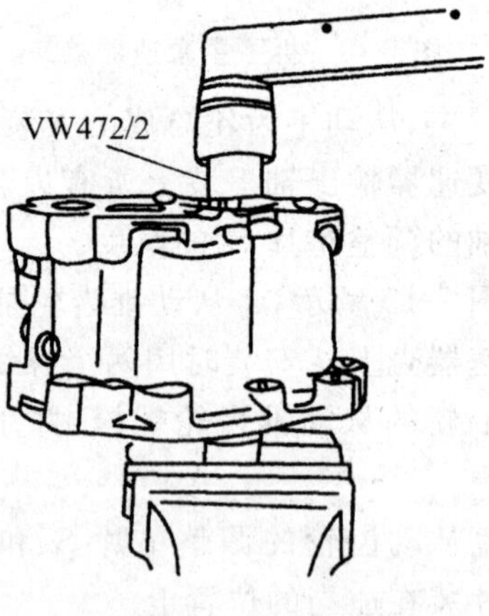

图 7-17 拧紧螺母

将变速器后盖装在轴承座上,装上新的衬垫,用 4 个螺栓将其固定。

注意:后轴承应往里放入至挡块处。

将专用工具 VW385/1 支承在 VW406 上,通过调节环测量 A 的尺寸,如图 7-18 所示。再装上专用工具 VW385/2,如图 7-19 所示。

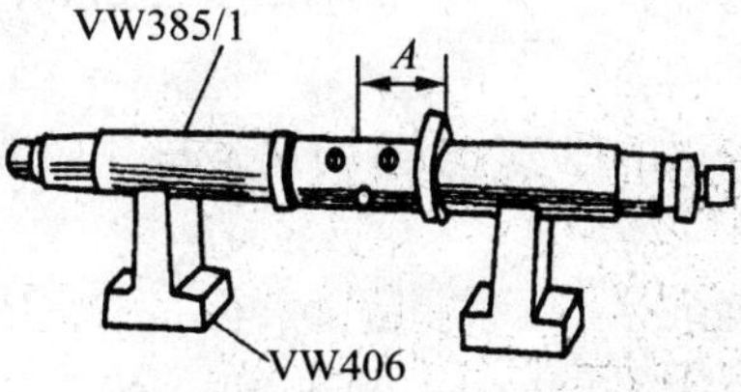

图 7-18 测量 A 的尺寸

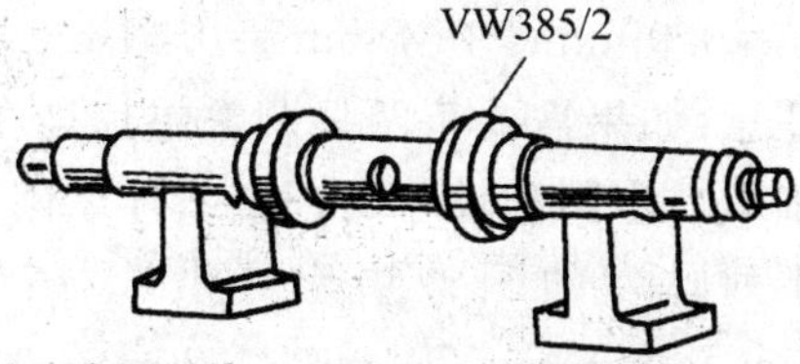

图 7-19 安装专用工具 VW385/2

将专用工具 VW5385/D 和 5385/C 装在 VW385/1 上，接着放上无调整垫片 S_1 的主减速器盖。装上百分表，将百分表调到零(起始压力与距离 2.0mm 相一致，百分表的表盘和 VW5385/D 应是同一方向，转动螺母将活动调节环移至中心)，如图 7-20 所示。

将专用磁板 VW385/17 装在主动锥齿轮上，上面的缝隙朝向放油螺塞一边。将专用工具 VW385/1 放入变速器的内部并装配好，如图 7-21 所示。

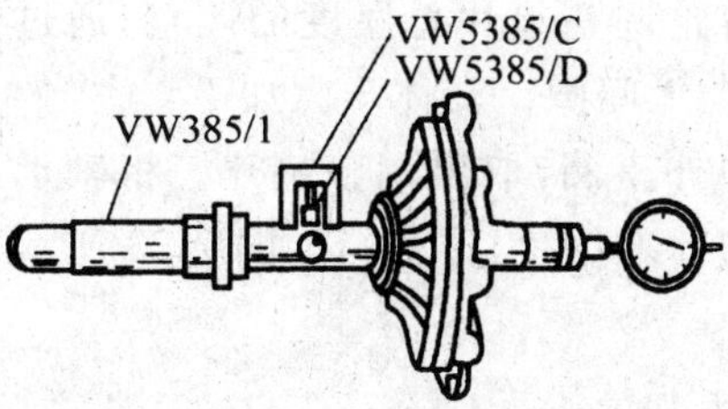

图 7-20 安装专用工具和百分表

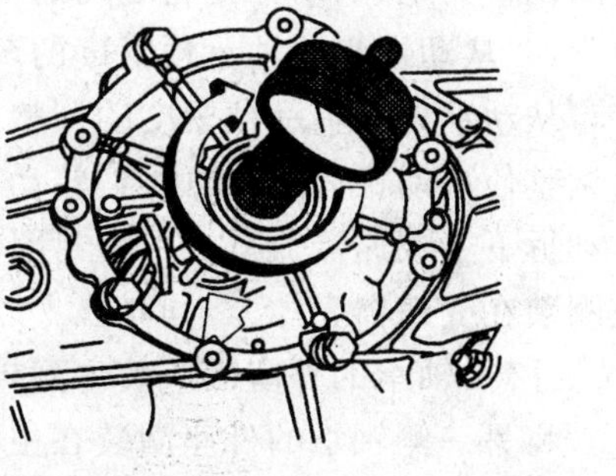

图 7-21 安装专用工具 VW385/17 和 VW385/1

装上调整垫片 S_1 和主减速器盖的紧固螺栓，用 25N · m 的力矩拧紧螺栓。

注意：不要在盖上敲打，因为这样可能会使百分表失灵。

转动螺母调节专用工具 VW385/1，保证装配正确。将 VW385/1 转到表的测量触头碰到磁板，并使表的指针达到最大偏差(倒转)。所取得的值即 e 尺寸(从逆时针方向读看)，如图 7-22 所示。当转动 VW385/1 时，表的测量触头(VW385/C)应碰到磁板，而且总是在缝隙相对的一侧。

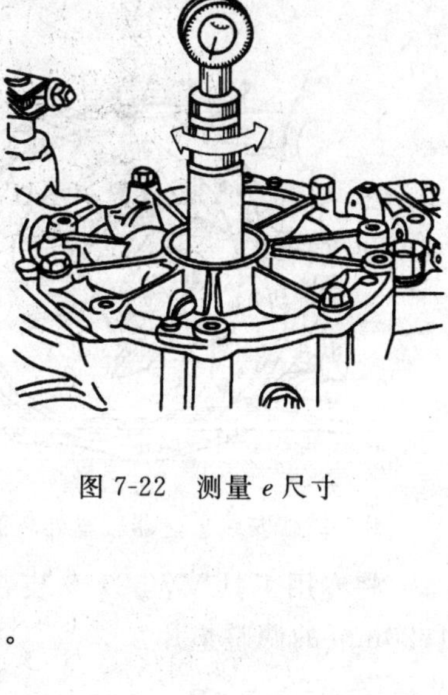

图 7-22 测量 e 尺寸

取下主减速器盖。将 VW385/1 放在 VW406 上，用 VW5385/C(标准样板)检查百分表是否在零位上，起始压力与距离 2.0mm 是否一致。

计算主动锥齿轮调整垫片 S_3 的厚度：

$$S_3 = e - r$$

式中：e—测量的结果(用百分表的逆时针刻度检验出的指针最大偏差)。

r—偏差[以(1/100)mm 为单位，刻在从动锥齿轮上]。

r值只用于新的从动锥齿轮和主动锥齿轮。例如：$e=0.99$mm，$r=0.48$mm，则 $S_3=e-r=0.99$mm-0.48mm$=0.51$mm。

注意：如果需要将两只调整垫片连在一起获得需要的厚度，较薄的调整垫片应装在输出轴轴承外座圈和较厚的调整垫片之间。

下列厚度的调整垫片可供选择：0.15mm、0.20mm、0.25mm、0.30mm、0.40mm、0.50mm、0.60mm、0.70mm、0.80mm、0.90mm、1.00mm、1.10mm 和 1.20mm。

装上输出轴和计算好厚度的调整垫片 S_3。如果计算好的调整垫片是正确的，百分表应指在偏差 r（刻在从动锥齿轮上）的值上，公差为±0.04mm。

如果测量在规定的公差范围之内，完成安装。否则重新安装主动锥齿轮。

2. 从动锥齿轮的调整

当主动锥齿轮、从动锥齿轮总成、变速器壳体、主减速器盖、差速器罩壳或轴承更换时，必须对从动锥齿轮进行调整。从动锥齿轮的调整包括从动锥齿轮（差速器）轴承预紧度的调整和主、从动锥齿轮之间的啮合间隙的调整。

(1)从动锥齿轮轴承预紧度的调整

从动锥齿轮轴承预紧度的调整也称为从动锥齿轮调整垫片总厚度的调整，通过垫片的调整使从动锥齿轮（差速器）转动自如，且轴向推动无间隙。具体步骤如下：

拆下主减速器盖。拆下密封圈和差速器轴承的外座圈，取出调整垫片。将轴承的外座圈装在变速器壳体上，同时装上厚度为 1.2mm 的标准垫片（样板），如图 7-23 所示。

注意：轴承的外座圈应装入到挡块处。

将另一侧轴承的外座圈装在主减速器盖上，不用调整垫片。

注意：轴承的外座圈应装入到挡块处。

将设有车速里程表主动齿轮的差速器装在变速器壳体上。将主减速器盖装在变速器壳体上，用 25N·m 的力矩拧紧螺栓。

如图 7-24 所示，装上专用工具，调节百分表使压力与距离 1.0mm 相一致。

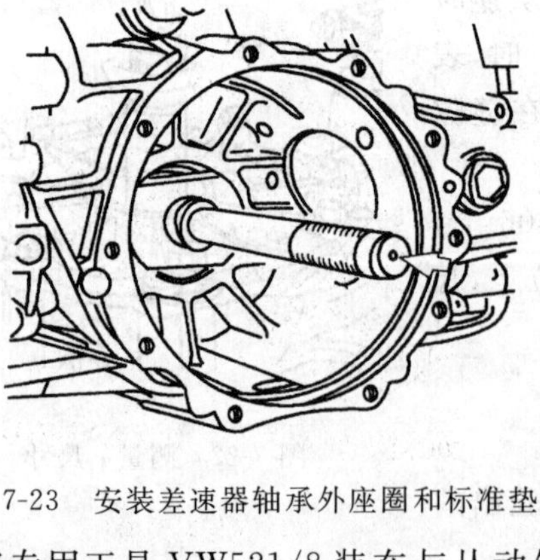

图 7-23　安装差速器轴承外座圈和标准垫片

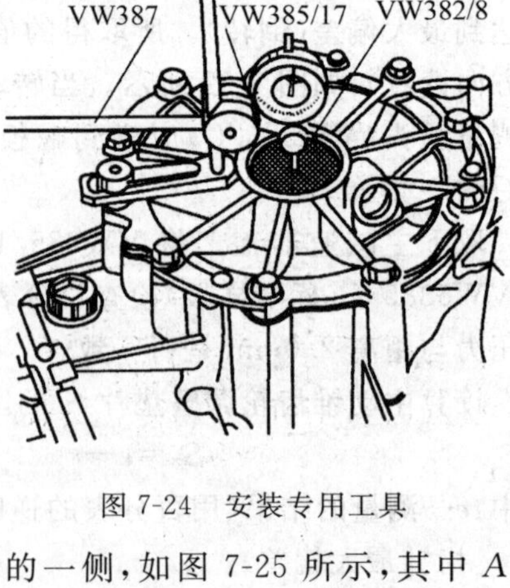

图 7-24　安装专用工具

将专用工具 VW521/8 装在与从动锥齿轮相对的一侧，如图 7-25 所示，其中 A 为 1.20mm 的调整垫片。

用专用工具 VW521/4 将差速器向上和向下(箭头所示处)移动,如图 7-26 所示,记下百分表的变化(例如,记下的间隙为 0.50mm)。

注意:测量时不要转动差速器,因为它可能影响测量值。

将测量值记录下来,并加上 0.40mm 的安装压力(定值),即 0.50mm＋0.40mm＝0.90mm。这个值再加上标准调整垫片(样板)的厚度(1.20mm),即 $S_{合计}$＝0.90mm＋1.20mm＝2.10mm。

拆下主减速器盖和工具,拆下主减速器盖上的差速器轴承外座圈。将与测量值和安装压力的和(0.90mm)一致的调整垫片连同轴承外座圈一起装在盖上,如图 7-25 所示。

装上主减速器盖。将装配好的输入轴装上变速器壳体,用 4 个螺栓将其固定并用 20N·m 的力矩拧紧。

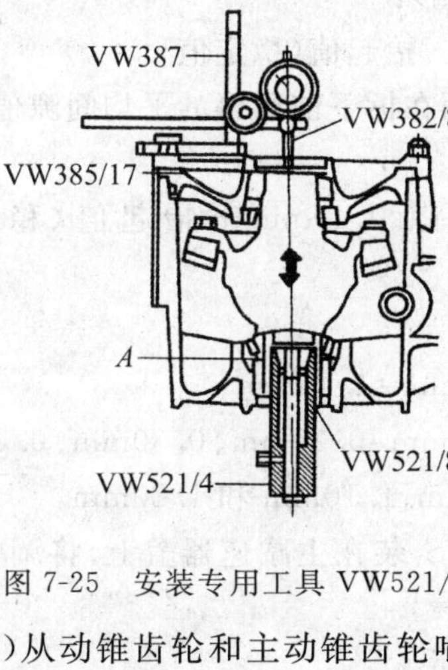

图 7-25　安装专用工具 VW521/8

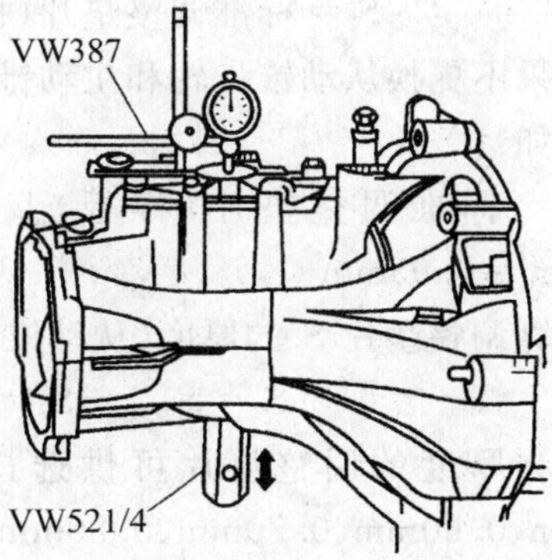

图 7-26　上下移动差速器

(2)从动锥齿轮和主动锥齿轮啮合间隙的调整

啮合间隙的调整是通过移动从动锥齿轮实现的,具体步骤如下:

如图 7-27 所示,装上专用工具。安装的位置:尺寸 A 为 71mm,角 α 约为 90°。

锁住输入轴,如图 7-28 所示。

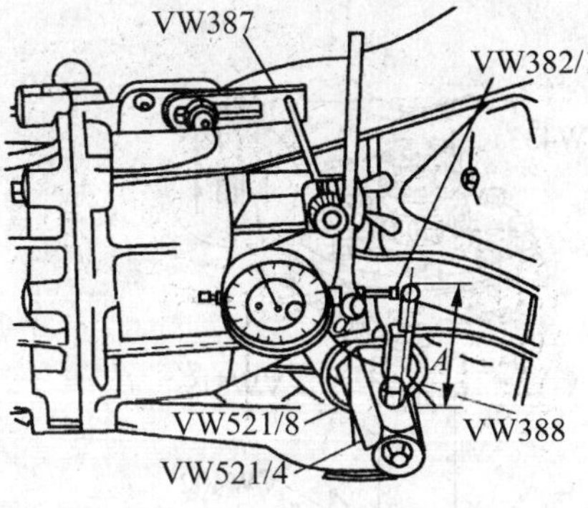

图 7-27　安装专用工具

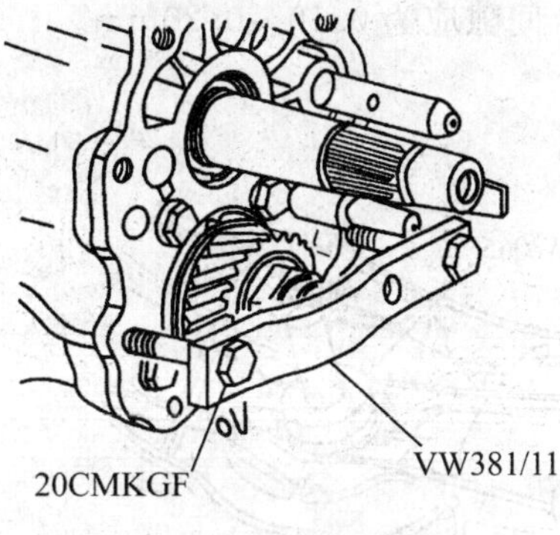

图 7-28　锁住输入轴

将从动锥齿轮转至挡块位置，将百分表的指针对准零，倒转从动锥齿轮，读出齿面间实际的间隙，将测得的值记录下来。松开输入轴，转动专用工具 VW521/4 和 VW521/8 约 90°，结果差速器也转动 90°。重新锁住输入轴。旋松 VW521/4 的螺栓，将其退回约 90°，直至 VW521/8 碰到百分表的测量触头，拧紧 VW521/4 的螺栓。

将上步骤反复操作 4 次，并记录下测得的值。如果在这些测量中，测量值偏差超过 0.05mm，可能是从动锥齿轮没有装对或者从动锥齿轮和主动锥齿轮总成啮合不良。在这种情况下，如需要，应更换从动锥齿轮和主动锥齿轮总成。

计算平均啮合间隙：如 4 次测量的啮合间隙分别为 0.39mm、0.40mm、0.39mm、0.42mm. 其和为 0.39mm＋0.40mm＋0.39mm＋0.42mm＝1.60mm，则平均啮合间隙为 1.60mm/4＝0.40mm。

计算调整垫片 S_2 的厚度（与从动锥齿轮相对的一侧）：

$$S_2 = \text{标准调整垫片（样板）} - \text{平均间隙} + \text{抬起值（稳定值）}$$

如果不更换从动锥齿轮和主动锥齿轮总成，应使用在拆下前测得的平均间隙值。

例如：

S_2＝标准调整垫片（样板）1.20mm－平均间隙 0.40mm＋抬起值（稳定值）0.15mm＝0.95mm

计算调整垫片 S_1 的厚度（从动锥齿轮一侧）：

$$S_1 = S_{合计} - S_2 = 2.10\text{mm} - 0.95\text{mm} = 1.15\text{mm}$$

下列厚度的调整垫片可供选择：0.15mm、0.20mm、0.25mm、0.30mm、0.40mm、0.50mm、0.60mm、0.70mm、0.80mm、0.90mm、1.00mm、1.10mm 和 1.20mm。

拆下差速器和差速器轴承的外座圈。将调整垫片 S_1 装在主减速器盖上，将调整垫片 S_2 连同轴承外座圈一起装在变速器壳体上。

将密封圈装在主减速器盖和壳体上，如图 7-29 所示。

装上车速里程表的主动齿轮和锁紧套筒，如图 7-30 所示，并使图中 x＝1.8mm（大约）。

装上差速器，重新测量齿面间隙，各次测量的间隙偏差应不超过 0.05mm，正确的平均啮合间隙应为 0.10～0.20mm。

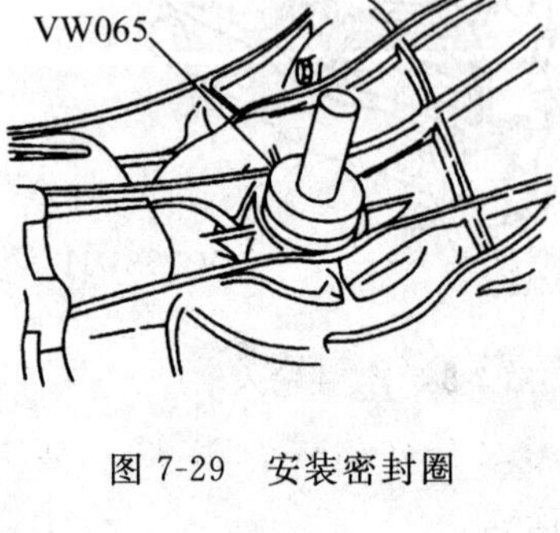

图 7-29　安装密封圈

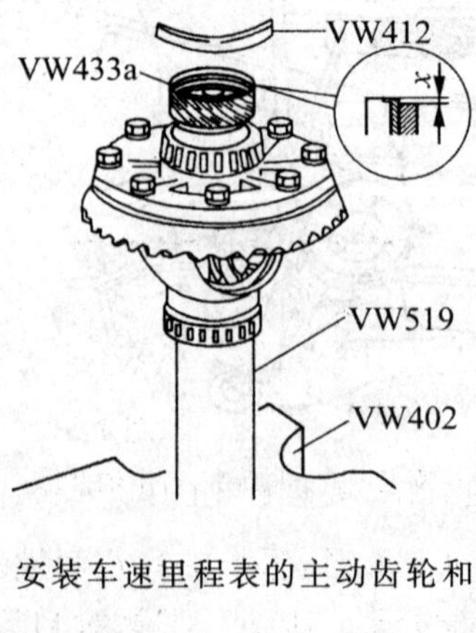

图 7-30　安装车速里程表的主动齿轮和锁紧套筒

7.4　半轴和桥壳

7.4.1　半轴

半轴的功用是将差速器传来的动力传给驱动轮。

1. 半轴的类型

半轴的结构因驱动桥结构形式的不同而异。整体式驱动桥中的半轴为一刚性整轴。而转向驱动桥和断开式驱动桥中的半轴则分段并用万向节连接，半轴内端一般制有外花键与半轴齿轮连接，半轴外端有的直接在轴端锻造出凸缘盘，也有的制成花键与单独制成的凸缘盘滑动配合，还有的制成锥形并通过键和螺母与轮毂固定连接。

注意：因半轴传递的转矩较大，常制成实心轴。如果半轴断裂，则汽车无法起步、行驶。

2. 半轴的支承形式

现代汽车常采用全浮式和半浮式两种半轴支承形式。

(1)全浮式半轴支承

全浮式半轴支承广泛应用于各型货车上。图 7-31 为全浮式半轴支承的示意图。半轴外端锻造有半轴凸缘，用螺栓紧固在轮毂上，轮毂用一对圆锥滚子轴承支承在半轴套管上，半轴套管与空心梁压配成一体，组成驱动桥壳。这种支承形式，半轴与桥壳没有直接联系。半轴内端用花键与半轴齿轮套合，并通过差速器壳支承在主减速器壳的座孔中。

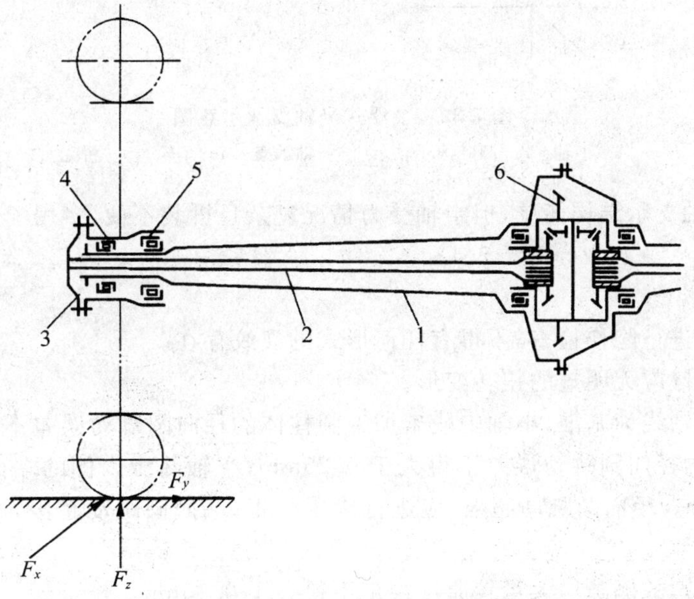

图 7-31　全浮式半轴支承示意图

1—桥壳　2—半轴　3—半轴凸缘　4—轮毂　5—轮毂轴承　6—主减速器从动锥齿轮

这种半轴支承形式，半轴只在两端承受转矩，而不承受其他任何反力和弯矩，所以称为全浮式半轴支承。所谓“浮”是对卸除半轴的弯曲载荷而言。

全浮式半轴支承便于拆装，只需拧下半轴凸缘上的轮毂螺栓，即可将半轴抽出，而车轮和桥壳照样能支撑住汽车。

(2)半浮式半轴支承

图 7-32 为半浮式半轴支承的示意图。半轴外端制成锥形，锥面上铣有键槽，最外端制有螺纹。轮毂以其相应的锥孔与半轴上锥面配合，并用键连接，用锁紧螺母紧固。半轴用一个圆锥滚子轴承直接支承在桥壳凸缘的座孔内。车轮与桥壳之间无直接联系，而支承于悬伸出的半轴外端。因此，地面作用于车轮的各种反力都需经半轴外端的悬伸部分传给桥壳，使半轴外端不仅要承受转矩，而且还要承受各种反力及其形成的弯矩，半轴内端通过花键与半轴齿轮连接，不承受弯矩。故称这种支承形式为半浮式半轴支承。

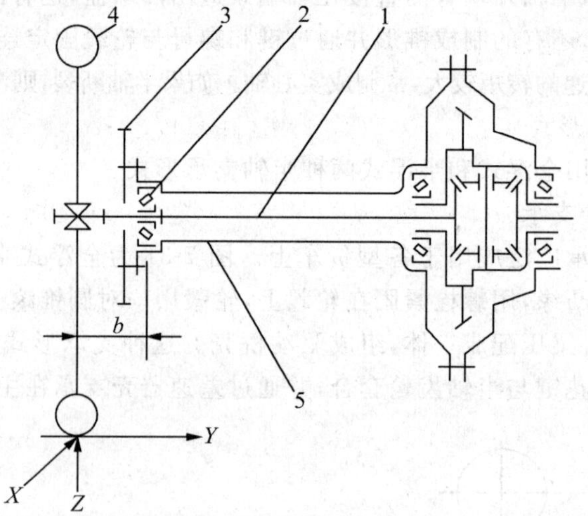

图 7-32　半浮式半轴支承示意图

1—半轴　2—圆锥滚子轴承　3—轴承盖　4—车轮　5—桥壳

半浮式半轴支承结构简单，但半轴受力情况复杂且拆装不便，多用于反力和弯矩较小的各类轿车上。

3. 半轴的检修

(1)半轴应进行隐伤检查，不得有任何形式的裂纹存在。

(2)半轴花键应无明显的扭转变形。

(3)以半轴轴线为基准，半轴中段未加工圆柱体的径向圆跳动误差不得大于 1.3mm；花键外圆柱面的径向圆跳动误差不得大于 0.25mm；半轴凸缘内侧的端面圆跳动误差不得大于 0.15mm。径向圆跳动超限，应进行冷压校正；端面圆跳动超限，可车削端面进行修正。

(4)半轴花键的侧隙增大量较原厂规定不得大于 0.15mm。

(5)对前轮驱动汽车的半轴总成(带两侧等角速万向节)还应进行以下作业内容：

①外端球笼万向节用手感检查应无径向间隙，否则应予更换。

②内侧三叉式万向节可沿轴向滑动，但应无明显的径向间隙感，否则换新。

③检查防尘套是否有老化破裂，卡箍是否有效可靠。如失效，应予换新。

7.4.2　桥壳

1. 桥壳的功用

桥壳是行驶系统的组成部分，其功用是安装悬架或轮毂，支承汽车悬架以上各部分的质量，承受驱动轮传来的反力和力矩，并在驱动轮与悬架之间传力。

桥壳承受较复杂的载荷，因此，要求桥壳应具有足够的强度和刚度，质量小，且便于主减速器的拆装和调整。

驱动桥的桥壳既是行驶系统的组成部分，也是传动系统的组成部分。驱动桥壳作为传动系统的组成部分，其功用是安装主减速器、差速器和半轴，并保持各自的相对位置。

2. 桥壳的类型

驱动桥壳可分为整体式桥壳和分段式桥壳两种类型。

整体式桥壳一般是铸造，具有较大的强度和刚度，且便于主减速器的拆装和调整。缺点是质量大，铸造质量不易保证。因此，适用于中型以上货车。

分段式桥壳一般分为两段，由螺栓将两段连成一体。分段式桥壳最大的缺点是拆装和维修主减速器及差速器十分不便，必须把整个驱动桥从车上拆下来，现已很少应用。

3. 桥壳的检修

(1)桥壳和半轴套管不允许有裂纹存在，半轴套管应进行探伤处理。各部螺纹损伤不得超过2牙。

(2)钢板弹簧座定位孔的磨损不得大于1.5mm，超限时先进行补焊，然后按原位置重新钻孔。

(3)整体式桥壳以半轴套管的两内端轴颈的公共轴线为基准，两外轴颈的径向圆跳动误差超过0.30mm时应进行校正，校正后的径向圆跳动误差不得大于0.08mm。

(4)分段式桥壳以桥壳的结合圆柱面、结合平面及另一端内锥面为基准，轮毂的内外轴颈的径向圆跳动误差超过0.25mm时应进行校正，校正后的径向圆跳动误差不得大于0.08mm。

(5)桥壳承孔与半轴套管的配合及伸出长度应符合原厂规定，如半轴套管承孔的磨损严重，可将座孔镗至修理尺寸，更换相应的修理尺寸的半轴套管。

(6)滚动轴承与桥壳的配合应符合原厂规定。

复习思考题

1. 驱动桥的功用是什么？
2. 试述差速器的工作原理。
3. 半轴检修的内容有哪些？
4. 如何进行齿轮啮合印痕和啮合间隙的调整？

第 3 篇

汽车行驶系统

第 8 章　车架和车桥

学习目标

了解汽车车架和车桥的功用和类型；熟悉汽车车架和车桥的结构及工作原理；掌握车架和车桥的检测和维修方法。

8.1　车　架

8.1.1　车架的功用

车架俗称“大梁”，车架的功用可以概括为两点：一是支承、连接汽车各零部件、总成，它是汽车的装配基体，汽车绝大多数的零部件、总成都要安装在车架上。二是承受载荷，车架不仅承受各零部件、总成的载荷，还要承受汽车行驶时来自路面各种复杂载荷的作用，如汽车加速、制动时的纵向力，汽车转弯、侧坡行驶时的侧向力，不良路面传来的冲击等。

8.1.2　车架的类型和构造

汽车上采用的车架有四种类型：边梁式车架、中梁式车架、综合式车架和无梁式车架。目前汽车上多采用边梁式车架和无梁式车架。

1. 边梁式车架

边梁式车架如图 8-1 所示，它由两根纵梁和若干根横梁构成。纵梁和横梁之间通过铆接或焊接的方法连接起来。这种车架结构简单，便于整车的布置，所以在各种类型的汽车上都广泛应用。

纵梁 6 为槽形不等高断面梁，由于纵梁中部受到的弯曲力矩最大，故中部断面高度最大，由此向两端断面高度则逐渐减小。这样，可使应力分布较均匀，同时又减小了质量。在左、右纵梁上各有 100 多个装置用孔，用以安装转向器、钢板弹簧、燃油箱、储气罐和蓄电池等的支架。横梁一般也用钢板冲压成槽形，为增强车架的抗扭强度，有时采用管形或箱形断面的横梁。

2. 无梁式车架

无梁式车架是用车身兼做车架，汽车的所有零部件、总成都安装在车身上，车身要承受各种载荷的作用，因而这种车身又称为承载式车身，广泛用于轿车和客车，如图 8-2 所示。

3. 中梁式车架和综合式车架

中梁式车架和综合式车架分别如图 8-3 和图 8-4 所示，由于这两种车架结构复杂，加工制造及维修困难，所以目前很少应用。

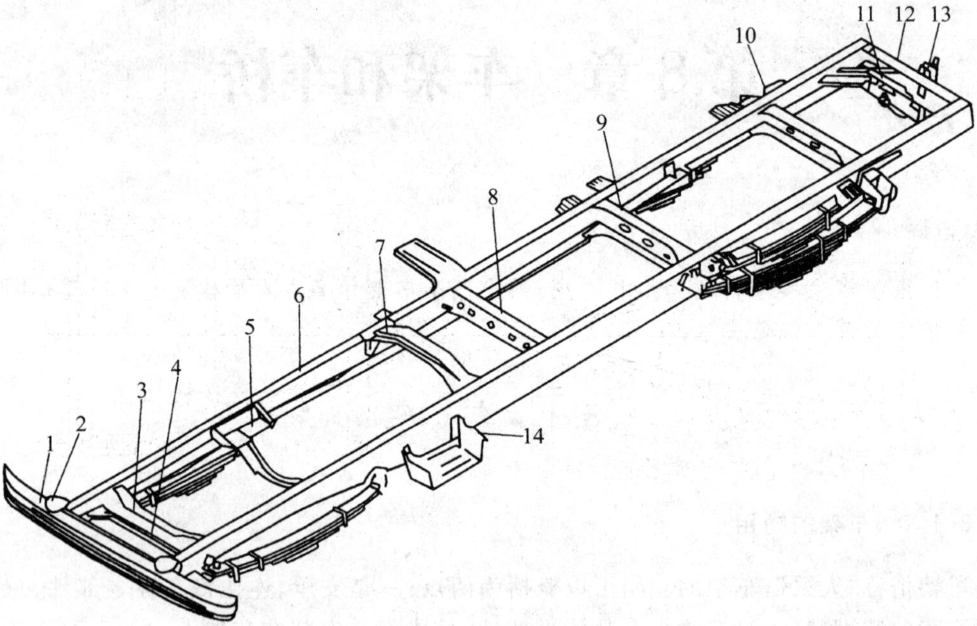

图 8-1 边梁式车架

1—保险杠 2—挂钩 3—前横梁 4—发动机前悬置横梁 5—发动机后悬支架及横梁 6—纵梁 7—驾驶室后悬置横梁 8—第四横梁 9—后钢板弹簧前支架横梁 10—后钢板弹簧后支架横梁 11—角撑横梁组件 12—后横梁 13—拖钩 14—蓄电池托架

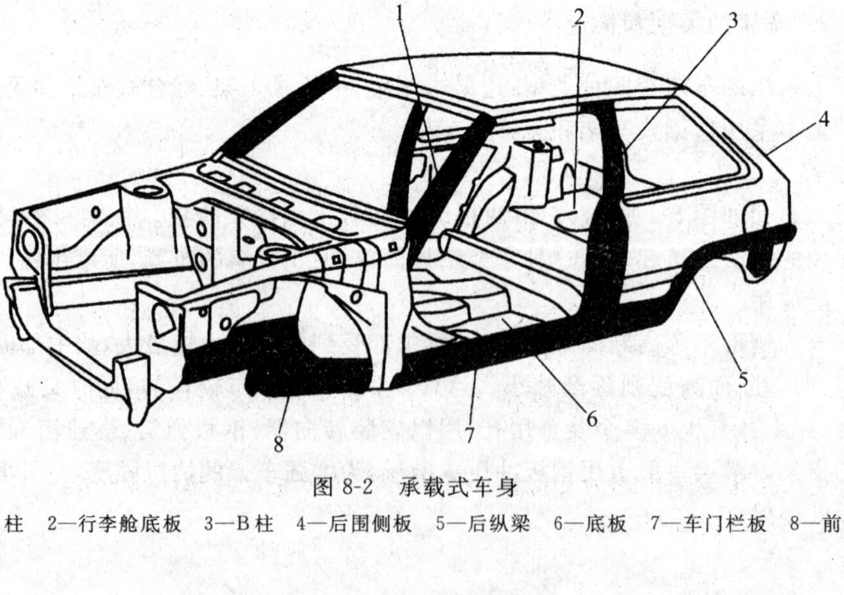

图 8-2 承载式车身

1—A 柱 2—行李舱底板 3—B 柱 4—后围侧板 5—后纵梁 6—底板 7—车门栏板 8—前纵梁

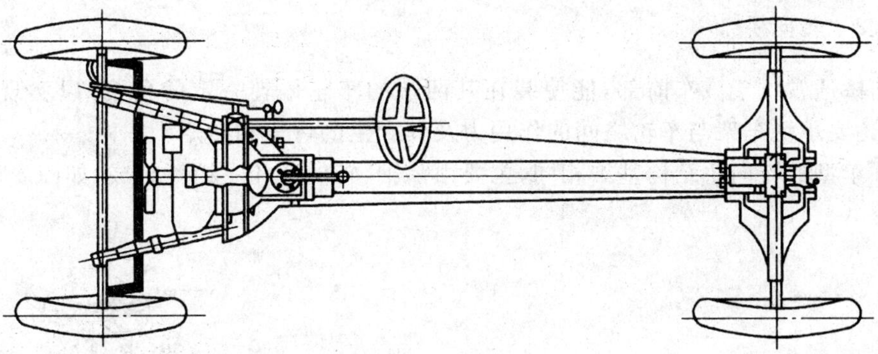

图 8-3　中梁式车架

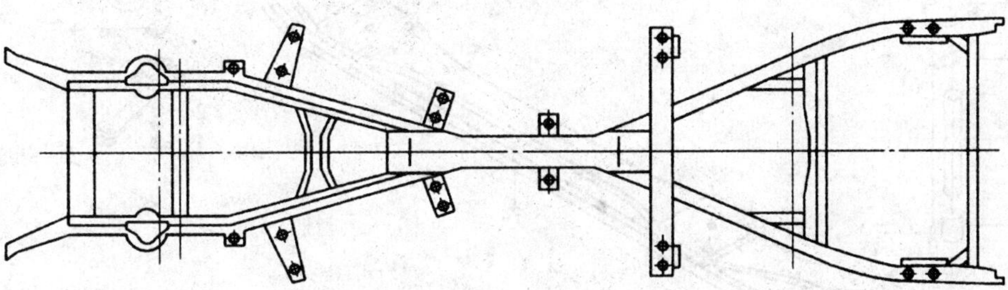

图 8-4　综合式车架

8.2 车　桥

8.2.1 概述

1. 功用

车桥位于悬架与车轮之间，其两端安装车轮，通过悬架与车架(或车身)相连，其功用是传递车架(或车身)与车轮之间各种的载荷。

2. 分类

按悬架结构不同，车桥分为整体式和断开式两种。整体式车桥的中部是刚性实心或空心梁，与非独立悬架配用；断开式车桥为活动关节式结构，与独立悬架配用。

按车桥上车轮的作用不同，车桥分为转向桥、驱动桥、转向驱动桥和支持桥四种类型。其中转向桥和支持桥都属于从动桥。

在后轮驱动的汽车中，前桥不仅用于承载，而且兼起转向作用，称为转向桥；后桥不仅用于承载，而且兼起驱动的作用，称为驱动桥。

越野汽车和前轮驱动汽车的前桥，除了承载和转向的作用外，还兼起驱动的作用，所以称为转向驱动桥。

只起支承作用的车桥称为支持桥。挂车的车桥就是支持桥。支持桥除不能转向外，其他功能和结构与转向桥相同。

8.2.2 转向桥

转向桥通常位于汽车前部，能使装在其两端的车轮偏转一定的角度，以实现汽车转向，同时还要承受车架与车轮之间的作用力及其产生的弯矩和转矩。

各种车型的转向桥结构基本相同，主要由前轴、转向节和主销等组成，如图 8-5 所示。

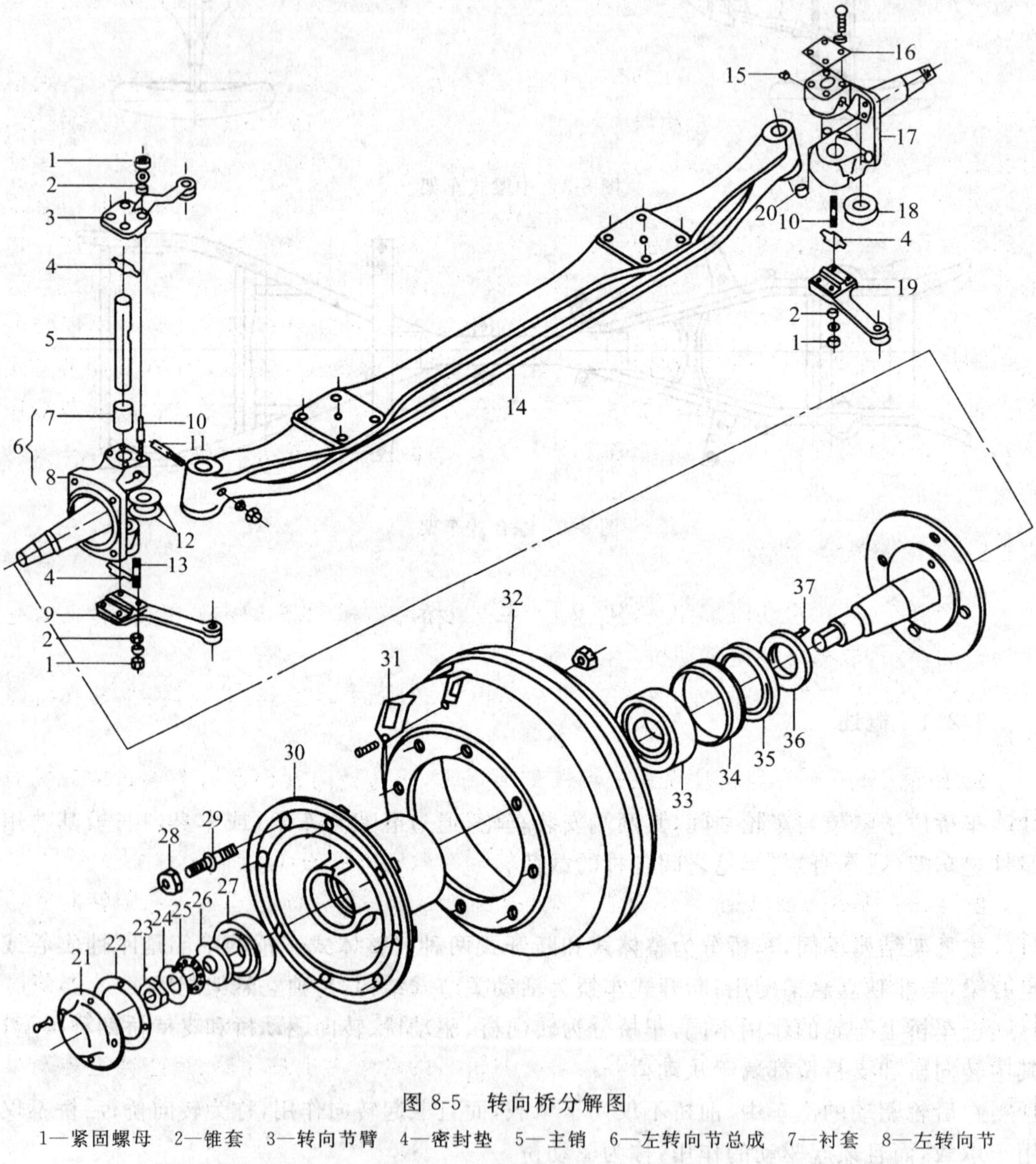

图 8-5 转向桥分解图

1—紧固螺母 2—锥套 3—转向节臂 4—密封垫 5—主销 6—左转向节总成 7—衬套 8—左转向节 9—左转向梯形臂 10、13—双头螺柱 11—楔形锁销 12—调整垫片 14—前轴 15—油嘴 16—右转向节上盖 17—右转向节 18—止推轴承 19—右转向梯形臂 20—限位螺栓 21—轮毂盖 22—衬垫 23—锁紧螺母 24—止动垫圈 25—锁紧垫圈 26—调整螺母 27—前轮毂外轴承 28—螺母 29—螺栓 30—车轮轮毂 31—检查孔堵塞 32—制动鼓 33—前轮毂内轴承 34—轮毂油封外圈 35—轮毂油封总成 36—轮毂油封内圈 37—定位销

前轴是转向桥的主体，一般由中碳钢经模锻而成。其端面采用工字形断面，以提高抗弯强度，接近两端逐渐过渡为方形，以提高抗扭刚度，中部加工出两处用以支承钢板弹簧弹簧座（图上未画出），其上钻有四个安装 U 形螺栓（俗称骑马螺栓）的通孔和一个位于中心的钢板弹簧定位凹坑。中部向下弯曲，使发动机位置得以降低，从而降低汽车质心，扩展驾驶者视野，并减小传动轴与变速器输出轴之间的夹角。前轴两端各有一个加粗部分，呈拳形，称为拳部。其中有通孔，主销即装入此孔内，用带有螺纹的楔形锁销将主销固定在拳部孔内，使之不能转动。

转向节是一个叉形部件，上下两叉制有同轴销孔，通过主销与前轴的拳部相连，使前轮可以绕主销偏转一定角度而使汽车转向。为了减小磨损，转向节销孔内压入青铜衬套，衬套上的润滑油槽在上面端部是切通的，用装在转向节上的油嘴注入润滑脂润滑。为使转向灵活轻便，在转向节下耳与前轴拳部之间装有滚子推力轴承。在转向节上耳与拳部之间装有调整垫片，以调整其间的间隙。在左转向节的上耳上装有与转向节臂制成一体的凸缘，在下耳上则装有与转向梯形臂制成一体的凸缘，此两凸缘上均制有一矩形键，因此在左转向节的上、下耳上都有与之配合的键槽。转向节即通过矩形键及带有锥形套的双头螺栓与转向节臂及梯形臂相连。车轮轮毂通过两个圆锥滚子轴承支承在转向节轴颈上。轴承的松紧度可用调整螺母加以调整。轮毂外端用冲压的金属罩盖住。转向节上还装有限位螺栓，限位螺栓与前轴上的限位凸台相配合，可以限制并调整转向轮的最大偏转角。

8.2.3　转向驱动桥

越野汽车、前轮驱动汽车和全轮驱动（4WD）汽车的前桥，既起转向桥的作用，又兼起驱动桥的作用，故称为转向驱动桥。

转向驱动桥如图 8-6 所示，它同一般驱动桥一样，由主减速器、差速器、半轴和桥壳组成。

由于转向时转向车轮需要绕主销偏转一个角度，故与转向轮相连的半轴必须分成内外两段（内半轴和外半轴），其间用万向节（一般多用等角速万向节）连接，同时主销也因此而分制成两段（或用球头销代替）。转向节轴颈部分做成中空的，以便外半轴穿过其中。

如图 8-7 所示为桑塔纳 2000 型轿车的前桥总成，采用的是断开式独立悬架转向驱动桥。车桥上端通过左、右悬架与承载式车身相连接，下端通过左、右下摆臂与固定在车身上的副车架相连接。悬架车轮轴承壳与下摆臂之间通过可移动球形接头连接，从而使前轮固定，并通过下摆臂上的长孔调整车轮外倾角。为了减小车辆转向时的车身倾斜，在副车架与下摆臂之间还装有横向稳定器。桑塔纳轿车的动力由主减速器、差速器经传动半轴驱动车轮旋转。

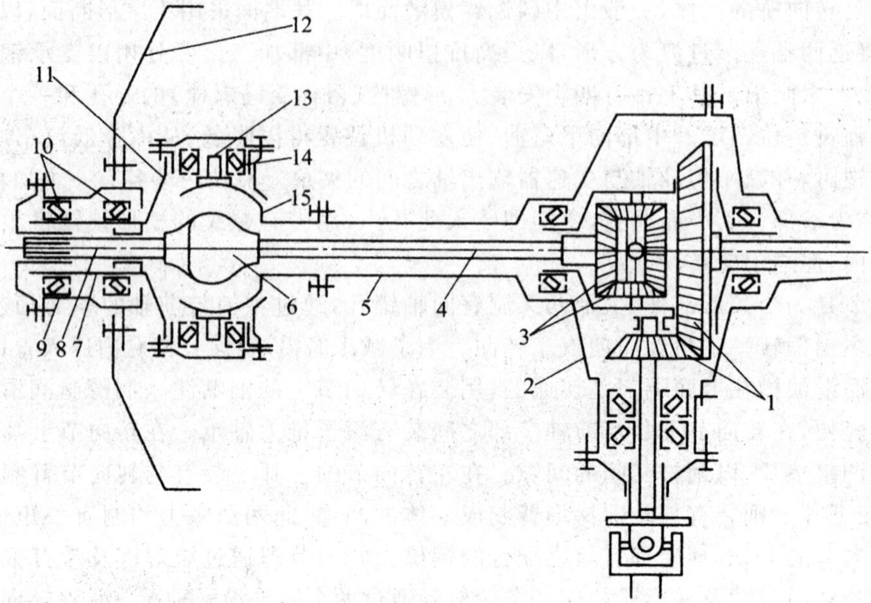

图 8-6　转向驱动桥示意图

1—主减速器　2—主减速器壳　3—差速器　4—内半轴　5—半轴套管　6—万向节　7—转向节轴颈　8—外半轴　9—轮毂　10—轮毂轴承　11—转向节壳体　12—车轮　13—主销　14—主销轴承　15—球形支座

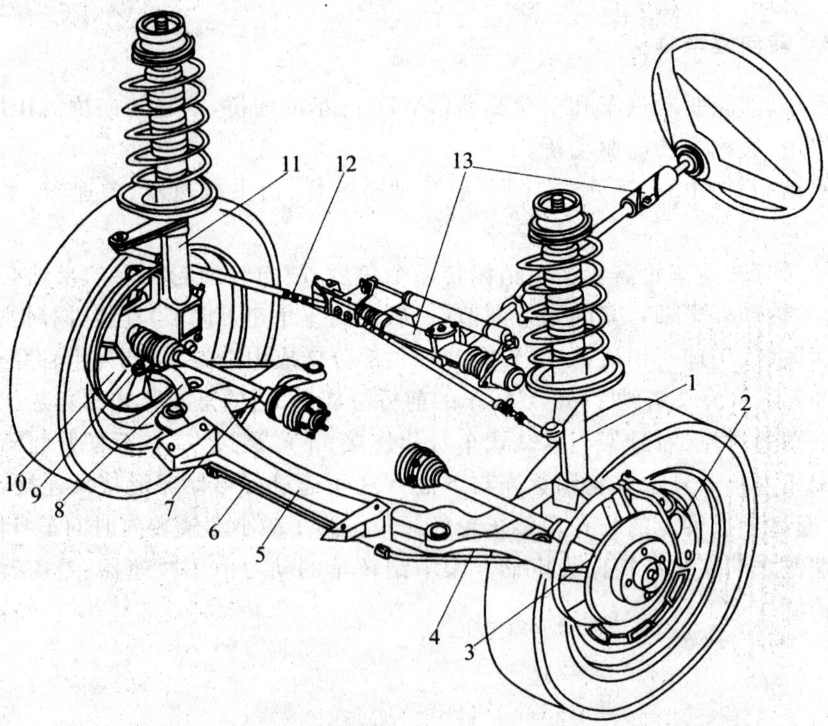

图 8-7　桑塔纳 2000 型轿车的转向驱动桥(主减速器和差速器未画出)

1、11—悬架　2—前轮制动器总成　3—制动盘　4、8—下摆臂　5—副车架　6—横向稳定器　7—传动半轴总成　9—球形接头　10—车轮轴承壳　12—转向横拉杆　13—转向装置总成

8.3　车轮定位

为了保证汽车直线行驶的稳定性和操纵的轻便性，减少轮胎和其他机件的磨损，转向轮、转向节和前轴三者与车架的安装应保持一定的相对位置关系，这种安装位置关系称为转向车轮定位，也称前轮定位。对于两端装有主销的转向桥，汽车转向时，转向车轮会围绕主销轴线偏转，如图 8-8(a)所示。但在大多数断开式转向桥中没有主销，而是采用上、下球头销代替主销，上、下球头销球头中心的连心线相当于主销轴线，如图 8-8(b)所示。这些转向轮的定位参数有主销后倾角、主销内倾角、前轮外倾角和前轮前束。

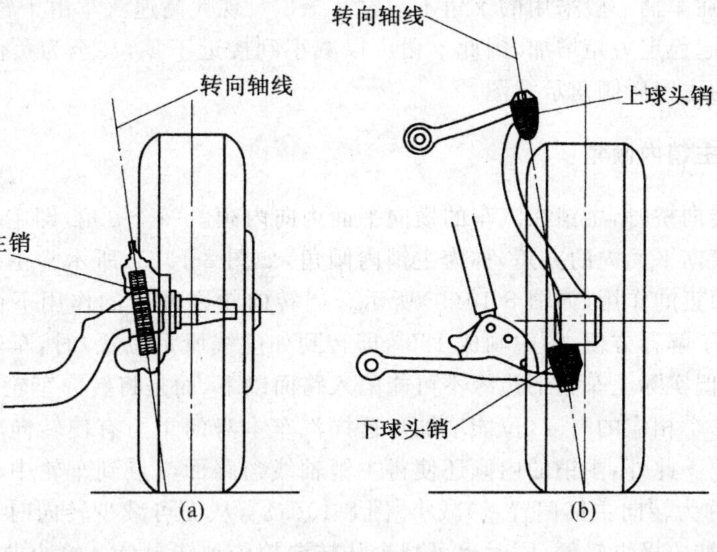

图 8-8　主销的不同形式

但是，现代汽车不仅前转向轮有外倾角和前束，有些汽车后轮也有外倾角和前束。

8.3.1　主销后倾角

设计转向桥时，使主销在汽车的纵向平面内有向后的一个倾角 γ，即主销轴线和地面垂直线在汽车纵向平面内的夹角，如图 8-9 所示。

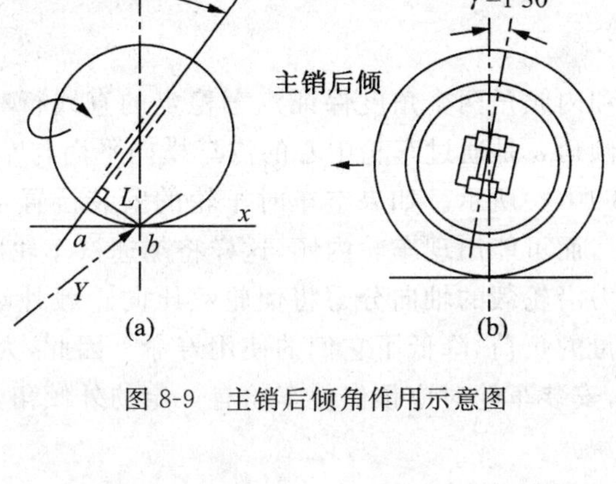

图 8-9　主销后倾角作用示意图

主销后倾角 γ 能形成回正的稳定力矩，当主销具有后倾角 γ 时，主销轴线与路面交点 a 将位于车轮与路面接触点 b 的前面，a、b 之间的距离称为主销后倾拖距，如图 8-9(a)所示。当汽车直线行驶时，若转向轮偶然受到外力作用而稍有偏转(例如向右偏转，如图中箭头所示)，将使汽车行驶方向向右偏离，这时由于汽车本身离心力的作用，在车轮与路面接触点 b 处，路面对车轮作用着一个侧向反作用力 Y。反作用力 Y 对车轮形成绕主销轴线作用的力矩 YL，其方向正好与车轮偏转方向相反。在此力矩的作用下，车轮将会回复到原来中间的位置，从而保证了汽车稳定的直线行驶，故此力矩称为稳定力矩。但此力矩也不宜过大，否则在转向时为了克服此稳定力矩，驾驶者要在转向盘上施加较大的力(即所谓转向沉重)。因稳定力矩的大小取决于力臂 L 的数值，而力臂 L 又取决于后倾角之的大小，故现在车辆一般采用的 γ 角不超过 2°～3°。现代高速汽车由于轮胎气压降低、弹性增加，而引起稳定力矩增加，因此 γ 角可以减小到接近于零，甚至为负值。如图 8-9(b)所示为汽车的主销后倾角示意图。

8.3.2 主销内倾角

在设计转向桥时，主销在汽车的横向平面内向内倾斜一个 β 角，即主销轴线和地面垂直线在汽车横向平面内的夹角，称为主销内倾角，如图 8-10(a)所示。主销内倾角 β 也有使车轮自动回正的作用，如图 8-10(b)所示。当转向轮在外力的作用下由中间位置偏转一个角度(为了解释方便，图中画成 180°，即转到如虚线所示位置)时，车轮的最低点将陷入路面以下，但实际上车轮下边缘不可能陷入路面以下，而是将转向车轮连同整个汽车前部向上抬起一个相应的高度(位能增加)，这样汽车本身的重力有使转向轮回复到原来中间位置的效应。此外，主销的内倾还使得主销轴线与路面交点到车轮中心平面与地面交线的距离 c(称为转向主销偏置量)减小[图 8-10(a)]，从而可减少转向时驾驶者加在转向盘上的力，使转向操纵轻便，同时也可减少从转向轮传到转向盘上的冲击力。但 c 值也不宜过小，即内倾角不宜过大，否则在转向时，车轮绕主销偏转的过程中，轮胎与路面间将产生较大的滑动，因而增加了轮胎与路面间的摩擦阻力。这不仅使转向变得很沉重，而且加速了轮胎的磨损。故一般内倾角 β 不大于 8°，距离 c 一般为 40～60mm。如图 8-10(c)所示为解放 CA 1091 型汽车的主销内倾角 β 和前轮外倾角 α(虚线为垂线)。

主销内倾角是在前轴(梁)设计中保证的，由机械加工来实现。加工时将前梁两端主销孔轴线上端向内倾斜就形成了内倾角 β。

8.3.3 前轮外倾角

除上述主销后倾角和内倾角两个角度保证汽车稳定的直线行驶外，前轮外倾角 α 也具有定位作用。前轮外倾角 α 是通过车轮中心的汽车横向平面与车轮平面的交线与地面垂线之间的夹角，如图 8-10(c)所示。如果空车时车轮的安装位置正好垂直于路面，则满载时，车桥将因承载变形，而可能出现车轮内倾，这样将加速汽车轮胎的偏磨损。另外，路面对车轮的垂直反作用力沿轮毂的轴向分力将使轮毂压向轮毂外端的小轴承，加重了外端小轴承及轮毂紧固螺母的负荷，降低了它们的使用寿命。因此，为了使轮胎磨损均匀和减轻轮毂外轴承的负荷，安装车轮时应预先使车轮有一定的外倾角，以防止车轮内倾。同时，车轮有了外倾角也可以与拱形路面相适应。但是，外倾角也不宜过大，否则也会使轮胎产生偏磨损。前轮外倾角在转向节设计中确定。设计时使转向节轴颈的轴线与水平面成一角度，该角度即为前轮外倾角 α（一般 α 为 0.5°～1°）。

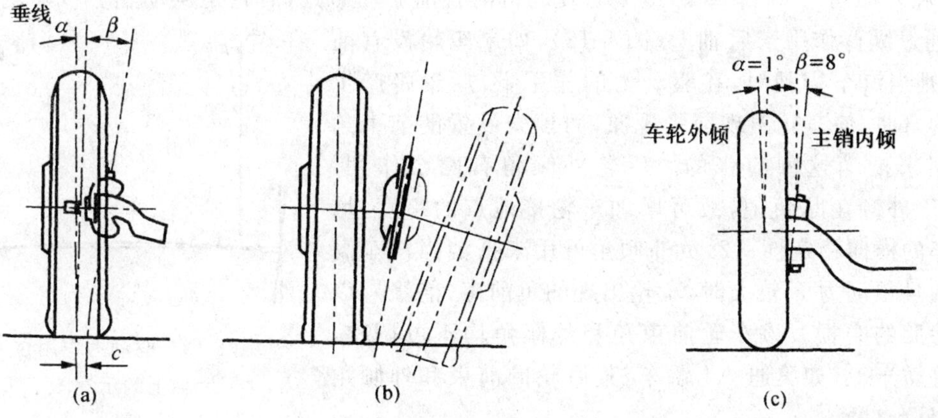

图 8-10　主销内倾角作用示意图及前轮外倾角

8.3.4　前轮前束

车轮有了外倾角后，在滚动时就类似于滚锥，从而导致两侧车轮向外滚开。由于转向横拉杆和车桥的约束使车轮不可能向外滚开，车轮将在地面上出现边滚边滑的现象，从而增加了轮胎的磨损。为了消除车轮外倾带来的这种不良后果，在安装车轮时，应使汽车两前轮的中心面不平行，两轮前边缘距离 B 小于后边缘距离 A，A 与 B 之差称为前轮前束值，如图 8-11 所示。这样可使车轮在每一瞬时滚动方向接近于向着正前方，从而在很大程度上减轻和消除了由于车轮外倾而产生的不良后果。

前轮前束可通过改变横拉杆的长度来调整。调整时，可根据各厂家规定的测量位置，使两轮前后距离差（$A-B$）符合规定的前束值，一般前束值为 0～12mm。测量位置除图示的位置外，还通常取两轮胎中心平面处的前后差值，也可以选取两车轮轮辋内侧面处的前后差值。

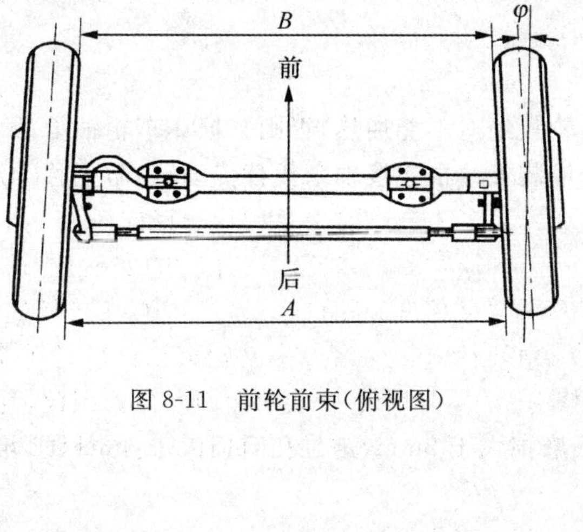

图 8-11　前轮前束（俯视图）

8.3.5 后轮的外倾角和前束

后轮的定位参数是后轮的外倾角和前束，如红旗 CA7220 型轿车，后轮设置有前束角 8′+5′和外倾角−58′±10′。该车为发动机前置前驱动形式，后轮是从动轮。汽车的驱动力 F 通过纵臂作用于后轴上（图 8-12），如果车轮没有前束角，则当汽车行驶时，在驱动力的作用下，后轴将产生一定的弯曲，使车轮出现前张现象，而预先设置的前束角就是用来抵消这种前张的。后轮外倾角有两个作用：(1)由于外倾角是负值，故可增加车轮接地点的跨度，增加汽车的横向稳定性；(2)负外倾角可用来抵消当汽车高速行驶且驱动力 F 较大时，车轮出现的负前束（前张），以减少轮胎的磨损。该车轮前束角和外倾角均不可调整。在有些轿车上，如奥迪 A4 轿车，其后轮的前束和外倾角是可以调整的。

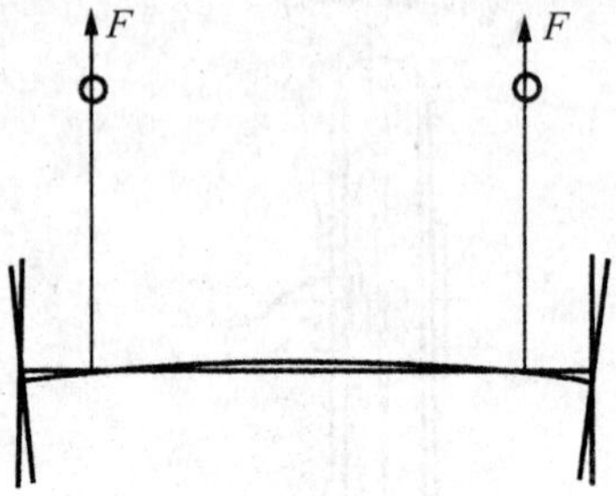

图 8-12 驱动力作用在后轴上的示意图

某些后轮驱动的重型汽车，由于采用独立悬架和脊梁式车架，为了保持加载后汽车行驶时轮胎处于正确的接地位置，减少磨损，后轮也设计成有一定的正外倾角，如太脱拉 138 型汽车。

实训 8.1 车桥的检修

一、实训目的与要求

1. 掌握车桥零部件的检修内容和方法。

2. 掌握转向驱动桥半轴的拆装方法。

二、实训仪器和设备

通用工具、通用量具、桑塔纳 2000 轿车维修专用工具、举升机、桑塔纳 2000 轿车、EQ1092 系列货车。

三、实训注意事项

1. 拆卸传动轴时，轮毂绝对不能加热，否则会损坏车轮轴承，原则上应使用拉具。

2. 拆掉传动轴后，应装上一根连接轴来代替传动轴，防止移动卸掉传动轴的车辆时，损坏前轮轴承总成。

四、实训步骤

1. 前轴的检修

(1)前轴磨损的检修

①钢板弹簧座平面磨损大于 2mm，定位孔磨损大于 1mm 的，堆焊后加工修复或更换

新件。

②主销承孔磨损的检修。承孔与主销的配合间隙：轿车不大于 0.10mm，载货汽车不大于 0.20mm。磨损超过极限，可采用镶套法修复。

(2)前轴变形的检修

①前轴变形的检验。常用的检测方法是采用如图 8-13 所示的角尺检验法。通过测量 a、b 值可以判断前轴是否有弯曲和扭转变形。

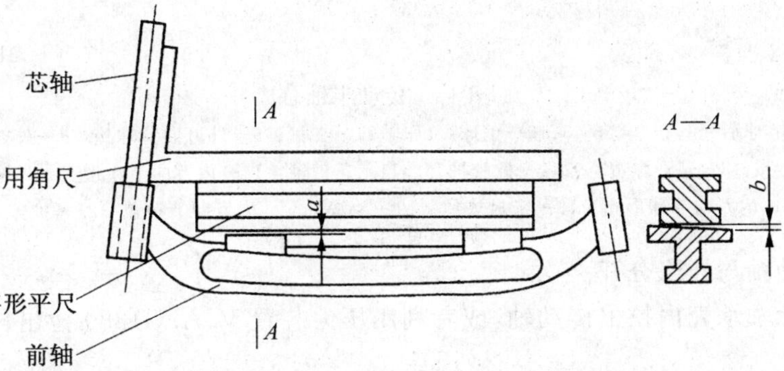

图 8-13　角尺检验法

②前轴校正方法。前轴变形校正必须在钢板弹簧座和定位孔、主销孔磨损修复后进行，以便减少检验、校正的积累误差，提高工作效率。一般是采用冷压校正法。

2. 转向节的检修

(1)隐伤的检验

转向节的油封轴颈处，因其断面的急剧变化，应力集中，是一个典型的危险断面，容易产生疲劳裂纹，以致造成转向节轴疲劳断裂，而酿成重大的交通事故。因此，二级维护和修理时必须对转向节轴进行隐伤检验，一旦发现疲劳裂纹，只能更换，不许焊修。

(2)磨损的检修

转向节轴磨损的检修。轴颈与轴承的配合间隙：轴颈直径不大于 40mm 时，配合间隙为 0.040mm；轴颈直径大于 40mm 时，配合间隙为 0.055mm。转向节轴轴颈磨损超标后应更换新件。

转向节轴锁止螺纹的检验。损伤不可多于 2 牙。锁止螺母只能用扳手拧入，若能用手拧入，说明螺纹中径磨损松旷，应予以修复或更换转向节。

转向节上面的锥孔的检验。与转向节臂等杆件配合的锥孔的磨损，应使用塞规进行检验，其接触面积不得小于 70%，与锥孔配合的锥颈的推力端面沉入锥孔的沉入量不得小于 2mm。否则，更换转向节。

3. 桑塔纳 2000 轿车转向驱动桥半轴总成的拆装

桑塔纳 2000 轿车转向驱动桥半轴总成如图 8-14 所示。

(1)拆卸

①在车轮着地时，拧下传动轴与轮毂的紧固螺母。

②拧下传动轴凸缘上的紧固螺栓，如图 8-15 中箭头所示。

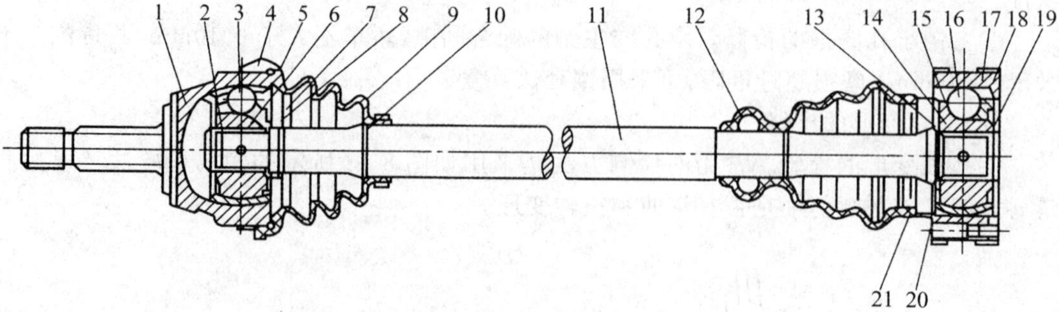

图 8-14 传动半轴总成

1—外万向节球形壳 2—卡簧 3、16—钢球 4、10、21—夹箍 5—外万向节球笼 6—外万向节星形套 7—中间挡圈 8、13—碟形弹簧 9、12—橡胶护套 11—花键轴 14—内万向节星形套 15—内万向节球笼 17—内万向节球形壳 18—密封垫片 19—卡簧 20—内万向节护盖 21—护盖卡箍

③将传动轴与凸缘分开。

④从车轮轴承壳内拉出传动轴，或者利用压力装置 V. A. G1389 拉出传动轴。

(2)安装

①擦净传动轴和花键上的油污，涂上锂基润滑脂。

②在外万向节的花键上涂上一圈 5mm 的防护剂 D6，然后装上传动轴花键套。涂防护剂的传动轴安装后应停车 60min，然后才可使用汽车。

③如图 8-16 所示，将球头销重新装配在原位置，并拧紧螺母。在安装球头销时，不能损坏波纹管护套。

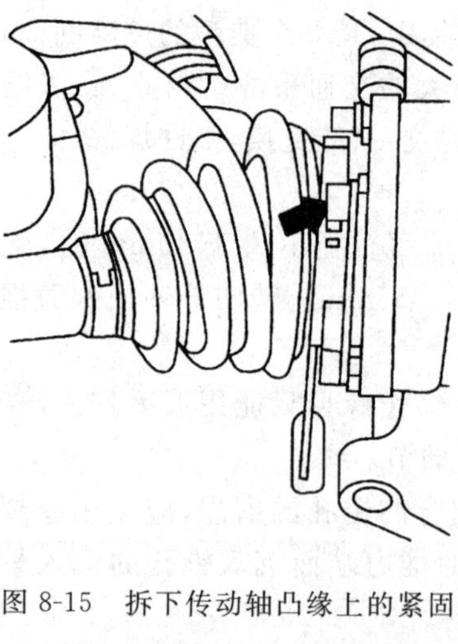

图 8-15 拆下传动轴凸缘上的紧固螺栓

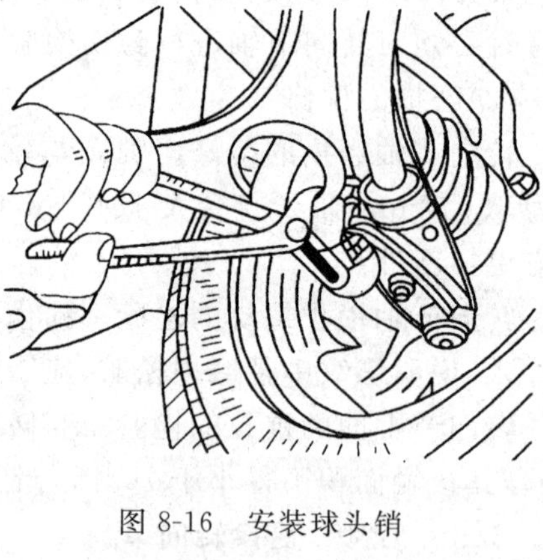

图 8-16 安装球头销

④必要时检查前轮外倾角。

⑤车轮着地后，拧紧轮毂固定螺母。

实训 8.2　本田雅阁轿车车轮定位的检查与调整

一、实训目的与要求

1. 熟悉车轮定位的参数。
2. 掌握车轮定位检测和调整的方法。

二、实训仪器和设备

通用工具、四轮定位仪、举升机、本田雅阁轿车。

三、实训注意事项

1. 作业人员要遵守基本操作规范及作业流程。
2. 使用举升机要遵守车辆顶起设备的安全操作规程。

四、实训步骤

四轮定位仪是专门用来测量车轮定位参数的设备，四轮定位仪可检测的项目包括：前轮前束、前轮外倾角、主销后倾角、主销内倾角、后轮前束、后轮外倾角、轮距、轴距、推力角和左右轴距差等。目前使用的四轮定位仪有光学式和电脑式，它们的测量原理基本是一致的，但不同类型的四轮定位仪的使用方法有一定的差异，因此应严格按照使用说明书的要求和方法进行操作。

下面以电脑式四轮定位仪为例，说明四轮定位仪的使用方法。电脑式四轮定位仪由主机、显示器、打印机、前后车轮检测传感器、传感器支架、转盘、刹车锁、转向盘锁及导线等零部件构成。配有专用软件和数据光盘，可读取近 10 年来世界各地汽车四轮定位参数，且可更新。还配有数码视频图像数据库，显示检查结果和调整位置等。为便于检测和调整，被检汽车需放在地沟上或举升平台上，地沟或举升平台应处于水平状态，四轮定位仪则安装在地沟两旁或举升平台上。

1. 检测前的准备

(1)把汽车开上举升平台，托住车轮，把汽车举升 0.5m(第一次举升)。

(2)托住车身，把汽车举升至车轮能自由转动(第二次举升)。

(3)拆下各车轮，检查轮胎磨损情况，要求各轮胎磨损基本一致。

(4)检查轮胎气压，使其符合标准值。

(5)进行车轮平衡试验，平衡完成后，将车轮装回车上。

(6)检查车身高度，检查车身四个角的高度和减振器技术状况，如车身不平应先调平，同时检查转向系统和悬挂装置是否松旷，如松旷则应先紧固或更换零部件。

2. 检测步骤

(1)把传感器支架安装在轮辋上，再把传感器(定位校正头)安装到支架上，并按使用说明书的规定调整。

(2)开电脑主机进入测试程序,输入被测汽车的车型和生产年份。

(3)进行轮辋变形补偿,转向盘位于直驶位置,使每个车轮旋转一周,即可把轮辋变形误差输入电脑。

(4)降下第二次举升量,使车轮落到平台上,把汽车前部和后部向下压动 4～5 次,使各部位落到实处。

(5)用刹车锁压下制动踏板,使汽车处于制动状态。

(6)将转向盘左转至电脑显示“OK”,输入左转角度数;然后将转向盘右转至电脑显示“OK”,输入右转角度数。

(7)将转向盘回正,电脑显示出后轮的前束及外倾角数值。

(8)调下转向盘,并用转向盘锁锁止转向盘,使之不能转动。

(9)将安装在四个车轮上的定位校正头的水平仪调到水平线上,此时电脑显示出转向轮的主销后倾角、主销内倾角、转向轮外倾角和前束的数值。电脑将比较各测量数值,得出“无偏差”、“在允许范围内”或“超出允许范围”的结论。

(10)若“超出允许范围”,按电脑提示的调整方法进行针对性调整,调整后仍不能解决问题,则应更换有关零部件。

(11)再次压试汽车,将转向轮左右转动,观察屏幕上数值有无变化,若有变化应重新调整。

(12)拆下定位校正头和支架,进行路试,检查四轮定位调整的效果。

3. 本田雅阁轿车车轮定位的调整

若前轮外倾角超出 $0°0'\pm1°$ 范围,后轮外倾角超出 $-0°30'\pm1'$ 范围,则应分别检查前后悬架系统零部件是否弯曲变形或损坏。若排除故障后,应重新测量前后轮外倾角,直到正常为止。

主销后倾角的调整主销后倾角的大小可通过增加或减少前悬架推杆上的调整垫片来进行调整。其调整步骤如下:

(1)升起并固定车辆前部。

(2)拆下推杆端部的自锁螺母 3,如图 8-17 所示。

(3)拆下推杆与下横臂连接的凸缘螺栓,并卸下推杆。

(4)通过加减调整垫片(图 8-17)来调整主销后倾角的大小。调整时应注意:一个调整垫片的厚度为 3.2mm,一个调整垫片可使后角改变 35′,而后倾角最大改变值 1°10′,因此不要使用两个以上的调整垫片。

(5)调整之后,将推杆安装到下横臂上,然后拧紧凸缘螺栓。

(6)按 54N·m 的规定力矩拧紧新的自锁螺母 3(图 8-17)。

前轮前束的调整步骤如下:

(1)松开转向横拉杆的锁紧螺母,然后按同一方向转动两个转向横拉杆,直到前轮处于直线行驶位置,如图 8-18 所示。

(2)均匀转动两个转向横拉杆,直到前束调整至规定值为止。

(3)调整结束后,按 44N·m 的力矩拧紧转向横拉杆锁紧螺母。

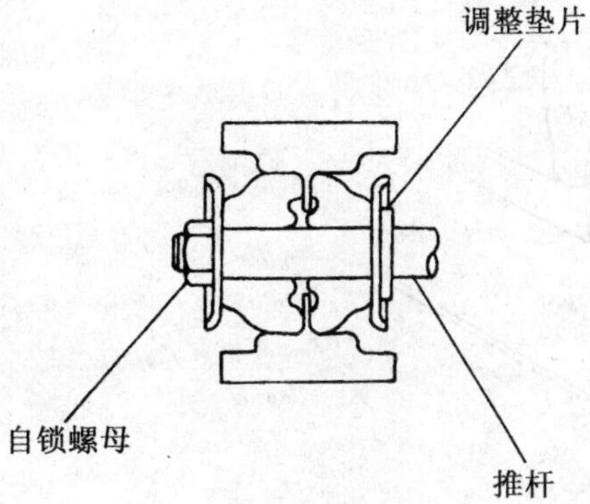

图 8-17　后倾角的调整

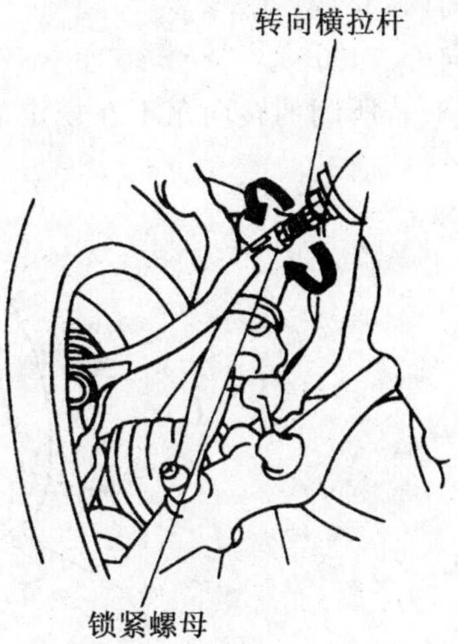

图 8-18　前轮前束的调整

后轮前束的调整步骤如下：

(1)按图 8-19 所示，使后控制臂上的调整螺栓保持固定，松开自锁螺母。

(2)转动调整螺栓，将后轮前束调到规定值。

(3)固定调整螺栓不动，再装上自锁螺母，规定的 54N・m 的力矩拧紧自锁螺母(图 8-19)。

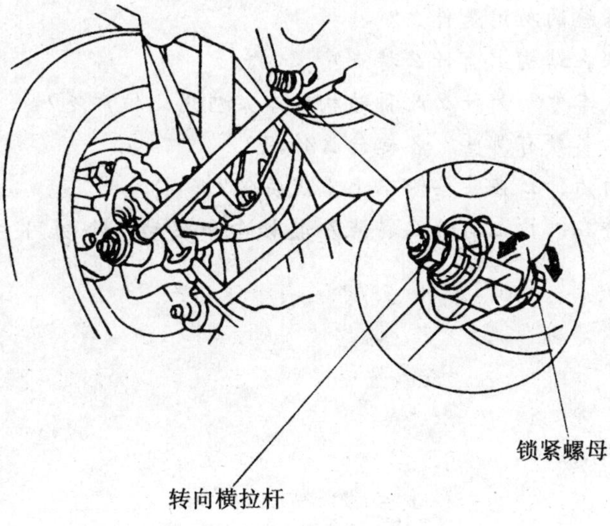

图 8-19　后轮前束的调整

前轮转向角的检查步骤如下：

(1)将转角仪及垫块分别置于前、后轮下，使车保持水平状态，见图 8-20。

(2)踩下制动踏板，左右转动方向盘，测出不轮的转向角。

车轮转向角的规定值为：

向内：38°30′±2°。

向外：31°00′。

(3)若所测的转向角不在规定值内，则应检查前悬架系统部件是否弯曲或损坏。

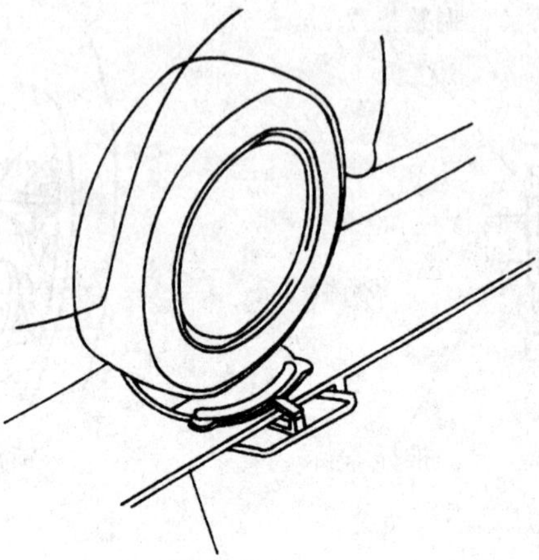

图 8-20　测转向角

复习思考题

1. 汽车行驶系统的功用是什么？

2. 无梁式车架在结构上有什么特点？

3. 何谓边梁式车架？为什么此种结构的车架应用比较广泛？

4. 转向轮定位参数有哪些？各起什么作用？

5. 主销后倾角为什么在某些轿车上出现负值？

6. 转向驱动桥在结构上有什么特点？其转向和驱动两个功用主要是由哪些零部件实现的？

第9章　车轮与轮胎

学习目标

了解车轮和轮胎的功用和类型；熟悉车轮和轮胎的结构；掌握车轮与轮胎的维护与检修方法。

9.1　概　述

汽车车轮总成如图9-1所示，它是由车轮和轮胎两大部分组成，是汽车行驶系统的重要部件。其主要功用如下：

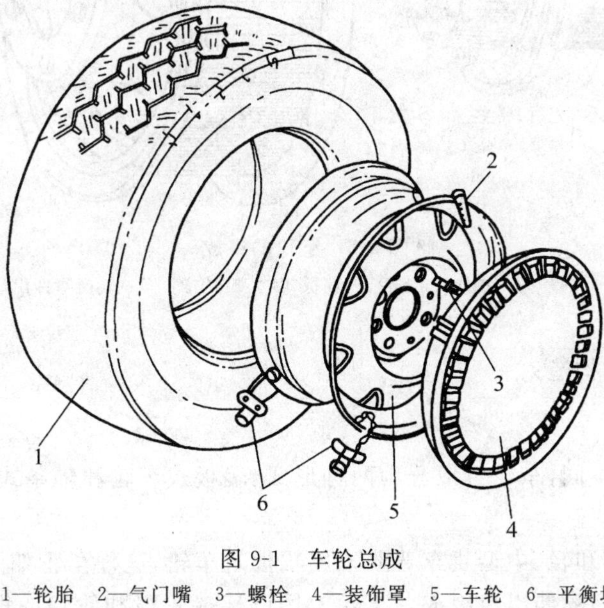

图9-1　车轮总成

1—轮胎　2—气门嘴　3—螺栓　4—装饰罩　5—车轮　6—平衡块

(1)支承整车质量。

(2)缓和由路面传递来的冲击载荷。

(3)通过轮胎和路面之间的附着作用为汽车提供驱动力和制动力。

(4)产生平衡汽车转向离心力的侧向力,以便顺利转向,并通过轮胎产生的自动回正力矩,使车轮具有保持直线行驶的能力。

此外,车轮和轮胎(特别是轿车轮胎)还是汽车重要的安全件。几乎所有的汽车行驶性能都与轮胎有关。

9.2 车 轮

9.2.1 车轮的功用、组成

车轮是介于轮胎和车桥之间承受负荷的旋转组件,其功用是安装轮胎,承受轮胎与车桥之间的各种载荷的作用。车轮一般是由轮毂、轮辋和轮辐组成,如图 9-2 所示。轮毂通过圆锥滚子轴承装在车桥或转向节轴径上,用于连接车轮与车桥。轮辐用于安装和固定轮胎,将轮毂和轮辋连接起来,并通过螺栓与轮毂连接起来。

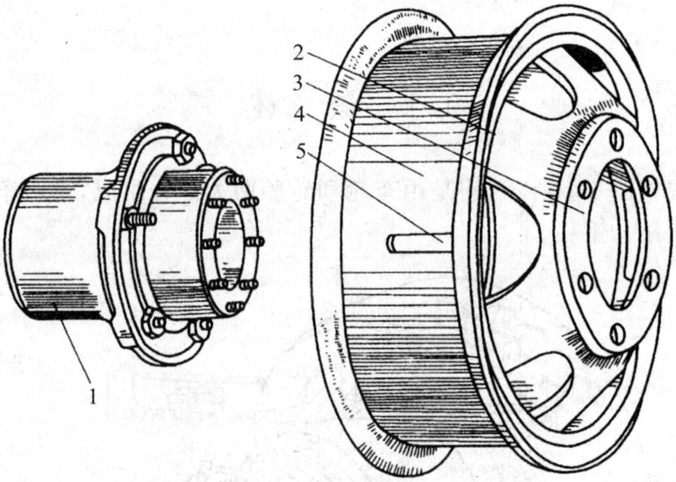

图 9-2 车轮的组成

1—轮毂 2—挡圈 3—轮辐(辐板式) 4—轮辋 5—气门嘴伸出口

9.2.2 车轮的构造

1. 轮辐

按轮辐结构的不同,车轮可以分为两种形式:辐板式车轮和辐条式车轮。

(1)辐板式车轮

目前,普通轿车和轻、中型货车普遍采用辐板式车轮,这种车轮如图 9-2 所示,它由挡圈、轮辋、辐板和气门嘴伸出口组成。车轮中用以连接轮毂和轮辐的钢质圆盘称为辐板,辐板大多是冲压制成的,少数是和轮毂铸成一体,后者主要用于重型汽车。

货车辐板式车轮如图 9-3 所示。辐板与轮辋通过焊接或铆接的方式固定成为一个整体,辐板通过螺栓安装在轮毂上,辐板上的孔可以减轻质量,有利于制动鼓的散热,便于接近气门嘴，同时可作为安装时的把手处。6 个孔加工成锥形，以便在用螺栓把辐板固定在轮毂上时对正中心。货车后桥负荷比前桥大得多，为使后轮轮胎不致过载，后桥一般装用双式车轮，在同一轮毂上安装了两套辐板和轮辋，如图 9-4 所示。为了防止汽车在行驶中固定辐板的螺母自行松脱，汽车两侧车轮上的辐板固定螺栓一般采用旋向不同的螺纹，左侧用左旋螺纹，右侧用右旋螺纹。

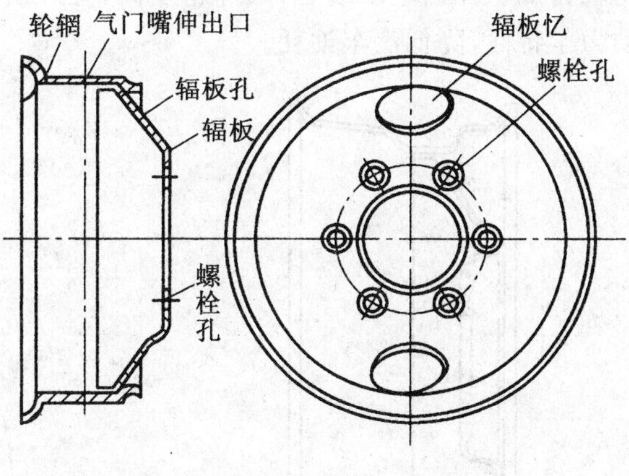

图 9-3　货车辐板式车轮

目前在一些载货汽车上（如黄河 JN1150D 型汽车）采用了球面弹簧垫圈，可以防止螺母自行松脱，故汽车左右车轮上固定辐板的螺栓均可用右旋螺纹，从而减少了零件。轿车的辐板所用板料较薄，常冲压成起伏多变的形状，以提高其刚度，如图 9-5 所示。目前广泛采用的轿车车轮为铝合金车轮，如图 9-6 所示，且多为整体式的，即轮辋和

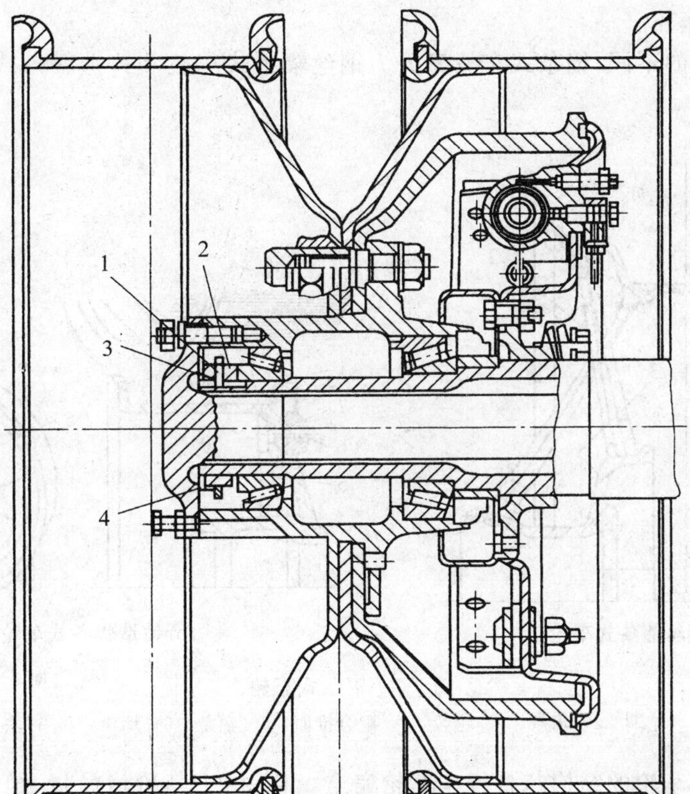

图 9-4　货车双式车轮

1—锁止垫片　2—调整螺母　3—锁紧螺母　4—锁钉

轮辐铸成一体。它质量轻，尺寸精度高，生产工艺好，美观大方，可以明显改善车轮的空气动力学特性，降低汽车油耗。

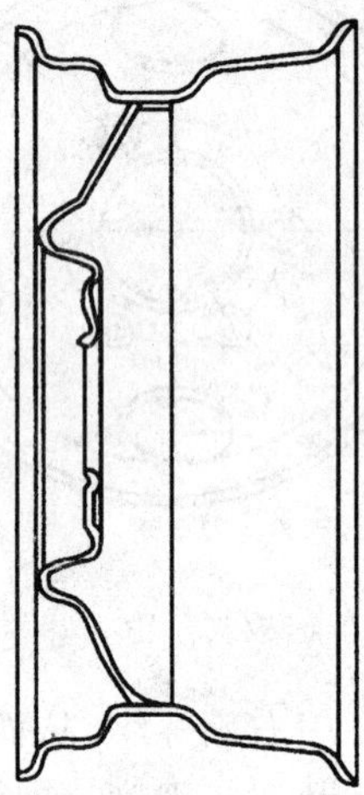

图 9-5　轿车辐板式车轮

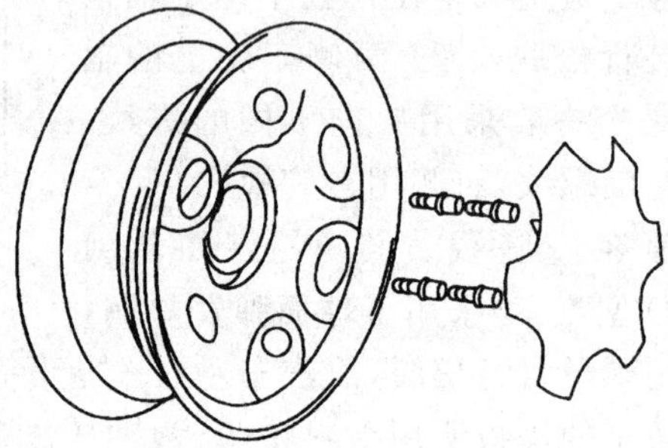

图 9-6　轿车铝合金车轮

(2)辐条式车轮

按辐条结构的不同，辐条式车轮又分为钢丝辐条式车轮和铸造辐条式车轮，如图 9-7 所示。

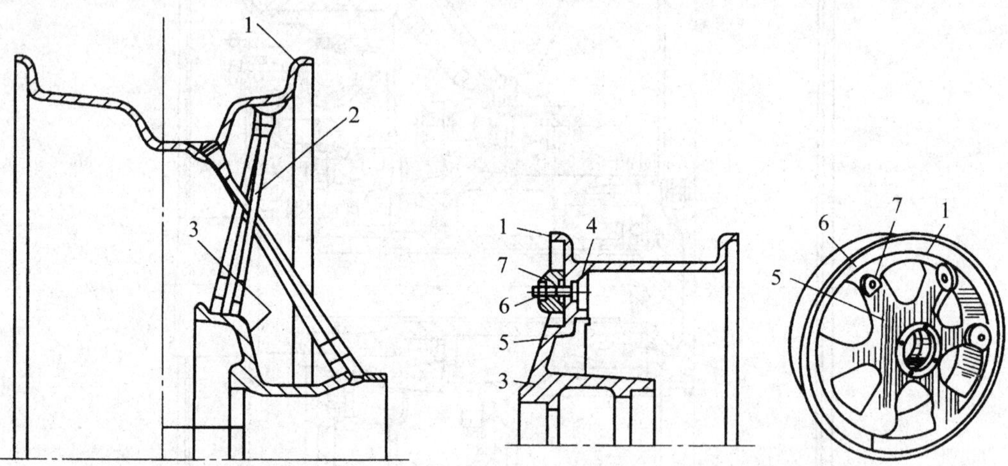

(a) 钢丝辐条式车轮　　(b) 铸造辐条式车轮

图 9-7　辐条式车轮

1—轮辋　2—辐条　3—轮毂　4—配合锥面　5—辐条　6—螺栓　7—衬块

钢丝辐条式车轮的结构与自行车车轮完全一样，由于其价格昂贵、维修安装不便，故仅用于赛车和某些高级轿车上。另外，辐条式车轮还不能与无内胎轮胎组合使用。

铸造辐条式车轮常用于重型货车上，辐条与轮毂铸成一体，轮辋是用螺栓和特殊形状的衬块固定在辐条上，为了使轮辋和辐条很好地对中，在轮辋和辐条上都加工出配合锥面。

2. 轮辋

(1)轮辋的类型和结构

轮辋用于安装和固定轮胎。按其结构不同,轮辋的常见结构形式有深槽轮辋、平底轮辋和对开式轮辋,如图9-8所示。此外,还有半深槽轮辋、深槽宽轮辋、平底宽轮辋、全斜底轮辋等。

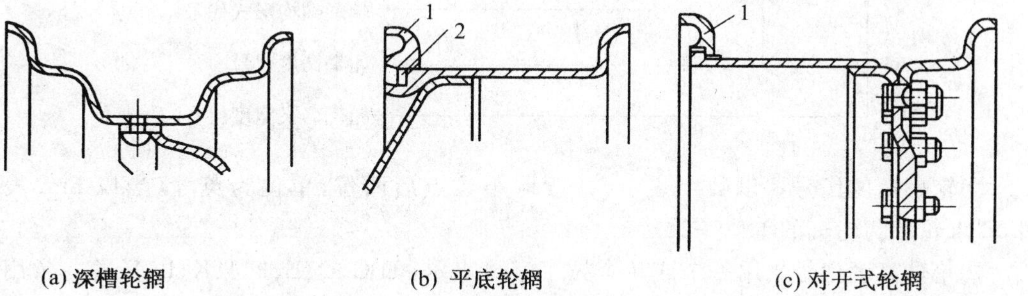

图9-8 轮辋的常见结构形式

1—挡圈 2—锁圈

深槽轮辋如图9-8(a)所示,这种轮辋主要用于轿车及轻型越野车,适宜安装尺寸小、弹性较大的轮胎。尺寸较大、较硬的轮胎则很难装进这样的整体轮辋内。深槽轮辋有带肩的凸缘,用以安放外胎的胎圈,其肩部通常略向中间倾斜,倾斜部分的最大直径即称为轮胎胎圈与轮辋的着合直径。为便于外胎的拆装,断面的中部制成深凹槽。深槽轮辋的结构简单,刚度大,质量较小。

平底轮辋如图9-8(b)所示,多用于货车。其挡圈是整体的,且用一个开口锁圈来防止挡圈脱出。在安装轮胎时,先将轮胎套在轮辋上,而后套上挡圈,并将它向内推,直至越过轮辋上的环形槽,再将开口的弹性锁圈嵌入环形槽中。东风EQ1090E和解放CA1091型汽车均采用这种形式的轮辋。

对开式轮辋如图9-8(c)所示。这种轮辋由内外两部分组成,其内外轮辋的宽度可以相等,也可以不相等,二者用螺栓连成一体。拆装轮胎时,拆卸螺栓上的螺母即可。图中所示挡圈是可拆的。有的无挡圈,而由与内轮辋制成一体的轮缘代替挡圈的作用,内轮辋与辐板焊接在一起。这种轮辋主要用于载质量较大的重型货车和大型客车。近几年来,为了适应提高轮胎负荷能力的需要,国内外均朝宽轮辋的方向发展,如美国的货车已全部采用宽轮辋,欧洲各国也在积极普及宽轮辋,我国也在进行由窄轮辋向宽轮辋的过渡。实验表明,采用宽轮辋可以提高轮胎的使用寿命,并可改善汽车的通过性和行驶稳定性。

(2)国产轮辋规格的表示方法

国产轮辋规格用一组数字、字母和符号组合表示,分为几部分,各部分的含义及具体内容为:

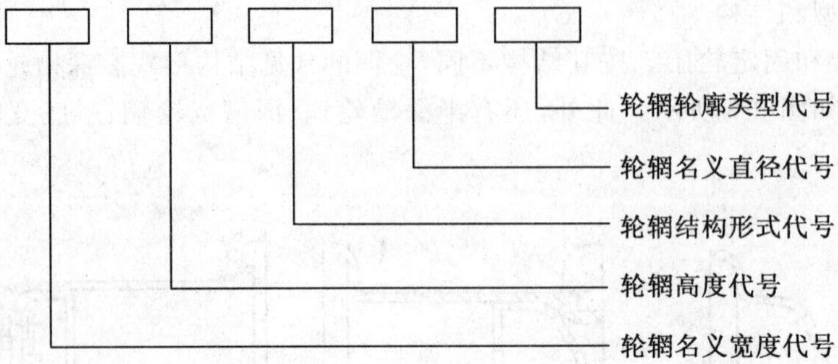

①轮辋宽度代号。以数字表示，一般取小数点后两位，单位为英寸(当以 mm 表示时，要求轮胎与轮辋的单位一致)。

②轮辋高度代号。用一个或几个拉丁字母表示，如 C、D、E、F、J、K、L、V 等。常用代号及相应高度值(mm)见表 9-1。

表 9-1　　轮辋的高度代号及高度值

C	D	E	F	G	H	J	K
15.88mm	17.45mm	19.81mm	22.23mm	27.94mm	33.73mm	17.27mm	19.26mm
L	P	R	S	T	V	W	
21.59mm	25.40mm	28.58mm	33.33mm	38.10mm	44.45mm	50.80mm	

③轮辋结构形式代号。用符号“×”表示一件式轮辋；用“一”表示多件式轮辋。一件式轮辋是指轮辋为整体式的，只有一件；而多件式轮辋由轮辋体、挡圈、锁圈等多个部件组成。

④轮辋直径代号。以数字表示，单位为英寸(当以 mm 表示时，要求轮胎与轮辋的单位一致)

⑤轮辋轮廓类型代号。用几个字母表示，每个代号所表示的轮辋轮廓类型如图 9-9 所示。对于不同形式的轮辋，以上代号不一定同时出现。例如，解放 CA1092 型汽车轮辋的规格为 6.5-20，表明该轮辋宽度为 6.5in.，轮辋直径为 20in.，属于多件式轮辋；上海桑塔纳轿车轮辋的规格为 5.5J×13，表明其轮辋宽度为 5.5in.，轮辋高度为 17.27mm，轮辋直径为 13in.，属于一件式轮辋；上海桑塔纳 2000GSi 轿车轮辋的规格为 6J×14，表明其轮辋宽度为 6in.，轮辋高度为 17.27mm，轮辋直径为 14in.，属于一件式轮辋。

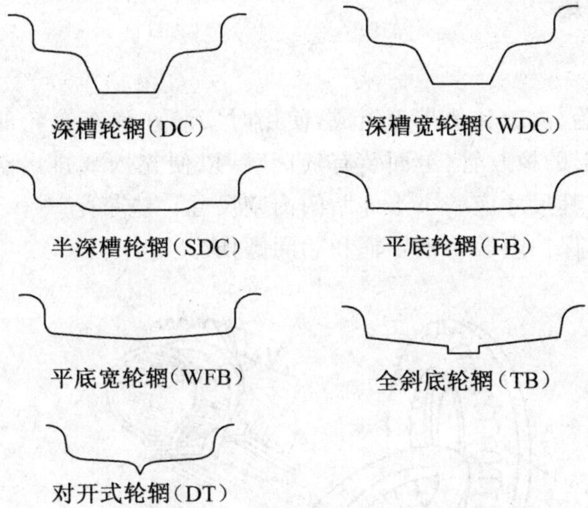

图 9-9　轮辋轮廓类型及代号

9.3　轮　胎

9.3.1　轮胎的功用和类型

1. 功用

现代汽车都采用充气式轮胎。轮胎安装在轮辋上，直接与路面接触，它的功用是：

(1)支承汽车的质量，承受路面传来的各种载荷。

(2)和汽车悬架共同来缓和汽车行驶中所受到的冲击，并衰减由此而产生的振动，以保证汽车有良好的乘坐舒适性和行驶平顺性。

(3)保证车轮和路面有良好的附着性，以提高汽车的动力性、制动性和通过性。

2. 类型

(1)按轮胎内空气压力的大小，轮胎分为高压胎(0.5～0.7MPa)、低压胎(0.2～0.5MPa)和超低压胎(0.2MPa 以下)三种。低压胎弹性好、减振性能强、壁薄散热性好、与地面接触面积大、附着性好，因而广泛用于轿车。超低压胎在松软路面上具有良好的通过能力，多用于越野汽车及部分高级轿车。

(2)按轮胎有无内胎，轮胎分为有内胎轮胎和无内胎轮胎(俗称真空胎)两种。目前轿车上普遍采用无内胎轮胎。

(3)按胎体帘布层结构的不同，轮胎分为斜交轮胎和子午线轮胎。目前，子午线轮胎在汽车上广泛应用。

9.3.2 轮胎的结构

1. 有内胎轮胎

有内胎轮胎由外胎、内胎和垫带等组成，使用时安装在汽车车轮的轮辋上，如图 9-10 所示。内胎是一个环形的橡胶管，上面装有气门嘴，以便充入或排出空气，为使内胎在充气状态下不产生褶皱，其尺寸应稍小于外胎的内壁尺寸。垫带是一个环形的橡胶带，它垫在内胎与轮辋之间，以保护内胎不被轮辋和胎圈磨伤。

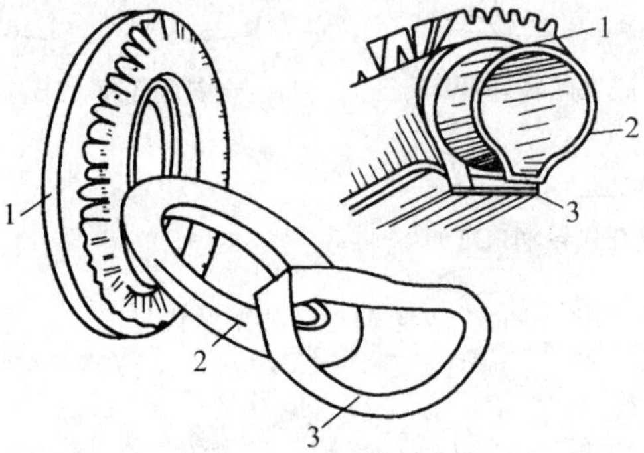

图 9-10　有内胎轮胎

1—外胎　2—内胎　3—垫带

2. 无内胎轮胎

无内胎轮胎俗称真空胎，在外观上与普通轮胎相似，但是没有内胎及垫带。它的气门嘴用橡胶垫圈和螺母直接固定在轮辋上，空气直接充入外胎中，其密封性由外胎和轮辋来保证，如图 9-11 所示。

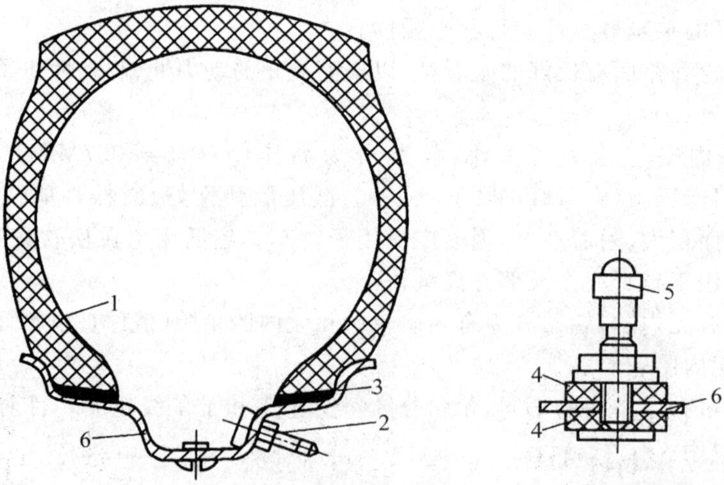

(a) 无内胎轮胎结构　　(b) 气门嘴结构

图 9-11　无内胎轮胎

1—橡胶密封层　2—气门嘴　3—胎圈橡胶密封层　4—橡胶垫圈　5—气门螺母　6—轮辋

无内胎轮胎的内壁有一层橡胶密封层，有的在该层下面还有一层自粘层，能自行将刺穿的孔黏合。在胎圈外侧也有一层橡胶密封层，用以加强胎圈与轮辋之间的气密性。无内胎轮胎一旦被刺破，穿孔不会扩大，故漏气缓慢，胎压不会急剧下降，仍能继续行驶一定距离，可消除爆胎的危险。因无内胎，故摩擦生热少、散热快，适用于高速行驶；此外，结构简单，质量较轻，维修也方便。但密封层和自粘层易漏气，途中修理也较困难。无内胎轮胎必须配用深槽轮辋，目前在轿车上应用较多。

3. 外胎的结构

外胎由胎面、帘布层、缓冲层和胎圈组成，如图 9-12 所示。

(1)胎面

胎面是轮胎的外表面，可分为胎冠、胎肩和胎侧三部分。胎冠与路面直接接触，并产生附着力，使车辆行驶和制动。为使轮胎与地面有良好的附着性能，防止纵、横向滑移，在胎面上制有各种形状的花纹，如图 9-13 所示，主要有普通花纹、组合花纹、越野花纹等。普通花纹中的纵向折线花纹[图 9-13(a)]最适合于在较好的硬路面上高速行驶，广泛用于轿车、客车及货车等各种车辆；横向花纹[图 9-13(b)]仅用于货车。组合花纹[图 9-13(c)]由纵向折线花纹和横向花纹组合而成，在好路面和不良路面上都可提供稳定的驾驶性能，广泛用于客车和货车。越野花纹[图 9-13(d)]的凹部深而粗，在软路面上与地面附着性好，越野能力强，适用于矿山、建筑工地及其他一些在松软路面上使用的越野汽车轮胎。

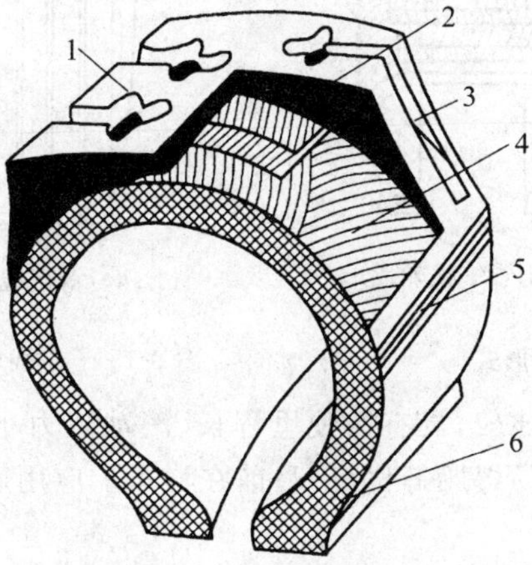

图 9-12　外胎的结构

1—胎冠　2—缓冲层　3—胎肩　4—帘布层　5—胎侧　6—胎圈

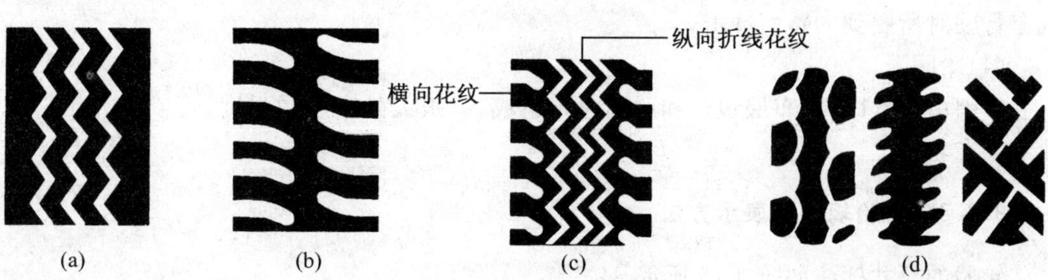

图 9-13　胎面花纹

胎肩是较厚的胎冠和较薄的胎侧间的过渡部分，一般也制有各种花纹，以提高该部位的散热性能。

胎侧又称胎壁，它由数层橡胶构成，覆盖轮胎两侧，保护内胎免受外部损坏。胎侧在行驶过程中，不断地在载荷作用下挠曲变形。胎侧上标有厂家名称、轮胎尺寸及其他资料。

(2)帘布层

帘布层是外胎的骨架，主要用于承受载荷，保持外胎的形状和尺寸，并使其具有足够的强度。帘布层通常由成双数的多层帘布用橡胶贴合而成，相邻层的帘线交叉排列。帘布层数越多，轮胎的强度越大，但弹性下降。帘线可以是棉线、人造丝、尼龙和钢丝。按照帘布层帘线排列方式的不同，外胎可以分为斜交轮胎和子午线轮胎，如图 9-14 和图 9-15 所示。斜交轮胎帘布层的帘线按一定的角度交叉排列，帘线与轮胎横断面的交角通常为 50°。子午线轮胎帘布层帘线排列的方向与轮胎横断面一致，即垂直于轮胎胎面中心线，类似于地球仪上的子午线。子午线轮胎胎侧比斜交轮胎软，在径向上容易变形，可以增加轮胎的接地面积，即使在充足气后，两侧壁上也有一个特殊的凸起，如图 9-15(b)所示。

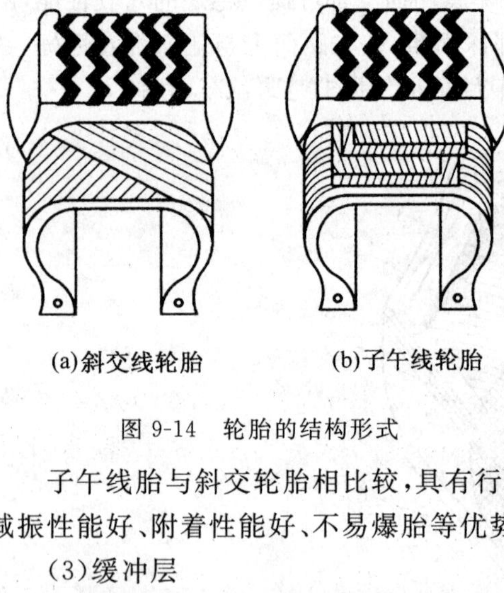

(a)斜交线轮胎　(b)子午线轮胎

图 9-14　轮胎的结构形式

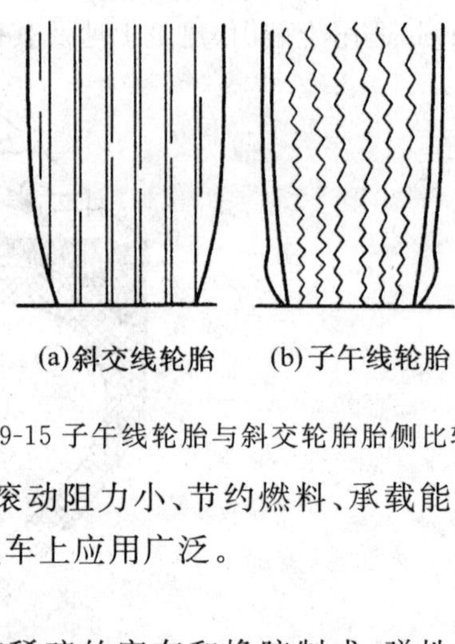

(a)斜交线轮胎　(b)子午线轮胎

图 9-15 子午线轮胎与斜交轮胎胎侧比较

子午线胎与斜交轮胎相比较，具有行驶里程长、滚动阻力小、节约燃料、承载能力大、减振性能好、附着性能好、不易爆胎等优势，目前在汽车上应用广泛。

(3)缓冲层

缓冲层夹在胎面和帘布层之间，由两层或数层较稀疏的帘布和橡胶制成，弹性较大。其作用是加强胎面与帘布层之间的结合，防止汽车紧急制动时胎面与帘布层脱离，并缓和汽车行驶时所受到的路面冲击。

(4)胎圈

胎圈由钢丝圈、帘布层包边和胎圈包布组成，有很大的刚度和强度，可以使外胎牢固地安装在轮辋上。

9.3.3　轮胎规格的表示方法

轮胎的尺寸标注如图 9-16 所示。

1. 斜交轮胎的规格

我国和大多数国家一样，斜交轮胎的规格用 B-d 表示，载货汽车斜交轮胎和轿车斜交轮胎的尺寸 B 和 d 均使用英寸(in.)为单位，例如 9.00-20 表示轮胎宽度为 9.00in.、轮胎内径为 20in. 的斜交轮胎。

2. 子午线轮胎的规格

以上海桑塔纳 2000GSi 型轿车轮胎的规格 195/60R1485H 为例进行说明。195 表示轮胎宽度 195mm，货车子午线轮胎的宽度一般用英寸(in.)为单位。60 表示扁平比为 60%，扁平比为轮胎高度 H 与宽度 B 之比，有 60、65、70、75、80 五个级别。R 表示子午线轮胎，即“Radial”的第一个字母。14 表示轮胎内径 14 英寸(in.)。85 表示荷重等级，即最大载荷质量。荷重等级为 85 的轮胎的最大载荷质量为 515kg。H 表示速度等级，表明轮胎能行驶的最高车速。

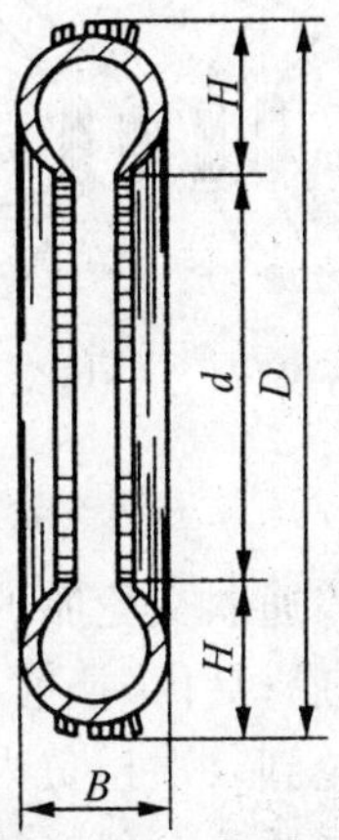

图 9-16　轮胎的尺寸标注

D—轮胎外径　d—轮胎内径或轮辋直径

B—轮胎宽度　H—轮胎高度

另外，在轮胎规格前加“P”表示轿车轮胎，在胎侧标有“REINFORCED”表示经强化处理，“RADIAL”表示子午线胎，“TUBELESS”(或 TL)表示无内胎(真空胎)，“M＋S”(Mudand-Snow)表示适于泥地和雪地，“→”表示轮胎旋向，不可装反。

9.3.4　轮胎维护操作要点

1. 充气

(1)轮胎充气应按照该型汽车使用说明书上规定的标准气压执行，并在冷态时用气压表测量，若在热态时测量，应略高于标准气压，取适当的修正值。气压表应定期校准，以保证读数准确。

(2)轮胎装好后，先充入少量空气，待内胎充气伸展后再继续充至要求的气压。

(3)充气前应检查气门芯与气门嘴是否配合平整，并擦净灰尘。充气后应检查是否漏气，并将气门帽装紧。

(4)充入的空气不得含有水分和油雾。

(5)充气时应注意安全防护，充气开始时用手锤轻击锁圈，使其平稳嵌入轮辋圈槽内，以防锁圈跳出。

2. 轮胎换位

(1)按时换位可使轮胎磨损均匀，约可延长 20% 的使用寿命，应结合车辆二级维护定期换位。厂家一般推荐行驶 8000～10000km 应将轮胎换位一次。在路面拱度较大的地区或夏季，轮胎磨损差别较大，可适当增加换位次数。

(2)轮胎换位方法常用的有交叉换位法、循环换位法和单边换位法，如图 9-17 和图 9-18 所示。

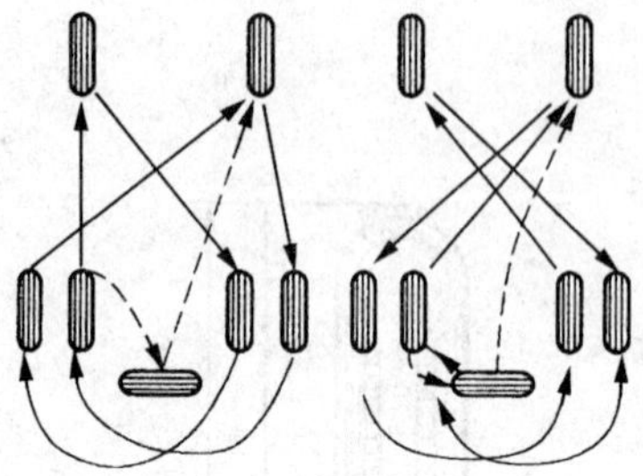

图 9-17　六轮二桥汽车轮胎换位法

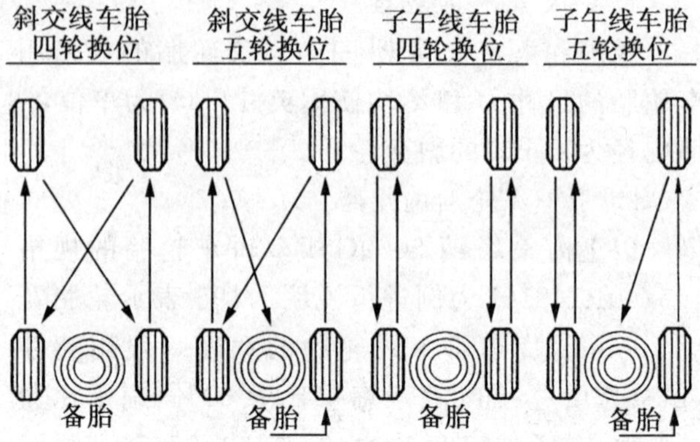

图 9-18　四轮二桥汽车轮胎换位法

装用普通斜交轮胎的六轮二桥汽车，常用图 9-17 中的交叉换位法，具体做法是：左右两交叉，主胎（后内）换前胎，前胎换帮胎（后外），帮胎换主胎。这样，通过三次换位，每只轮胎就可轮到一次担负内挡（主力）胎。

四轮二桥汽车斜交轮胎也可采用交叉换位法，如图 9-18(a) 所示。子午线轮胎宜用单边换位法，如图 9-18(b) 所示。子午线轮胎的旋转方向应始终不变。若反向旋转，会因钢丝帘线反向变形产生振动，因而使汽车平顺性变差。所以一些轿车使用手册推荐单边换位法。

(3) 轮胎换位后，应按所换的胎位要求，重新调整气压。

(4) 轮胎换位后需做好记录，下次换位仍要按上次选定的换位方法换位。

实训 9.1　车轮总成的检修

一、实训目的与要求

1. 掌握车轮和轮胎的拆装方法。
2. 掌握车轮和轮胎常见故障的排除方法步骤。

二、实训仪器和设备

通用工具、通用量具、千斤顶、车轮螺母拆装机或专用套筒扳手、轮胎拆装机、胎压表、空气压缩机、本田雅阁轿车、桑塔纳 2000 型轿车。

三、实训注意事项

(1) 轮胎的拆装应在轮胎拆装机上进行，严禁手工直接拆装轮胎，不许对轮辋进行敲击和使劲使用撬棒，以防止其变形和破坏气密性，装复时应注意轮胎上的标记。

(2) 轮胎修补后，装车前应进行动平衡检验，以确保高速行车时的平稳性。

(3) 为保持同一台车的轮胎磨损均匀，应定期更换胎位。由于广州本田轿车采用的是子午线轮胎，所以轮胎的换位只能在汽车的同一侧进行。换位后应重新调整胎压至规定值。

(4)换用新轮胎时，最好全车成套更换。如不能这样，应尽量避免只换一个轮胎，最少应把一根轴上的两个轮胎同时更换，不允许在同一轴上装用新旧差异较大的轮胎。花纹最深的轮胎或新胎应装在前轮上，以避免前轮摆动和侧滑，保证行车安全。

(5)同一辆车所装的轮胎，其厂牌、花纹应一致，不允许混装不同规格的轮胎。否则，会使轮胎磨损加剧、油耗增加、破坏汽车的操纵稳定性。

(6)经常不断检查轮胎有无损坏，并立即除去嵌入轮胎花纹中的杂物。

(7)无内胎轮胎的胎侧壁厚较薄，靠边停车时注意不要擦碰沟埂。

(8)检查轮辋，发现锈蚀时，应用钢丝刷进行清除，然后重新涂一层防锈漆。如轮辋出现明显的变形或裂纹，应予更换。

四、实训步骤

1. 后轮双胎车轮总成的拆卸

(1)停稳车辆，用三角木掩住各车轮。

(2)取下车轮上的装饰罩，弄清汽车左右侧车轮与轮毂连接螺栓的螺旋方向，使用车轮螺母拆装机或专用套筒扳手初步拧松各连接螺母，如图 9-19 所示。

(3)用千斤顶顶在指定的位置，使被拆车轮稍离地面。也可将车辆停在举升架上，升起车辆，使车轮稍离开地面。

(4)拧下车轮与轮毂连接的全部螺母，取下垫圈，并摆放整齐。

(5)边向外拉边左右晃动车轮，从车轴上取下车轮总成。

2. 车轮总成的安装

(1)顶起车桥，套上车轮，将螺母初步拧在螺柱上。

(2)放下车轮并在车轮前后用三角木掩住，用扭力扳手或车轮螺母拆装机，按对角线顺序分 2～3 次拧紧车轮螺母，最后一次要按规定力矩拧紧，车轮螺母紧固顺序如图 9-20 所示。

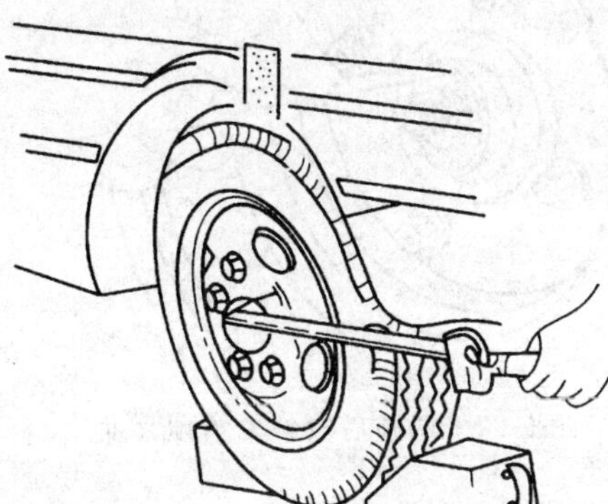

图 9-19　拆卸车轮

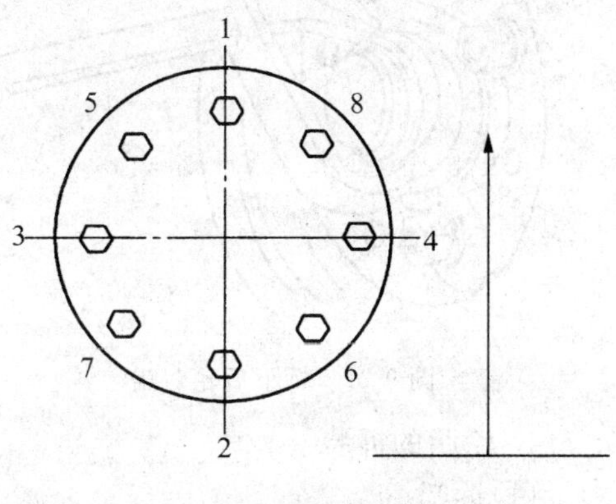

图 9-20　车轮螺母紧固顺序

(3)安装后轮双胎时，要先拧紧内侧车轮的内螺母，再装外侧轮胎。在安装过程中，应用千斤顶分两次顶起车桥，分别安装内、外两个车轮。双轮胎高低搭配要合适，一般较低的胎装于里侧，较高的胎装于外侧。应注意内侧轮胎和外侧轮胎的气门嘴应互成180°的位置。

3. 车轮常见故障诊断

车轮常见故障为轮毂轴承过松或过紧。轮毂轴承用于支承车轮轮毂，轮毂用一对圆锥滚子轴承支承。轮毂轴承过松，会造成车轮摆振及行驶不稳，严重时还能使车轮甩出。

轮毂轴承过紧，会造成汽车行驶跑偏。全部轮毂轴承过紧时，会使汽车滑行距离明显下降。轮毂轴承过紧，还会使汽车经过一段行驶后，轮毂处温度明显上升，有时甚至使润滑脂溶化而容易甩入制动鼓内，使制动性能下降。

轮毂轴承过松或过紧必须立即修理，即调整轮毂轴承的预紧度，调整方法如下：

(1)用千斤顶支起车轮，拧下轮毂盖螺钉，拆下轮毂衬垫。

(2)拆下锁止销钉，旋下锁紧螺母，拆下锁止垫片。

(3)旋转调整螺母改变轮毂轴承间隙。旋进轴承间隙变小，旋出轴承间隙变大。一般是将调整螺母旋紧到底，再退回1/3圈即可。

(4)调整合适的轮毂轴承预紧度应使车轮能够自由转动，且轴向推动无明显间隙。

上海桑塔纳2000GSi后轮毂轴承预紧度的调整方法如下：

(1)用千斤顶支起车轮，拆下后轮毂盖，如图9-21所示。

(2)取下开口销及开槽垫圈。

(3)旋转螺母，同时转动轮毂，用一字旋具在手指的压力下刚好能够拨动止推垫圈即可，如图9-22所示。

(4)装回开槽垫圈，换上新的开口销，装上轮毂盖。

(5)放下车轮。

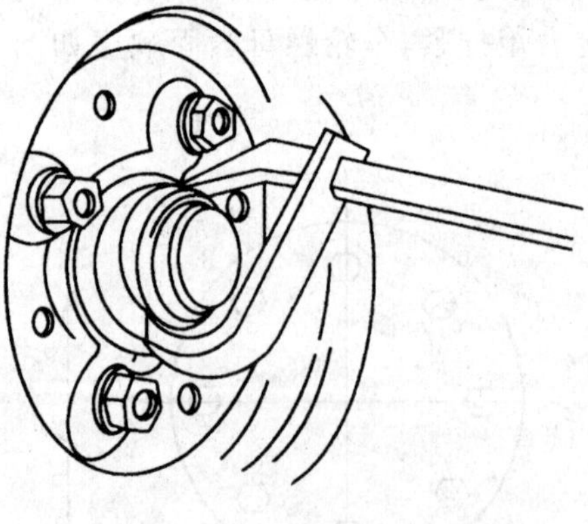

图9-21　拆下后轮毂盖

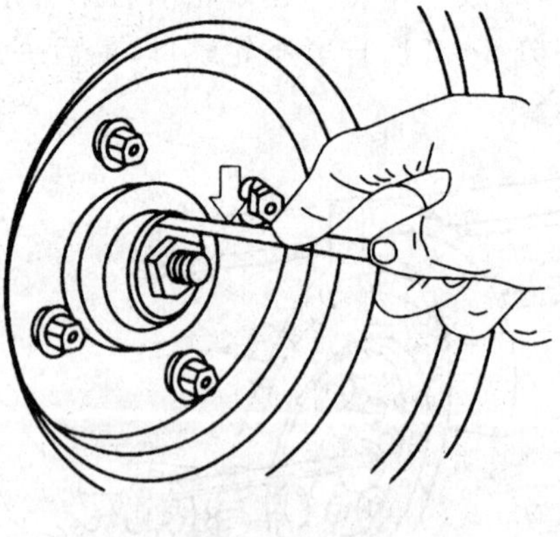

图9-22　调整后轮毂轴承预紧度

4. 轮胎的拆装

(1)拆卸

先将车轮从车上拆下，然后，轮胎的拆装应在轮胎拆装机上进行，严禁手工直接拆装轮胎，不许对轮辋进行敲击和使劲使用撬棒，以防止其变形和破坏气密性。装复时应注意轮胎的安装方向。

1)拆卸轮胎放尽轮胎中的余气。

2)在轮胎拆装机上松动轮胎与轮辋的接合，转动轮胎反复挤压，再翻转轮胎松动另一侧(图 9-23)。

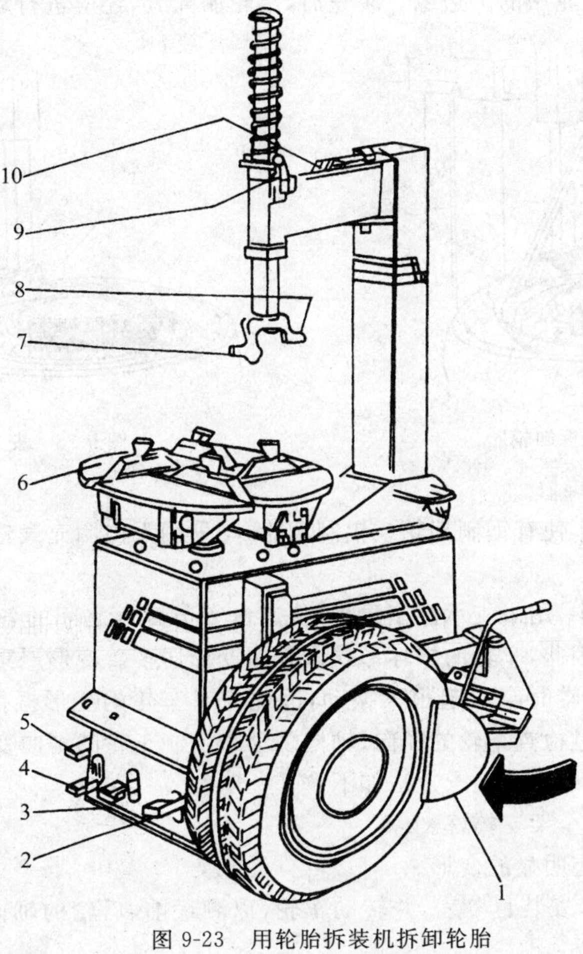

图 9-23　用轮胎拆装机拆卸轮胎

1—压板　2、3、4、5—操纵踏板　6—工作盘　7、8—拆装器　9—手柄　10—定位锁

3)拆除轮辋上的配重块。

4)将车轮轮辋的凸面向上，放入工作盘 6，并夹紧轮圈。

5)在轮辋边缘涂少许润滑剂。压下并固定升降杆，使拆装器 7、8 与轮辋边缘之间形成约 3mm 的间隙。

6)以拆装器 F 端作支点，用杠杆撬起外胎边缘，使之搭在拆装器的 F 端上(图 9-24)。

7)操纵踏板，使工作盘转动，直至轮胎上边缘完全拆出。

8)用上述方法再将轮胎另一侧边缘拆出。

(2)安装轮胎

1)将轮辋固定在工作盘 6(图 9-23)上，并往轮边上涂少许润滑剂。

2)将轮胎套在轮辋上,并使它的左侧和近身侧装入轮辋中部的凹槽处。

3)调节拆装器7、8于适当位置,锁定升降杆,使右侧未套入轮辋凹槽的一段轮边置于拆装器G端之上,F端之下(图9-25)。

4)用手压住轮胎,启动工作台,装入一侧轮边。

5)用上述方法,装轮胎的上边缘。装完后,给轮胎充气,还应进行动平衡检验。

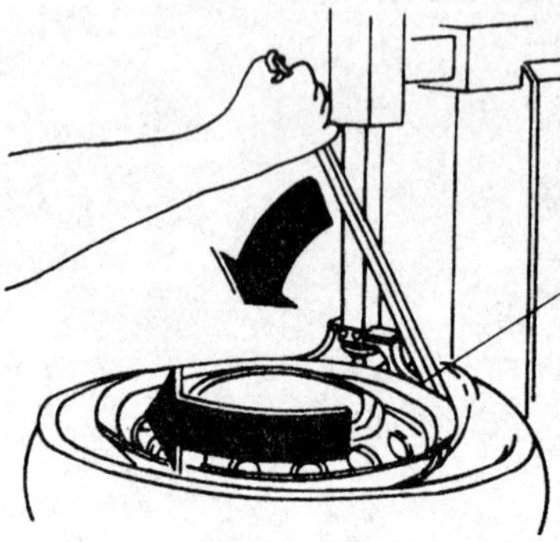

图9-24 拆卸轮胎

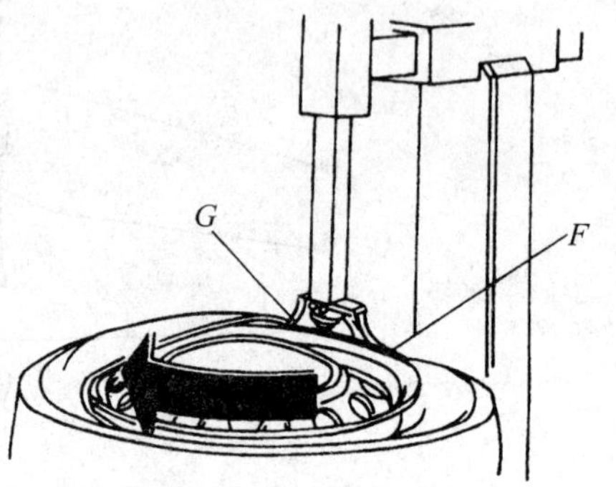

图9-25 安装轮胎

5. 车轮和轮胎的维修

广州本田雅阁轿车使有钢制车轮或铝制车轮,均采用无内胎充气轮胎。

(1)车轮的检修

车轮在行驶过程中,用来支承汽车重量,传递汽车与路面之间的各种力,承受路面不平引起的冲击载荷。因此,车轮的损坏形式以歪曲变形居多。变形严重的车轮,其平衡性受到破坏,车轮高速旋转时会引起很大振动,因此应对车轮的变形振摆情况进行严格检查。维修时通常是通过检查车轮的径向、轴向跳动来控制车轮的歪曲变形的。

车轮的径向、轴向跳动的检查方法如下:

1)顶起汽车,用安全架支撑好。

2)检查车轮是否有明显的变形。

3)如图9-26所示,安装百分表,并转动车轮,以测量前、后轮的轴向跳动值。前后轮轴向跳动的标准值如下:

钢制车轮:0~1.0mm。

铝制车轮:0~0.7mm。

维修极限:2.0mm。

4)如图9-27所示,安装百分表,并转动车轮,以测量前后轮的径向跳动值。

前后轮径向跳动的标准值如下:

钢制车轮:0~1.0mm。

铝制车轮:0~0.7mm。

维修极限:1.5mm。

5)如车轮的径向或轴向跳动的测量值超出维修极限,则更换车轮。

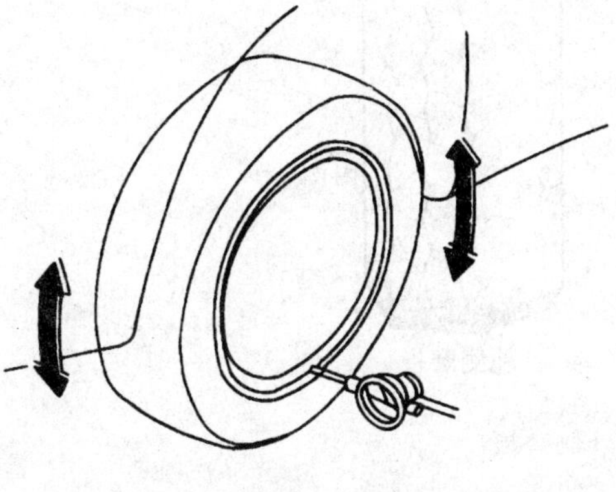

图 9-26 车轮轴向跳动量的测量

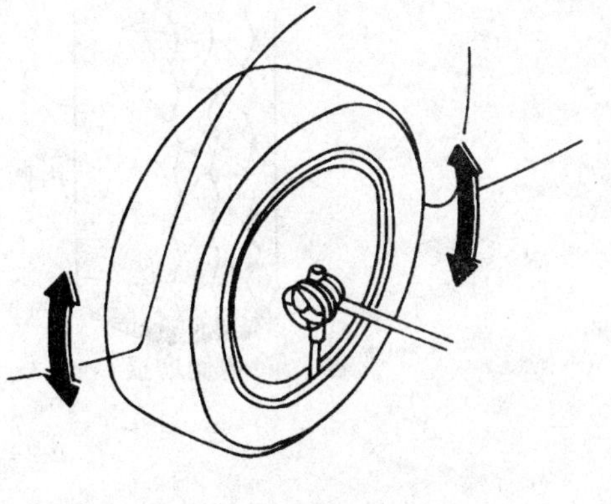

图 9-27 车轮径向跳动的测量

(2)轮胎的检修

1)轮胎气压的充气标准是根据轮胎的构造、材料强度、实际负荷以及汽车的操纵稳定性、行驶平顺性的要求确定的,因为轮胎气压的过高或过低,对汽车的使用性能是不利的。另外,过高或过低的轮胎气压都会加剧轮胎的磨损,缩短轮胎的使用寿命,如图 9-28 所示。

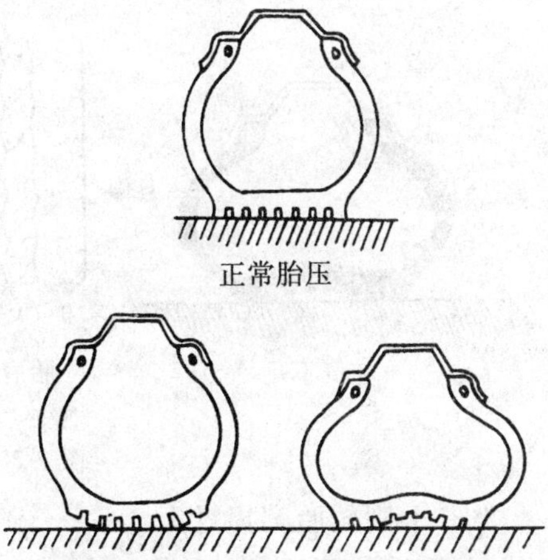

图 9-28 轮胎气压状态

胎压过高时,胎冠中间部分磨损增加;胎压过低时,轮胎胎肩磨损加快。因此,应定期检查和调整轮胎气压,使之符合规定值。检查轮胎气压应在轮胎处于冷态状态下,取下轮胎气阀帽,用胎压表检查。如气压过高,可通过气门芯放掉一些胎内空气。如气压过低,则用压缩空气充压至规定值。可用肥皂水抹在气阀上检查是否漏气,若出现气泡,说明气阀漏气,可调整气门芯位置或重新拧紧气门芯。若继续漏气,则应更换气门芯。最后应拧上气阀帽,以免气门芯被异物堵塞。

2)轮胎外观及磨损检查

检查胎冠及胎肩有无扎上钉子等尖锐物,有无裂纹,如有破损应到专修店按要求进行修复或换新。检查胎面磨损情况,可用深度尺检查花纹沟深,或观看胎面磨损标记,达到磨损极限时,应换新胎。

6. 轮胎的常见故障及排除

(1)轮胎偏磨

轮胎一边的磨损(图 9-29)过大,其主要原因是车轮外侧角不符合标准。若车轮外侧角过大,则轮胎外边早期磨损。应检查车轮定位参数,排除引起车轮外倾角过大的故障,使车轮外倾角符合标准。

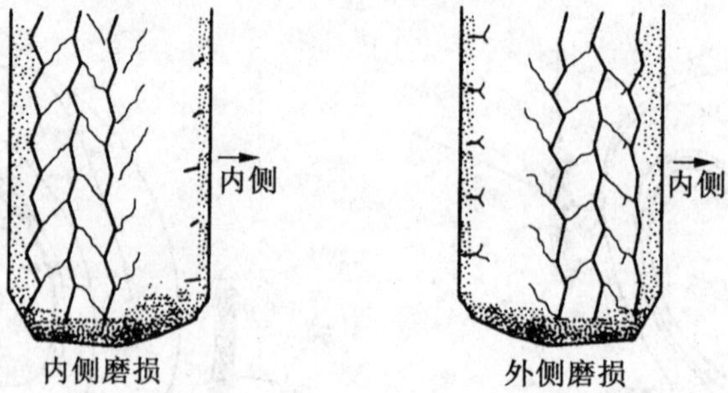

图 9-29　内侧或外侧磨损

(2)胎肩或胎冠中间部分早期磨损

如果轮胎充气压力过低,轮胎的中间便会凹入,将载荷转移到胎肩上,使胎肩磨损快于胎面中间(图 9-30)。轮胎气压过高,使得仅有中间部分与地面接触而引起早期磨损(图 9-30),应调整轮胎气压至正常值。

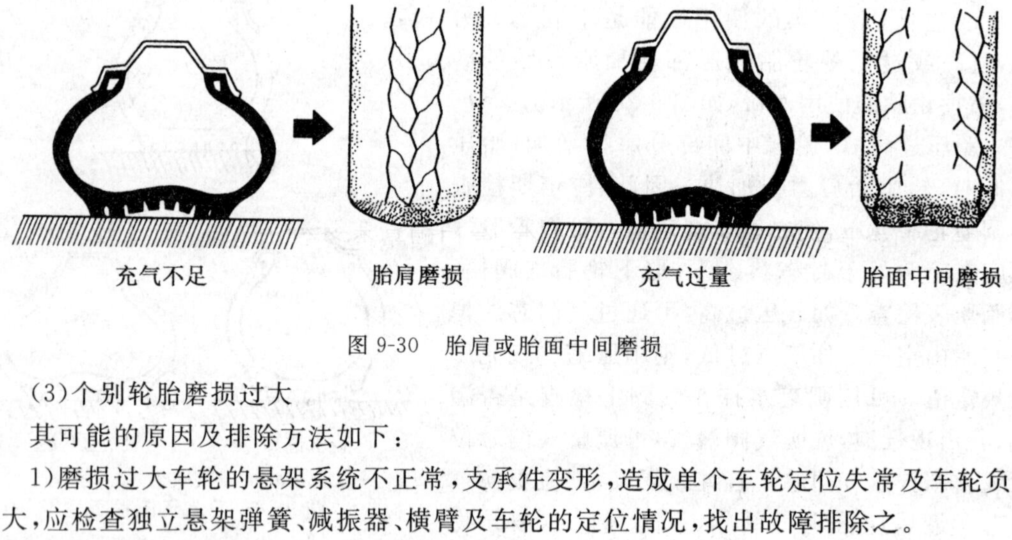

图 9-30　胎肩或胎面中间磨损

(3)个别轮胎磨损过大

其可能的原因及排除方法如下:

1)磨损过大车轮的悬架系统不正常,支承件变形,造成单个车轮定位失常及车轮负荷过大,应检查独立悬架弹簧、减振器、横臂及车轮的定位情况,找出故障排除之。

2)该车轮的轮毂轴承间隙大,应更换轴承。

3)该车轮不平衡,造成单个轮胎的动载荷过大,引起过度磨损,应对其进行动平衡。

4)该车轮轮辋变形,应更换轮辋。

(4)胎面出现锯齿状磨损

该故障易发生在前轮,其主要原因是前轮定位不当或前悬架位置不当或前悬架连接杆件球头松动,致使车轮在行车过程中定位经常变动。应检查前轮定位参数并调整至规定值,紧固松动的球接头。

(5)轮胎鼓包

其可能的原因是轮胎气压过高,人工补胎或拆装轮胎时胎缘被撬伤。应采取的对策分别是按规定气压给轮胎充气,拆装轮胎应在专用轮胎拆装机上按要求进行。

实训 9.2　车轮与轮胎的维护

一、实训目的与要求

1. 掌握车轮与轮胎维护的作业项目。

2. 掌握进行动平衡的操作步骤。

二、实训仪器和设备

通用工具、通用量具、汽车维修专用工具、车轮动平衡机、本田雅阁轿车

三、实训注意事项

进行轮胎动平衡之前一定要放下防护罩。

四、实训步骤

车轮和轮胎的维护应结合车辆的维护强度执行，因为车轮和轮胎的维护侧重于轮胎的维护，所以我们将详述轮胎的维护。车辆维护分日常维护、一级维护和二级维护。轮胎维护的分级和周期与车辆维护相同。

1. 一级维护轮胎作业项目

(1)紧固轮胎螺母，检查气门嘴是否漏气、气门帽是否齐全，如发现损坏或缺少，应立即修理或补齐。

(2)挖出轮胎夹石和花纹中的石子、杂物，如有较深的伤洞应用生胶填塞。特别是子午线胎，刺伤后若不及时修补，水气进入胎体，锈蚀钢丝帘线，便会造成早期损坏。

(3)检查轮胎磨损情况，如有不正常磨损或起鼓、变形等现象，应查找原因，予以排除。

(4)如需检查外胎内部，应拆卸解体，如有损伤应及时修补。

(5)检查轮胎搭配和轮辋、挡圈、锁圈是否正常。

(6)检查轮胎(包括备胎)气压，并按标准补足。

注意：备胎气压应高于使用中轮胎的气压，厂家一般推荐至少每月或每次长途旅行前检查一次胎压，包括备胎。

(7)检查轮胎有无与其他机件刮碰的现象，备胎架是否完好、紧固，如不符合要求，应予以排除。

(8)必要时(如单边偏磨严重)应进行一次轮胎换位，以保持胎面花纹磨耗均匀。完成上述作业后应填写维护记录。

2. 二级维护轮胎作业项目

除执行一级维护的各项作业外，还应进行下列作业项目：

(1)拆卸轮胎，按轮胎标准测量胎面花纹磨耗、周长及断面宽的变化，作为换位和搭配的依据。

(2)轮胎解体检查

1)检查胎冠、胎肩、胎侧及胎内有无内伤、脱层、起鼓和变形等现象。

2)检查内胎、垫带有无咬伤、褶皱现象,气门嘴、气门芯是否完好。

3)检查轮辋、挡圈和锁圈有无变形、锈蚀,并视情涂漆。

4)检查轮辋螺栓承孔有无过度磨损或损裂现象。

(3)排除解体检查所发现的故障后,进行装合和充气。

(4)高速车应进行轮胎的动平衡试验。

(5)按规定进行轮胎换位。

(6)发现轮胎有不正常的磨损或损坏,应查明原因,予以排除。完成上述作业后应填写维护记录。

3. 车轮动平衡试验

(1)车轮不平衡的危害及原因

1)车轮不平衡的危害

汽车车轮是旋转构件,如果车轮不平衡,在高速行驶时就会引起车轮上下跳动和横向摇摆,这不仅影响汽车乘坐舒适性,而且使驾驶者难以控制行驶方向,以及汽车制动性能变差,影响行车安全。车轮不平衡还会大大增加各部件所受的力,加大轮胎的磨损和行驶噪声等。因此,汽车在使用和维修中必须进行车轮平衡试验和校准。

2)车轮不平衡的原因

①质量分布不均匀,如轮胎产品质量欠佳,翻新胎、补胎、胎面磨损不均匀以及在外胎与内胎之间垫带磨损等。

②轮辋、制动鼓变形。

③轮毂与轮辋加工质量不佳,如中心不准、轮胎螺栓孔分布不均、螺栓质量不佳等。

(2)车轮动平衡试验

由于车轮动不平衡对汽车危害很大,因此,必须对车轮的动不平衡进行试验,并进行调平衡工作。车轮的不平衡包括静不平衡和动不平衡,由于动平衡的车轮一定处于静平衡状态,因此,只要检测了动平衡,就没有必要再检测静平衡。车轮的动平衡试验有离车式和就车式两种方法。

1)离车式车轮动平衡机及使用方法

利用离车式车轮动平衡机对车轮进行动平衡检测时,需将车轮从车上拆下。如图9-31所示为常见的车轮动平衡机,该动平衡机主要由驱动装置、转轴与支承装置、显示与控制装置、制动装置及防护罩组成。

使用方法如下:

①对被测车轮进行清洗,去掉泥土、砂石,拆掉旧平衡块。

②检查轮胎气压,并充气至规定的气压值。

③根据轮辋中心孔的大小选择锥体,将车轮安装于平衡机上。

④打开电源开关,检查指示装置是否指示正确。

⑤键入轮辋直径、宽度,测出轮辋边缘到机箱之间的距离并键入。

⑥放下防护罩,按下起动键,开始测量。

⑦当车轮自动停转后，从指示装置读出车轮内、外动不平衡量和位置。

⑧抬起车轮防护罩，用手慢慢旋转车轮，当动平衡机指示装置发出信号时，停止转动车轮。

⑨根据动平衡机显示的动不平衡量，在轮辋内侧或外侧的上部(时钟十二点位置)的边缘加装平衡块。内、外侧要分别进行，平衡块要装卡牢固。

⑩重新起动动平衡机，进行动平衡试验，直至动不平衡量小于 5g，机器显示“00”或“OK”时为止。

⑪取下车轮，关闭电源，测试结束。

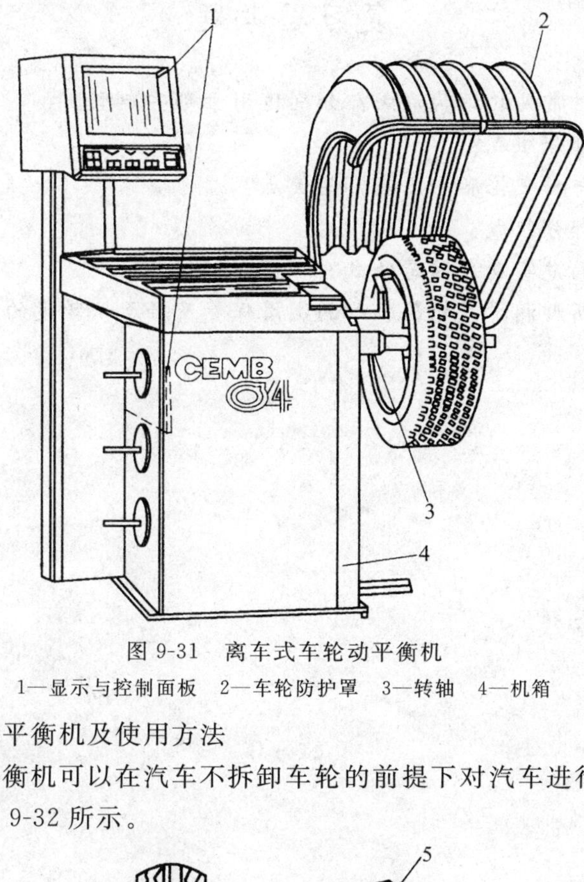

图 9-31　离车式车轮动平衡机

1—显示与控制面板　2—车轮防护罩　3—转轴　4—机箱

2)就车式车轮动平衡机及使用方法

就车式车轮动平衡机可以在汽车不拆卸车轮的前提下对汽车进行车轮平衡检测，其结构与测量原理如图 9-32 所示。

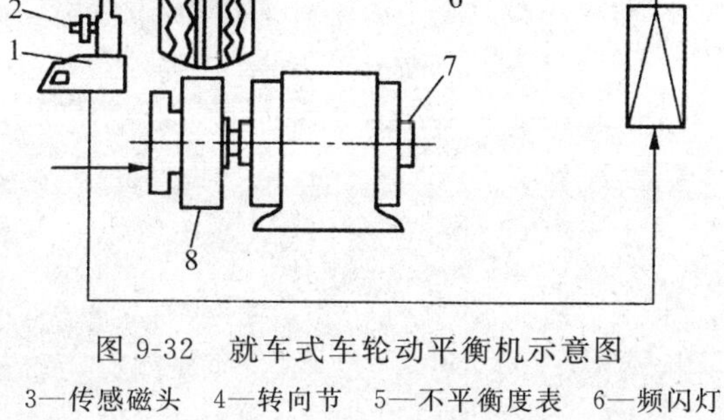

图 9-32　就车式车轮动平衡机示意图

1—底座　2—可调支杆　3—传感磁头　4—转向节　5—不平衡度表　6—频闪灯　7—电动机　8—转轮

对车轮进行动平衡检测时，方法如下：首先应对车轮进行清洁，并去掉旧平衡块，将轮胎充气到规定气压，轮毂轴承松紧度合适，支起前桥，使两侧车轮离地间隙相等，然后，用粉笔在轮胎任意位置做出标记。将传感器头吸附在制动底板边缘，并使车轮在规定转速下旋转。观察轮胎标记位置，在指示装置上读取不平衡量，停转车轮，加装平衡块，再进一步复查，直至合格，测试结束。测从动轮时，利用动平衡机转轮驱动车轮转动；测驱动车轮时，则直接用汽车发动机传动系统来驱动车轮转动。

复习思考题

1. 轮辋有哪几种常见的结构形式？分别适用于哪些车型？
2. 车轮由哪些部分组成？
3. 子午线轮胎与斜交轮胎相比有哪些优点？
4. 外胎由哪几部分组成？
5. 车轮不平衡的危害及原因是什么？
6. 如何进行可拆卸润滑式轮毂轴承的润滑保养及轴承松紧度的调整？

第10章 悬 架

学习目标

了解汽车悬架的组成和类型；熟悉汽车悬架零部件的结构和工作原理；掌握悬架故障的排除方法。

10.1 概 述

10.1.1 悬架的功用

悬架系统把车身与车桥弹性相连，它的主要功用是传递作用在车轮和车身之间的力和力矩，缓和由不平路面传给车身的冲击，并衰减由此引起的振动，以保证乘坐舒适，平顺行驶。

10.1.2 悬架的组成

悬架系统(图 10-1)主要由弹性元件、减振器和导向机构组成。弹性元件用来承受并传递垂直载荷，缓和不平路面、紧急制动、加速和转弯等引起的冲击或车身位置的变化。

减振器用来减轻由于弹性系统引起的振动。

导向装置用来使车轮按一定运动轨迹相对车身运动，同时起传递力的作用。通常，导向装置由控制摆臂式杆件组成。多数轿车和客车为防止车身在转向时发生过大的横向倾斜，在悬架系统中加设有横向稳定杆。

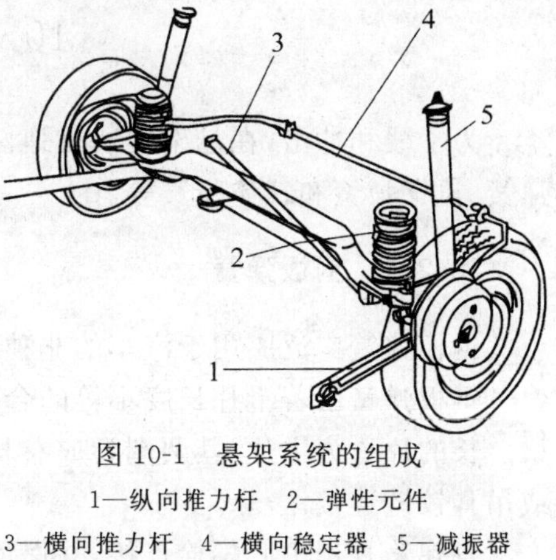

图 10-1 悬架系统的组成

1—纵向推力杆 2—弹性元件

3—横向推力杆 4—横向稳定器 5—减振器

10.1.3 悬架的分类

(1)按照控制形式不同，悬架可分为被动式悬架和主动式悬架两大类。

目前多数汽车上采用的是被动式悬架，如图 10-1 所示。被动式悬架的含义是，汽车姿态（状态）只能被动地取决于路面、行驶状况和汽车的弹性元件、导向装置以及减振器等机械零件。主动悬架可以根据路面和行驶工况自动调整悬架的刚度和阻尼，从而使车辆能主动地控制垂直振动及其车身或车架的姿态。

(2)根据汽车导向装置的不同，悬架又可分为独立悬架和非独立悬架，如图 10-2 所示。

非独立悬架的特点是两侧车轮安装于整体式车桥上，车轮连同车桥一起通过弹性元件悬挂在车架或车身上。当一侧车轮受到冲击时，会直接影响到另一侧车轮。非独立悬架由于簧载质量比较大，特别是汽车高速行驶、悬架受到较大的冲击载荷时，汽车平顺性较差。但非独立悬架由于结构简单、工作可靠，被广泛应用于一般货车和客车的悬架上，而在轿车上往往只用作后悬架。

独立悬架采用断开式车桥，两侧车轮分别通过独立悬架与车架或车身相连，每侧车轮可单独运动，互不干扰。采用独立悬架可使发动机降低安装位置，有利于降低汽车重心，并使结构紧凑。独立悬架允许前轮有较大的跳动空间，这样便于选择较软的弹性元件，使平顺性得到改善。同时，独立悬架簧载质量小，可提高汽车车轮的附着性能。轿车和载重量大的货车的转向轮广泛采用独立悬架，这样可以满足行驶平顺性和操纵稳定性等方面的要求。但是独立悬架结构复杂，制造成本高，维修不方便。

(a) 非独立悬架　　(b) 独立悬架

图 10-2　非独立悬架与独立悬架示意图

10.2　弹性元件

为了缓和冲击，在悬架中装有弹性元件。目前常见的弹性元件主要有钢板弹簧、螺旋弹簧、扭杆弹簧和气体弹簧等。

10.2.1　钢板弹簧

钢板弹簧广泛应用于汽车的非独立悬架中，其构造如图 10-3 所示。

钢板弹簧由若干片长度不等的合金弹簧钢片叠加而成，构成一根近似等强度的弹性梁。长的片称为主片，其两端卷成卷耳，内装衬套，以便用弹簧销与固定在车架上的支架或吊耳铰链连接。

各弹簧片用中心螺栓连接，并保证各片的相对位置。中心螺栓距两端卷耳中心的距离可以是相等的，称为对称式钢板弹簧，如图 10-3(a)所示；也可以是不相等的，称为非对称式钢板簧，如图 10-3(b)所示。

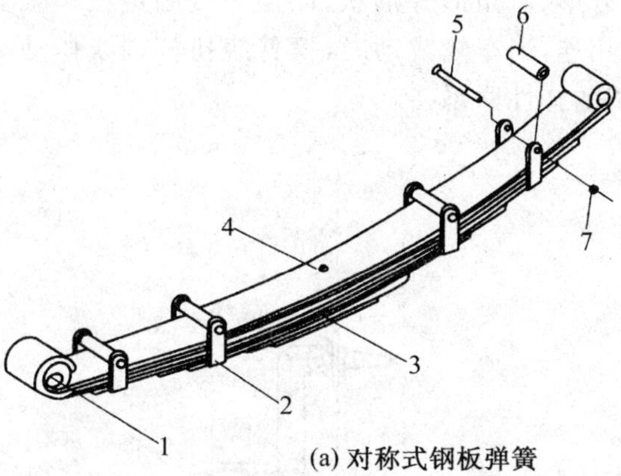

(a) 对称式钢板弹簧

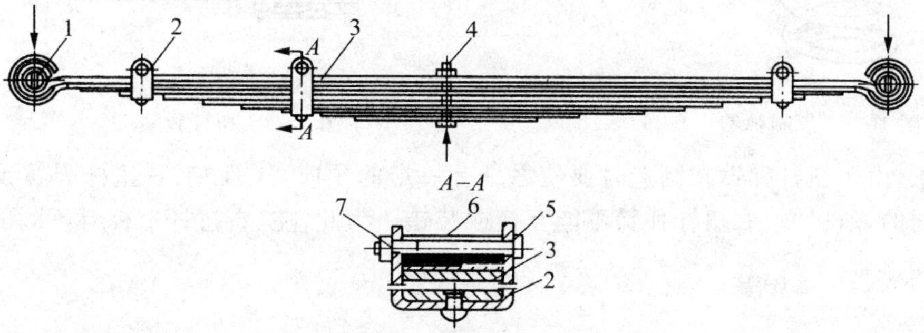

(b) 非对称式钢板弹簧

图 10-3　钢板弹簧

1—卷耳　2—弹簧夹　3—钢板弹簧　4—中心螺栓　5—螺栓　6—套管　7—螺母

为了防止汽车在行驶过程中各弹簧片分开，在钢板弹簧上装有若干弹簧夹，以免主片独自承载。弹簧夹通过铆钉与最下片弹簧片相连，弹簧夹两边通过螺栓相连，螺栓上有套管，装配时要求螺母朝向轮胎，以免螺栓脱落时刮伤轮胎，甚至飞迸伤人。

钢板弹簧在载荷作用下变形时，各片之间会相对滑动而产生摩擦，这可以衰减车架的振动。但摩擦会加速弹簧片的磨损，所以在装配钢板弹簧时，各片之间要涂抹石墨润滑脂或装塑料丝以减小摩擦。

10.2.2　螺旋弹簧

螺旋弹簧广泛应用于独立悬架，有些轿车的后轮非独立悬架也采用螺旋弹簧做弹性元件。由于螺旋弹簧只能承受垂直载荷，且变形时不产生摩擦力，所以悬架中必须装有减振器和导向机构。螺旋弹簧如图 10-4 所示，它由特殊的弹簧钢棒卷制而成，可以制成圆柱形或圆锥形，也可以制成等螺距或不等螺距。圆柱形等螺距螺旋弹簧的刚度是不变的，圆锥形或不等螺距螺旋弹簧的刚度是可变的。

10.2.3　扭杆弹簧

扭杆弹簧是由弹簧钢制成的杆件，如图 10-5 所示。扭杆的断面通常为圆形，少数为矩形或管形，其两端制成花键、方形、六角形等形状，以便一端固定在车架上，另一端固定在悬架的摆臂上。摆臂与车轮相连，当车轮跳动时，摆臂绕扭杆轴线摆动，使扭杆产生扭转弹性变形，以保证车轮与车架的弹性联系。

图 10-4　螺旋弹簧

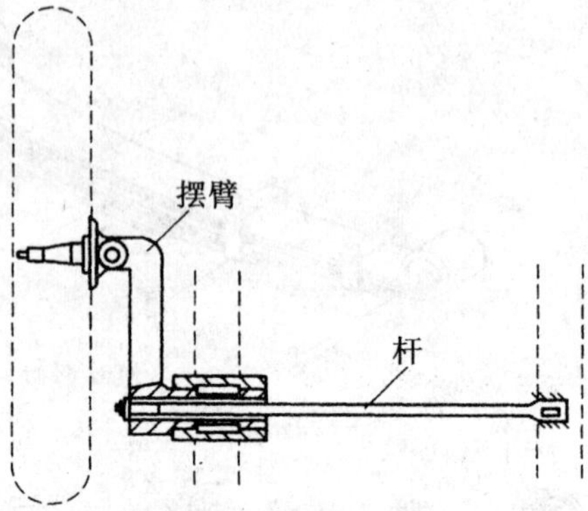

图 10-5　扭杆弹簧

注意：由于扭杆弹簧在制造时要使之具有一定的预应力，且左、右扭杆弹簧预应力方向是不同的，所以左、右扭杆弹簧不能互换或装错。为此，左、右扭杆上标有不同的标记。

10.2.4　气体弹簧

气体弹簧分为空气弹簧(图 10-6)和油气弹簧(图 10-7)两种。空气弹簧又有囊式[图 10-6(a)]和膜式[图 10-6(b)]两种形式。

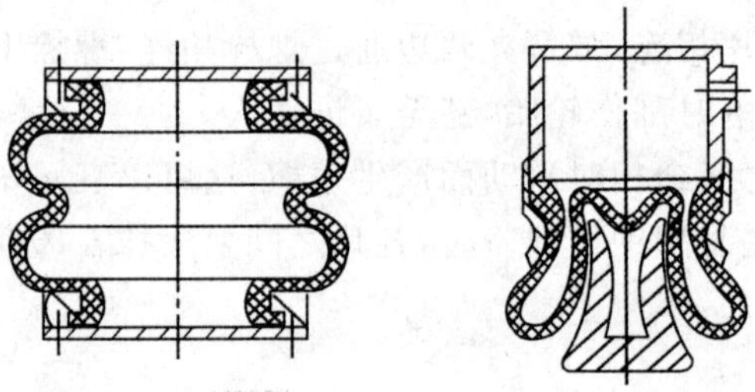

(a) 囊式空气弹簧　(b) 膜式空气弹簧图

图 10-6　空气弹簧

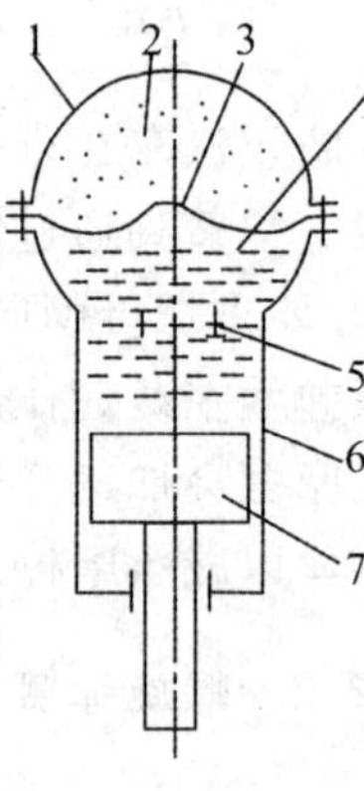

图 10-7　油气弹簧

1—球形室　2—气体　3—隔膜　4—油液　5—阻尼阀　6—工作缸　7—活塞

空气弹簧的结构、原理都很简单，下面仅介绍油气弹簧的结构、原理。如图 10-7 所示，油气弹簧的球形室固定在工作缸上，室的内腔用橡胶油气隔膜隔开，充入高压氮气的一侧为气室，与工作缸相通并充满油液的一侧为油室。工作缸内装有活塞、阻尼阀及其阀座。当载荷增加且车架与车桥相互靠近时，活塞上移，使工作缸内容积减小，油压升高，油液顶开阻尼阀进入球形室，推动隔膜向气室方向移动，使气室容积减少，氮气压力升高，油气弹簧的刚度增大。当载荷减小时，在高压氮气的作用下隔膜向油室方向移动，室内油液经阻尼阀流回工作缸，推动活塞下移，这时气室容积增大，氮气压力下降，弹簧刚度减小。当氮气压力通过油液传递作用在活塞上的力与载荷平衡时，活塞便停止移动。随着载荷的变化，气室内氮气也随之变化，相应地活塞处于工作缸中的不同位置。可见，油气弹簧具有变刚度的特性。

10.3　减振器

10.3.1　减振器的功用

汽车在行驶中，车轮在垂直方向上会受到不同力的作用，悬架系统中的弹性元件受到冲击会相应产生振动。减振器是产生阻尼力的主要元件，它的功用就是迅速衰减汽车的振动，改善汽车行驶的平顺性。

10.3.2　减振器的类型

(1)按结构不同，减振器可分为双筒式减振器和单筒式减振器。

(2)按工作介质不同，减振器可分为液压式减振器和充气式减振器。

(3)按工作原理不同，减振器可分为单向作用式减振器和双向作用式减振器。在压缩和伸张两个行程中均能起减振作用的减振器称为双向作用式减振器，只在伸张行程中起减振作用的减振器称为单向作用式减振器。

10.3.3　减振器的工作原理

目前，汽车中广泛使用液压减振器，其基本原理如图 10-8 所示，当车架与车桥做往复相对运动时，减振器中的油液反复经过活塞上的阀孔，由于阀孔的节流作用及油液分子间的内摩擦力便形成了衰减振动的阻尼力，使振动的能量转变为热能，并由油液和减振器壳体吸收，然后散到大气中。

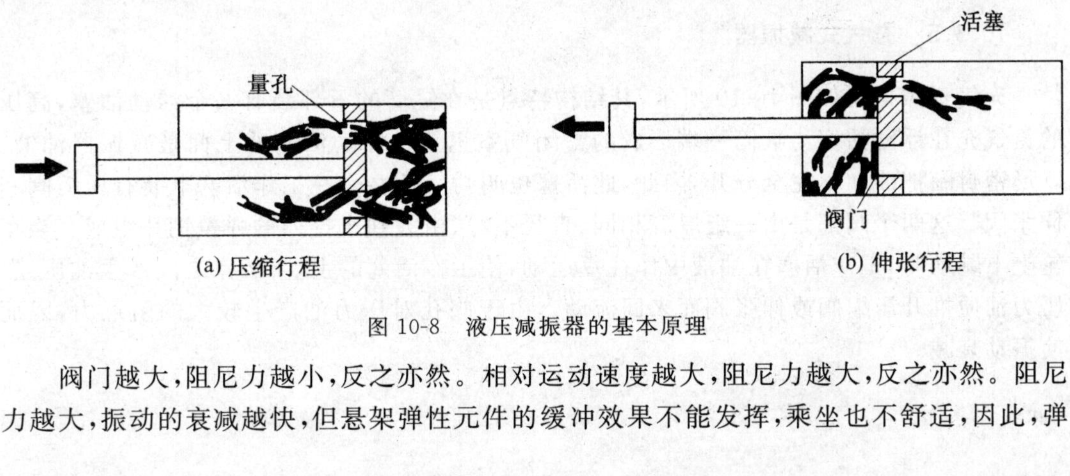

(a) 压缩行程　　(b) 伸张行程

图 10-8　液压减振器的基本原理

阀门越大，阻尼力越小，反之亦然。相对运动速度越大，阻尼力越大，反之亦然。阻尼力越大，振动的衰减越快，但悬架弹性元件的缓冲效果不能发挥，乘坐也不舒适，因此，弹性元件的刚度与减振器的阻尼力要合理搭配，才能保证乘坐舒适性和操纵稳定性的要求。

目前汽车上应用最广泛的是双向作用筒式减振器，近年来，在高级轿车上有的采用了充气式减振器。

10.3.4 双向作用筒式减振器

双向作用筒式减振器的基本组成如图 10-9 所示，它有三个同心钢筒，外面的钢筒是防尘罩，其上部的吊耳与车架相连。中间是储油缸筒，内装有一定量的油液，其下端的吊耳与车桥相连。里面是工作缸筒，其内装满油液。它还有四个阀，即压缩阀、伸张阀、流通阀和补偿阀。流通阀和补偿阀是一般的单向阀，其弹簧很弱，当阀上的油压作用力与弹簧弹力同向时，阀处于关闭状态，完全不通油液；而当油压作用力与弹簧弹力反向时，只要很小的油压，阀便能开启。压缩阀和伸张阀是卸载阀，其弹簧较强，预紧力较大，只有当油压增高到一定程度时，阀才能开启；而当油压减低到一定程度时，阀即自行关闭。

双向作用筒式减振器的工作原理可用压缩和伸张两个行程加以说明。

(1)压缩行程

当车桥移近车架(或车身)时，减振器受压缩，活塞下移，使其下方腔室容积减小，油压升高。具有一定压力的油液顶开流通阀进入活塞上方腔室。由于活塞杆占去上腔室的部分容积，使上腔室增加的容积小于下腔室减小的容积，因此，还有一部分油液不能进入上腔室而只能压开压缩阀，流回储油缸筒。油液流经上述阀孔时，受到一定的节流阻力，为克服这种阻力而消耗了振动能量，因而使振动衰减。

(2)伸张行程

当车桥相对远离车架(或车身)时，减振器受拉伸，活塞上移，使其上腔室油压升高。上腔室的油液便推开伸张阀流入下腔室。同样由于活塞杆的存在，上腔室减小的容积小于下腔室增加的容积，因而从上腔室流出来的油液不足以充满下腔室所增加的容积，使下腔室产生一定的真空度，这时储油缸筒中的油液在真空度作用下推开补偿阀流进下腔室进行补充。

从上面的原理可以得知，这种减振器在压缩、伸张两个行程都能起减振作用，因此称为双向作用减振器。

10.3.5 充气式减振器

充气式减振器如图 10-10 所示，其结构特点是在缸筒的下部装有一个浮动活塞，高压的氮气充在浮动活塞与缸筒一端形成的密闭气室里。在浮动活塞的上面是减振器油液。O 形密封圈把油和气完全分开，因此，此活塞也叫封气活塞。在工作活塞上装有压缩阀和伸张阀。这两个阀都是由一组厚度相同、直径不等、由大到小排列的弹簧钢片组成。当车轮上下跳动时，工作活塞在油液中作往复运动，使工作活塞的上、下腔室之间产生油压差，压力油便推开压缩阀或伸张阀而来回流动。由于阀孔对压力油产生较大的阻尼力，因而使振动衰减。

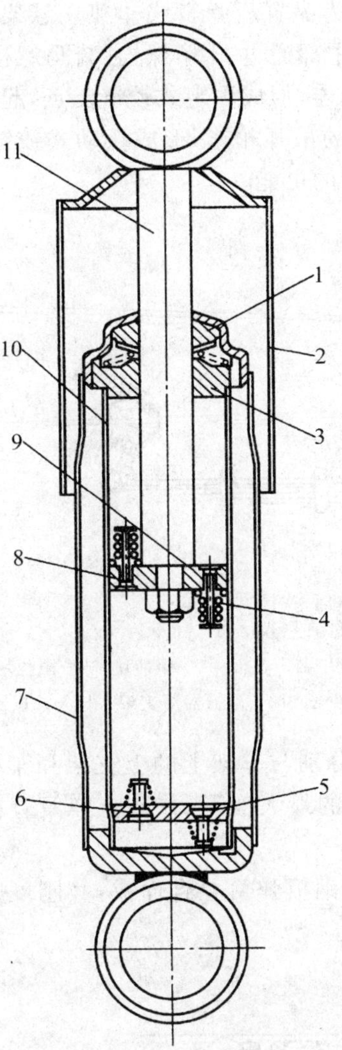

图 10-9　双向作用筒式减振器的基本组成

1—油封　2—防尘罩　3—导向座　4—流通阀
5—补偿阀　6—压缩阀　7—储油缸筒　8—伸张阀
9—活塞　10—工作缸筒　11—活塞杆

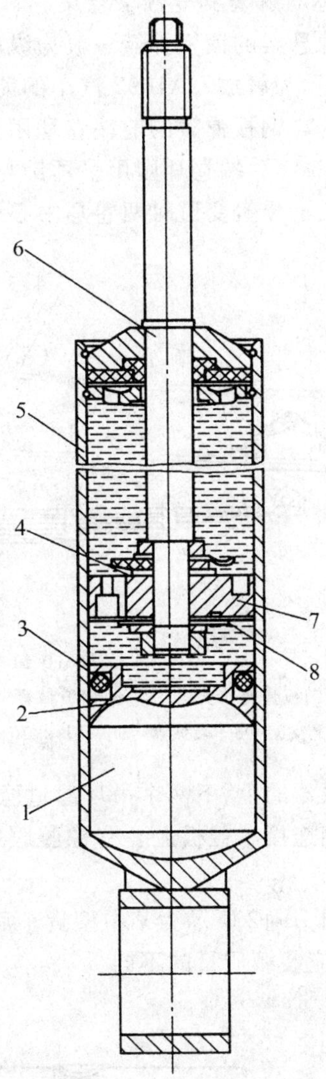

图 10-10 充气式减振器的基本组成

1—密封气室　2—浮动活塞　3—O 形密封圈
4—压缩阀　5—工作缸　6—活塞杆
7—工作活塞　8—伸张阀

10.4　典型悬架系统

10.4.1　非独立悬架

非独立悬架广泛应用于货车的前、后悬架和轿车的后悬架。按照采用弹性元件的不同，非独立悬架可以分为钢板弹簧式非独立悬架和螺旋弹簧式非独立悬架。

1. 钢板弹簧式非独立悬架

这种悬架的钢板弹簧一般为纵向布置，所以也称为纵置板弹簧式非独立悬架。如图10-11所示为解放CA1092汽车的前悬架。钢板弹簧中部通过U形螺栓(骑马螺栓)固定在前桥上。钢板弹簧的前端卷耳用弹簧销与前支架相连，形成固定式铰链支点，起传力和导向作用；而后端卷耳则用吊耳销与可在车架上摆动的吊耳相连，形成摆动式铰链支点，从而保证了弹簧变形时两卷耳中心线间的距离有改变的可能。

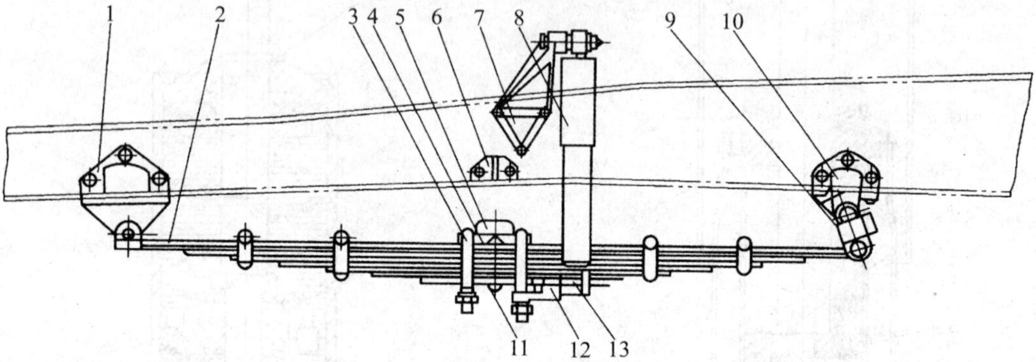

图10-11　解放CA1092汽车的前悬架

1—钢板弹簧前支架　2—前钢板弹簧　3—U形螺栓(骑马螺栓)　4—盖板　5—缓冲块　6—限位块　7—减振器上支架　8—减振器　9—吊耳　10—吊耳支架　11—中心螺栓　12—减振器下支架　13—减振器连接销

减振器的上、下两个吊环通过橡胶衬套和连接销分别与车架上的上支架和车桥上的下支架相连接。盖板上装有橡胶缓冲块，以限制弹簧的最大变形，并防止弹簧直接碰撞车架。

如图10-12所示为某中型货车后悬架，它由主、副钢板弹簧叠合而成，其刚度是可变的，以适应装载质量的不同。

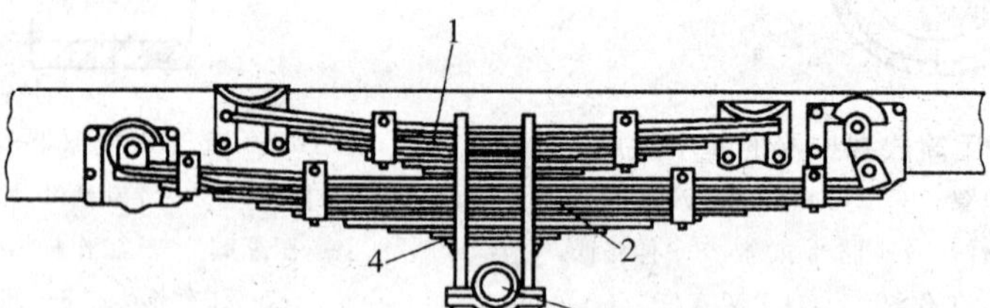

图10-12　变刚度钢板弹簧悬架

1—副钢板弹簧　2—主钢板弹簧　3—车桥　4—U形螺栓

当汽车空载或实际装载质量不大时，副钢板弹簧不承受载荷而由主钢板弹簧单独工作。在重载或满载情况下，车架相对于车桥下移，使车架上副簧滑板式支座与副簧接触，主、副簧共同参加工作，一起承受载荷而使悬架刚度增大，以保证车身振动频率不致因载荷增大而变化过大。

南京依维柯轻型货车的后悬架采用渐变刚度的钢板弹簧悬架，如图10-13所示。主簧由五片较薄钢板弹簧片组成，副簧由五片较厚的弹簧片组成，它们用中心螺栓固定在一起，主簧在上，副簧在下。

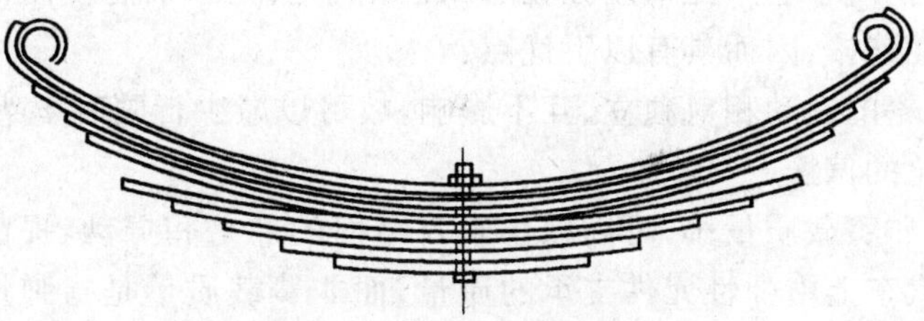

图 10-13 渐变刚度钢板弹簧悬架

在小载荷时，仅主簧起作用，而当载荷增加到一定值时，副簧开始与主簧接触，悬架刚度随之相应提高，弹簧特性变为非线性。当副簧全部接触后，弹簧特性又变为线性的。这种渐变刚度钢板弹簧悬架的特点是副簧逐渐地起作用，因此悬架刚度的变化比较平稳，从而改善了汽车行驶的平顺性。

2. 螺旋弹簧非独立悬架

螺旋弹簧非独立悬架一般只用于轿车的后悬架。如图 10-14 所示为上海桑塔纳 2000 的后悬架。两根纵向推力杆的中部与后桥焊接为一体，前端通过带橡胶的支承座与车身作铰链连接，后端与轮毂相连接。纵向推力杆用以传递纵向力及其力矩。整个后桥、纵向推力杆及车轮可以绕支承座的铰支点连线相对于车身作上、下纵向摆动。螺旋弹簧的上端装在弹簧上座中，下端则支承在减振器外壳上的弹簧下座上，它只承受垂直力。减振器的上端与弹簧上座一起装在车身底部的悬架支座中，下端则与纵向推力杆相连接。

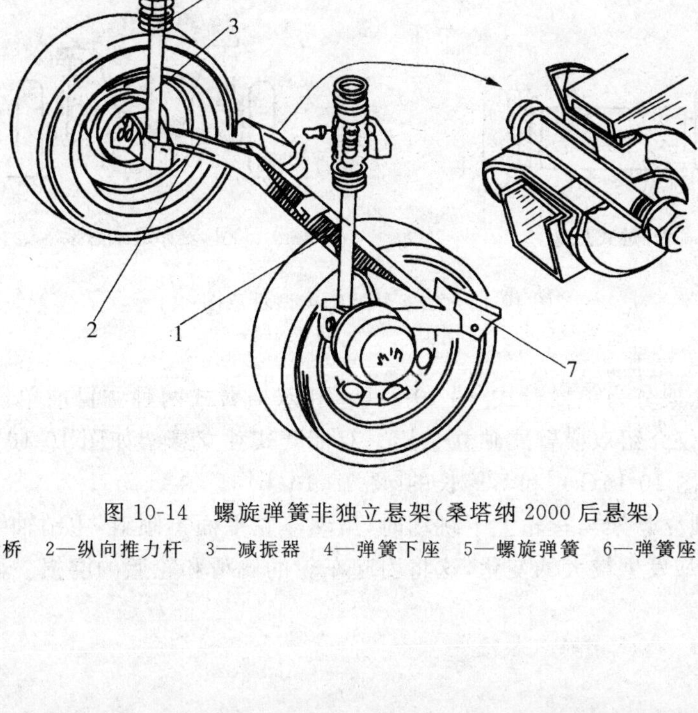

图 10-14 螺旋弹簧非独立悬架(桑塔纳 2000 后悬架)

1—后桥 2—纵向推力杆 3—减振器 4—弹簧下座 5—螺旋弹簧 6—弹簧座 7—支承座

10.4.2 独立悬架

现代汽车，特别是轿车上广泛采用独立悬架。由于独立悬架能使两侧车轮各自独立地与车架或车身弹性连接，因而具有以下优点：

(1)由于左右车轮的运动相对独立、互不影响，故可以减少行驶时车架或车身的振动，同时可以减弱转向轮的偏摆。

(2)独立悬架的非簧载质量小，可以减小来自路面的冲击和振动，提高了行驶的平顺性。簧载质量是指汽车上由弹性元件支承的质量，而非簧载质量是指弹性元件下吊挂的质量。对于非独立悬架，整个车桥和车轮都属于非簧载质量，而对于独立悬架，只有部分车桥是非簧载质量，而主减速器、差速器、壳体等都装在车架或车身上，则成了簧载质量，所以独立悬架的非簧载质量要比非独立悬架的小。

(3)独立悬架是与断开式车桥配用的，它可以降低汽车的重心，提高汽车行驶的平顺性。

独立悬架的结构类型很多，一般可按车轮的运动方式分为横臂式独立悬架、纵臂式独立悬架和车轮沿主销移动的独立悬架三类，如图 10-15 所示。

(1)横式臂独立悬架。车轮在汽车横向平面内摆动的悬架，如图 10-15(a)所示。

(2)纵臂式独立悬架。车轮在汽车纵向平面内摆动的悬架，如图 10-15(b)所示。

(3)车轮沿主销移动的独立悬架。它包括烛式悬架和麦弗逊式悬架，如图 10-15(c)、(d)所示。

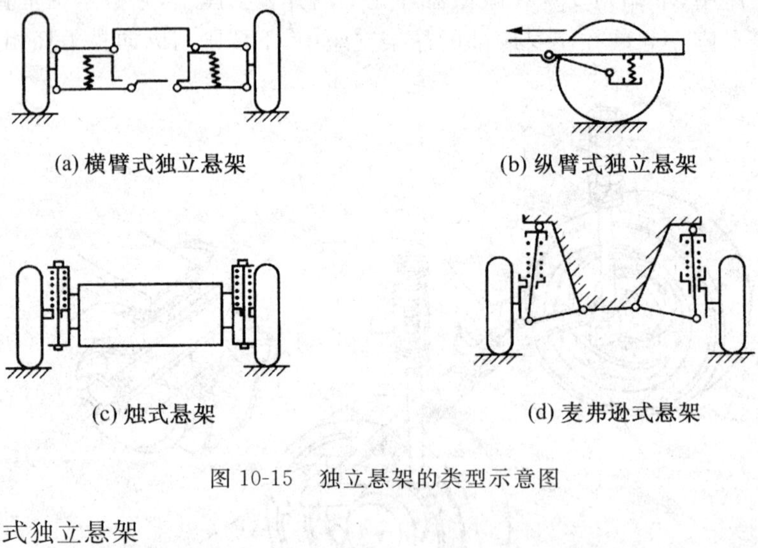

(a) 横臂式独立悬架　(b) 纵臂式独立悬架

(c) 烛式悬架　(d) 麦弗逊式悬架

图 10-15　独立悬架的类型示意图

1. 横臂式独立悬架

横臂式独立悬架分为单横臂式[图 10-2(b)]和双横臂式两种。目前单横臂式独立悬架应用较少，下面仅介绍双横臂式独立悬架。双横臂式独立悬架如图 10-16 所示，其两个横摆臂有等长的[图 10-16(a)]和不等长的[图 10-16(b)]。

摆臂等长的独立悬架当车轮上下跳动时，虽然车轮平面不倾斜，主销轴线的方向也不发生变化，但轮距却发生较大的变化，这将引起车轮的侧滑和轮胎的磨损。而摆臂不等长的独立悬架当车轮上下跳动时，虽然车轮平面、主销轴线、轮距都发生变化，但都可以控制在允许范围内，所以，这种形式的双横臂式独立悬架应用较多，红旗 CA7560、凌志 LS400 车的前桥都采用这种不等长双横臂式独立悬架。如图 10-17 所示为凌志 LS400 的前悬架，其车轮外倾角和主销后倾角是可以调整的。如图 10-18 所示，上摆臂内端通过上摆臂轴用螺栓与车架相连，上摆臂轴与车架之间夹有前、后调整垫片。同时增加或减少调整垫片的厚度可以调整车轮外倾角；前、后垫片厚度一处增加，另一处减少，可以调整主销后倾角。

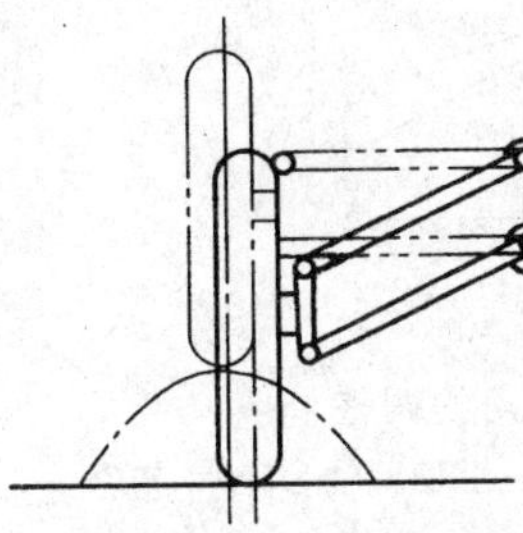

(a) 摆臂等长的独立悬架

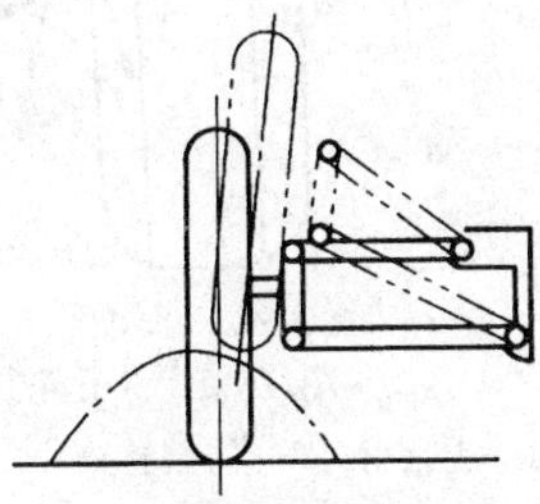

(b) 摆臂不等长的独立悬架

图 10-16　双横臂式独立悬架示意图

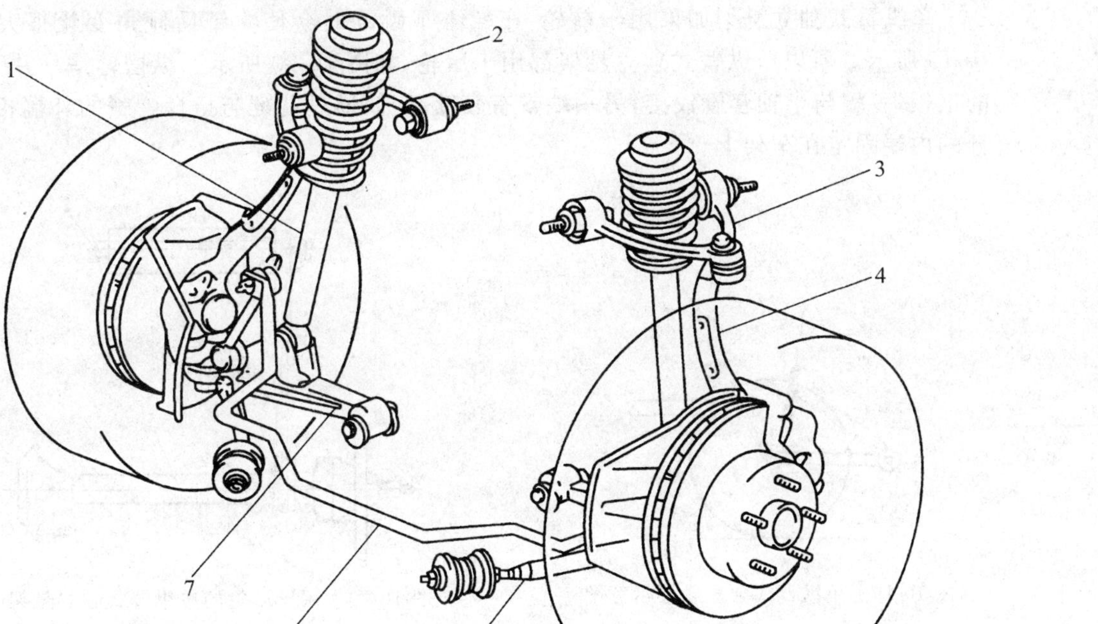

图 10-17　凌志 LS400 的前悬架

1—减振器　2—螺旋弹簧　3—上臂　4—转向节　5—支承杆　6—稳定杆

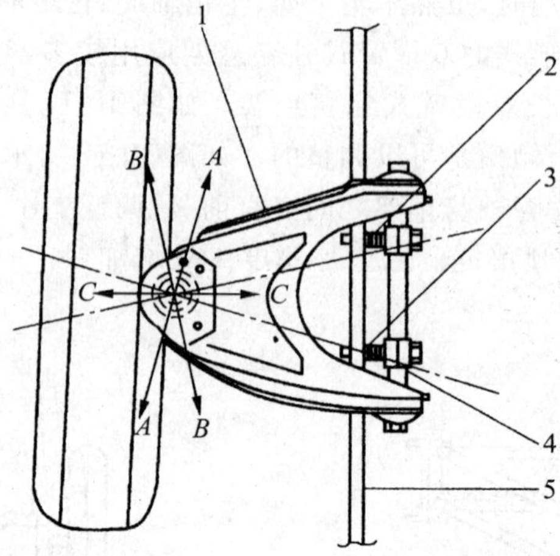

图 10-18　车轮外倾角和主销后倾角的调整

1—上摆臂　2—前调整垫片　3—后调整垫片　4—上摆臂轴　5—车架

2. 纵臂式独立悬架

纵臂式独立悬架也分为单纵臂式和双纵臂式两种。

(1)单纵臂式独立悬架

单纵臂式独立悬架如果用于前轮，车轮上下跳动时会使主销后倾角变化很大，如图 10-19 所示。所以单纵臂式独立悬架都用于后轮，如图 10-20 所示。纵摆臂是一片宽而薄的钢板，一端与半轴套管铰接，另一端带有套筒，套筒通过花键与扭杆弹簧的外端相连，扭杆的内端固定在车架上。

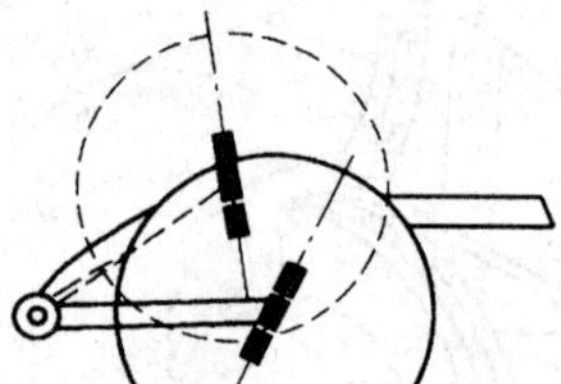

图 10-19　单纵臂式独立悬架示意图

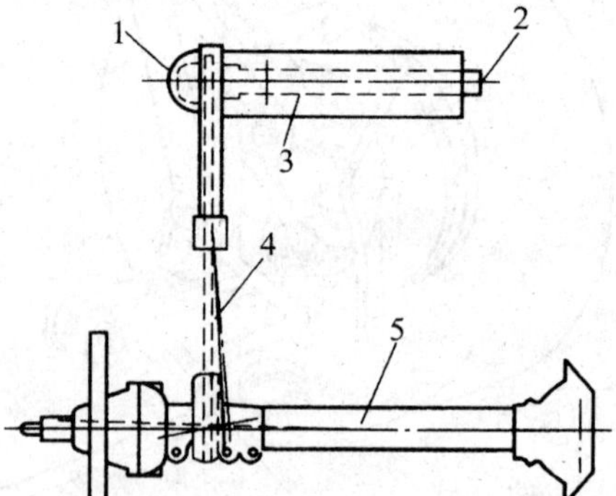

图 10-20　用于后轮的单纵臂式独立悬架

1—套筒　2—扭杆弹簧　3—套管

4—纵摆臂　5—半轴套管

(2)双纵臂式独立悬架

如图 10-21 所示为用于前轮的双纵臂式独立悬架。转向节和两个纵摆臂做铰链连接，在车架的两根管式横梁的内部装有由若干层矩形断面的薄弹簧钢片叠成的扭杆弹簧。两根扭杆弹簧的内端用螺栓固定在横梁中部，而外端则插入纵臂轴的矩形孔中。纵臂轴用衬套支承在管式横梁内，轴和纵臂刚性地连接。这种悬架在车轮上下跳动时，车轮外倾角、轮距和主销后倾角都不发生变化，所以适用于前轮。

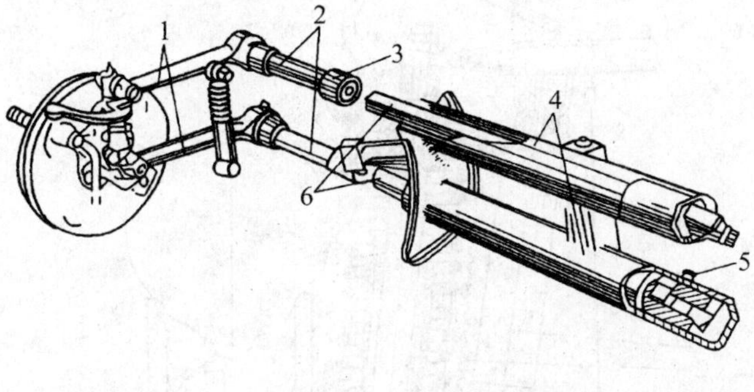

图 10-21　用于前轮的双纵臂式独立悬架

1—纵臂　2—纵臂轴　3—衬套　4—横梁　5—螺钉　6—扭杆弹簧

3. 车轮沿主销移动的独立悬架

车轮沿主销移动的独立悬架可以分为两种形式：一种是车轮沿固定不动的主销移动的烛式独立悬架；另一种是车轮沿摆动的主销轴线移动的麦弗逊式独立悬架。

(1)烛式独立悬架

如图 10-22 所示为烛式独立悬架，主销的上下两端刚性地固定在车架上。套在主销上的套管固定在转向节上。套管的中部固定装着螺旋弹簧的下支座。筒式减振器的下端与转向节相连，上端与车架相连。悬架的摩擦部分套着防尘罩。通气管与防尘罩内腔相通，以免罩中空气被密封而影响悬架的弹性。汽车在不平路面上行驶时，车轮、转向节一起沿主销的轴线移动。螺旋弹簧只承受垂直载荷，而车轮上所受的纵向力、侧向力及其力矩则由转向节、套筒经主销传给车架，使得套筒与主销之间的磨损严重。

(2)麦弗逊式独立悬架

麦弗逊式独立悬架目前在轿车中应用很广泛，其结构如图 10-23 所示，它由减振器、螺旋弹簧、横摆臂、横向稳定杆(图中未画出)等组成。减振器与套在它外面的螺旋弹簧合为一体，构成悬架的弹性支柱，支柱上端与车身挠性连接，支柱下端与转向节刚性连接。横摆臂的外端通过球头销 B 与转向节的下部连接，内端与车身铰接。

麦弗逊式独立悬架没有传统的主销实体，转向轴线为上下铰接中心的连线 AB(一般与弹性支柱的轴线重合)。当车轮上下跳动时，B 点随横摆臂摆动，因而主销轴线 AB 随之摆动(弹性支柱也摆动)。这说明车轮沿着摆动的主销轴线而运动。麦弗逊式独立悬架结构较简单，布置紧凑，用于前悬架时能增大两前轮内侧的空间，故多用于发动机前置前轮驱动的轿车上。

前轮采用麦弗逊式独立悬架时，前轮定位各参数的变化较小，除前束可调整外，其他参数有的车型规定不可调整，有的车型则规定可以调整。常见的调整部位及调整方法如下：

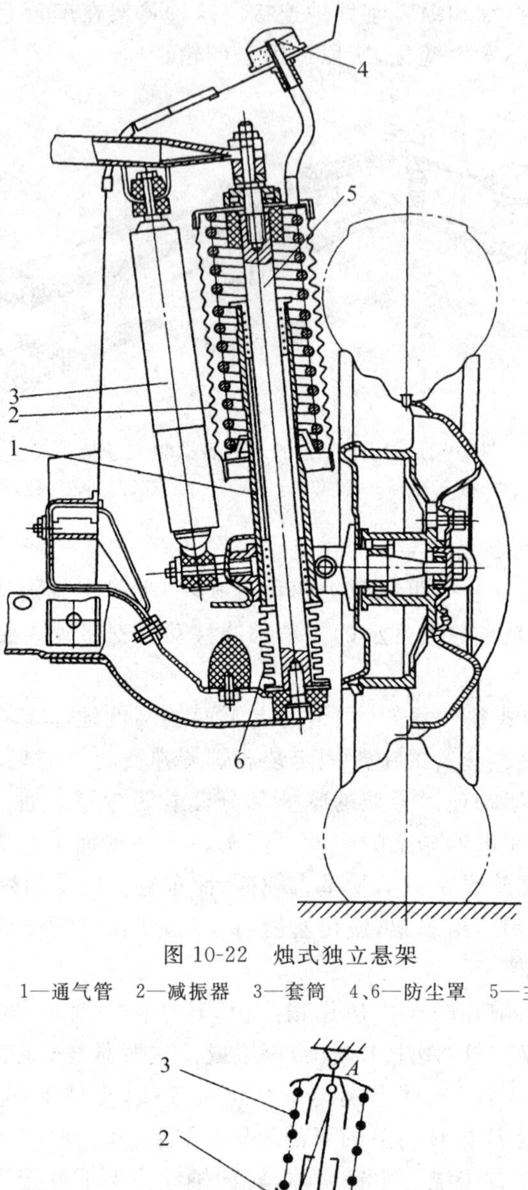

图 10-22 烛式独立悬架

1—通气管 2—减振器 3—套筒 4、6—防尘罩 5—主销

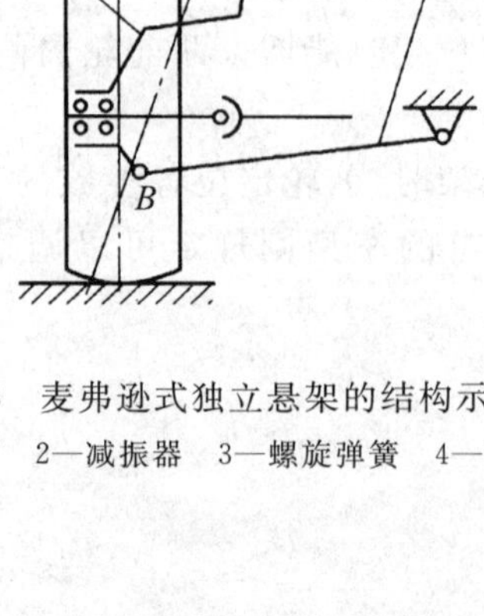

图 10-23 麦弗逊式独立悬架的结构示意图

1—转向节 2—减振器 3—螺旋弹簧 4—横摆臂

①改变转向节与横摆臂外端的位置。如图 10-24(a)所示,构形式连接螺栓,左右横向移动球头销及转向节,可以改变车轮外倾角。上海桑塔纳轿车即采用这种结构形式。

②改变弹性支柱上支座的位置。如图 10-24(a)所示,悬架的弹性支柱上支座用螺栓固定在车身上,松开螺栓,左右横向移动上支座,可以调整车轮外倾角。一汽奥迪 100 型轿车即采用这种结构形式。

③改变转向节上端的位置。如图 10-24(b)所示,由减振器和螺旋弹簧组成的弹性支柱下端通过上、下两个螺栓与转向节上端固定,其中上螺栓经偏心凸轮将两者连接在一起。转动上螺栓可使偏心凸轮转动,从而带动转向节上端左右横向(A 向)移动,进而改变车轮外倾角。丰田花冠轿车即采用这种结构形式。

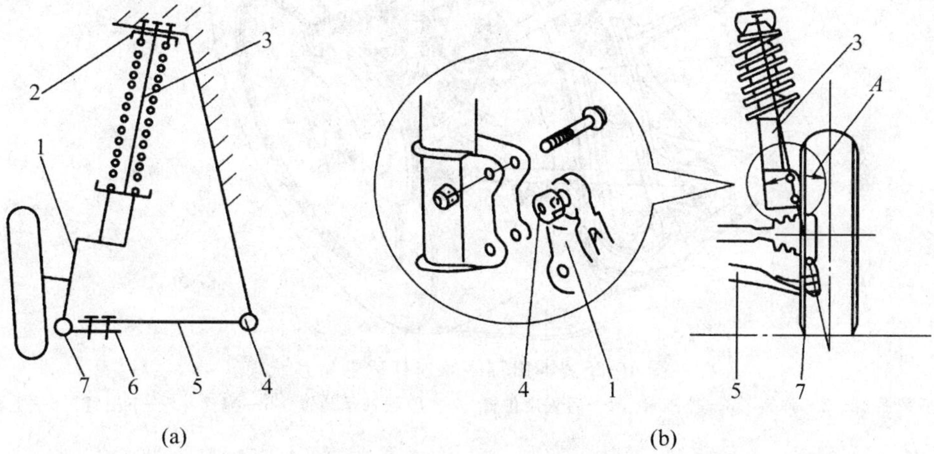

图 10-24　麦弗逊式独立悬架前轮定位调整示意图

1—转向节　2—上支座　3—减振器　4—偏心轴销　5—横摆臂　6—螺栓　7—球头销

4. 多杆式独立悬架

多连杆悬挂系统,又分为 5 连杆悬挂和 4 连杆悬挂系统,这其实是麦弗逊式独立悬架的一种变型。但多连杆悬挂的优点是构造简单、重量轻,减少悬挂系统占用的空间。它能实现主销后倾角的最佳位置,大幅度减少来自路面的前后方向力,从而改善加速和制动时的平顺性和舒适性,同时也保证了直线行驶的稳定性,因为由螺旋弹簧拉伸或压缩导致的车轮横向偏移量很小,不易造成非直线行驶。在车辆转弯或制动时,多连杆后悬挂结构可使后轮形成正前束,提高了车辆的控制性能,减少转向不足的情况,同时紧凑的结构增加了后排座椅和行李厢空间。

本田雅阁轿车后悬挂系统采用独立式 5 连杆双叉悬臂型式(图 10-25),主要由后减振器 1、弹簧 2、控制臂 3、后置定位臂 4、轮毂轴承装置 5、拖臂 6、下横臂 7、上横臂 8 等组成。

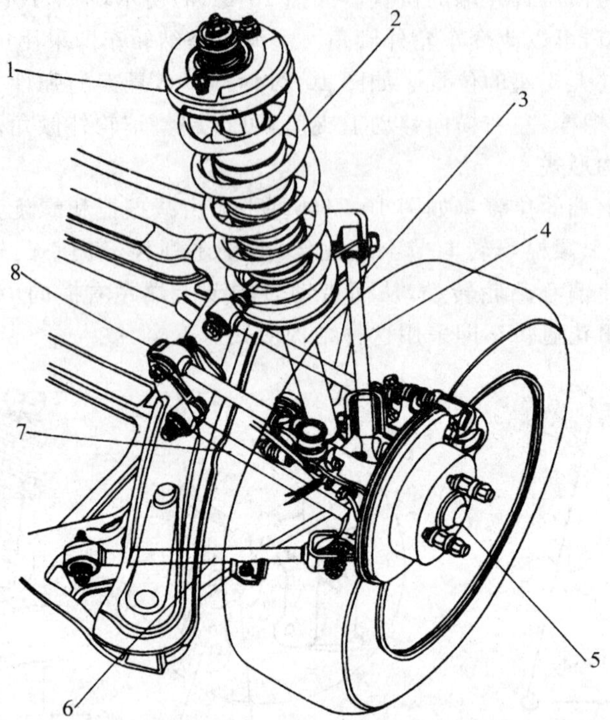

图 10-25　本田雅阁 5 连杆后悬架系统

1—后减振器　2—弹簧　3—控制臂　4—后置定位臂　5—轮毂轴承装置　6—拖臂　7—下横臂　8—上横臂

实训 10.1　本田雅阁轿车前悬挂减振器的维修

一、实训目的与要求

1. 掌握本田雅阁轿车前悬架系统的结构组成。
2. 掌握本田雅阁轿车前悬架系统拆装与维修方法。

二、实训仪器和设备

通用工具、通用量具、本田雅阁汽车维修专用工具、本田雅阁轿车

三、实训注意事项

1. 减振器弹簧左右不同，分解时应将左右弹簧作出标记，以备后装。
2. 在释放减振器压力时务必要戴上护目镜，以防止金属铁屑在高压下进入眼中。

四、实训步骤

(一)掌握前悬架系统的主要组成

前悬架系统采用独立式双叉前悬臂型式，主要由弹簧 1、前减振器 2、上横臂 3、转向

节及轮毂 4、推杆 5、下横臂 6 等组成。其各元件安装位置，如图 10-26 所示。

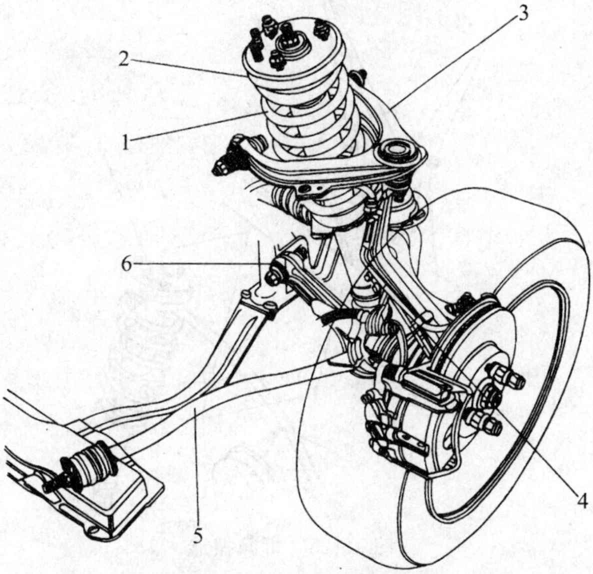

图 10-26　前悬架系统

1—弹簧　2—前减振器　3—上横臂　4—转向节及轮毂　5—推杆　6—下横臂

（二）前减振器的维修

1. 减振器的拆卸

(1)升起车辆前部并稳固支撑，拆下前轮。

(2)拧下减振器下端压紧螺栓 1，如图 10-27 所示。

(3)拧下减振器叉架上的自锁螺母 2 和凸缘螺栓 3，并拆下减振器叉架 4，如图 10-27 所示。

(4)如图 10-28 所示，拆下凸缘螺母 1 和 2(共 5 个)，将减振器拆下。

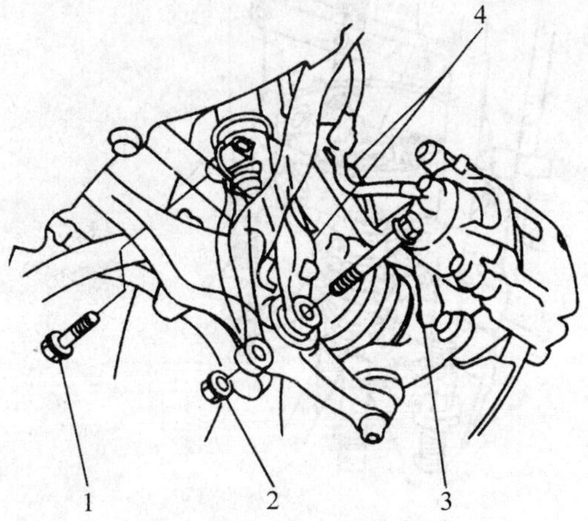

图 10-27　拆减振器叉架

1—凸缘压紧螺栓　2—自锁螺母　3—凸缘螺栓　4—减振器叉架

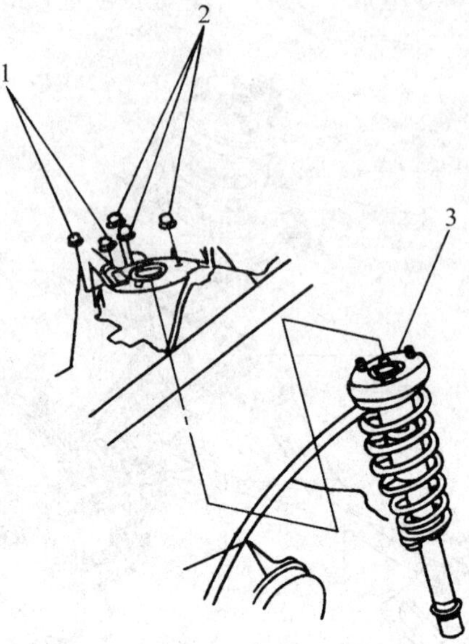

图 10-28 拆减振器

1—凸缘螺母 2—凸缘螺母 3—减振器

2. 前减振器的分解

分解前减振器总成应在合适的弹簧压缩器等工具上进行。分解时将减振器装入弹簧压缩器 1 上，如图 10-29 所示，用压缩器压缩减振器弹簧，弹簧压缩到可卸下自锁螺母的程度即可，再卸下自锁螺母。然后渐渐松开弹簧压缩器，分解前减振器总成，分解后零件如图 10-30 所示。

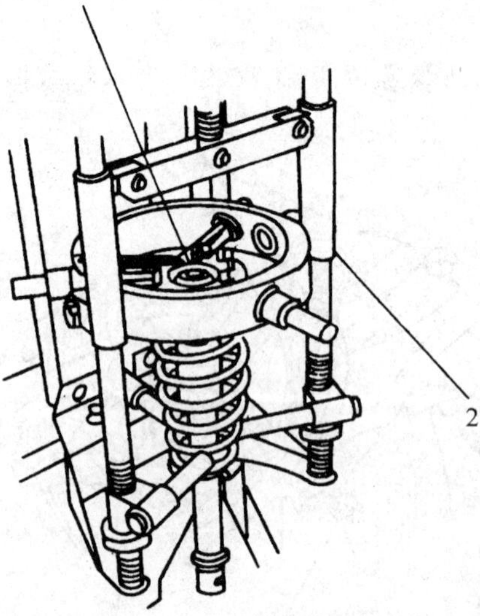

图 10-29 分解前减振器

1—自锁螺母 2—弹簧压缩器

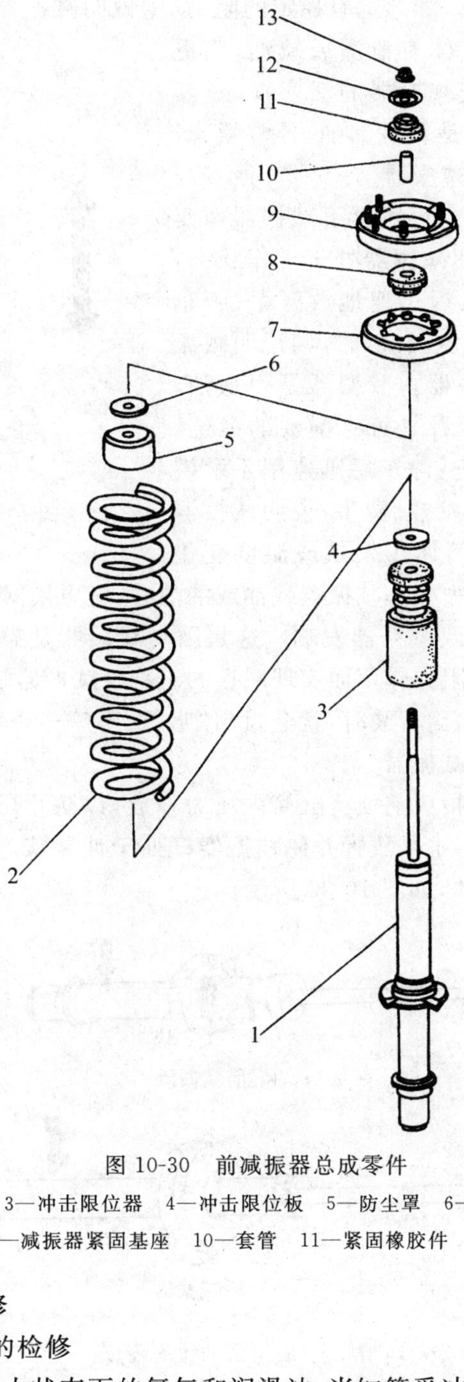

图 10-30　前减振器总成零件

1—减振器单元　2—弹簧　3—冲击限位器　4—冲击限位板　5—防尘罩　6—防尘盖板　7—弹簧紧固橡胶件　8—减振器紧固橡胶件　9—减振器紧固基座　10—套管　11—紧固橡胶件　12—紧固垫圈　13—自锁螺母

3. 前减振器的检修

(1)前减振器单元的检修

该减振器内装有压力状态下的氮气和润滑油，当缸筒受冲击或碰撞产生严重变形后，由于该减振器充气工艺复杂，对油封的要求高，故损坏后无法修理，只能更换新的。在正常情况下，只有在泄漏严重并在外套能看到减振器油，车辆遇到路面冲击而车轮回跳过度时，才需更换减振器。

减振器拆下检查时，可采用如图 10-31 所示办法，来回推拉减振器，检查整个行程工作的平滑、压缩和伸张性能。如感觉有稳定的阻力，则说明减振器完好，如感觉无压缩或无伸张阻力，则表明缸内气体有泄漏或缺油，应更换减振器。另外，也要检查减振器的活塞杆，看其有无弯曲和运动受阻情况，是否有漏油、异常噪音，若存在这些情况，也需更换减振器。

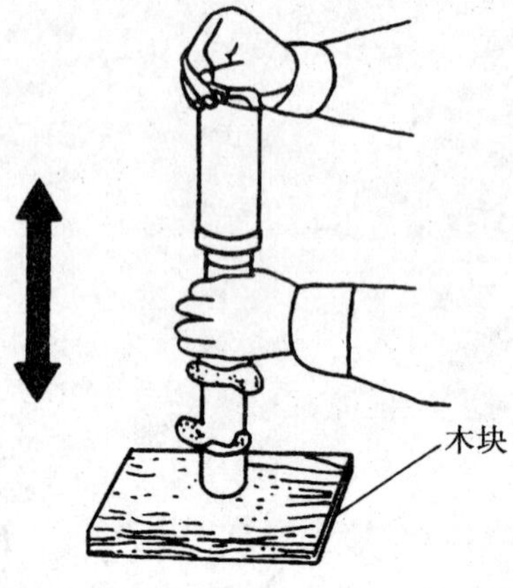

图 10-31　检查减振器

减振器的工作效能检查，可不拆下减振器而实行就车检查。检查方法是使减振器处于工作状态，通常是用手把车辆压下，然后迅速地放开手，若车辆的反弹次数超过两次（最多三次）时，则说明减振器工作效能差，应更换减振器。减振器是否缺油，也可就车检验。一是目检，看是否有漏油的痕迹。二是汽车运行后的触摸检查：停车后迅速用手触摸减振器筒体，如果感到筒体发热、烫手，说明减振器工作正常，不缺油；若感觉筒体不发热或温度变化不大，则说明减振器缺油或失效。减振器缺油或漏油时，应更换减振器。

减振器缺油时，往往导致减振器发响。这是因为减振器是靠其缸内的液压油（润滑油）在小孔中来回流动产生阻力作用而实现减振的。一旦减振器缺油，则减振器就失去减振功能。此时汽车在不平路面行驶时，就会发出“咯噔、咯噔……”的撞击声。因此，一旦减振器有异常响声，应更换减振器。

更换下来的减振器，在报废前须将缸筒内压力释放，以防止爆炸和可能产生的伤害。压力释放的方法是将减振器水平放置并使减振器杆处于伸展状态，在减振器上钻一直径为 2～3mm 的孔以释放气体，如图 10-32 所示。

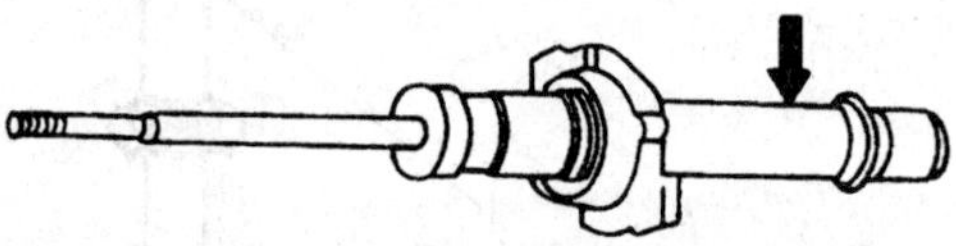

(a)前减振器

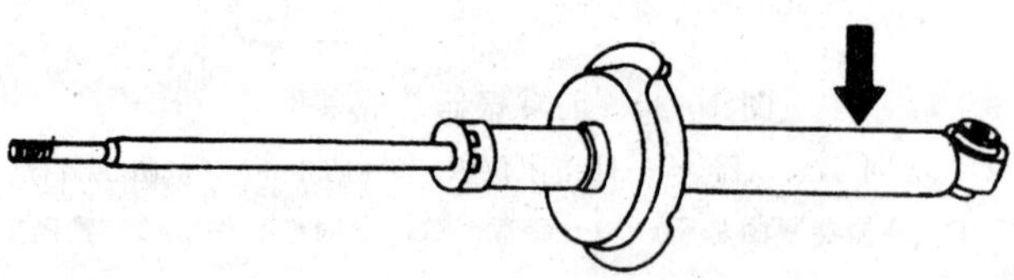

(b)后减振器

图 10-32　减振器的压力释放

（2）前减振器其他部件的检修

检查减振器弹簧：若弹簧出现明显的塑性变形，有裂纹及其压缩力弱化等缺陷或损坏，应予更换。检查减振器紧固橡胶件 11 和 8、弹簧紧固橡胶件 7（图 10-30）是否老化、变形与损坏，若存在这些情况，则应更换新的相应的橡胶件。

检查防尘罩 5(图 10-30),若有弯曲变形和损坏,则应更换。检查冲击限位器,若有损坏或弹性减弱现象,应予更换。

4. 前减振器的组装

(1)在弹簧压缩器上安装减振单元。

(2)除减振器紧固垫圈和自锁螺母外,将其他部件按照与拆卸时相反的顺序进行组装。

注意:减振器左右弹簧不要装错,减振器弹簧底端应与弹簧下底座对准,如图 10-33 所示。

(3)如图 10-34 所示,将减振器紧固基座装到减振器单元上去。

(4)用弹簧压缩器压缩减振器弹簧,然后安装次振器紧固橡胶件及其紧固垫圈和新的自锁螺母。

(5)固定减振器轴,用 29N·m 的力矩拧紧自锁螺母,如图 10-35 所示。

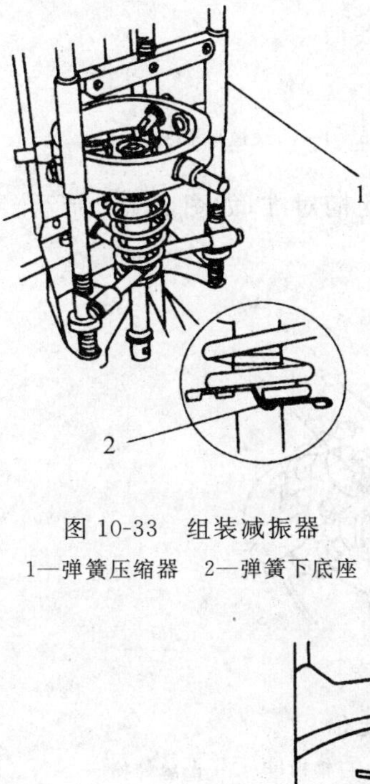

图 10-33　组装减振器

1—弹簧压缩器　2—弹簧下底座

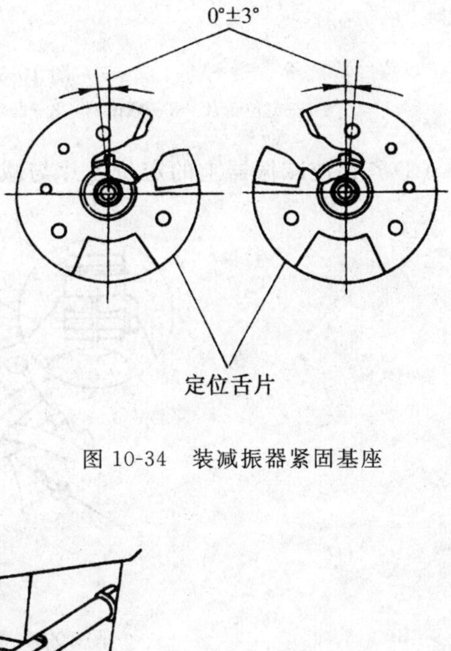

图 10-34　装减振器紧固基座

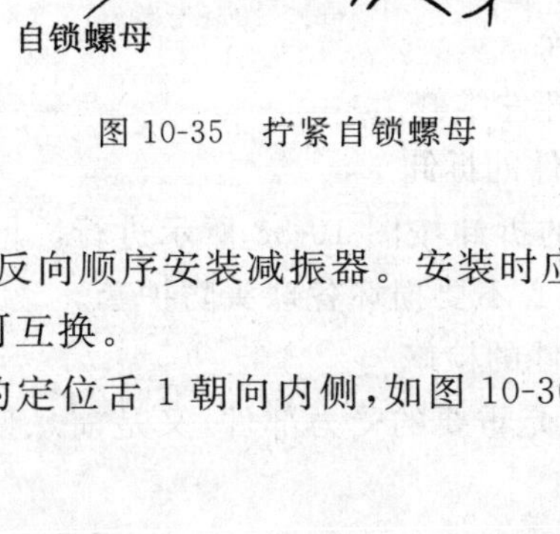

图 10-35　拧紧自锁螺母

5. 前减振器的安装

按前减振器拆卸顺序的反向顺序安装减振器。安装时应注意下列问题:

(1)左右减振器叉架不可互换。

(2)应使减振器单元上的定位舌 1 朝向内侧,如图 10-36 所示,以确保与减振器叉架准确定位。

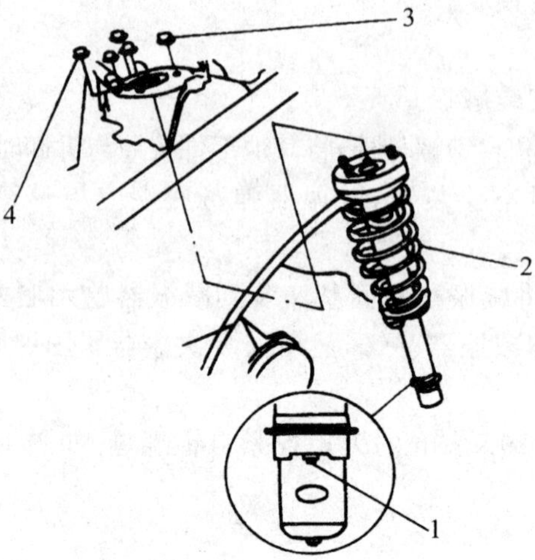

图 10-36 安装减振器

1—定位舌片 2—减振器 3—凸缘螺母 M10×1.25 4—凸缘螺母 M8×1.25

(3)务必使减振器上的定位舌片与减振器叉架上的槽对准,如图 10-37 所示。

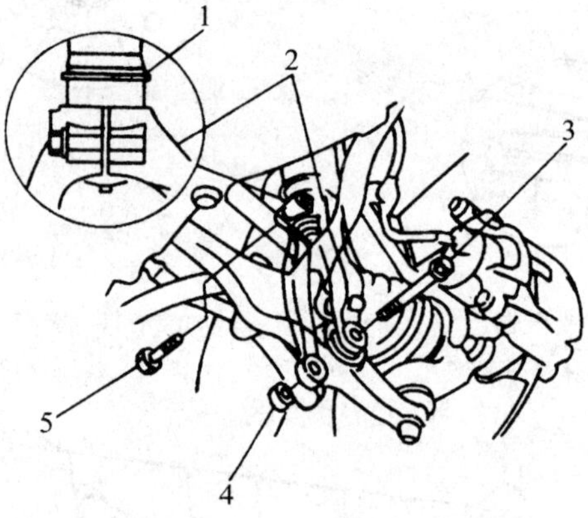

图 10-37 定位舌片对槽定位

1—定位舌片 2—减振器叉架 3—凸缘螺栓 4—自锁螺母 5—凸缘螺栓

(4)自锁螺母应更换新的。

(5)先松弛地安装减振器,拧上螺母但不上紧,等减振器定位合适安装到位后,按规定的标准力矩拧紧各螺母或螺栓。

(三)前悬架横臂及其他杆件维修

1. 前悬架横臂及其他杆件的拆卸

前悬架横臂及其他杆件的拆卸按图 10-38 所示进行。但拆卸时必须注意:在拆卸上横臂前应先拆下前减振器,小心不要损坏各球头防护套。

2. 前悬架横臂及其他杆件的检修

悬架系统的上、下横臂既是重要的受力部件,又是前悬架的导向部件,它的变形还严重影响前轮定位,因此,应重点检修上、下横臂。当上、下横臂出现裂纹、弯曲、变形或有损坏痕迹,应予以更换。在无新件更换情况下,应进行整形、焊补及矫正,以恢复其原始尺寸和形状,维修后应重新去锈、涂防锈漆。

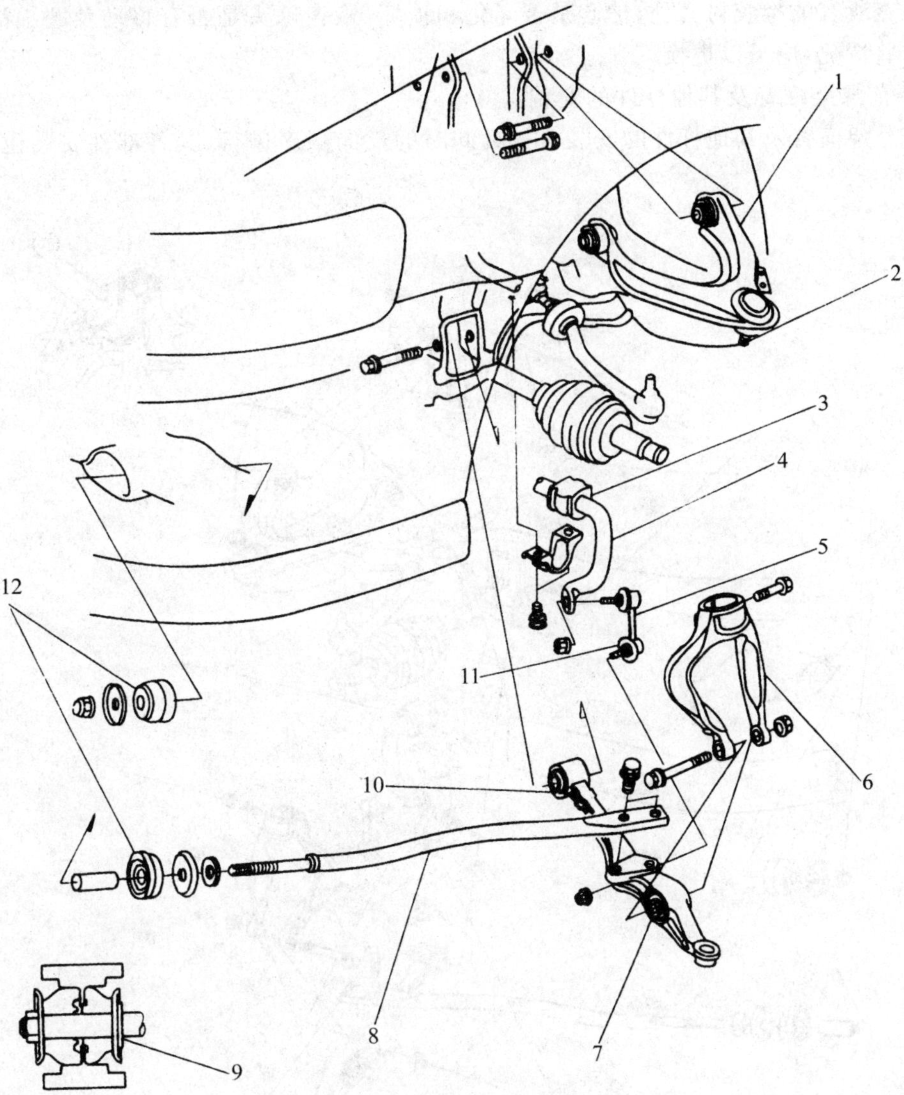

图10-38　拆卸横臂及其他杆件

1—上横臂　2—球头　3—稳定杆支架橡胶衬套　4—稳定杆　5—稳定杆连杆　6—减振器叉架　7—减振器叉架橡胶衬套　8—推杆　9—调整垫片　10—下横臂橡胶衬套　11—防护套　12—推杆橡胶衬套

稳定杆4(图10-38)的作用是:当汽车转弯或两侧悬架垂直变形不等时,利用其自身被扭转,产生阻止车身侧倾的反力矩,从而减小车身的侧倾,保证汽车稳定行驶。因此稳定杆的损坏,将会破坏汽车的行驶稳定性,故应严格检查稳定杆及其连杆。稳定杆若有裂纹、弯曲变形及损坏应更换稳定杆。

推杆8(图10-38)的作用是:当汽车制动或车轮因路面起伏而跳动时,推杆可以有效地减小车身前后俯仰摆动。利用推杆的调整垫片 9(图 10-38)可调整前轮的主销后倾角。因此推杆变形时会影响前轮定位,故应检查推杆是否变形,是否有损坏,若存在这些情况,应进行矫正或更换。

检查所有的橡胶衬套、防护套是否老化和损坏,检查球头是否有移动及磨损故障,若存在这些情况,应予以更换。

3. 前悬架横臂及其他杆件的安装

前悬架横臂及其他杆件的安装可按拆卸时的反向顺序进行,其各部件安装位置如图 10-39 所示。

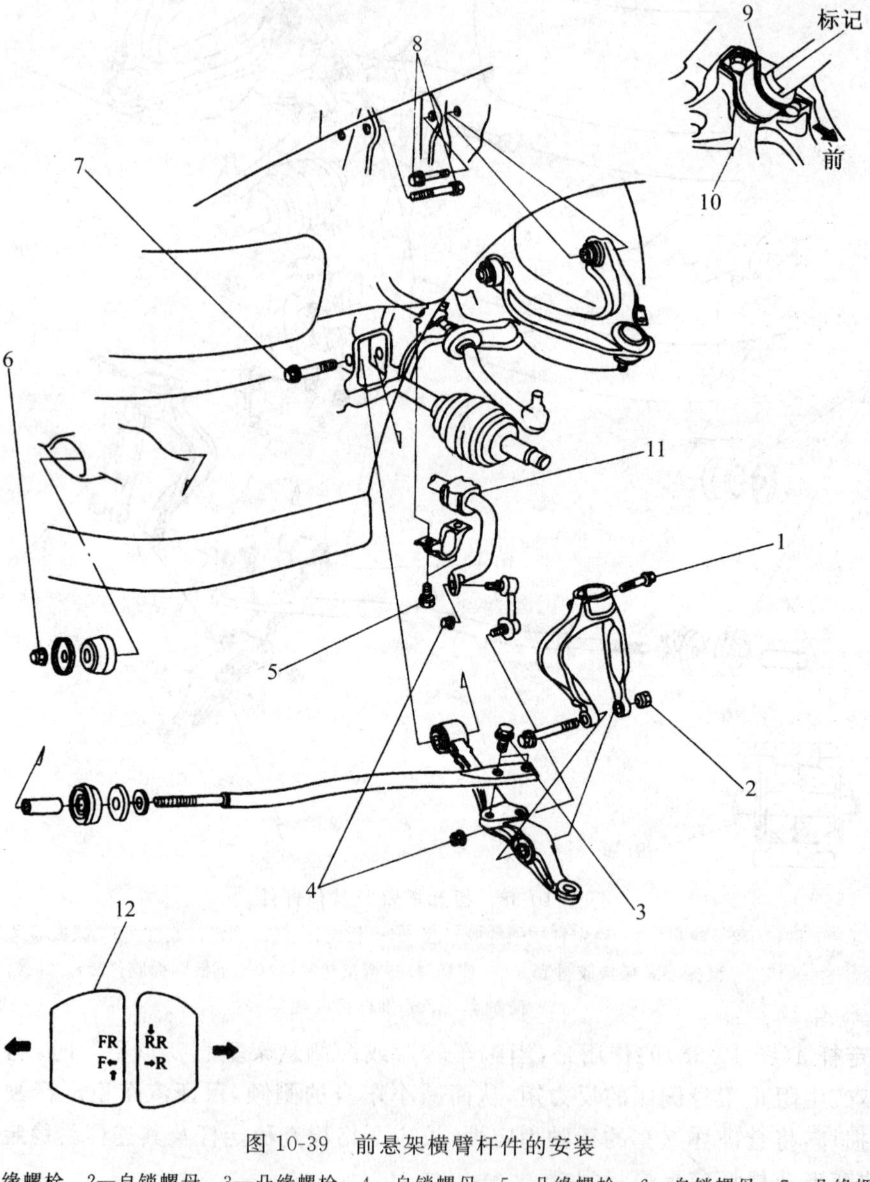

图 10-39　前悬架横臂杆件的安装

1—凸缘螺栓　2—自锁螺母　3—凸缘螺栓　4—自锁螺母　5—凸缘螺栓　6—自锁螺母　7—凸缘螺栓　8—凸缘螺栓　9—稳定杆衬套　10—稳定杆　11—稳定杆保持架橡胶衬套　12—推杆橡胶衬套

安装时应注意下列问题：

(1)更换所有的自锁螺母。

(2)稳定杆装配时应将稳定杆 10(图 10-39)的标记与稳定杆衬套 9(图 10-39)末端对准。

(3)推杆橡胶衬套 12 有前后之分，如图 10-39 所示，切勿互换推杆橡胶衬套。

(4)拧紧紧固件之前，需首先清除螺纹上的污物、机油或润滑脂。

(5)各紧固件应按规定的标准力矩拧紧。

(6)安装悬架横臂之后，应检查前轮定位，有必要则进行调整。

实训 10.2　本田雅阁轿车后悬挂减振器的维修

一、实训目的与要求

1. 掌握本田雅阁轿车后悬架系统的结构组成。

2. 掌握本田雅阁轿车后悬架系统拆装与维修方法。

二、实训仪器和设备

通用工具、通用量具、本田雅阁汽车维修专用工具、本田雅阁轿车

三、实训注意事项

弹簧应进行预压缩或缓慢释放，避免造成人员伤害。

四、实训步骤

(一)后悬架臂杆件维修

1. 后悬架横臂杆件的拆卸

后悬架横臂杆件的拆卸，参见图 10-40 进行，但拆卸时应小心，不要损坏球头防护套，应视需要拆卸部分杆件。

2. 后悬架臂杆件的维修

检查上横臂 11、拖臂 10、下横臂 9、控制臂 7、后置定位臂 5、稳定杆 1 及其连杆 4(图 10-40)，若发现有弯曲及损伤缺陷，应予以更换。如无新件，进行矫正等恢复性修理。

检查各杆件连接衬套、防护套、球头防护套及轴套是否老化及损坏，若老化或损坏，则应更换相应新件。

3. 后悬架横臂杆件的安装

后悬架横臂杆件的安装，可参照图 10-41，按拆卸时的反向顺序进行。安装时应注意下列问题：

(1)更换所有拆卸下的自锁螺母。

(2)装稳定杆时，应将稳定杆上的标记与稳定杆轴套端部对准装配，如图 10-41 所示。

(3)拧紧紧固件前需清除螺纹上的机油、污物及润滑脂。

(4)各紧固螺栓应按规定的标准力矩拧紧，其中槽形螺母应先拧到低的标准力矩，然后慢慢将它们拧紧，直到螺母的槽与销孔对准为止。切勿在旋松螺母的情况下进行对准。

(5)将图 10-41 的夹子 9 更换或安装一个新的开口销。

(6)安装悬架横臂后，应检查后轮定位，如有必要则进行调整。

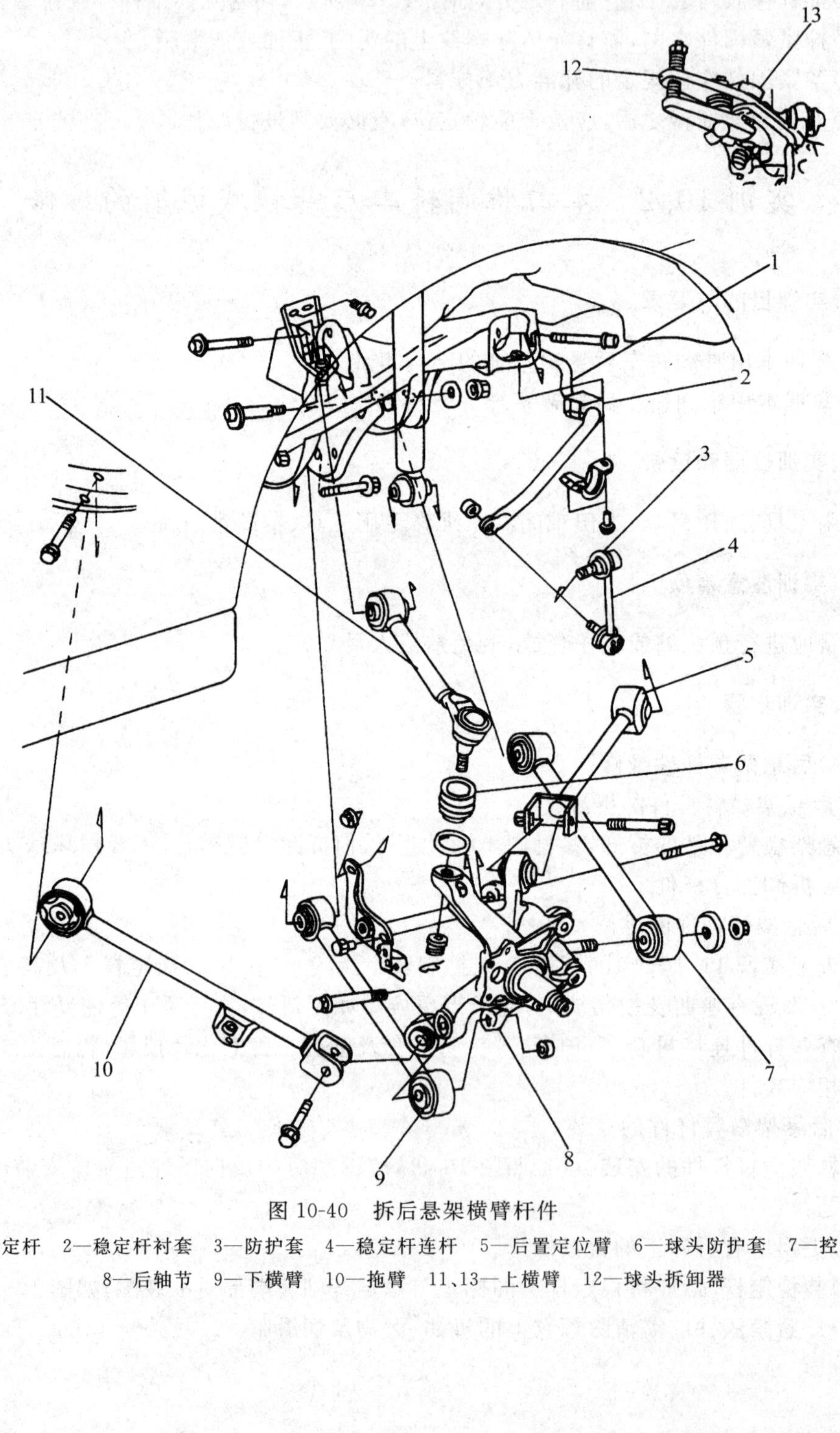

图 10-40 拆后悬架横臂杆件

1—稳定杆 2—稳定杆衬套 3—防护套 4—稳定杆连杆 5—后置定位臂 6—球头防护套 7—控制臂 8—后轴节 9—下横臂 10—拖臂 11、13—上横臂 12—球头拆卸器

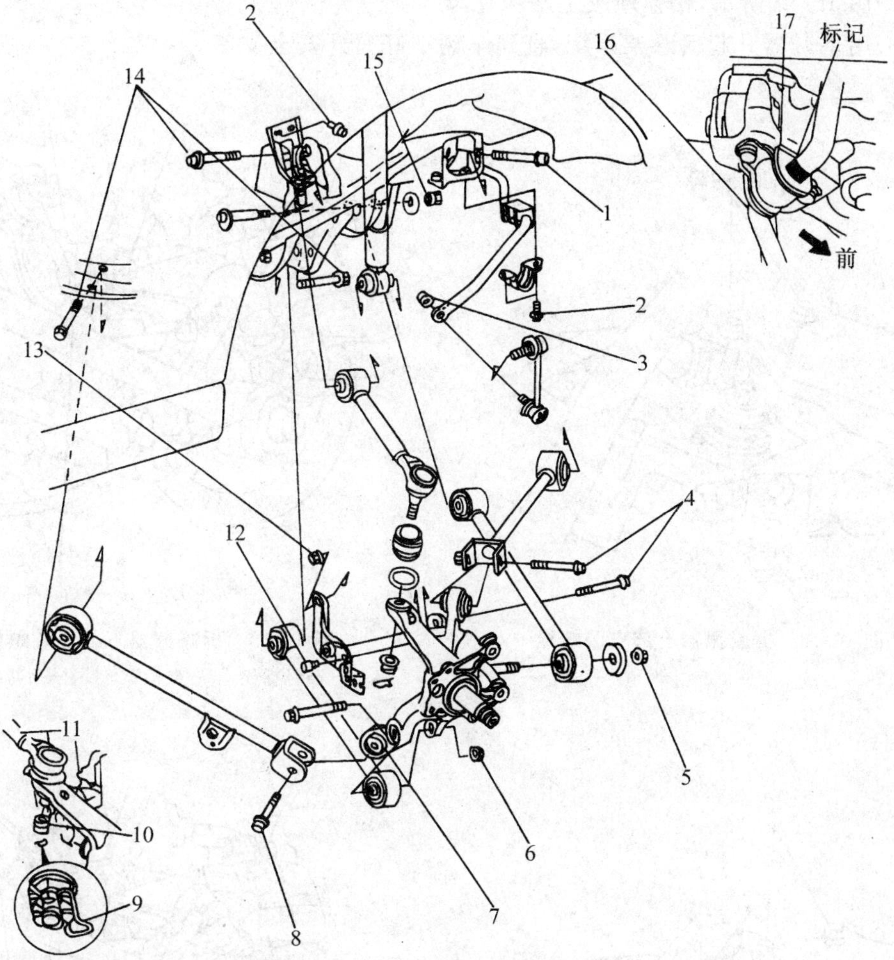

图 10-41　后悬架横臂杆件的安装

1—凸缘螺栓　2—螺栓　3—自锁螺母　4—凸缘螺栓　5—自锁螺母　6—凸缘螺母　7—后轴节轴套
8—凸缘螺栓　9—夹子　10—槽形螺母　11—上横臂　12—自锁螺母　13—自锁螺母
14—凸缘螺栓　15—自锁螺母　16—稳定杆　17—稳定杆轴套

(二)后减振器的维修

1. 后减振器的拆卸

(1)抬升车辆后部,将其稳固支撑,拆卸后车轮。

(2)拆卸后隔板盖。

(3)如图 10-42 所示,拆下两个凸缘螺母。

(4)如图 10-43 所示,从后轴节上拆下凸缘螺栓。

(5)从稳定杆上拆下凸缘螺母。

(6)放低后悬架系统,从车辆上拆下减振器。

2. 后减振器的安装

修复或更换减振器总成后,进行减振器总成的安装。其安装方法如下:

(1)放低后悬架系统,将减振器安装到位,并松弛地装上两个凸缘螺母(图 10-44)。

(2)图 10-45 所示，松弛地装上凸缘螺母。

(3)用举升器升起后悬架系统，直到车辆正好离开安全支座。

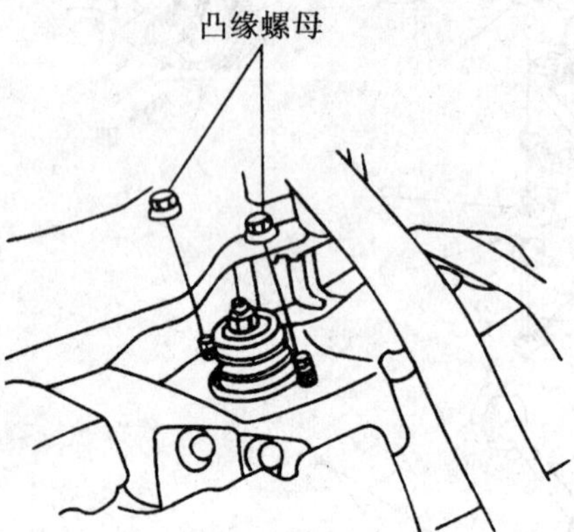

图 10-42　拆减振器上部安装螺栓

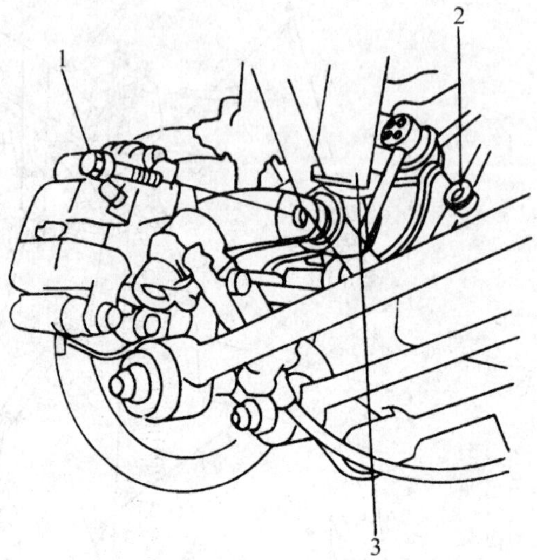

图 10-43　拆减振器下部安装螺栓

1—凸缘螺栓　2—自锁螺母　3—后减振器

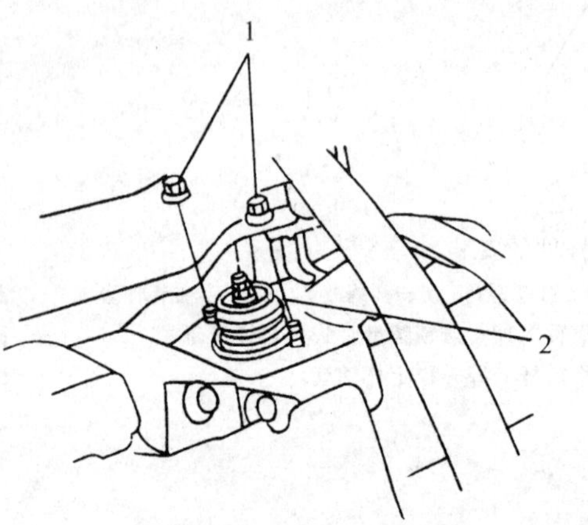

图 10-44　安装减振器上部

1—凸缘螺母　2—后减振器

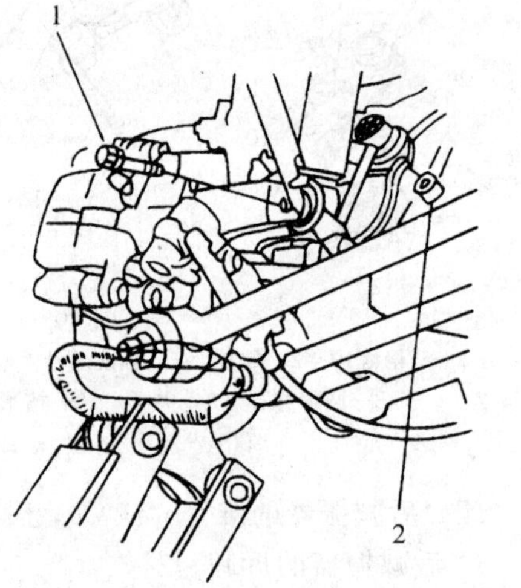

图 10-45　安装减振器下部

1—凸缘螺母　2—自锁螺母

(4)按规定力矩拧紧减振器底部的凸缘螺栓和螺母。

(5)用 50N·m 的规定力矩拧紧减振器顶部的两个凸缘螺栓。

安装后隔板盖，安装后车轮，并检查后车轮定位，如有必要，则应进行调整。

3. 后减振器的检修

后减振器分解如图 10-46 所示，后减振器的分解、组装、检修方法类似前减振器，请参照前减振器方法进行。

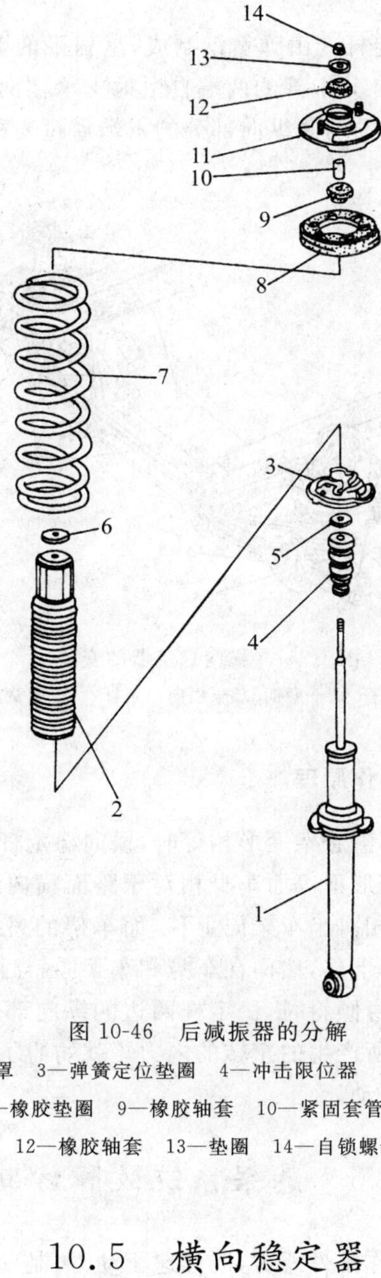

图 10-46　后减振器的分解

1—后减振器单元　2—防尘罩　3—弹簧定位垫圈　4—冲击限位器　5—冲击限位垫　6—防尘罩垫块　7—减振器弹簧　8—橡胶垫圈　9—橡胶轴套　10—紧固套管　11—减振器紧固基座　12—橡胶轴套　13—垫圈　14—自锁螺母

10.5　横向稳定器

10.5.1　横向稳定器的功用及组成

1. 功用

汽车高速行驶中转向时，在离心力的作用下，车身会产生很大的横向倾斜和横向角振动。为减少这种现象，在悬架中必须加设横向稳定器，目前应用得较多的是杆式横向稳定器。

2. 组成

如图 10-47 所示，横向稳定杆 3 由弹簧钢制成，呈扁平的 U 形，安装在汽车的前端或后端(也有的轿车前、后均有)。其中部的两端自由地支承在两个橡胶套筒 2 内，而套筒 2 则固定在车架上。横向稳定杆的两侧纵向部分的末端通过支杆 1 与悬架下摆臂上的弹簧支座 5 相连。

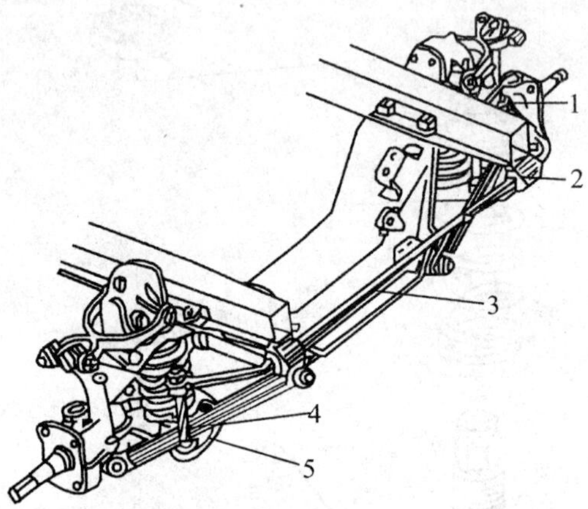

图 10-47 横向稳定器的安装

1、4—支杆 2—套筒 3—横向稳定杆 5—弹簧支座

10.5.2 横向稳定器的工作原理

当车身只作垂直移动而两侧悬架变形相等时，横向稳定杆在套筒内自由转动，横向稳定杆不起作用。当两侧悬架变形不等而车身相对于路面横向倾斜时，车架的一侧移近弹簧支座，稳定杆的该侧末端就相对于车架向上移，而车架的另一侧远离弹簧支座，相应的稳定杆的末端则相对于车架向下移，然而在车身和车架倾斜时，横向稳定杆的中部对于车架并无相对运动。这样，在车身倾斜时，稳定杆两边的纵向部分向不同方向偏转，于是稳定杆便被扭转，弹性的稳定杆所产生的扭转的内力矩就妨碍了悬架弹簧的变形，因而减小了车身的横向倾斜和横向角振动。

10.6 悬架系统故障诊断

汽车行驶时，悬架系统工作条件恶劣，既传递驱动力、制动力及其他力矩，又承受整车载荷及路面的冲击。因此，在汽车长时间工作后，其悬架系统的某些杆件将不同程度地受到诸如磨损、变形、断裂、失效的损坏，以至引起故障，使汽车的乘坐舒适性、操纵稳定性受到破坏。在修理中，为达到手到“病”除的目的，应对故障进行准确诊断。

悬架系统的故障较复杂。一般发生故障时，几乎都伴有异响、噪声、振动，其原因有时不仅在悬架系统本身，而且还与轮胎和转向、制动、传动系统以及消声器有关。因此，在诊断异响、振动等故障时，应正确地判断故障是在何种行驶状态产生的。并且，在故障诊断之前，还应对异响、振动产生的相关部位进行基本检查，以确定故障范围。

下面以本田雅阁轿车悬架系统为例进行故障诊断的讲解。

10.6.1　乘坐舒适性不良

乘坐舒适性不良是指汽车在凸凹不平的路面行车时，车身产生的振动不能迅速衰减，使乘坐性能受到破坏的现象。

1. 故障原因

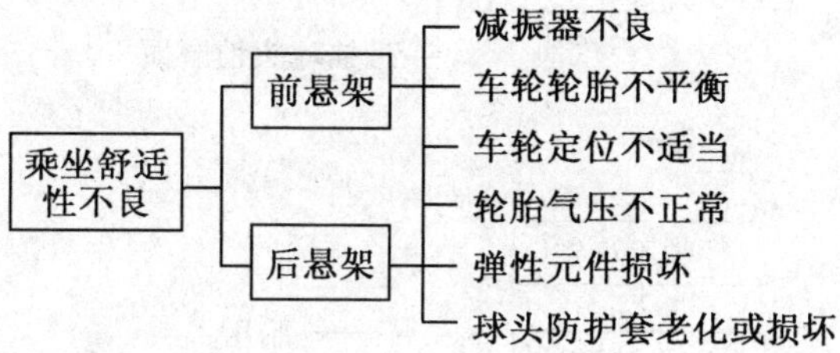

2. 故障诊断

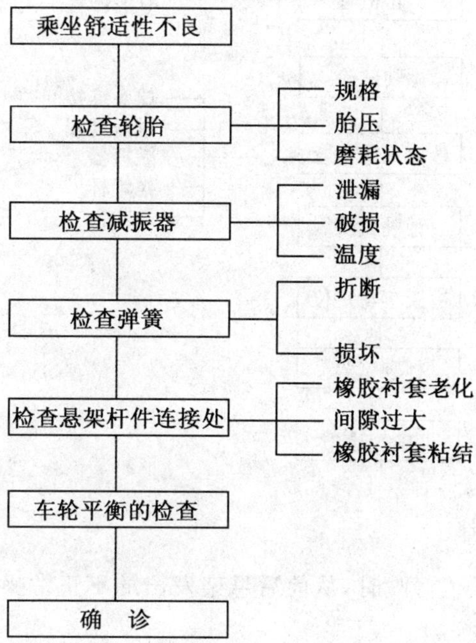

10.6.2　行驶不稳定

行驶不稳定是指汽车行驶时跑偏或车辆振动大而持续发生的转向轮摆头等行驶不稳定现象。

1. 故障原因

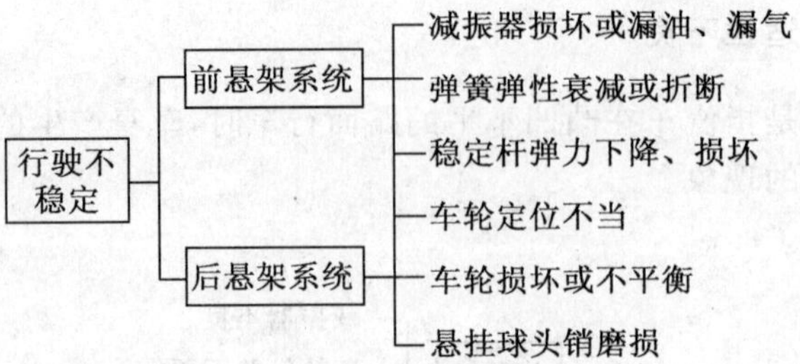

2. 故障诊断

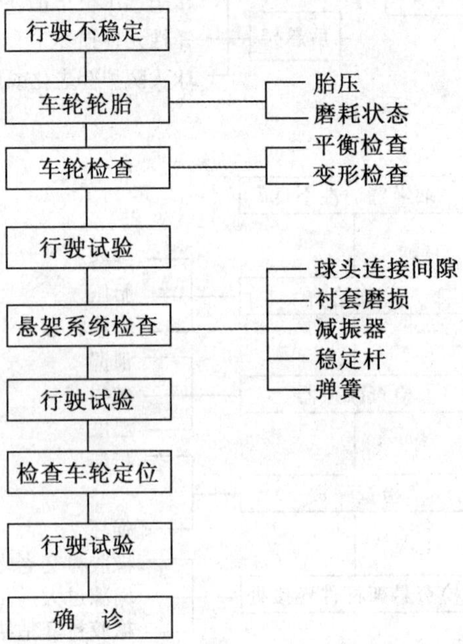

10.6.3 悬架系统异响

悬架系统异响是指汽车行驶时,从前后悬架发出的不正常噪音。

1. 故障原因

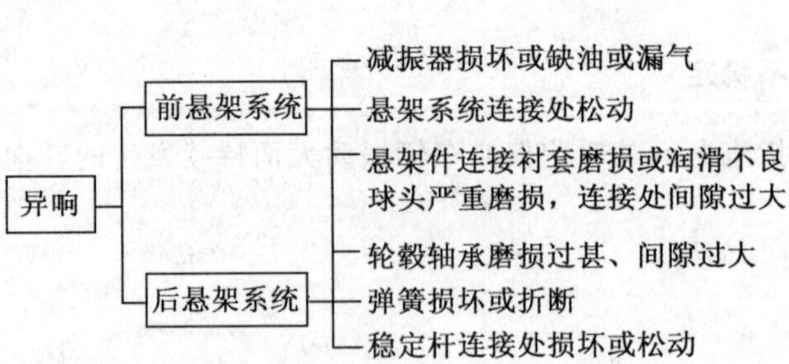

2. 故障诊断

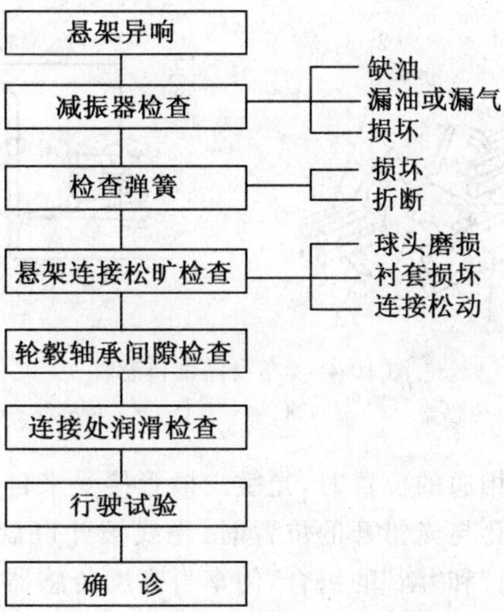

10.7　电子控制悬架系统

10.7.1　电子控制悬架系统的组成

为了使汽车行驶更加平顺，乘坐更加舒适，要求悬架的结构参数能主动地适应行驶中不断变化的路面要求，这种悬架称为主动悬架。随着电子控制技术的发展，产生了电子控制悬架系统。电子控制悬架系统可以对悬架系统参数，包括弹簧刚度、减振器阻尼力和车身高度等实行控制。

电子控制悬架系统一般由传感器、电子控制单元和执行机构3部分组成。传感器用来感受汽车的运动状态（路况、车速及起动、加速、转向和制动等工况），并将各种状态转换为电信号输送给电控单元（ECU）。电子控制单元对传感器输入的电信号进行处理，并向执行机构发出控制指令。执行机构及时地做出动作反应，实现对弹簧刚度、减振器阻尼力和车身高度的调节。

10.7.2　电子控制悬架系统的结构与工作原理

1. 传感器的结构与工作原理

传感器是电子控制悬架系统的重要部件，通常有车身高度传感器、转向传感器、车速传感器、节气门开度传感器、车门传感器和模式选择开关等。

(1)车身高度传感器

车身高度传感器用来检测车辆高度。如图10-48所示，它由一个开口盘3和4组光电传感器2组成。每组光电传感器分别由发光二极管和光敏三极管组成，两者相对安装。传感器开口盘安装在车身上，当车身高度发生变化时，通过摇臂、连杆和杠杆等机构使开口盘转动。

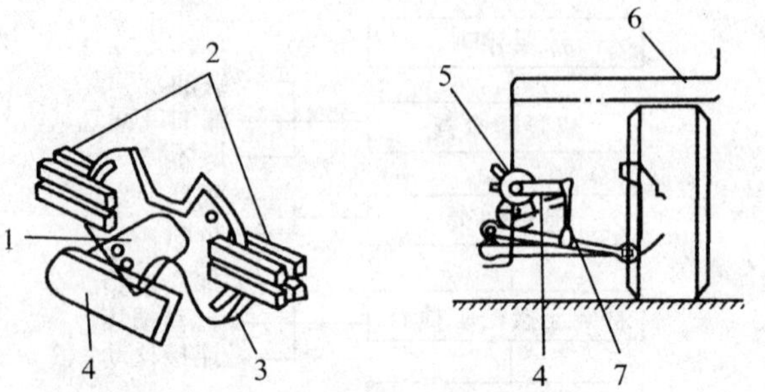

图 10-48　车身高度传感器

1—转轴　2—光电传感器　3—开口盘　4—杠杆　5—传感器　6—车身　7—连杆

当开口盘转至孔与光相通的位置时，光敏三极管接受来自发光二极管的光线，输出一个“通”信号当开口盘转至孔与光错开的位置时，光线被开口盘挡住，输出一个“断”信号。来自 4 组光电传感器的“通”和“断”的组合，使车身高度传感器检测出不同的车高信号，并将它们转换成电信号送至 ECU。

(2)转向传感器

转向传感器安装在转向器上，用来检测转向时的转向角度和汽车转弯的方向，并向 ECU 提供车态信号。如图 10-49 所示，转向传感器由转向传感器组件和开缝盘组成。转向传感器组件固定在转向柱管上，它有两组发光二极管和光电晶体管，两者相对安装。开缝盘固定在转向轴上，并随其转动。当开缝盘随转向轴转动时，两个光电晶体管的输出端即可向电控单元输入时通时断的电信号，电控单元根据电信号通、断变化的速度，检测出转向盘的转角和转速。由于两组光电晶体管电信号通、断的相位错开 90°，则转向传感器通过判断哪组光电晶体管首先转变为“通”状态，即可检测出转向轴的转动方向。

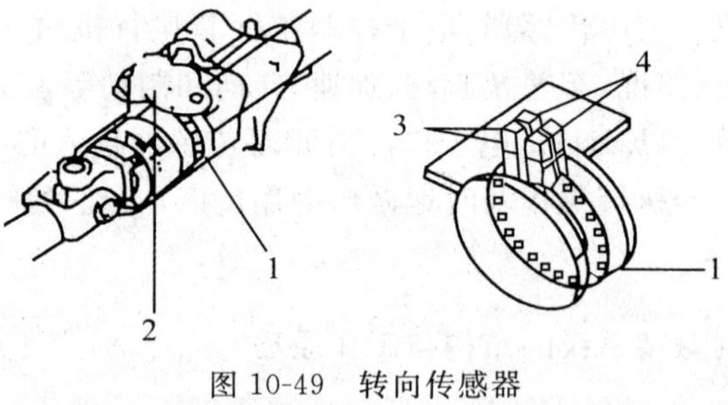

图 10-49　转向传感器

1—开缝盘　2—转向传感器组件　3—发光二极管　4—光电晶体管

(3)其他传感器和开关

1)车速传感器。车速传感器安装在车轮上，用来检测转速信号，并提供给 ECU，ECU 接收该转速信号与转向盘转动角度信号后，计算出车身的侧倾程度。

2)节气门开度传感器。节气门开度传感器用来检测汽车加速度信号，ECU 利用此信号作为防车身后倾控制的一个工作状态参数。

3)车门传感器。车门传感器是为了检测车门在行驶过程中是否关闭。

4)高度控制开关。高度控制开关用来选择汽车高度,ECU 检测高度控制开关的状态,并相应地使汽车高度升高或下降。

5)模式选择开关。模式选择开关用来选择悬架的刚度状态,ECU 检测到模式选择开关的状态后,操纵悬架控制执行器,改变减振器的弹簧刚度和阻尼系数。

6)停车灯开关。当踩下制动踏板时,停车灯开关接通,ECU 利用该信号作为防车身前倾控制的一个工作状态参数。

2. 执行机构的结构与工作原理

(1)空气弹簧

电控悬架采用空气弹簧作为弹性元件。如图 10-50 所示,空气弹簧由主气室、副气室和空气阀控制杆等组成。

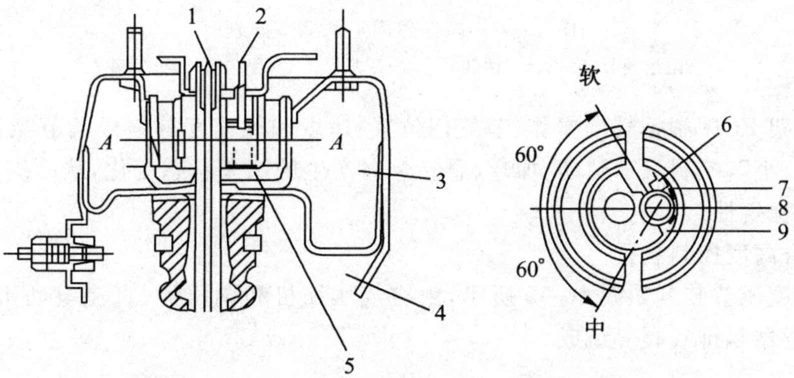

图 10-50　空气弹簧刚度的调节原理

1—转阀控制杆　2—空气阀控制杆　3—副气室　4—主气室　5—主、副气室通道
6—气体阀　7—气体通道小孔　8—阀芯　9—气体通道大孔

空气弹簧刚度的调节是通过控制主、副气室的空气通道来完成的。当阀芯的位置处于主、副气室气体通道的大孔打开时,主气室的气体经过阀芯的中心孔与副气室相通,两气室容量增加,空气弹簧的刚度处于“低”状态;当阀芯的位置处于气体通道的大孔关闭、小孔打开时,主、副气室容量变小,空气弹簧的刚度处于“中”状态;当阀芯的位置处于主、副室气体的通道切断时,只有主气室承担缓冲任务,空气弹簧的刚度处于“高”状态。ECU 根据车辆状态信号及时调节弹簧刚度:高速行驶时转换为高刚度,低速行驶时转换为低刚度。制动时,使前弹簧刚度增加,加速时,使后弹簧刚度增加,而在转弯时调节左、右弹簧刚度,以减少侧倾。

(2)减振器

减振器采用控制阀来对阻尼进行调节,通过控制阀变换通流面积,来改变减振液的流通快慢,从而达到阻尼系数的有级调节。其调节原理如图 10-51 所示,当控制杆带动回转阀 2 旋转一个角度,使 A、B、C3 个截面的阻尼孔全部开通时,减振器阻尼系数最小。当控制杆带动回转阀又旋转一个角度,使得只有 B 截面中的小阻尼孔开通,而 A、C 两个截面中的阻尼孔被关闭时,减振器阻尼系数处于中间当控制杆带动回转阀再旋转一个角度,使得 A、B、C3 个截面的阻尼孔全部关闭时，仅靠减振器中的单向阀 4 产生阻尼，减振器阻尼系数为最大。

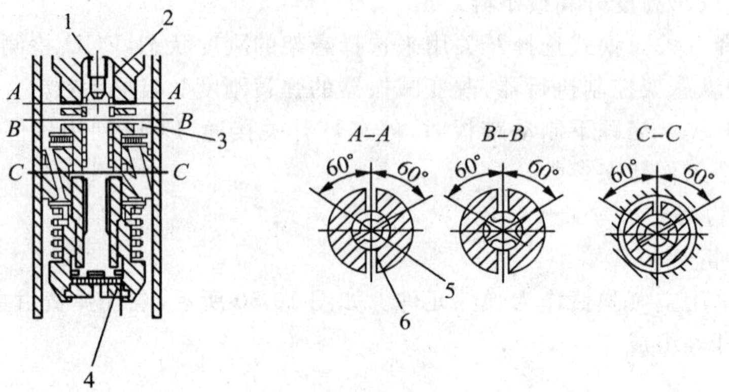

图 10-51　减振器阻尼的调节原理

1—阻尼调节杆　2、6—回转阀　3—阻尼孔　4—单向阀　5—活塞杆

电控悬架 ECU 根据转向操作、节气门位置、速度和加速度等信号调节减振器阻尼系数的“大、中、小”，控制汽车制动、加速、急转弯时产生的汽车状态变化，从而提高汽车的平顺性和操纵稳定性。

(3)车身高度控制装置

车身高度调节装置如图 10-52 所示，由空气压缩机和调压器、直流电动机、高度控制电磁阀、干燥器和排气阀等组成。

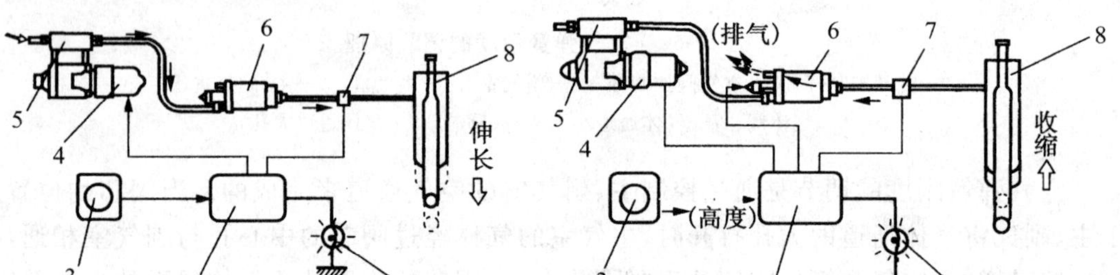

图 10-52　车身高度调节的原理

1—指示灯　2—电控单元 ECU　3—车身高度传感器　4—直流电动机　5—压缩机和调压器　6—干燥器和排气阀　7—高度控制电磁阀　8—空气悬架

ECU 根据车身高度传感器送来的信号和控制模式指令，向高度控制阀发出指令。当车身需要升高时，高度控制阀打开，压缩空气进入空气弹簧的主气室，车身升高，如图 10-52(a)所示。当高度控制阀关闭时，空气弹簧主气室的空气量保持不变，车身维持一定的高度不变。当车身需要降低时，压缩机停止工作，高度控制阀打开，此时排气阀也打开，悬架的主气室中的空气通过高度控制阀、管路，最后由排气阀排出，车身高度下降，如图 10-52(b)所示。

3. 电子控制单元

电子控制单元(ECU)是电控悬架系统的控制中枢。它接受各传感器传来的信号,并对这些信号进行分析、比较和判断,经精确计算后输出控制信号,对减振器阻尼力、悬架刚度和车身高度等进行控制。ECU 具有故障自诊断功能,当出现故障时,ECU 以故障码的形式存储故障,并使指示灯点亮。ECU 还具有保护系统功能,当控制系统出现故障时,ECU 能暂时切断对悬架的控制。

复习思考题

1. 汽车悬架的功用是什么?它由哪几部分组成?如何分类?
2. 汽车常用的悬架弹性元件有哪几种?
3. 什么是独立悬架?什么是非独立悬架?它们在结构上有何不同?各有哪些优缺点?
4. 汽车电控悬架系统常用的传感器有哪些?它们的作用是什么?
5. 电控悬架如何实现高度的调整?
6. 多连杆悬架系统有哪些优点?
7. 如何进行减振器工作性能好坏的检查?

第 4 篇

汽车转向系统

第11章　转向系统

学习目标

了解转向系统的功用和组成；熟悉转向系统的结构组成和工作原理；掌握转向系统检修的内容和方法。

11.1　概　述

汽车转向系统是指用于改变或保持汽车行驶方向的专设机构，是汽车保持安全行车的重要系统之一，因此对转向系统进行及时的检查维护是保证汽车安全行车、减少交通事故的有效措施。

11.1.1　汽车转向系统的功用、分类及基本组成

1. 转向系统的功用

汽车转向系统的功用是使汽车在行驶过程中能够按驾驶者的操纵要求而适时地改变其行驶方向，并在受到路面传来的偶然冲击使汽车意外地偏离行驶方向时，能与行驶系统配合，共同保持汽车稳定地行驶。

2. 分类

汽车转向系统按转向动力源的不同分为机械转向系统和动力转向系统两大类。

机械转向系统以驾驶者的体力作转向动力源。机械转向系统的能量来源是人力，所有传力件都是机械的。

动力转向系统最主要的动力来源是转向助力装置。根据辅助转向能源的不同，又可以分为液压式、气压式和电动式的动力转向系统。

3. 转向系统的基本组成

(1)机械转向系统的基本组成

汽车机械转向系统由转向操纵机构、转向器和转向传动机构3大部分组成。

如图11-1所示，汽车转向时，驾驶者转动转向盘1，通过转向轴2、转向节3和转向传动轴4，将转向力矩输入转向器5。从转向盘1到转向传动轴4这一系列部件即属于转向

操纵机构。

经转向器 5 减速后的运动和增大后的力矩传到转向摇臂 6，再通过转向直拉杆 7 传给固定于左转向节 9 上的转向节臂 8，使左转向节 9 及装于其上的左转向轮绕主销偏转。左、右梯形臂 10 和 12 的一端分别固定在左、右转向节 9 和 13 上，另一端则与转向横拉杆 11 作球铰链连接。当左转向节偏转时经梯形臂 10、横拉杆 11 和梯形臂 12 的传递，右转向节 13 及装于其上的右转向轮随之绕主销同向偏转相应的角度。

转向摇臂 6、转向直拉杆 7、转向节臂 8、梯形臂 10、12 和转向横拉杆 11 总称为转向传动机构。

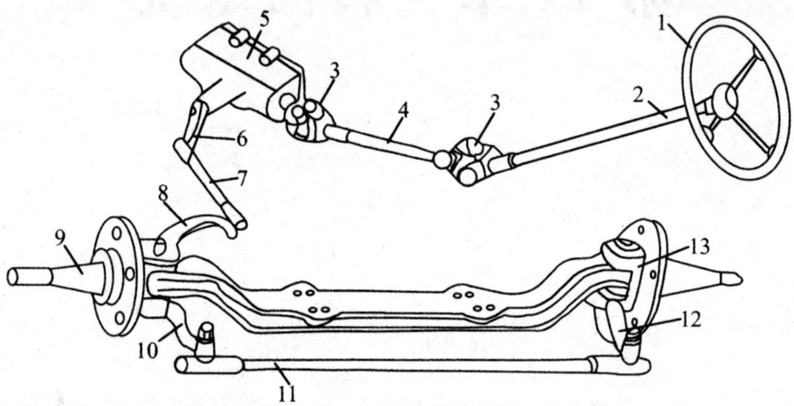

图 11-1　机械转向系统

1—转向盘　2—转向轴　3—转向万向节　4—转向传动轴

5—转向器　6—转向摇臂　7—转向直拉杆　8—转向节臂

9、13—左、右转向节　10、12—左、右梯形臂　11—转向横拉杆

(2)动力转向系统的基本组成

动力转向系统的基本组成如图 11-2 所示。其中属于转向加力装置的部件是：转向油泵 5、转向油管 4、转向油罐 6 以及位于整体式转向器 10 内部的转向控制阀及转向动力缸等。当驾驶者转动转向盘 1 时，转向摇臂 9 摆动，通过转向直拉杆 11、转向横拉杆 8 和转向节臂 7，使转向轮偏转，从而改变汽车的行驶方向。与此同时，转向器输入轴还带动转向器内部的转向控制阀转动，使转向动力缸产生液压作用力，帮助驾驶者转向操纵。这样，为了克服地面作用于转向轮上的转向阻力矩，驾驶者需要加于转向盘上的转向力矩，比用机械转向系统时所需的转向力矩小得多。

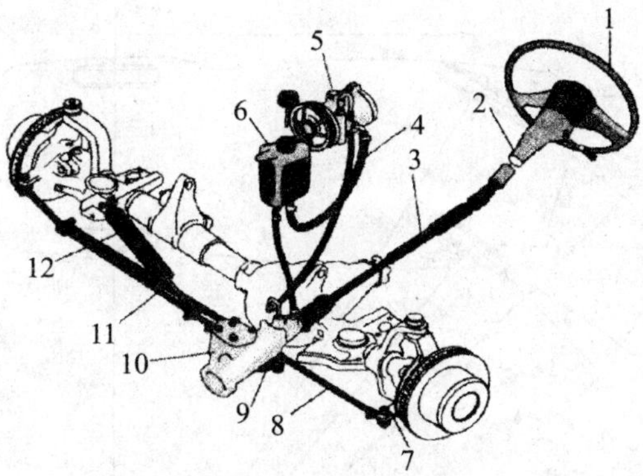

图 11-2　动力转向系统

1—转向盘　2—转向轴　3—转向中间轴　4—转向油管　5—转向油泵　6—转向油罐
7—转向节臂　8—转向横拉杆　9—转向摇臂　10—整体式转向器　11—转向直拉杆　12—转向减振器

11.1.2　转向系统的角传动比和转向时车轮的运动规律

1. 转向系统角传动比

转向盘的转角与安装在转向盘同侧的转向轮偏转角的比值，称为转向系统角传动比，用 i_w 表示。而转向盘转角和转向摇臂摆角之比 i_1，称为转向器角传动比。转向摇臂摆角与同侧转向节带动的转向轮偏转角之比 i_2 称为转向传动机构角传动比。显然 $i_w = i_1 i_2$。i_w 越大，转向操纵越轻便，但操纵灵敏性越差，所以 i_w 不能过大。

2. 转向时车轮的运动规律

汽车转向时，内侧车轮和外侧车轮滚过的距离是不等的。对于一般汽车而言，后桥左右两侧的驱动轮由于差速器的作用，能够以不同的转速滚过不同的距离。但前桥左右两侧的转向轮要滚过不同的距离，必然要引起车轮沿路面边滚动边滑动，致使转向时的行驶阻力增大，轮胎磨损增加。为避免这种现象，要求转向系统能保证在汽车转向时，所有车轮均作纯滚动。显然，这只有在转向时，所有车轮的轴线都交于一点方能实现。此交点 O 称为汽车的转向中心，如图 11-3 所示，汽车转向时内侧转向轮偏转角 β 大于外侧转向轮偏转角 α。α 与 β 的关系是：

$$\cot\alpha = \cot\beta + \frac{B}{L}$$

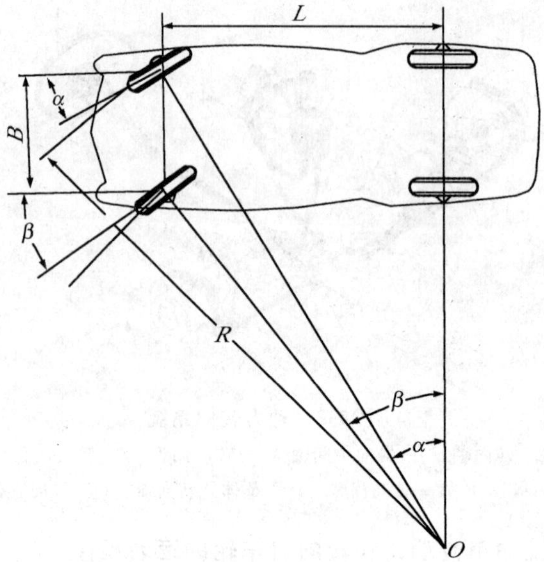

图 11-3　汽车转向示意图

11.2　转向操纵机构

11.2.1　转向操纵机构的功用和组成

转向操纵机构的功用是产生转动转向器所必需的操纵力，并具有一定的调节和安全性能。转向操纵机构要将驾驶者操纵转向盘的力传给转向器，同时为了驾驶者驾驶舒适，还要求转向操纵机构可以进行调节，以满足不同驾驶者的需求。为了防止车辆撞击后对驾驶者的损伤，还要求转向操纵机构具有一定的安全保护装置。

转向操纵机构由转向盘、转向轴、转向柱管和转向万向节组成。

转向轴和转向柱管统称为转向柱。为了提高汽车碰撞后驾驶者的安全性，轿车上广泛安装有安全式转向柱或可调式转向柱。

安全式转向柱有可分离式安全转向操纵机构和缓冲吸能式转向操纵机构两种。

可调式转向柱可以对转向盘的操纵位置进行调节以达到最佳状态。

11.2.2　可分离式安全转向操纵机构

上海桑塔纳轿车采用了可分离式安全转向操纵机构，如图 11-4 所示。

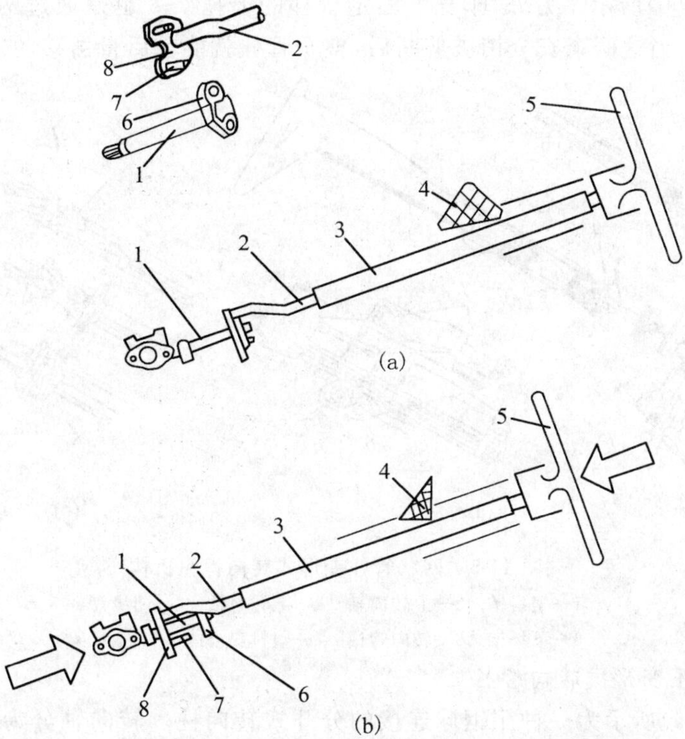

图 11-4　上海桑塔纳轿车可分离式安全转向操纵机构

1—下转向轴　2—上转向轴　3—转向管柱　4—可折叠安全元件

5—转向盘　6—凸缘　7—驱动销　8—半月形凸缘盘

如图 11-4(a)所示为转向操纵机构的正常工作位置。此类转向操纵机构的转向轴分为上下两段,两段用安全联轴节连接,上转向轴 2 下部弯曲并在端面上焊接有半月形凸缘盘 8,盘上装有两个驱动销 7,与下转向轴 1 上端凸缘 6 压装有尼龙衬套和橡胶圈的孔相配合,形成安全联轴节。一旦发生撞车事故,驾驶者因惯性而以胸部扑向转向盘 5 时,迫使转向柱管 3 压缩位于转向柱上方的安全元件 4 而向下移动,使两个销子 7 迅速从下转向轴凸缘 6 的孔中退出,从而形成缓冲,减少对驾驶者的伤害。

图 11-4(b)为转向盘受撞击时,安全元件被折叠、压缩和安全联轴节脱开使转向柱产生轴向移动的情形。

11.2.3　缓冲吸能式转向操纵机构

缓冲吸能式转向操纵机构从结构上能使转向轴和转向管柱在受到冲击后,轴向收缩并吸收冲击能量,从而可以有效地缓和转向盘对驾驶者的冲击,减轻其所受伤害的程度。

1. 网状管柱变形式转向操纵机构

这种转向操纵机构的转向轴分为上、下两段,如图 11-5(a)所示。上转向轴 2 套装在下转向轴 3 的内孔中,两者通过塑料销 1 结合在一起(也有采用细花键结合的),以传递转向力矩。塑料销在受到冲击时被剪断,因此,它起安全销的作用。这种转向操纵机构的转向管柱 6 的部分管壁制成网格状,使其在受到压缩时很容易轴向变形,并消耗一定的变形能量，如图 11-5(b)所示。另外，车身上固定管柱的上托架 8 也是通过两个塑料安全销 7 与管柱连接的。当这两个安全销被剪断后，整个管柱就能前后自由移动。

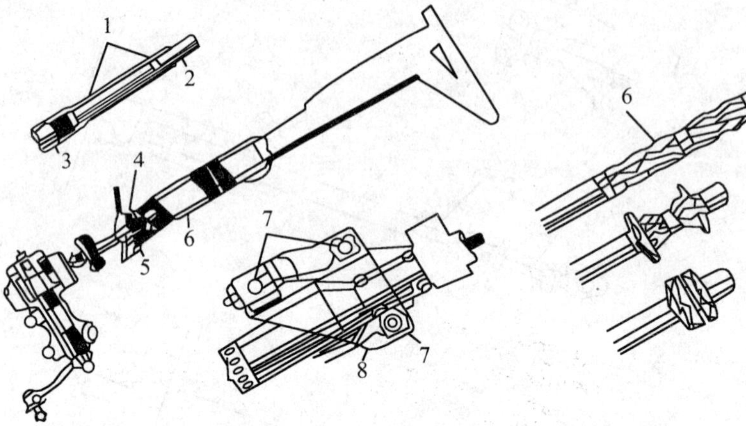

图 11-5　网状管柱变形式转向操纵机构

1—塑料销　2—上转向轴　3—下转向轴　4—凸缘盘

5—下托架　6—转向管柱　7—塑料安全销　8—上托架

2. 钢球滚压变形式转向管柱

如图 11-6(a)所示为一种用钢球连接的分开式转向柱。转向轴分为上转向轴和套在轴上的下转向轴两部分，二者用塑料销钉连成一体。转向柱管也分为上柱管和下柱管两部分，上、下柱管之间装有钢球，下柱管的外径与上柱管的内径之间的间隙比钢球直径稍小。上、下柱管连同柱管托架，通过特制橡胶垫固定在车身上，橡胶垫则利用塑料销钉与托架连接。当发生碰撞时，连接上、下转向轴的塑料销钉被切断，下转向轴便套在上转向轴上向上滑动，避免转向盘上移使驾驶者受到伤害。连接橡胶垫与管柱托架的塑料销钉被切断，托架脱离橡胶垫，即上转向轴和上转向管柱连同转向盘、托架一起，相对于下转向轴和下转向管柱向下滑动，从而减缓了对驾驶者胸部的冲击。上、下转向管柱之间产生相对滑动对钢球的挤压，使冲击能量在挤压的过程中被吸收。

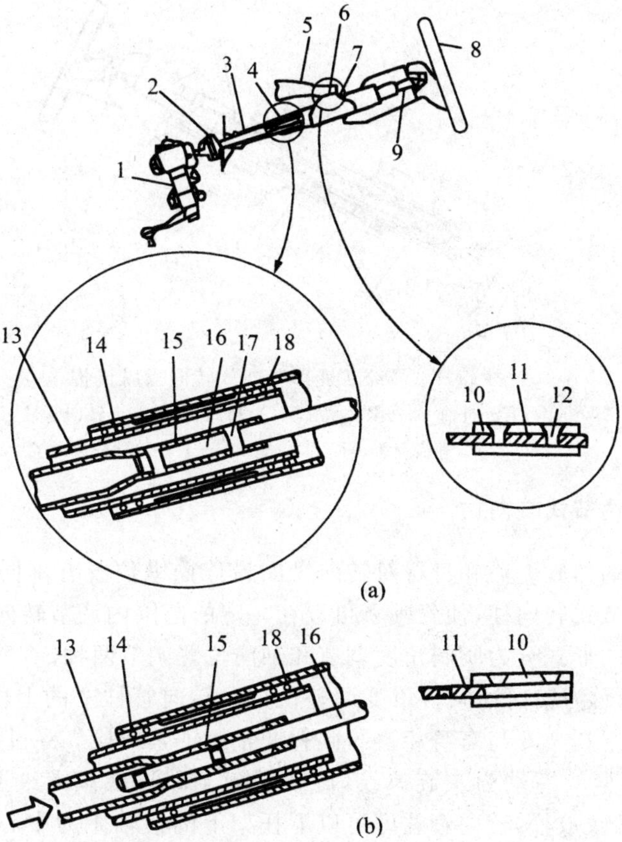

图 11-6　钢球滚压变形式转向管柱

1—转向器总成　2—挠性联轴节　3、13—下转向管柱　4、14—上转向管柱　5—车身　6、10—橡胶垫　7、11—转向管柱托架　8—转向盘　9、16—上转向轴　12、17—塑料销钉　15—下转向轴　18—钢球

3. 波纹管变形吸能式

如图 11-7 所示，波纹管变形吸能式转向操纵机构的转向轴和转向管柱都分成两段，上转向轴 3 和下转向轴 1 之间通过细齿花键 5 结合并传递转向力矩，同时它们两者之间可以做轴向伸缩滑动。在下转向轴 1 的外边装有波纹管 6，它在受到冲击时能轴向收缩变形并消耗冲击能量。下转向管柱 7 的上端套在上转向管柱里面，但两者不直接连接，而是通过管柱压圈和限位块 2 分别对它们进行定位。当汽车撞车时，下转向管柱 7 向上移动，在碰撞力的作用下，限位块 2 首先被剪断并消耗能量，同时转向管柱和转向轴都做轴向收缩。上转向轴 3 下移，压缩波纹管 6，使之收缩变形并消耗冲击能量。

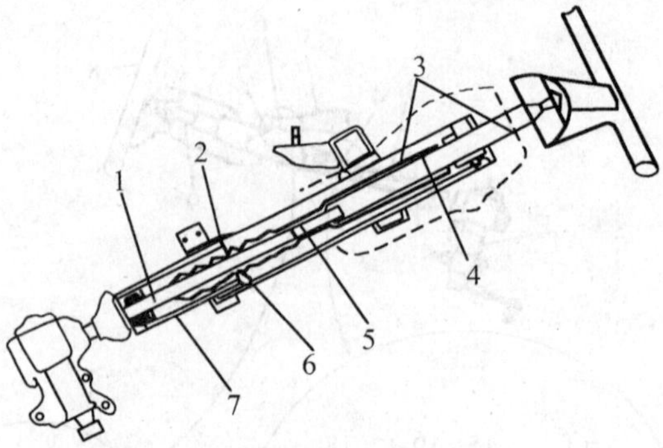

图 11-7　波纹管变形吸能式转向操纵机构

1—下转向轴　2—限位块　3—上转向轴　4—上转向管柱

5—细齿花键　6—波纹管　7—下转向管柱

11.2.4　可调节式转向柱

驾驶者不同的驾驶姿势和身材对转向盘的最佳操纵位置有不同的要求。为此，一些汽车装设了可调节式转向柱，使驾驶者可以在一定的范围内调节转向盘的位置。

转向柱调节的形式分为倾斜角度调节和轴向位置调节两种。

如图 11-8 所示为转向轴倾斜角度调整机构。转向管柱 2 的上段和下段分别通过倾斜调整支架 7 和下托架 6 与车身相连。倾斜调整用锁紧螺栓 5 穿过调整支架 7 上的长孔 3 和转向管柱，螺栓的左端为左旋螺纹，调整手柄 4 即拧在该螺纹上。当向下扳动手柄时，锁紧螺栓的螺纹放松，转向管柱即可以下托架上的枢轴 1 为中心，在装有螺栓的支架长孔范围内上下调节。

如图 11-9 所示的是一种转向轴伸缩机构。转向轴分为上、下两段，二者通过花键连接。上转向轴 2 由调节螺栓 4 通过楔状限位块 5 夹紧定位，调节螺栓的一端拧有调节手柄 3。当需要调整转向轴的轴向位置时，先向下推调节手柄 3，使限位块松开，再轴向移动转向盘，调到合适的位置后，向上拉调节手柄，将上转向轴锁紧定位。

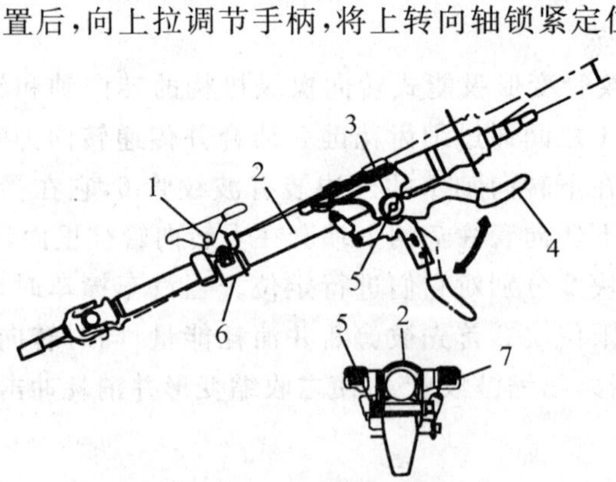

图 11-8　转向轴倾斜角度调整机构

1—枢轴　2—转向管柱　3—长孔　4—调整手柄

5—锁紧螺栓　6—下托架　7—倾斜调整支架

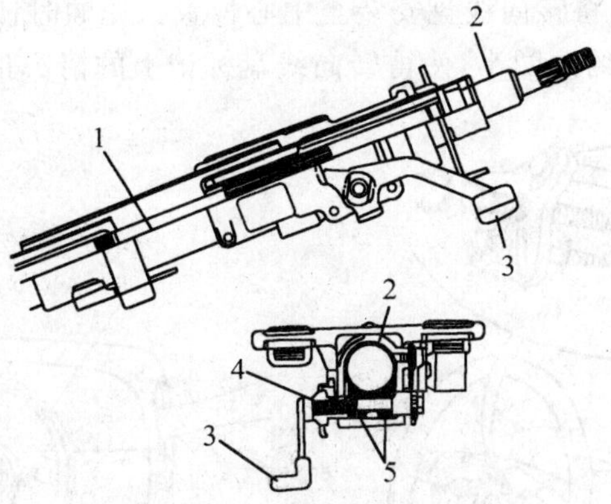

图 11-9　转向轴伸缩机构

1—下转向轴　2—上转向轴　3—调节手柄　4—调节螺栓　5—楔状限位块

实训 11.1　转向操纵装置的检修

一、实训目的与要求

1. 掌握方向盘和转向柱的拆装方法。

2. 掌握转向柱的检修内容和方法。

二、实训仪器和设备

通用工具、通用量具、本田雅阁轿车、本田雅阁轿车维修专用工具

三、实训注意事项

方向盘部位安装有辅助保护系统(SRS)部件,因此在拆装有关 SRS 部件时,应按照其操作注意事项及操作步骤进行。

四、实训步骤

下面以本田雅阁轿车为例讲述如何进行转向操纵装置的检修。

(一)方向盘的拆装

1. 方向盘的拆卸

方向盘拆卸过程如下:

(1)使前车轮处于直线行驶位置,将驾驶席侧气囊总成从方向盘上拆下。

(2)断开收音机遥控开关插头和定速巡航控制开关的插头。

(3)拆下方向盘螺栓,如图 11-10 所示。

(4)用方向盘拉出器,拆下方向盘,如图 11-10 所示。

2. 方向盘的安装

(1)将车轮调至直线行驶位置。

(2)如图 11-11 所示,将转向线盘安装至中心位置。先顺时针转动转向线盘直至停止不动,然后逆时针转回大约两圈半,使得转向线盘标记上的箭头正好向上。

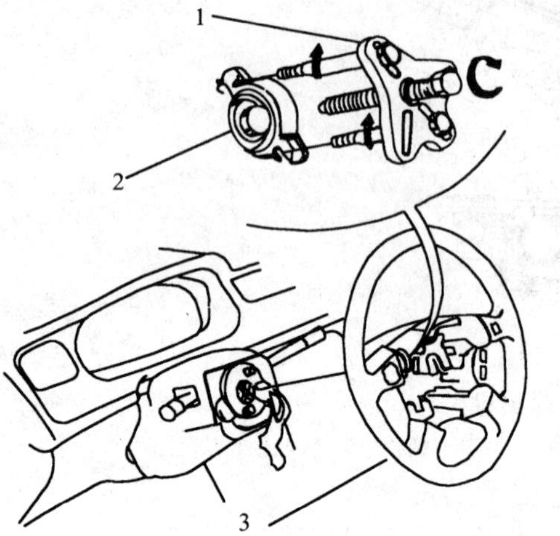

图 11-10　拆下方向盘

1—方向盘拉出器　2—方向盘螺栓　3—方向盘

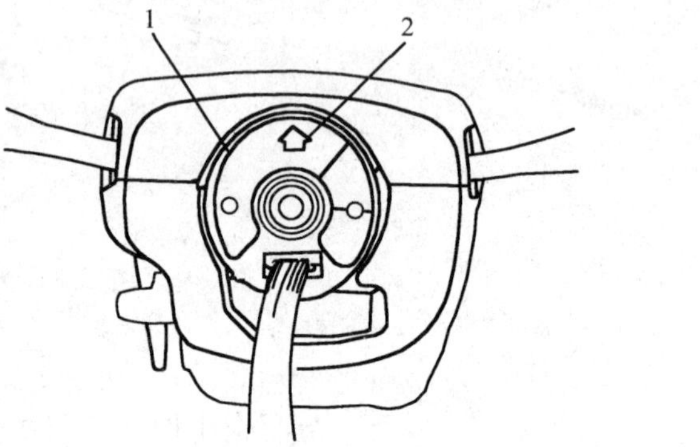

图 11-11　转向线盘的安装

1—转向线盘　2—箭头

(3)将方向盘安装到转向柱轴上,如图 11-12 所示,先使转向信号解除套 1 的两个锁片 2 就位,然后将方向盘装到转向柱上,并确认方向盘轴与转向线盘的销及解除套的锁片相啮合。安装时不要敲击方向盘及转向柱轴。

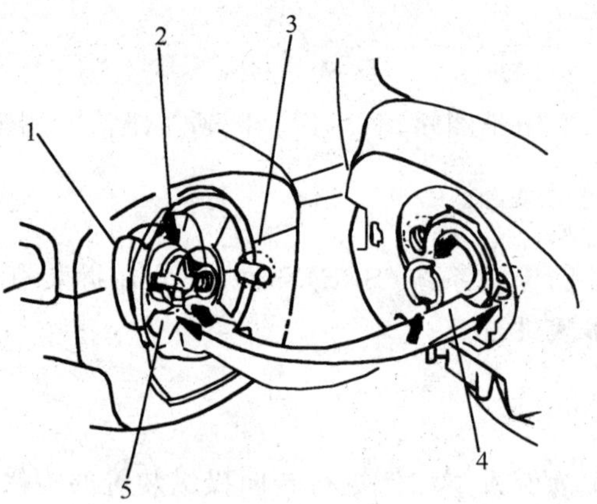

图 11-12　安装方向盘

1—转向信号解除套　2—锁片　3—销　4—方向盘轴　5—销

(4)安装方向盘螺栓,用 39N · m 的力矩将其拧紧。

(5)接上收音机遥控开关插头和定速巡航控制开关插头。

(6)安装驾驶席侧气囊总成,并确认系统工作正常。

(7)检查喇叭、收音机遥控开关、定速巡航控制设置准复开关等工作是否正常。

(二)转向柱的检修

本部位安装有 SRS 部件,在拆装时应严格按照拆装 SRS 有关部件的注意事项及操作步骤进行。

1. 转向柱的拆卸

(1)拆下驾驶气囊总成、方向盘及转向线盘。

(2)拆下驾驶席侧仪表板下盖。

(3)拆下转向柱上、下盖(2、4),如图 11-13 所示。

(4)先断开插头,然后从转向柱上拆下组合开关 3,如图 11-13 所示。

(5)断开点火开关插头。

(6)拆下万向节盖,如图 11-14 所示。

(7)拆下万向节螺栓,然后向转向柱方向移动万向节,断开万向节,如图 11-15 所示,并将其从转向柱轴中取出。

(8)拆下转向柱的固定螺母、螺栓,拆下转向柱,如图 11-16 所示 。

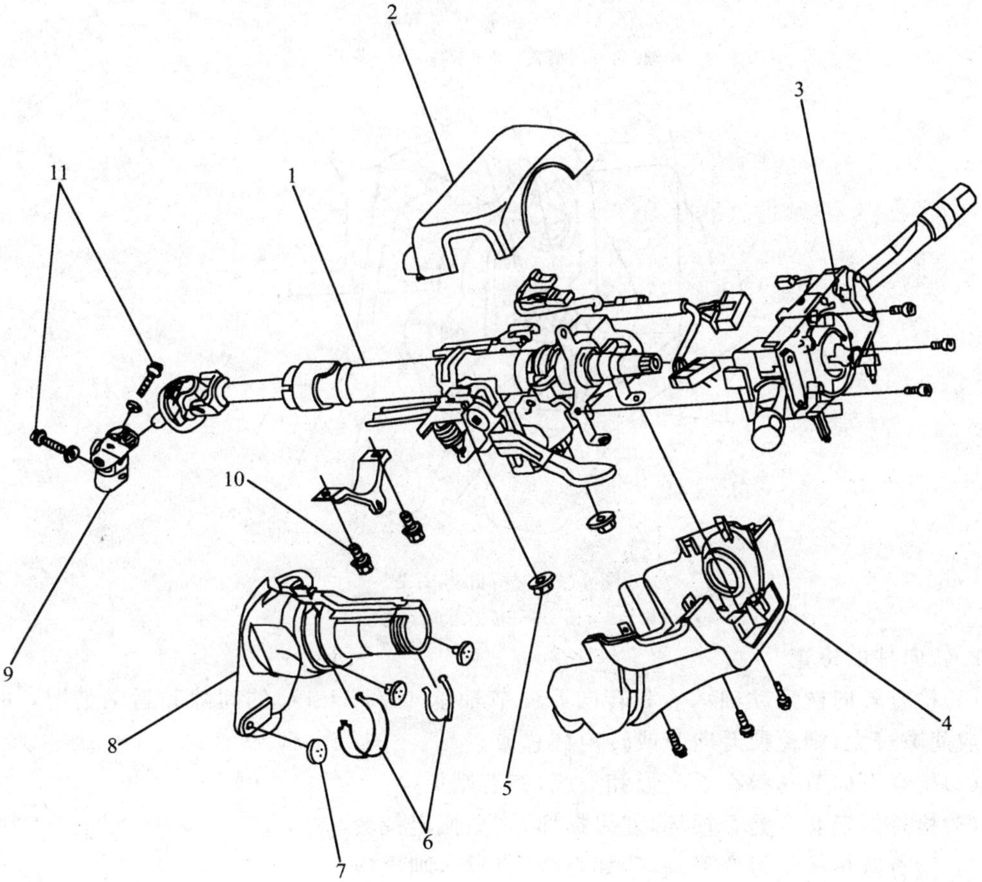

图 11-13　安装方向盘

1—转向柱　2—转向柱上盖　3—组合开关　4—转向柱下盖　5—螺母(16N · m)　6—卡箍
7—卡扣　8—万向节盖　9—万向节　10—螺栓(22N · m)　11—螺栓(22N · m)

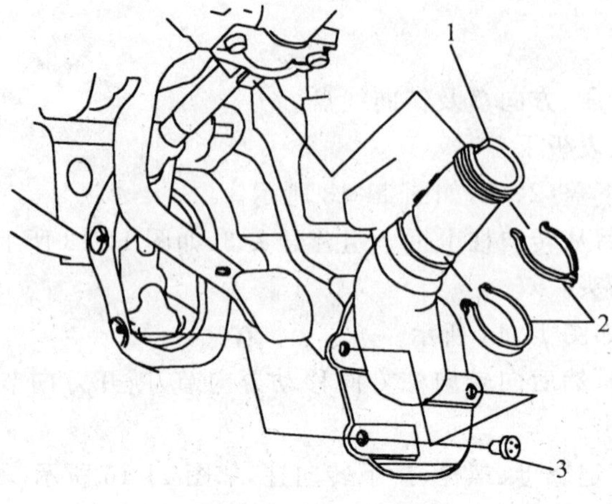

图 11-14 拆卸万向节盖

1—转向万向节盖 2—卡箍 3—夹子

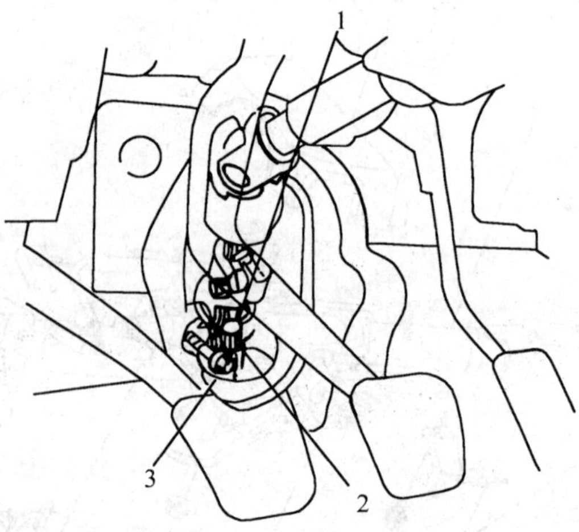

图 11-15 拆卸万向节

1—小齿轮 2—槽 3—转向万向节螺栓 22N·m

2.转向柱的检查

(1)检查转向柱滚动轴承 8 和转向万向节轴承 4(图 11-17)的间隙和运动情况,如有噪声或间隙过大,则更换万向节或转向柱总成。

(2)检查万向节花键有否变形和裂纹,如有则更换。

(3)检查固定套 3 是否损坏,如果损坏,则更换定位套。

(4)检查减振板是否变形损坏,如有变形损坏,则更换。

(5)检查倾斜调节杆的预紧力:

1)从松动位置到锁紧位置扳动倾斜调节杆 3～5 次,然后用弹簧测力计测量倾斜调节杆端部 10mm 处的倾斜调节杆的预紧力,如图 11-18 所示。其预紧力的规定值为:70～90N。

2)如测量的预紧力值不在规定的范围内,则按以下步骤调整其预紧力。

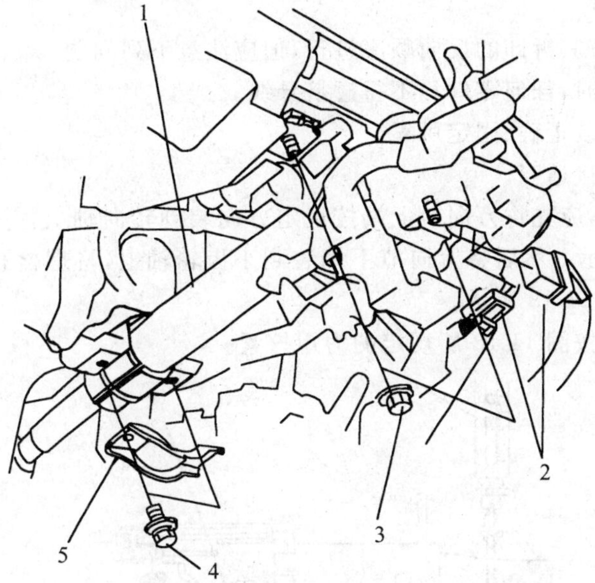

图 11-16　拆卸转向柱

1—转向柱　2—点火开关接头　3、4—凸缘螺母　5—转向柱固定架

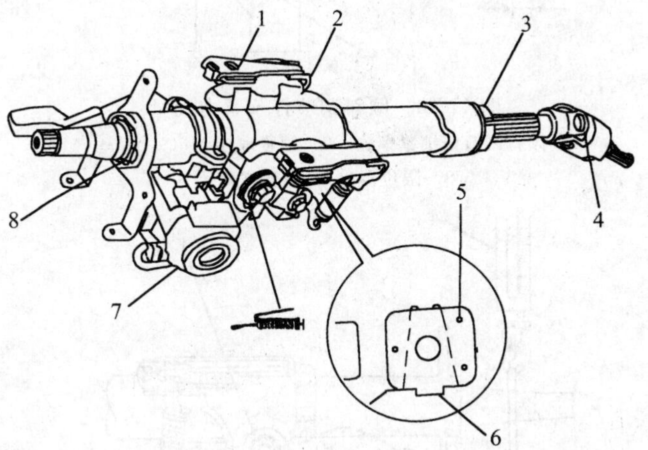

图 11-17　转向柱的检查

1—减振板　2—减振板的导向元件　3—固定套　4—转向万向节轴承
5—注塑剂　6—滑盖　7—点火开关　8—转向柱滚珠轴承

①松开倾斜调节杆，将转向柱置于中间位置。

②拆下锁紧螺栓 2，如图 11-18 所示。

③拆下限位器 3，如图 11-18 所示。

④左右转动锁紧螺栓 1 来调整其预紧力。

⑤将倾斜调节杆拉到最高位置，并安装限位器。

然后再次检查其预紧力。如测量值仍不符合要求，则重复进行上述的调整。

3. 转向柱的安装

转向柱的安装按其拆卸的反向顺序进行，但应注意下列问题：

(1)转向柱安装时，任何零件均不得碰挤导线。

(2)线束必须安装正确、固定可靠。

(3)确保插头连接适当。

(4)装万向节时，应先将万向节上端按规定方向装到转向轴上，并安装上部的万向节螺栓，如图 11-19 所示。然后将万向节下端装到小齿轮轴上，将螺栓孔与轴的槽对齐，并装上下部螺栓，如图 11-13 所示。

(5)各紧固螺栓按图 11-13 所规定的力矩拧紧。

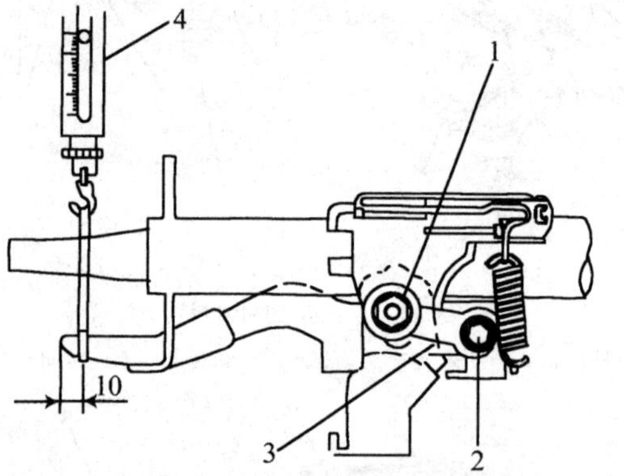

图 11-18　倾斜调节杆预紧力测量

1—倾斜调节杆锁紧螺栓　2—锁紧螺栓 M6(9.8N·m)

3—限位器　4—弹簧测力计

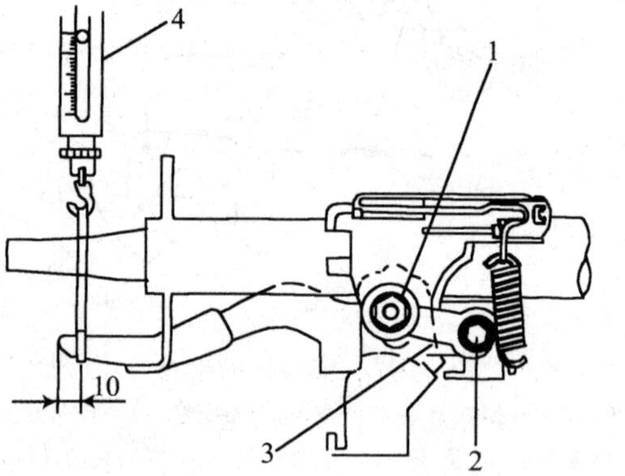

图 11-19　万向节的安装

11.3　转向器

11.3.1　转向器概述

1. 功用

转向器是转向系统中的降速增矩传动装置，其功用是增大由转向盘传到转向节的力，并改变力的传动方向。

2. 类型

按转向器中的传动副的结构形式分，可以分为循环球式、齿轮齿条式、蜗杆曲柄指销式和蜗杆滚轮式等几种。

3. 转向器的传动效率

转向器的传动效率是指转向器输出功率与输入功率之比。

当功率由转向盘输入，从转向摇臂输出时，所求得的传动效率称为正传动效率；反之，转向摇臂受到道路冲击而传到转向盘的传动效率则称为逆传动效率。

按传动效率的不同，转向器还可以分为可逆式转向器、极限可逆式转向器和不可逆式转向器。

可逆式转向器是指正、逆传动效率都很高的转向器。这种转向器有利于汽车转向后转向轮的自动回正，转向盘“路感”很强，但也容易在坏路行驶时出现“打手”，所以主要应用于经常在良好路面行驶的车辆。

极限可逆式转向器是指正传动效率远大于逆传动效率的转向器。这种转向器能实现汽车转向后转向轮的自动回正，但“路感”较差，只有当路面冲击力很大时才能部分地传到转向盘，主要应用于中型以上的越野汽车和工矿用自卸汽车等。

不可逆式转向器是指逆传动效率很低的转向器。这种转向器使驾驶者不能得到路面的反馈信息，没有“路感”，而且转向轮也不能自动回正，所以很少采用。

11.3.2　转向器的结构、原理

1. 齿轮齿条式转向器的构造和工作原理

如图 11-20(a)所示为齿轮齿条式转向器，它主要由转向器壳体 8、转向齿轮 9、转向齿条 5 等组成。转向器通过转向器壳体 8 的两端用螺栓固定在车身(车架)上。齿轮轴 6 通过球轴承 7、滚柱轴承 10 垂直安装在壳体中，其上端通过花键与转向轴上的万向节(图中未画出)相连，其下部分是与轴制成一体的转向齿轮 9。转向齿轮 9 是转向器的主动件。与它相啮合的从动件转向齿条 5 水平布置，齿条背面装有压簧垫块 4。在压簧 3 的作用下，压簧垫块 4 将齿条 5 压靠在齿轮 9 上，保证二者无间隙啮合。调整螺塞 1 可用来调整压簧的预紧力。压簧 3 不仅起消除啮合间隙的作用，而且还是一个弹性支承，可以吸收部分振动能量，缓和冲击。转向齿条 5 的中部(有的是齿条两端，如图 11-20(b)所示)通过拉杆支架 12 与左、右转向横拉杆 11 连接。转动转向盘时，转向齿轮 9 转动，与之相啮合的转向齿条 5 沿轴向移动，从而使左、右转向横拉杆带动转向节 13 转动，使转向轮偏转，实现汽车转向。

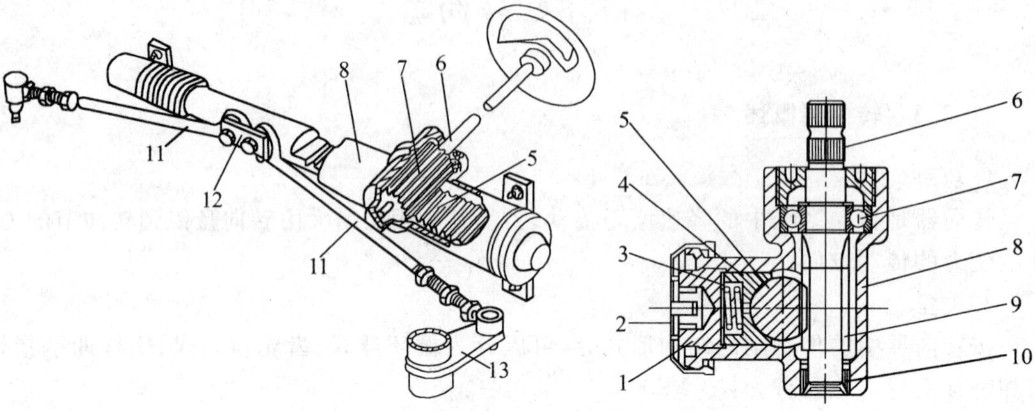

(a)

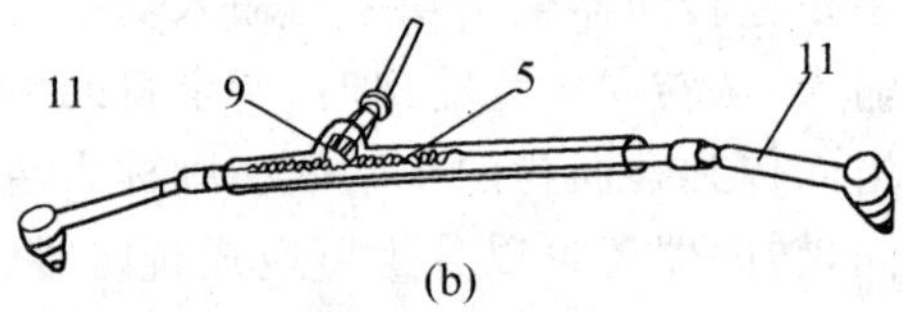

(b)

图 11-20　齿轮齿条式转向器

1—调整螺塞　2—罩盖　3—压簧　4—压簧垫块　5—转向齿条　6—齿轮轴　7—球轴承　8—转向器壳体　9—转向齿轮　10—滚柱轴承　11—转向横拉杆　12—拉杆支架　13—转向节

2. 循环球式转向器

解放 CA1092 型汽车的循环球式转向器,如图 11-21 所示。它有两级传动副,第一级传动副是转向螺杆 12—转向螺母 3,螺母 3 的下平面加工成齿条,与齿扇轴 21 内的齿扇相啮合,构成齿条—齿扇第二级传动副。显然,转向螺母 3 既是第一级传动副的从动件,也是第二级传动副的主动件。通过转向盘转动转向螺杆 12 时,转向螺母 3 不能随之转动,而只能沿杆 12 轴向移动,并驱使齿扇轴(即摇臂轴)21 转动。

转向螺杆 12 支承在两个推力球轴承 10 上,轴承的预紧度可用调整垫片 14 调整。在转向螺杆 12 上松套着转向螺母 3。为了减少它们之间的摩擦,二者的螺纹并不直接接触,其间装有许多钢球 13,以实现滚动摩擦。当转动转向螺杆时,通过钢球将力传给转向螺母,使螺母沿螺杆 12 轴向移动。随着螺母 3 沿螺杆 12 做轴向移动,其齿条便带动齿扇绕着转向摇臂轴 21 作圆弧运动,从而使转向摇臂轴 21 连同摇臂产生摆动,通过转向传动机构使转向轮偏转,实现汽车转向。

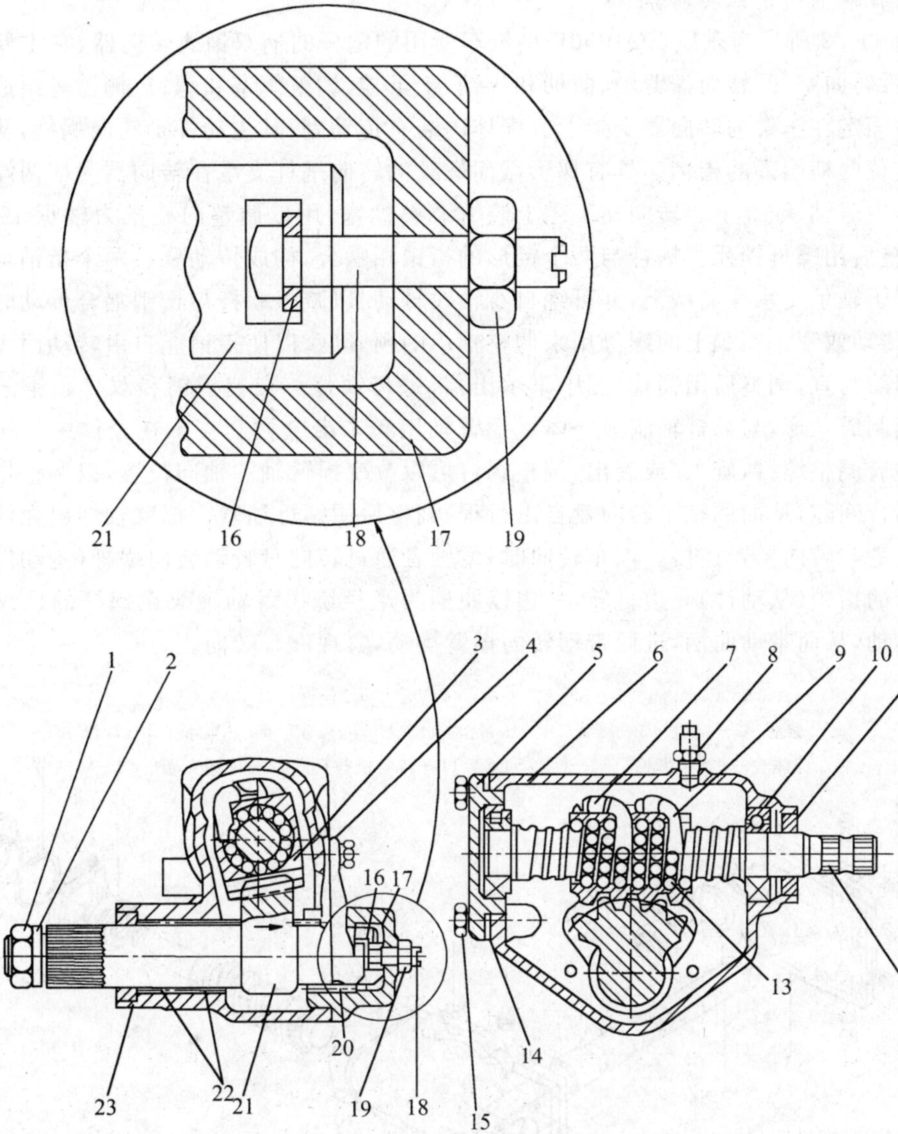

图 11-21　循环球式转向器

1—螺母　2—弹簧垫圈　3—转向螺母　4—转向器壳体密封垫圈　5—转向器壳体底盖　6—转向器壳体　7—导管夹　8—加油(通气)螺塞　9—钢球导管　10—球轴承　11、23—油封　12—转向螺杆　13—钢球　14—调整垫片　15—螺栓　16—调整垫圈　17—侧盖　18—调整螺钉　19—锁紧螺母　20、22—滚针轴承　21—齿扇轴(摇臂轴)

转向螺母 3 下平面上加工出的齿条是倾斜的,与之相啮合的是变齿厚齿扇。只要使齿扇轴 21 相对于齿条做轴向移动,便可调整二者的啮合间隙。调整螺钉 18 旋装在侧盖 17 上。齿扇轴 21 靠近齿扇的端部切有 T 形槽,螺钉 18 的圆柱形端头嵌入此切槽中,端头与 T 形槽的间隙用调整垫圈 16 来调整。旋入螺钉 18,则齿条与齿扇的啮合间隙减小旋出螺钉 18 则啮合间隙增大。调整好后用锁紧螺母 19 锁紧。

3. 蜗杆曲柄指销式转向器

如图 11-22 所示为东风 EQ1090E 型汽车所用的蜗杆曲柄双销式转向器，它主要由转向器壳体、转向蜗杆、转向摇臂轴、曲柄和指销、上下盖、调整螺塞和螺钉、侧盖等组成。转向器壳体固定在车架的转向器支架上。壳体内装有传动副，其主动件是转向蜗杆，从动件是装在摇臂曲柄端部的指销。具有梯形截面螺纹的转向蜗杆支承在转向器壳体两端的两个向心推力球轴承 19 上。转向器下盖上装有调整螺塞，用以调整向心推力轴承 19 的预紧度，调整后用螺母锁死。蜗杆与两个锥形的指销相啮合，构成传动副。两个指销均用双列圆锥滚子轴承支承在曲柄上，并可绕自身轴线转动，以减轻蜗杆与指销啮合传动时的磨损，提高传动效率。销颈上的螺母用来调整轴承的预紧度，以使指销能自由转动而无明显的轴向间隙为宜，调整后用锁片（图中未示出）将螺母锁住。安装指销和双排圆锥滚子轴承的曲柄制成叉形，与摇臂轴制成一体。摇臂轴用粉末冶金衬套支承在壳体中。转向器侧盖上装有调整螺钉，旋入（或旋出）调整螺钉可以改变摇臂轴的轴向位置，以调整指销与蜗杆的啮合间隙，从而调整了转向盘自由行程，调整后用螺母锁紧。摇臂轴伸出壳体的一端通过花键与转向摇臂连接。汽车转向时，驾驶者通过转向盘转动转向蜗杆（主动件），与其相啮合的指销（从动件）一边自转，一边以曲柄为半径绕摇臂轴轴线在蜗杆的螺纹槽内作圆弧运动，从而带动曲柄，进而带动转向摇臂摆动，实现汽车转向。

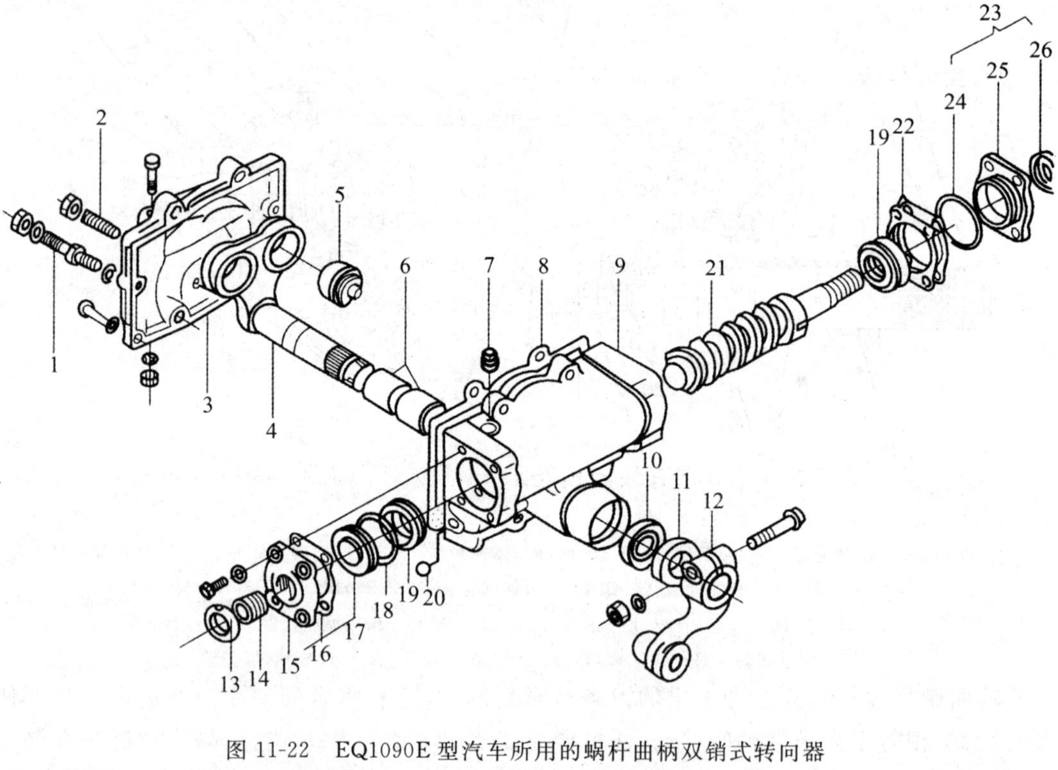

图 11-22　EQ1090E 型汽车所用的蜗杆曲柄双销式转向器

1—螺栓、螺母　2—摇臂轴调整螺钉及螺母　3、11—侧盖　4—摇臂轴　5—指销轴承总成　6—摇臂轴衬套　7—加油螺塞　8—侧盖衬垫　9—转向器壳体　10—油封　12—转向垂臂　13—螺母　14—蜗杆轴承调整螺塞　15—下盖　16—下盖衬垫　17—蜗杆轴承垫块　18—密封圈　19—蜗杆轴承　20—放油螺塞　21—蜗杆　22—调整垫片　23—上盖总成　24—密封圈　25—上盖　26—蜗杆油封

实训 11.2　转向器的拆装

一、实训目的与要求

1. 熟悉转向器的类型。

2. 掌握各种转向器的拆装方法。

二、实训仪器和设备

通用工具、通用量具、各种转向器、汽车拆装专用工具

三、实训注意事项

1. 横拉杆端头球销的夹角按原厂规定调整合格后，必须按原厂规定的扭矩紧固并锁止横拉杆夹子。

2. 分解转向器后用干净的汽油或煤油清洗零件，洗净后的零件用压缩空气吹干。循环球式转向器除因故障、发卡或零件有损坏需解体外，一般不需要解体。

3. 禁止用汽油清洗橡胶类的密封件，如油封和“O”形密封件等。

四、实训步骤

(一)齿轮齿条式转向器的拆装

1. 拆卸

齿轮齿条式转向器分解图如图 11-23 所示。拆卸分解中，应先在转向齿条端头与横拉杆连接处打上安装标记，然后拆卸转向齿条端头，但不能碰伤转向齿条的外表面。拆下转向齿条导块组件后，拉住转向齿条，使齿对准转向齿轮，再拆卸转向齿轮，最后抽出转向齿条。抽出时，注意不能让转向齿条转动，防止碰伤齿面。

2. 齿轮齿条式转向器的装配与调整

(1)安装转向齿轮 6。

①将上轴承 5 和下轴承 7 压在转向齿轮轴颈上，轴承内坐圈与齿端之间应装好隔圈。

②把油封 3 压入调整螺塞 4。

③将转向齿轮及轴承一块压入齿条壳体 11。

④装上调整螺塞及油封，并调整转向齿轮轴承的紧度。手感应无轴向窜动，转动自如，转向齿轮的转向力矩符合原厂规定，一般约为 0.5N·m。

⑤按原厂规定扭矩紧固锁紧螺母 2，并装好防尘罩 1。

(2)装入转向齿条 13。

(3)安装齿条衬套 23。转向齿条与衬套的配合间隙不得大于 0.15mm。

(4)装入转向齿条导块 29、隔环 28、导块压紧弹簧 27、调整螺塞(弹簧帽)26 及锁紧螺母 25。

(5)调整转向齿条与转向齿轮的啮合间隙。

转向齿条与转向齿轮的啮合间隙也称为转向齿条的预紧力。因结构的差异，预紧力的调整方法也有所不同。但常见的有两类：一是改变转向齿条导块与盖之间的垫片厚度来调整转向齿条与转向齿轮轮齿的啮合深度，完成预紧力的调整，如图 11-24 所示；另一种方法是用盖上的调整螺塞改变转向齿条导块与弹簧座之间的间隙值，即啮合深度，完成预紧力的调整，如图 11-25 所示。

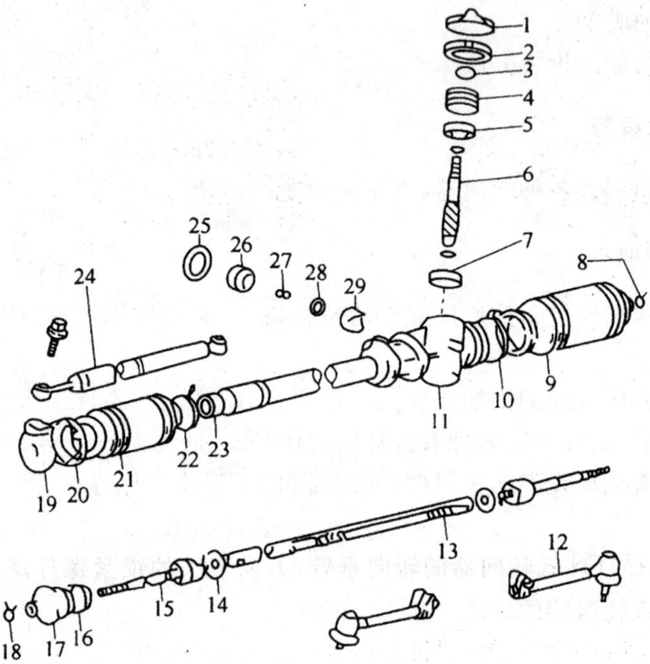

图 11-23　齿轮齿条式转向器分解图

1—防尘罩　2—锁紧螺母　3—油封　4—调整螺塞　5—上轴承　6—转向齿轮
7—下轴承　8—夹子　9—齿条防尘罩　10—箍带　11—齿条壳体　12—横拉杆
13—转向齿条　14—垫圈　15—齿条端头　16—固定环　17—防尘罩　18—夹子
19—减振器支架　20—防尘罩护圈　21—防尘罩　22—箍带　23—齿条衬套
24—转向器减振器　25—螺母　26—弹簧帽　27—弹簧　28—隔环　29—齿条导块

对于第一种结构形式，其预紧力的调整步骤是：先不装弹簧以及盖之间的垫片，进行 x 值的调整，使转向齿轮轴上的转动力矩为 1～2N·m，然后用塞尺测量 x 值，在 x 值上加 0.05～0.13mm，此值就是应加垫片的厚度，也就是转向齿条和转向齿轮合格的啮合间隙所要求的垫片厚度。

对于第二种结构形式，其预紧力的调整步骤是：先旋转盖上的调整螺塞，使弹簧座与导块接触，再将调整螺塞旋出 30°～60°之后，检查转向齿轮的转动力矩，如此重复操作，直至转向齿轮的转动力矩符合原厂规定，最后紧固锁紧螺母。

(6)安装垫圈 14 和转向齿条端头 15。安装时应注意转向齿条端头和齿条的连接必须紧固，锁止可靠。

(7)安装横拉杆和横拉杆端头，并按原厂规定检查调整左、右横拉杆 12 的长度，以保证转向轮前束正确。

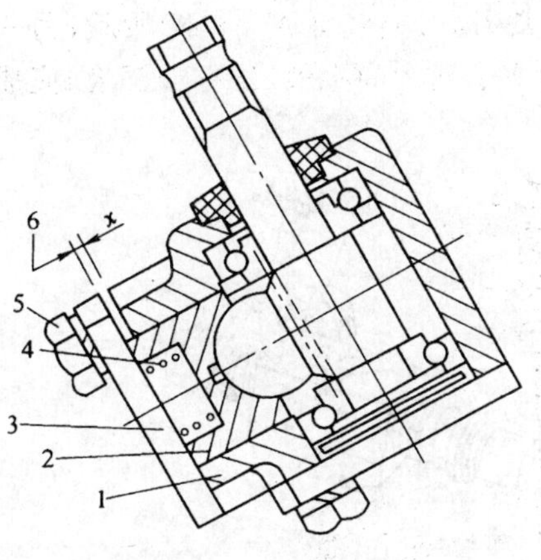

图 11-24　预紧力调整机构

1—转向器壳体　2—导块　3—盖　4—导块压紧弹簧
5—固定螺母　6—盖与壳体间间隙

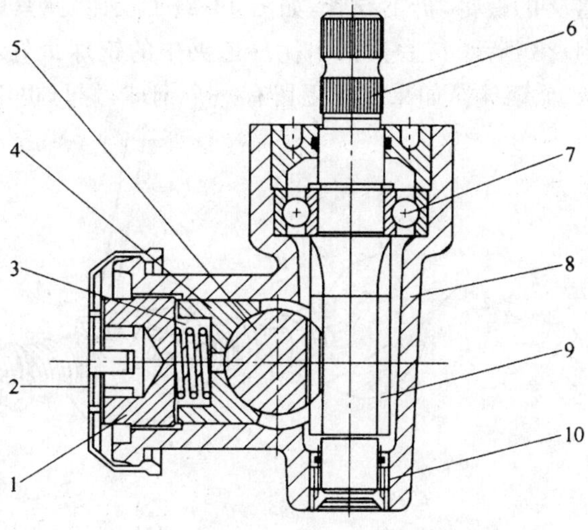

图 11-25　预紧力调整机构

1—调整螺塞　2—罩盖　3—压簧　4—压簧垫块
5—转向齿条　6—齿轮轴　7—球轴承
8—转向器壳体　9—转向齿轮　10—滚柱轴承

(二)循环球式转向器的拆装

1. 拆卸

(1)在车上拆下循环球式转向器的转向垂臂、万向节叉的锁紧螺母,将转向器总成从车上拆下并卸下通气塞,放出转向器内的润滑油。

(2)将转向臂轴转到中间位置(即将转向螺杆拧到底后,再拧回 3.5 圈),再拧下侧盖的 4 个紧固螺栓,用软质锤或铜棒轻轻敲打转向臂端头,取出侧盖和转向臂轴总成,如图 11-26 所示。注意:取转向臂轴时别碰伤油封。

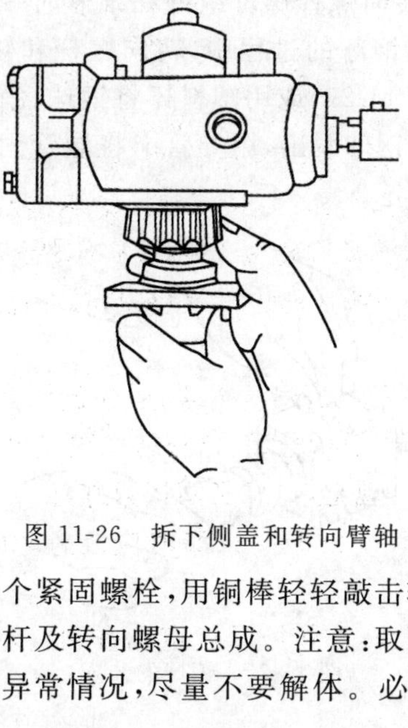

图 11-26　拆下侧盖和转向臂轴

(3)拧下转向器底盖的 4 个紧固螺栓,用铜棒轻轻敲击转向螺杆的一侧,取下底盖。

(4)从壳体中取出转向螺杆及转向螺母总成。注意:取出时别碰伤油封。

(5)螺杆及螺母总成如无异常情况,尽量不要解体。必须解体时,先拧下 3 个固定导管夹的螺钉，拆下导管，如图 11-27 所示。握紧螺母，慢慢转动螺杆，排出全部钢球，如图 11-28 所示。注意：两个循环道夹中的钢球最好不要混在一起，不要丢失。每个循环道有 48 个钢球。如果螺母里留有一个钢球，螺母也不能拆下。

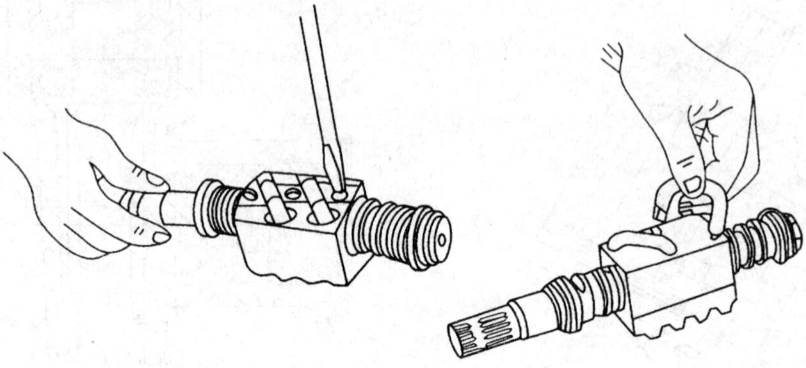

(a)　　　　(b)

图 11-27　拆下导管

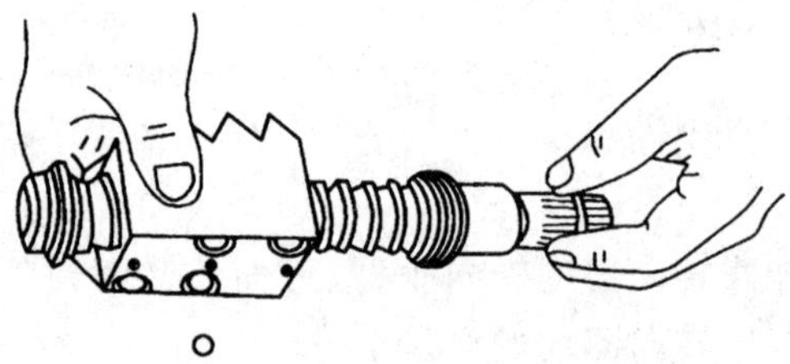

图 11-28　排出钢球

2.循环球式转向器的装配与调整

(1)安装转向螺杆组件。转向螺杆螺母组件在维修时一般不拆散。若拆散重新组装时，先平稳地逐个装入钢球，装钢球的过程中，转向螺杆和转向螺母不要相对运动，必要时，只能稍许转动转向螺杆(图 11-29)或用塑料棒将钢球轻轻冲进滚道内，然后给装满钢球的导管口涂压润滑脂以防止钢球脱出，用导管卡将导管固定在转向螺母上。所装钢球的直径和数量必须符合原厂规定。

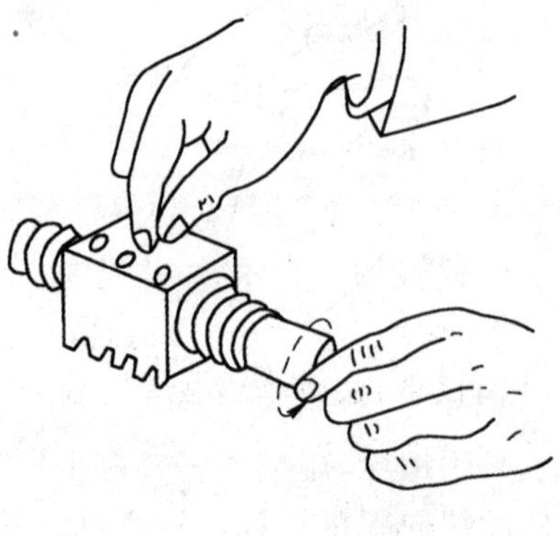

图 11-29　钢球的装入

(2)装入钢球后,转动螺母的轴向窜动量不得大于0.10mm。

(3)将轴承内圈压在转向螺杆的轴颈上。

(4)组装摇臂轴。

注意:检查用于转向螺母与齿扇啮合间隙的调整螺钉的轴向间隙,此间隙若大于0.12mm,则在调整螺钉与摇臂上的轴孔端面间加推力垫片调整。摇臂轴承预润滑之后,将摇臂装入壳体内,并按顺序装入推力垫片、调整螺钉、垫圈、弹性挡圈。

(5)安装转向器上盖、下盖。

1)把轴承装入下盖承孔中。

2)安装调整垫片和下盖,从壳体孔中放入转向螺杆组件,安装下盖。装下盖之前在结合平面上涂以密封胶。

3)把轴承外圈和转向螺杆油封压入上盖,并装入上盖调整垫片和上盖。

4)通过增减下盖调整垫片或用下盖上的调整螺塞调整转向螺杆的轴承紧度。然后检查转向盘的转向力矩,一般为0.6～0.9N·m。

(6)安装转向器侧盖。

1)给油封涂密封胶后,油封唇口向内,均匀地压入壳体上承孔内。

2)将转向螺母移至中间位置(转向器总圈数的1/2),使扇形齿的中间齿与转向螺母的中间齿相啮合,装入摇臂轴组件。

3)侧盖密封垫涂以密封胶,再安装、紧固。

(7)调整转向器啮合间隙。

1)使转向器的传动副处于中间位置(直行位置)。

2)通过调整螺钉,调整转向器传动副的啮合间隙,在直线位置上应呈无间隙啮合。

3)中间位置上,转向器转动力矩应为1.5～2.0N·m。转向器转动力矩调整合格后,按规定扭矩锁紧调整螺钉。

(8)安装摇臂时,应注意将摇臂与摇臂轴二者的装配记号对正,应特别注意摇臂固定螺母确实做到紧固、锁止可靠。

(9)按原厂规定加注润滑油。

(10)有条件时,应检查转向器反驱动力矩(转向轴处于空载状态时,使摇臂轴转动的力矩),转向器的反驱动力矩应符合原厂规定。

(三)蜗杆曲柄指销式转向器的拆装

1.拆卸

(1)将转向器从车上拆下,用棉纱将转向器外部、转向器蜗杆轴和摇臂轴的轴端及连接件擦干净,卸下转向器蜗杆轴上的万向节叉的紧固螺栓、螺母、垫圈,从转向摇臂轴上卸下垂臂,卸下转向器侧盖上与车架连接的4个螺栓、螺母、垫圈,拧出转向器加油和放油螺塞,排空转向器总成内部的润滑油,将螺塞仍然拧到转向器壳体上,以免丢失。

(2)松开摇臂轴调整螺钉的锁紧螺母,把调整螺钉2逆时针旋转一周。

(3)把两个螺母一起拧到转向器侧盖3上的双头螺栓1上,然后用扳手逆时针拧动压在下面的螺母,卸下双头螺栓,再卸下侧盖上的其余6个螺栓,取下侧盖,如图11-30所示。

(4)用手抓住摇臂轴扇形块，拨出摇臂轴(可以用木锤敲击摇臂轴输出端的一头，帮助取出摇臂轴)。

(5)卸下转向器下盖 15 的紧固螺栓、垫圈，取下转向器下盖，用铜锤轻轻敲击蜗杆轴花键端部，取出垫块 17 及蜗杆(带轴承总成)。

注意：敲击蜗杆时，须保持蜗杆垂直于轴承的位置，防止碰伤轴承保持架、油封刃口。

(6)松开转向器上盖 25 的紧固螺栓、垫圈，取出上盖 25、垫片 22、油封 26、平面止推轴承外圈和轴承保持架。

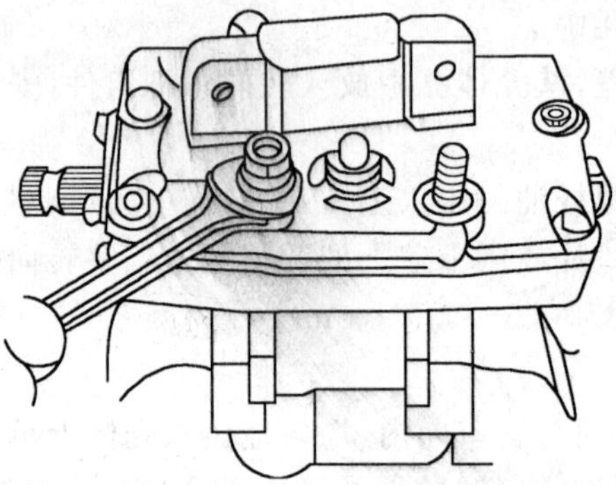

图 11-30　双头螺栓的拆卸

2. 装配与调整

(1)安装转向器下盖

1)先把转向蜗杆下轴承的外座圈压入壳体 9，有滚道的一面沉入壳体下端面，距离为 12.5～13.0mm。

2)把 O 形密封圈压入轴承垫块的槽内，而且密封圈不得产生扭曲，不得损伤密封圈外缘，防止漏油。

3)安装下盖 15，下盖中心的凸台向外。

4)在下盖上面装好调整螺塞 14 和锁止螺母 13。下盖紧固螺栓暂勿完全拧紧，待上盖紧固螺栓紧固后再完全紧固下盖紧固螺栓。

(2)安装转向蜗杆 21

1)将转向蜗杆的上下轴承的内圈压入转向蜗杆 21 的上、下支承轴颈。

2)把转向蜗杆放入壳体 9 中。

3)放入上轴承保持架。

(3)安装上盖 25

1)将转向蜗杆放入壳体上端承孔内，外座圈平面沉入承孔，与壳体上端面距离为 12.5～13.0mm。

2)换装上盖 O 形密封圈和上盖油封。

3)将原调整垫片按原有的顺序和数量放入转向器上盖。

注意：该调整垫片是用来调整转向螺杆中心位置的，制造厂家已经调好，维修时不需要重新调整，仍需保持原调整垫片的总厚度。

4)紧固上盖固定螺栓。

5)将下盖固定螺栓拧紧。

(4)检查调整转向蜗杆轴承预紧度蜗杆轴承预紧度的检查调整,应在摇臂轴未装入壳体之前进行。调整使用的专用工具,如图11-31所示。

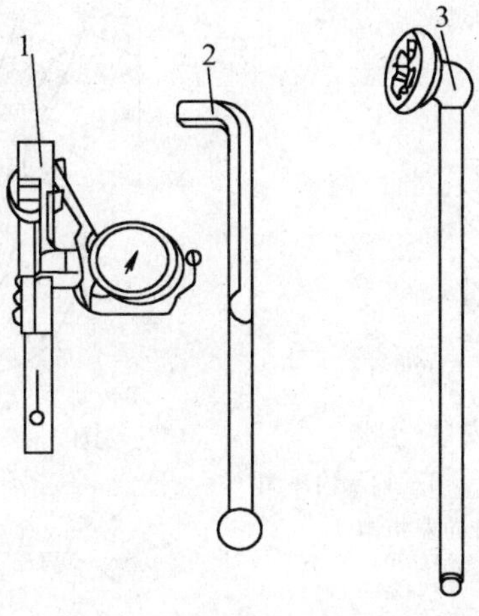

图11-31　调整蜗杆轴承预紧度的专用工具

1—力矩检测仪　2—内六角扳手　3—专用扳手

1)用内六角扳手把调整螺塞14拧到底,再退回1/8～1/4圈,使蜗杆轴在输入端具有1.0～1.7N·m的预紧力矩,如图11-32所示。

2)用专用扳手将锁紧螺母13拧紧,把调整螺塞锁死,拧紧力矩为49N·m,如图11-33所示,锁紧调整螺塞时,要保证调整螺塞位置不变。锁紧后应复查输入端转动力矩是否特合要求,否则应重新调整。

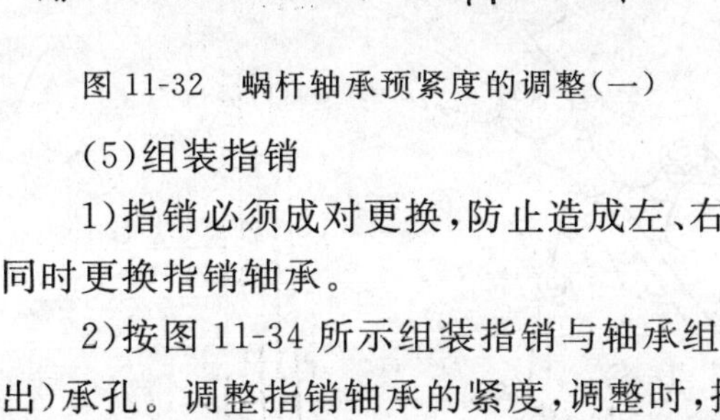

图11-32　蜗杆轴承预紧度的调整(一)

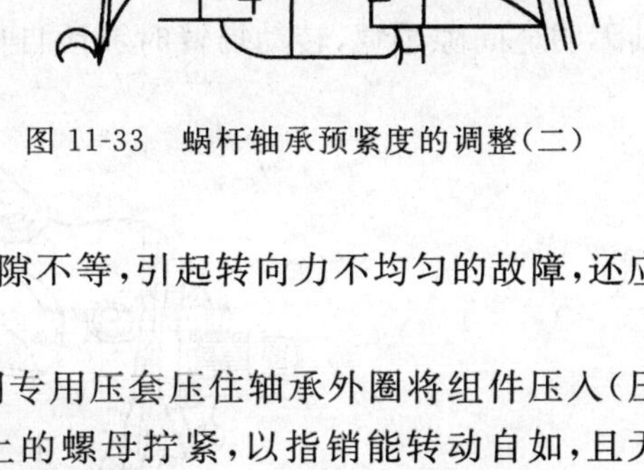

图11-33　蜗杆轴承预紧度的调整(二)

(5)组装指销

1)指销必须成对更换,防止造成左、右转向间隙不等,引起转向力不均匀的故障,还应同时更换指销轴承。

2)按图11-34所示组装指销与轴承组件,再用专用压套压住轴承外圈将组件压入(压出)承孔。调整指销轴承的紧度,调整时,把指销上的螺母拧紧,以指销能转动自如,且无轴向间隙为合适,如图11-35所示。调整后,将止动垫片翻起1～2齿,将螺母锁紧,如图11-36所示。

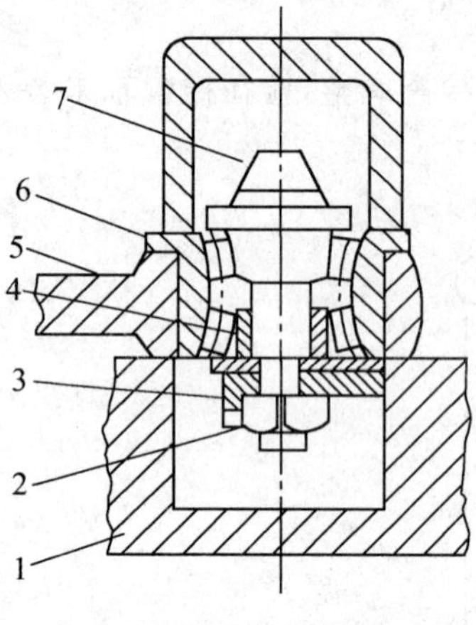

图 11-34　指销与轴承组件安装

1—压套　2—锁止螺母　3—止动锁片　4—轴承内座圈　5—扇形块　6—轴承外座圈　7—转向器指销

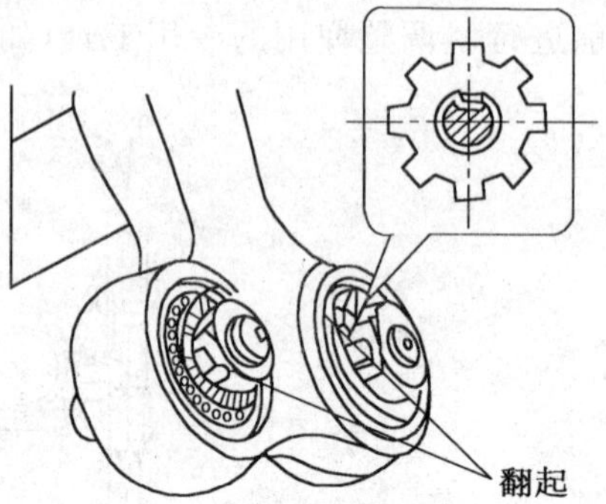

图 11-35　调整指销轴承的预紧度

(6)将摇臂轴装入壳体

将摇臂轴组件预润滑后装入壳体,使指销与转向蜗杆啮合,啮合后转向蜗杆应转动自如,转动圈数不少于 8 圈。

(7)安装侧盖 3

注意:两个双头螺栓要旋入指定的螺孔内。

(8)指销与蜗杆啮合间隙的调整

1)先松开摇臂轴,调整螺钉的锁紧螺母。

2)将蜗杆轴转到转不动位置后,再退回 3 圈左右,使指销处于蜗杆的中间位置,如图 11-37 所示。

3)顺时针旋转调整螺钉 2,同时来回转动蜗杆,直到感觉有阻力为止。

4)在蜗杆的输入端检查转动力矩,应不大于 2.7N·m。

5)在调整螺钉的周围涂上密封胶,然后拧紧锁紧螺母,拧紧力矩不小于 49N·m。

6)复查蜗杆输入端的转动力矩,如有变化应重新调整,直到符合要求为止。经验方法:指销处于蜗杆的中间位置,用旋具将调整螺钉拧到底,再退回 1/8 圈,轴向推、拉摇臂轴无明显间隙感觉,转动摇臂时灵活自如无卡滞现象为合适。

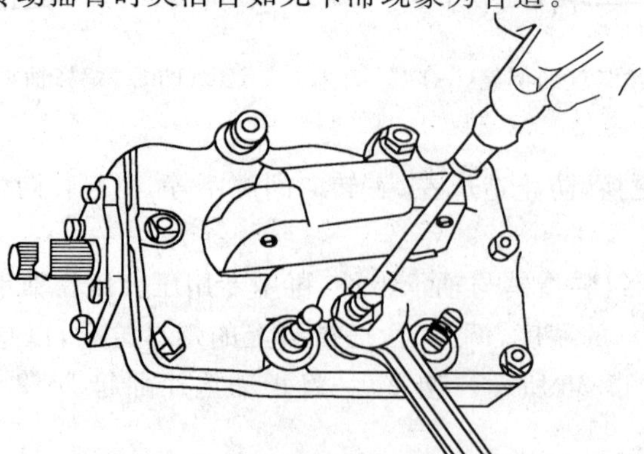

图 11-36　指销与蜗杆啮合间隙的调整

11.4　转向传动机构

11.4.1　转向传动机构的功用

转向传动机构的功用是将转向器输出的力和运动传给转向轮，使两侧转向轮偏转以实现汽车转向，并保证左、右转向轮的偏转角按一定关系变化。

11.4.2　转向传动机构的组成、构造

1. 与非独立悬架配用的转向传动机构

与非独立悬架配用的转向传动机构如图 11-37 所示，它一般由转向摇臂 2、转向直拉杆 3、转向节臂 4、两个转向梯形臂 5 和转向横拉杆 6 等组成。

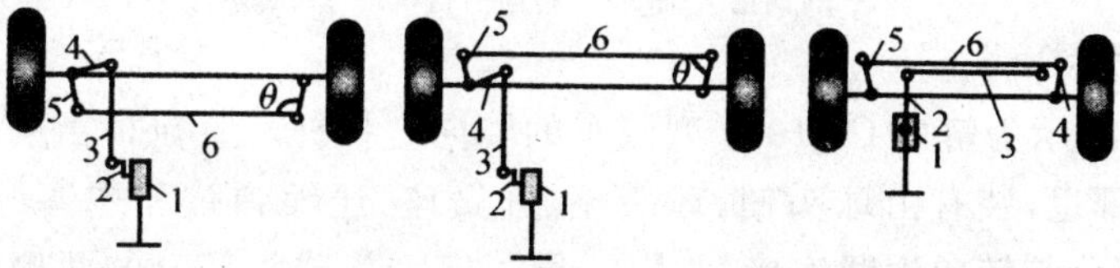

（a）梯形后置　（b）梯形前置　（c）直拉杆横置

图 11-37　与非独立悬架配用的转向传动机构示意图

1—转向器　2—转向摇臂　3—转向直拉杆　4—转向节臂
5—转向梯形臂　6—转向横拉杆

各杆件之间都采用球形铰链连接，并设有防止松动、缓冲吸振和自动消除磨损后的间隙等结构。当前桥仅为转向桥时，由左、右转向梯形臂 5、转向横拉杆 6 和前轴组成的转向梯形一般布置在前桥之后，如图 11-37(a)所示，称为后置式。

当发动机位置较低或前桥为转向驱动桥时，往往将转向梯形布置在前桥之前，如图 11-37(b)所示，称为前置式。

若转向摇臂 2 不是在汽车纵向平面内前后摆动，而是在与路面平行的平面内左右摆动，则可将转向直拉杆 3 横向布置，并借由球头销直接带动转向横拉杆 6，从而推动左、右转向梯形臂 5 转动，如图 11-37(c)所示。

(1)转向摇臂

如图 11-38 所示为常见转向摇臂的结构形式，其大端具有三角细花键锥形孔，用于与转向摇臂轴外端相连接，并用螺母固定。其小端带有球头销，以便与转向直拉杆做空间铰链连接。转向摇臂安装后，从中间位置向两边摆动的角度应大致相等，故在把转向摇臂安装到摇臂轴上时，二者相应的角度位置应正确。为此，常在摇臂大孔外端面上和摇臂轴的外端面上各刻有短线，或是在二者的花键部分上都少铣一个齿作为装配标记，装配时应将标记对齐。

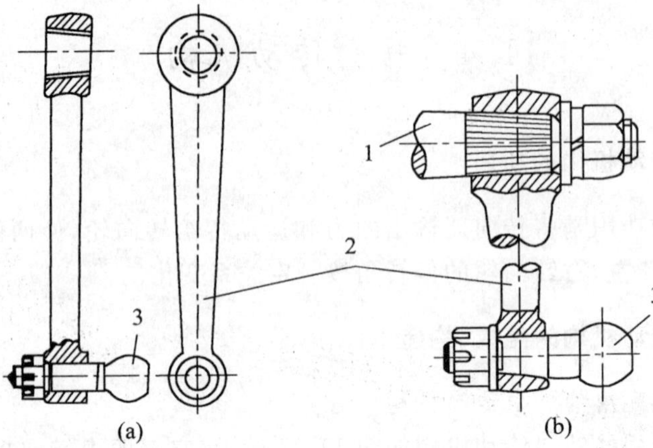

图 11-38 转向摇臂

1—转向摇臂轴 2—转向摇臂 3—球头销

(2)转向直拉杆

如图 11-39 所示为解放 CA1092 型汽车的转向直拉杆。直拉杆由两端扩大的钢管制成,在扩大的端部里,装有由球头销、球头座、弹簧座、压缩弹簧和螺塞等组成的球铰链。球头销的锥形部分与转向摇臂连接,并用螺母固定。其球头部分的两侧与两个球头座配合,前球头座靠在端部螺塞上,后球头座在弹簧的作用下压靠在球头上,这样,两个球头座就将球头紧紧夹持住。为保证球头与座的润滑,可从油嘴注入润滑脂。拆装时供球头出入的直拉杆体上的孔口用油封垫的护套盖住,以防止润滑脂流出和污物侵入。压缩弹簧能自动消除因球头与座磨损而产生的间隙,弹簧座的小端与球头座之间留有不大的间隙,作为弹簧缓冲的余地,并可限制缓冲时弹簧的压缩量(防止弹簧过载)。此外,当弹簧折断时,此间隙可保证球头销不致从管孔中脱出。端部螺塞可以调整此间隙,调整间隙的同时也调整了前弹簧的预紧度,调好后用开口销固定螺塞的位置,以防松动。

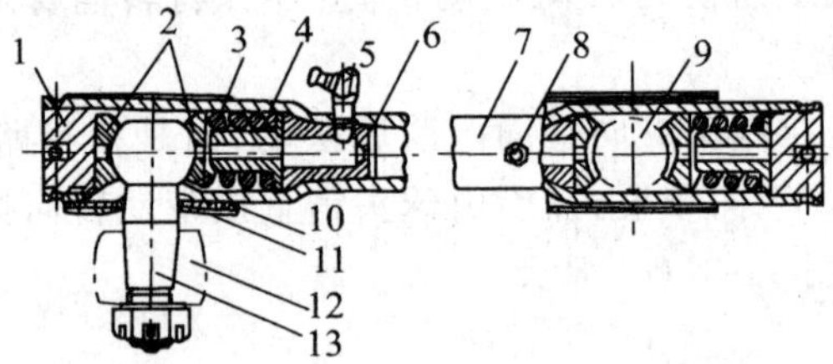

图 11-39 解放 CA1092 型汽车的转向直拉杆

1—端部螺塞 2—球头座 3—压缩弹簧 4—弹簧座 5、8—油嘴 6—座塞 7—直拉杆体 9—转向节臂球头销 10—油封垫 11—油封垫护套 12—转向摇臂 13—球头销

(3)转向横拉杆

如图 11-40(a)所示为解放 CA1092 型汽车的转向横拉杆。横拉杆体用钢管制成,其两端切有螺纹,一端为右旋,一端为左旋,与横拉杆接头旋装连接。两端接头结构相同,如图 11-40(b)所示。接头的螺纹孔壁上开有轴向切口,故具有弹性,旋装到杆体上后可用螺栓夹紧。旋松夹紧螺栓以后,转动横拉杆体,可改变转向横拉杆的总长度,从而调整转向轮前束。在横拉杆两端的接头上都装有由球头销等零件组成的球形铰链。球头销的球

头部分被夹在上、下球头座内，球头座用聚甲醛制成，有较好的耐磨性。球头座的形状如图 11-40(c)所示。装配时，上、下球头座凹凸部分互相嵌合。弹簧通过弹簧座压向球头座，以保证两球头座与球头的紧密接触，在球头和球头座磨损时能自动消除间隙，同时还起缓冲作用。弹簧的预紧力由螺塞调整。球铰上部有防尘罩，以防止尘土侵入。球头销的尾部锥形柱与转向梯形臂连接，并用螺母固定、开口销锁紧。

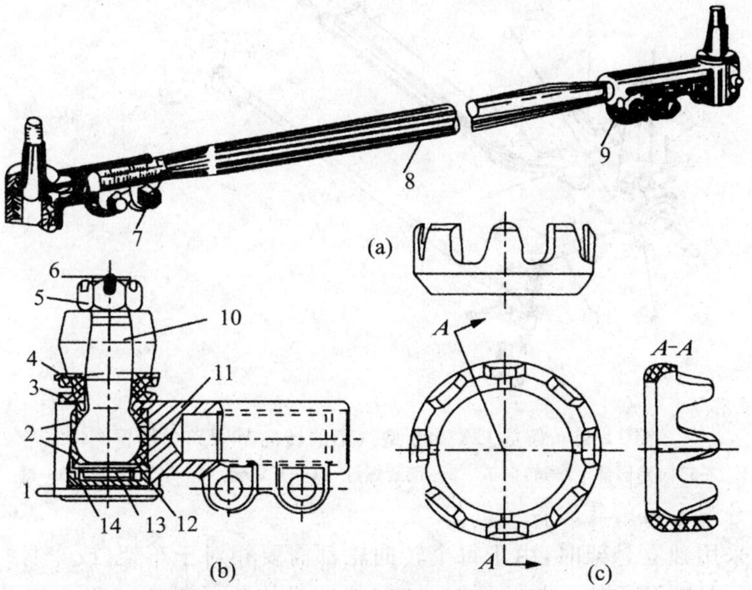

图 11-40　解放 CA1092 型汽车的转向横拉杆

1—限位销　2—球头座　3—防尘罩　4—防尘垫　5—螺母　6—开口销　7—夹紧螺栓
8—横拉杆体　9、11—横拉杆接头　10—球头销　12—弹簧座　13—弹簧　14—螺塞

(4)转向节臂和梯形臂

解放 CA1092 型汽车的转向节臂和梯形臂如图 11-41 所示。转向横拉杆通过转向节臂与转向节相连，转向横拉杆两端经左、右梯形臂与转向节相连。转向节臂和梯形臂带锥形柱的一端与转向节上的锥形孔相配合，用键防止螺母松动。臂的另一端带有锥形孔，与相应的拉杆球头销锥形柱相配合，同样用螺母紧固后插入开口销锁住。

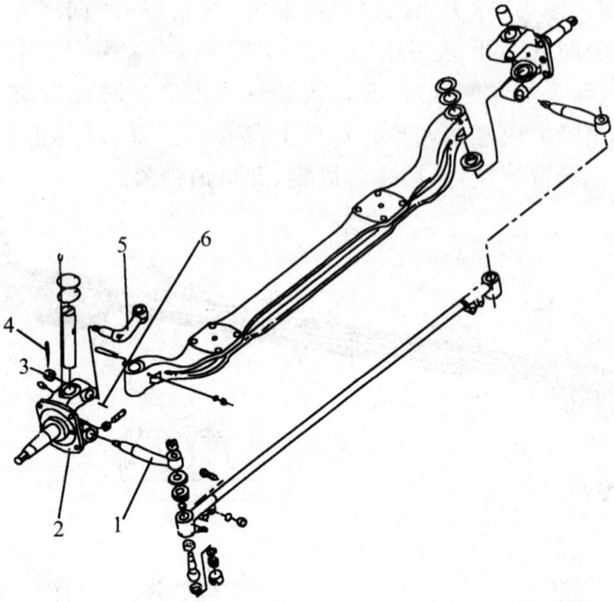

图 11-41 解放 CA1092 型汽车的转向节臂和梯形臂

1—左转向梯形臂 2—转向节 3—锁紧螺母 4—开口销 5—转向节臂 6—键

2. 与独立悬架配用的转向传动机构

当转向轮采用独立悬架时，由于每个转向轮都需要相对于车架(或车身)做独立运动，所以转向桥必须是断开式的。与此同时，转向传动机构中的转向梯形也必须分成两段或三段。如图 11-42 所示为几种与独立悬架配用的转向传动机构示意图，其中如图 11-42(a)、(b)所示的机构与循环球式转向器配用，如图 11-42(c)、(d)所示的机构与齿轮齿条式转向器配用。

上海桑塔纳轿车的转向传动机构如图 11-43 所示。转向传动机构由转向节臂 5、转向节 7、左右横拉杆 4、转向减振器 3 等组成，横拉杆外端的球头销分别与左、右转向节臂连接。驾驶者对转向盘 1 施加的转向力矩通过转向安全柱 8 输入转向器 2，通过转向器内的转向齿条一端输出动力，带动左、右横拉杆 4，再传给固定于转向节 7 上的转向节臂 5，使转向节和它所支承的转向轮偏转，从而改变了汽车的行驶方向。

为了避免转向轮的摆振、减缓传至转向盘上的冲击和振动，转向器上装有转向减振器 3。

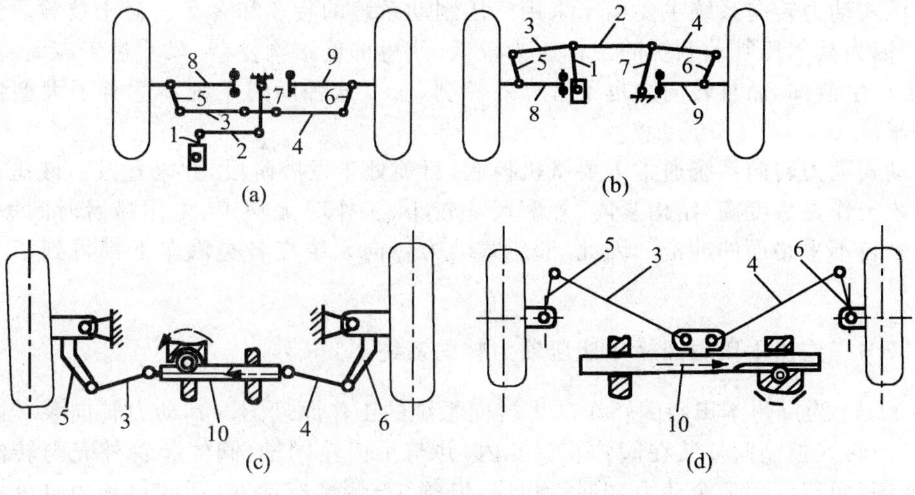

图 11-42　与独立悬架配用的转向传动机构示意图

1—转向摇臂　2—转向直拉杆　3—左转向横拉杆　4—右转向横拉杆　5—左梯形臂　6—右梯形臂　7—摇杆　8—悬架左摆臂　9—悬架右摆臂

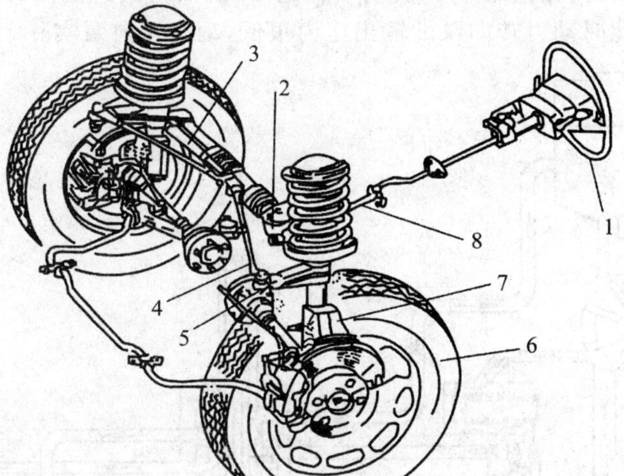

图 11-43　上海桑塔纳轿车的转向传动机构

1—转向盘　2—转向器　3—转向减振器　4—左、右横拉杆　5—转向节臂　6—车轮　7—转向节　8—安全转向柱

11.5　动力转向系统

动力转向系统是将发动机输出的部分机械能转化为压力能(或电能),并在驾驶者控制下,对转向传动机构或转向器中某一传动件施加辅助作用力,使转向轮偏摆,以实现汽车转向的一系列装置。采用动力转向系统可以减轻驾驶者的转向操纵力。

动力转向系统通常是在机械转向系统的基础上加设一套转向加力装置构成的,动力转向系统按动力介质的不同分为气压式、液压式和电动式 3 类。

气压式动力转向系统主要用于采用气压制动系统的货车和客车。对于装载质量过大的货车，因为其气压制动系统的工作压力较低，使得部件结构复杂、尺寸过于庞大、消耗功率多、易产生泄漏，而且转向力也不宜有效控制，所以这种助力系统不适合于大型货车和小型轿车。

电动式动力转向系统通常需要微机控制，目前处于发展阶段，并未普及。液压式动力转向系统工作灵敏度高、结构紧凑、外廓尺寸较小、工作时无噪声、工作滞后时间短，而且能吸收来自不平路面的冲击。因此，液压式动力转向系统在各类汽车上都得到了广泛的应用。

11.5.1 广州本田雅阁轿车液压动力转向系统

图 11-44 为广州本田雅阁轿车动力转向系统的工作原理图。其动力转向泵 2 由发动机驱动，回转式控制阀 6 装在阀体装置 5 内，并与小齿轮同轴，阀体装置外壳与转向泵油管、储液罐、回流管和 2 个动力缸油管相连，齿条 9 一侧装有活塞，活塞将动力缸分成两个工作压力室 8。

当直线行车不转向时，回转式控制阀 6 保持开启状态，动力转向泵 2 输出的油液经回转式控制阀 6 流回转向储油罐 1，而转向动力缸 10 的活塞两边的工作腔与低压回油管路相通而不起作用，此时动力转向泵的输出压力很低，动力转向泵实际上处于空转状态。

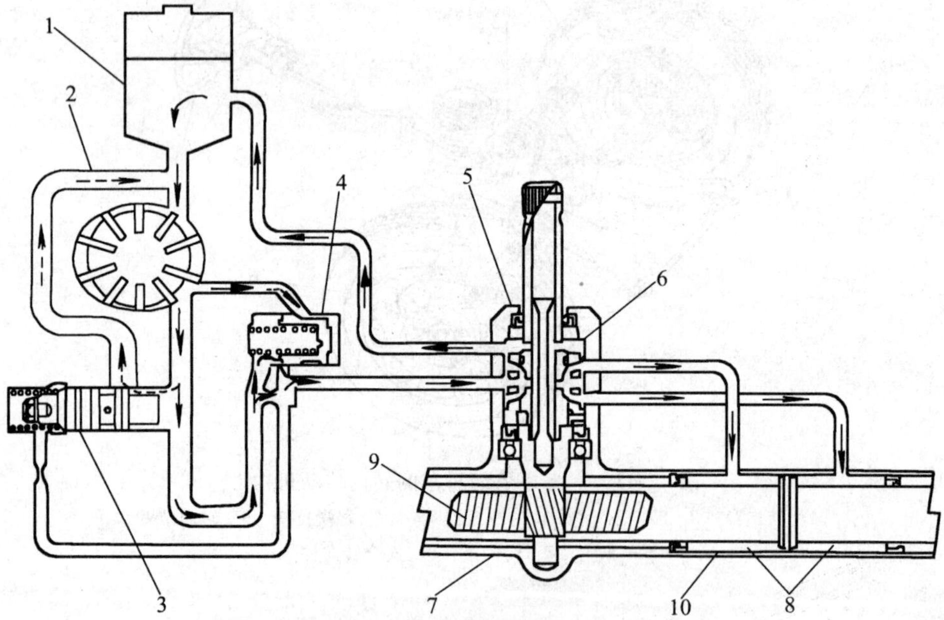

图 11-44　动力转向系统工作原理图

1—储液罐　2—动力转向泵　3—流量控制阀　4—辅助阀　5—阀体装置
6—回转式控制阀　7—转向齿轮机构　8—压力室　9—齿条　10—动力缸

当汽车转弯行驶时，驾驶者转动方向盘，从而带动转向柱轴和转向齿轮，使回转式控制阀处于与某一转弯方向相应的工作位置时，转向动力缸中相应的工作腔与回油管路断开，与动力转向泵输出管路相通，而动力缸中的另一侧则仍然通回油管路。地面转向阻力经转向传动机构传到转向动力缸的活塞上，形成比回转式控制阀节流阻力高得多的动力转向泵输出的管路阻力，于是转向动力泵的输出压力急剧升高。来自动力转向泵具有一定压力的油液，通过分配阀进入动力缸活塞的一边，推动活塞，活塞进而推动齿条起加力作用，使转向轻便有力。转向角度愈大，转向阻力也愈大，活塞移动的行程就愈长，转向泵产生的压力也就愈高，由此产生的转向助力也就愈大。

当方向盘停止转动时，回转式控制阀随即回复到中间位置，使动力缸活塞停止工作。当动力缸活塞两边压力因外界突发因素失去平衡时，回转式导向阀具有随动作用，及时开启阀门给予压力补偿，实现动态平衡，从而减少了驾驶者的操作频度，减轻了方向盘受到的反冲击力和“打手”现象，并能有效地减轻前轮的摆振。当动力转向泵出故障，不能对转向油液加压时，转向系统仍能像普通的齿条齿轮式转向机构一样工作，可保证行车转向的安全性。

动力转向系统元件位置布置如图 11-45 所示，它主要由方向盘 1、转向柱 2、动力转向泵 15、转向齿轮机构 19 等组成。

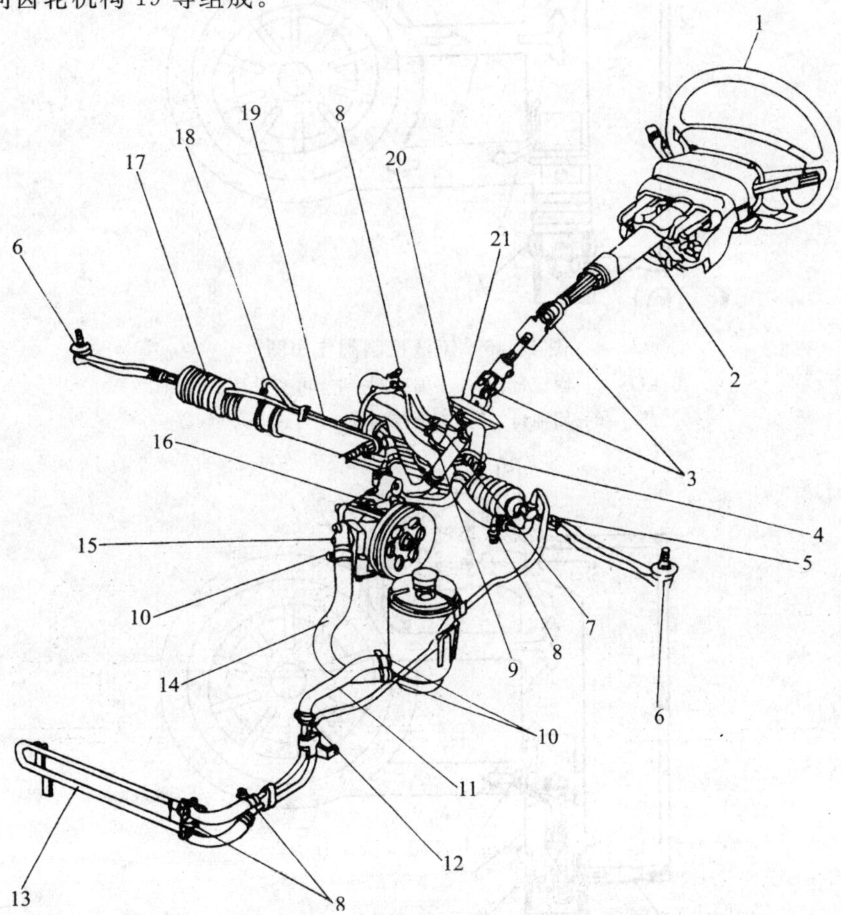

图 11-45　转向系统组成图

1—方向盘　2—转向柱　3—转向万向节　4—动力缸油管　5—锁紧螺母　6—球形接头　7—回油管　8—可调卡箍　9—供油管　10—卡箍　11—回油软管　12—卡箍　13—冷却器　14—进油软管　15—动力转向泵　16—出油软管　17—防尘罩　18—动力缸油管　19—转向齿轮机构　20—阀体　21—防尘密封件

动力转向系统的核心部件是动力转向泵和转向齿轮机构。

动力转向泵是动力转向系统的动力源，它的作用是将发动机产生的机械能转化为驱动转向动力缸工作的液压能。

转向泵为叶片式，是一种容积式油泵，其输出油量随转子的转速升高而增大，输出油压取决于动力转向的负荷。为防止发动机转速较高时油泵输出油量过大，以及限制油泵的输出油压，防止油压过高损坏机件、破坏油封、造成不正常的漏油，在油泵的进出油管之间装有流量控制阀/安全阀。其中流量控制阀用以限定转向油泵的最大输出流量，如图 11-46 所示。安全阀 6 用以限定转向油泵输出油液的最高压力，如图 11-47 所示。

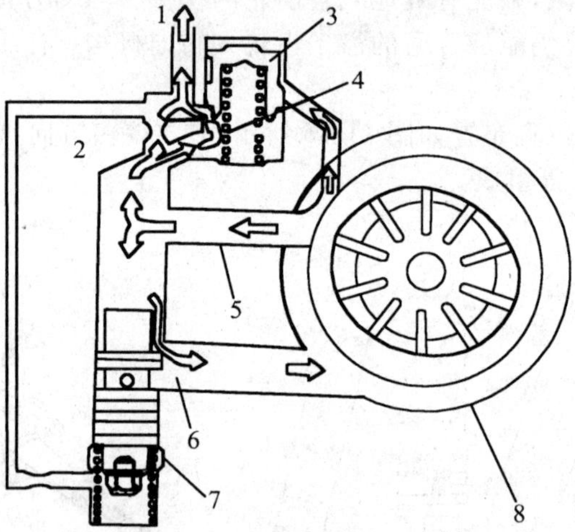

图 11-46　流量控制阀作用图

1—出油口　2—固定量孔　3—辅助阀　4—可变量孔　5—油路 A
6—回油口　7—流量控制阀　8—转向泵

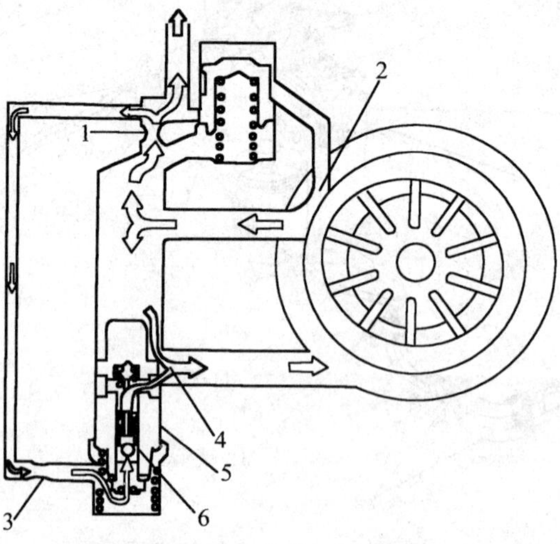

图 11-47　安全阀作用图

1—固定量孔　2—排油口　3—阻尼量孔　4—回油口
5—流量控制阀　6—安全阀

该转向泵还装有辅助阀 2，如图 11-48 所示。辅助阀内装有一可变量孔 4，可变量孔开口的大小取决于辅助阀 2 顶部和底部的压差。当发动机转速低时，转向油泵输出油量较小，辅助阀 2 上下部压差小，辅助阀不移动，可变量孔全开。随着发动机转速的提高，流过油路 A 的转向液流量以及作用于辅助阀上的压差增大，辅助阀克服弹簧力向下移动，可变量孔开始闭合以调节流量，因而此时随着发动机转速继续提高，可变量孔将完全关闭(图 11-48)，从而进一步调节流量，使在更高转速范围内，动力转向泵的输出油量维持在一定范围内。

在转向齿轮机构中，回转式转向控制阀和小齿轮装在一起。回转式控制阀是在驾驶者的操纵下，控制转向动力缸输出动力的大小、方向和增力快慢的控制阀。

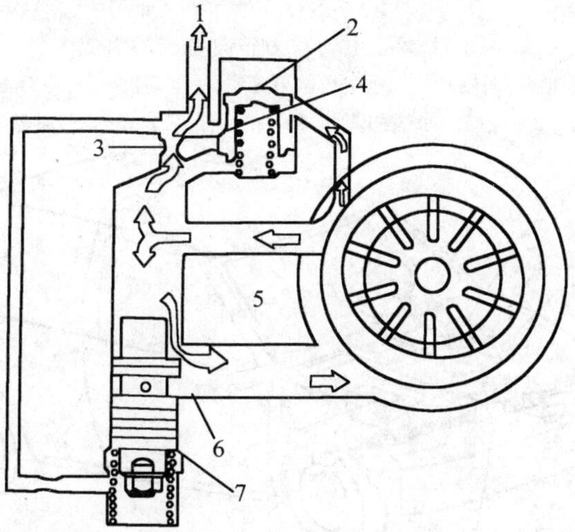

图 11-48　辅助阀关闭图

1—出油口　2—辅助阀　3—固定量孔　4—可变量孔(闭合)
5—油路 A　6—回油口　7—流量控制阀

11.5.2　电动动力转向系统

1. 电动动力转向系统的组成

如图 11-49 所示，该系统通常由转矩传感器、车速传感器、电动机、电磁离合器、减速机构和电子控制单元等组成，各部件在车上的布置如图 11-50 所示。

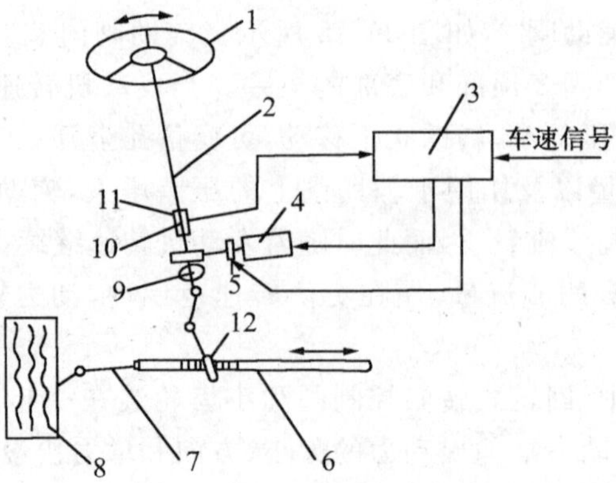

图 11-49　电动动力转向系统的组成

1—转向盘　2—输入轴(转向轴)　3—电子控制单元　4—电动机　5—电磁离合器　6—转向齿条　7—转向横拉杆　8—轮胎　9—输出轴　10—扭力杆　11—转矩传感器　12—转向齿轮

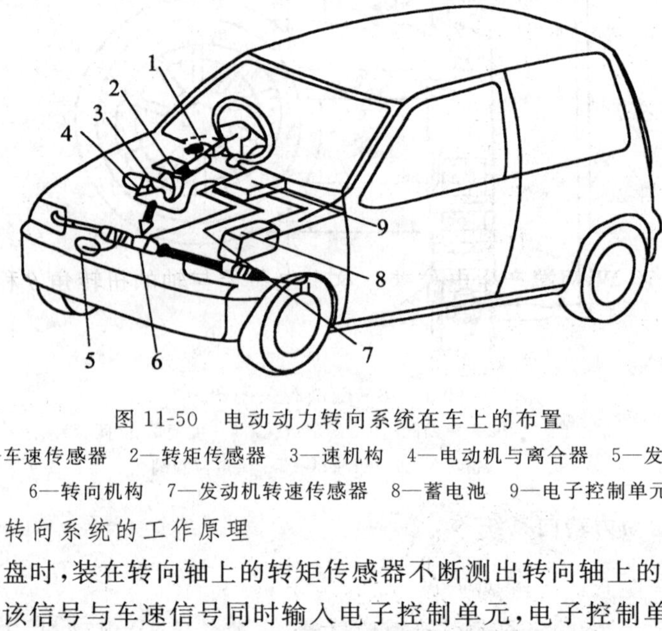

图 11-50　电动动力转向系统在车上的布置

1—车速传感器　2—转矩传感器　3—速机构　4—电动机与离合器　5—发电机　6—转向机构　7—发动机转速传感器　8—蓄电池　9—电子控制单元

2.电动动力转向系统的工作原理

当操纵转向盘时,装在转向轴上的转矩传感器不断测出转向轴上的转矩,并由此产生一个电压信号。该信号与车速信号同时输入电子控制单元,电子控制单元根据这些输入信号进行运算处理,确定助力转矩的大小和转向,即选定电动机的电流和转向,调整转向辅助动力的大小。电动机的转矩由电磁离合器通过减速机构减速增扭后,加在汽车的转向机构上,使之得到一个与工况相适应的转向作用力。

3.电动动力转向系统的部件结构及其工作原理

(1)转矩传感器

转矩传感器(图 11-51)也称转向传感器,其作用是测定转向盘与转向器之间的相对转矩,以其作为电动助力的依据之一。

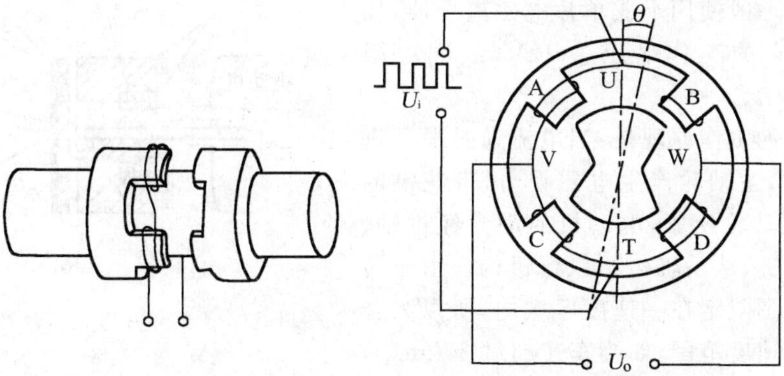

(a) 结构图　　(b) 原理图

图 11-51　转矩传感器

用磁性材料制成的定子和转子可以形成闭合的磁路，线圈 A、B、C、D 分别绕在极靴上，形成一个桥式回路。转向轴扭转变形的扭转角与转矩成正比，所以只要测定轴的扭转角，就可间接地知道转向力的大小。在线圈的 U、T 两端施加连续的脉冲电压信号 U_i，当转向轴上的转矩为零时，定子与转子的相对转角也为零。这时转子的纵向对称面处于定子 AC、BD 的对称平面上，每个极靴上的磁通量是相同的。电桥平衡，V、W 两端的电位差 $U_0=0$。如果转向轴上存在转矩，则定子与转子的相对转角不为零，此时转子与定子间产生角位移 θ。极靴 A、D 间的磁阻增加，B、C 间的磁阻减小，各个极靴的磁阻产生差别，电桥失去平衡，在 V、W 两端产生电位差。这个电位差与轴的扭转角 θ 和输入电压 U_i 成比例，从而可知道转向轴的转矩。

(2)电动机、电磁离合器与减速机构

电动机、电磁离合器和减速机构组成的整体称为电机组件，其结构如图 11-52 所示。

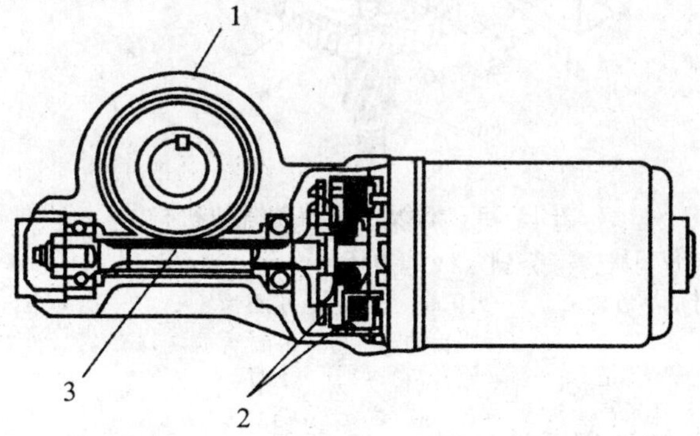

图 11-52　电机组件

1—蜗轮　2—电磁离合器　3—蜗杆

电动机转向助力电动机就是一般的永磁电动机（原理不再叙述），电动机的输出转矩控制是通过控制其输入电流来实现的，而电动机的正转和反转则是由电子控制单元输出的正反转触发脉冲控制的。

电磁离合器一般使用干式单片电磁离合器，如图 11-53 所示，它的工作电压为 12V，线圈电阻（20℃时）为 19.5Ω。

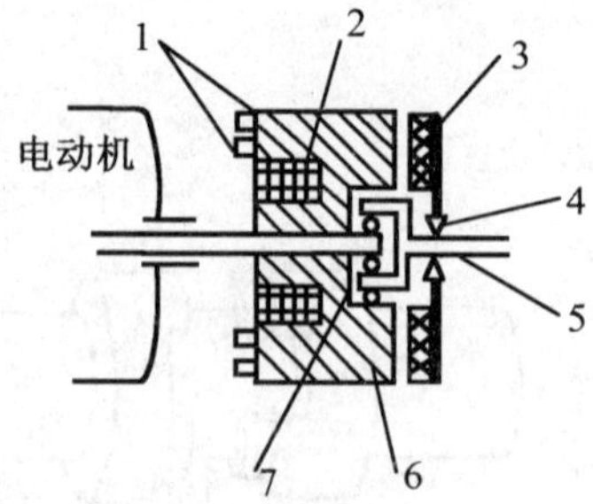

图 11-53　干式单片电磁离合器的结构

1—滑环　2—线圈　3—压板
4—花键　5—从动轴　6—主动轮
7—滚珠轴承

电磁离合器的工作原理是：当电流通过滑环进入离合器线圈时，主动轮产生电磁吸力，带花键的压板被吸引与主动轮压紧，电动机的动力经过轴、主动轮、压板、花键、从动轴传给执行机构。由于转向助力的工作范围限定在一速度区域内，所以离合器一般设定一个速度范围，如当车速超过 30km/h，离合器便分离，电动机也停止工作，这时就没有转向助力的作用。当电动机停止工作时，为了不使电动机及离合器的惯性影响转向系统的工作，离合器也应及时分离，以切断辅助动力。当系统中电动机等发生故障时，离合器会自动分离，这时仍可恢复手动控制转向。

（3）减速机构

目前使用的减速机构有多种组合方式，一般采用蜗轮蜗杆与转向轴驱动组合式，如图 11-52 所示，也有的采用双级行星齿轮与传动齿轮组合式，如图 11-54 所示。

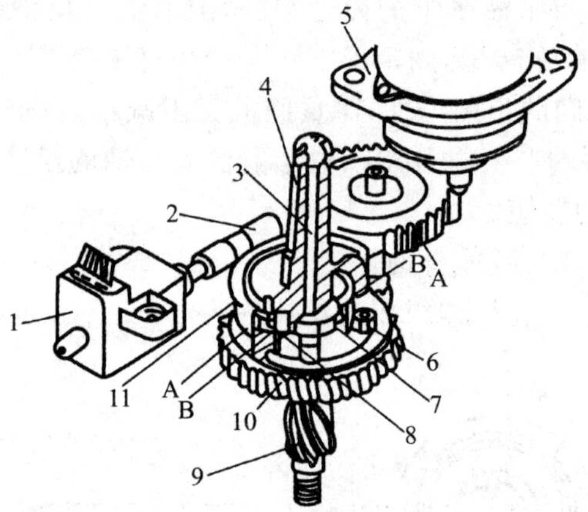

图 11-54　双级行星齿轮减速机构

1—转矩传感器　2—转轴　3—扭力杆　4—输入轴　5—电动机与离合器
6—行星小齿轮 A　7—太阳轮　8—行星小齿轮 B　9—驱动小齿轮
10—齿圈 B　11—齿圈 A

（4）控制系统

电动动力转向系统的控制系统如图 11-55 所示。该系统的核心是一个有 4k ROM 和 256 RAM 的 8 位微机。

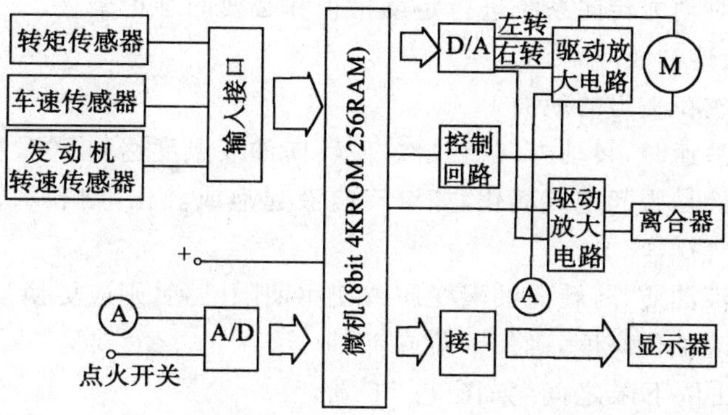

图 11-55　电动动力转向系统的控制系统

转向盘转矩信号和车速信号经过输入接口送入微机，随着车速的升高，微机控制相应地降低助力电动机电流，以减少助力转矩。发动机转速信号也被送入微机，当发动机处于怠速时，由于供电不足，助力电动机和离合器不工作。因此，电动动力转向系统工作时，电子控制单元必须控制发动机处于高怠速工作状态。点火开关的通断(ON/OFF)信号经 A/D 转换接口送入微机。当点火开关断开时，电动机和离合器不能进入工作。微机输出控制指令经 D/A 转换接口送入电动机和离合器的驱动放大电路中，控制电动机的旋转转向和离合器的离合。电动机的电流经驱动放大回路、电流表 A/D 转换接口反馈给微机，电动机的实际电流与按微机指令应给的电流相比较，调节电动机的实际电流，使两者接近一致。

实训 11.3　本田雅阁轿车动力转向系统的检查与调整

一、实训目的与要求

1. 掌握液压动力转向系统的结构组成和工作原理。
2. 掌握液压动力转向系统检查与调整的方法。

二、实训仪器和设备

通用工具、通用量具、本田雅阁汽车维修专用工具、本田雅阁轿车

三、实训注意事项

不要让动力转向液溅洒到车体或零部件上，以免损坏车漆，若溅洒应擦净。

四、实训步骤

本田雅阁动力转向系统是一个复杂精密的液压系统，按期进行检查和调整是确保其安全稳定工作的重要条件，也是延长动力转向机构使用寿命的有力保障。事实证明：动力转向系统出现的故障大多是由于没有及时的检查维护而引起的。因此，为了减少动力转

向系统的故障,应对动力转向系统进行定期检查和必要的维护调整。

(一)检查储液罐油液

(1)将汽车停放在平坦的地面上。

(2)在发动机怠速时,转动方向盘数次,使转向油液温度达到80℃左右。

(3)检查转向液是否起泡或乳化,如果转向液起泡或乳化,则表示转向液内已渗入空气,此时应进行排气操作。

(4)检查转向液油质,若转向油液变质或使用期限已到,则应更换油液。

(5)检查储油罐油位高度,确保油位在储油罐的油位上限和油位下限之间,如图11-56所示。当油液没有变质,也没有渗入空气,而只是油面高度低于油位下限,此时可能有泄漏,应检查并修理泄漏部位,然后按需添加推荐使用的油液,使油位在油位上限附近。

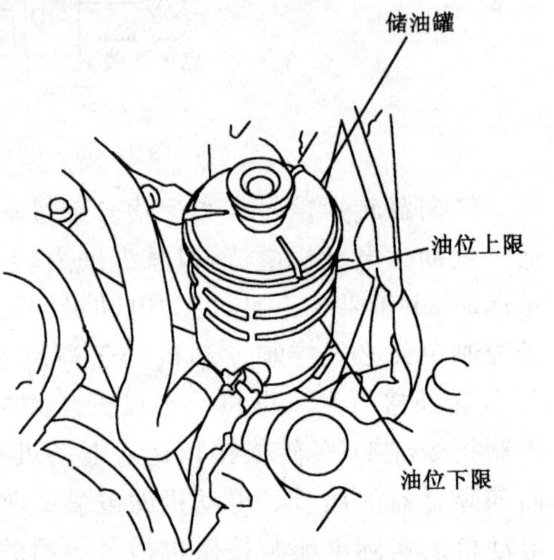

图11-56　油位检查

本转向系统要求只能加注纯正本田动力转向油。若使用其他油,如ATF或其他公司生产的动力转向油,则会损坏本转向系统。

(二)排除动力转向液压系统中的空气

当动力转向液压系统渗入空气后,由于空气的可压缩性,造成汽车转向操作不稳、忽轻忽重,影响汽车的转向安全性。

液压系统渗入空气的主要原因是:油管接头连接不牢或接头损坏;油管破裂或重新连接油管后,没有进行排气或排气不干净;在更换转向油时排气不干净;储油罐油面过低等。为保证汽车转向省力,操作平顺安全,应及时地对转向液压系统中的空气给予排出。

排气操作步骤如下:

(1)连续不断地将方向盘从一个极限位置转到另一个极限位置,同时向储油罐中加注油液。

(2)当油面达到一定高度后,如油面高度保持不处,并且无更多的气泡出现在油液表面时,起动发动机,使其怠速运转,加注油液,然后,转动方向盘从一个极限位置转到另一个极限位置5次以上,直至可靠地全部排除系统内的空气。

(3)检查油位,根据需要可向储油罐中加注油液至规定油位。

(4)向左、向右转动方向盘,油位变动应不大于4mm,储油罐内油液应无泡沫或混浊情况。

（三）更换动力转向液

（1）卸下储油罐的回油软管，从储油罐及回油软管上放出旧油至适当的容器中，如图 11-57 所示。

（2）使发动机怠速运转，一面排油，一面将方向盘左右转到极限位置，直到油液排尽，再关闭发动机。

（3）将回油软管重新安装到储油罐上。

（4）向储液罐加添纯正本田动力转向油至油位上限。系统容量：1.1L；储液罐容量：0.4L。

（5）起动发动机并且怠速运转，然后转动方向盘从左极限到右极限位置若干次，以便排出转向液压系统中的空气。

（6）重新检查油位，必要时可加注转向油，使油位至储油罐上限。

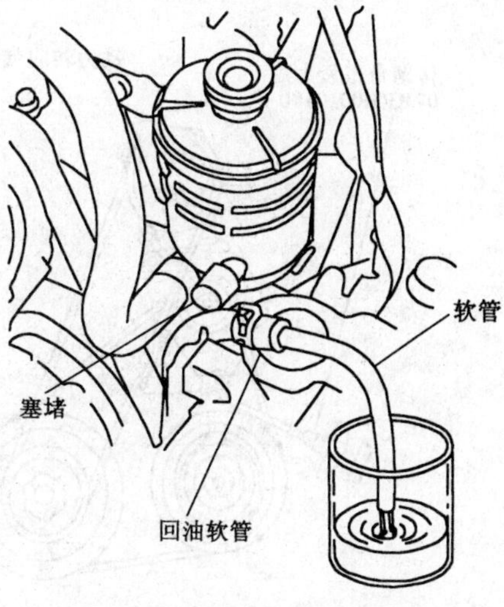

图 11-57　排除转向系统的旧油

（四）检查和调整动力转向泵驱动带紧度

动力转向泵驱动带过松可打滑，将导致动力转向系统油压过低，使转向困难；若驱动传动带过紧，则会使动力转向泵轴承等加速磨损，发动机功率消耗增加。因此，动力转向泵驱动带的紧度应调整适宜。但对新旧带应区别对待，使用新带时，先按新带的标准挠度或张紧力调整，然后使发动机运转 5min，再将挠度和张紧力调节到旧带标准值。

1. 检查

（1）皮带张紧力规检查法

1）从支架上拆下 P/S 储油罐，然后将其置于一边。

2）按如图 11-58 所示在传动带上安装传动带张紧力规，然后测量传动带的张紧力。其张紧力应符合标准，否则应予调整。

传动带的标准张紧力：旧传动带：390～540N；新传动带：740～880N。

3）小心地拆下传动带张紧力规，并装上 P/S 储油罐。

检查时应注意：若传动带上有裂纹或明显损坏，则用新传动带更换；按照说明书的要求正确操作传动带张紧力规。

（2）传动带静挠度检查法：如图 11-59 所示，在动力转向泵带轮和曲轴皮带轮的驱动带上施加 98N 的力，测量传动带静挠度，其挠度值应符合标准，否则应予调整。

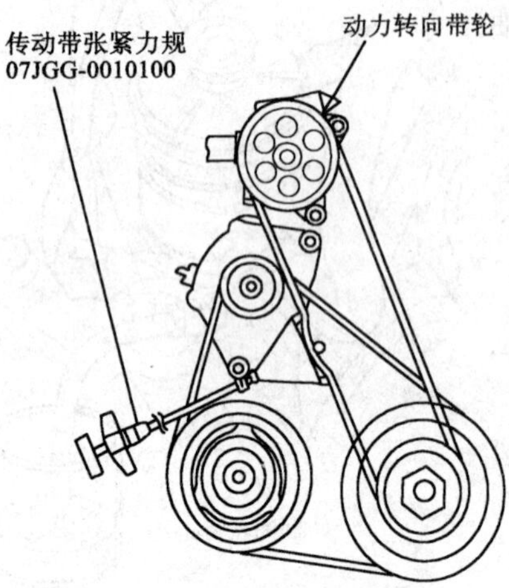

图 11-58 转向泵传动带张力测量

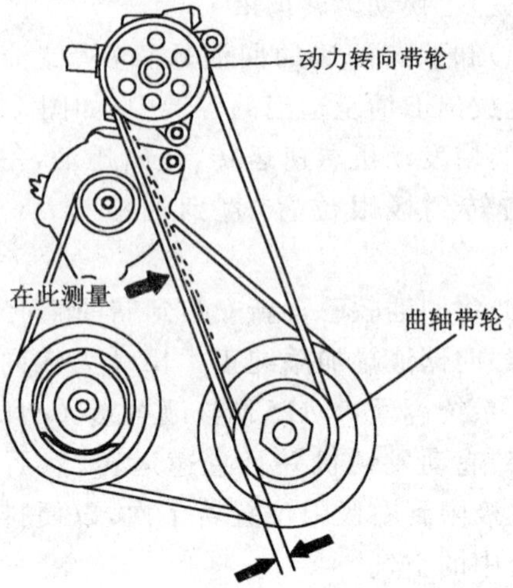

图 11-59 转向泵传动带静挠度测量

传动带的标准静挠度：旧传动带：13.0～16.0mm；新传动带：11.0～12.5mm。

(3)传动带运转检查法：汽车停在干燥路面上，发动机运转使油液升到正常温度后，左右转动方向盘，当方向盘转到极限位置时，动力转向泵输出油压最大，此时驱动带的负荷最大，如果传动带打滑，说明传动带紧度不够或油泵内有机械损伤。

2. 调整

(1)如图 11-60 所示，松开动力转向泵紧固螺栓和锁紧螺栓。

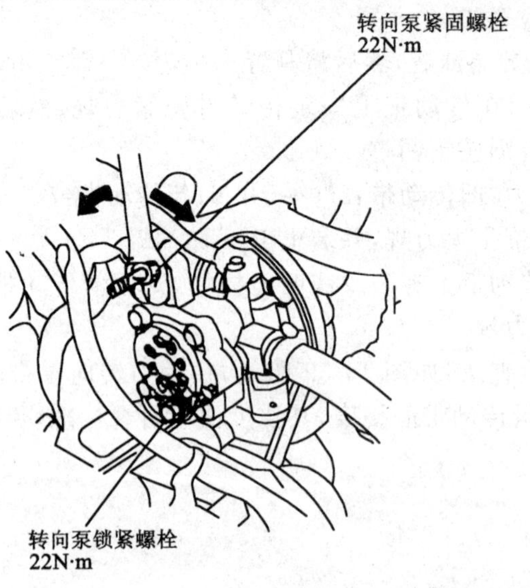

图 11-60 转向泵传动带张力的调整

(2)通过使用 1/2 拆卸调节杆移动动力转向泵来调节传动带张紧力，使其达到标准值，然后以 22N·m 的转矩拧紧转向泵紧固螺栓和锁紧螺栓。

(3)起动发动机，将方向盘在左、右极限位置之间连续转动几次，再关闭发动机，重新检查传动带挠度或张紧力。若传动带张紧度不符合标准，则重新调整直至符合要求为止。

（五）检测动力转向泵输出压力

检查动力转向泵的输出油压，主要是为了确定动力转向泵或转向齿轮机构是否有故障。为准确地测出动力转向泵的输出油压，检测前应使储油罐油位正常和动力转向泵传动带的张紧力符合标准。

用动力转向压力表检查动力转向泵输出油压，压力表及截流阀的连接方法如图 11-61 所示。先从转向泵出口接头上拆下软管，然后将转向泵管接头 2(07RAK-S040110)装到油泵出口上。再将管接头 6(07RAK-S040121)连接到动力转向压力表上，并且将出口软管与动力转向软管接头 6(07RAK-5040121)相连。最后将压力表 5(07406-0010200)接到转向泵接头 2 上，使压力表串接在动力转向泵与压力油管之间。

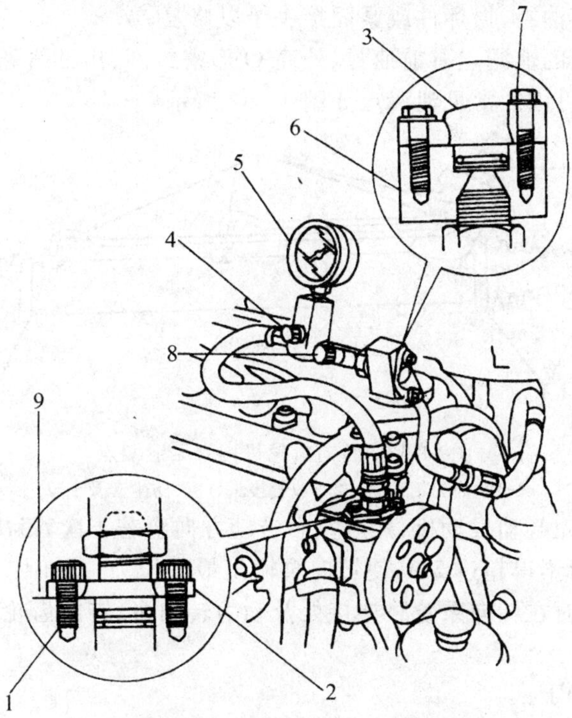

图 11-61 检查动力转向泵的压力

1—螺栓 M6×1.0(11N·.m) 2—动力转向泵接头(07RAK-S40110) 3—出口软管接头 4—压力控制阀 5—动力转向压力表(07406～0010001) 6—软管接头(07RAK-S040121) 7—连接螺栓(11 N·m) 8—截流阀 9—泵出口接头

动力转向泵输出油压检测步骤如下：

(1)完全开启截流阀和压力控制阀。

(2)起动发动机并使之怠速运转。

(3)将方向盘在左右转动的极限位置之间连续转动若干次，使转向液温度升至工作温度。

(4)在发动机怠速的情况下测量静态油压，如转向泵良好，则压力表的读数至少应为 1500kPa。

(5)开启压力控制阀,然后逐渐关闭截流阀,直至压力表指针稳定不动,读取压力值。此时动力转向泵的输出标准压力至少应为7200～7800kPa。

(6)迅速完全开启截流阀。注意截流阀关闭时间每次不要超过5s,否则转向泵会由于过热而损坏。

截流阀完全关闭时测出的油压可反映动力转向泵的工作状态。如果动力转向泵工作良好,其压力表读数应至少为7200～7800kPa,若压力表读数低,则意味着转向泵输出压力太低,不能有效助力转向,说明动力转向泵有故障,应维修或更换动力转向泵。

(六)动力转向液压系统外部泄漏的检查

液压动力转向系统的外部油液泄漏故障主要是由于油封及O形密封圈损坏或老化、壳体破裂或金属件破裂造成的,其中可能泄漏的部件有油管、动力转向泵、转向齿轮机构、储油罐。可通过更换油封、损坏件或紧固接头予以修复。

动力转向泵常见的泄漏点有前油封、外壳O形密封圈、出油管路螺纹管接头、出油软管接头,而转向齿轮机构的常见泄漏点如图11-62所示。

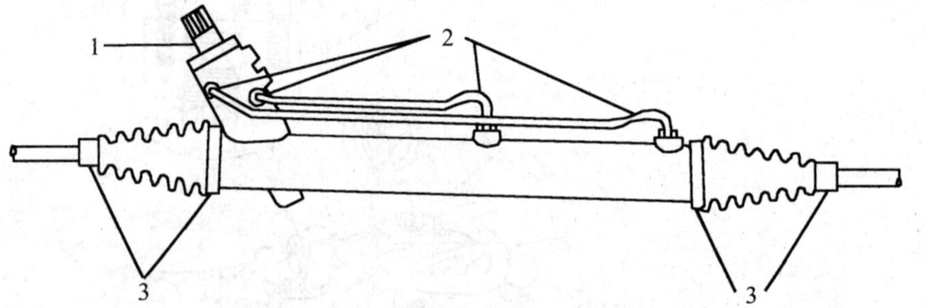

图11-62 转向齿轮机构常见泄漏点

1—小齿轮轴油封 2—油管接头 3—防尘套及卡箍

检查泄漏时,首先起动发动机,然后左右转动方向盘若干次,每次都转到极限位置(但应注意在极限角停留不得超过5s),使转向泵输出最大压力,从而使整个动力液压管路系统产生最大压力,此时在转向泵管路连接处及动力转向泵、转向齿轮机构的常见泄漏点处检查泄漏情况。

具体检查过程如下:

(1)将汽车顶起,加上安全支承,擦干漏油部位。

(2)检查储油罐是否加油过多,如过多应排出过多油液。

(3)检查并拧紧转向泵及转向齿轮机构上的油管接头部位。

(4)起动发动机,左右反复转动方向盘,查找泄漏部位。发现泄漏部位后,关闭发动机,检修并排除故障。

(七)检查方向盘的操纵力和游动量

1. 检查转向操纵力

检查车轮开始转动的操纵力时,将汽车停放在水平干燥、清洁的路面上,轮胎充气到正常气压,并使储油罐油位及转向泵传动带张紧至标准值。其检查过程如下:

(1)起动发动机,使其怠速运转,同时连续左右转动方向盘至各极限位置若干次,以使转向油升温。

(2)使前轮处于直线行驶位置。

(3)如图 11-63 所示将弹簧测力计连接到方向盘轮缘上。

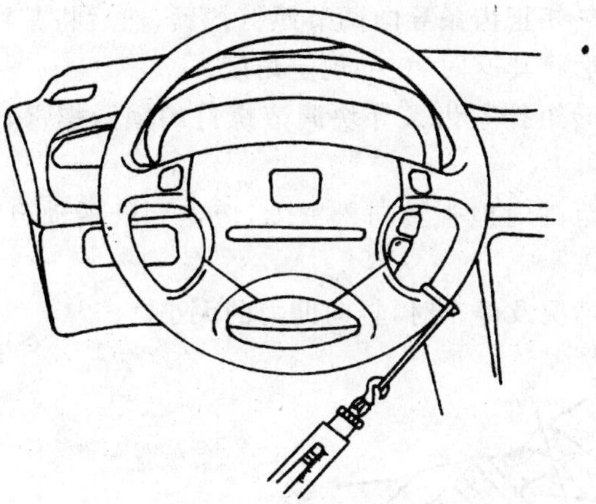

图 11-63　测方向盘操纵力

(4)起动发动机,使其怠速运转,并拉弹簧测力计,一旦转向轮胎开始转动时,记下弹簧测力计读数。

(5)弹簧测力计的读数应不大于 29N,如果此读数过大,说明车轮开始转动所需的方向盘纵力过大,动力转向工作不正常,则应检查动力转向泵和转向齿轮机构。

2. 检查方向盘游动量

(1)停放汽车,使前轮位于直线行驶位置。

(2)用指尖向左右侧轻轻转动方向盘,在方向盘外周边缘上测量手感变重(即轮胎准备偏转)时的自由行程,即为方向盘的游动量,如图 11-64 所示。方向盘游动量应在规定的范围内。

(3)如果游动量超过规定值,则调整齿条导块。如果调整无效,则应检查转向齿轮机构和联动机构。

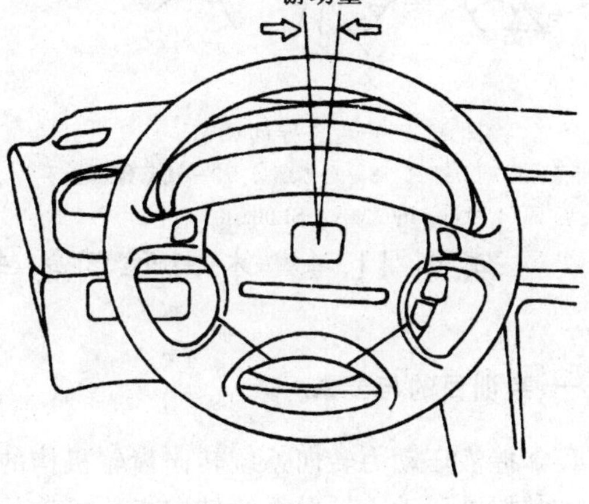

图 11-64　检查方向盘游动量

(八)转向齿条的导向调节

转向系统故障中,有很多与转向齿轮机构中齿条的导向调节有关。如齿条的导向调节不当,将会引起转向困难、车轮回正不顺畅、转向不顺或不畅、方向盘振动或抖动、方向盘转动犯卡、方向盘游动量过大、转向噪音、转向沉重等诸多故障,因此转向齿条的导向调节事关整个转向系统的工作好坏和工作性能,故应小心加以调节。其调节步骤如下:

(1)将车轮置于直线行驶位置。

(2)使用专用工具松开齿条导向调节螺钉的锁紧螺母,然后取下齿条导块调节螺钉,如图 11-65 所示。

(3)如图 11-66 所示,除去齿条导块调节螺钉螺纹部分的旧密封剂,并在前三圈螺纹处涂抹新密封剂,然后将其松弛地装到转向齿轮导块上。

(4)用 25N·m 的转矩把齿条导向调节螺钉拧紧,然后将其松开。再用 3.9N·m 的转矩将其重新拧紧,最后将其返回 20°的规定角度。

(5)用 25N·m 的转矩拧紧齿条导块调节螺钉的锁紧螺母,以防导块调节螺钉转动而破坏其调好的位置。

(6)在转向全行程范围内检查转向松紧度,应做到既转动自如,无犯卡现象,又无松旷感。

(7)检查转向工作情况及停车时,转向助力的大小。

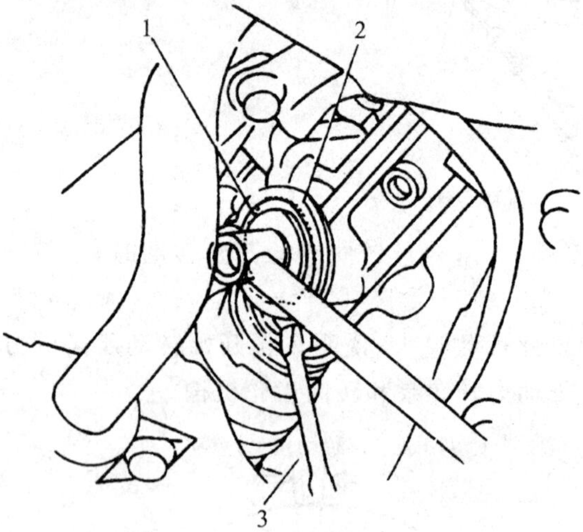

图 11-65 齿条导向调节

1—齿条导向调节螺钉 2—自锁螺母 3—锁紧螺母扳手

(40mm07MAA-SL00100)

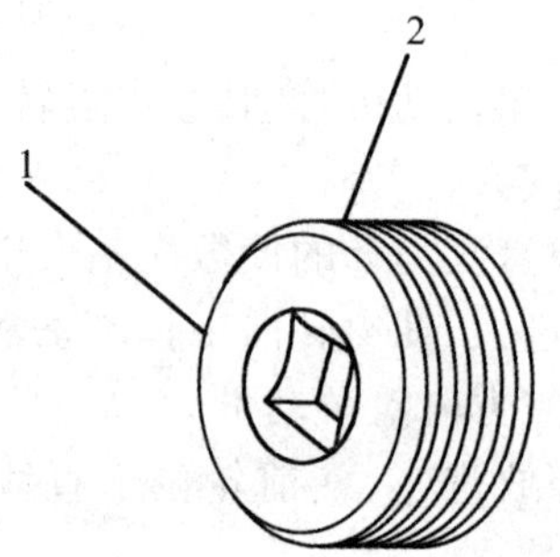

图 11-66 齿条导向调节螺钉

1—齿条调节螺钉 2—螺纹部分

实训 11.4 本田雅阁轿车转向齿轮机构的检修

一、实训目的与要求

1. 掌握液压动力转向系统转向齿轮机构的结构组成和工作原理。
2. 掌握液压动力转向系统转向齿轮机构的检修方法。

二、实训仪器和设备

通用工具、通用量具、本田雅阁汽车维修专用工具、本田雅阁轿车

三、实训注意事项

1. 严格执行正确的拆装过程,注意安全。
2. 不要将动力转向液溅洒到车体或零部件上,以免损坏车漆,若溅洒应擦净。

四、实训步骤

在经过对动力转向的一般检查后，当需要对转向齿轮机构进行调整或维修时，应首先拆下转向齿轮机构，然后进行必要的维修和调整。

（一）转向齿轮机构的拆卸

（1）拆下回油软管，排放动力转向液。

（2）顶起车辆前部，并进行稳固支撑。

（3）拆下前轮。

（4）使前轮回正，拆下驾驶席侧的气囊总成。

（5）拆下方向盘。

（6）拆下转向接头盖，如图 11-67 所示。

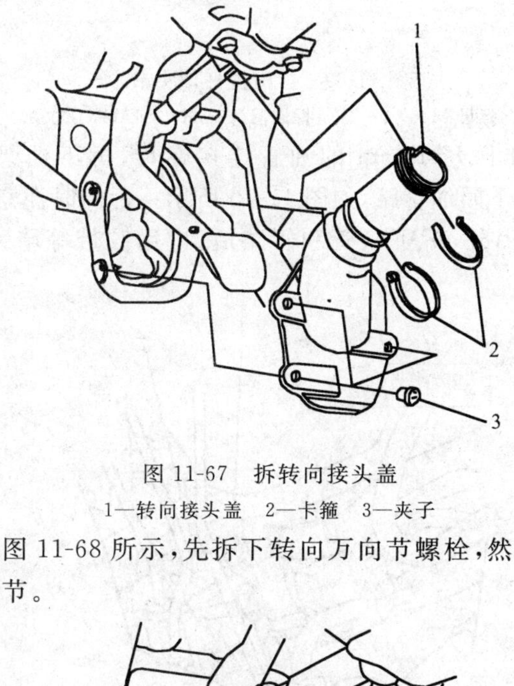

图 11-67　拆转向接头盖

1—转向接头盖　2—卡箍　3—夹子

（7）拆万向节。如图 11-68 所示，先拆下转向万向节螺栓，然后将万向节向转向柱移动，从而拆下转向万向节。

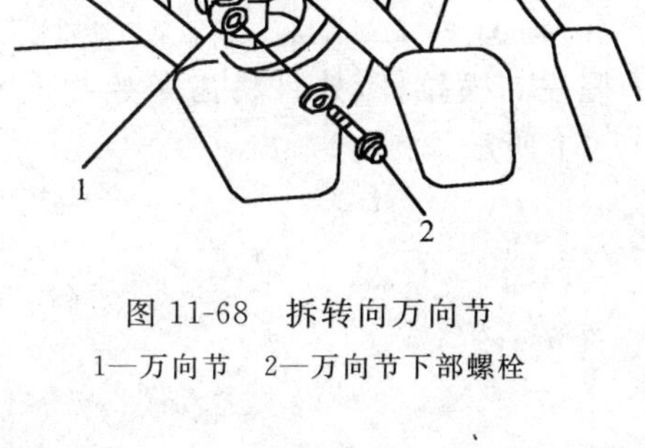

图 11-68　拆转向万向节

1—万向节　2—万向节下部螺栓

(8)将横拉杆球形接头和转向节分离。先从槽形螺母上拆下开口销及其螺母，然后将M10的螺母安装在球形接头上，并且使螺母与球头销末平齐以保护其螺纹，再用球头拆卸器拆下球形接头，使其与转向节分离，如图11-69所示。拆卸时别损坏球头防护套。

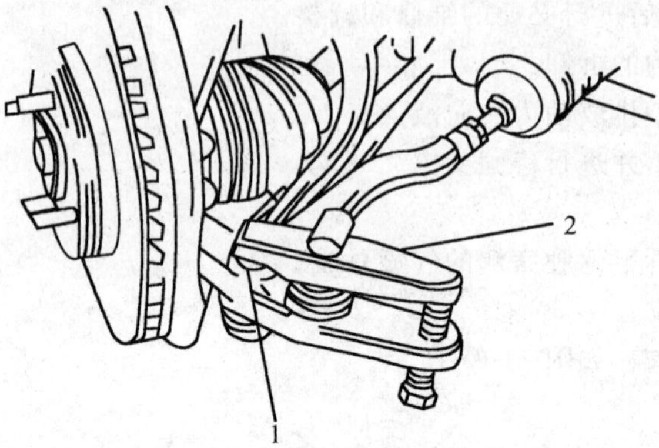

图11-69　拆横拉杆球头节

1—螺母M10　2—球头拆卸器(28mm 07MAC-SL00200)

(9)拆连接油管。先松开14mm的油管连接螺母，拆下油泵出油软管，然后松开17mm油管连接螺母，拆下回油管路，如图11-70所示。拆卸时注意不要松开阀体装置和油缸之间的油缸管路。另外，拆下软管和管路后，应用胶带等堵住管口，以免异物进入其中。

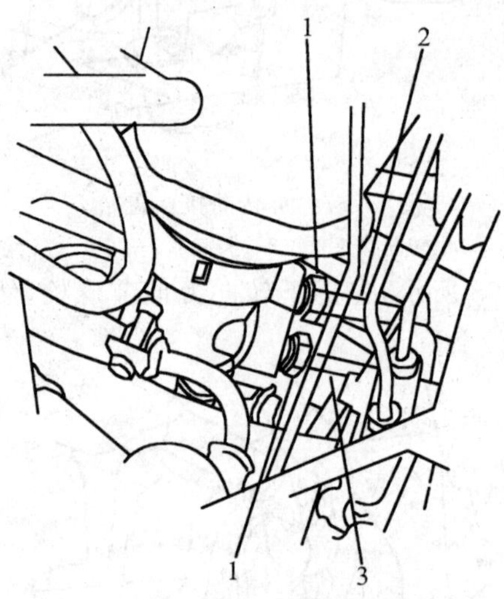

图11-70　拆卸油管

1—螺母　2—回油管路　3—油泵出油软管

(10)拆横拉杆：先用手握住右横拉杆，并且将齿条始终向右方向拉，然后拆下左右横拉杆以及锁紧螺母，如图11-71所示。

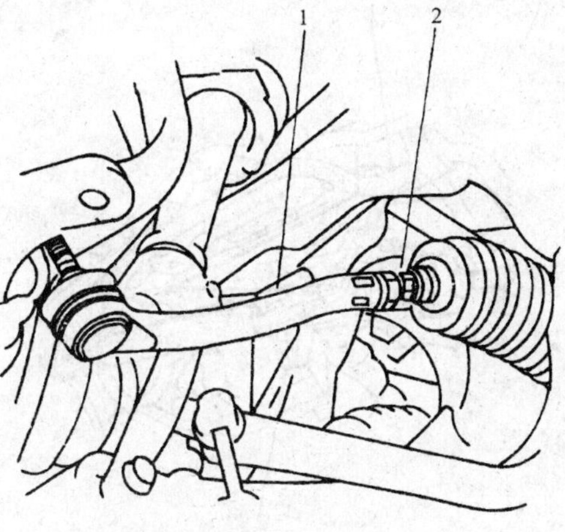

图 11-71 拆横拉杆

1—横拉杆端接头 2—锁紧螺母

(11)脱开热氧传感器上的接头,拆下三元催化转换器,如图 11-72 所示。

(12)从变速箱断开换挡拉线。

(13)先拆下加强板,然后卸下右紧固支架,如图 11-73 所示。

(14)向下拉转向齿轮机构,使小齿轮轴与隔板分。然后从阀体装置顶部拆下小齿轮轴的橡胶保护圈。

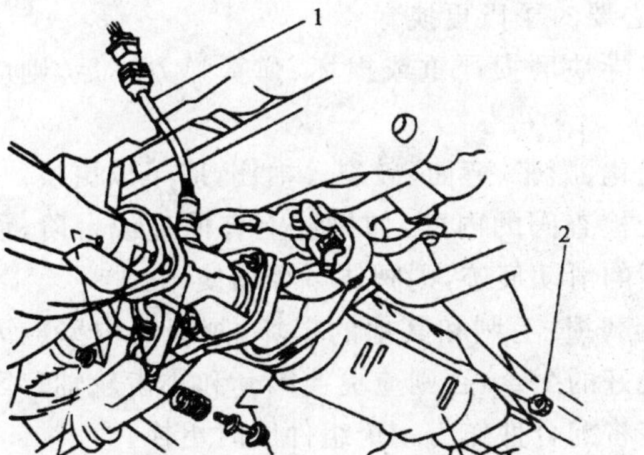

图 11-72 拆卸三元催化转换器

1—热氧传感器接头 2—自锁螺母(更换)33N·m

3—三元催化转换器 4—自锁螺母(更换)22N·m

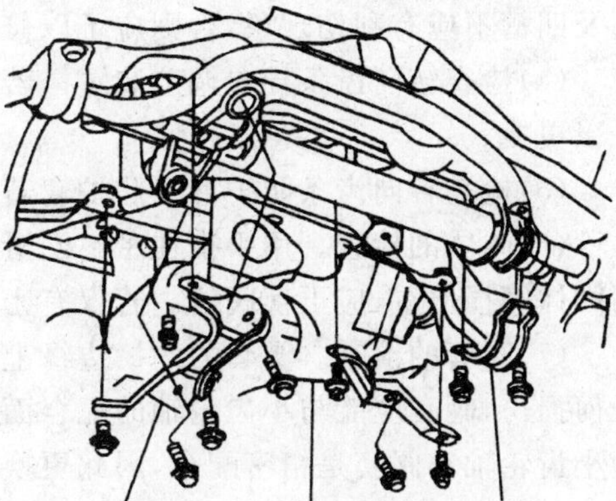

图 11-73 拆加强板及紧固支架

1—紧固支架 2—加强板

(15)拆卸转向齿轮机构总成。先将转向齿轮机移向右侧,使左齿条端部离开后横梁,然后将左齿端部置于后横梁之下,再将转向齿轮机构移向左,并且向左下倾斜将其拆出,如图 11-74 所示。

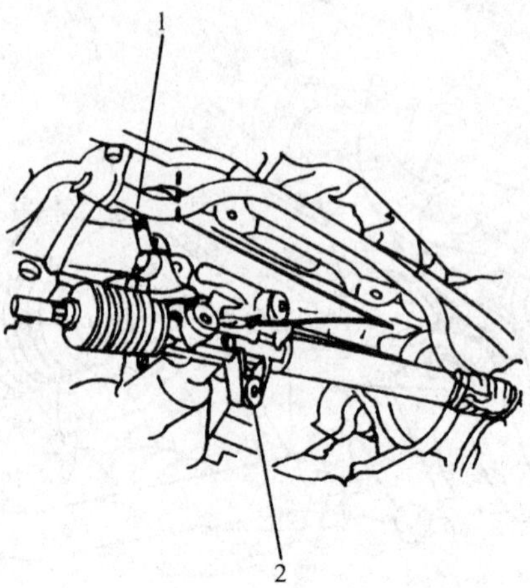

图 11-74　拆卸转向齿轮机构总成

1—小齿轮轴　2—转向齿轮机构

(三)转向齿轮机构的检修

(1)检查转向齿轮机构壳体,若有裂纹、变形、油缸内表面有擦伤或磨损严重,应更换壳体。

(2)检查油缸端盖的橡胶限位器是否损坏或老化,如果损坏,则应更换油缸端盖。

(3)检查转向齿条。转向齿条应无弯曲,齿面及导向面应无严重磨损或擦伤,活塞表面及凹槽不应有刮伤现象,否则应予以修整,必要时予以更换。

(4)检查转向齿条导向调节装置。若齿条导块磨损严重或损坏、弹簧弹力不足,则应予以更换。

(5)检查转向齿条防护套。防护套若有老化、膨胀、弯曲、破裂等损伤,应予以更换。

(6)阀体的检查。用手指在密封圈滑动处检查阀的内壁,如果壁上有槽痕或台阶,说明阀体磨损严重,应更换阀体。若仅有密封圈的滑动痕迹,则阀体可继续使用。

(7)阀套的检查。阀套的沟槽边缘上应无磨损、毛刺和其他的损坏,阀套的内壁应无任何损伤,阀套应能与小齿轮轴的配合面作良好的配合,否则应更换阀套和小齿轮轴。因为小齿轮轴和阀套是精密配合,因此更换时应将配合件作为一个组件同时更换。

(8)检查小齿轮轴。小齿轮轴装密封圈的沟槽边缘外表面应无刮伤、碰伤的损坏,与阀套配合的表面应无磨痕和毛刺,能与阀套作良好的配合,否则应更换小齿轮轴和阀套总成。检查小齿轮齿面有无严重磨损、裂纹及其他缺陷,若有,应更换小齿轮轴及阀套。

(9)检查小齿轮轴的轴承。慢慢转动轴承的外座圈,如果感觉到间隙过大或转动不顺畅、发卡,说明轴承已损坏,应更换小齿轮轴和阀套总成。

(五)转向齿轮机构的安装

按照转向齿轮机构拆卸的相反顺序安装转向齿轮机构。安装时应往意下列问题:

(1)应校对好转向轴的位置,保证方向盘、转向轴和小齿轮轴之间的正确装配关系。

(2)安装时应小心,不要弯曲或损坏管路,并确保油管与其他零件不发生干涉。

(3)应将左右横拉杆端接头和锁紧螺母以相同的圈数拧到齿条上,以确保左右前轮具有相同的前束。

(4)按规定的力矩拧紧各紧固螺栓、螺母。

(5)向转向系统加注推荐使用的动力转向油,并给系统排气。

(六)转向齿轮机构装复后的检查与调整

(1)密封性位查

转向齿轮机构装车后的密封性检查必须在热车时进行。因此,首先应起动发动机,并使之怠速运转,将方向盘在左、右极限位置之间转动几次,使动力转向油温度升高,再将方向盘转至左右两侧极限位置稍作停留(应小于5s),使压力管路产生最大压力。然后检查以下部位的密封性:转向齿轮机构的动力管路及各油管接头、阀体装置及阀体装置与转向齿轮机构壳体的配合面处、转向齿条两端部。如某处出现泄漏,则必须查明原因,排除故障,直到消除泄漏现象。

(2)转向性能检查

起动发动机,并使之怠速运转,左右转动方向盘,转向齿轮机构应在其整个工作范围内工作正常,操作轻便,方向盘转向、回正顺畅,噪音小,无振动。当然此时要求动力转向泵工作正常。

(3)检查调整前轮的前束,使之恢复正常。

(4)检查方向盘轮辐角度,如有必要,可通过同等幅度地转动左、右横拉杆来进行调整。

11.6　四轮转向系统

汽车四轮转向系统有机械式四轮转向系统、液压式四轮转向系统、电子控制液压式四轮转向系统和电子控制四轮转向系统等类型,在此只介绍后两种类型。

11.6.1　电子控制液压式四轮转向系统

1. 组成及结构

如图11-75所示,该系统主要由转向盘、转向油泵、前动力转向器、后轮转向传动轴、车速传感器、电子控制单元、后轮转向系统组成。

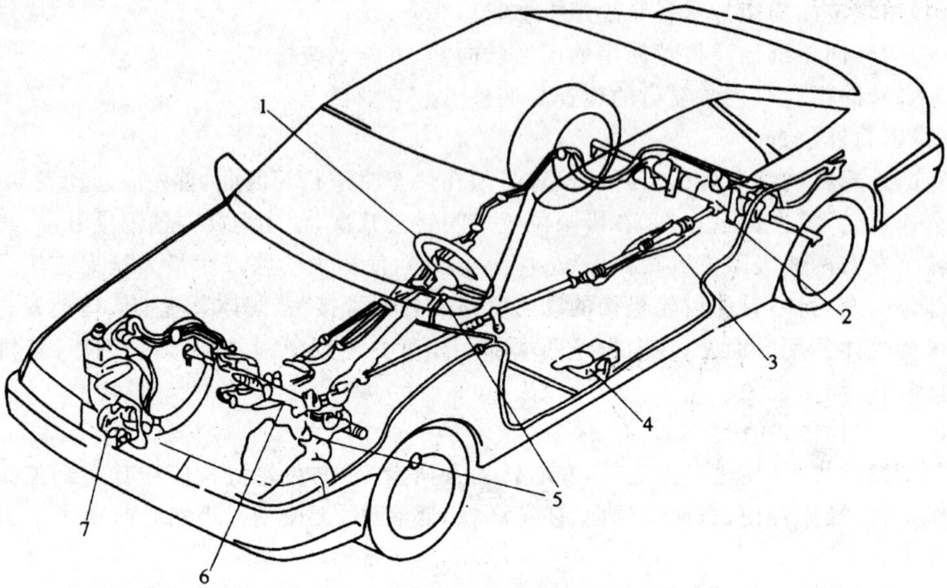

图 11-75　电子控制液压式四轮转向系统

1—转向盘　2—后轮转向系统　3—后轮转向传动轴　4—电子控制单元

5—车速传感器　6—前动力转向器　7—转向油泵

(1)转向油泵

转向油泵为一带驱动的串列式同轴叶片泵，它由前后两个油泵组合而成，分别向前、后轮转向系统供油，并且含有两套流量控制阀，如 11-76 示。

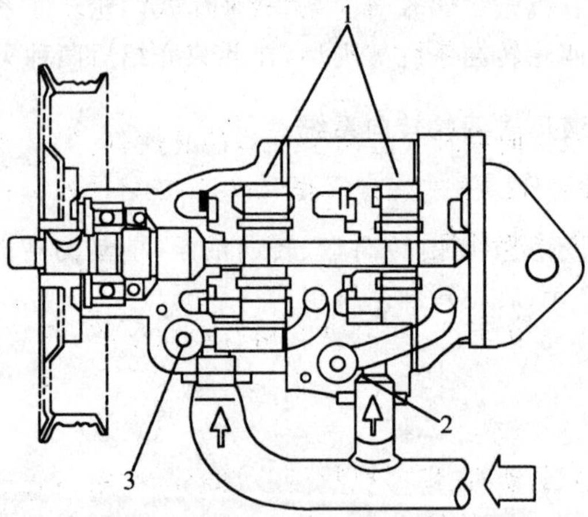

图 11-76　转向油泵的结构

1—吸油腔　2—第二出油口　3—第一出油口

(2)前轮转向器和后轮转向传动轴

前轮转向器为齿轮齿条式，但将齿条加长，它与固定在后轮转向传动轴上的小齿轮啮合。当转动转向盘使齿条水平移动时，齿条一方面控制前轮转向动力缸的工作，推动前轮转向，同时将转向盘转动的方向、快慢和转动的角度传给后轮转向传动轴，驱动该轴转动，以控制后轮转向，如图 11-77 所示。

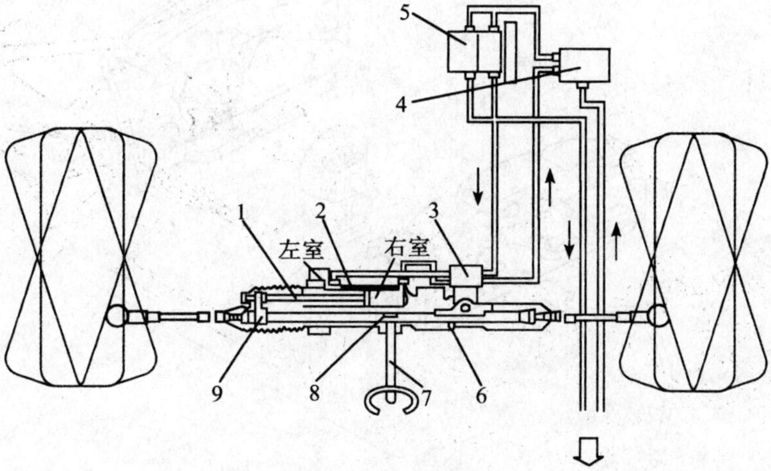

图 11-77　前轮转向器

1—转向动力缸活塞杆　2—转向动力缸　3—转向控制阀　4—转向油泵　5—储油罐　6—齿条　7—后轮转向传动轴　8—小齿轮　9—连接板

后轮转向传动轴的结构如图 11-78 所示。

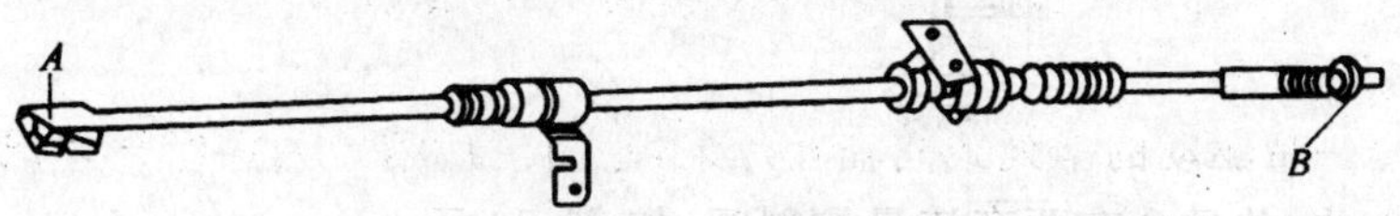

图 11-78　后轮转向传动轴

A—接前轮转向系统　*B*—接后轮转向系统

(3)车速传感器

电子控制液压式四轮转向系统装有两个车速传感器，它们分别设置在汽车车速表内和变速器的输出轴端，如图 11-79 所示。其结构为舌簧触点开关式，检测轴的转速，并向四轮转向控制系统输送车速脉冲信号。

(4)后轮转向系统

后轮转向系统如图 11-80 所示，它主要由相位控制系统、液压控制阀、后轮转向动力缸组成。

1)相位控制系统

相位控制系统由步进电动机、扇形控制齿板、摆臂、大锥齿轮、小锥齿轮、液压控制阀连杆等组成，如图 11-81 示。后轮转向传动轴与小齿轮连接并输入前转向齿条的运动状态。一个前、后车轮转向角比传感器安装在扇形控制齿板旋转轴上。

①步进电动机。步进电动机用螺栓固定在壳体一端，电动机输出轴装一锥齿轮，与固定在蜗杆轴上的另一锥齿轮啮合，蜗杆轴的转动将使扇形控制齿板摆动。步进电动机接受车速传感器的电信号而转动，转动结果使扇形控制齿板正向摆动或逆向摆动一定角度，从而将摆臂拉向或推离步进电动机。

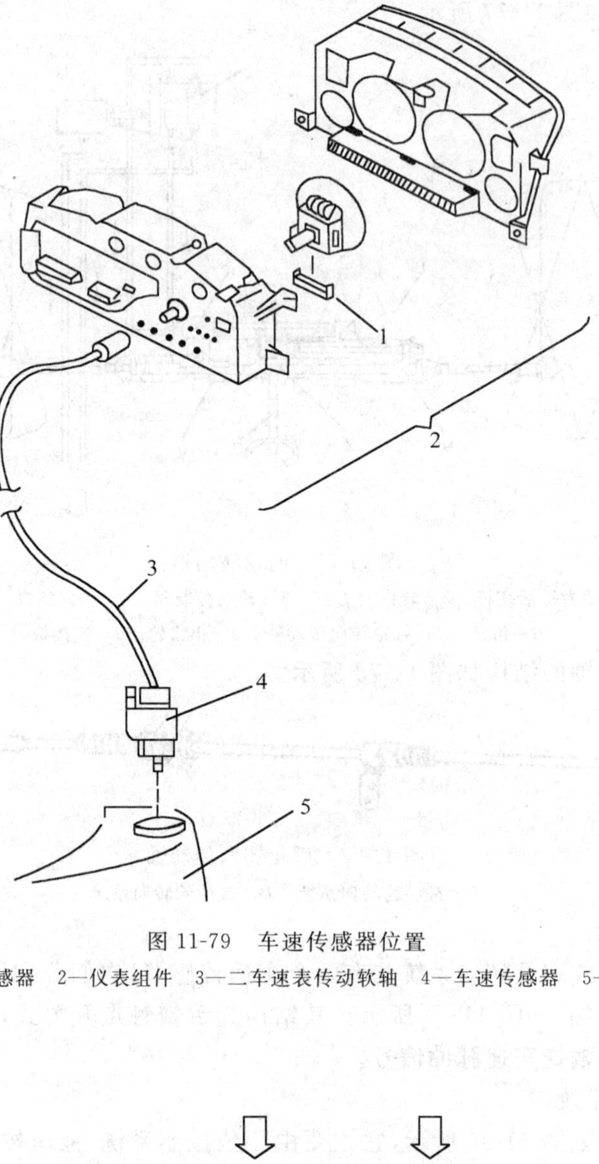

图 11-79　车速传感器位置

1—车速传感器　2—仪表组件　3—二车速表传动软轴　4—车速传感器　5—变速器

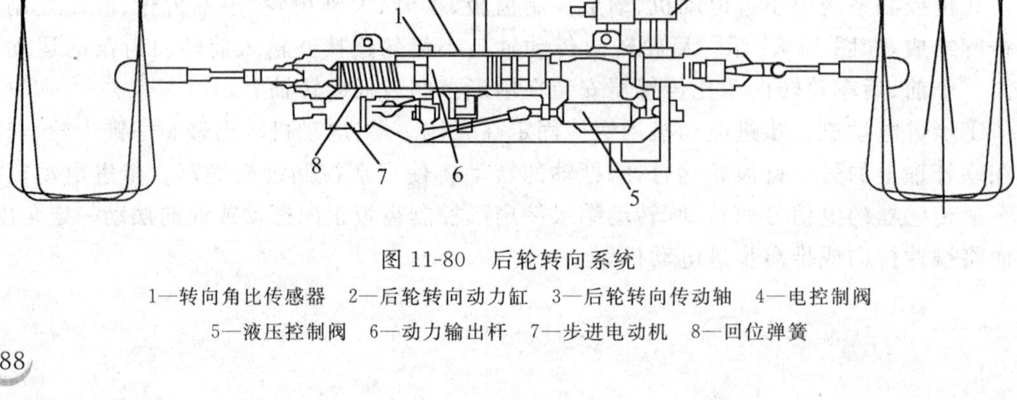

图 11-80　后轮转向系统

1—转向角比传感器　2—后轮转向动力缸　3—后轮转向传动轴　4—电控制阀
5—液压控制阀　6—动力输出杆　7—步进电动机　8—回位弹簧

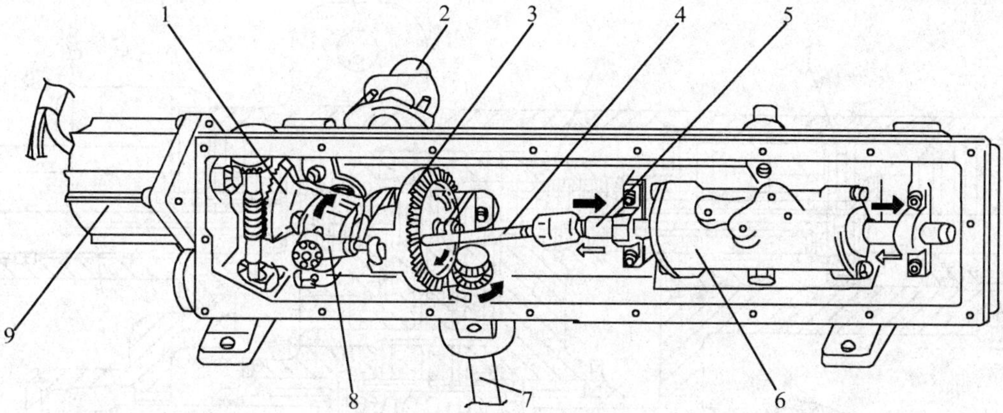

图 11-81　相位控制系统

1—扇形控制齿板　2—转向角比传感器　3—大锥齿轮　4—液压控制阀连杆　5—液压控制阀主动杆　6—液压控制阀　7—后轮转向传动轴　8—摆臂　9—步进电动机

②液压控制阀连杆一端连接摆臂，中间穿过大锥齿轮上的孔，另一端与液压控制阀主动杆连接。大锥齿轮的旋转运动是由小锥齿轮驱动的，而小锥齿轮的转动是由后轮转向传动轴驱动的。由此可见，液压控制阀连杆的运动是摆臂运动和大锥齿轮运动的合成，即液压控制阀连杆的运动受车速和前轮转向运动的综合影响。

2)液压控制阀

如图 11-82 所示，液压控制阀是一滑阀结构，其滑阀的位置取决于车速和前轮转向系统的转角。图中表示滑阀向左移动的过程，此时油泵送来的油液通过液压控制阀进入动力缸右腔，同时动力缸左腔通过液压控制阀与储油罐相通。在动力缸左、右腔压力的作用下，动力输出杆左移，使后轮向右偏转。因为阀套与动力输出杆固定在一起，所以，当动力输出杆左移时将带动阀套左移，从而改变油路通道的大小，当油压与回位弹簧及转向阻力的合力达到平衡时动力输出杆(连同阀套)停止移动。

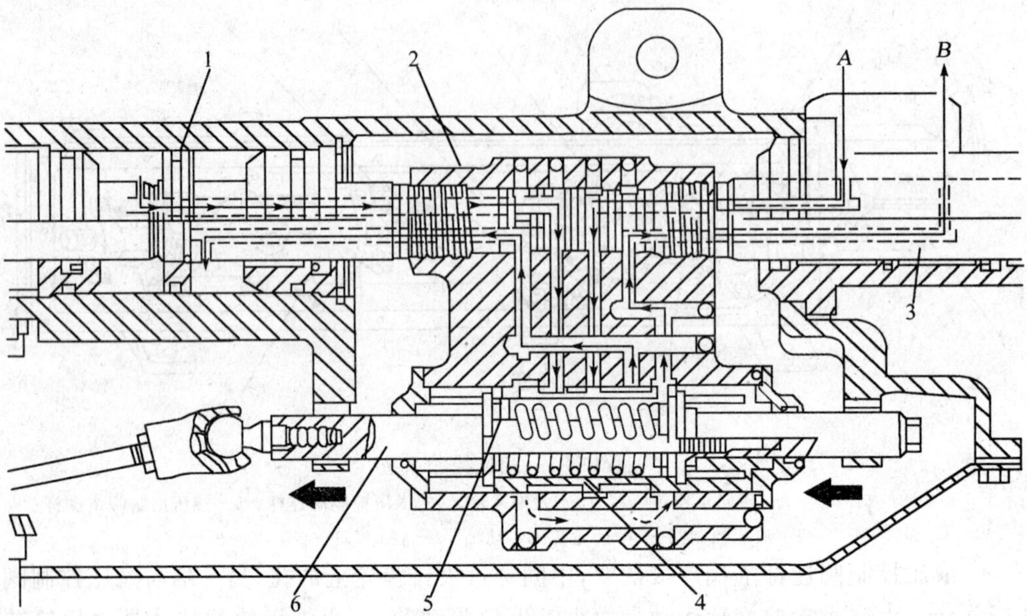

图 11-82 液压控制阀结构示意图

1—动力缸活塞 2—阀套 3—动力输出杆 4—滑阀 5—回油道
6—液压控制阀主动杆

3)后轮转向动力缸

如图 11-64 所示,阀套将滑阀密封,阀套内含有连接相位控制系统和动力缸的油道。输出杆穿过动力缸活塞(输出杆与动力缸活塞固定连接),两端分别与左、右转向横拉杆连接,在动力缸两腔的压差作用下,输出杆向左或向右移动,从而使得后轮作相应偏转。当汽车直线行驶时,在动力缸两腔的回位弹簧及油压作用下,使后轮处于直线行驶位置。此功能也使得当电子控制线路或液压回路出现故障时,后轮可回到直线行驶位置,使四轮转向变成一般的两轮转向工作状态。

(5)控制系统

电子控制系统由四轮转向控制器、转角比传感器和电控油阀组成。

1)四轮转向控制器

四轮转向控制器的作用有下列三点:

①根据车速传感器送来的电脉冲信号计算汽车的车速,再根据车速的高低计算汽车转向时前后轮的转角比。

②比较前后轮理论转角比与当时的前后轮实际转角比,并向步进电动机发出正转或反转及转角大小的运转指令。另外还起监视控制四轮转向电子线路工作是否正常的作用。

③发现四轮转向机构工作出现异常时,起动警告信号灯,并断开电控油阀的电源,使四轮转向处于两轮转向状态。

2)转角比传感器

其作用是检测相位控制器中的扇形控制齿板的转角位置,并将检测出的信号反馈给四轮控制器，作为监督和控制信号使用。

3)电控油阀

电控油阀的作用是控制由转向油泵输向后轮转向动力缸的油路通断。当液压回路或电子控制线路出现故障时，电控油阀就切断由转向油泵通向液压控制阀的油液通道，使四轮转向装置处于两轮转向工作状态，起到失效保护的作用。

2.后轮转向系统的工作原理

(1)当车速低于 35km/h 时，如图 11-83(a)所示，扇形控制齿板在步进电动机的控制下向负方向偏转。假设转向盘向右转动，则小锥齿轮、大锥齿轮分别向空白箭头方向转动，摆臂在扇形齿板和大齿轮的带动下最终向右上方摆动，液压控制阀输入杆和滑阀也向右移动，由转向油泵输送的高压油液进入后轮转向动力缸的左腔，使后轮向左偏转，即后轮相对于前轮反向偏转。使车辆转向半径减小，从而提高了低速时的机动性。

(2)当车速高于 35km/h 时，如图 11-83(b)所示，扇形控制齿板在步进电动机的控制下向图中正方向移动。假设这时转向盘仍向右转动，摆臂向左上方摆动，将液压控制阀输入杆和滑阀向左拉动，由转向油泵输送的高压油液进入后轮转向动力缸的右腔，结果使后轮向右偏转，即后轮相对于前轮同向偏转，因而使汽车高速行驶时的操纵稳定性显著提高。

(3)当车速等于 35km/h 时，如图 11-83(c)所示，扇形控制齿板处于中间位置，摇臂处于与大锥齿轮轴线垂直的位置。不管转向盘向左还是向右转动，液压控制阀输入杆均不产生轴向位移，后轮保持与汽车纵向轴线平行的直线行驶状态。

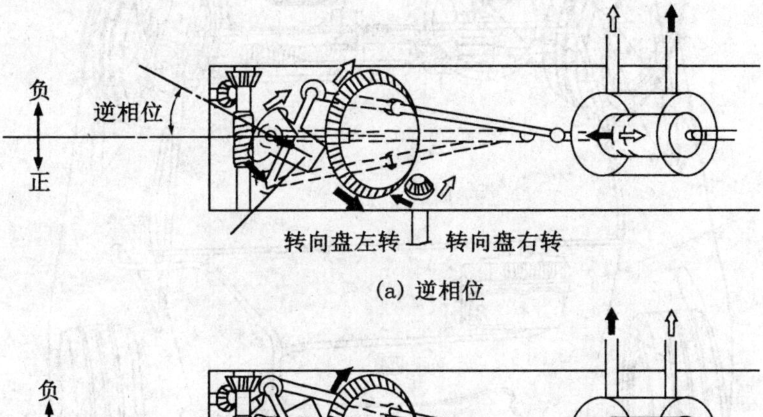

(a) 逆相位

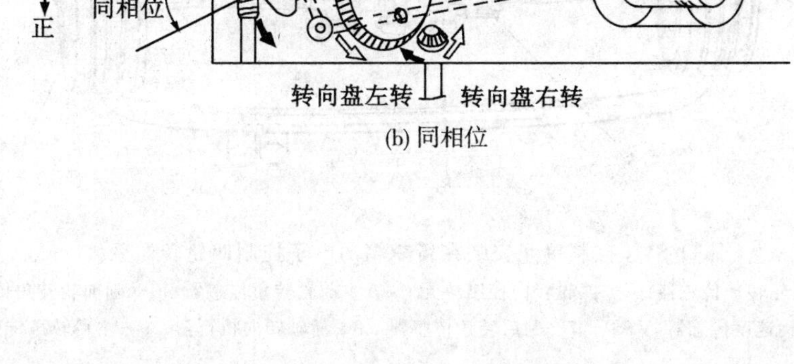

(b) 同相位

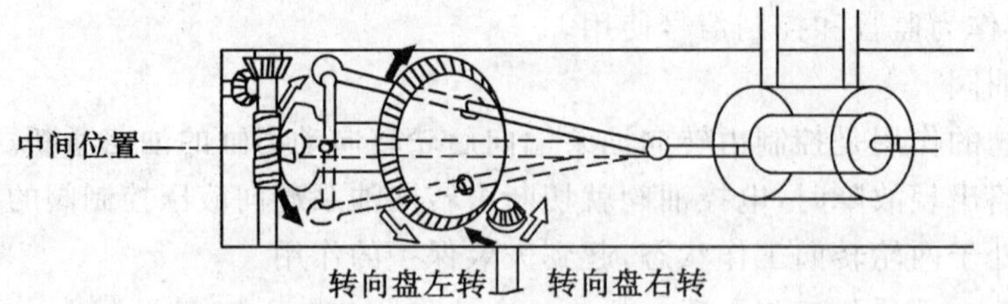

(c) 中间位置

图 11-83 后轮转向系统的工作原理

1—大锥齿轮 2—扇形控制齿板

11.6.2 电子控制四轮转向系统

1. 电控四轮转向系统的组成

电控四轮转向系统主要由后轮转向执行器、输入传感器和电控单元组成(图 11-84)。这里主要介绍后轮转向执行器和输入传感器。

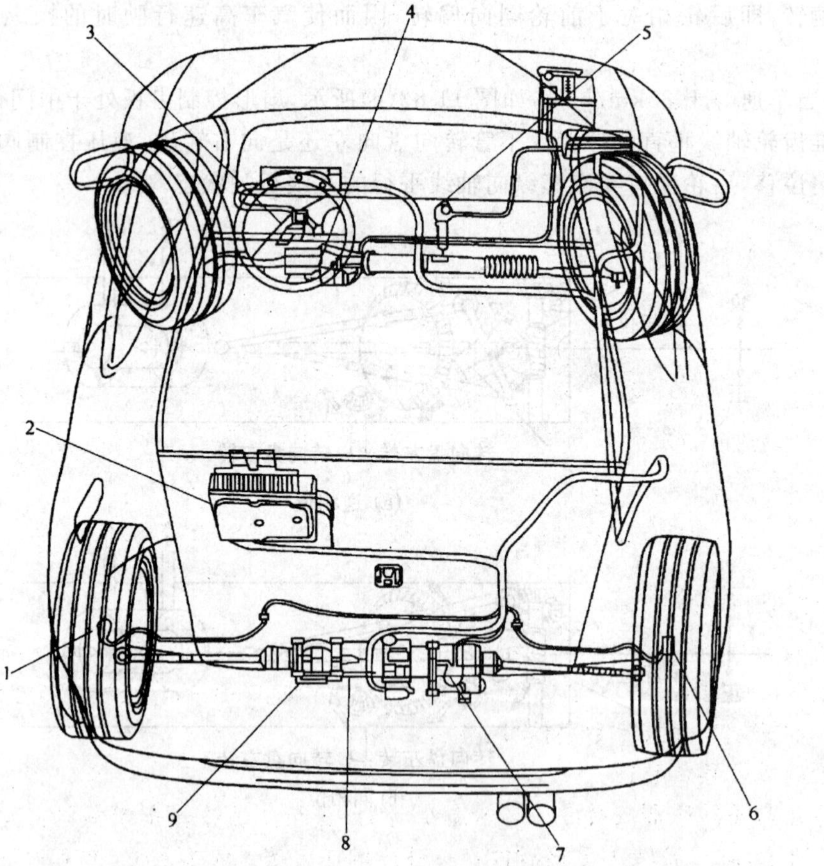

图 11-84 控制单元安装在行李箱的电子控制四轮转向系统

1、6—后轮转速传感器 2—四轮转向控制单元 3—主前轮转角传感器 4—副前轮转角传感器 5—车辆速度传感器(VSS) 7—副后转角传感器 8—后轴转向执行器 9—主后转角传感器

(1)后轮转向执行器

如图 11-85 所示,后轮转向执行器包含一个通过循环球螺杆驱动转向齿条的电动机。常规的转向横拉杆从转向执行器连接到后轮转向臂和转向节处。执行器内的复位弹簧在点火开关关闭或四轮转向系统失效时,将后轮推向直线行驶位置。一个后轮转角传感器和一个副后轮转角传感器安装在后轮转向执行器的顶端。

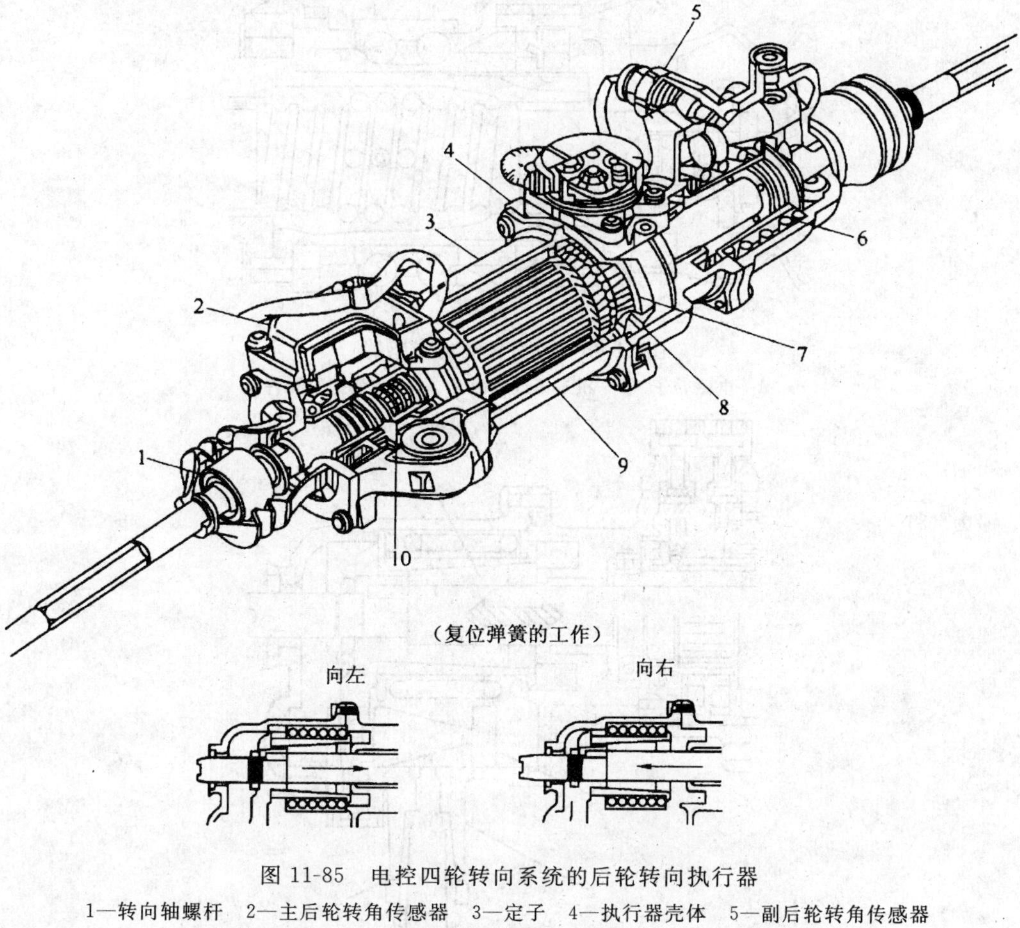

图 11-85　电控四轮转向系统的后轮转向执行器

1—转向轴螺杆　2—主后轮转角传感器　3—定子　4—执行器壳体　5—副后轮转角传感器
6—复位弹簧　7—换向器　8—电刷　9—转子　10—循环球螺杆

(2)输入传感器

1)主后轮转角传感器位于后轮转向执行器的左侧,如图 11-86 所示,包含一个随循环球螺杆旋转的脉冲环,一个电子传感器直接安装在脉冲环上部。当循环球螺杆旋转时,这个传感器向控制单元发出数字信号,指示后轮转角。

2)副后轮转角传感器

副后轮转角传感器安装在后轮转向执行器上,与主后轮转角传感器相反的一端。如图 11-87 所示,副后轮转角传感器含有一根连接在齿条上的锥形轴,锥形轴与齿条同一水平移动。一根在副后轮转角传感器上的插棒与锥形轴锥面接触,当锥形轴水平移动时,锥面使传感器插棒移动。插棒的移动使传感器产生模拟电压信号,将后轮转角信号传送到控制单元。

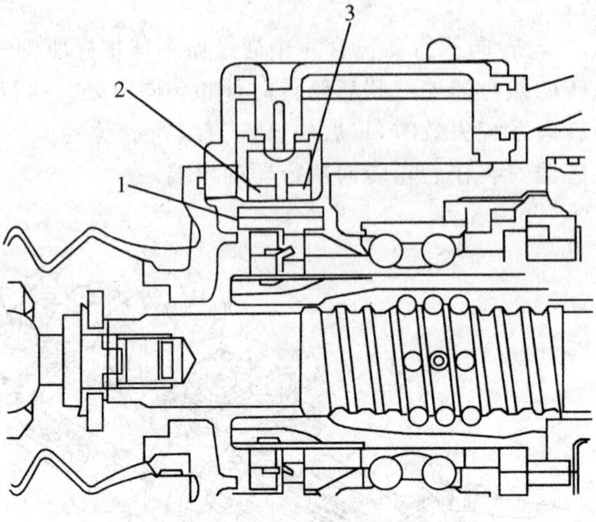

图 11-86　主后轮转角传感器

1—电磁转子　2—霍尔集成电路片　3—监测记录元件

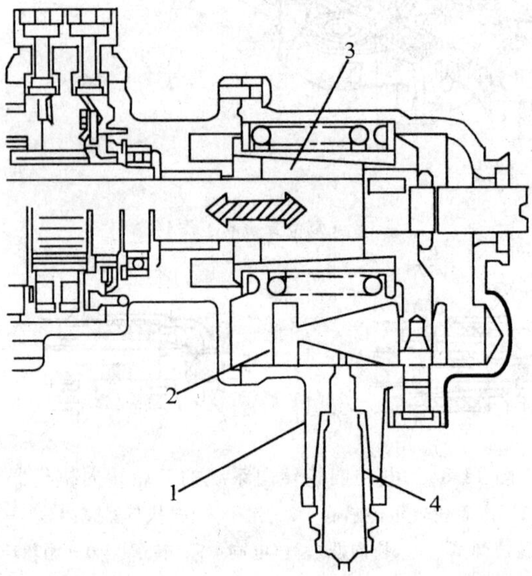

图 11-87　副后轮转角传感器

1—副后轮转角传感器　2—锥形轴　3—转向轴螺杆　4—插棒

(3)主前轮转角传感器

主前轮转角传感器也称转向盘转动传感器，安装在组合开关下方的转向柱上。如图 11-88 所示，转动速度传感器和转向盘方向传感器安装在主前轮转角传感器内。转动速度传感器包含一排在传感器下方转动的、变换磁性的磁铁。当转向盘转动时，转动速度传感器向控制单元发送与转向盘转速和前轮转角相关的信号。转动方向传感器包含一个绕转向柱的环形磁铁，这个磁铁有一个 N 极和一个 S 级。控制单元利用方向传感器传来的信号确定转向盘的转动方向。

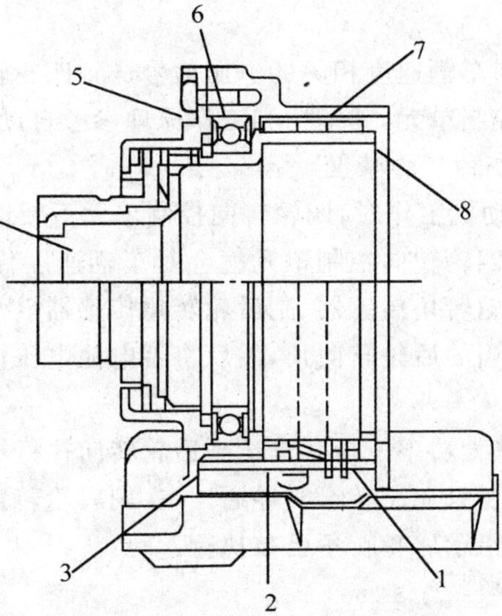

图 11-88　含有转动速度传感器和方向传感器的主前轮转角传感器

1—霍尔集成电路片　2—监测记录元件　3—输出线路　4—锁颈
5—锁壳　6—轴承　7—塑料磁铁　8—磁转子

(4)副前轮转角传感器

副前轮转角传感器安装在前齿轮—齿条转向器内。这个传感器的原理与副后轮转角传感器一致，它用于向控制单元发送与前轮转向角相关的信号。

(5)后轮转速传感器

如图 11-89 所示，后轮转速传感器安装在每个后轮上，它是与防抱死制动系统(ABS)共用的传感器，其结构和工作原理参考防抱死制动系统(ABS)。

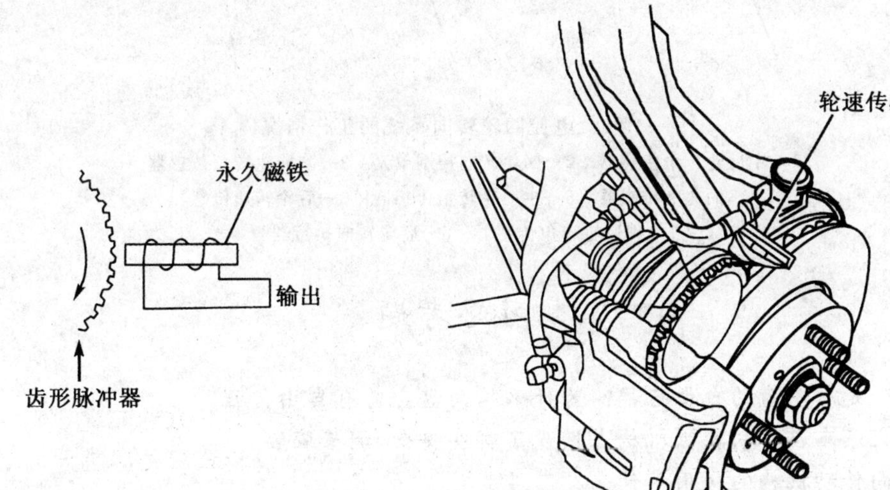

图 11-89　后轮转速传感器

(6)车辆速度传感器

车辆速度传感器将与车辆速度相关的电压信号送到四轮转向系统控制单元。这个信号也被送到自动变速器控制单元,其结构和工作原理参考自动变速器部分。

2. 电控四轮转向系统的工作情况

如图 11-90 所示,发动机工作时,四轮转向控制单元不断地从所有输入传感器处收到信号。如果转向盘转动,四轮转向控制单元就会对车辆速度传感器、主前轮转角传感器、副前轮转角传感器、主后轮转角传感器、副后轮转角传感器以及后轮转速传感器传来的信号进行分析,并计算出适当的后轮转向角,然后将蓄电池电压输入到后轮转向执行电动机中,使后轮转向。

蓄电池电压通过两只大功率三极管输送到后轮转向执行器电动机处。其中一只三极管在右转弯时导通,而另一只在左转弯时导通。主、副后轮转角传感器将反馈信号送到四轮转向驱动控制单元,以指示后轮转角已被执行。

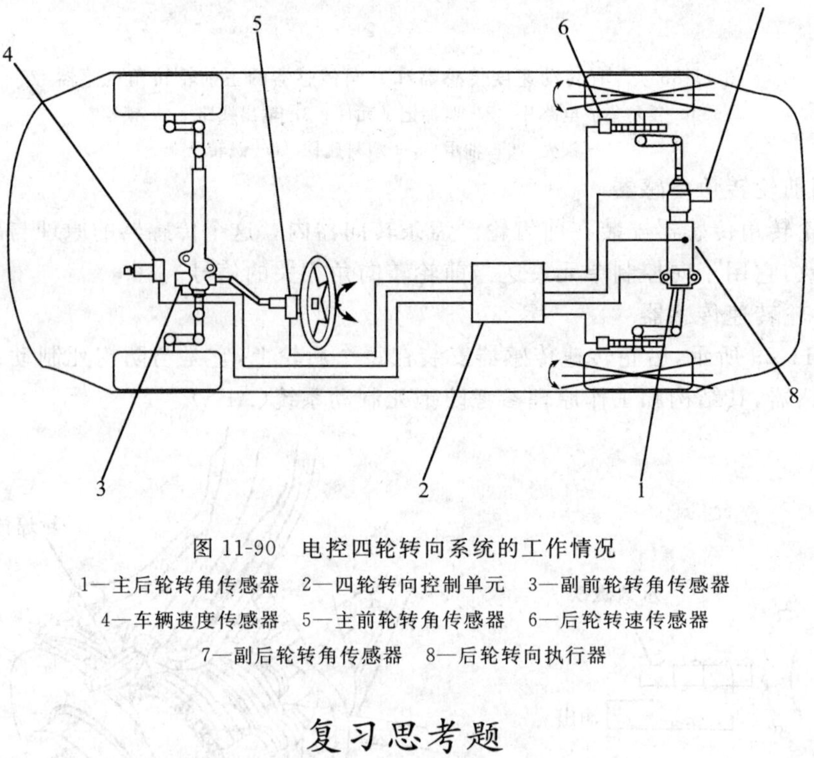

图 11-90 电控四轮转向系统的工作情况

1—主后轮转角传感器 2—四轮转向控制单元 3—副前轮转角传感器
4—车辆速度传感器 5—主前轮转角传感器 6—后轮转速传感器
7—副后轮转角传感器 8—后轮转向执行器

复习思考题

1. 什么是转向盘的自由行程?为什么转向盘会留有自由行程?
2. 现代汽车在转向操纵机构上增设了哪些安全、调节装置?
3. 转向传动机构的功用是什么?
4. 动力转向器的结构类型有哪些?
5. 简述电动动力转向系统的组成结构及其原理。
6. 齿轮齿条转向器有什么特点?
7. 如何进行液压助力转向系统的常规检查和压力检查?

第 5 篇

汽车制动系统

第12章 传统制动系统

学习目标

了解汽车制动系统的组成和类型；熟悉常见汽车制动系统的结构和工作原理；掌握主要部件的检修及制动系统故障诊断和排除方法。

12.1 概 述

当汽车行驶在宽阔平坦、车流和人流较少的路况时，可以高速行驶，以提高运输生产效率。但汽车行驶过程中也会遇到复杂多变的路面状况，如进入弯道、行经不平道路、两车交会、突遇障碍物等，为了保证行驶安全，要求汽车尽可能在较短距离内减速，甚至停车，因此，汽车都安装有制动系统。

12.1.1 制动系统的功用

汽车制动系统的功用是按照需要使汽车减速或在最短离内停车；下坡行驶时保持车速稳定；使停驶的汽车可靠驻停。

此外，汽车下长坡时，在重力产生的下滑力作用下，汽车有不断加速到危险程度的趋势，此时能将汽车限定在安全车速范围内行驶，并保持相对稳定；对停驶的车辆，特别是在坡道上停驶的汽车，应使之可靠地驻留原地不动。

12.1.2 制动系统的类型

制动系统可以按以下形式分类：

1. 按功能分类

按功能，不同制动系统可以分为行车制动系统、驻车制动系统以及应急制动、安全制动和辅助制动系统。

(1)行车制动

行车制动系统的作用是使行驶中的车辆减速或停车，每个车轮上都安装有制动器，通常由驾驶者用脚操纵。

(2)驻车制动

用于使停驶的汽车驻留原地,通常由驾驶者用手操纵。

(3)应急制动、安全制动和辅助制动

应急制动装置是用独立的管路控制车轮的制动器作为备用系统,其作用是当行车制动装置失效时,保证汽车仍能实现减速或停车。

安全制动装置是当制动气压不足时起制动作用,使车辆无法行驶。

辅助制动装置是为了下长坡时减轻行车制动器的磨损而设,其中利用发动机排气制动应用最广。

以上彼此独立的制动系统,各自的作用虽然不尽相同,但其组成却相似。一般有四个组成部分。

供能装置:包括供给、调节制动所需能量以及改善传能介质状态的各种部件。如气压制动系统中的空气压缩机、液压制动系统中人的肌体。

控制装置:包括产生制动动作和控制制动效果的各种部件,如制动踏板等。

传动装置:将驾驶者或其他动力源的作用力传到制动器,同时控制制动器的工作,从而获得所需的制动力矩。包括将制动能量传输到制动器的各个部件,如制动主缸、制动轮缸等。

制动器:产生阻碍车辆的运动或运动趋势的力的部件。

2. 按照制动能源分类

按照制动能源,汽车制动系统又可以分为人力制动系统、动力制动系统和伺服制动系统。人力制动系统是以驾驶者的肌体作为惟一制动能源的制动系统;动力制动系统是完全靠由发动机的动力转化而成的气压或液压形式的势能进行制动的制动系统;伺服制动系统是兼用人力和发动机动力进行制动的制动系统。

12.1.3 对制动系统的要求

为保证汽车能在安全的条件下发挥出高速行驶的能力,制动系统必须满足下列要求:

(1)具有良好的制动效能。迅速减速直至停车的能力。

(2)操纵轻便。操纵制动系统所需的力不应过大。

(3)制动稳定性好。制动时,前、后车轮制动力分配合理,左右车轮上的制动力矩基本相等,使汽车制动过程中不跑偏、不甩尾。

(4)制动平顺性好。制动力矩能迅速而平稳地增加,也能迅速而彻底地解除。

(5)散热性好。连续制动时,制动鼓和制动蹄上的摩擦片因高温引起的摩擦系数下降要小,水湿后恢复要快。

(6)对挂车的制动系统,还要求挂车的制动作用略早于主车,挂车自行脱挂时能自动进行应急制动。

12.1.4 制动系统的组成及工作原理

以液压制动系统为例进行分析。

1.组成

行车制动系统由车轮制动器和液压传动机构两部分组成，主要由制动踏板、制动主缸、制动轮缸、制动鼓、制动蹄及管路等组成，如图12-1所示。

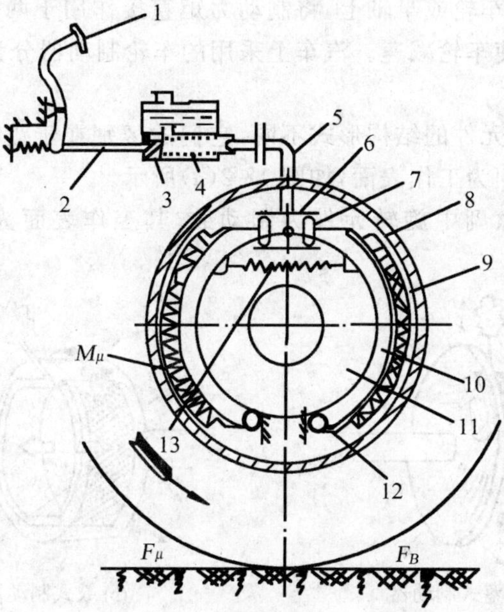

图12-1　制动系统的组成及工作原理

1—制动踏板　2—主缸推杆　3—主缸活塞　4—制动主缸　5—油管　6—制动轮缸　7—轮缸活塞　8—制动鼓　9—摩擦片　10—制动蹄　11—制动底板　12—支承销　13—制动蹄复位弹簧

车轮制动器的旋转部分是制动鼓8，它固定于轮毂上，与车轮一起旋转。固定部分是制动蹄10和制动底板11等。制动蹄上铆有摩擦片，其下端套在支承销上，上端用复位弹簧拉紧压靠在轮缸6内的活塞上。支承销和轮缸都固定在制动底板上，制动底板用螺钉与转向节凸缘(前桥)或桥壳凸缘(后桥)固定在一起。制动蹄靠液压轮缸使其张开。

2.工作原理

(1)不制动时，制动鼓的内圆柱面与摩擦片之间保留一定间隙，制动鼓可以随车轮一起旋转。

(2)制动时，驾驶者踩下制动踏板，主缸推杆便推动制动主缸内的活塞7前移，迫使制动液经管路进入轮缸，推动轮缸的活塞向外移动，使制动蹄克服复位弹簧的拉力绕支承销转动而张开，消除制动蹄与制动鼓之间的间隙后压紧在制动鼓上。此时，不旋转的制动蹄摩擦片对旋转的制动鼓就产生一个摩擦矩，其方向与车轮的旋转方向相反。制动鼓将此力矩传到车轮后，由于车轮与路面的附着作用，车轮即对路面作用一个向前的圆周力 F_μ，与此相反，路面会给车轮一个向后的反作用力，这个力就是车轮受到的制动力 F_B。各车轮制动力的总和就是汽车受到的总的制动力。

(3)放松制动踏板，在复位弹簧的作用下，制动蹄与制动鼓的间隙又得以恢复，从而解除制动。

12.2 盘式车轮制动器

将旋转元件固装在车轮或半轴上，将制动力矩直接作用于两侧车轮上的制动器称为车轮制动器，其作用是使车轮减速。汽车上采用的车轮制动器分为盘式和鼓式两种，如图12-2所示。

根据摩擦副中旋转元件的结构形式不同，它们的区别在于盘式制动器的旋转元件为圆盘状的制动盘，以端面为工作表面，如图12-2(a)所示。

鼓式制动器的摩擦副中旋转元件为制动鼓，其工作表面为圆柱面，如图12-2(b)所示。

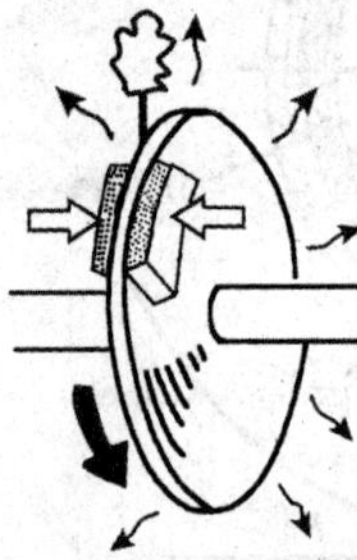

(a) 盘式制动器

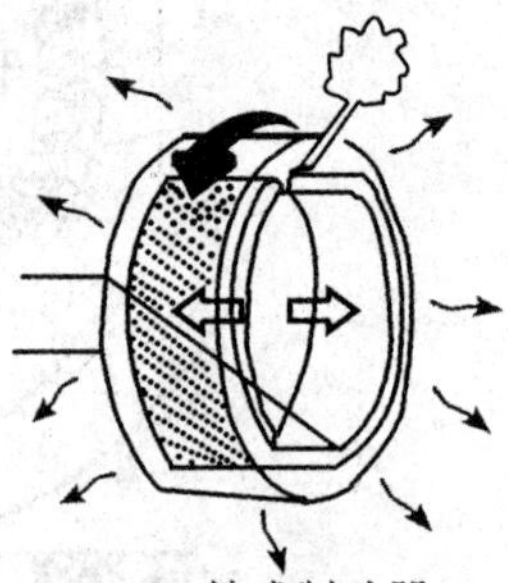

(b) 鼓式制动器

图12-2 制动器的类型

12.2.1 类型

盘式制动器根据其固定元件的结构形式可分为钳盘式制动器和全盘式制动器。

钳盘式制动器的固定元件为制动钳，制动钳中的制动块由工作面积不大的摩擦块与其金属背板组成，每个制动器中有2～4块。钳盘式制动器按制动钳固定在支架上的结构型式可分为：定钳盘式和浮钳盘式，如图12-3所示为钳盘式制动器。

全盘式制动器的固定元件的金属背板和摩擦片都做成圆盘形，因而其制动盘的全部工作面可同时与摩擦片接触。全盘式制动器由于制动钳的横向尺寸较大，主要应用在重型车上。

12.2.2 特点

(1) 散热能力强，热稳定性好。受热后，制动盘只在径向膨胀，不会影响制动间隙。

(2) 抗水衰退能力强。受水浸后，在离心力作用下被很快甩干，摩擦衬片上的剩水也由于压力高而容易挤出，一般一到二次制动后即可恢复正常。

(3) 制动时的平顺性好。

(4) 结构简单，维修方便。

(5) 制动间隙小，便于自动调节。

盘式制动器的不足之处是制动时无助势作用，因此要求管路液压较高，防污性差，制动衬片磨损较快。

12.2.3　结构及工作原理

1. 结构

钳盘式制动器的基本结构如图 12-3 所示，其旋转元件是制动盘，它和车轮固装在一起，以其端面为摩擦工作表面。固定元件是制动块、导向支销和轮缸及活塞，它们均被安装于制动盘两侧的钳体上，总称为制动钳。制动钳用螺栓与转向节或桥壳上的凸缘固装，用调整垫片来调整钳与盘之间的相对位置。

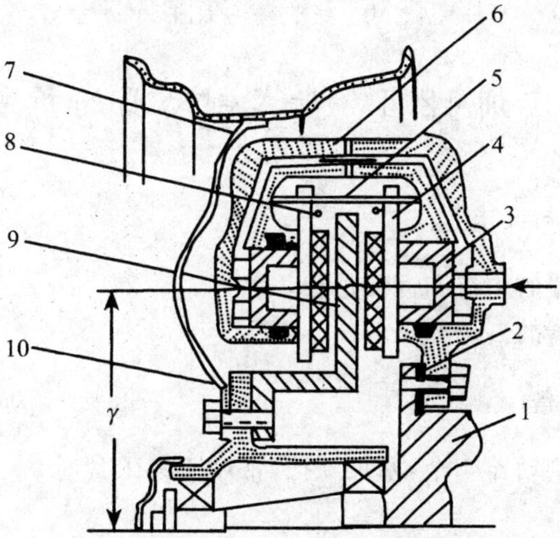

图 12-3　钳盘式制动器基本结构

1—转向节或桥壳凸缘　2—调整垫片　3—活塞　4—制动块　5—导向支承销　6—钳体　7—轮辐　8—回位弹簧　9—制动盘　10—轮毂凸缘

2. 工作原理

(1)如图 12-3 所示，制动时，油液被压入内、外两轮缸中，经液压作用的活塞朝制动盘方向移动，推动制动块紧压制动盘，产生摩擦力矩而制动。在此过程中，轮缸槽内的矩形橡胶密封圈的刃边在摩擦力的作用下产生微量的弹性变形，如图 12-4(a)所示。

(2)放松制动时，液压系统压力消除，密封圈恢复到其初始位置，活塞和制动块依靠密封圈的弹力和弹簧的弹力回位，如图 12-4(b)所示。由于矩形密封圈刃边的变形量很微小，在不制动时，摩擦片与盘之间的间隙每边只有 0.1mm 左右，它足以保证制动的解除。

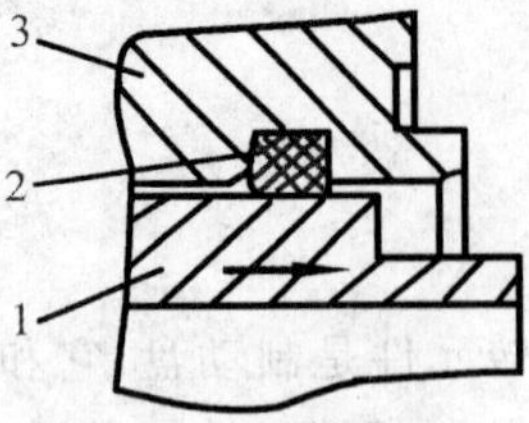

(a) 制动时

(b) 解除制动时

图 12-4　活塞密封圈的工作情况

1—活塞　2—矩形橡胶密封圈　3—轮缸

实训 12.1　盘式制动器的拆装

一、实训实训目的与要求

1. 熟悉盘式制动器的构造和拆装过程。
2. 掌握盘式制动器的自调原理。

二、实训仪器和设备

桑塔纳前桥车轮制动器 1 个，塞尺 1 把，常用工具 1 套。

三、注意事项

1. 注意拆装顺序，各部件的相互关系。
2. 安装车轮前，应先补足制动液，对制动系统进行放气。

四、实训步骤

以桑塔纳轿车前轮制动器为例进行分析。

1. 制动器的结构

桑塔纳轿车前轮采用的是浮钳盘式盘式制动器，由制动盘、内外摩擦块、制动钳壳体、制动钳支架、前制动轮缸等组成，如图 12-5 所示。

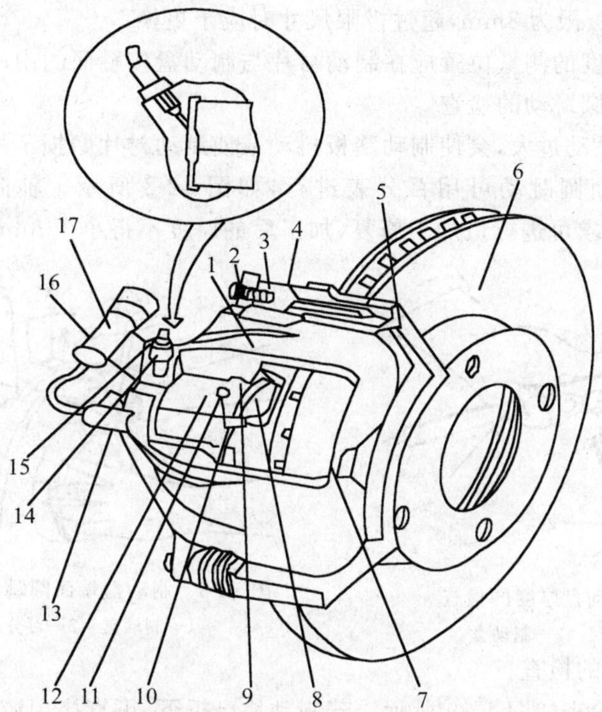

图 12-5　桑塔纳轿车前轮制动器

1—制动钳体　2—紧固螺栓　3—导向销　4—防护套　5—制动钳支架　6—制动盘　7—固定制动块
8—消声片　9—防尘套　10—活动制动块　11—密封圈　12—活塞　13—电线导向夹
8—放气螺钉　15——放气螺钉帽　16—报警开关　17—电线夹

制动盘固定在轮毂上，夹在内外摩擦衬块中间，与前轮一起转动。制动钳通过螺栓(兼作导向销)与制动钳支架相连(支架固定于转向节凸缘上)，钳体可沿螺栓相对于制动盘做轴向移动。轮缸布置在制动钳的内侧。固定支架上有导轨，通过两根特制弹簧安装内、外制动块，内、外制动块可沿导轨做轴向移动。

制动器的工作情况如图 12-6 所示。制动时，来自制动主缸的制动液通过油道进入制动轮缸，推动活塞及其制动块向左移动，并压到制动盘上，于是制动盘给活塞一个向右的反作用力 P_2，使得活塞连同制动钳体沿导向销向右移动，直到制动盘左侧的制动块也压到制动盘上。此时，两侧的制动块都压在制动盘上，夹住制动盘使其制动。

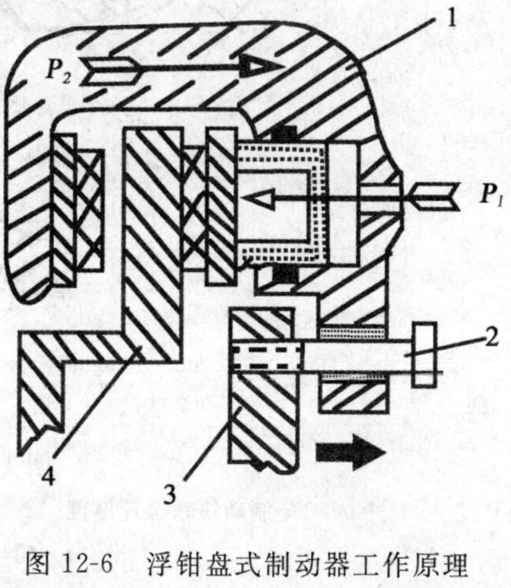

图 12-6　浮钳盘式制动器工作原理

1—制动钳体　2—导向销　3—制动盘

2. 制动器的检修

(1)制动盘厚度的检查

制动盘使用磨损会使其厚度减小，厚度过小会引起制动踏板振动、制动噪声及颤动。

检查制动盘厚度时，可用游标卡尺或千分尺直接测量，如图 12-7 所示。桑塔纳轿车前制动盘标准厚度为 10mm，使用极限为 8mm，超过极限尺寸时应予更换。

提示：制动盘厚度的测量位置应在制动衬片与制动盘接触面的中心部位。

(2)制动盘端面圆跳动的检查

制动盘端面圆跳动过大，会使制动踏板抖动或使制动衬片磨损不均匀。

检查制动盘端面圆跳动可用百分表进行，如图 12-8 所示。轴向跳动量应不大于 0.06mm。不符合要求可进行机加工修复(加工后的厚度不得小于 8mm)或更换。

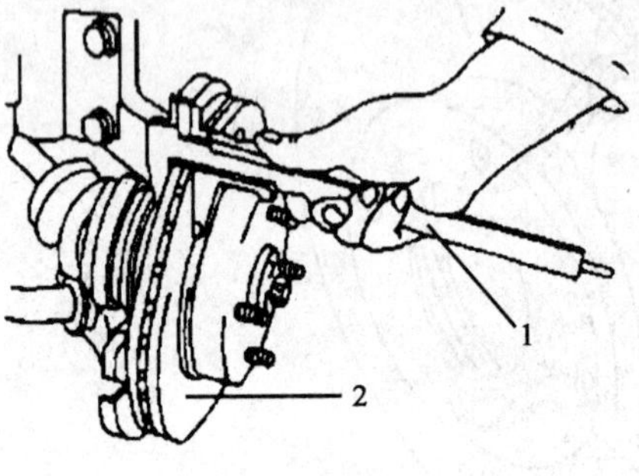

图 12-7 制动盘厚度的检查

1—游标卡尺 2—制动盘

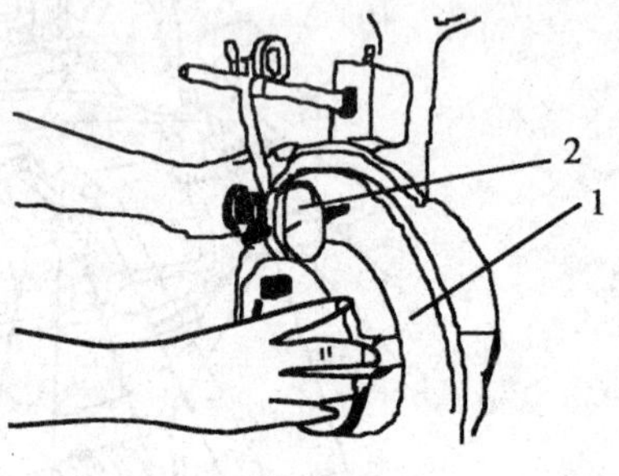

图 12-8 制动盘端面圆跳动的检查

1—制动盘 2—百分表

(3)制动块厚度的检查

制动块厚度的检查如图 12-9 所示。若制动块已拆下，可直接用游标卡尺测量。制动块摩擦片的厚度为 14mm (不包括底板)，使用极限为 7mm。若车轮未拆下，对外侧的摩擦片，可通过轮辐上的检视孔，用手电筒目测检查。内侧摩擦片，利用反光镜进行目测。

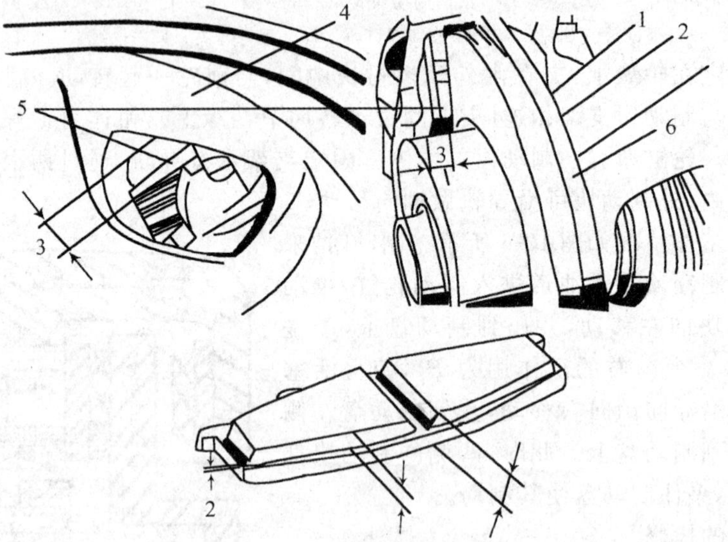

图 12-9 制动块厚度的检查

1—制动块摩擦片厚度 2—制动块摩擦片磨损极限厚度 3—制动快的总厚度

4—轮辐 5—外制动块 6—制动盘

(4)制动器间隙的调整

制动过程中,制动块与制动盘间存在着相对的运动,两者均有不同程度的磨损,制动盘、制动块磨损后,制动器的间隙会增大,制动时活塞的行程增加,制动器开始起作用的时间滞后,制动效果下降。因此,制动器的间隙应随时调整。

以桑塔纳轿车为例,其前轮制动器制动间隙为自动调整,工作过程如图 12-10 所示。

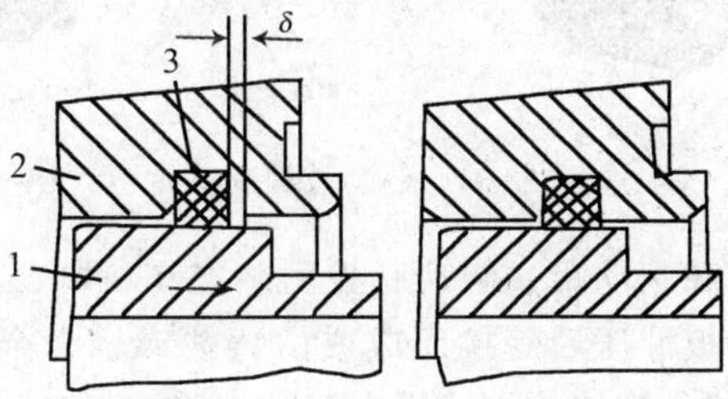

(a) 制动时　　(b) 解除制动

图 12-10　桑塔纳轿车前轮盘式制动器制动间隙的自动调整

1—活塞　2—制动钳　3—密封圈

矩形密封圈 3 嵌在制动轮缸的矩形槽内,密封圈内圆与活塞外圆配合较紧。制动时,活塞 1 被压向制动盘,密封圈发生了弹性变形;解除制动时,密封圈要恢复原状,于是将活塞拉回原位。当制动盘与制动块磨损后,制动器的制动间隙增大,若间隙大于活塞的设置行程 δ 时,活塞在制动液压力的作用下,克服密封圈的摩擦阻力而继续前移,直到实现完全制动为止。解除制动时,由于密封圈弹性变形量的限制,密封圈将活塞拉回的距离小于活塞前移的距离,则活塞与密封圈之间这一不可恢复的相对位移便补偿了过量的间隙。

12.3　鼓式车轮制动器

鼓式制动器的摩擦副中旋转元件为制动鼓,与车轮固定在一起,其工作表面为圆柱面,与制动蹄摩擦使车轮减速。

12.3.1　结构

简单鼓式车轮制动器由旋转部分、固定部分、促动装置和定位调整机构组成。

1. 旋转部分

制动鼓通常为浇铸件,对于受力小的制动鼓也可用钢板冲压而成,如图 12-11 所示。

图 12-11　制动鼓和制动蹄

2. 固定部分

固定部分是制动底板和制动蹄。制动底板固装在车桥的凸缘盘上，通过支承销与制动蹄相连。制动蹄常用钢板冲压后焊接而成或由铸铁或轻合金浇铸，采用 T 形截面，以增大刚度，摩擦片采用粘接或铆接的方式固定于制动蹄上，如图 12-11 所示。

3. 促动装置

促动装置的作用是对制动蹄施加力使其向外张开。常用的促动装置有制动凸轮和制动轮缸，如图 12-12 所示。

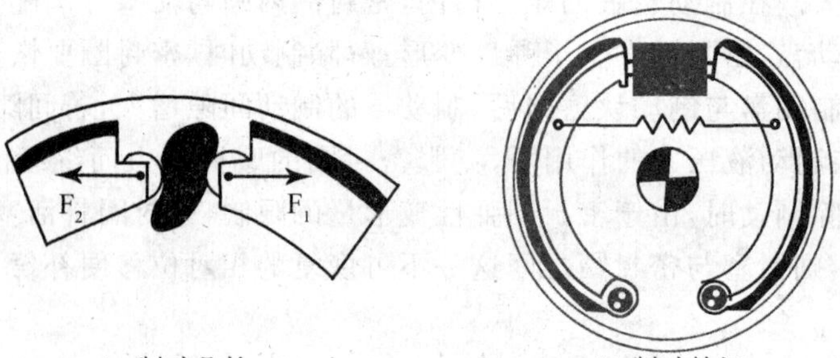

(a) 制动凸轮　(b) 制动轮缸

图 12-12　制动蹄的促动装置

4. 定位调整装置

制动蹄在不工作时，其摩擦片与制动鼓之间应有合适的间隙，此间隙一般为 0.25～0.5mm。间隙过小易造成制动解除不彻底；但间隙过大又将使制动踏板行程过大，致使驾驶者操作不便，同时也会推迟制动器起作用的时刻。但是在制动过程中，摩擦片的不断磨损必将导致此间隙逐渐增大。因此，各种型式的制动器均设有检查、调整此间隙的装置。

定位调整装置的作用是保持和调整制动蹄和制动鼓间正确的相对位置。

12.2.2　工作原理

1. 工作过程

(1)汽车行驶中不需要制动时，制动踏板处于自由状态，制动主缸无制动液输出，制动蹄在复位弹簧的作用下压靠在轮缸活塞上，制动鼓的内圆柱面与摩擦片之间保留一定间隙，制动鼓可以随车轮一起旋转，如图 12-1 所示。

(2)制动时，驾驶者踩下制动踏板，主缸推杆便推动制动主缸内的活塞前移，迫使制动液经管路进入制动轮缸，推动轮缸的活塞向外移动，使制动蹄克服复位弹簧的拉力绕支承销转动而张开，消除制动蹄与制动鼓之间的间隙后压紧在制动鼓上。此时，不旋转的制动蹄摩擦片对旋转的制动鼓就产生一个摩擦矩，其方向与车轮的旋转方向相反。

(3)放松制动踏板，在复位弹簧的作用下，制动蹄与制动鼓的间隙又得以恢复，从而解除制动。

2. 增势和减势

如图 12-13 所示，汽车前进时制动鼓的旋转方向如箭头所示。

在制动过程中，两制动蹄在相等的促动力 F_S 作用下，分别绕各自的支承点向外偏转，紧压在制动鼓上。同时旋转的制动鼓对两蹄分别作用着法向反力 N_1 和 N_2，以及相应的切向反力 T_1 和 T_2，T_1 作用的结果使得制动蹄 1 在制动鼓上压得更紧，则 N_1 变得更大，这种情况称为"助势"作用，相应的制动蹄被称为"领蹄"；与此相反，T_2 作用的结果则使得制动蹄 2 有放松制动鼓趋势，即 N_2 和 T_2 有减小的趋势，这种情况称为"减势"作用，相应的制动蹄被称为"从蹄"。

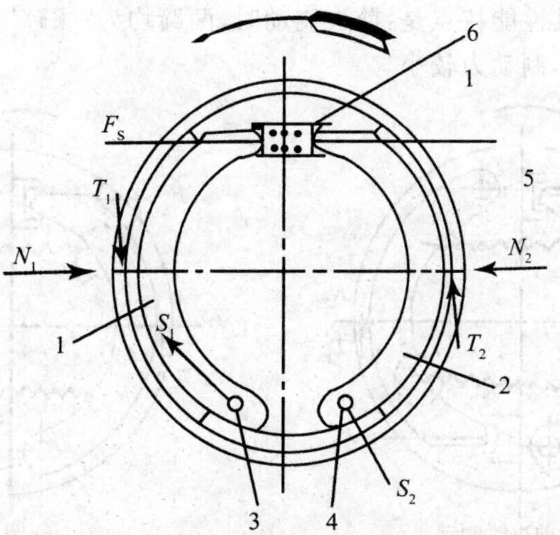

图 12-13 领从蹄式制动器示意图

1—领蹄 2—从蹄 3、4—支承点 5—制动鼓 6—制动轮缸

以上的分析可知，虽然制动蹄 1、2 所受的促动力相等，但由于 T_1 和 T_2 的作用方向相反，使得两制动蹄所受到的法向反力 N_1 和 N_2 不相等，且 $N_1 > N_2$，相应的 $T_1 > T_2$。所以制动蹄作用到制动鼓上的法向力不相等，两制动蹄对制动鼓所施加的制动力矩也不相等。

制动蹄对制动鼓的作用力不相等，则两蹄法向力之和只能由车轮轮毂轴承的反力来平衡，这样对轮毂轴承造成了附加径向载荷，使轴承的寿命缩短。为解决这个问题，出现了各种不同的鼓式制动器。

12.3.3 类型

鼓式车轮制动器按其制动蹄促动装置的形式可分为轮缸式车轮制动器和凸轮式车轮制动器。

根据制动时两制动蹄对制动鼓的径向作用力之间的关系，鼓式制动器可分为非平衡式、平衡式和自增力式。

1. 非平衡式制动器

制动鼓受来自两制动蹄的法向力不能互相平衡的制动器称为非平衡式制动器。

如图 12-13 所示，非平衡式车轮制动器的两制动蹄的支承点都位于蹄的下端，而促动装置的作用点在蹄的上端，共用一个轮缸张开，且轮缸活塞直径是相等的。其性能特点是：汽车前进或倒车制动时，各有一个“领蹄”和“从蹄”。领、从蹄对制动鼓的法向作用力不相等，而这个不平衡的法向作用力只能由车轮的轮毂轴承来承担。

2. 平衡式制动器

制动鼓受来自两蹄的法向力互相平衡的制动器称为平衡式制动器。

(1)单向平衡式制动器

单向平衡式制动器的结构如图 12-14 所示，其结构特点是：两制动蹄各用一个单向活塞制动轮缸，且前后制动蹄与其轮缸、调整凸轮零件在制动底板上的布置是中心对称的，两轮缸用油管连接。其性能特点是：前进制动时，两蹄均为“领蹄”，有较强的增力，倒车制动时，两蹄均为“从蹄”，制动力较小。

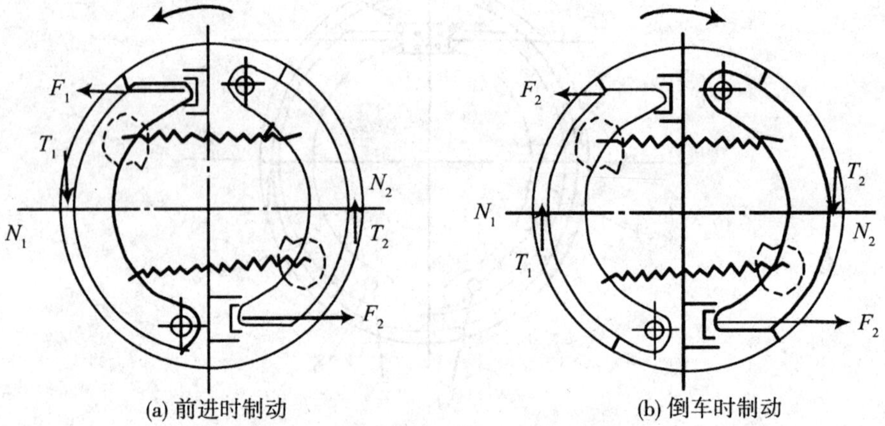

图 12-14　单向平衡式车轮制动器的结构

(2)双向平衡式制动器

双向平衡式制动器的结构如 12-15 所示，其结构特点是：制动蹄、制动轮缸、复位弹簧均为成对地对称布置，两制动蹄的两端采用浮式支承，且支点在周向位置浮动，用复位弹簧拉紧。其性能特点是：汽车前进或倒车中制动时，两个制动蹄均为“领蹄”，均有较强的增力，制动效果好，蹄片磨损均匀。

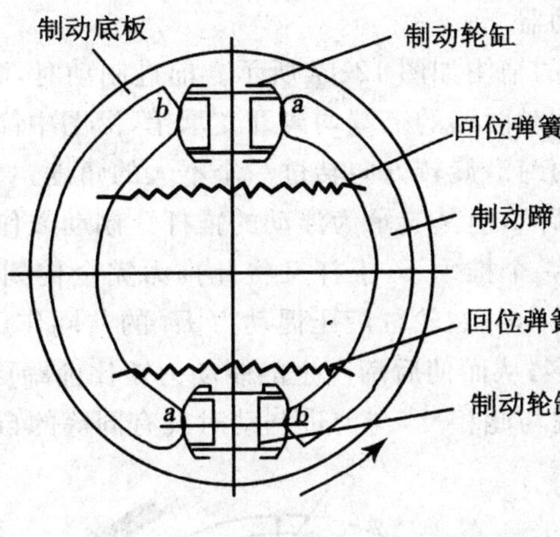

图 12-15　双向平衡式车轮制动器的结构

3. 自增力式制动器

(1)单向自增力式制动器

单向自增力式制动器的结构如图 12-16 所示。制动蹄 1 和制动蹄 2 的下端分别浮支在浮动的顶杆两端。制动器只在上方有一个支承销 4。不制动时，两蹄上端均靠各自的复位弹簧拉靠在支承销上。

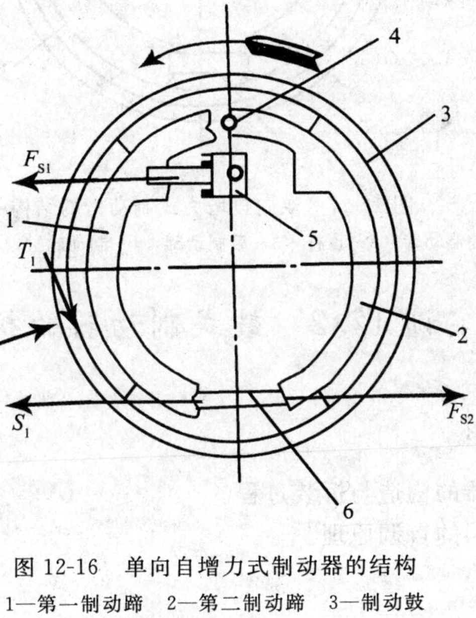

图 12-16　单向自增力式制动器的结构

1—第一制动蹄　2—第二制动蹄　3—制动鼓

4—支承销　5—轮缸　6—顶杆

汽车前进制动时，单活塞式轮缸只将促动力 F_{S1} 加于第一制动蹄，使其上端离开支承销，整个制动蹄绕顶杆左端支承点旋转，并压靠在制动鼓上。显然，第一制动蹄是领蹄，并且在促动力 F_{S1}、法向合力 N_1、切向(摩擦)合力 T_1 和沿顶杆轴线方向的 S_1 作用下处于平衡状态。由于顶杆是浮动的，自然成为第二制动蹄的促动装置，而将与力 S_1 大小相等、方向相反的促动力 F_{S2} 施于第二制动蹄的下端，故第二制动蹄也是领蹄。

(2)双向自增力式制动器

双向自增力式制动器的结构如图 12-17 所示。前进制动时，两制动蹄在促动力 F_S 的作用下张开压力制动鼓，此时两蹄的上端均离开支承销，沿图中箭头方向旋转的制动鼓对两蹄产生摩擦力矩，带动两蹄沿旋转方向转过一个不大的角度，直到后蹄又顶靠到支承销上为止。此时，前蹄为“领蹄”，但其支承为浮动的推杆。制动鼓作用在前蹄的摩擦力和法向力的一部分对推杆形成一个推力 S，推杆又将此推力完全传到后蹄的下端。后蹄在推力 S 的作用下也形成“领蹄”，并在轮缸液压促动力 F_S 的共同作用下进一步压紧制动鼓。推力 S 比促动力 F_S 大得多，从而使后蹄产生的制动力矩比前蹄更大。

倒车制动时，作用过程与此相反，与前进制动时具有同等的自增力作用。

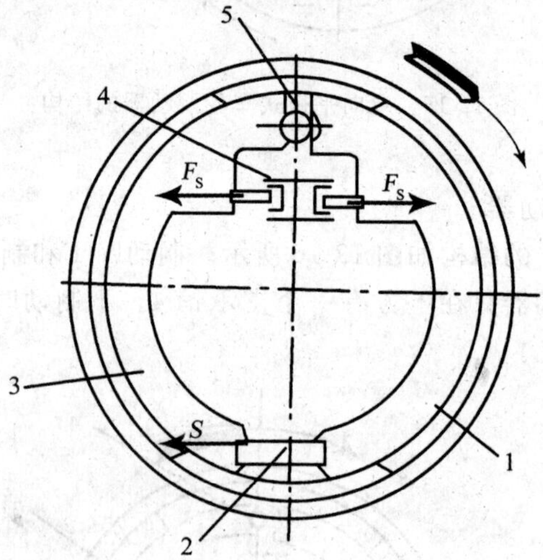

图 12-17　双向自增力式制动器的结构

1—前制动蹄　2—顶杆　3—后制动蹄　4—制动轮缸　5—支承销

实训 12.2　鼓式制动器的拆装

一、实训目的与要求

1. 熟悉鼓式制动器的构造与拆装过程。
2. 掌握鼓式制动器的自调原理。

二、实训仪器和设备

桑塔纳后桥及车轮制动器 1 个，鲤鱼钳 1 把，常用工具 1 套。

三、注意事项

1. 注意拆装顺序、各部件的相互关系。
2. 保持场地清洁及零部件、工量具的清洁。

四、实训步骤

以桑塔纳轿车后轮采用的轮缸式车轮制动器为例进行分析。

1. 制动器的拆解

桑塔纳后轮制动器为鼓式非平衡式车轮制动器，如图12-18所示。拆解车轮制动器时，应先拆下制动毂，撬下轮毂盖1，取下开口销2和锁环3，旋下螺母5，取下止推垫圈4和外圆锥滚子轴承内圈6。用螺丝刀插入制动鼓7上的小孔，向上压楔形调节板，使制动蹄外径缩小后，再取下制动鼓。

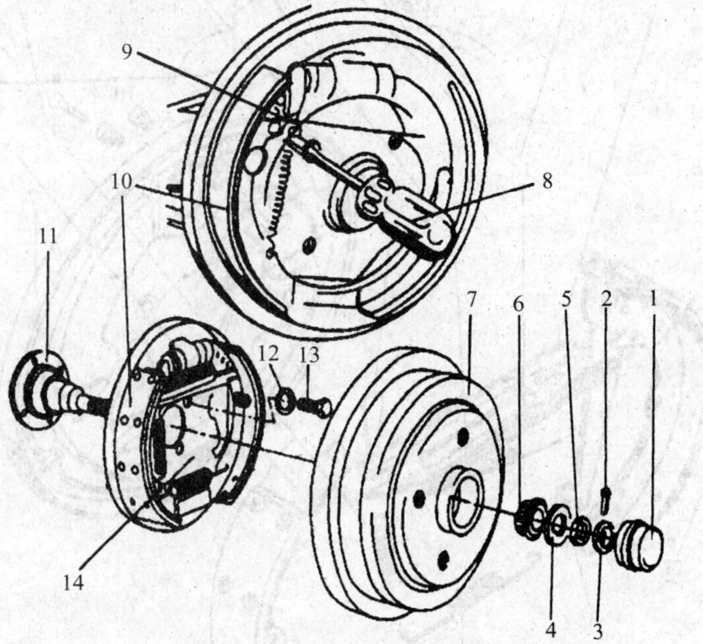

图12-18　桑塔纳后车轮制动器的拆卸

1—润滑脂盖　2—开口销　3—锁止环　4—止推垫圈　5—螺母　6—外圆锥滚子轴承内圈　7—制动鼓　8—螺丝刀　9—楔形调节板　10—制动蹄　11—短轴　12—碟形垫圈　13—螺栓　14—制动底板总成

按照如图12-19所示步骤，先从驻车制动器拉杆上摘下驻车制动器钢索，再用钳子压下弹簧座，并转动90°后，取下定位销钉、弹簧座和弹簧。从制动底板上取下制动片总成，并将其夹紧在虎钳上。依次拆下复位弹簧、楔形调整板的拉簧，从前制动蹄上摘下定位弹簧，取下推杆和楔形调整板。最后旋下螺栓，从制动底板上取下制动分泵。

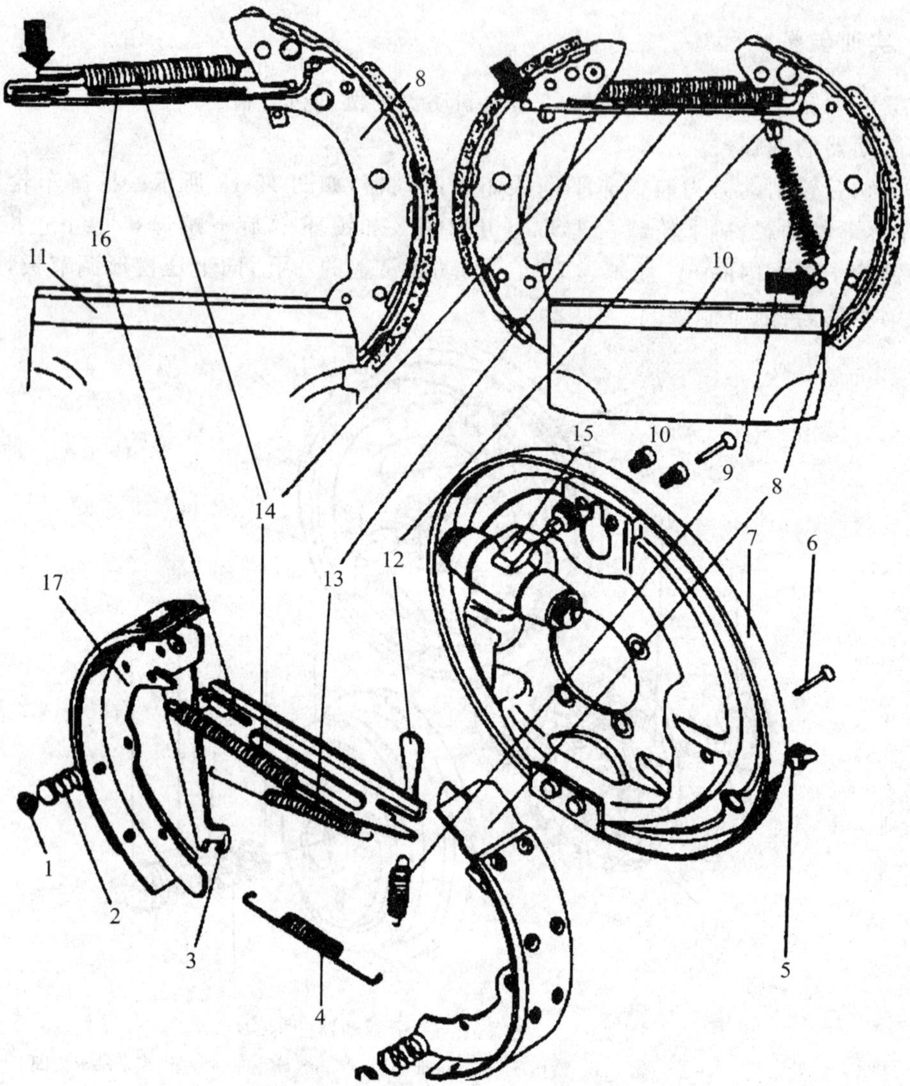

图 12-19　桑塔纳轿车后车轮制动器的分解

1—弹簧座　2—弹簧　3—驻车制动拉杆　4—下复位弹簧　5—检查孔盖　6—销钉　7—制动底板
8—前制动蹄　9—楔形调整板拉簧　10—螺栓　11—虎钳　12—楔形调整板　13—上复位弹簧
14—定位弹簧　15—后制动分泵　16—推杆　17—后制动器

2.制动鼓的分解

(1)拆卸前,使用起子通过车轮的螺栓孔将楔形件向上压,使制动蹄回位。

(2)用 VW637/2 专用工具拆卸下轮毂盖,拔出开口销,拆下冠状螺母保险环。

(3)拆下轮毂轴承预紧度的调整螺母及垫圈、轴承,取下制动鼓。

3.制动蹄的分解

(1)压下制动蹄定位销压簧,取下制动蹄定位销及压簧垫圈,借助起子、撬棍或用手从下面的支座上提起制动蹄,取出下回位弹簧。

(2)拆下制动杆上的手制动钢丝,用鲤鱼钳取下楔形件的拉力弹簧和上回位弹簧,取下制动蹄。

(3)将带压力杆的制动蹄卡紧在台钳上,拆下定位弹簧。

4.制动器的检修

使用车轮制动器时,制动蹄与制动鼓间存在着磨损,磨损引起制动蹄上摩擦片厚度减小,制动鼓内径增大,使得蹄、鼓间的间隙增大,制动器的起作用时刻推迟,制动效能下降。因此,汽车行驶一定里程或出现制动不良的故障时,应对车轮制动器进行必要的调整和检修。

车轮制动器的检修内容和方法如下:

(1)制动蹄衬片厚度的检查:如图12-20所示,用游标卡尺测量制动蹄片的厚度,标准值为5mm,使用极限为2.5mm。其铆钉与摩擦片的表面深度不得小于1mm,以免铆钉头刮伤制动鼓内表面。在未拆下车轮时,后制动蹄摩擦片的厚度可从制动底板6的观察孔4中检查。

(2)制动鼓内孔磨损及尺寸的检查:如图12-21所示,首先检查制动鼓1内孔有无烧损、刮痕和凹陷,若不能修磨应更换新件;检查制动鼓内孔尺寸及圆度误差时,用游标卡尺2检查内孔尺寸,标准值为ϕ180mm,使用极限为ϕ181mm。用工具3测量制动鼓内孔的圆度误差,使用极限为0.03mm,超过极限应更换新件。

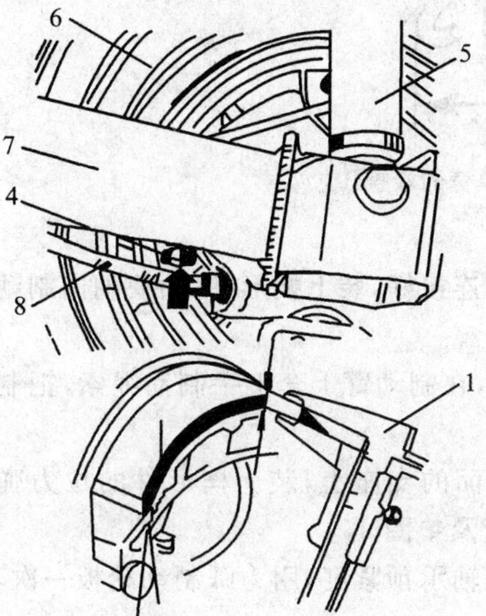

图12-20 后制动蹄衬片厚度的检查

1—卡尺 2—摩擦片 3—铆钉 4—观察孔 5—后减振器 6—制动底板 7—后桥体 8—驻车制动器

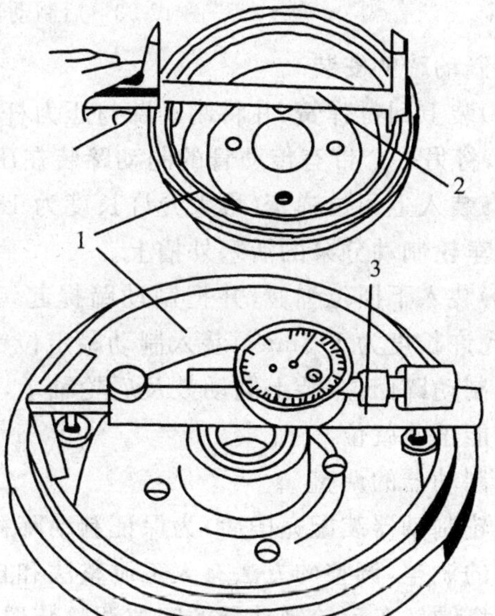

图12-21 后制动鼓内孔磨损及尺寸的检查

1—后制动鼓 2—游标卡尺 3—测量不圆度工具

(3)后制动蹄衬片与后制动鼓接触面积的检查:如图 12-22 所示,将后制动鼓衬片 1 表面打磨干净后,靠在后制动鼓 2 上,检查二者的接触面积,应不小于 60%,否则应继续打磨衬片 1 的表面。

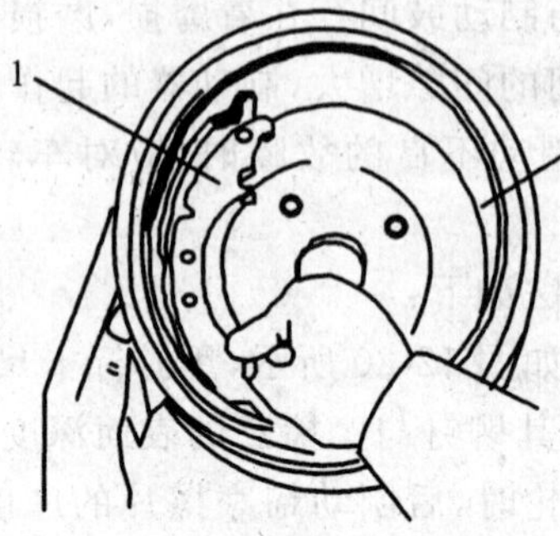

图 12-22 后制动蹄衬片与后制动鼓接触面积的检查

1—后制动蹄片 2—制动鼓

(4)后制动器定位弹簧及复位弹簧的检查:如图 12-23 所示,若后制动器定位弹簧、上复位弹簧、下复位弹簧和楔形调整板拉簧的自由长度增长率达 5%,则应更换新弹簧。

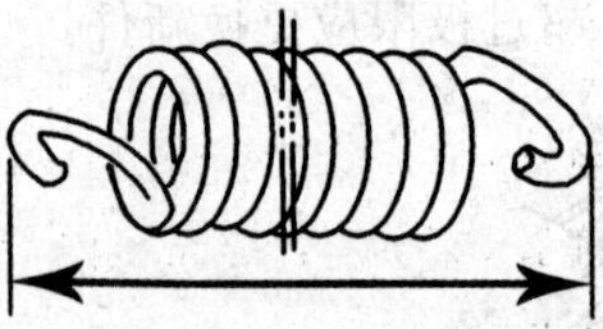

图 12-23 后制动器定位弹簧的检查

5. 制动蹄的安装

(1)装上回位弹簧,并将制动蹄与压力杆(推杆)连接好,装上楔形件(凸块朝向制动器底 板),将另一个带有传动管的制动蹄装在压力杆上。

(2)装入上回位弹簧(最大允许长度为 130mm),在制动臂上套上手制动绳索,把制动蹄装在车轮制动分泵的活塞外槽上。

(3)装入下回位弹簧,并把制动蹄提起,装到下面的支座上,装上楔形件的拉力弹簧(最大允许长度为 113mn),装入制动蹄定位销、压簧及垫圈。

使制动蹄回位,装上制动鼓及后轮轴承,调整好轴承预紧度,用力踩制动踏板一次,使制动蹄能正确就位。

6. 制动器的调整

车轮制动器装配完毕后,为保证制动蹄衬片与制动鼓之间具有合适的间隙,应对其进行必要的调整,调整的方法有人工调整法和自动调整法。

桑塔纳轿车后轮制动器的间隙调整装置为在推力板上装楔杆的自调装置,其结构和工作情况为:如图 12-24 所示,楔杆的水平拉簧使楔杆与推力板间产生摩擦,防止楔杆下移,垂直拉簧拉动楔杆下移。当蹄鼓间隙正常时,楔杆静止于相对应位置;当蹄鼓间隙大于规定值时,蹄片张开的行程被加大,垂直拉簧的力 F_2 增大,$F_2>F_1$,楔杆下移,楔杆的下移使得水平拉簧的力也被加大,摩擦力 F_1 相应加大,则楔杆在新的位置静止。

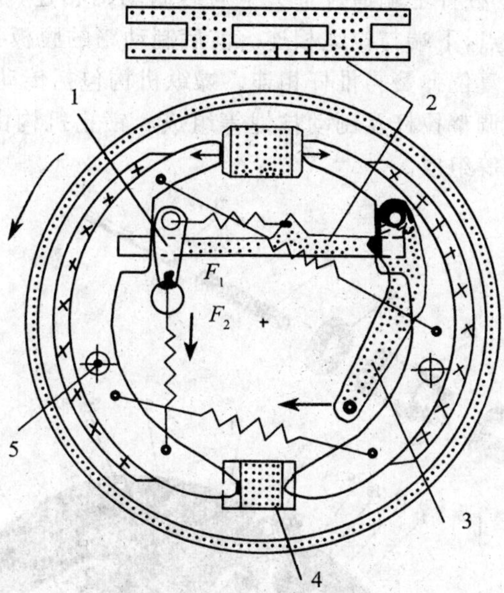

图 12-24　在推力板上装楔杆的自调装置

1—楔杆　2—推力板　3—驻车制动杠杆　4—浮式支承座　5—定位件

F_1—水平拉簧的摩擦力　F_2—楔形杆的垂直拉簧力

放松制动后，制动蹄在回位弹簧的作用下收拢。由于推力板已变长，只能被顶靠在新的位置，从而保持规定的制动间隙值。

此类自调装置属于一次性调准的结构，前进或倒车制动均能自调。

12.4　驻车制动器

12.4.1　驻车制动器的功用

驻车制动器的功用是使车辆停驶后防止滑溜，使车辆在坡道上能顺利起步，行车制动系统失效后临时使用或配合行车制动器进行紧急制动。

12.4.2　驻车制动器的类型

驻车制动器按其安装位置可分为中央制动式和车轮制动式两种。中央制动式通常安装在变速器的后面，其制动力矩作用在传动轴上；车轮制动式通常与车轮制动器共用一个制动器总成，只是传动机构是相互独立的。

驻车制动器按其结构形式可分为鼓式、盘式、带式和弹簧作用式。

12.4.3　典型驻车制动器

以一汽奥迪 100 型轿车驻车制动装置为例进行分析。

1. 组成

如图 12-25 所示为带驻车制动器的车轮制动器，该制动装置由驻车制动器和操纵机构两部分组成。驻车制动杠杆上端通过平头销与后制动蹄相连，中上部卡入驻车制动推杆右端的切槽中，作为支点，下端与拉绳相连。前后制动蹄的腹板卡在驻车制动推杆两端的切槽中，并分别用一根复位弹簧与推杆相连。操纵机构包括传动机构和锁止机构，传动机构由驻车制动操纵杆、调整拉杆及制动拉绳等组成。锁止机构由按钮、弹簧及限位块、棘爪压杆、棘爪和扇形齿等组成。

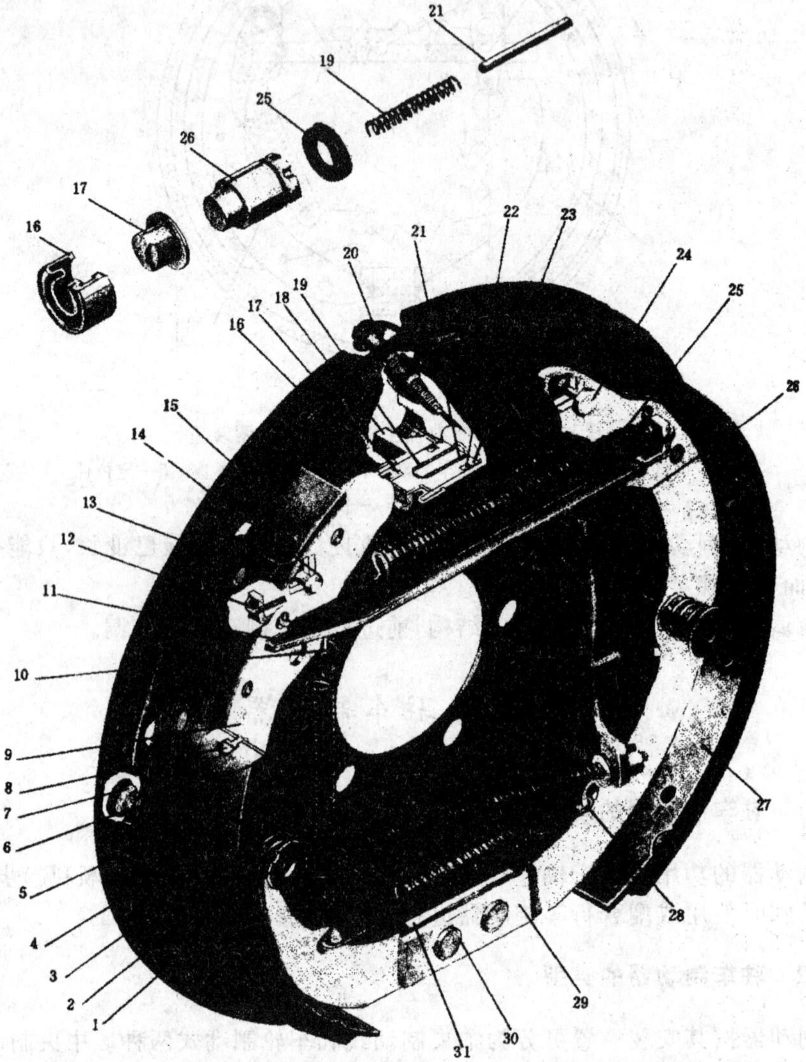

图 12-25　奥迪 100 型轿车后轮制动器

1—限位弹簧座　2—限位弹簧　3—限位销钉　4—制动底板　5—摩擦片　6—调节齿板拉簧　7—密封堵塞　8—铆钉　9—制动蹄腹板　10—调节齿板　11—驻车制动推杆　12—驻车制动推杆内弹簧　13—调节支承板　14—铆钉　15—前制动蹄　16—密封罩　17—支承座　18—轮缸壳体　19—活塞回位弹簧　20—放气螺钉　21—支承杆　22—皮圈　23—活塞　24—平头销　25—驻车制动器推杆外弹簧　26—驻车制动杠杆　27—后制动蹄　28—制动蹄回位弹簧　29—限位板　30—平头销　31—支承板

2. 工作原理

(1)驻车制动时，驾驶者拉起驻车制动操纵杆后，操纵力便通过调整拉杆、拉绳传到车轮制动器内的驻车制动杠杆下端，使之绕上端支点顺时针转动。制动杠杆转动过程中，其中间支点推动驻车制动推杆左移，使前制动蹄压向制动鼓。前制动蹄压向制动鼓后，推杆停止运动，则驻车制动杠杆的中间支点变成其继续转动的新支点。于是，驻车制动杠杆的上端右移，使后制动蹄压靠到制动鼓上，施以驻车制动。此时，驻车制动操纵杆上的棘爪与扇形齿啮合，驻车制动操纵杆处于锁止状态。

(2)解除制动时，需先将驻车制动操纵杆向后搬动少许，再压下驻车制动操纵杆端头的按钮，通过棘爪压杆使棘爪与齿板脱开，然后将驻车制动操纵杆推到释放位置后松开按钮。与此同时，制动蹄在复位弹簧作用下回位。

3. 制动装置的检修

传动机构中的拉绳通常是涂有塑料材料的钢丝索，拉紧或松开驻车制动时，拉绳既不能松弛也不能受阻滞。因此，拉绳不得有磨损或腐蚀，不得有扭结或卡住现象。

锁止机构中的棘爪和扇形齿不得有磨损和断齿。

制动器的检修见行车制动器中的鼓式车轮制动器。

4. 制动装置的调整

后轮制动器的蹄鼓间隙为自由调整式，调整驻车制动装置时只需调整拉绳的长度。调整时，先松开驻车制动操纵杆，用力踩制动踏板一次，然后将驻车制动操纵杆拉紧2个齿，转动拉杆上的调整螺母，直至用手不能转动后轮为止。放松驻车制动拉杆后，两后轮应能自由转动。

12.5 制动传动装置

12.5.1 功用

制动传动装置的功用是将驾驶者或其他动动力源的作用传到制动器，同时控制制动器的工作，从而获得所需要的制动力矩。

12.5.2 类型

制动传动装置按传力介质的不同可分为液压式、气压式和气—液综合式。

按制动管路的套数可分为单管路和双管路制动传动装置。现代汽车的行车制动系统均采用双管路制动传动装置，若其中一套管路发生故障而失效时，另一套管路仍能继续起制动作用，从而提高了汽车制动的可靠性和行车的安全性。

双管路液压制动传动装置是利用彼此独立的双腔制动主缸，通过两套独立管路，分别控制两桥或三桥的车轮制动器。

双管路的布置方案常见的有前后独立式、交叉式和同一制动器两个轮缸独立制动三种形式。

1. 前后独立式

如图 12-26 所示，前后独立式双管路液压制动传动装置由双腔制动主缸通过两套独立的管路分别控制前桥和后桥的车轮制动器。这种布置方式结构简单，如果其中一套管路损坏漏油，另一套仍能起作用，但会破坏前后桥制动力分配的比例，主要用于发动机前置后轮驱动的汽车，如南京依维柯等。

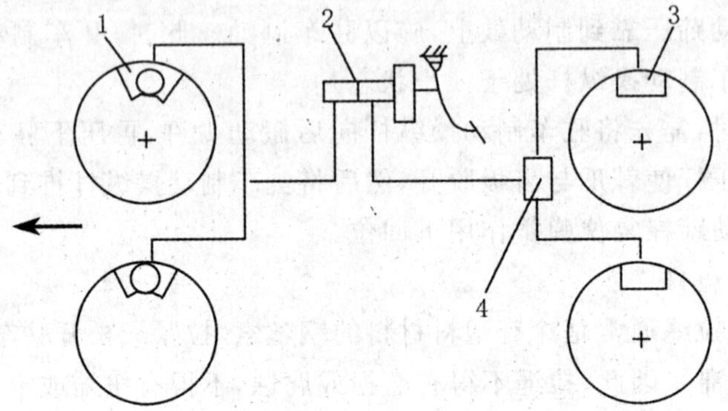

图 12-26 前后独立式的双管路液压制动传动装置

1—盘式制动器 2—双腔制动主缸 3—鼓式制动器 4—制动力调节器

2. 交叉式(也称为对角线式)

如图 12-27 所示，交叉式双管路液压制动传动装置由双腔制动主缸通过两套独立的管路分别控制前后桥对角线方向的两个车轮制动器。这种布置方式在任一管路失效时，仍能保持一半的制动力，且前后桥制动力分配比例保持不变，有利于提高制动方向稳定性，主要用于发动机前置前轮驱动的轿车。

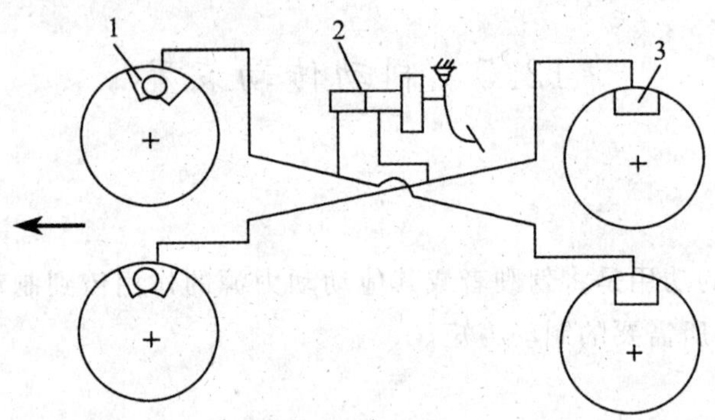

图 12-27 交叉式的双管路液压制动传动装置

1—盘式制动器 2—双腔制动主缸 3—鼓式制动器

3. 同一制动器两个轮缸独立制动

当一套管路失效时，另一套管路仍能使前、后车轮制动器保持一定的制动效能，制动效能约为正常时的 50%。

12.5.3 组成

以液压式制动传动装置为例进行分析。液压式制动传动装置是利用制动液将制动踏板力转换为制动液压力，通过管路传至车轮制动器，再将制动液压力转变为制动蹄张开的机械推力。

液力制动柔和灵敏，结构简单，使用方便，不消耗发动机功率。但操纵较费力，制动力不是很大，制动液流动性差，高温易产生气阻，如有空气侵入液力制动系统或系统漏油会降低制动效能，甚至失效。

液压式制动传动装置由制动踏板、主缸推杆、制动主缸、储液罐、制动轮缸、油管、制动灯开关、指示灯、比例阀等组成，如图 12-28 所示。

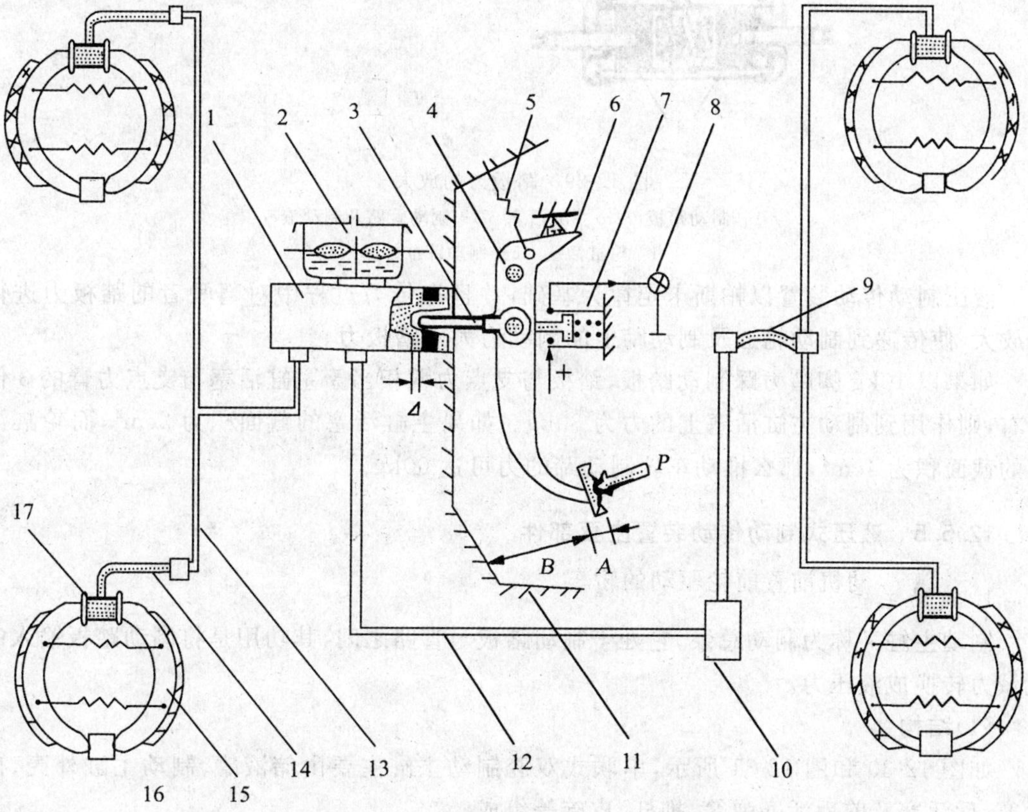

图 12-28　液压式制动传动装置的组成

1—制动主缸　2—储液罐　3—主缸推杆　4—支承销　5—复位弹簧　6—制动踏板　7—制动灯开关　8—指示灯　9—软管　10—比例阀　11—地板　12—后桥油管　13—前桥油管　14—软管　15—制动蹄　16—支承座　17—制动轮缸　Δ—自由间隙　A—自由行程　B—有效行程

12.5.4　工作原理

如图 12-29 所示，制动总泵与各制动分泵之间的通路接通，当驾驶者踏下制动踏板时，制动总泵中的制动液将通过管路进入各制动轮缸，各制动分泵的制动液压力将随着制动主缸输出制动液压力的升高而升高。

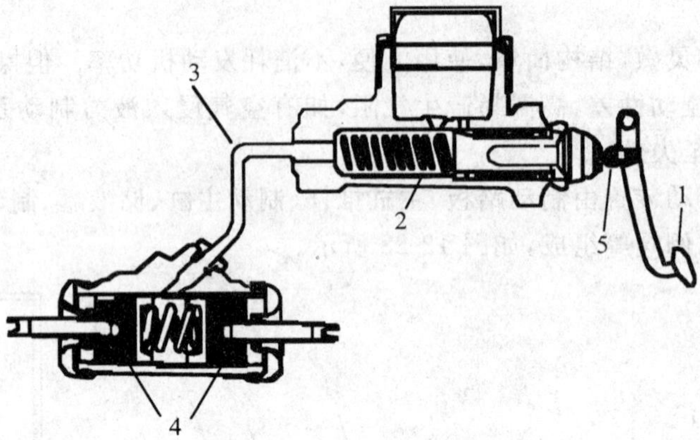

图 12-29　踏板力的放大

1—制动踏板　2—主缸活塞　3—制动管路及制动液

4—轮缸活塞　5—制动蹄推杆

液压制动传动装置以帕斯卡定律为基础，并且在传力过程中对驾驶者的踏板力进行了放大，使传递到制动轮缸及制动蹄上的制动力大于踏板力。

如果以 10kg 脚踏力踩制动踏板，踏板与支点力臂相当于主缸活塞与支点力臂的 3 倍左右，则作用到制动主缸活塞上的力为 30kg。如果主缸活塞的截面积为 $2cm^2$，而轮缸活塞的截面积为 $4cm^2$，那么推动车轮制动蹄的力可达 60kg。

12.5.5　液压式制动传动装置主要部件

1. 制动主缸

制动主缸又称为制动总泵，它处于制动踏板与管路之间，其功用是将制动踏板输入的机械力转换成液压力。

(1)结构

如图 12-30 和图 12-31 所示，串联式双腔制动主缸主要由储液罐、制动主缸外壳、前活塞、后活塞及前后活塞弹簧、推杆、皮碗等组成。

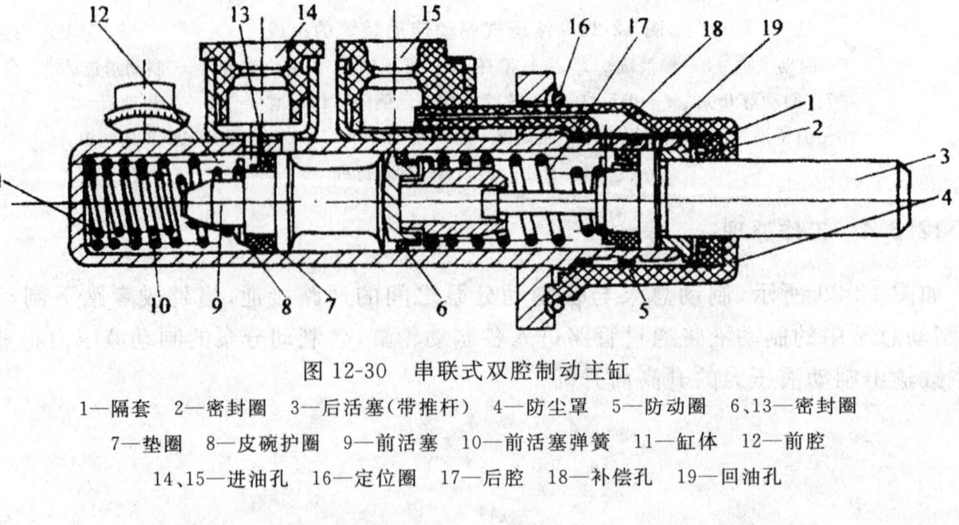

图 12-30　串联式双腔制动主缸

1—隔套　2—密封圈　3—后活塞(带推杆)　4—防尘罩　5—防动圈　6、13—密封圈

7—垫圈　8—皮碗护圈　9—前活塞　10—前活塞弹簧　11—缸体　12—前腔

14、15—进油孔　16—定位圈　17—后腔　18—补偿孔　19—回油孔

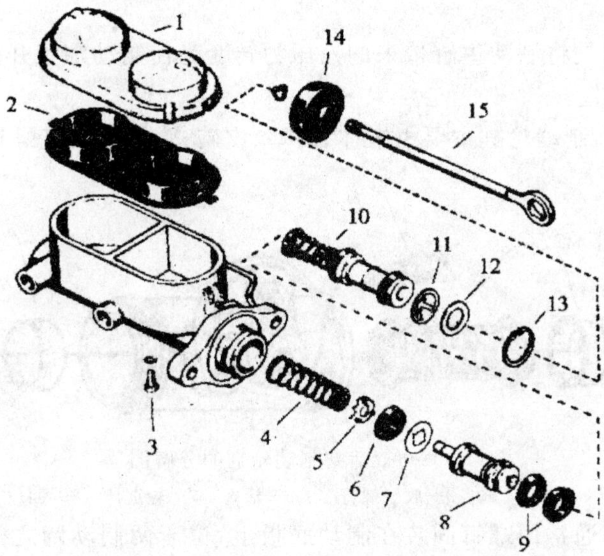

图 12-31　串联式双腔制动主缸的分解图

1—储液罐盖　2—膜片　3—限位螺钉　4—弹簧　5—皮碗护圈　6—前皮碗
7—垫圈　8—前活塞　9—后皮碗　10—后活塞　11—推杆座　12—垫圈
13—锁圈　14—防尘套　15—推杆

主缸的壳体内装有前活塞、后活塞及回位弹簧，前、后活塞分别用皮碗密封，前活塞用限位螺钉保证其正确位置。储油罐分别与主缸的前、后腔相通，前出油口、后出油口分别与轮缸相通，前活塞靠后活塞的液力推动，而后活塞直接由推杆推动。

(2)工作原理

1)不制动时，两活塞前部皮碗均遮盖不住其旁通孔，制动液由储液罐进入主缸。

2)正常状态下制动时，操纵制动踏板，经推杆推动后活塞左移，在其皮碗遮盖住旁通孔之后，后腔制动液压力升高，制动液一方面经出油阀流入制动管路，另一方面推动前活塞左移。在后腔液压和弹簧弹力的作用下，前活塞向左移动，前腔制动液压力也随之升高，制动液推开出油阀流入管路，于是，两制动管路在等压下对汽车制动。

3)解除制动时，抬起制动踏板，活塞在弹簧作用下复位，高压制动液自制动管路流回制动主缸。如活塞复位过快，工作腔容积迅速增大，而制动管路中的制动液由于管路阻力的影响，来不及充分流回工作腔，使工作腔内油压快速下降，便形成一定的真空度，于是储液罐中的油液便经补偿孔和活塞上的轴向小孔推开垫片及皮碗进入工作腔。当活塞完全复位时，旁通孔开放，制动管路中流回工作腔的多余油液经补偿孔流回储液罐。

若与前腔连接的制动管路损坏漏油，则在踩下制动踏板时，只有后腔中能建立液压，前腔中无压力。此时，在压力差的作用下，前活塞迅速移到其前端，顶到主缸缸体上。此后，后工作腔中液压方能升高到制动所需的值。

若与后腔连接的制动管路损坏漏油，则在踩下制动踏板时，起先只是后活塞前移，而不能推动前活塞，因而后腔制动液压不能建立。但在后活塞直接顶触前活塞时，前活塞便前移，使前腔建立必要的制动液压，从而制动。

2. 制动轮缸

制动轮缸的作用是将制动主缸传来的液压力转变为使制动蹄张开的机械推力。

(1)结构

如图 12-32 所示，制动轮缸主要由缸体、活塞、皮碗、弹簧和放气螺钉组成。

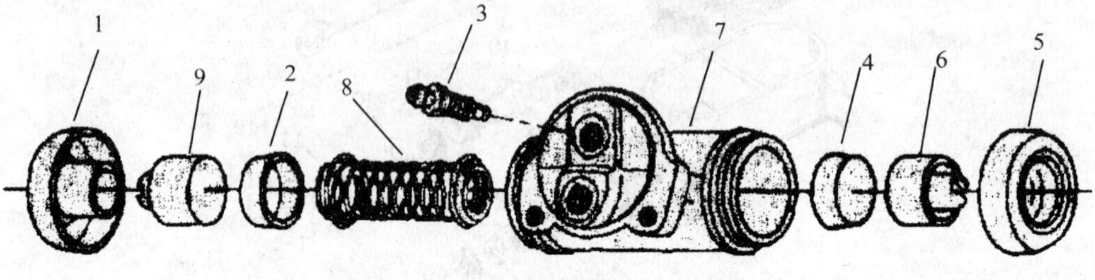

图 12-32　双活塞制动轮缸的分解图

1、5—防尘罩　2、4—皮碗　3—放气螺钉　6、9—活塞　7—轮缸体　8—回位弹簧总成

制动轮缸的缸体通常用螺钉固装在制动底板上，位于两制动蹄之间。内装铝合金活塞，密封皮碗的刃口方向朝内，并由弹簧压靠在活塞上与其同步运动。活塞外端压有顶块，并与蹄的上端相抵紧。在缸体的另一端装有防护罩，可防止尘土及泥土的侵入。缸体上方装有放气螺塞，以便放出液压系统中的空气。

(2)类型

常见的制动轮缸类型有双活塞式、单活塞式、阶梯式等，如图 12-33 所示。

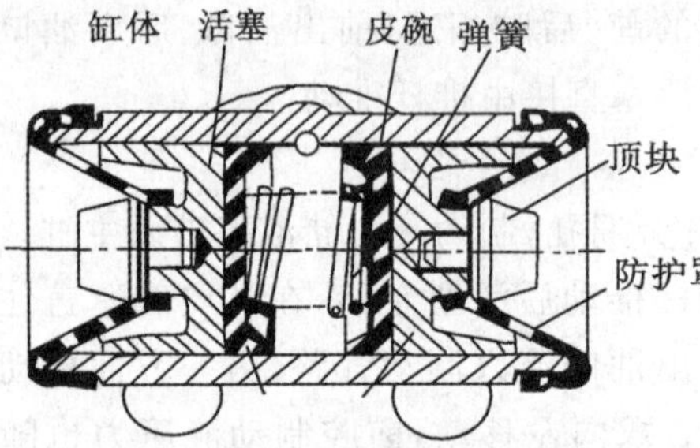

(a) 双活塞式制动轮缸

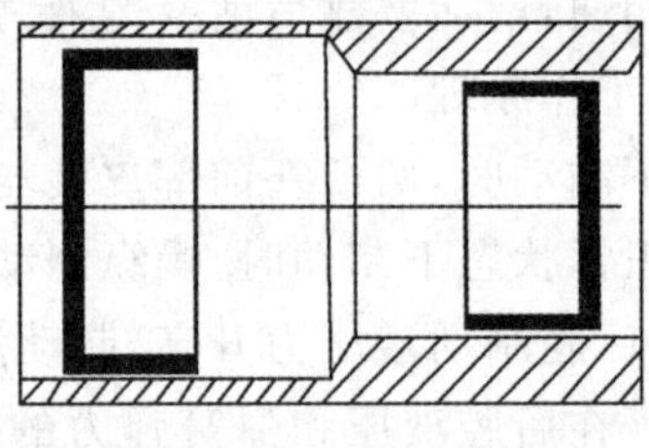

(b) 阶梯式制动轮缸

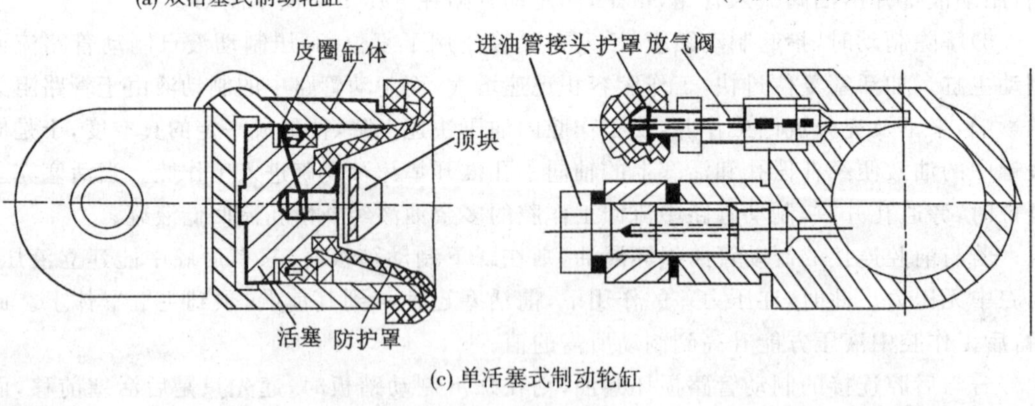

(c) 单活塞式制动轮缸

图 12-33　制动轮缸

单活塞制动轮缸多用于单向助势平衡式车轮制动器，目前趋于淘汰；阶梯式轮缸用于简单非平衡式车轮制动器，它的大端推动后制动蹄，小端推动前制动蹄，其目的是为了前、后蹄摩擦片均匀的磨损。

3. 工作原理

如图 12-34 所示，制动轮缸受到液压作用后，顶出活塞，使制动蹄扩张。松开制动踏板，液压力消失，靠制动蹄回位弹簧的力，使活塞回位。

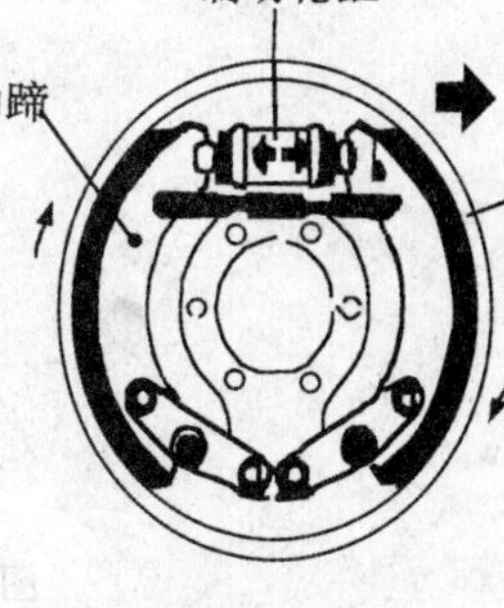

图 12-34 制动轮缸工作原理

12.5.6 液压传动装置的放气

液压制动系统中渗入空气，制动时系统中的空气被压缩，造成踏板行程增加，踏板发软，影响制动效果。在维修过程中，由于拆检液压制动系统、接头松动或制动液不足等原因，造成空气进入管路时，应及时将系统中的空气排出。

以桑塔纳轿车制动系统的排气为例，该车制动系统的排气应使用 VW/238/1 型制动系统加油—放气装置，如图 12-35 所示。

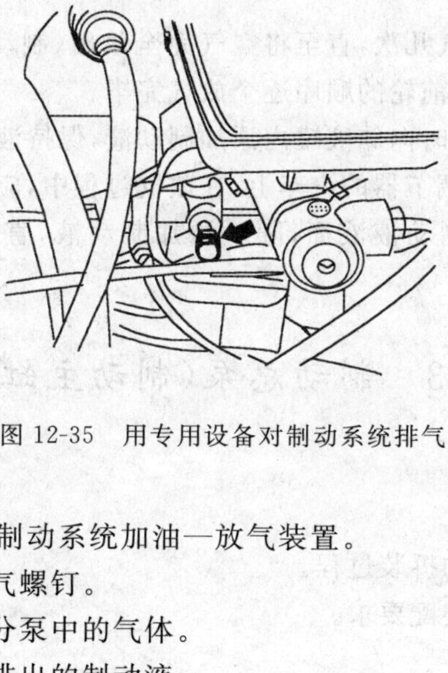

图 12-35 用专用设备对制动系统排气

排气的方法和步骤为：

(1)接通 VW/238/1 型制动系统加油—放气装置。

(2)按规定顺序打开放气螺钉。

(3)排出制动钳和制动分泵中的气体。

(4)用专用排液瓶盛放排出的制动液。

注意：排气的顺序为：右后轮、左后轮、右前轮、左前轮。

若没有专用的加油—放气装置，可用以下通用方法进行排气：

(1)起动发动机，使其处于怠速运转

(2)将软管一头接在放气螺塞上，另一头插在一个盛有部分制动液的容器中，如图 12-36 所示。

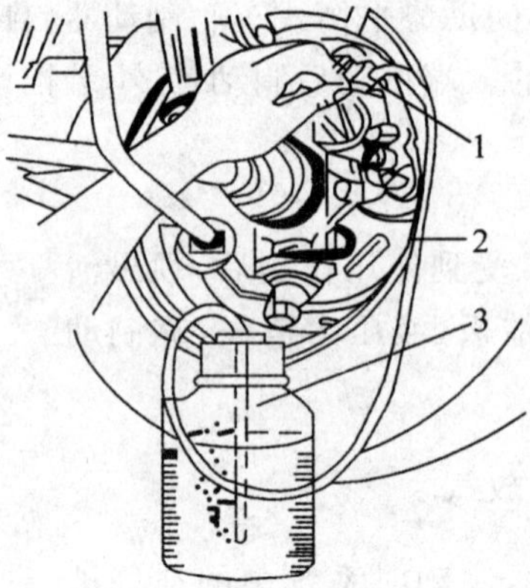

图 12-36　液压制动系统排气的通用方法

(3)一人坐于驾驶室内,连续踩下制动踏板,直到踩不下去为止,并且保持不动。

(4)另一人将放气螺塞稍稍拧松一下,此时,制动液连同空气一起从胶管喷入瓶中,然后,尽快将放气螺塞拧紧。

(5)在排出制动液的同时,踏板高度会逐渐降低,在未拧紧放气螺塞之前,切不可将踏板抬起,以免空气再次侵入。

(6)每个轮缸应反复放气几次,直至将空气完全放出(制动液中无气泡)为止,按照右后轮—左后轮—右前轮—左前轮的顺序逐个放气完毕。

(7)在放气过程中,应及时向储液罐内添加制动液,保持液面的规定高度。

注意:在装有制动压力调节器的汽车上,在放气过程中,应不断地按动汽车后部,要时刻观察制动液储液室内的制动液液面,随时添加制动液,直至制动系统中的空气放净为止。

实训 12.3　制动总泵(制动主缸)的拆装

一、实训目的与要求

1. 熟悉双腔制动总泵的拆装过程。
2. 掌握双腔制动总泵装配要求。

二、仪器和设备

桑塔纳轿车 1 辆,双腔制动总泵 1 个,卡簧钳 1 把,常用工具 1 套。

三、注意事项

1. 正确操作,防止制动液溅入眼睛。
2. 注意拆装顺序及各部件的相互关系。
3. 注意在拆装过程中不要损坏皮碗。

四、实训步骤

1.制动总泵的拆解

(1)拆下制动液连接管。

(2)拆下制动液的储液罐。

(3)旋松制动总泵与真空助力器的连接螺母,取下总泵。

2.总泵的分解

(1)摘下防尘罩,用起子顶住第1活塞,再用尖嘴钳取下挡圈,取出垫圈、导向套、油封,取下第1活塞组件,再从第1活塞组件上取下前密封圈、垫圈,旋下螺栓,取下弹簧座、弹簧、止推垫圈、后密封圈、垫圈。

(2)旋下限位螺栓,从总泵后端的出油口吹入压缩空气,顶出第2活塞和弹簧,再从第2活塞上取下后密封圈、垫圈、前密封圈及中密封圈。

3.制动主缸的检修

(1)检查储液罐是否破损,出现破损应更换。

(2)如图12-37所示,检查泵体2内孔和活塞4表面,其表面不得有划伤和腐蚀。用内径表1检查泵体内孔的直径B,用千分尺3检查活塞的外径C,并计算出内孔与活塞之间的间隙值,其标准值为0.05～0.106mm,使用极限为0.15mm,超过极限应更换。

(3)检查制动主缸皮碗、密封圈是否老化、损坏与磨损,否则应更换。

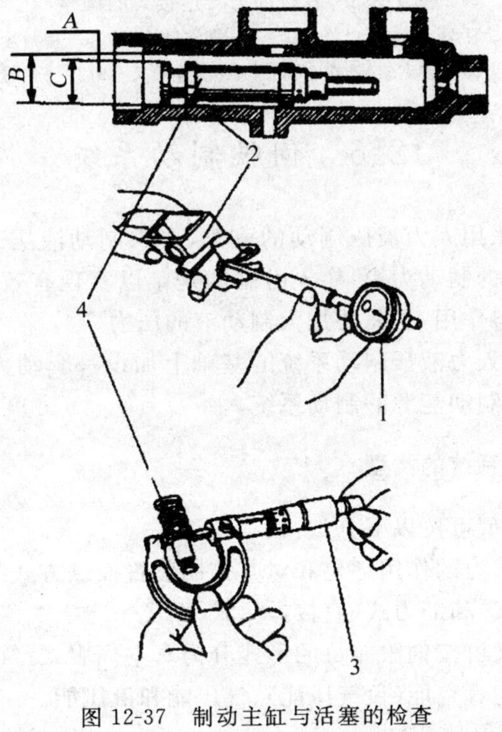

图12-37　制动主缸与活塞的检查

1—内径表　2—制动主缸泵体　3—千分尺　4—主缸活塞

A—泵体与活塞的间隙　B—泵体内孔的直径　C—活塞的外径

4. 总泵与真空助力器的装配与调整

按拆卸的逆顺序进行装合。

(1)真空助力器的输出杆与总泵的第1活塞之间的间隙应为0.6～0.65mm。为此需用工具测出总泵上第1活塞的深度(要带着垫圈),再用同一工具的另一端调整真空助力器输出杆的长度。可旋转真空助力器输出杆上的调整螺钉来达到标准,最后旋紧调整螺钉上的螺母。

(2) 真空助力器连接叉的调整

如图12-38所示,将真空助力器与总泵装在一起,旋紧螺母,其力矩为20N·m。在真空助力器上装上密封套、密封圈,安装支架后旋紧螺母,其力矩为15N·m。调整连接叉,使长度$a=200$mm,再旋紧螺母。

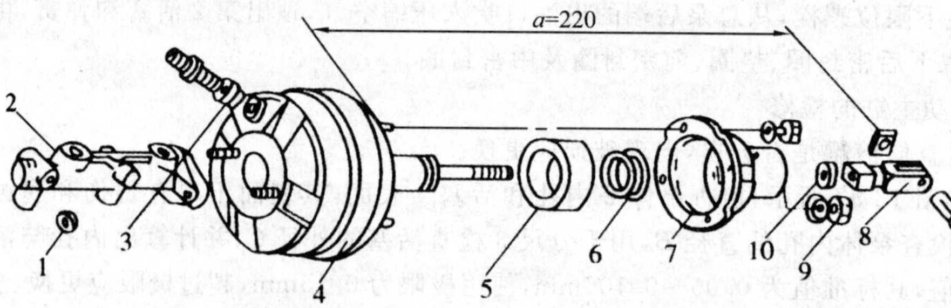

图12-38 真空助力器连接叉的调整

1—螺母 2—制动总泵 3—真空单向阀 4—真空助力器 5—密封套 6—支架密封圈 7—真空助力器安装支架(连接套总成) 8—连接叉 9、10—螺母 11—销钉

12.6 伺服制动系统

汽车高速行驶时,采用人力液压制动的汽车,要求制动液压升高(可达10～20MPa)方能产生与车速相适应的制动力矩,靠人力制动是难以实现有效制动的。特别是盘式制动系统,因制动器无助势作用,更需要加大制动液的压力。

伺服制动系统是在人力液压制动系统的基础上加设一套动力伺服系统而形成的,是兼用人体和发动机作为制动能源的制动系统。

12.6.1 伺服制动系统的类型

伺服制动系统的类型可按以下分类:

(1)按伺服系统输出力的作用部位和对其控制装置操纵方式的不同,伺服制动系统可分为增压式(间接操纵式)和助力式(直接操纵式)两类。

(2)伺服制动系统又可按伺服能量的形式分为真空伺服式、气压伺服式和液压伺服式三种,其伺服能量分别为真空能(负气压能)、气压能和液压能。

1. 真空增压式伺服制动系统

在普通的液压制动系统中,加装真空加力装置,可以减轻驾驶者施加于制动踏板上的力,增加车轮的制动力,达到操纵轻便、制动可靠的目的。

增压式是通过增压器将制动主缸的液压进一步增加，增压器装在主缸之后；助力式是通过助力器来帮助制动踏板对制动主缸产生推力，助力器装在踏板与主缸之间。

(1)组成

如图 12-39 所示为跃进 NJ1061A 型汽车的真空增压式液压制动传动装置。它在液压制动传动装置中加装了一套真空增压系统，包括：由发动机进气歧管、真空单向阀、真空罐组成的供能装置；作为控制装置的控制阀；作为传动装置的真空伺服室、辅助缸和安全缸。

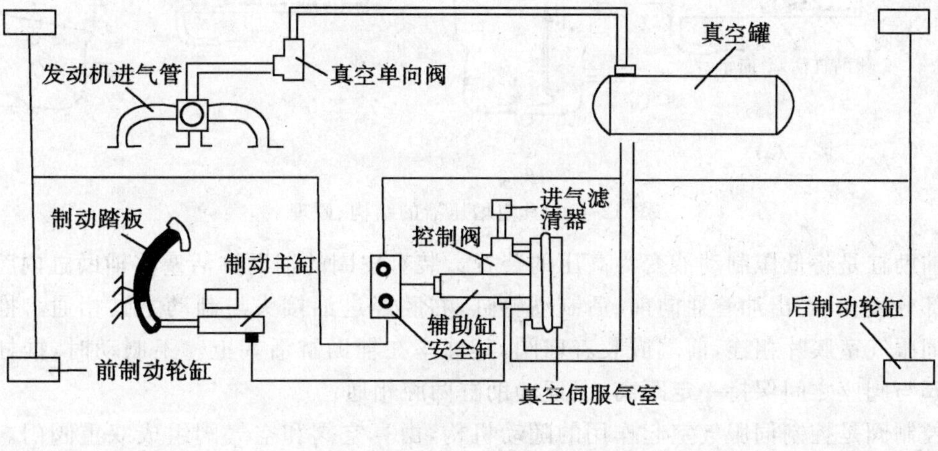

图 12-39　跃进 NJ1061A 型汽车的真空增压式液压制动传动装置

(2)工作原理

发动机工作时，在进气歧管真空度作用下，真空罐中的空气经真空单向阀被吸入发动机，因而罐中也产生并积累一定的真空度，作为制动加力的力源。

踩下制动踏板时，制动主缸输出的制动液先进入辅助缸，一方面传入前、后轮制动轮缸作为促动力，另一方面又作为控制压力输入控制阀，起动控制阀使真空伺服室产生的推力与来自制动主缸的液压力一起作用在辅助缸活塞上，从而使辅助缸输送到各制动轮缸的压力远高于制动主缸的压力。

安全缸的作用是当前、后轮制动管路之一损坏漏油时，该管路上的安全缸即自动封堵，保证另一管路仍能保持其中的压力。

提示：柴油发动机进气管中的真空度不高，因而柴油车要采用真空增压时，必须装设由发动机驱动的真空泵。

(3)真空增压器

1)作用

真空增压器的作用是将发动机产生的真空度转变为机械推力，使从制动主缸输出的液力进行增压后再输入各轮缸，增大制动力。

2)组成

真空增压器的结构如图 12-40 所示，它由辅助缸、控制阀和伺服气室等组成。

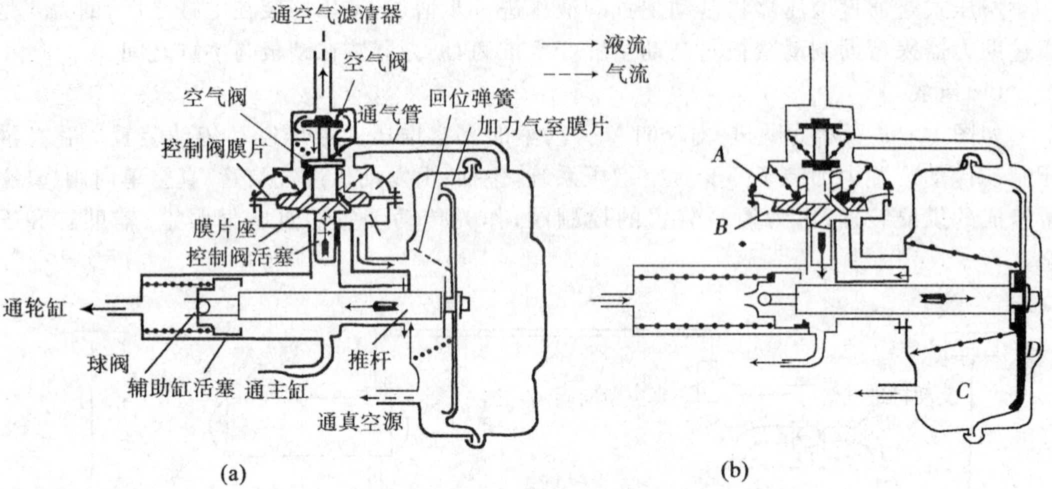

图 12-40　真空增压器的结构、原理

辅助缸是将低压制动液变为高压的装置。装有皮圈的辅助缸活塞将辅助缸内腔分隔为两部分，左腔经出油管通向前、后制动轮缸，右腔经进油接头与制动主缸相通。推杆后端与伺服气室膜片相连，前端嵌装着球阀，其球座在辅助缸活塞上。不制动时，推杆前部的球阀与阀座之间保持一定距离，保证辅助缸两腔相通。

控制阀是控制伺服气室起作用的随动机构，由真空阀和空气阀组成双重阀门。不制动时，空气阀在弹簧的作用下处于关闭状态，真空阀在膜片回位弹簧的作用下处于开启状态。膜片座中央有孔道使气室 A 和气室 B 相通，因此不制动时四个气室 A、B、C、和 D 相通，且具有相等的真空度。

伺服气室是将进气歧管产生的真空度与大气压力的压力差，转变为机械推力的总成。膜片将伺服气室分成前后两腔，前腔 C 经前壳体端面上的真空管接头通向真空源，后腔 D 与控制阀上腔 A 相通，并通过真空阀与前腔 C、下腔 B 相通。

3)工作原理

如图 12-40 所示，汽车未制动时，空气阀关闭，真空阀开启。控制阀四个气室相通，且具有相等的真空度，推杆在回位弹簧的作用下处于最右端位置，推杆前部的球阀与阀座之间保持一定距离，辅助缸两腔相通。

汽车制动时，踩下制动踏板，制动主缸的制动油液输入到辅助缸体中，一部分油液经活塞中间的小孔进入各制动轮缸，轮缸液压即等于主缸液压。与此同时，液压还作用在控制阀活塞上，当油压力升到一定值时，活塞连同膜片上移，首先关闭真空阀，同时关闭 C、D 腔通道，膜片座继续上移将空气阀打开，于是空气经空气阀进入 A 腔并到 D 腔。此时，气室 B、C 的真空度仍保持不变，这样 D、C 两腔产生压力差，推动膜片使推杆左移，球阀关闭辅助缸活塞中孔，制动主缸与辅助缸左腔隔绝。此时在辅助缸活塞上作用着两个力：主缸液压作用力和伺服气室输出的推杆力。因此，辅助缸左腔及各轮缸的压力高于主缸压力。

汽车维持制动时，制动踏板踩到某一位置不动，制动主缸不再向辅助缸输送制动油液，作用在辅助缸活塞和控制阀活塞上的力为一定值。但随着进入空气室空气量的增加，气室 A 和 B 的压力差加大，对控制阀膜片产生向下的作用力，因而使膜片座及活塞向下移动，空气阀、真空阀开度逐渐减小，直至落座关闭，此时处于“双阀关闭”状态。油压对控制活塞向上的压力与气室 A、B 压力差造成的向下压力相平衡。气室 D、C 压力差作用在膜片上的总推力与控制油压作用在辅助缸活塞右端的总推力之和，与高压油液作用在辅助缸左端的总阻力抗相平衡，辅助缸活塞即保持相对稳定状态，维持了一定的制动强度。这一稳定值的大小取决于控制活塞下面的液压（主缸油压），即取决于踏板力和踏板行程。

放松制动踏板时，放松制动踏板后，控制油压下降，控制活塞连同膜片座下移，空气阀仍处于关闭状态，而真空阀开启。于是 D、A 两气室的空气经 B、C 两气室被吸出，从而 A、B、C、D 各气室均具有一定的真空度。推杆、膜片及辅助缸活塞在弹簧的作用下各自回位，轮缸油液从辅助缸活塞的小孔流回，从而解除制动。

2. 助力式伺服制动系统

(1)组成

如图 12-41 所示为奥迪 100 型轿车双管路真空助力式液压制动传动装置。真空伺服气室 3 和控制阀 2 组成一个整体部件，称为真空助力器。制动主缸直接装在真空伺服气室的前端，真空单向阀 7 装在伺服气室上。

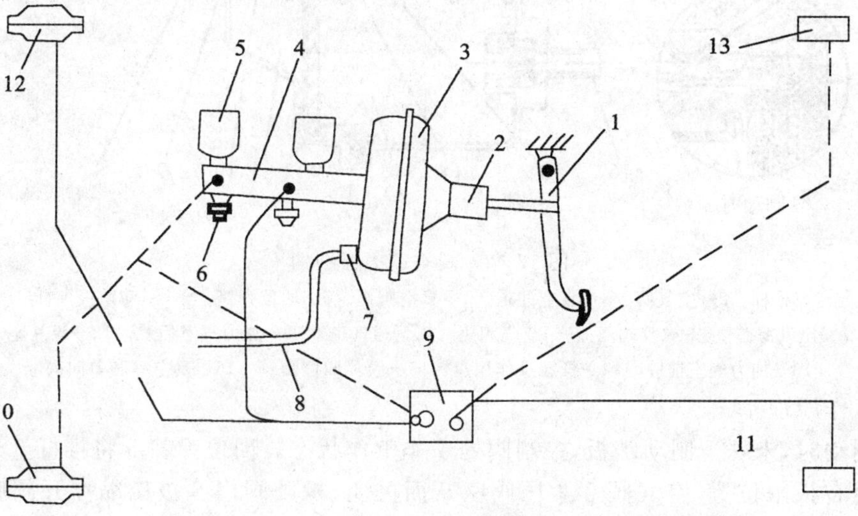

图 12-41　奥迪 100 型轿车真空助力式液压制动传动装置

1—制动踏板机构　2—控制阀　3—加力气室　4—制动主缸　5—储液罐
6—制动信号灯液压开关　7—真空单向阀　8—真空供能管路　9—感载比例阀
10—左前轮缸　11—左后轮缸　12—右前轮缸　13—右后轮缸

(2)工作原理

踩下制动踏板时，真空伺服气室工作时产生的推力，也同踏板力一样直接作用在制动主缸 4 的活塞推杆上，串联双腔制动主缸的前腔通向左前轮制轮器的轮缸 12，并经感载比例阀 9 通向右后轮制动器的轮缸 13。主缸的后腔通向右前轮制动器的轮缸 12，并经感载比例阀 9 通向左后轮制动器轮缸 11。

(3)真空助力器

1)结构

如图 12-42 所示为桑塔纳轿车所用的单膜片真空助力器。真空助力器和制动主缸用 4 个螺钉固定在车身前围上,借推杆与制动踏板连接。伺服气室由前、后壳体组成,其间夹装有膜片和座,它的前腔经单向阀通进气歧管或真空罐;后腔膜片座毂筒中装有控制阀,空气阀 2 与推杆 6 固接,橡胶阀门 8 与在膜片座上加工出来的阀座组成真空阀。

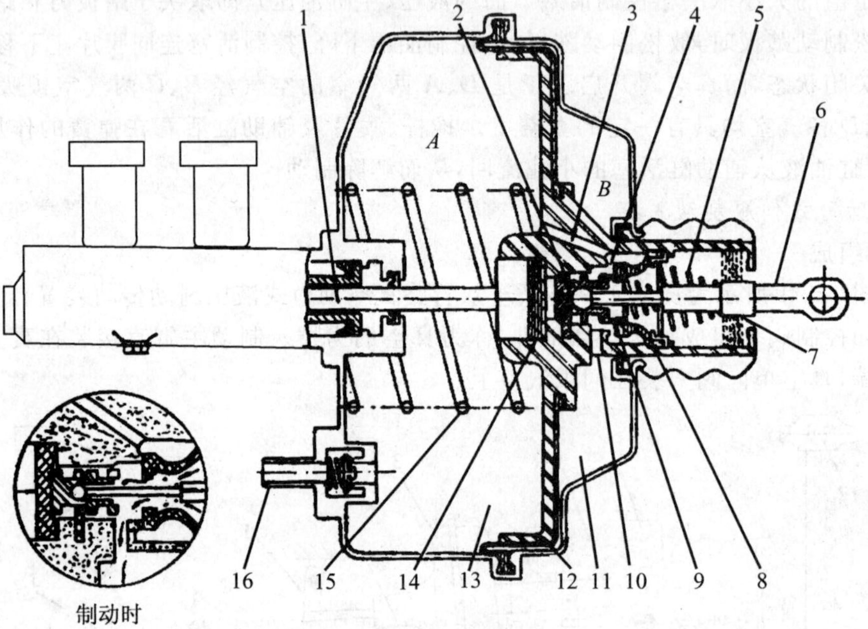

图 12-42　真空助力器结构

1—推杆　2—空气阀　3—真空通道　4—真空阀座　5—回位弹簧　6—制动踏板推杆　7—空气滤芯　8—橡胶阀门　9—空气阀座　10—通气道　11—加力气室后腔　12—膜片座　13—加力气室前腔　14—橡胶反作用盘　15—膜片回位弹簧　16—真空口和单向阀

2)工作原理

不制动时,未踩下制动踏板,控制阀处于非工作状态。回位弹簧 5 将推杆 6 连同空气阀 2 推至右极限位置,空气阀 2 紧压阀座 9 而关闭;橡胶阀门 8 被压缩离开阀座 4 而开启。真空通道 3 开启,伺服气室 A、B 两腔相通,并与大气隔绝。发动机运转后,真空单向阀被吸开,A、B 两腔内均具有一定的真空度。

制动时,推杆 6 连同空气阀 2 向左移动,消除了与橡胶反作用盘 14 的间隙后,压缩橡胶反作用中心部分产生压凹变形,并推动推杆 1 向左移动,使制动主缸油压上升。与此同时,推杆 6 通过弹簧先将真空阀 8 压向阀座 4 而关闭,使 A 腔与 B 腔隔绝。进而空气阀 2 与阀座 9 分离而开启,外界空气经空气滤清器 7、空气阀的开口和气道 10 进入 B 腔。随着空气的进入,在加力气室膜片的两侧出现压力差而产生推力,此推力通过膜片座 12、橡胶反作用盘 14 推动推杆 1 左移。此时,推杆 1 上的作用力为踏板力和伺服气室推力之和,但伺服气室推力较踏板力大得多,从而使制动主缸输出的液压成数倍的增高。

维持制动时，踏板踩下停止在某一位置，推杆6和空气阀2推压橡胶反作用盘14的推力不再增加，膜片两边压力差使橡胶反作用盘中心部分的凹下变形恢复平，空气阀重新落座而关闭，出现"双阀关闭"的平衡状态。

放松制动时，回位弹簧5使推杆6和空气阀2后移，真空阀8离开阀座4，伺服气室A、B相通，成为真空状态。膜片和膜片座在回位弹簧15的作用下回位，主缸即解除制动。

真空助力器失效时，推杆6将通过空气阀2直接推动膜片座和推杆1移动，使主缸产生制动液压，但踏板力要大得多。

12.7　动力制动系统

动力制动系统中，用以进行制动的能量是空气压缩机产生的气压能，或由液压泵产生的液压能，而空气压缩机或液压泵都是由汽车发动机驱动。因此，动力制动系统是以汽车发动机为惟一的制动能源，驾驶者的肌体仅作为控制能源，而不是制动能源。

12.7.1　类型

动力制动系统按照能源不同分为以下三种类型。

(1)气压制动系统。在汽车上应用最早，供能装置和传动装置全部是气压式的，控制装置由制动踏板机构和制动阀等气压元件组成。

(2)气顶液制动系统。供能装置和控制装置是气压式的，传动装置包括气压式和液压式两部分。

(3)全液压动力制动系统。除制动踏板机构以外，其供能、控制和传动装置全是液压式的。

12.7.2　气压制动系统

气压制动系统是将压缩空气的压力作为机械推力，使车轮产生制动。气压制动制动力大，制动灵敏，广泛用于中型、重型载货汽车上。

驾驶者只需按不同的制动强度要求，控制制动踏板的行程，便可控制制动气压的大小，获得所需要的制动力。

气压制动系统按制动回路的布置形式也可分为单回路和双回路，单回路已趋于淘汰，目前汽车上几乎都采用双回路或多回路制动传动装置。

1. 气压制动回路

(1)各元件连接管路有三种：

1)供能管路：供能装置各组件之间和供能装置与控制元件之间的连接管路，称供能管路。

2)促动管路：控制装置与制动器促动装置之间的连接管路。

3)操纵管路：一个控制装置与另一个控制装置之间的连接管路。

(2)气压制动回路

1)如图 12-43 所示,空压机将压缩空气经单向阀首先输入湿储气筒,经油水分离后再经单向阀进入储气筒前后腔,再由制动阀控制可向控制气室充气,以实现制动。

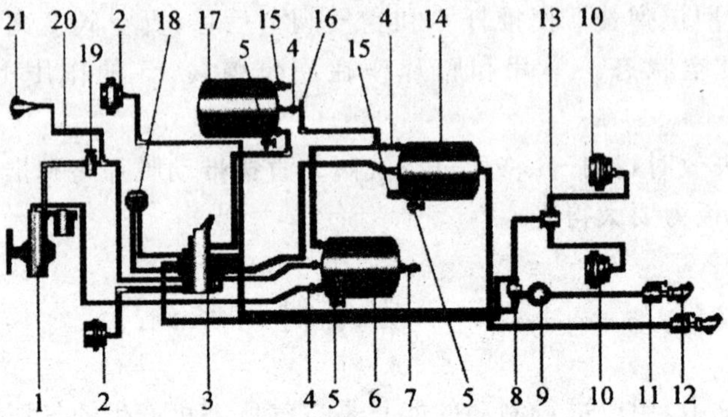

图 12-43 气压制动回路

1—空气压缩机 2—前制动气室 3—双腔制动控制阀 4—储气罐单向阀 5—放水阀 6—湿储气罐 7—安全阀 8—梭阀 9—挂车制动阀 10—后制动气室 11—挂车分类开关 12—接头 13—快放阀 14—主储气罐(供前制动器) 15—低压报警器 16—取气阀 17—主储气罐(供后制动器) 18—双针气压表 19—调压表 20—气喇叭开关 21—气喇叭

(2)分成两个回路:一个回路经储气罐、双腔制动阀的后腔通向前制动气室,另一个回路经储气罐、双腔制动阀的前腔和快放阀通向后制动气室。当其中一个回路发生故障失效时,另一个回路仍能继续工作,以维持汽车具有一定的制动能力,从而提高了汽车行驶的安全性。

2. 供能装置

空压机:产生气压能。

储气室:积储气压能。

调压阀及安全阀:将气压限定在安全范围内。

各种滤清器、油水分离器、空气干燥器、防冻器:改善传动介质。

多回路压力保护阀:在一个回路失效时用以保护其他回路,使其中的气压能不损失。

(1)空压机

空压机的作用是产生压力气体,如图 12-44 所示。空压机由发动机通过风扇皮带轮和三角带驱动,其内部曲柄连杆机构与发动机一同旋转。

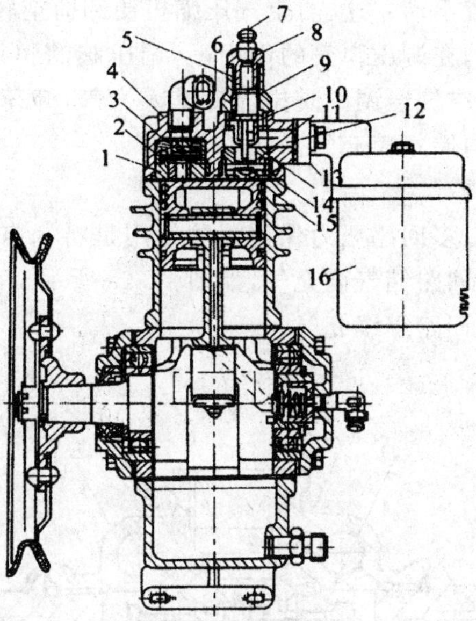

图 12-44　空压机

1—出气阀座　2—出气阀门导向座　3—出气阀　4—气缸盖　5—卸荷装置壳体　6—排气口
7—调压阀控制压力输入口　8—定位塞　9—卸荷柱塞　10—柱塞弹簧　11—进气阀门　12—进气口
13—进气阀座　14—进气阀弹簧　15—进气阀门导向座　16—进气滤清器

(2)调压阀

1)作用

调压阀的作用是使储气室内气体压力保持在一定范围内,当储气室气压达到规定值时,调压器控制空压机上的卸荷阀开启,使空压机空转,减少发动机损失。

调压阀与油水分离器组合在一起称为滤气调压阀。

2)工作原理

如图 12-45 所示,当储气筒内气压未达到规定值时,膜片连同空心管被调压弹簧压到下极限位置,空心管下端面紧压着排气阀,此时由储气筒至空气压缩机卸荷装置的通路被隔断,卸荷装置与大气相通,卸荷装置不起作用,空气压缩机对储气筒正常充气。

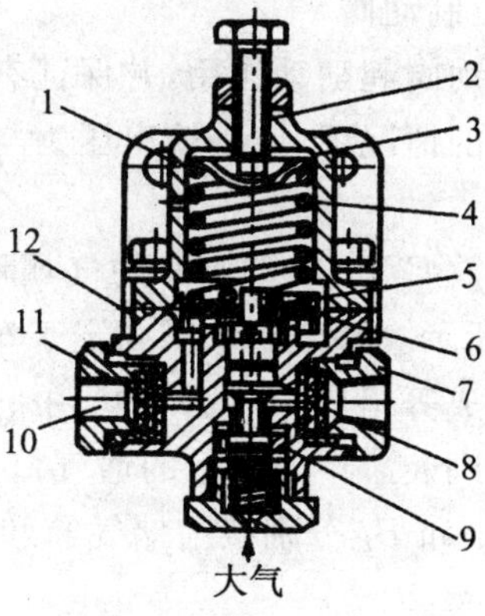

图 12-45　调压阀

1—阀盖　2—调整螺钉　3—弹簧座　4—调压弹簧
5—芯管　6—膜片组件　7—接空压机卸荷装置管接头
8—密封圈　9—排气阀门　10—任一通储气罐管接头
11—滤芯　12—阀体

当储气筒气压升高到规定值时,膜片受气压作用力上拱,空心臂和排气阀也随之上移,直到排气阀压靠在阀座上,切断空气压缩机卸荷室与大气的通路,并且空心管下端面也离开排气阀,而出现一相应间隙。此时,卸荷室经空心管的径向孔、轴向孔与储气筒相通,压缩空气进入卸荷室,迫使卸荷柱塞克服弹簧预紧力而下移,将空气压缩机进气阀门压下，使之保持在开启位置不动。这样，空气压缩机便卸荷空转，不产生压缩空气。

当储气筒气压下降时，在调压弹簧的作用下，调压阀的膜片、空心管、排气阀又下移。空气压缩机卸荷室的压缩空气经调压阀排气口排入大气，卸荷柱塞在弹簧作用下向上回位，于是空气压缩机恢复向储气筒充气。

(3)多回路压力保护阀

在多回路制动系统中，多回路压力保护阀的作用是将来自空压机的压缩空气可经多回路压力保护阀分别向各回路储气筒充气，如图 12-46 所示。当有一回路损害漏气时，压力保护阀能保证其余完好回路继续充气。

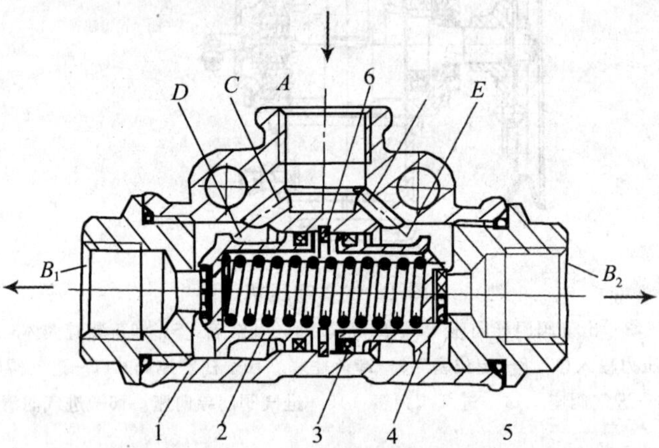

图 12-46 多回路压力保护阀

1—阀体 2—弹簧 3—密封圈 4—活塞阀 5—出气接头(阀座) 6—挡圈

A—进气口 B_1、B_2—出气口 C—气道 D、E—阀腔

3. 控制装置

(1)制动阀

制动阀起随动作用，并保证有足够强的踏板感，从而保证制动的渐进性，即在输入压力一定的情况下，使其输出压力与输入控制信号——踏板行程和踏板成一定的递增函数关系。

解放 CA1092 型汽车的气压制动系统所采用的串联双腔活塞式制动阀的构造如图 12-47 所示。整个制动阀固定于车架上，由上盖、上壳体、中壳体、下壳体、上活塞总成、小活塞总成等组成。上盖与上、中、下壳体通过螺钉连接在一起，其间设有密封垫，构成两个独立的阀腔。中壳体上的通气口 D 和 A 分别接后储气筒和后桥制动气室，下壳体上的通气口 B_1 和 B_2 分别接前储气筒和前桥制动气室。

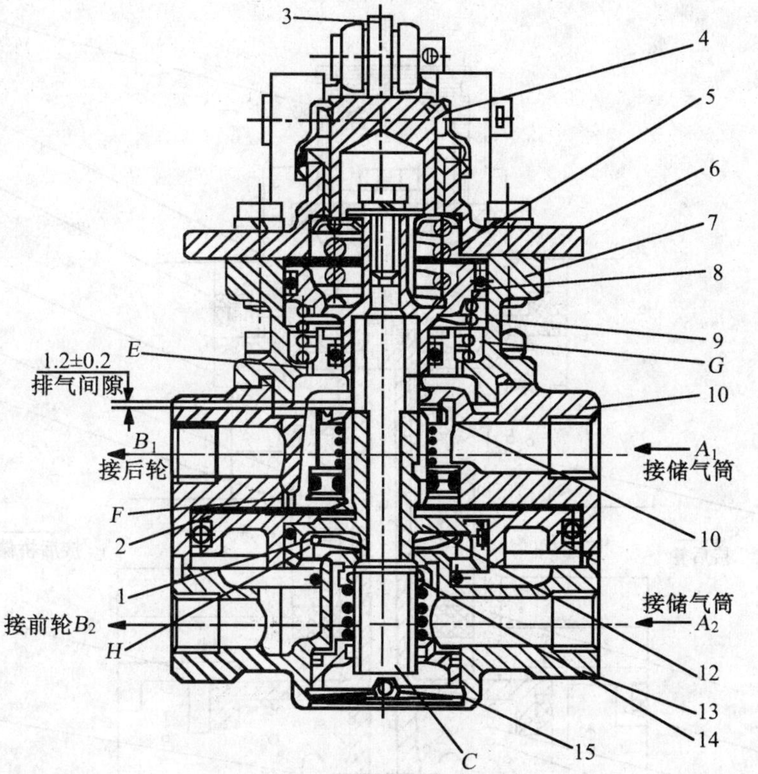

图 12-47　串联双腔活塞式制动阀

1—下腔小活塞复位弹簧　2—下腔大活塞　3—滚轮　4—推杆　5—平衡弹簧　6—上阀体　7—下阀体　8—上腔活塞　9—上腔活塞复位弹簧　10—中阀体　11—上腔阀门　12—下腔小活塞　13—下腔体　14—下腔阀门　15—防尘片　A_1、A_2—进气口　B_1、B_2—出气口　C—排气口　D—上腔排气孔　E、F—通气孔

如图 12-48 所示，推杆与芯管之间是依靠平衡弹簧来传力，而平衡弹簧的工作长度和作用力随制动阀到制动气室的促动管路的压力而变化。因此，只要自踏板传到推杆的力大于平衡弹簧预紧力，不论踏板停留在哪一个工作位置，制动阀都能自动达到并保持以进气阀和排气阀二者都关闭为特征的平衡状态。

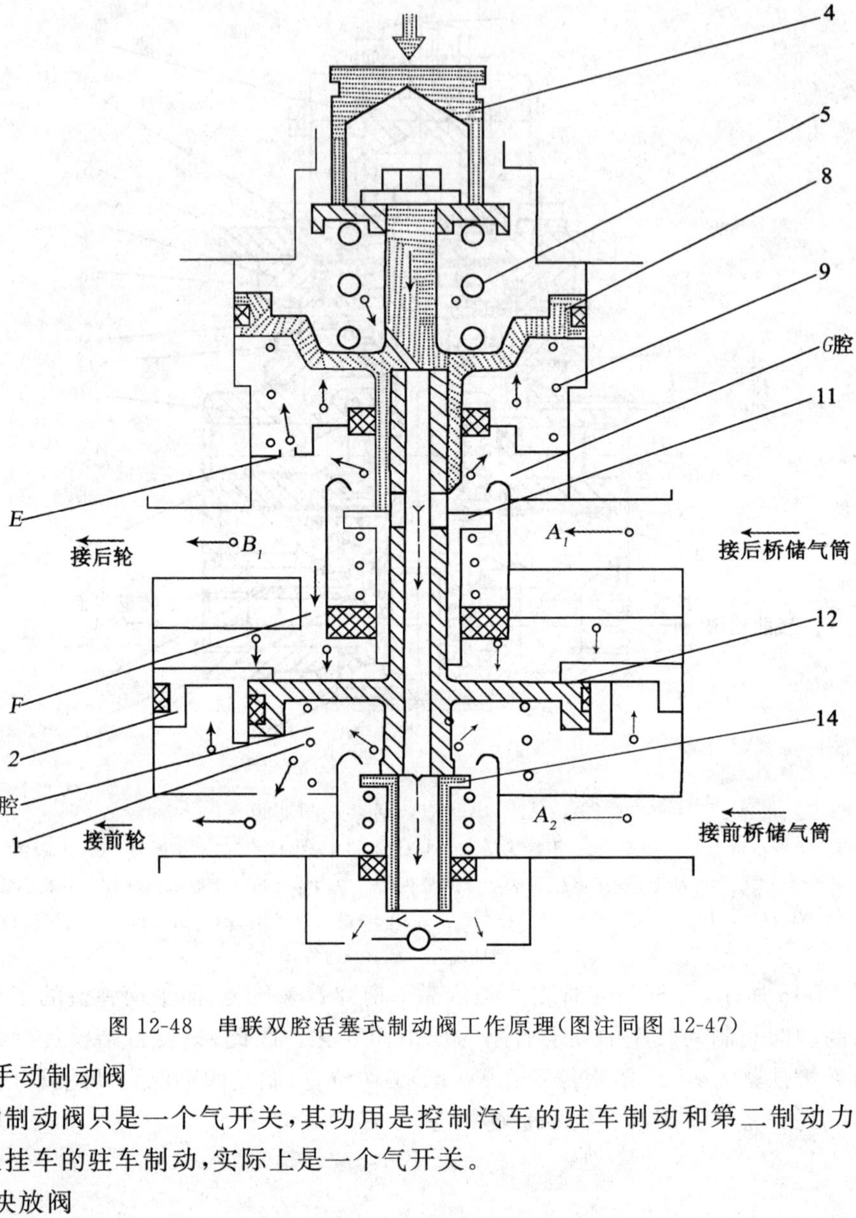

图 12-48 串联双腔活塞式制动阀工作原理(图注同图 12-47)

(2)手动制动阀

手动制动阀只是一个气开关,其功用是控制汽车的驻车制动和第二制动力(应急制动),以及挂车的驻车制动,实际上是一个气开关。

(3)快放阀

快放阀的作用是在保证解除制动力时制动气室迅速排气,解决由于制动气室、储气筒与制动阀相距较远,有迂回充气和排气导致制动和解除制动的滞后时间过长所造成不利于汽车疾驶制动和制动过后及时加速的问题。

东风 EQ1090E 型汽车的膜片式快放阀如图 12-49 所示,它装在制动阀与制动气室的管路中,靠近制动气室处。

制动时,由制动阀输来的压缩空气由进气口后,推动膜片将排气口切断,同时压下膜片使之弯曲,压缩空气沿下壳体的径向沟槽,经出气口分别通往左、右制动气室。

解除制动时,制动气室的压缩空气经出气口流回,将膜片顶起,关闭进气口,打开排气口，压缩空气直接从排气口排入大气，勿需迂回流经制动阀。

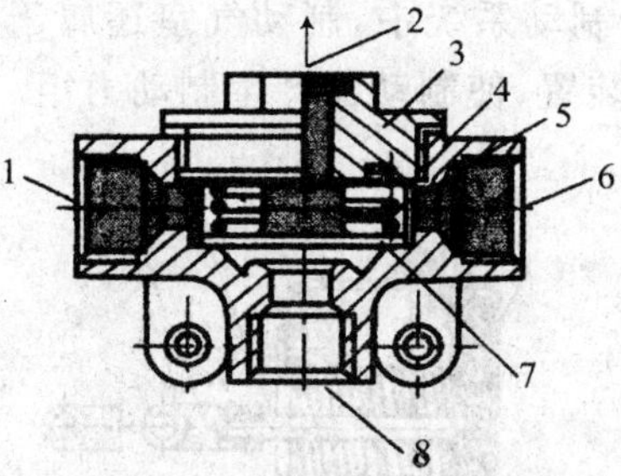

图 12-49　东风 EQ1090E 型汽车的膜片式快放阀

1、6—出气口　2—排气口　3—阀盖　4—阀体　5—弹簧

7—阀门　8—进气口

(4)加速阀(继动阀)

加速阀(继动阀)有三管道，可大大缩短制动气室的充气管路，加速气室充气过程。如图 12-50 所示为膜片式继动阀，它安装在储气筒和制动气室之间。进气口 A 接储气筒，出气口 B 接制动气室，孔口 C 与制动阀的出气口相通。

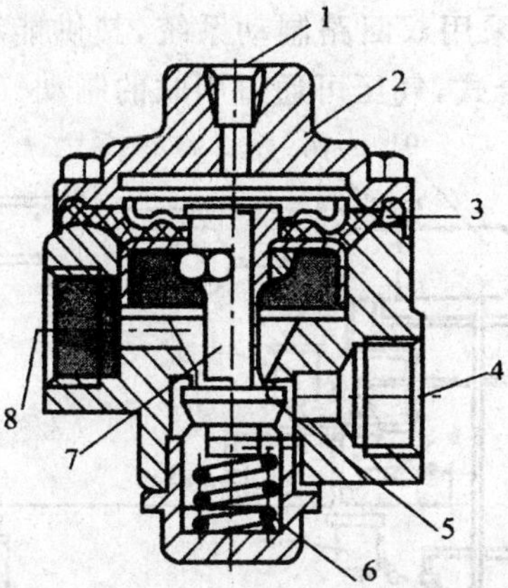

图 12-50　加速阀

1—控制气压输入口　2—阀体　3—膜片　4—进气口

5—阀门　6—弹簧　7—芯管　8—出气口

制动时，踩下制动踏板，压缩空气由制动阀 C 口充入膜片上方的气室，推动膜片及芯管向下移动，进气阀开启，于是储气筒内的压缩空气直接由进气口 A 和出气口 B 充入制动气室，不必流经制动阀，这样就缩短了制动气室的充气管路，加速了充气过程。

放松制动踏板时，C 口经制动阀与大气相通，膜片带动芯管上移，进气阀关闭，芯管继续上移，排气阀开启，于是，制动气室的压缩空气便经芯管和 C 口流向制动阀，并经制动阀的排气口排入大气。

由于继动阀具有平衡膜片和平衡气室阀，对本身输出压力的控制也是渐进的，所以，只要求输入的制动压力是渐进变化的。

4. 制动气室

在气压制动系统中，制动气室是执行装置，其作用是将输入的气压能转换成机械能而输出。

如图 12-51 所示，在整个制动系统中，制动气室还属于传动装置，其输出的机械能还要传到制动凸轮之类的促动装置，使制动器产生制动力矩。

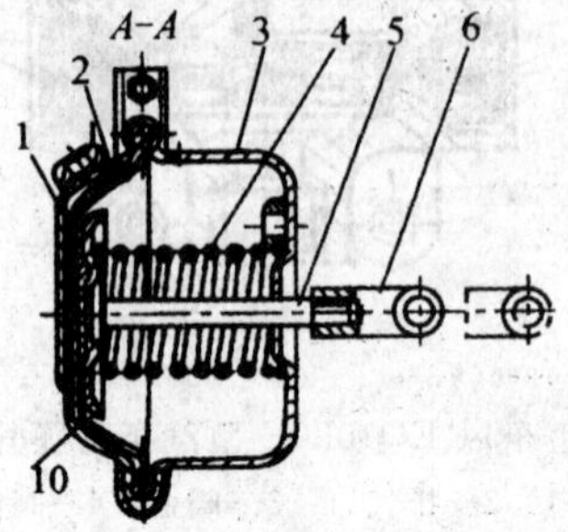

图 12-51　制动气室

1—橡胶膜片　2—通气孔　3—盖　4—壳体　5—弹簧
6—推杆　7—连接叉　8—卡箍　9—螺栓　10—螺母

12.7.3　气顶液制动系统

如图 12-52 所示，该系统采用双回路制动系统，其供能装置和控制装置全是气压式，传动装置则是气压—液压组合式，气压可通过串联的制动气室和液压主缸转换为液压能。

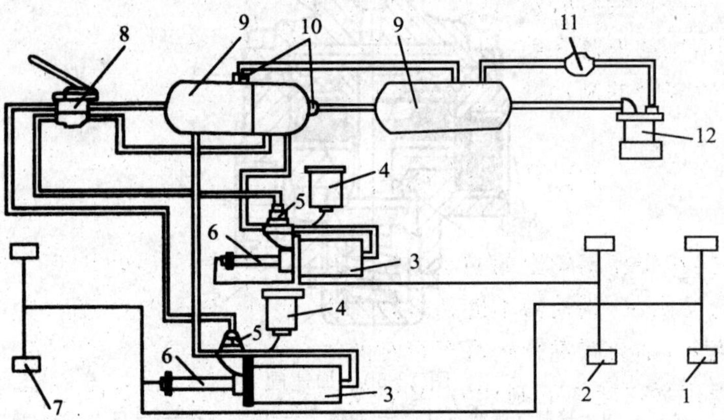

图 12-52　气顶液制动系统

1、2、7—制动轮缸　3—制动气室　4—储液罐　5—气压继动阀　6—液压主缸
8—串联双腔气制动阀　9—储气罐　10—单向阀　11—空气调压阀　12—空压机

该系统的兼容了气压系统和液压系统的特点。气压制动系统的布置尽可能紧凑些，以缩短管路长度和滞后时间；用液压轮缸作为制动器促动装置，大大减少了非簧载质量。

12.7.4　全液压动力制动系统

全液压动力制动系统分为常压式和常流式，以广泛采用的常压式全液压动力制动系统为例进行介绍。

全液压动力制动系统较气压系统紧凑，工作压力大，制动力产生、解除较气压制动快得多，工作滞后时间较短。

如图 12-53 所示，全液压动力制动系统由储能器、油泵(由发动机驱动)、液压制动阀、液压轮缸(油缸)组成。

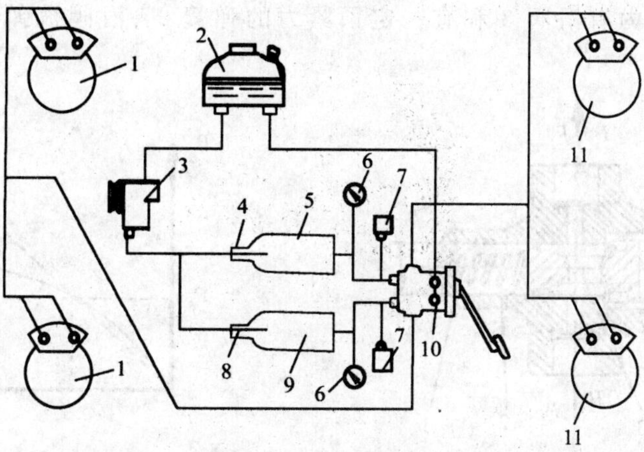

图 12-53　全液压动力制动系统

1—前轮制动器(盘式)　2—储液罐　3—液压泵 4、8—单向阀　5—后轮制动储能器
6—压力表　7—低压报警灯开关　9—前轮制动储能器
10—并列双腔液压制动阀　11—后轮制动器(盘式)

油泵把储液罐内的制动液经过单向阀压入前、后轮制动储能器。当踏下制动踏板时，制动阀开启，使高压油液流入前、后制动管路，对前、后轮进行制动。当放松制动踏板时，前、后制动管路中多余的制动液，经安装在制动阀上的回油管回到储液罐。

12.8　制动力分配调节装置

汽车制动时，作用在车轮上的制动力随着踏板力的增加而增加，但最大制动力受到轮胎与路面附着力的限制，制动力不能超过附着力，否则，车轮将被"抱死"。无论前轮先抱死还是后轮先抱死，都会严重影响汽车行驶的安全性，并加剧轮胎的磨损。

汽车既要得到尽可能大的制动力，又要保持行驶方向的稳定性，就必须使汽车前、后轮同时达到抱死的边缘。其条件是：前、后轮制动力之比等于前、后轮对路面垂直载荷之比。

但是，汽车装载量的不同和汽车制动时减速度的不同，引起了载荷的转移。汽车前、后轮的实际垂直载荷比是变化的。因此，要满足最佳制动状态的条件，汽车前、后轮制动力的比例也应是变化的。为使前、后轮获得理想的制动力，现代汽车上采用了各种制动力调节装置，用以调节前后车轮制动管路的工作压力，常用的调节装置有限压阀、比例阀和感载比例阀等。

12.8.1　限压阀

限压阀串联在制动主缸与后轮制动器的管路之间，其功用是当前、后制动管路压力 P_1 和 P_2 由零同步增长到一定值后，自动将 P_2 限定在该值不变。

1. 结构

如图 12-54 所示为限压阀的结构。阀体上有三个孔口，A 口与制动主缸连通；B 口通两后轮轮缸。阀体内有滑阀 3 和有一定预紧力的弹簧 2。滑阀被弹簧顶靠在阀体内左端。

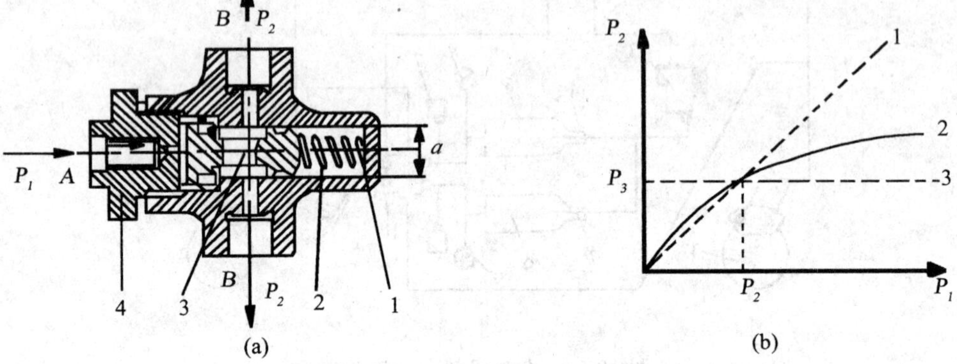

图 12-54　液压式限压阀及特性曲线

1—阀体　2—弹簧　3—滑阀　4—接头

A—通制动主缸　B—通制动轮缸

2. 原理

当轻踩制动踏板时，制动主缸产生一定的液压力 P_1，滑阀左端面推力为 $P_1 \times a$（a 为滑阀左端面有效面积），滑阀右端承受弹簧力 F。此时，由于 $F > P_1 \times a$，滑阀不动，因而 $P_1 = P_2$，限压阀不起限压作用。

当踏板压力增大时，P_1 与 P_2 同步增长到一定值 P_S（限压点）后，活塞左方压力便超过右方弹簧的预紧力，即 $P_S \times a > F$，于是滑阀向右移动，关闭 A 腔与 B 腔的通路。此后，P_1 再增大时，P_2 也不再增大。

限压点 P_S 取决于限压阀的结构，与汽车的轴载质量无关。通常情况下，P_S 值低于理想值，不会出现后轮先"抱死"情况。

12.8.2　比例阀

比例阀也串联在制动主缸与后轮制动器的管路之间，其功用是当前、后制动管路压力 P_1 和 P_2 由零同步增长到一定值 P_S 后，即自动对 P_2 的增长加以限制，使 P_2 的增量小于 P_1 的增量。

1. 结构

如图 12-55 所示为比例阀的结构原理，比例阀通常采用两端承压面积不等的异径活塞。

2. 工作原理

(1)系统不工作时，异径活塞 2 在弹簧 3 的作用下处于上极限位置。此时阀门 1 保持开启，因而在输入控制压力 P_1 与输出压力 P_2 从零同步增长的初始阶段，$P_1 = P_2$。但是压力 P_1 的作用面积小于压力 P_2 的作用面积，故活塞上方液压作用力大于活塞下方的液压作用力。在 P_1、P_2 同步增长的过程中，活塞上、下两端液压作用力之差超过弹簧 3 的预紧力时,活塞便开始下移。当 P_1 和 P_2 增长到一定值 P_S 时,活塞内腔中阀座与阀门接触,进油腔与出油腔被隔绝,此即比例阀的平衡状态。

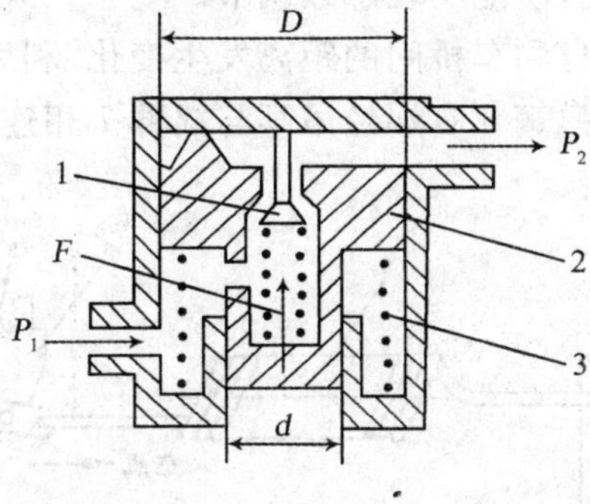

图 12-55　比例阀的结构原理

1—阀门　2—活塞　3—弹簧

(2)若进一步提高 P_1,则活塞上升,阀门再度开启,油液继续流入出油腔,使 P_2 也升高,但由于活塞的下端面积小于其上端面积,因此 P_2 尚未增加到新的 P_1 值,活塞又下降到平衡位置。

12.8.3　感载比例阀

有些车辆在实际载重量不同时,其总重力和重心位置变化较大。因此,满载和空载时的前、后轮制动力分配差距也较大,所以应采用随汽车实际装载质量变化而改变的感载比例阀。

1. 结构

如图 12-56 所示为液压式感载比例阀。阀体 3 安装在车身上,其中活塞 4 为两端承压面积不等的差径结构,其右部空腔内有阀门 2。

2. 工作原理

(1)不制动时,活塞在拉力弹簧 6 通过杠杆 5 施加的推力 F 作用下处于右极限位置。阀门 2 因其杆部顶触螺塞 1 而开启,使左右阀腔连通。

(2)轻踏制动时,来自制动主缸的液压 P_1 由进油口 A 进入,并通过阀门 2 从出油口 B 输出至后轮缸,出油口 B 处液压 $P_2=P_1$。此时,活塞右端面的推力为 $P_2 \times b$(b 为活塞右端面圆形有效面积)小于左端的推力 $P_1 \times a$(a 为活塞左端面圆形有效面积,$a<b$)与推力 F 之和。在此状态下,活塞不动,阀门 2 仍处于开启状态,$P_2=P_1$。

(3)重踩制动踏板时,制动管路的液压 P_2 和 P_1 将同步增长,当增长至活塞左、右两端面液压之差大于推力 F 时,活塞即左移一定距离,阀门 2 落座,将左右两腔隔绝。此时的液压为限压点的液压 P_S,活塞处于平衡状态。若进一步提高 P_1,则活塞将右移,阀门 2 再度开启,油液继续流入出油腔使 P_2 也升高。但由于 $a<b$,P_2 尚未升高到等于 P_1 时,阀门 2 又落座,将油道切断,活塞又处于平衡状态。这样,自动调节过程将随踏板力的变化反复不断地进行。在 P_1 超过 P_S 后,P_2 虽随 P_1 按比例的增长,但总是小于 P_1。

从上述过程得知,活塞处于平衡状态时,其两端的压力差和弹簧的推力 F 总维持着下述关系：$P_2 \times b = F + P_1 \times a$。由此式得知，$P_2$ 与弹簧推力 F 成正比关系，限压点液压 P_S 的大小也取决于弹簧推力 F 的大小。F 增大时，P_S 就愈大；反之则小。只要使弹簧的预紧力能随实际轴载质量变化，便能实现感载调节。

当汽车的轴载变化时，车身和车桥间的距离发生变化，利用此变化来改变弹簧的预紧力，就能实现感载调节。拉力弹簧 6 右端经吊耳与摇臂 7 相连，而摇臂则夹紧在汽车后悬架的横向稳定杆 8 的中部。

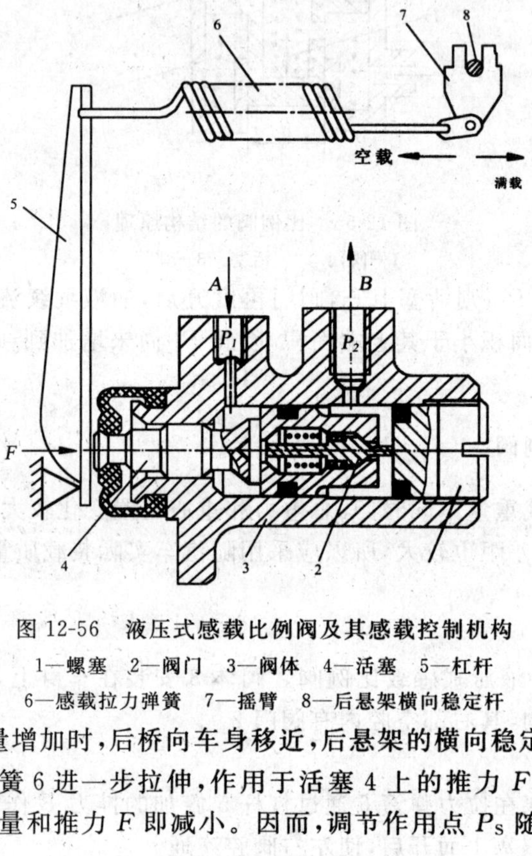

图 12-56　液压式感载比例阀及其感载控制机构

1—螺塞　2—阀门　3—阀体　4—活塞　5—杠杆
6—感载拉力弹簧　7—摇臂　8—后悬架横向稳定杆

当汽车的轴载质量增加时，后桥向车身移近，后悬架的横向稳定杆便带动摇臂 7 逆时针转过一个角度，将弹簧 6 进一步拉伸，作用于活塞 4 上的推力 F 便增加；反之，轴载质量减小，弹簧 6 的拉伸量和推力 F 即减小。因而，调节作用点 P_S 随轴载质量而变化。

12.8.4　惯性阀

1. 作用

汽车轴载质量的变化不仅与汽车总质量或实际装载质量有关，还与汽车制动时的减速度大小有关。当汽车制动减速度增加时，前轴的轴载质量增大，而后轴的轴载质量减小。

惯性阀的作用是使限压点液压值 P_S 取决于汽车制动时作用在汽车重心上的惯性力。即 P_S 不仅与汽车的实际质量有关，还与汽车制动减速度有关。

如图 12-57 所示，惯性限压阀内有一个惯性钢球 2，惯性钢球的支承面相对于水平面的仰角 θ 必须大于零，惯性阀方可起作用。汽车在水平路面上时，θ 应为 10°～13°。

通常惯性钢球在其本身重力作用下处于下极限位置，并将阀门 4 推到与阀盖 5 接触，使得阀门 4 与阀座 3 之间保持一定间隙。此时进油口 A 与出油口 B 相通。

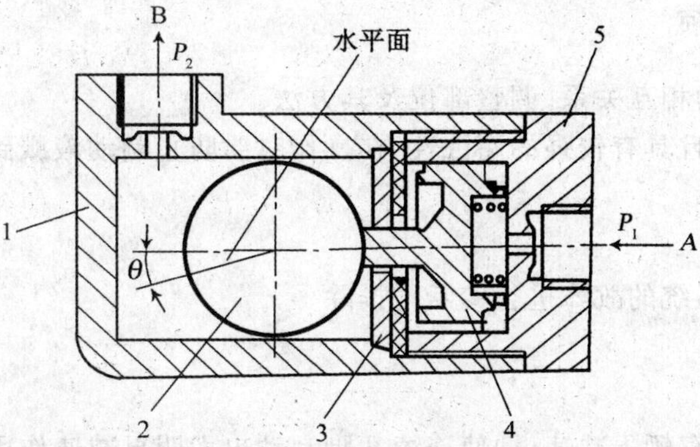

图 12-57　惯性限压阀

1—阀体　2—惯性球　3—阀座　4—阀门　5—阀盖

2. 工作原理

(1)当汽车在水平路面上进行制动时,来自主缸方面的压力由进油口 A 输入惯性阀,再从出油口 B 进入后制动管路,输出压力 P_2 即等于输入压力 P_1。当路面对车轮的制动力使汽车产生减速度时,作为汽车零件的惯性钢球也具有相同的减速度。在控制压力 P_1 较低,减速度较小时,惯性钢球向前的惯性力沿支承面的分力不足以平衡钢球的重力沿支承面的分力时,阀门仍保持开启状态,输出压力 P_2 仍等于输入压力 P_1。当 P_1 上升到一定值 P_S 时,制动减速度增大到足以实现上述二力平衡时,阀门弹簧便通过阀门将钢球推向前方,使阀门得以压靠阀座,切断液流通路。此后 P_1 继续升高,前轮制动力和汽车总制动力继续增大,钢球的惯性力使钢球滚到前上极限位置不动。阀门对阀座的压紧力也因 P_1 的升高而加大,但 P_2 就保持 P_S 值不变。

(2)当汽车在上坡路上施行制动时,由于支承面仰角 θ 增大,惯性钢球重力沿支承面的分力也增大,使得惯性阀开始起作用所需的控制压力值 P_S 也升高,即所限定的输出压力 P_2 值更高,这正与汽车上坡时后轮附着力加大相适应。相反,当汽车在下坡路上施行制动时,后轮附着力减小,惯性阀所限定的 P_S 也正好相应地降低。

实训 12.4　汽车制动系统综合故障诊断

一、实训目的与要求

1. 熟悉液压制动系统的故障。

2. 掌握液压制动系统常见故障的排除方法。

二、实训仪器和设备

通用工具、通用量具、桑塔纳 2000 轿车及该车维修专用工具。

三、实训注意事项

1.注意零部件的相互关系、调整部位及其方法。

2.制动液有毒，且具有较强的腐蚀性，在操作时要防止制动液溅到眼睛里。

四、实训步骤

针对液压制动系统的故障进行诊断与排除。

(一)制动失效

1.故障现象

踩下制动踏板，车辆不减速，即使连续几脚制动也无明显减速作用。

2.故障原因

(1)制动踏板与制动主缸的连接松脱。

(2)制动储液室无液或严重缺液。

(3)制动管路断裂漏油。

(4)制动主缸皮碗破裂。

3.诊断与排除

首先踩动制动踏板，根据踩制动踏板时的感觉，相应地检查有关部位。

(1)若制动踏板与制动主缸无连接感，说明制动踏板与制动主缸的连接松脱，应检查修复。

(2)踩下制动踏板时，若感到很轻，稍有阻力感，则应检查主缸储液室内制动液是否充足。若主缸储液室内无液或严重缺液，应添加制动液至规定位置。再次踩下制动踏板时，若仍没有阻力感，则应检查制动主缸至制动轮缸的制动软管或金属管有无断裂漏油。

(3)踩下制动踏板时，虽然感到有一定的阻力，但踏板位置保持不住，明显下沉，则应检查制动主缸的推杆防尘套处是否有制动液泄漏。若有制动液泄漏，说明制动主缸皮碗破裂；若车轮制动鼓边缘有大量制动液，则应检查制动轮缸皮碗是否压翻、磨损是否严重。

(二)制动不灵

1.故障现象

(1)汽车制动时，踩一次制动踏板不能减速或停车，连续踩几次制动踏板，效果也不好。

(2)汽车紧急制动时，制动距离太长。

2.故障原因

(1)制动踏板自由行程太大。

(2)制动主缸储液室内存油不足或无油。

(3)制动液变质(变稀或变稠)或管路内壁积垢太厚。

(4)制动管路内进入空气或制动液气化产生了气阻。

(5)制动主缸、轮缸、管路或管接头漏油。

(6)制动主缸、轮缸的活塞及缸筒磨损过度。

(7)制动主缸、轮缸的皮碗老化或磨损引起密封不良。

(8)制动主缸的进油孔、储液室的通气孔堵塞。

(9)制动主缸的出油阀、回油阀不密封,活塞复位弹簧预紧力太小,活塞前端贯通小孔堵塞。

(10)制动器的制动鼓与制动蹄片间隙不当,制动鼓与制动蹄片接触面积太小,制动蹄片质量不佳或沾有油污,制动蹄片铆钉松动,制动鼓产生沟槽磨损或失圆,制动时变形。

(11)真空增压器或助力器的各真空管路接头松动、脱落,管路有破裂处,膜片破裂或者密封圈密封不良,单向阀、控制阀密封不良,辅助缸活塞、皮碗磨损过甚,单向球阀不密封。

3.诊断与排除

踩动制动踏板做制动试验,根据踩制动踏板时的感觉,检查相应的部位。

(1)一脚踩下制动踏板,踏板到底且无反力;连续几次踩制动踏板都能踩到底,且感觉阻力很小,则应检查储液室中制动液液面高度是否符合要求,若液面低于下线或"MIN"线以下,说明制动液液面太低;检查制动踏板连动机构有无松脱。

(2)连续几脚踩制动踏板时,踏板高度仍过低,并且在第一脚制动后,感到总泵活塞未回位,踩下制动踏板即有制动主缸与活塞碰击响声,则应检查主缸的活塞回位弹簧是否过软;主缸的皮碗是否破裂。

(3)连续踩几次制动踏板时,踏板高度低而软,则应检查制动主缸的进油孔或储液室的通气孔是否堵塞。

(4)一脚踩下制动踏板时,踏板高度过低,连续几脚踩下制动踏板时,踏板高度稍有增高,并有弹性感,则应检查系统内是否存有气体。

(5)一脚踩下制动踏板时,踏板高度较低,连续几脚踩下制动踏板时,踏板高度随之增高且制动效能好转,则应检查制动踏板的自由行程及制动器的间隙。

(6)维持制动踏板高度时,若缓慢或迅速下降,则应检查制动管路是否破裂,管接头是否密封不良,主缸、轮缸皮碗或皮圈密封是否良好。

提示:可踩下制动踏板,观察制动管路是否有制动液渗漏;制动主缸的推杆防尘套处是否有制动液渗漏;轮缸防尘套周围是否有制动液渗漏。

(7)安装真空增压器或助力器的车辆,踩下制动踏板时,若踏板高度适当但太硬,且制动不灵,则应检查增压器或助力器的工作情况;检查制动系统油管是否有老化、凹瘪、制动液黏度太大现象。

(8)踩制动踏板时,若踏板有向上反弹、顶脚的感觉,且制动力不足,则应检查增压器的辅助缸活塞磨损是否过度;辅助缸活塞、皮碗是否密封不良;辅助缸单向球阀是否密封不良。

(9)路试车辆时,观察各车轮的制动情况。若个别车轮制动不良,则应检查该车轮的制动软管是否老化;摩擦片与制动鼓间的间隙是否不当;摩擦片是否有硬化、油污、钉外露现象;制动鼓内臂是否磨损成沟槽;摩擦片与制动鼓的接触面积是否过小。

(三)制动跑偏

1.故障现象

(1)汽车行驶制动时,行驶方向发生偏斜。

(2)紧急制动时，方向急转或车辆甩尾。

2.故障原因

(1)左右车轮轮胎气压、花纹或磨损程度不一致。

(2)左右车轮轮毂轴承松紧不一、个别轴承破损。

(3)左右车轮的制动蹄摩擦衬片材料不一或新旧程度不一。

(4)左右车轮制动蹄摩擦片与制动鼓的接触面积、位置不一样或制动间隙不等。

(5)左右车轮轮缸的技术状况不一，造成起作用时间或张力大小不相等。

(6)左右车轮制动鼓的厚度、直径、工作中的变形程度和工作面的粗糙度不一。

(7)单边制动管路凹瘪、阻塞或漏油；单边制动管路或轮缸内有气阻。

(8)单边制动蹄与支承销配合过紧或锈蚀。

(9)一侧悬架弹簧折断或弹力过低。

(10)一侧减振器漏油或失效。

(11)前轮定位失准。

(12)转向传动机构松旷。

(13)车架、车桥在水平平面内弯曲、车架两边的轴距不等。

(14)感载比例阀故障。

总结：制动跑偏的根本原因是左、右车轮的制动力不等。一些不属于制动系统的零件，其技术状况不良时，既影响到车辆正常行驶时的跑偏，也影响到了制动时的跑偏。

3.诊断与排除

(1)若车辆正常行驶时也有跑偏现象，则首先做以下外观检查：检查左、右车轮轮胎气压、花纹和磨损程度是否一致；检查各减振器是否漏油或失效；检查悬架弹簧是否折断或弹力是否一致。

(2)支起车轮，用手转动和轴向推拉车轮轮胎。若一侧车轮有松旷或过紧感觉，应重新调整轴承的预紧度；若转动车轮有发卡或异响，应检查该轮轮毂轴承是否破损或毁坏。

(3)对汽车进行路试。制动后，若汽车向一侧跑偏，则为另一侧的车轮制动不良。

首先对该车轮制动器进行放气，若无制动液喷出，说明该轮制动管路堵塞，应予以更换。若放出的制动液中有空气，说明该轮制动管路中混入空气，应予以排放。

观察该轮制动器间隙，若制动器间隙过大，说明制动蹄摩擦片磨损严重或制动自调装置失效，应更换。

上述检查正常，应拆检该轮制动器。检查制动盘或制动鼓是否磨损过甚或有沟槽，若磨损过甚，应更换；若有严重沟槽，应车削或镗削。检查制动蹄摩擦片(摩擦衬块)是否有油污或水湿及磨损过甚，若摩擦片(衬片)有油污或水湿，应查明原因并清理；若摩擦片磨损过甚，应更换。检查制动轮缸或制动钳活塞，若有漏油或发卡现象，应更换。

(4)若制动时，出现忽左忽右的跑偏现象，则应检查前轮定位是否符合要求，若前轮定位不正确，应调整；检查转向传动机构是否松旷，若松旷，应紧固、调整或更换。

(5)若在制动时，车辆出现甩尾现象，应检查感载比例阀是否有故障。

(四)制动拖滞

1.故障现象

抬起制动踏板后,全部或个别车轮的制动作用不能立即完全解除,影响车辆重新起步、加速行驶或滑行。

2.故障原因

(1)制动踏板无自由行程,制动踏板拉杆系统不能回位。

(2)制动总泵回位弹簧折断或失效。

(3)制动总泵回油孔被污物堵塞,密封圈发胀或发黏与泵体卡死。

(4)通往分泵的油管凹瘪或堵塞。

(5)制动盘摆差过大。

(6)前制动器密封圈损坏,造成活塞不能正常复位。

(7)前、后制动器分泵密封圈发胀或发黏与泵体卡死。

(8)鼓式制动器制动蹄回位弹簧折断或过软。

(9)鼓式制动器制动蹄摩擦片破裂或铆钉松动。

(10)鼓式制动器制动鼓严重失圆。

3.诊断与排除

(1)将汽车支起,在未踩制动踏板的情况下,用手转动车轮。若某一车轮转不动,说明该轮制动器拖滞;若全部车轮转不动,说明全部车轮制动器拖滞。

(2)若为个别车轮制动器拖滞,首先旋松该轮制动轮缸的放气螺钉,若制动液急速喷出,随即车轮能旋转自如,说明该轮制动管路堵塞,轮缸未能回油,应更换。若车轮仍转不动,则拆下车轮,解体检查制动器。

(3)若全部车轮制动器拖滞,则首先检查制动踏板自由行程是否符合要求,若自由行程过小,应调整。然后检查制动踏板的回位情况,用力将制动踏板踩到底并迅速抬起,若踏板回位缓慢,说明制动踏板回位弹簧失效或踏板轴发卡,应更换或修复。再检查制动主缸的工作情况,打开制动液储液室盖,由一人连续踩制动踏板,另一人观察制动主缸的回油情况。若不回油,说明制动主缸回油孔堵塞,应清洗、疏通;若回油缓慢,说明制动液过脏或变质,应更换。

(五)驻车制动不良

1.故障现象

(1)拉紧驻车制动器,汽车很容易起步。

(2)在坡道上停车时,拉紧驻车制动器,汽车不能停止而发生溜车现象。

2.故障原因

(1)驻车操纵杆的自由行程过大。

(2)驻车操纵杆系或绳索断裂或松脱、发卡等。

(3)驻车制动器间隙过大。

(4)驻车制动器摩擦片磨损过甚或有油污。

(5)驻车制动鼓磨损过甚、失圆或有沟槽。

(6)驻车制动蹄运动发卡。

(7)驻车制动蹄摩擦片与制动鼓的接触面积太小。

3. 诊断与排除

(1)将汽车停放在平坦的地面上，拉紧驻车制动器操纵杆，挂入低速挡起步，若汽车很容易起步而发动机不熄火，说明驻车制动不良。

(2)从驻车制动器操纵杆放松位置往上拉，直至拉不动为止。检查操纵杆的行程，若行程过大，说明操纵杆的自由行程过大，应调整。检查拉动操纵杆的阻力，若感觉没有阻力或阻力很小，说明操纵杆或绳索断裂或松脱，应更换或修复；若感觉很沉，说明操纵杆或绳索及制动器发卡，应拆检修复。

(3)从检视孔检查中央驻车制动器(东风 EQ1092、解放 CA1092 汽车)或后轮制动器(奥迪、桑塔纳等轿车)的间隙是否符合要求，若制动器间隙过大，应调整。

(4)经上述检查均正常，应拆检驻车制动器。检查制动蹄摩擦片是否磨损过甚或有无油污；检查制动鼓是否磨损过甚、失圆或有沟槽；检查制动蹄运动是否发卡，若有发卡现象，应修复或润滑；检查制动蹄摩擦片与制动鼓的接触面积是否符合要求，若接触面积过小，应更换或修整。

复习思考题

1. 简述汽车制动系统的功用及要求。
2. 简述鼓式制动器的分类及工作原理。
3. 简述盘式制动器与鼓式制动器的优缺点。
4. 简述鼓式制动器的检修方法。
5. 简述盘式制动器的检修方法。
6. 简述制动传动装置的布置形式。
7. 制动系统的排气如何操作？
8. 简述制动力分配调节装置的分类及工作原理。
9. 引起制动系统内存在气体的原因有哪些？

第 13 章　汽车防抱死制动系统与驱动防滑控制系统

学习目标

了解汽车防抱死制动系统和驱动防滑系统的组成；熟悉汽车防抱死制动系统和驱动防滑系统的工作原理；掌握汽车防抱死制动系统和驱动防滑系统故障的诊断方法。

13.1　制动防抱死系统

行驶中的车辆在制动过程中车轮抱死后，车辆的运动情况会出现以下情况：

(1)当对行驶中车辆进行适当制动时，如果左、右车轮产生的制动力对称，车辆能够在行驶方向上停止下来。

(2)如果左、右车轮产生的制动力不对称，就会产生车辆绕重心旋转的力矩，此时，如果轮胎与地面的侧向反力能阻止旋转力矩的作用，则车辆仍能保持直线行驶。如果轮胎与地面的侧向反力很小，则车辆就有可能出现如图 13-1 所示的不规则运动。

1)当车辆直线行驶车轮抱死时，车辆出现了制动跑偏或甩尾侧滑的现象，如图 13-1(a)所示。

2)当车辆弯道行驶仅前轮抱死时，车辆出现了失去转向能力的现象，如图 13-1(b)所示。

3)当车辆弯道行驶仅后轮抱死时，车辆出现了甩尾侧滑的现象，如图 13-1(c)所示。

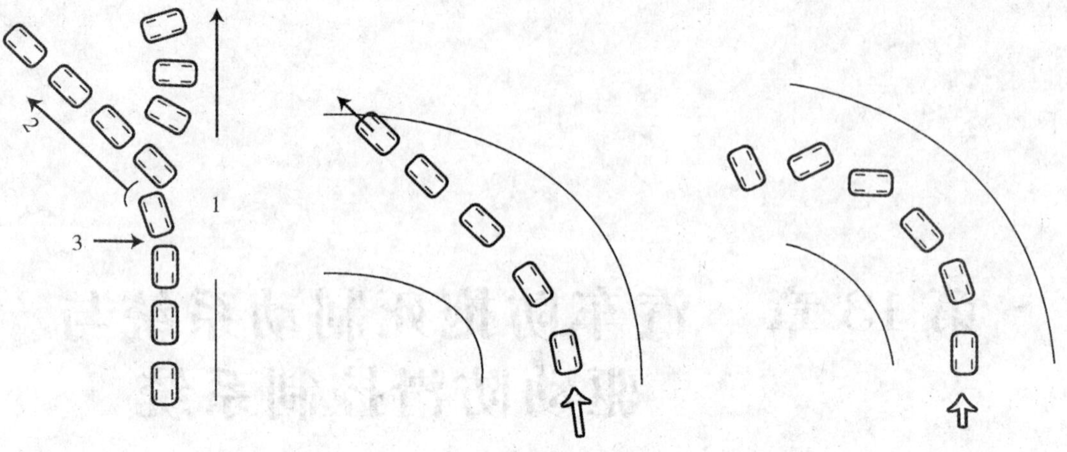

(a) 车辆直线行驶车轮抱死时　(b) 车辆弯道行驶前轮抱死时　(c) 车辆弯道行驶仅后轮抱死时

图 13-1　车轮抱死后车辆的运动情况

现代汽车上普遍安装防抱死制动系统，简称 ABS(Antilock Braking System)。汽车防抱死制动系统的作用是防止在制动过程中车轮抱死(即停止滚动)，从而保证驾驶者在制动时还能控制汽车的行驶方向，保证行车安全。

行驶中的车辆在制动过程中，驾驶者只需踩住制动踏板不动，ABS 系统通过电脑自动控制制动系统的油压，系统就能自动地快速调节制动力，在获得最大制动效能的同时，防止车轮抱死。

13.1.1　制动时车轮受力分析

1. 地面制动力(F_B)

汽车在良好的路面上制动时，车轮的受力情况如图 13-2 所示，图中忽略了滚动阻力矩和减速时的惯性力矩。

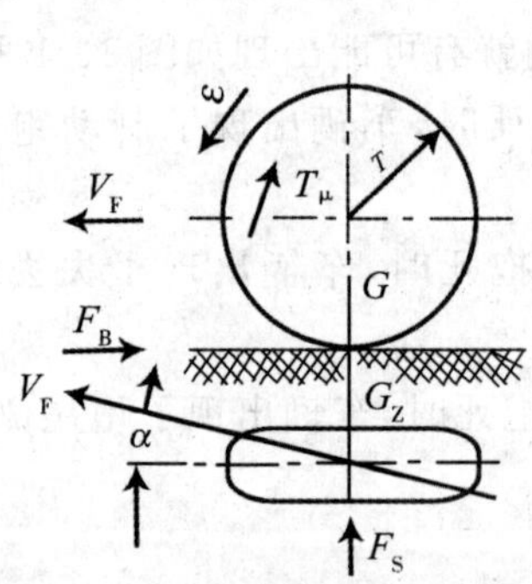

图 13-2　制动时车轮受力分析

T_μ—制动中的摩擦力矩　V_F—汽车瞬时速度　F_B—地面制动力　G—车轮垂直载荷

G_Z—地面对车轮的反作用力　r—车轮的滚动半径　V_R—车轮的圆周速度

F_S—侧向力　ω—车轮的角速度　α—侧偏角

汽车制动时，由于制动鼓(盘)与制动蹄摩擦片之间的摩擦作用，形成了摩擦力 T_μ，此力矩与车轮转动方向相反。车轮在 T_μ 的作用下给地面一个向前的作用力，与此同时地面给车轮一个与行驶方向相反的切向反作用力 F_B，这个力就是地面制动力，它是迫使汽车减速或停车的外力。

地面制动力的大小取决于制动器制动力的大小和轮胎与地面之间的附着力。

2. 制动器制动力

当汽车制动时，阻止车轮转动的是制动器摩擦力矩 T_μ。将制动器的摩擦力矩 T_μ 转化为车轮周缘的一个切向力，称其为制动器制动力 F_μ。

制动器制动力是由制动器的结构参数决定的，并与制动踏板力成正比。

3. 地面制动力、制动器制动力和附着力的关系

如图 13-3 所示为不考虑制动过程中附着系数变化的地面制动力、制动器制动力以及附着力三者的关系。在制动过程中，车轮的运动只有减速滚动和抱死滑移两种状态。当驾驶者踩制动踏板的力较小，制动摩擦力矩较小时，车轮只作减速滚动，并且随着摩擦力矩的增加，制动器制动力和地面制动力也随之增长，且在车轮未抱死前，地面制动力始终等于制动器的制动力。此时，制动器的制动力可全部转化为地面制动力，但地面制动力不可能超过附着力。

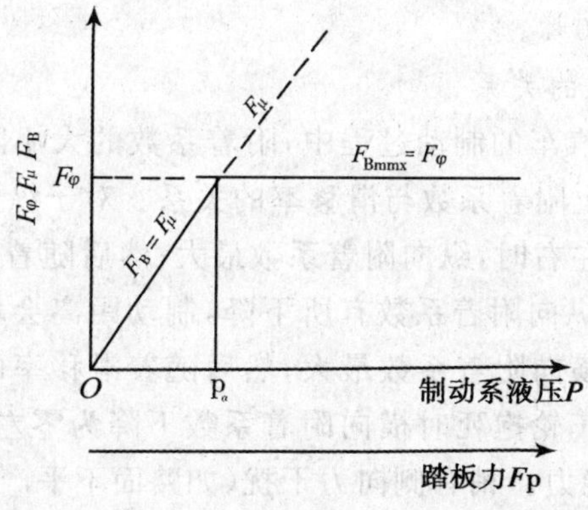

图 13-3　地面制动力、制动器制动力和附着力的关系

当制动系统液压力（制动踏板力）增大到某一值，地面制动力达到附着力，即地面制动力达到最大值。此时，车轮即开始抱死不转而出现拖滑的现象。当再加大制动系统液压力时，制动器制动力随着制动器摩擦力矩的增长仍按直线关系继续上升，但是，地面制动力已不再随制动器制动力的增加而增加。

要想获得好的制动效果，必须同时具备两个条件，即汽车具有足够的制动器制动力，同时又要有附着系数较高的路面提供足够的地面制动力。

影响附着系数的因素很多，如路面的状况、轮胎的花纹、车辆的行驶速度、轮胎与路面的运动状态等。在诸因素中，车轮相对于路面的运动状态对附着力有着重要的影响，特别是在湿路面上，其影响更为明显。

13.1.2　滑移率

1. 定义

汽车匀速行驶时，汽车的实际车速与车轮滚动的圆周速度（也称车轮速度）是相同的。

在驾驶者踩制动踏板使车轮的轮速降低时，车轮滚动的圆周速度（轮胎胎面在路面上移动的速度）也随之降低了，但由于汽车自身的惯性，汽车的实际车速与车轮的速度不再相等，使车速与轮速之间产生一个速度差。此时，轮胎与路面之间产生相对滑移现象，其滑移程度用滑称率表示。

滑移率是指车轮在制动过程中滑移成分在车轮纵向运动中所占的比例，用“S”表示。其定义表达式为：

$$S=(v-\omega r)/v\times 100\%$$

式中：S—车轮的滑移率；

r—车轮的滚动半径；

ω—车轮的转动角速度；

v—车轮中心的纵向速度。

由上式可知，当汽车的实际车速等于车轮滚动时的圆周速度时，滑移率为零，车轮为纯滚动；当汽车制动时，逐渐踩下制动踏板，车轮边滚动边滑动，滑移率为0%～100%；当制动踏板完全踩到底，车轮处于抱死状态，而车身又具有一定的速度时，车轮滚动圆周的速度为零，则滑移率为100%。

2. 附着系数与滑移率的关系

大量的试验证明，在汽车的制动过程中，附着系数的大小随着滑移率的变化而变化。如图13-4所示为干路面上附着系数与滑移率的关系。对于纵向附着系数，随着滑移率的迅速增加，并在$S=20\%$左右时，纵向附着系数最大；然后随着滑移率的进一步增加，当$S=100\%$，即车轮抱死时，纵向附着系数有所下降，制动距离会增加，制动效能下降。对于横向附着系数，$S=0$时，横向附着系数最大；然后随着滑移率的增加，横向附着系数逐渐下降，并在$S=100\%$，即车轮抱死时横向附着系数下降为零左右。此时车轮将完全丧失抵抗外界侧向力作用的能力。稍有侧向力干扰（如路面不平产生的侧向力、汽车重力的侧向分力、侧向风力等），汽车就会产生侧滑而失去稳定性，而转向轮抱死后将失去转向能力。因此，车轮抱死将导致制动时汽车的方向稳定性变差。

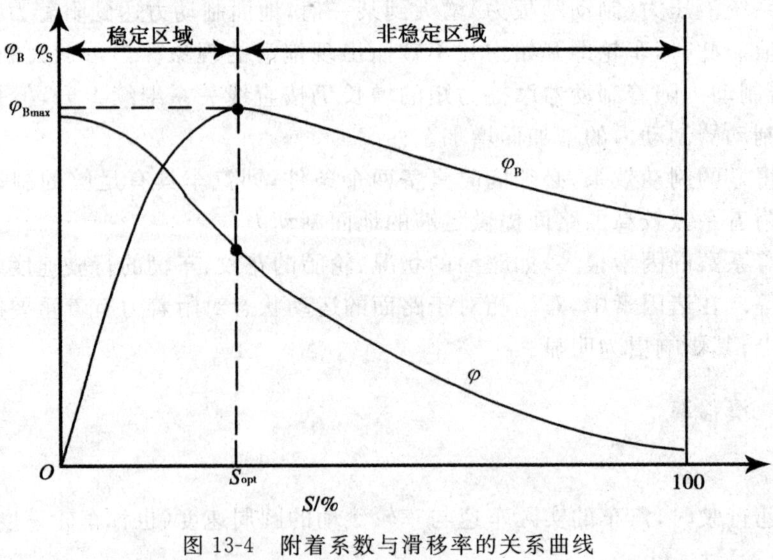

图13-4　附着系数与滑移率的关系曲线

从以上分析可知，制动时车轮抱死，制动效能和制动方向稳定性都将变坏。而如果制动时将车轮的滑移率 S 控制在 15%～30%，即如图 15-4 所示的 S_{opt} 处，此时纵向附着系数最大，可得到最好的制动效能。同时横向附着系数也保持较大值，使汽车也具有较好的制动方向稳定性。

在汽车的制动过程中，若能将滑移率控制在最大附着系数所对应的滑移率范围的，汽车将处于最佳制动状态，但如何才能控制滑移率呢？

要控制滑移率就要对作用于车轮上的力矩进行瞬时的自适应调节。防抱死制动系统就是通过电子控制单元、车轮转速传感器和制动压力调节器，对作用于制动轮缸内的制动液压力进行瞬时的自动控制（每秒约 10 次），从而控制制动车轮上的制动器压力，使制动车轮尽可能保持在最佳的滑移率范围内运动，从而使汽车的实际制动过程接近于最佳制动状态成为可能。

13.2　ABS 的基本组成和工作原理

13.2.1　ABS 的组成和工作原理

在汽车制动时，如果车轮抱死滑移，车轮与路面间的侧向附着力将完全消失。如果只是前轮（转向轮）制动到抱死滑移而后轮还在滚动，汽车将失去转向能力。如果只是后轮制动到抱死滑移而前轮还在滚动，即使受到不大的侧向干扰力，汽车也将产生侧滑（甩尾）现象。这些都极易造成严重的交通事故。因此，汽车在制动时不希望车轮制动到抱死滑移，而是希望车轮制动到边滚边滑的状态。由试验得知，汽车车轮的滑动率在 15%～20%时，轮胎与路面间有最大的附着系数。所以为了充分发挥轮胎与路面间的这种潜在的附着能力，目前在大多数车辆上都装备了防抱死制动系统（Antilock Brake System），简称 ABS。

ABS 系统硬件构成主要由传感器（包括轮速传感器、减速度传感器和车速传感器）、电子控制装置、制动压力调节器三大部分组成，形成一个以滑移率为目标的自动控制系统。传感器测量车轮转速并将这一数据传送至电子控制装置上，控制装置是一个微处理器，它根据车轮转速传感器信号来计算车速。在制动过程中，车轮转速可与控制装置中预先编制的理想减速度相比较。如果控制装置判断出车轮减速度太快和车轮即将抱死时，它就发出信号给液压调节器，液压调节器可根据来自控制装置的信号对制动器的卡钳或轮泵的油压进行控制。这一动作，每秒钟能出现 10 次以上，具体工作如图 13-5 所示。

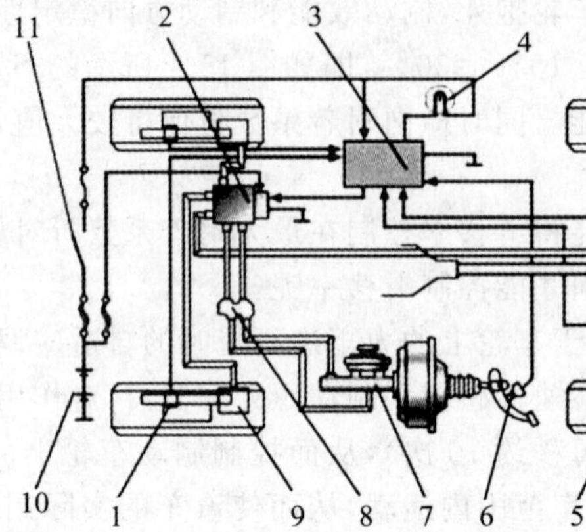

图 13-5 ABS组成图(分置式)

1—前轮速度传感器 2—制动压力调节装置 3—ABS电控单元
4—ABS警告灯 5—后轮速度传感器 6—停车灯开关
7—制动主缸 8—比例分配阀 9—制动轮缸 10—蓄电池 11—点火开关

制动过程中,ABS电控单元3不断地从传感器1和5获取车轮速度信号,并加以处理,分析是否有车轮即将抱死拖滑。

如果没有车轮即将抱死拖滑,制动压力调节装置2不参与工作,制动主缸7和各制动轮缸9相通,制动轮缸中的压力继续增大,此即ABS制动过程中的增压状态。

如果电控单元3判断出某个车轮(假设为左前轮)即将抱死拖滑,它即向制动压力调节装置发出命令,关闭制动主缸与左前制动轮缸的通道,使左前制动轮缸的压力不再增大,此即ABS制动过程中的保压状态。

13.2.2 ABS的分类

1. 按控制方式分类

ABS按控制方式可分预测控制方式和模仿控制方式两种。

(1) 预测控制方式

预测控制方式是预先规定控制参数和设定值等条件,然后根据检测的实际参数与设定值进行比较,对制动过程进行控制。

控制参数有车轮减速度、车轮加速度及车轮滑移率。根据控制参数不同,预测控制可分为以车轮减速度为控制参数的控制方式、以车轮滑移率为控制参数的控制方式、以车轮减速度和车轮加速度为控制参数的控制方式、以车轮减速度、加速度以及滑移率为控制参数的控制方式。

(2) 模仿控制方式

模仿控制方式是在控制过程中,记录前一控制周期的各种参数,再按照这些参数值,规定出下一个控制周期的控制条件。此类控制方式在控制时需要准确和实时测定汽车瞬时速度,其成本较高,技术复杂,已较少使用。

2. 按控制通道及传感器数目分类

根据控制通道数可分为四通道、三通道、二通道和一通道四种;根据传感器数主要可分为四传感器和三传感器两种。控制通道是指能够独立进行制动压力调节的制动管路。如果一个车轮的制动压力占用一个控制通道，可以进行单独调节，称为独立控制；如果两个车轮的制动压力是一同调节的，称为一同控制；两个车轮一同控制时有两种方式：如果以保证附着系数较小车轮不发生抱死为原则进行制动压力调节，则称这两个车轮按低选原则一同控制；如果以保证附着系数较大车轮不发生抱死为原则进行制动压力调节，则称这两个车轮按高选原则一同控制。按低选原则一同控制较常见。

目前汽车上应用较多的为三通道（前轮独立控制、后轮低选控制）四传感器式、三通道三传感器式和四通道四传感器式。

（1）三通道四传感器式

三通道四传感器 ABS 如图 13-6 所示，一般采用两个前轮独立控制，两个后轮按低选原则进行一同控制。对两个前轮进行独立控制，主要是考虑轿车，特别是前轮驱动的汽车，前轮制动力在汽车总制动力中所占的比例较大（可达 70%），可以充分利用两前轮的附着力。这种形式的 ABS 制动方向稳定性较好，但制动效能稍差。

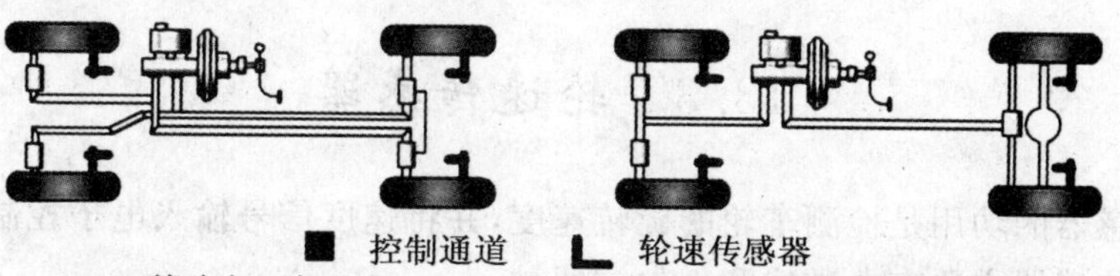

(a) 双管路交叉布置　　(b) 双管路前后布置

图 13-6　三通道四传感器 ABS

（2）三通道三传感器式

三通道三传感器 ABS 如图 13-7 所示，也是采用两个前轮独立控制，两个后轮按低选原则进行一同控制。与三通道四传感器 ABS 的不同是后桥只有一个轮速传感器，装在差速器附近。这种形式的 ABS 制动方向稳定性较好，但制动效能稍差。

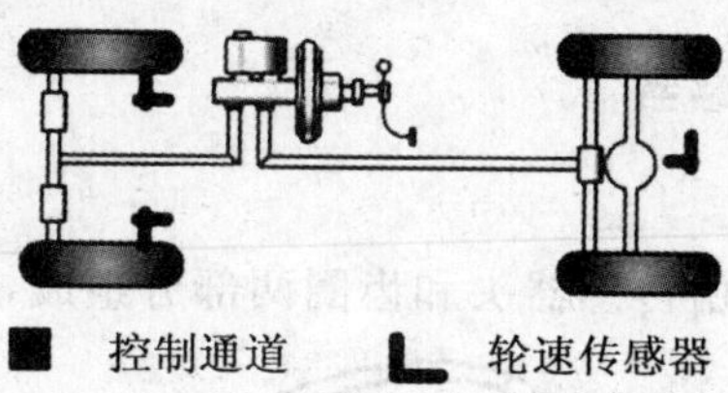

图 13-7　三通道三传感器 ABS

（3）四通道四传感器式

四通道四传感器 ABS 如图 13-8 所示，每个车轮都有一个轮速传感器，且每个车轮的制动压力都是独立控制。这种形式的 ABS 制动效能好，但在不对称路面上制动时的方向稳定性差。

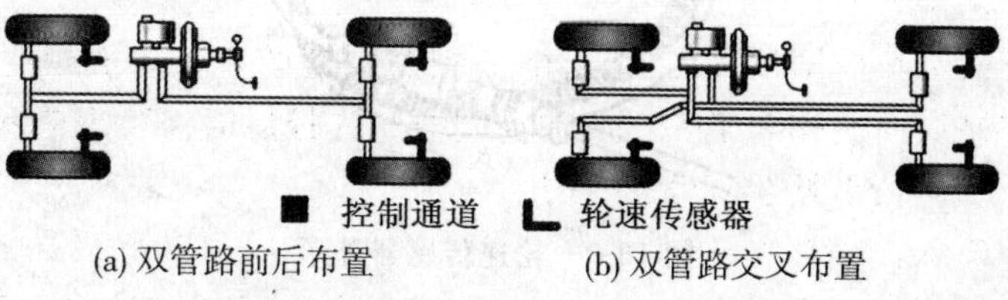

(a) 双管路前后布置　　(b) 双管路交叉布置

图 13-8　四通道四传感器 ABS

13.2.3 ABS的优点

1.缩短制动距离

ABS可以将滑移率控制在最大附着系数范围内,从而可获得最大的纵向制动力。

2.改善了轮胎的磨损状况

ABS可以防止车轮抱死,从而避免了因制动车轮抱死造成的轮胎局部异常磨损,延长了轮胎的使用寿命。

3.提高了汽车制动时的稳定性

ABS可防止车轮在制动时完全抱死,能将车轮侧向附着系数控制在较大的范围内,使车轮具有较强的承受侧向力的能力,以保证汽车制动时的稳定性。

4.使用方便、工作可靠

ABS的运用与常规制动系统的运用几乎没有区别,制动时驾驶者踩下制动踏板,ABS就根据车轮的实际转速自动进入工作状态,使车轮保持在最佳工作状态。

13.3 轮速传感器

轮速传感器的功用是检测车轮的旋转速度,并将速度信号输入电子控制单元。目前,常用的轮速传感器主要有电磁式和霍尔式两种。

电磁式轮速传感器结简单,成本低,但存在以缺点:

(1)其输出信号的幅值是随转速变化而变化的。在规定的转速范围内,其输出信号的幅值一般在1~15V范围内变化,若车速过低,其输出信号甚至低于1V,电子控制单元无法检测。

(2)频率相应不高。当转速过高时,传感器的频率响应跟不上,容易产生误信号。

(3)抗电磁波干扰能力差。

13.3.1 电磁式轮速传感器

1.结构

电磁式轮速传感器主要由传感器头和齿圈两部分组成,如图13-9所示。

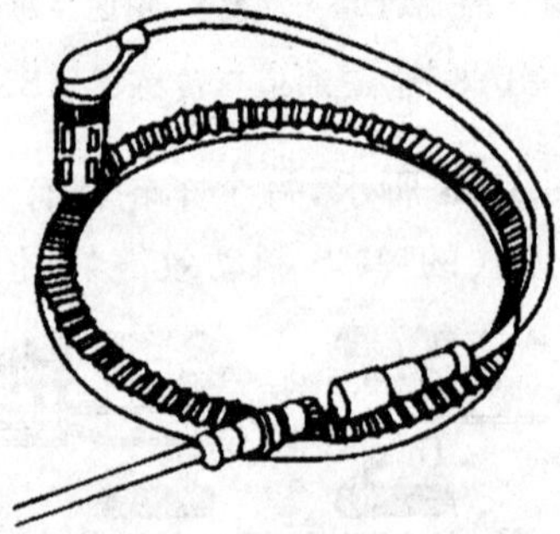

图13-9 轮速传感器外形

齿圈一般安装在轮毂或轴座上，如图 13-10 所示。对于后轮驱动且后轮采用同时控制的汽车，齿圈也可安装在差速器或传动轴上，如图 13-11 所示。

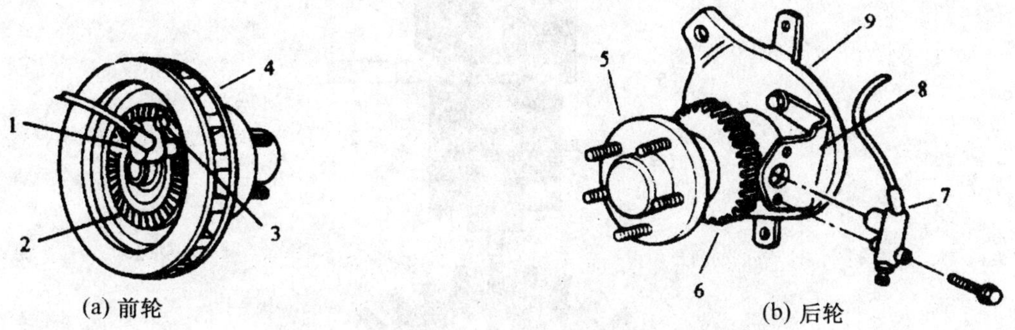

图 13-10　轮速传感器在车轮处的安装位置

1、7—传感器　2、6—传感器齿圈　3—定位螺钉　4—轮毂和组件

5—半轴　8—传感器支架　9—后制动器连接装置

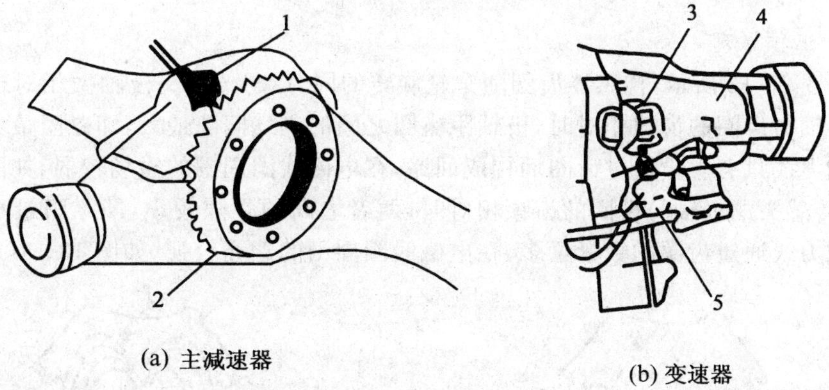

图 13-11　轮速传感器在传动系中的安装位置

1—传感器头　2—主减速器从动齿轮　3—齿圈　4—变速器输出部位　5—传感器头

齿圈随车轮或传动轴一起转动，通常用磁阻很小的铁磁材料制成。传感头通常由永久磁铁、电磁线圈和磁极等组成，如图 13-12 所示。它对应安装在靠近齿圈而又不随齿圈转动的部件上，如转向节、制动底板、驱动轴套管或差速器、变速器壳体等固定件上。传感头与齿圈的端面有一空气间隙，此间隙一般为 1mm，通常可移动传感头的位置来调整间隙。

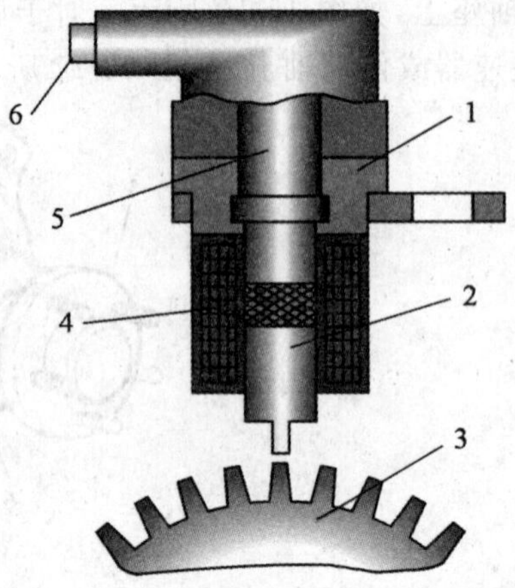

图 13-12　电磁式轮速传感器的结构

1—传感器外壳　2—极轴　3—齿圈　4—电磁线圈

5—永久磁铁　6—导线

2. 工作原理

如图 13-13 所示，传感器齿圈随车轮旋转的同时，与传感头极轴做相对运动。当传感头的极轴与齿圈的齿隙相对时，极轴距齿圈之间的空气间隙最大，即磁阻最大。传感头的磁极磁力线只有少量通过齿圈而构成回路，在电磁线圈周围的磁场较弱，如图 13-13(a)所示；当传感头的极轴与齿圈的齿顶相对时，两者之间的空隙较小，即磁阻最小。传感头的磁极磁力线通过齿圈的数量增多，在电磁线圈周围的磁场较强，如图 13-13(b)所示。

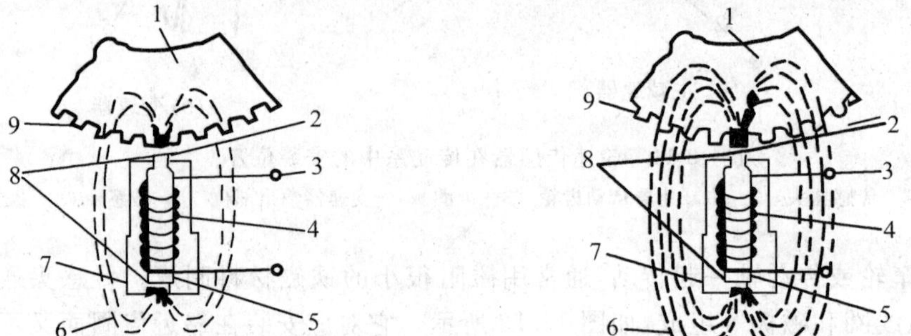

(a) 齿隙与磁芯端部相对时　　(b) 齿顶与磁芯端部相对时

图 13-13　电磁式轮速传感器的工作原理

1—齿圈　2—极轴　3—电磁线圈引线　4—电磁线圈　5—永久磁体

6—磁力线　7—电磁式传感器　8—磁极　9—齿圈齿顶

齿圈随车轮不停地旋转，就使传感头电磁线圈周围的磁场以强—弱—强—弱……周期性地变化，因此电磁线圈就感应出交变电压信号，即车轮转速信号，如图 13-14 所示。

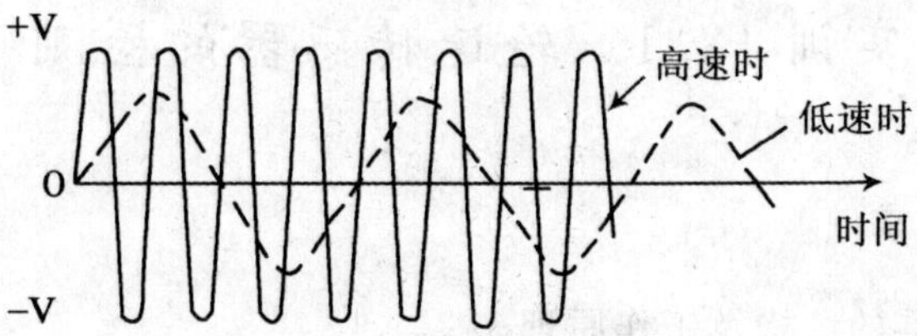

图 13-14　电磁式轮速传感器输出电压信号

交变电压信号的频率与齿圈的齿数和转速成正比，因齿圈的齿数一定，因而车轮转速传感器输出的交流电压信号频率只与相应的车轮转速成正比。

轮速传感器由电磁线圈引出两根导线，将其速度变化产生的交变电压信号送至 ABS 的电子控制单元(ECU)。为防止外部电磁波对速度信号的干扰，传感器的引出线采用屏蔽线，以保证反映车轮速度变化的交变电压信号准确地送至 ABS 的电子控制单元(ECU)。

13.3.2　霍尔式轮速传感器

霍尔式车轮转速传感器克服了电磁式传感器的缺点，其输出信号电压幅值不受转速的影响，频率响应高，抗电磁波干扰能力强。因而，霍尔传感器在 ABS 系统中应用越来越广泛。

1. 组成

霍尔式轮速传感器也是由传感头、齿圈组成，其齿圈的结构及安装方式与电磁式轮速传感器的齿圈相同，传感头由永磁体、霍尔元件和电子电路等组成。

2. 工作原理

传感器的工作原理如图 13-15 所示，永磁体的磁力线穿过霍尔元件通向齿圈，齿圈相当于一个集磁器。当齿圈位于图 13-15(a)所示位置时，穿过霍尔元件的磁力线分散，磁场相对较弱；而当齿圈位于图 13-15(b)所示位置时，穿过霍尔元件的磁力线集中，磁场相对较强。齿圈转动时，使得穿过霍尔元件的磁力线密度发生变化，因而引起霍尔元件电压的变化，霍尔元件将输出一毫伏级的准正弦波电压。此信号由电子电路转化成标准的脉冲电压。

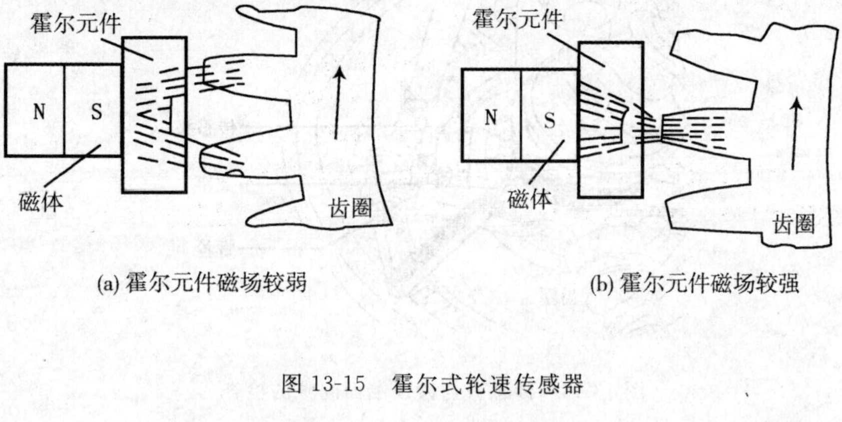

图 13-15　霍尔式轮速传感器

实训13.1 轮速传感器的检测

一、实训目的与要求

1.熟悉轮速传感器的结构及工作原理。

2.掌握轮速传感器的检测方法。

二、实训仪器和设备

通用工具、汽车万用表、轿车。

三、注意事项

点火开关打开时，不要随意插拔电控系统的插接器。

四、实训步骤

轮速传感器损坏后，电子控制单元接收不到转速信号，不能控制制动压力调节器工作，ABS将停止工作，车辆维持常规制动。

轮速传感器的导线、插接器或传感头松动，电磁线圈等出现接触不良、断路、短路或脏污、间隙不正常，都会影响轮速传感器的工作，从而造成ABS工作异常。

以磁感应式传感器为例，分析其检测方法。

1.传感器的外观检查

外观检查传感器时，应注意以下内容：传感器安装有无松动；传感头和齿圈是否吸有磁性物质和污垢；传感器导线是否破损、老化；插接器是否连接牢固和接触良好，如有锈蚀、脏污，应清除，并涂少量防护剂，然后重新将导线插入连接器，再进行检测。

2.传感头与齿圈齿顶端面之间间隙的检查

传感头与齿圈齿顶端面之间间隙可用无磁性厚薄规或合适的硬纸片检查，检查方法如图13-16所示。

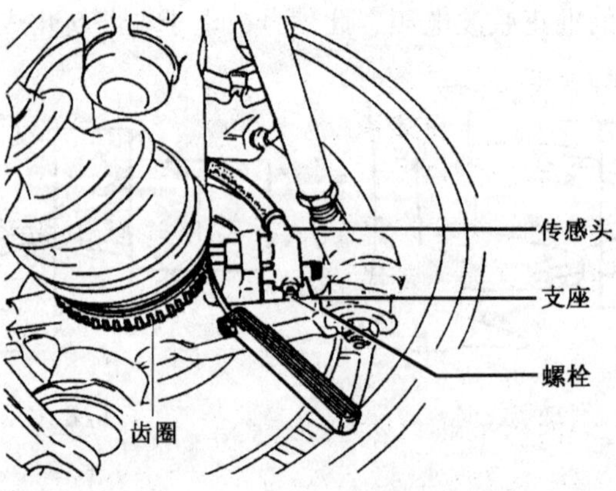

图13-16 传感头与齿顶端面间隙的检查

将齿圈上的一个齿正对着传感器的头部，选择规定厚度的厚薄规片或合适的硬纸片，放入轮齿与传感器的头部之间，来回拉动厚薄规片，其阻力应合适。若阻力较小，说明间隙过大；若阻力较大，说明间隙过小。

3. 传感器电磁线圈及其电路检测

使点火开关处于“OFF”位置，将 ABS 电子控制单元插接器插头拆下，查出各传感器与电子控制单元连接的相应端子，在相应端子上用万用表电阻挡检测传感器线圈与其连接电路的电阻值是否正常。

提示：桑塔纳 2000 俊杰轿车 ABS 轮速传感器电磁线圈的电阻正常值应为 1.0～1.2kΩ。

若阻值为无穷大，表明传感器线圈或连接电路有断路故障；若电阻值很小，表明有短路故障。为了区分故障是在电磁线圈还是在连接电路上，应拆下传感器插接器插头，用万用表电阻挡直接测试电磁线圈的阻值。若所测阻值正常，表明传感器连接电路或插接器有故障，应修复或更换。

4. 模拟检查

为进一步证实传感器是否能产生正常的转速信号，可用示波器检测传感器的信号电压及其波形。其方法是：使车轮离开地面，将示波器测试线接于 ABS 电子控制单元(ECU)插接器插头的被测传感器对应端子上，用手转动被测车轮(传感器装在差速器上则应挂上前进挡起动发动机低速运转)，观察信号电压及其波形是否与车轮转速相当，以及波形是否残缺变形，以判定传感头或齿圈是否脏污或损坏。

提示：桑塔纳 2000 俊杰轿车车轮以约 1r/s 的速度转动时，ABS 轮速传感器应输出 190～1140mV 的交流电压。

经测试，若信号电压值或波形不正常，则应更换和修理传感头或齿圈。

13.4 电子控制单元

13.4.1 功用

电子控制单元(ECU)是 ABS 的控制中枢，其功用是接收轮速传感器及其他传感器输入的信号，对这些输入信号进行测量、比较、分析、放大和判别处理，通过精确计算，得出制动时车轮的滑移率、车轮的加速度和减速度，以判断车轮是否有抱死趋势，再由其输出级发出控制指令，控制制动压力调节器去执行压力调节任务。

电子控制单元(ECU)还具有监控和保护功能，当系统出现故障时，能及时转换成常规制动，并以故障灯点亮的形式警告驾驶者。

13.4.2 组成

电子控制单元(ECU)内部电路通常包括输入级电路、运算电路、电磁阀控制电路和安全保护电路。常见的四传感器四通道 ABS 的 ECU 电路连接方式如图 13-17 所示。

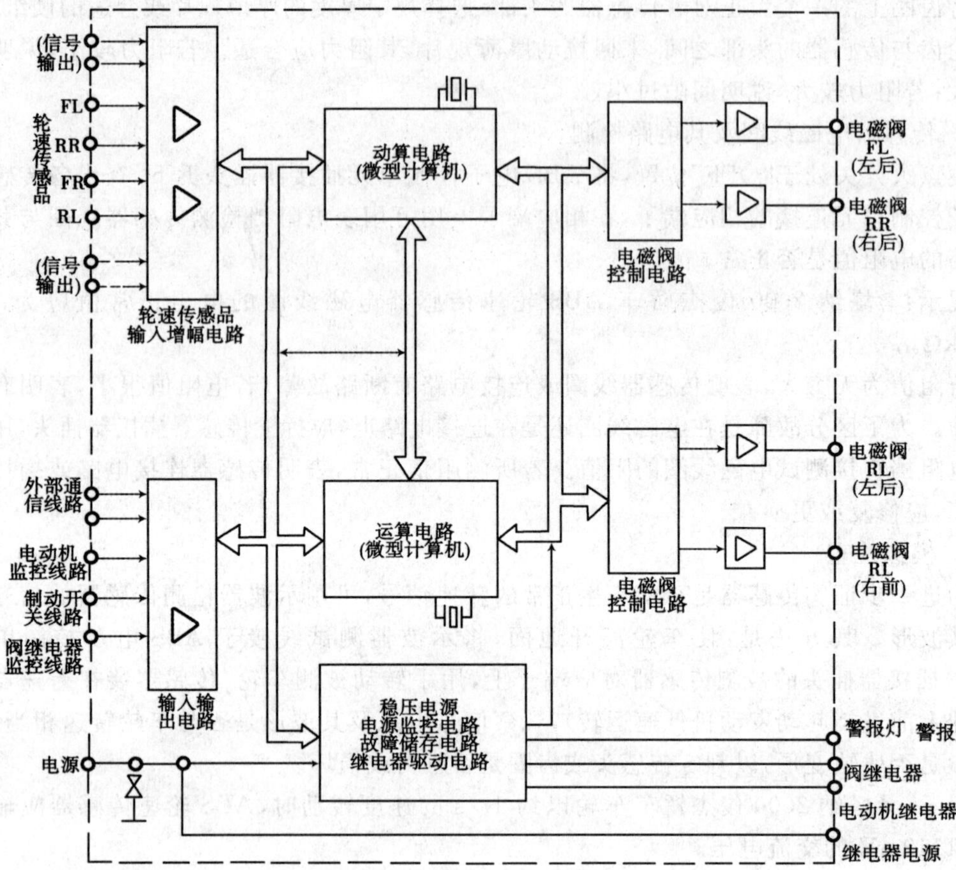

图 13-17　电子控制单元内部电路连接方式

1. 输入级电路

输入级电路的功用是将轮速传感器输入的正弦波信号转换成脉冲方波信号，经整形放大后输入运算电路。

不同的 ABS 轮速传感器的数量不同，输入级放大电路的个数也不同。

2. 运算电路

运算电路的功用主要是进行车轮线速度、初始速度、滑移率、加速度和减速度的运算，调节电磁阀控制参数的运算和监控运算。

经转换放大后的轮速传感器信号输入车轮线速度运算电路，由电路计算出车轮的瞬时速度。初始速度、滑移率及加减速度运算电路根据车轮瞬时线速度加以积分，计算出初速度，再把初速度和车轮瞬时线速度进行比较运算，最后得到滑移率和加速度、减速度。电磁阀控制参数运算电路根据计算出的滑移率、加减速度信号，计算出电磁阀控制参数输入到输出级。

电子控制单元中一般设有两套运算电路，同时进行运算和传递数据，利用各自的运算结果相互比较、相互监视，确保可靠性。

3. 电磁阀控制电路

电磁阀控制电路的功用是接受运算电路输入的电磁阀控制参数信号，控制大功率三极管向电磁阀提供控制电流。

4. 安全保护电路

安全保护电路的功用：

(1)将汽车电源(蓄电池、发电机)提供的 12V 或 14V 的电压变为 ECU 内部所需的 5V 标准稳定电压，同时对电源电路的电压是否稳定在规定的范围进行监控。

(2)对轮速传感器输入放大电路、运算电路和输出级电路的故障信号进行监视。当出现故障信号时，关闭继动阀门，停止 ABS 的工作，转入常规制动状态。同时点亮仪表盘上的 ABS 警告灯，提示驾驶者 ABS 出现故障，并将故障信息以故障码的形式储存在存储器中，以诊断时调取。

实训 13.2　电子控制单元的检修

一、实训目的与要求

1. 熟悉电子控制单元的功用。
2. 掌握电子控制单元的检测方法。

二、实训仪器和设备

通用工具、专用工具、轿车。

三、实训注意事项

点火开关打开时，不要随意插拔电控系统的插接器。

四、实训步骤

电子控制单元是一个不易损坏的部件，检测时可通过检测其控制的部件工作是否正常来判断它的性能是否良好。

桑塔纳 2000 俊杰轿车 ABS 电路图如图 13-18 所示，电子控制单元 25 针插头各端子的位置如图 13-19 所示，各端子的功能如表 13-1 所示。

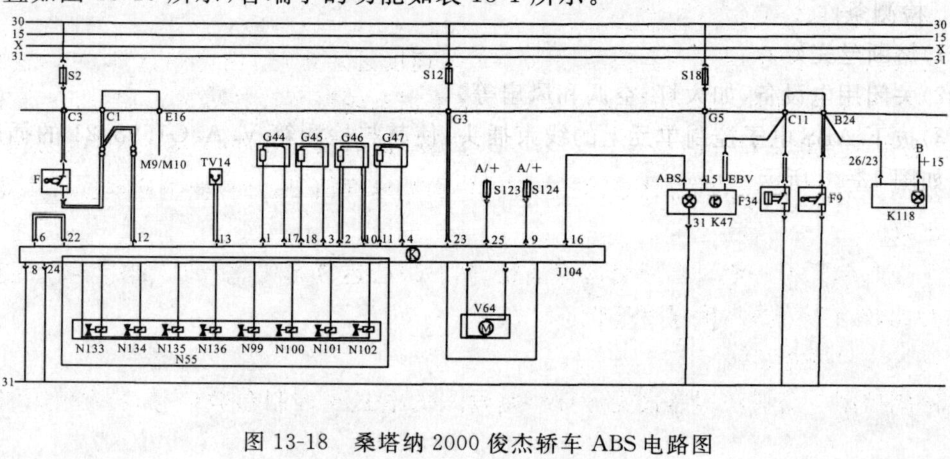

图 13-18　桑塔纳 2000 俊杰轿车 ABS 电路图

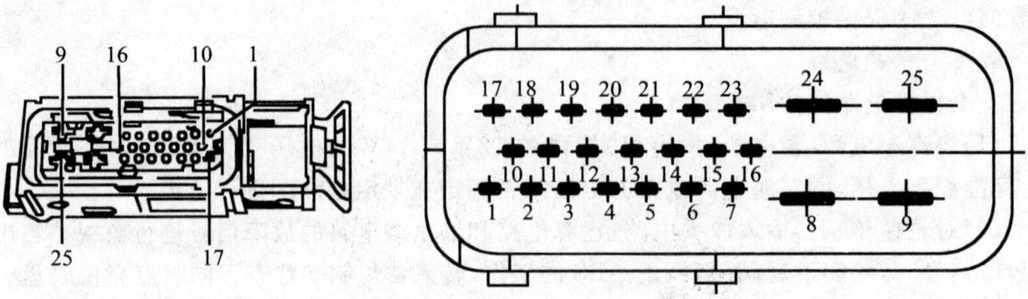

图 13-19　ABS 电子控制单元插头

表 13-1　　ABS 电子控制单元各端子的功能

端 子	连接的元件	端 子	连接的元件
1	右后轮轮速传感器	14	空位
2	左后轮轮速传感器	15	空位
3	右前轮轮速传感器	16	ABS 故障警告灯
4	左前轮轮速传感器	17	右后轮轮速传感器
5	空位	18	右前轮转速传感器
6	电控单元端子 22	19	空位
7	空位	20	空位
8	蓄电池(－)	21	空位
9	蓄电池(＋)	22	电子控制单元端子
10	左后轮轮速传感器	23	中央线路板接头
11	左前轮轮速传感器	24	蓄电池(－)
12	制动灯开关	25	蓄电池(＋)
13	诊断导线,K 线		

1. 检测条件

(1)熔断丝完好。

(2)关闭用电设备,如大灯、空调和风扇等。

(3)拔下 ABS 电子控制单元上的线束插头,使其与检测箱 V. A. G1598/21 的插座相连接,如图 13-20 所示。

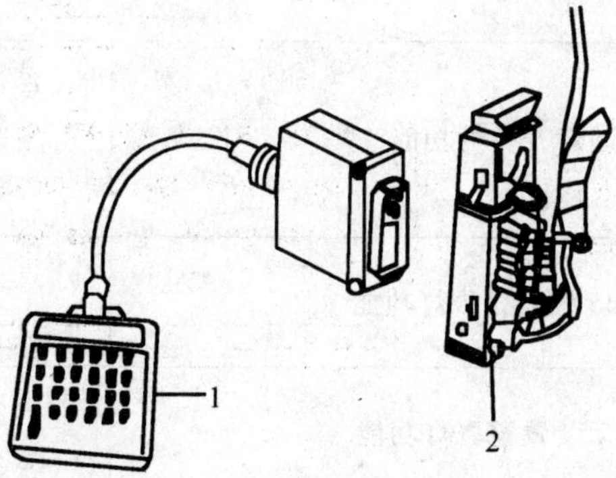

图 13-20 连接检测箱 V. A. G1598/21

1—V. A. G1598/21 2—ABS 电子控制单元线束插头

2. 检测方法及标准数值

检测的方法及标准数值如表 13-2 所示。

表 13-2 检测的方法及标准数值

测试步骤	V. A. G1598 /21 插孔	测试内容	测试条件（附加操作）	额定值（kΩ）
1	3+18	右前转速传感器(G45)的电阻	点火开关关闭	1.0～1.3
2	4+11	左前转速传感器(G47)的电阻	同上	同上
3	1+17	右后转速传感器(G44)的电阻	同上	同上
4	2+10	左后转速传感器(G46)的电阻	同上	同上
5	1+17	右后转速传感器(G44)的电压信号	举升汽车，点火开关关闭，使右后轮以约 1r/s 的速度转动	190～1140mV 的交流电压
6	2+10	左后转速传感器(G46)的电压信号	同上	同上
7	3+18	右前转速传感器(G45)的电压信号	同上	同上
8	4+11	左前转速传感器(G47)的电压信号	同上	同上
9	8+25	电子控制单元对液压泵的供电电压	点火开关关闭	10.0～14.5V
10	9+24	电子控制单元对电磁阀的供电电压	同上	同上
11	8+23	电子控制单元供电电压	点火开关接通	同上

续表

12	8+12	制动灯开关的功能	点火开关关闭 （不踩制动踏板） （踩制动踏板）	0～0.5V 10.0～ 14.5V
13		ABS故障警告灯功能	点火开关关闭 点火开关打开	灯亮
14		制动装置警告灯功能	点火开关关闭 点火开关打开	灯亮

13.5 制动压力调节器

13.5.1 功用和类型

1.功用

制动压力调节器的功用是在制动时根据ABS电子控制单元(ECU)的控制指令，自动调节制动轮缸制动压力的大小，防止车轮抱死，并处于理想滑移率的状态。

2.类型

(1)根据压力调节器的动力源不同，分为液压式和气压式两种。液压式主要用于轿车和一些轻型载货汽车上；气压式主要用在大型客车和载货车汽车上。

(2)根据压力调节器与制动主缸的结构关系可分为整体式和分离式两种。整体式制动压力调节器与制动主缸制成一体；分离式制动压力调节器自成一体，通过制动管路与制动主缸相连。

(3)根据压力调节器的调压方式可分为循环式和可变容积式两种。循环式制动压力调节器是通过电磁阀直接控制轮缸的制动压力，而可变容积式制动压力调节器是通过电磁阀间接改变轮缸的制动压力。

13.5.2 组成和工作原理

1.循环式制动压力调节器

循环式制动压力调节器如图13-21所示，它主要由制动踏板机构、制动主缸、回油泵、储液器、电磁阀、制动轮缸组成，在制动主缸与轮缸之间串联一电磁阀，直接控制轮缸的制动压力。

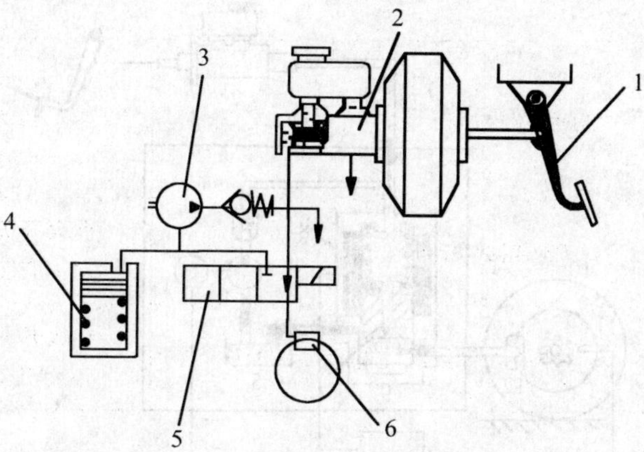

图 13-21　循环式制动压力调节器的组成

1—制动踏板机构　2—制动主缸　3—回油泵　4—储液器

5—电磁阀　6—制动轮缸

其工作原理如下：

(1)常规制动过程

如图 13-22 所示，在常规制动过程中，ABS 不工作，电磁线圈中无电流通过，电磁阀柱塞在回位弹簧的作用下处于“下端”位置。此时制动主缸与轮缸相通，由制动主缸来的制动液直接进入轮缸，轮缸压力随主缸压力的升高而升高。

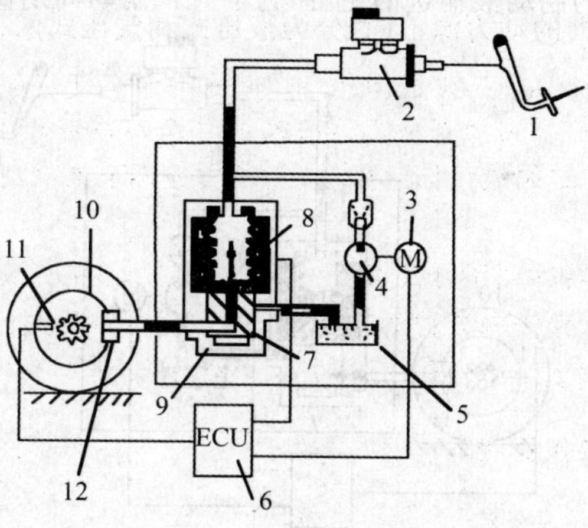

图 13-22　循环式制动压力调节器常规制动过程

1—制动踏板　2—制动主缸　3—电动机　4—电动泵　5—储液器

6—电子控制单元　7—柱塞　8—电磁线圈　9—电磁阀　10—车轮

11—轮速传感器　12—制动轮缸

(2)保压制动过程

如图 13-23 所示，当电子控制单元向电磁线圈输入一个较小的电流时(约为最大电流的 1/2)，电磁线圈产生较小的电磁力，使柱塞处于“中间”位置。此时制动主缸、制动轮缸和回油孔相互隔离，轮缸中的制动压力保持一定。

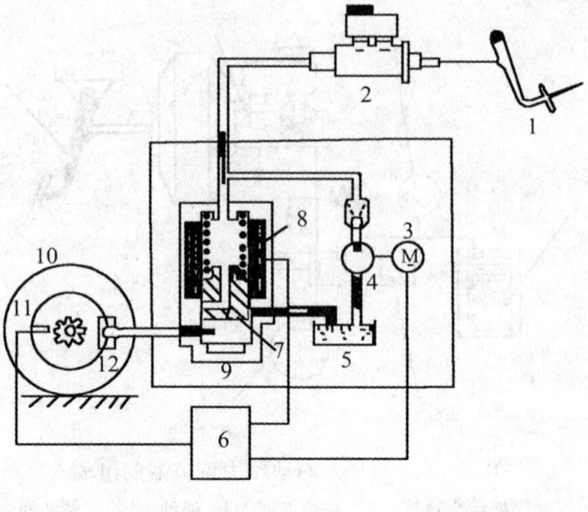

图 13-23 循环式制动压力调节器保压制动过程

（图注同图 13-22）

(3)减压制动过程

如图 13-24 所示，当电子控制单元向电磁线圈输入一个最大电流时，电磁线圈产生更大的电磁力，使柱塞处于“上端”位置。此时电磁阀柱塞将轮缸与回油通道或储液器接通，轮缸中的制动液经电磁阀流入储液器，轮缸压力下降。与此同时，电动机起动，带动液压泵工作，将流回储液器的制动液输送回主缸，为下一个制动周期做好准备。

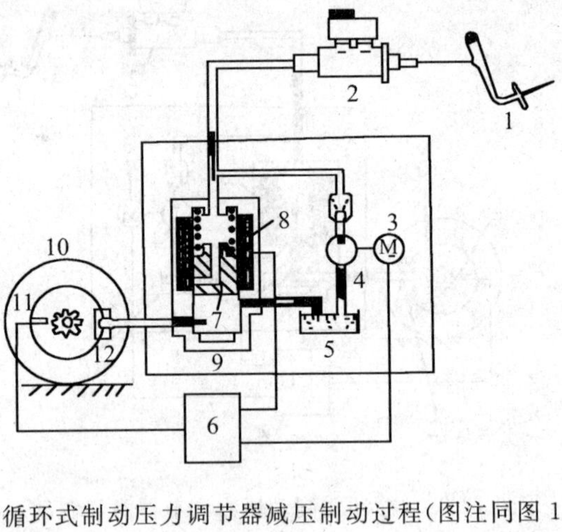

图 13-24 循环式制动压力调节器减压制动过程（图注同图 13-22）

(4)增压制动过程

当制动压力下降后，车轮的转速增加，当电控制单元检测到车轮转速增加太快时，便切断通往电磁阀的电流，使制动主缸与制动轮缸再次相通，制动主缸的高压制动液再次进入制动轮缸，制动力增加。

制动时，上述过程反复进行，直到解除制动为止。

2. 可变容积式制动压力调节器

如图 13-25 所示，可变容积式制动压力调节器是在汽车原有制动管路上增加一套液压控制装置，用它控制制动管路中制动液容积的增减，从而控制制动压力的变化。它主要由电磁阀、控制活塞、液压泵、蓄能器等组成。

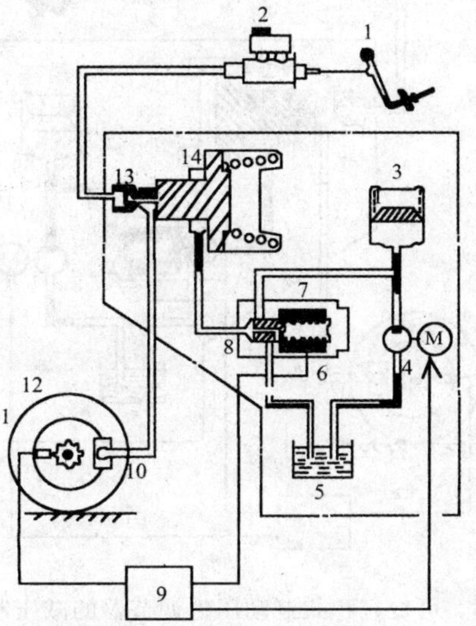

图 13-25　可变容积式制动压力调节器的组成

1—制动踏板　2—制动主缸　3—蓄能器　4—电动泵　5—储液器　6—电磁线圈
7—电磁阀　8—柱塞　9—电子控制单元　10—制动轮缸　11—轮速传感器
12—车轮　13—单向阀　14—控制活塞

工作原理如下：

(1)常规制动过程

如图 13-25 所示，电磁线圈中无电流通过，电磁阀柱塞在回位弹簧作用下使柱塞处于“左端”位置，将控制活塞的工作腔与回油管路接通，控制活塞在弹簧的作用下被推至最左端，活塞顶端推杆将单向阀打开，使制动主缸与制动轮缸的制动管路接通，制动主缸的制动液直接进入制动轮缸，制动轮缸内制动液的压力随制动主缸的压力升高而升高。

(2)减压制动过程

如图 13-26 所示，当电子控制单元向电磁线圈输入一强电流时，电磁阀内的柱塞在电磁力作用下克服弹簧弹力移到右边，将蓄能器与控制活塞的工作腔管路接通，制动液进入控制活塞工作腔，推动活塞右移，单向阀关闭，制动主缸与制动轮缸之间的通路被切断。同时，由于控制活塞右移，使制动轮缸侧容积增大，制动压力减小。

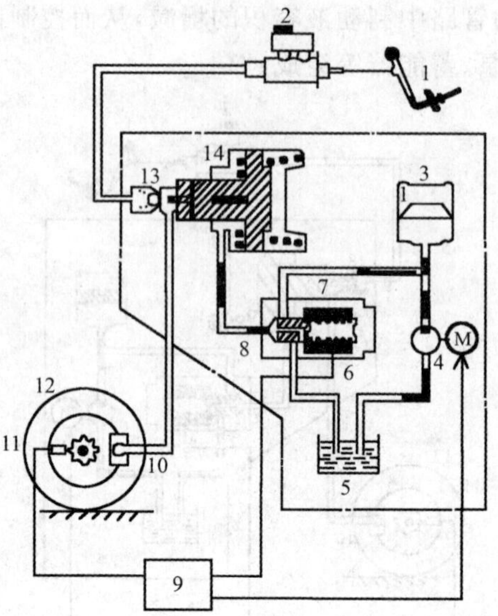

图 13-26　可变容积式制动压力调节器的减压制动过程
（图注同图 13-25）

(3)保压制动过程

如图 13-27 所示，当电子控制单元向电磁线圈输入一弱电流时，由于电磁线圈的电磁力减小，柱塞在弹簧力的作用下左移，将蓄能器、回油管及控制活塞工作腔管路相互关闭。此时，控制活塞左侧的油压保持一定，控制活塞在油压和强力弹簧的共同作用下，保持在一定的位置，而此时单向阀仍处于关闭状态，制动轮缸的容积也不发生变化，制动压力保持一定。

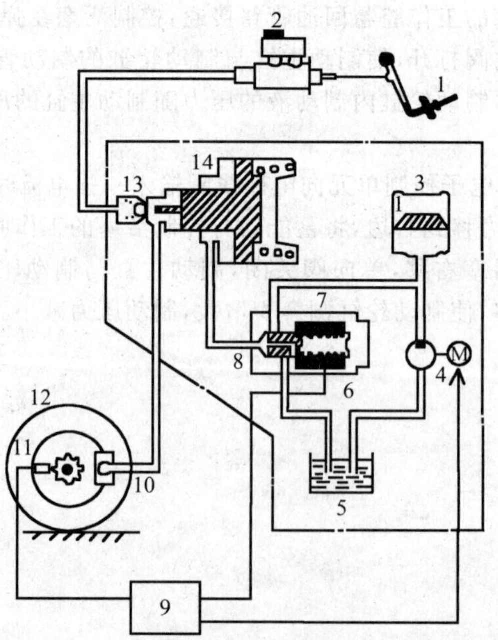

图 13-27　可变容积式制动压力调节器的保压制动过程
（图注同图 13-25）

(4)增压状态

需要增压时，电子控制单元切断电磁线圈中的电流，柱塞回到左端的初始位置，控制活塞工作腔与回油管路接通，控制活塞左侧控制油压解除，控制活塞左移至最左端时，单向阀被打开，制动轮缸内的制动液压力将随制动轮缸的压力增大而增大。

13.5.3　制动压力调节器

制动压力调节器主要由电磁阀体、制动液储液罐、蓄能器、双腔制动主缸与液压助力器、电动泵等组成。如图 13-28 所示为制动压力调节器的零件分解图。

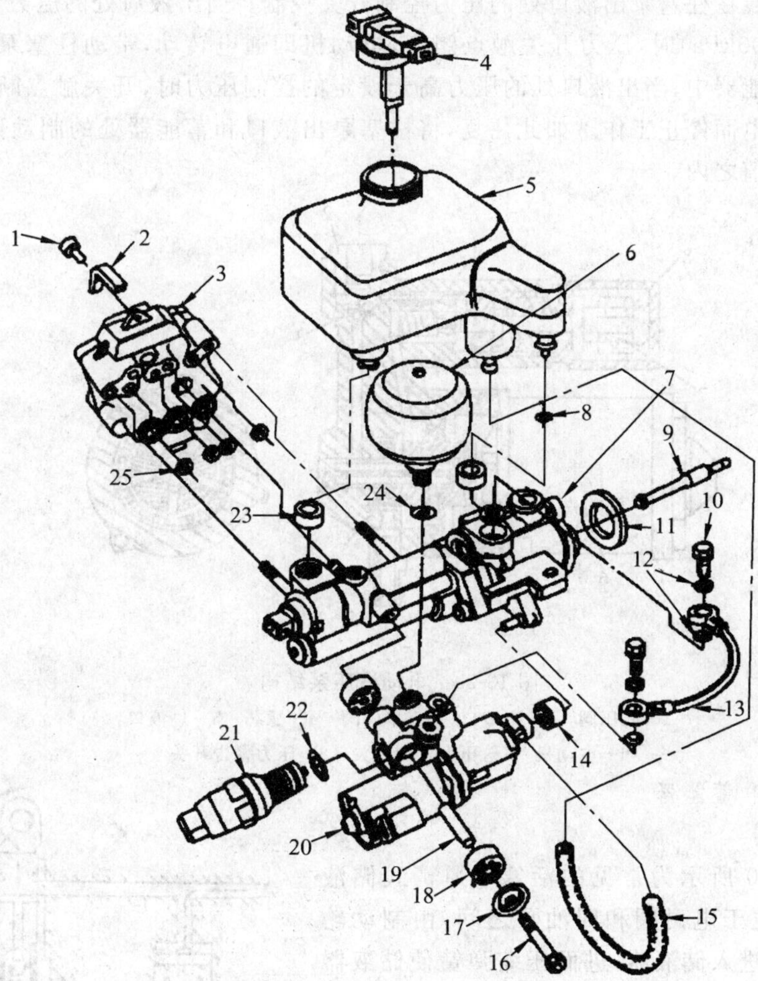

图 13-28　制动压力调节器零件分解图

1—固定螺栓　2—储液罐固定架　3—电磁阀体　4—组合液位开关　5—储液罐　6—蓄能器　7—制动主缸与液压助力器　8、12、22、24、25—O 形密封圈　9—制动踏板推杆　10—高压管接头　11—密封圈　13—高压管　14—隔离套　15—回液管　16—电动泵固定螺栓　17—垫圈　18—隔离套　19—螺栓套筒　20—电动泵　21—组合压力开关　23—密封垫

1.制动主缸与液压助力器

制动主缸与液压助力器组成为一体，它是常规制动系统的液压部件。双腔制动主缸分别向左、右两前轮的制动轮缸提供制动液，而液压助力器一是向两后轮的制动轮缸提供制动液，二是对双腔制动主缸提供制动助力。

2.电动液压泵

电动液压泵的功用是提高液压制动系统内的制动液压力，为ABS系统正常工作提供基础压力。

电动液压泵通常是直流电动机和柱塞泵的组合体，如图13-29所示。其中直流电动机的工作由安装在柱塞泵出液口处的压力控制开关控制。当出液口处的压力低于设定的控制压力(14000kPa)时，压力开关触点闭合，电动机即通电转动，带动柱塞泵运转，将制动液泵送到蓄能器中；当出液口处的压力高于设定的控制压力时，开关触点断开，电动机及柱塞泵因断电而停止工作。如此往复，将柱塞泵出液口和蓄能器处的制动液压力控制在设定的标准值之内。

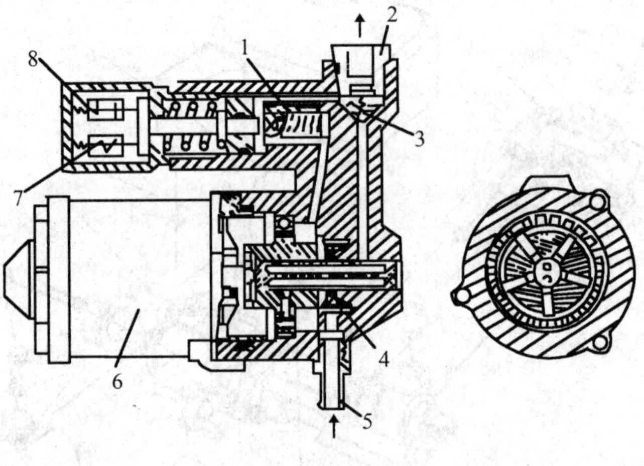

图13-29　电动液压泵结构

1—限压阀　2—出液口　3—单向阀　4—滤芯　5—进液口

6—电动机　7—压力控制开关　8—压力警告开关

3.储液器和蓄能器

(1)储液器

如图13-30所示为常见的活塞—弹簧式储液器，该储液器位于电磁阀和回油泵之间，由制动轮缸来的制动液进入储液器，进而压缩弹簧使储液器液压腔容积变大，以暂时储存制动液，压力较低。

(2)蓄能器

蓄能器的功用是向车轮制动轮缸、制动助力装置供给高压制动液，作为制动能源。

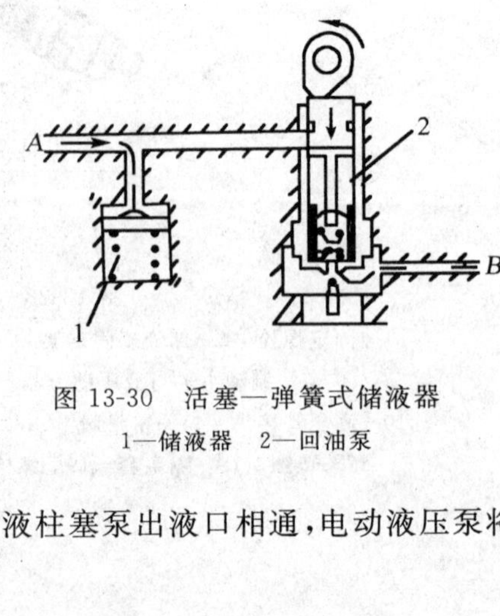

图13-30　活塞—弹簧式储液器

1—储液器　2—回油泵

如图13-31所示为气囊式蓄能器，其内部用隔膜分成上、下两腔室，上腔室充满氮气，下腔室与电动液柱塞泵出液口相通，电动液压泵将制动液泵入蓄能器下腔室，使隔膜上移。蓄能器上腔室的氮气被压缩后产生压力，反过来推动隔膜下移，使下控室制动液在平时始终保持14000～18000kPa的压力。在常规制动和防抱死制动系统工作时，蓄能器均可提供较大压力的制动液。

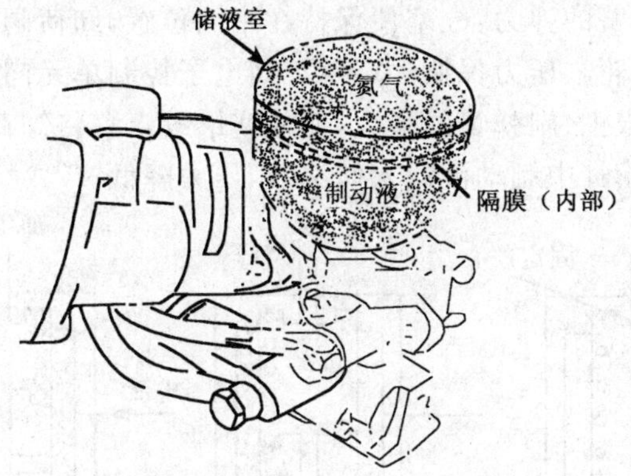

图13-31　气囊式蓄能器

提示：蓄能器中的氮气压力在平时有较大的压力（8MPa左右），因此禁止拆卸和分解。

4. 电磁阀

电磁阀是制动压力调节器的重要部件，常用的电磁阀为三位三通阀和二位二通阀。

三位三通电磁阀主要由阀体、供油阀、卸荷阀、单向阀、弹簧、无磁支撑环和电磁线圈等组成，如图13-32所示。

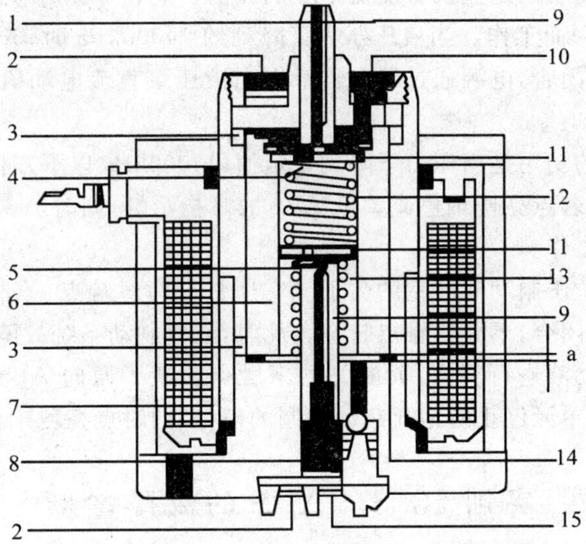

图13-32　三位三通电磁阀

1—回油口接口　2—滤芯　3—无磁支撑环　4—卸荷环　5—进油阀
6—柱塞　7—电磁线圈　8—限压阀　9—阀座　10—出油口　11—承接盘
12—副弹簧　13—主弹簧　14—凹槽　15—进油口

该电磁阀的工作原理如图13-33所示，当电磁线圈中无电流通过时，由于主弹簧力大于副弹簧弹力，进油阀被打开，卸荷阀关闭，制动主缸与轮缸油路相通。当向电磁线圈输入1/2最大电流时(保持电流)，电磁力使柱塞向上移动一定距离将进油阀关闭。此时，电磁力不足以克服两个弹簧的弹力，柱塞便保持在中间位置，卸荷阀仍处于关闭状态。此状态时，三孔间相互密封，轮缸压力保持一定值。当电子控制单元向电磁线圈输入最大工作电流时，电磁力足以克服主、副弹簧的弹力，使柱塞继续上移将卸荷阀打开，此时轮缸通过卸荷阀与储液器相通，轮缸中制动液流入储液器，压力降低。

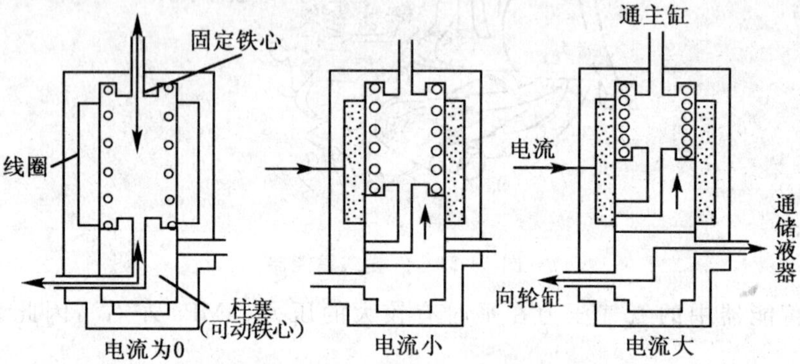

图13-33　三位三通电磁阀的工作原理

5.压力控制、压力警告和液位指示开关

压力控制开关和压力警告开关安装在压力调节器的电动液压泵一侧。

压力控制开关的功用是监视蓄能器下腔的压力。它由一组触点组成，且独立于ABS电子控制单元(ECU)而工作。当液压压力下降到约14000kPa时，开关闭合，使电动液压泵继电器通电，触点闭合，电源通过继电器触点向液压泵直流电动机供电，电动液压泵运转工作。

压力警告开关的功用是当压力下降到一定值(14000kPa以下)时，先点亮红色制动系统故障指示灯，紧接着点亮琥珀色或黄色ABS故障指示灯，同时ABS电子控制单元停止防抱死制动系统的工作。

液位指示开关位于制动储液室的盖上。它通常有两对触点，当制动液面下降到一定程度时，上面的触点闭合，下面的触点打开。此时，红色制动系统故障指示灯亮，它提醒驾驶者要对车辆的制动液进行检查，而断开的下触点切断了通向ABS电子控制单元的电路，发出使电子控制单元停止防抱死制动控制的信号，同时点亮琥珀色ABS故障指示灯。

实训13.3　ABS的故障诊断

一、实训目的与要求

1.熟悉轮速传感器的结构及工作原理。

2.掌握轮速传感器的检测方法。

二、实训仪器和设备

通用工具、专用工具、轿车。

三、注意事项

点火开关打开时，不要随意插拔电控系统的插接器。

四、实训步骤

(一)ABS 故障诊断概述

1. ABS 检修注意事项

大多数 ABS 都具有较高的工作可靠性，但在使用过程中仍免不了出现工作不良，对此应及时进行检修，以确保制动系统的正常工作。ABS 与常规制动系统相比，有其自身的特点，在检修过程中应在以下几个方面特别注意：

(1)在点火开关处于“ON”位置时，不要拆装系统中的电器元件和线束插头，以免损坏电子控制单元。

(2)在车上用外接电源给蓄电池充电时，要先断开蓄电池正(负)极柱上的电缆线，然后对蓄电池充电，以免损坏电子控制单元。

(3)电子控制单元对高温环境和静电都很敏感，为防止其损坏，在对汽车进行烤漆作业时，应将电子控制单元从车上拆下；在对车体进行电焊之前，应拔下电子控制单元的插接器，并装好防静电器。

(4)在拆卸制动管路或与其关联的部件之前，应首先释放 ABS 蓄压器内的压力，防止高压制动液喷射伤人。

(5)在更换 ABS 制动管路或橡胶件时，应按规定使用标准件(高压耐腐蚀件)，以免管路破损而引起制动突然失灵。

(6)为保证维修质量，应保持维修场地和拆卸器件的清洁干净，防止尘埃物进入压力调节器或制动管路中。

(7)制动液侵蚀油漆能力较强，因此在维修液压部件和加注制动液时，应防止制动液溅污油漆表面而使油漆失去光泽和变色。

(8)在维修轮速传感器时，应防止碰伤齿圈的轮齿和传感头；也不可将齿圈作为支点撬动。否则，将造成轮齿变形，致使轮速传感器信号不正常，影响 ABS 的正常工作。

提示：为掌握 ABS 检修时的注意事项，此处应结合实物进行讲解。

2. ABS 故障诊断一般程序

不同车型，甚至同一系列不同年代生产的汽车，由于装用的 ABS 型号不一样，其具体诊断方法与步骤均不尽相同。ABS 故障诊断的一般程序如图 13-34 所示。

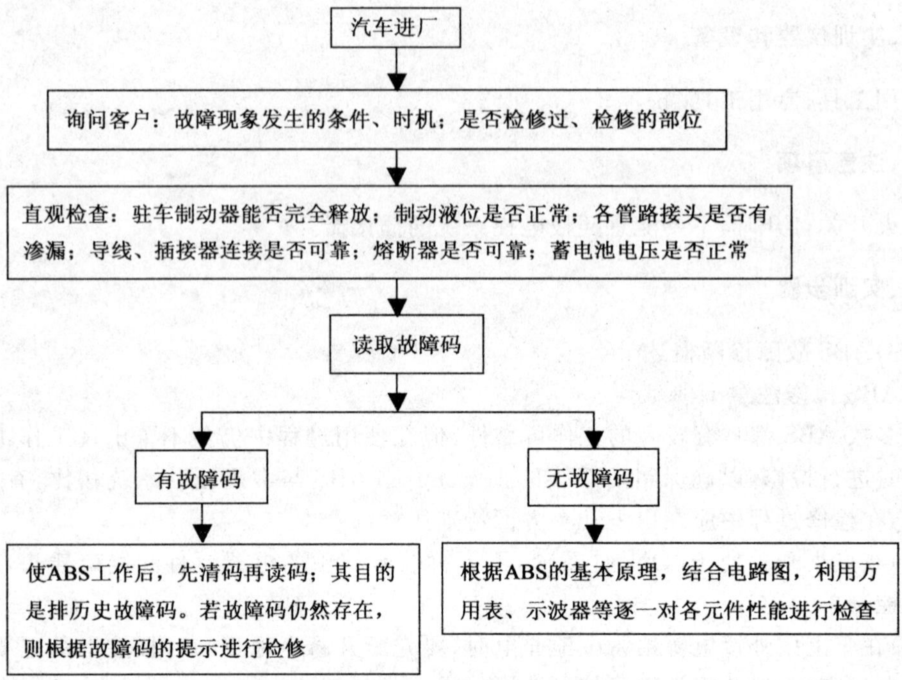

图 13-34　ABS 故障诊断的一般程序

(二)常规检查

做好常规检查，发现比较明显的故障，可以节省时间，提高效率。常规检查主要包括以下几个方面：

(1)检查制动液面是否在规定范围内。

(2)检查所有继电器、熔断丝是否完好，插接是否牢固。

(3)检查电子控制装置导线插头、插座是否连接良好，有无损坏，搭铁是否良好。

(4)检查下列各部件导线插头、插座和导线的连接是否良好：电动液压泵、液压单元、四个轮速传感器、制动液面指示灯开关。

(5)检查传感器头与齿圈间隙是否符合规定，传感头有无脏污。

(6)检查蓄电池电压是否在规定范围内。

(7)检查驻车制动器是否完全释放。

(8)检查轮胎花纹高度是否符合要求。

提示：需要注意得是，常规制动系统的元件出了故障，可能使 ABS 工作不正常，因而不要轻易地判定 ABS 电子控制单元等元器件损坏。

1. 制动液的更换与补充

制动液具有较强的吸湿性，当制动液中含有水分后，其沸点降低，制动时容易产生“气阻”，使制动性能下降。因此，一般要求每 2 年或 1 年更换制动液。

提示：很多 ABS 具有液压助力，由于蓄能器可能蓄积有制动液，因此在更换或补充制动液时应按一定的程序进行。

更换或补充制动液的程序如下：

(1)先将新制动液加至储液罐的最高液位标记处,如图13-35所示中的“MAX”标记处;

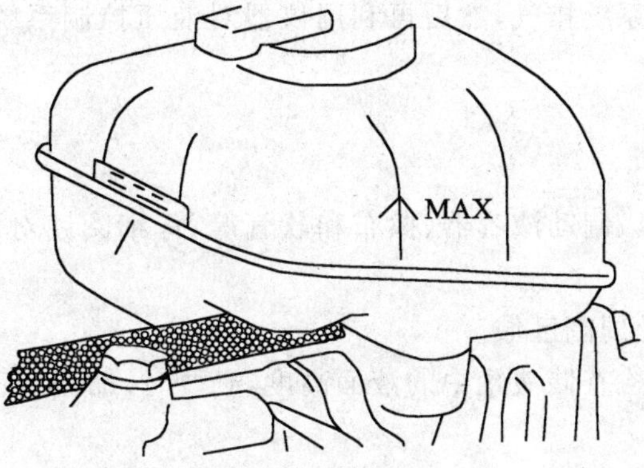

图13-35 储液罐最高液位标记

(2)如果需要对制动系统中的空气进行排除,应按规定的程序进行空气排除。

(3)将点火开关置于“ON”位置,反复踩下和放松制动踏板,直到电动泵开始运转为止。

(4)待电动泵停止运转后,再对储液罐中的液位进行检查。

(5)如果储液罐中的制动液液位在最高液位标记以上,先不要泄放过多的制动液,而应重复以上的(3)和(4)过程。

(6)如果储液罐中的制动液液位在最高液位标记以下,应向储液罐再次补充新的制动液,使储液罐中的制动液液位达到最高标记处,但切不可将制动液加注到超过储液罐的最高标记,否则,当蓄能器中的制动液排出时,制动液可能会溢出储液罐。

2.制动系统的排气

液压制动系统有空气渗入时,会感到制动踏板无力,制动踏板行程过长,致使制动力不足,甚至制动失灵。当ABS的液压回路内混入空气后,同样会引起制动效能不良。因此,在空气渗入液压系统中后,必须对制动液压系统进行空气的排除。

在进行空气排除之前,应检查液压制动系统中的管路及其接头是否破裂或松动,检查储液罐的液位是否符合要求。

ABS系统的排气方法有仪器排气和手动排气,应根据不同的车型和条件进行选择。

(1)仪器排气

1)将车辆停放在水平地面上,抵住车轮前后,将自动变速器的选当杆置于P位。

2)松开驻车制动器。

3)安装ABS检测仪(具有排气的控制功能)或专用排气试验器的接线端子。

提示:ABS检测仪器或专用排气试验器用于代替ABS电子控制单元对电动液压泵等进行控制。

4)向用于制动主缸和液压组件的储液罐加注制动液到最大液面高度。

5)起动发动机并以怠速运转几分钟。

6)稳稳地踩下制动踏板,使检测仪器进入排气程序,并且感到制动踏板有反冲力。

7)按规定顺序打开放气螺钉。

注意:有的车型要求排气必须对 ABS 和常规制动系统分别进行,排气分为三个步骤进行,即先给常规制动系统排气,然后再利用仪器对液压控制系统排气,最后再对常规制动系统排气。

(2)手动排气

1)排气前的准备

①准备必要的工具、制动液容器、擦布和软管等,仔细阅读对应车型的维修手册中的相关内容。

②清洗储液罐盖及周围区域。

③拆下储液罐盖,检查储液罐中的液面高度,必要时,加注到正确液面高度。

④安装储液器罐。

2)制动压力调节器与制动主缸及制动轮缸的排气

①将排气软管装到后排气阀上,将软管的另一端放在装有一些制动液的清洁容器中。踩下制动踏板并保持一定的踏板力,缓慢拧开后排气阀 1/2~3/4 圈,直到制动液开始流出,关闭该阀后松开制动踏板。重复进行以上步骤,直到流出的制动液内没有气泡为止。

②拆下储液罐盖,检查储液罐中的液面高度,必要时,加注到正确液面高度。

③按规定的排气顺序,在其他车轮上进行排气操作。

提示:排气顺序为右后轮→左后轮→右前轮→左前轮

(三)警告灯诊断

装有 ABS 的汽车在仪表盘上设有制动警告灯(红色)和 ABS 系统故障警告灯(黄色)。正常情况下,点火开关打开,ABS 故障警告灯和制动警告灯应闪亮约 2s,一旦发动机运转起来,驻车制动杆在释放位置,两个警告灯应熄灭,否则说明 ABS 有故障。可利用两灯的闪亮规律,粗略地判断出系统发生的故障的部位。警告灯诊断如表 13-3 所示。

表 13-3　警告灯诊断表

警告灯	故障现象	可能原因
ABS 故障警告灯亮	ABS 不起作用	1. 轮速传感器不起作用 2. 液控单元不良 3. ABS 电子控制单元不良
ABS 故障警告灯不亮	踩制动踏板时,踏板振动强烈	1. 制动开关失效或调整不当 2. 制动开关线路或插接件脱落 3. 制动鼓(盘)变形 4. 车轮转速传感器信号不良 5. 液控单元不良

续表

ABS警告偶尔或间歇亮	ABS作用正常，只要点火开关关闭后再打开，ABS故障警告即会熄灭	1. ABS电子控制单元插接器松动 2. 轮速传感器导线受干扰 3. 轮速传感器内部工作不良 4. 车轮轮毂轴承松旷 5. 制动管路中有空气 6. 制动轮缸工作不良 7. 制动蹄衬片不良
制动警告灯亮	制动液缺乏或驻车制动拖滞	1. 驻车制动器调整不当 2. 制动油管或制动轮缸漏油 3. 制动警告灯搭铁
ABS故障警告灯和制动警告灯亮	ABS不起作用	1. 两个以上轮速传感器故障 2. ABS电子控制单元故障 3. 液控单元工作不良

(四)故障码诊断

大多ABS具有自诊断和失效保护功能，当点火开关处于"ON"位置时，电子控制单元将会自动地对自身、轮速传感器、制动压力调节器中的电器元件进行静态测试。在此期间，如果ABS电子控制单元发现系统中存在故障，则电子控制单元会以故障码的形式储存记忆故障情况，并持续点亮ABS警告灯。当汽车的速度达到一定值时，ABS的电子控制单元还要对系统中的一些电器元件进行动态测试，如果发现系统中有故障存在，电子控制单元会以故障码的形式存储记忆故障情况。

诊断ABS故障时，按照设定的程序和方法可读取故障码，维修人员可根据故障码的含义确定故障的范围。

故障码的读取方法有人工和仪器两种，具体应用根据车载电子控制单元的功能及维修设备条件选择。

1. 人工读取故障码与清除

人工读取故障码的方式通常是：通过ABS警告灯闪烁读取、通过电子控制单元盒上的二极管灯读取、通过自制的发光管灯读取、通过自动空调面板读取等几种。但读取故障码的一般程序是：

(1)将点火开关置于"OFF"位置。

(2)用跨接线跨接诊断插座中的相应端子。

(3)将点火开关置于"ON"位置，以正确的方法计数警告灯或发光二极管的闪烁次数，确定故障码。

(4)从维修手册中查找故障码所代表的故障情况。

(5)排除故障后，按规定程序清除故障码。

以丰田车系为例，分析ABS故障码的读取方法。

将维修连接器接头分开或将 W_A 与 W_B 之间的短接插销拔出，如图 13-36 所示。接通点火开关，将发动机室内的故障诊断座或驾驶室内的 TDCL 连接器的 T_C 与 E_1 端子用跨接线连接，如图 13-37 所示。仪表盘上的 ABS 警告灯即可闪烁出故障码。

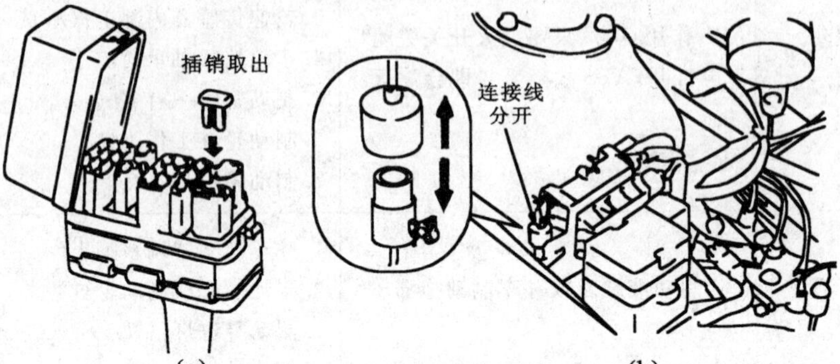

图 13-36　维修连接器接头和 W_A、W_B 接头

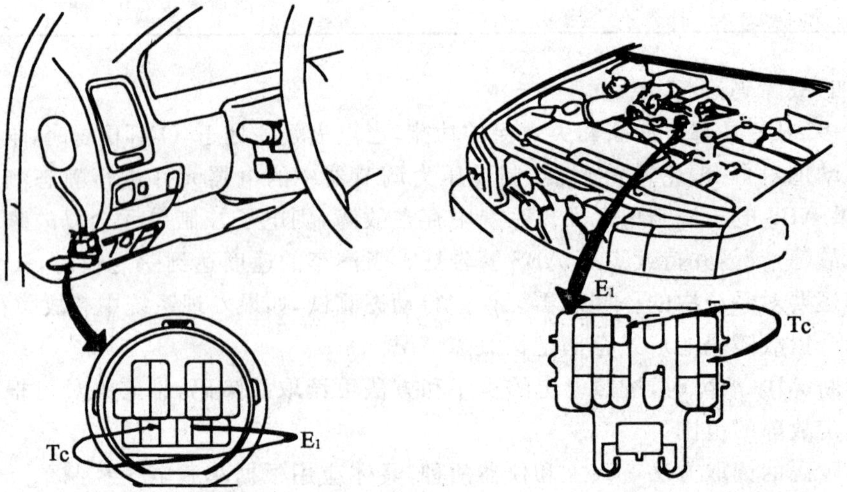

图 13-37　跨接 T_C 与 E_1 端子

如果电子控制单元存储有故障码，ABS 警告灯先以 0.5s 的间隔闪烁显示故障码的十位数，在十位数闪烁显示结束后，再隔 1.5s 开始以 0.5s 的间隔闪烁显示个位数。两个故障代码之间的闪烁间隔为 2.5s。如果电子控制单元中没有故障代码，则 ABS 警告灯以 0.25s 的间隔连续闪烁。

如图 13-38 所示为"11"和"12"正常码、故障码的闪烁方式。

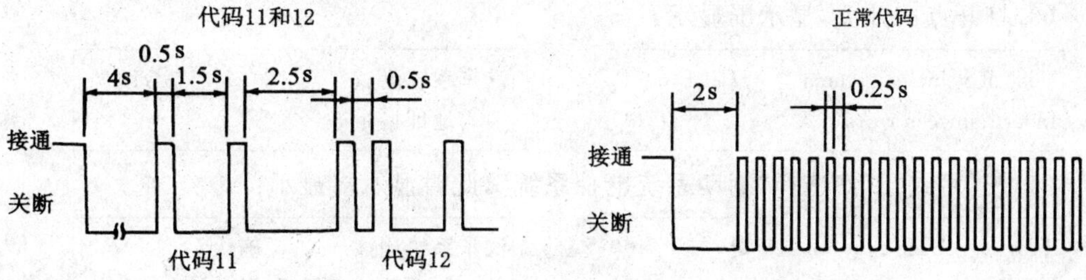

图 13-38　"11"和"12"正常码、故障码的闪烁方式

ABS 故障排除后，应将电子控制单元所存储的故障码清除。清除故障码的方法是在满足下列条件的情况下，在 3s 内连续踩制动踏板 8 次，即可清除故障码。

(1) 汽车停稳。

(2) 跨接诊断座 T_C 与 E_1 端子；维修连接器接头分开或将 W_A 与 W_B 之间的短接插销拔出。

(3) 点火开关接通。

清除故障码后，再将 T_C 与 E_1 跨接线拆去，将维修连接器接头插好或将 W_A 与 W_B 短接销插好。

2. 仪器读取故障码

故障码扫描仪可以从 ABS 电子控制单元存储器中读取故障码，同时还具有故障码翻译、检测步骤指导和基本判断参数提供等功能。

用 VAG1552 车辆系统测试仪读取桑塔纳 2000 俊杰轿车 ABS 故障码的程序如下：

(1)检查车辆是否符合检测条件，包括所有车轮必须安装规定的并且尺寸相同的轮胎，轮胎气压符合要求；常规制动系统正常；所有熔断丝完好；蓄电池的电压正常。

(2)关闭点火开关，打开诊断接口盖板(位于换挡杆前端的防尘罩下)，将故障诊断仪 VAG1552 用诊断连接线连接在诊断接口上，如图 13-39 所示。

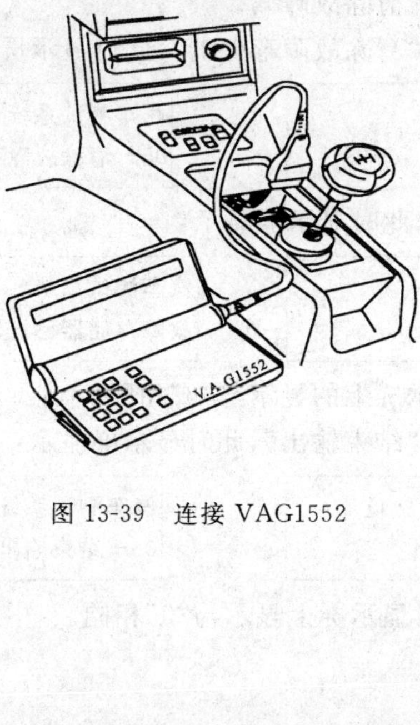

图 13-39　连接 VAG1552

(3)打开点火开关,显示屏显示:

Test of vehicle systems HELP Insert address word××	汽车系统测试 帮助 输入地址指令××

(4)按"0"或"3"键选择"制动系统电控系统",此时显示屏显示:

Test of vehicle systems Q 03－Brake electronics	汽车系统测试 确认 03－制动系统电控系统

(5)按"Q"键确认输入,此时显示屏显示 ABS 电子控制单元识别码:

3A0 907 379 ABS ITT AE20GI VOD Coding 04505 WCS××××

(6)按"→"键,此时显示屏显示:

Test of vehicle systems HELP Select function××	汽车系统测试 帮助 选择功能××

(7)按"0"和"02"键选择"查询故障存储器",此时显示屏显示:

Test of vehicle systems Q02－In- terrogate fault memory	汽车系统测试 确认 02－查询故障存储器

(8)按"Q"键确认输入,显示屏上显示所存储故障的数量或"未发现故障":

X Faults recognized →	发现×个故障 →
No fault recognized →	未发现故障 →

(9)按"→"键,故障依次显示出来。

(10)故障显示完毕后,按"→"键返回到初始位置,此时显示屏显示与第(6)相同。故障排除后,按以下步骤清除故障码。

(11)按"0"和"5"键选择"清除故障存储器",此时显示屏显示:

Test of vehicle systems Q 05－Erase fault memory	汽车测试系统 确认 05－清除故障存储器

(12)按"Q"键确认输入,此时显示屏显示:

Test of vehicle systems → Fault memory is erased!	汽车测试系统 → 故障存储器已被清除

(13)按"→"键,此时显示屏上的显示与"6"相同。

(14)按"0"和"6"键选择"结束输出",此时显示屏显示:

Test of vehicle systems Q 06－end output	汽车测试系统 确认 06－结束输出

(15)按"Q"键确认,此时显示屏上显示与"3"相同。

(16)关闭点火开关,ABS 故障警告灯和制动警告灯亮约 2s 后必须熄灭。

故障码表示了故障的性质和范围,这些内容一般由汽车制造厂提供,列入维修手册中,表 13-4 为桑塔纳 2000 俊杰轿车 ABS 故障码的内容。

表 13-4　　ABS 故障码表

V. A. G1552 显示屏显示	可能的故障原因	故障排除方法
未发现故障	如果在维修完毕后,用 V. A. G1552 查询故障后未发现故障,自诊断结束。如果显示屏显示出“未发现故障”,但 ABS 不能正常工作,则应按以下步骤操作: (1)以大于 20km/h 的车速,进行紧急制动试车 (2)重新用 V. A. G1552 查询故障,仍无故障显示 (3)在无自诊断的情况下着手寻找故障,全面进行电器检查	
00668 汽车 30 号线终端 电压信号超差	电压供应线路、连接插头、熔丝故障	检查电控单元供电线路、熔丝和连接插头
01276 ABS 液压泵(V64)信号超差	电动机与电控单元连接线路对正极或对地短路、断路;液压泵电动机故障	检查线路、进行执行元件诊断
65535 电控单元	电控单元故障	更换电控单元
01044 电控单元编码不正确	电控单元 25 针插头端子 6 和 22 之间断路或短路	检查线路、线束的插头
01130 ABS 工作信号超差	与外界干涉信号源发生电气干涉(高频发射),例如:非绝缘的点火电缆线	(1) 检查所有线路连接对正极或对地是否短路 (2) 清除故障码 (3) 在车速大于 20km/h 的车速时,进行紧急制动试车 (4) 再次查询故障码
00283 左前轮速传感器(G47)	轮速传感器导线、传感器线圈、传感器的线路短路或断路;连接插头松动;传感器和齿圈的间隙超差	(1)检查轮速传感器与电控单元的线路和连接插头 (2)检查传感器和齿圈的安装间隙 (3)读取数据流
00285 右前轮速传感器(G45)	同上	同上
00287 右后轮速传感器(G44)	同上	同上
00290 左后轮速传感器(G46)	同上	同上

3. 根据故障码诊断故障

故障码能够显示故障的性质和范围，维修人员可根据故障码的提示迅速、准确地确定故障的性质和部位，有针对性地检查有关部位、元件和线路，将故障排除。

根据故障码进行故障的诊断与排除时，调出故障码后应对照维修手册查看故障码的含义，结合该车电路和有关元件的检测方法，按相应步骤诊断和排除故障。以下为桑塔纳2000 俊杰轿车依据故障码诊断和排除故障的流程。

(1)故障码 01276

当车速超过 20km/h 时，ABS 电子控制单元监控到电动机不能正常工作，就会记录此故障码。

1)可能原因

电源供应短路或搭铁；电动机线束松脱；电动机损坏。

2)故障诊断

如果蓄电池过度放电，电动机将无法驱动，所以在进行电动机驱动测试时，应先确认蓄电池电压是否正常。进行电动机驱动时，车辆需在静止状态下。

故障码 01276 的诊断步骤如图 13-40 所示。

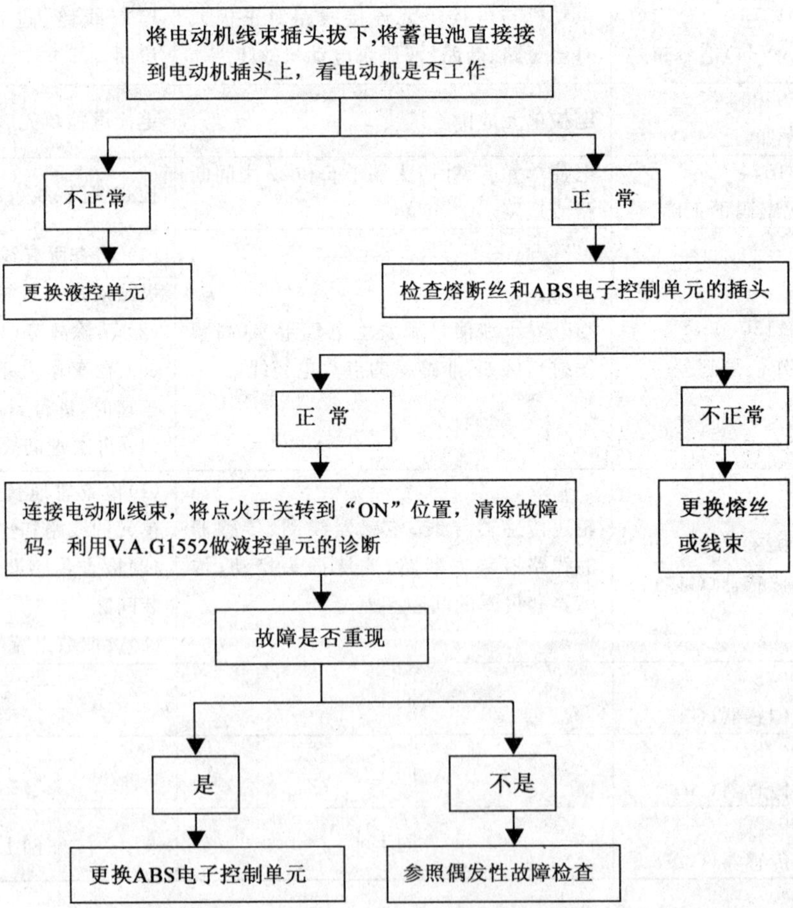

图 13-40　故障码 01276 的诊断步骤

(2)故障码 00283、00285、00290、00287

当检查不到线路开路，但车速到达 20km/h 以上仍没有信号输出时，此故障码出现。

1)可能原因

轮速传感器漏装；轮速传感器线圈或线束短路；轮速传感器与齿圈之间间隙过大或是齿圈损坏；ABS 电子控制单元故障。

2)故障诊断

故障码 00283、00285、00290、00287 的诊断步骤如图 13-41 所示。

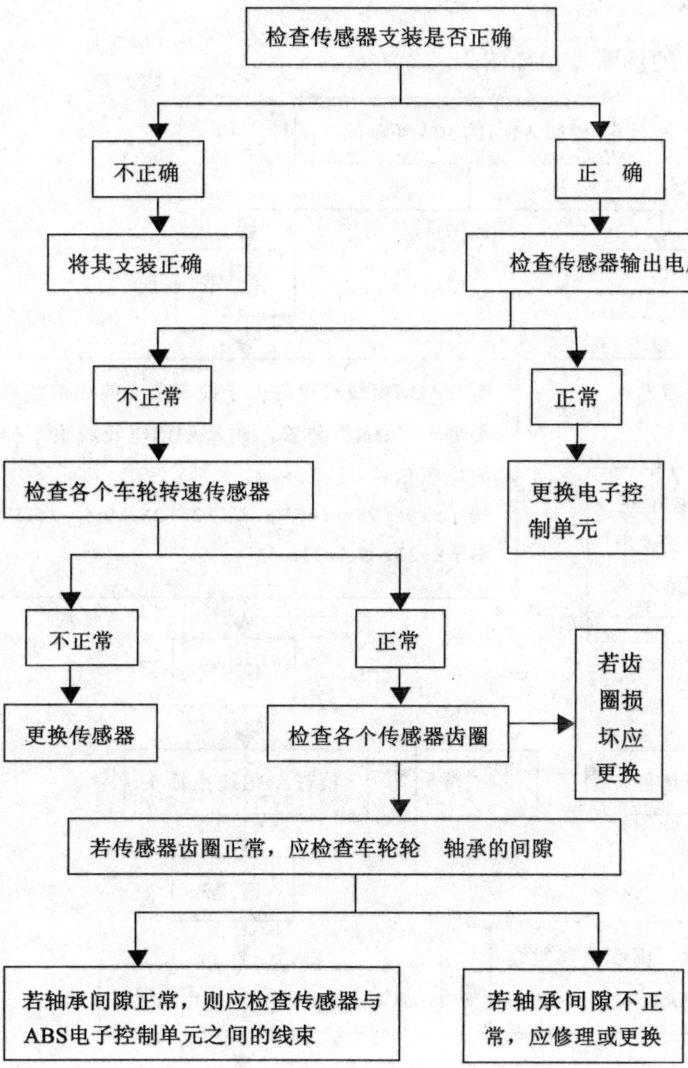

图 13-41　故障码 00283、00285、00290、00287 的诊断步骤

当车速高于 20km/h 时，若传感器信号超出公差范围，也出现此故障码。其原因可能是传感器线圈或线束间歇性接触不良或短路；传感器与齿圈间的间隙过大或过小；齿圈损坏。

当传感器存在可识别的断路、短路等故障时，也出现此故障码。其可能的原因是传感器接触不良、线圈或线束短路或 ABS 电子控制单元中的传感器信号处理电路有故障。

(3)故障码 00668

当供电端子 30 未提供电压或电压太高时，出现此故障码。

1)可能原因

熔断丝烧断；蓄电池电压太低或太高；ABS 电线线束插接件损坏；ABS 电子控制单元损坏。

2)故障诊断

故障码 00668 的诊断步骤如图 13-42 所示。

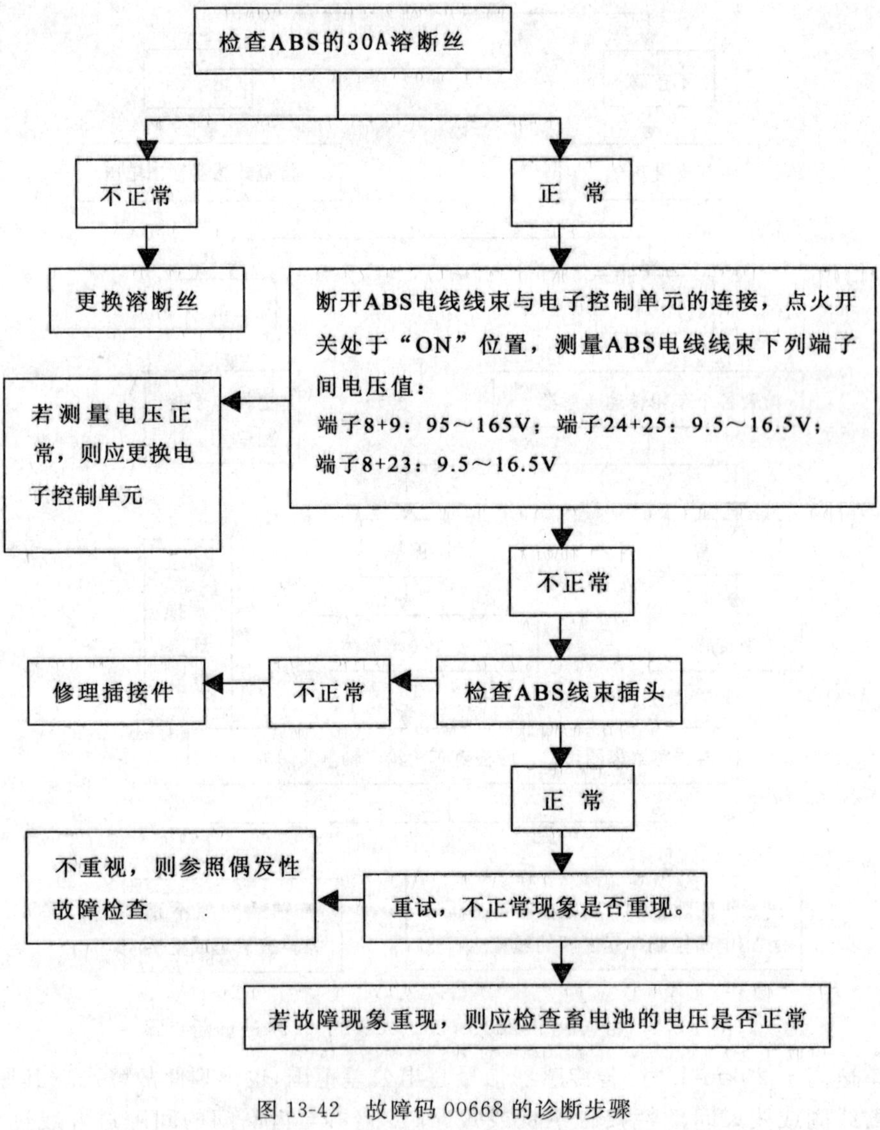

图 13-42　故障码 00668 的诊断步骤

4. 无故障码时的故障诊断

电子控制单元的故障诊断系统是检测它的输入、输出信号是否在规定的范围内变化，若信号超出了规定的范围，则判定为故障。但有时输入、输出信号虽然在规定范围内，却不能正确地反应系统的工况，造成ABS工作不良。此时应借助测试仪读取系统各传感器的数据，并与标准数据比较，进一步检查各传感器或开关信号是否正常，以确认故障原因和部位，而且，系统中的机械故障也不能通过电子回路反映出来。因此，应根据其表现出来的现象进行分析，以确认故障原因和部位。

(1)ABS工作异常

1)可能原因

传感器安装不当；传感器线束有问题；传感器损坏；传感器粘附异物；车轮轴承损坏；液控单元损坏；ABS电控单元损坏。

2)故障诊断

ABS工作异常的故障诊断如图13-43所示。

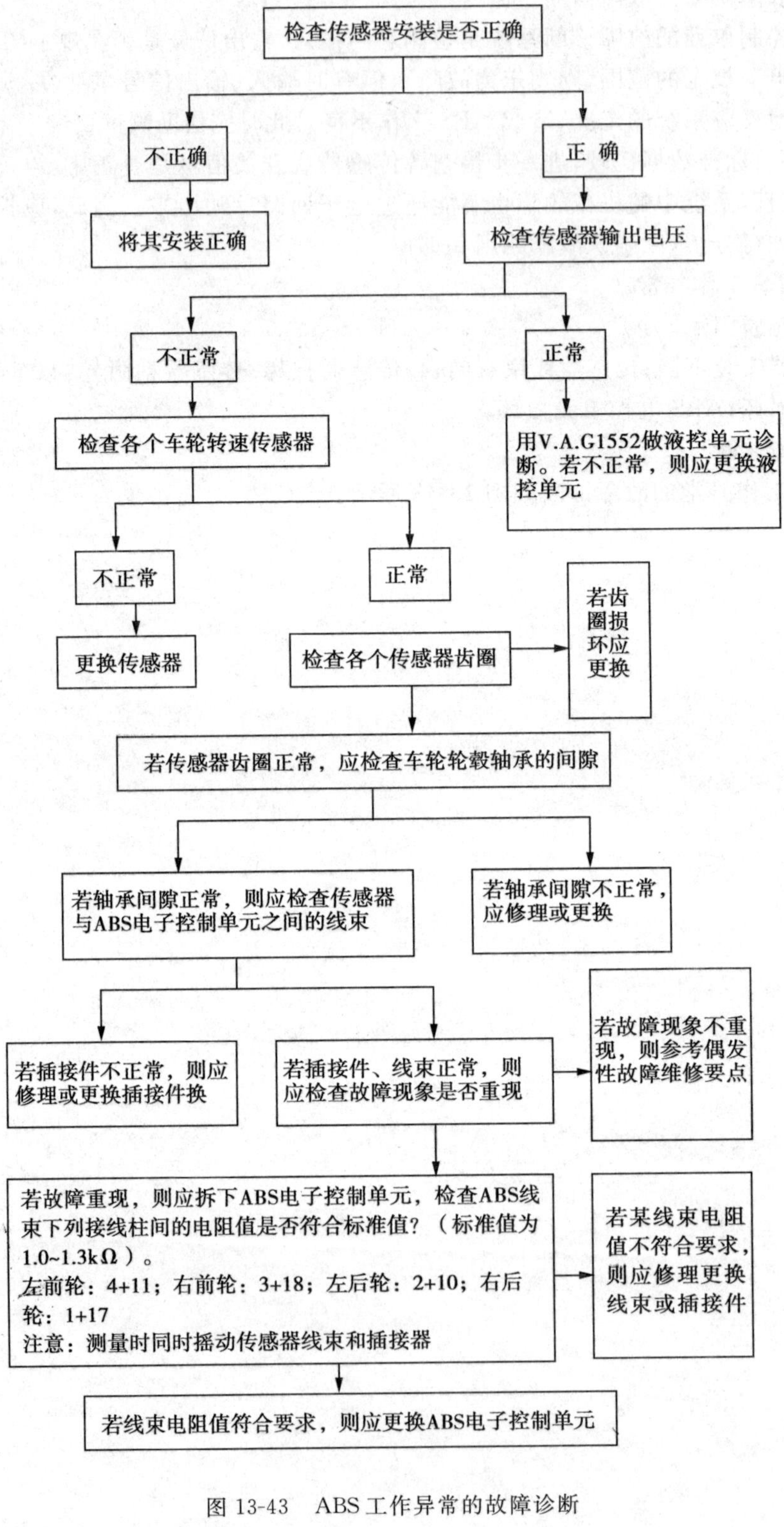

图 13-43　ABS 工作异常的故障诊断

(2)制动踏板行程过长

1)可能原因

制动液渗漏;出油阀泄漏;系统中有空气;制动盘严重磨损;驻车制动器调整不当。

2)故障诊断

制动踏板行程过长诊断如图 13-44 所示。

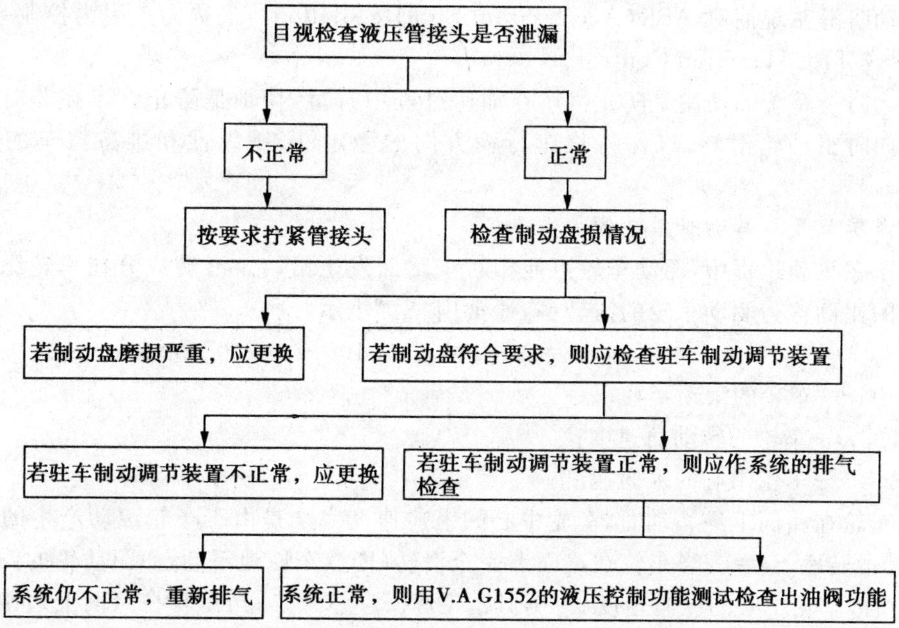

图 13-44　制动踏板行程过长的诊断

5.偶发性故障

在电子控制系统中,在电器线路和输入、输出信号的地方,可能出现瞬时接触不良问题,从而导致偶发性故障或在 ABS 电子控制单元自检时留下故障码。如果故障原因持续存在,那么只要按照故障码诊断步骤就可以发现不正常的部位,不过有时候故障发生的原因会自行消失,所以不容易找出问题的原因。在这种情况下,可按下列方式模拟故障,检查故障是否再现。

(1)可能是振动造成的。将接头轻轻地上下左右摇动;将线束轻轻地上下左右摇动;将传感器轻轻地上下左右摇动;

提示:传感器在车辆上运动时因悬架系统的上下移动,可能造成短暂的开/短路。因此,检查传感器信号时必须进行实车行驶试验。

(2)可能是过热或过冷造成的。用吹风机加热被怀疑有故障的部件;用冷喷雾剂检查是否有冷焊现象。

(3)可能是电源回路接触电阻过大造成的。打开所有电器开关,包括前照灯和后窗作霜开关。如果此时故障没有出现,则应等到下次故障再次出现时才能诊断故障。

13.6 驱动防滑转系统

13.6.1 驱动防滑系统概述

驱动防滑系统简称 ASR(Acceleration Slip Regulation)，又称为牵引力控制系统，简称 TCS 或 TRC(Traction Control System)。

驱动防滑系统的功用是防止汽车在加速过程中打滑，特别是防止汽车在非对称路面或在转向时驱动轮滑转，以保持汽车行驶方向的稳定性、操纵性和维持汽车的最佳驱动力。

1.滑转率及其与附着系数的关系

汽车在驱动过程中，驱动车轮可能相对于路面发生滑转。滑转成分在车轮纵向运动中所占的比例称为驱动车轮的滑转率，通常用“S_A”表示。

$$S_A=(\omega r-v)/\omega r\times 100\%$$

式中：r—车轮的滚动半径；

ω—车轮的转动角速度；

v—车轮中心的纵向速度。

当车轮在路面上纯滚动时，车轮中心的纵向速度完全是由于车轮滚动产生的，此时 $\nu=\omega r$，其滑转率 $S_A=0$；当车轮在路面上完全滑转(即汽车原地不动，而驱动轮的圆周速度不为 0)时，车轮中心的纵向速度 $\nu=0$，其滑动率 $S_A=100\%$；当车轮在路面上边滚动边滑转时，$0<S_A<100\%$。

与汽车在制动过程中的滑移率相同，在汽车的驱动过程中，车轮与路面间的附着系数的大小随着滑转率的变化而变化。在干路面或湿路面上，当滑转率为 15%～30%时，车轮具有最大的纵向附着系数，此时可产生的地面驱动力最大。在雪路或冰路面上时，最佳滑移率为 20%～50%；当滑转率为零，即车轮处于纯滚动状态时，其侧向附着系数也最大，此时汽车保持转向和防止侧滑的能力最强。随着滑转率的增加，侧向附着系数下降，当滑转率为 100%，侧向附着系数变得极小，轮胎与路面之间的侧向附着力接近于零，车轮将完全丧失抵抗外界侧向力作用的能力。

2.驱动防滑系统的控制方式

(1)发动机输出功率/转矩控制

一旦 ASR 电子控制单元检测到一个或两个驱动车轮发生滑转的情况，立即发出控制指令，控制发动机的输出功率/转矩，以抑制驱动轮的滑转。

发动机输出功率/转矩控制通常有以下几种方法：

1)调整供油量：减少或中断供油。

2)调整点火时间：减小点火提前角或停止点火。

3)调整进气量：减小节气门的开度。

(2)驱动轮制动控制

当汽车在附着系数不均匀的路面上行驶时，处于低附着系数路面的驱动车轮可能会滑转，此时ASR电子控制单元将使滑转车轮的制动压力上升，对该轮作用一定的制动力，使两驱动车轮向前运动速度趋于一致。

(3)防滑差速锁控制

防滑差速锁能对差速器锁止装置进行控制，使锁止范围从0%到100%，并通过ASR有效地控制驱动车轮的驱动力，从而提高汽车在滑溜路面起步和加速能力及行驶方向稳定性。

13.7.2　组成和工作原理

1.组成

如图13-45所示为一典型的具有防抱死制动和驱动防滑功能的系统。其中驱动防滑系统与ABS共用轮速传感器和电子控制单元，只是在通往驱动车轮制动轮缸的制动管路中增设了一个ASR制动压力调节器，在由加速踏板控制的主节气门上方增设了一个由步进电机控制的副节气门，并在主、副节气门处各设置了一个节气门位置传感器。

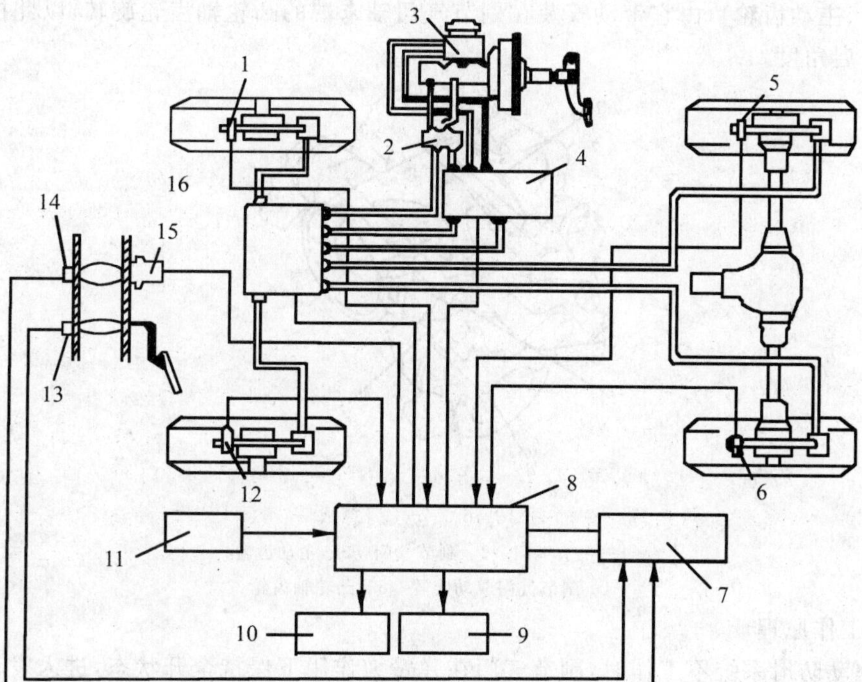

图13-45　典型ABS/ASR的组成

1—右前轮速传感器　2—比例阀和差压阀　3—制动主缸　4—ASR制动压力调节器　5—右后轮速传感器　6—左后轮速传感器　7—发动机/变速器电子控制单元　8—ABS/ASR电子控制单元　9—ASR关闭指示灯　10—ASR工作指示灯　11—ASR选择开关　12—左前轮速传感器　13—主节气门位置传感器　14—副节气门位置传感器　15—副节气门驱动步进电机　16—ABS制动压力调节器

2.工作原理

当驱动防滑系统处于工作状态时，电子控制单元根据各轮速传感器检测到的转速信号，确定驱动车轮的滑转率和汽车的参考速度。当电子控制单元判定驱动车轮的滑转率超过设定的限值时，就使驱动副节气门的步进电机转动，减小副节气门的开度。此时，即使主节气门的开度不变，发动机的进气量也会因副节气门开度的关小而减少。如果驱动车轮的滑转率仍未降低到设定的控制范围内，电子控制单元又会控制 ASR 制动压力调节器和 ABS 制动压力调节器，对驱动车轮施加一定的制动压力，则驱动车轮上就会作用一制动力矩，从而使驱动车轮的转速降低。

13.7.3 驱动防滑系统主要部件

1. 副节气门驱动装置

副节气门驱动装置的功用是根据电子控制单元传送的指令来控制副节气门的开启角度，从而控制进入发动机气缸的空气量，达到控制发动机输出转矩的目的。

(1)结构

副节气门驱动装置安装在节气门壳体上，如图 13-46 所示。它是一个由电子控制单元控制转动的步进电动机，由永磁体、传感线圈和旋转轴等组成。在旋转轴的末端安装一个小齿轮(主动齿轮)，由它带动安装在副节气门轴末端的凸轮轴齿轮旋转，以此控制副节气门的开启角度。

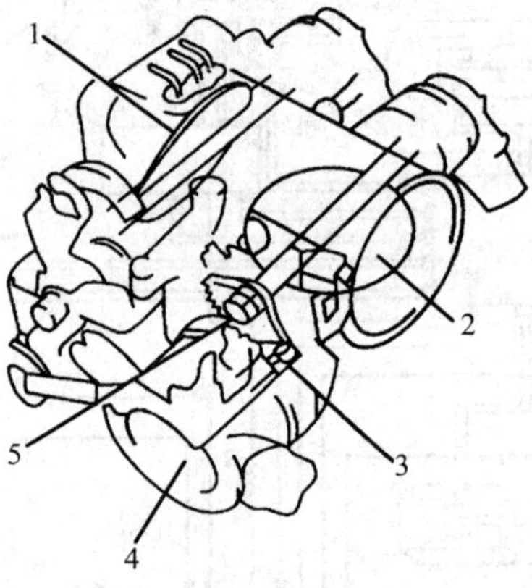

图 13-46 节气门总成

1—主节气门 2—副节气门 3—主动齿轮

4—副节气门驭动装置 5—凸轮轴齿轮

(2)工作原理

当驱动防滑系统不工作时，副节气门在弹簧力作用下保持全开状态，进入发动机的空气量由驾驶者控制主节气门的开度决定。当前、后轮速传感器检测到车轮滑转需进行防滑控制时，电子控制单元驱动步进电机通过凸轮轴齿轮旋转，从而控制副节气门的开度。

2. ASR 制动压力调节器

ASR 制动压力调节器的结构型式有独立型式和组合型式两种。独立式 ASR 制动压力调节器是和 ABS 制动压力调节器在结构上各自分开的，如图 13-47 所示。组合式制动压力调节器将 ABS 和 ASR 制动压力调节器组合为一体。

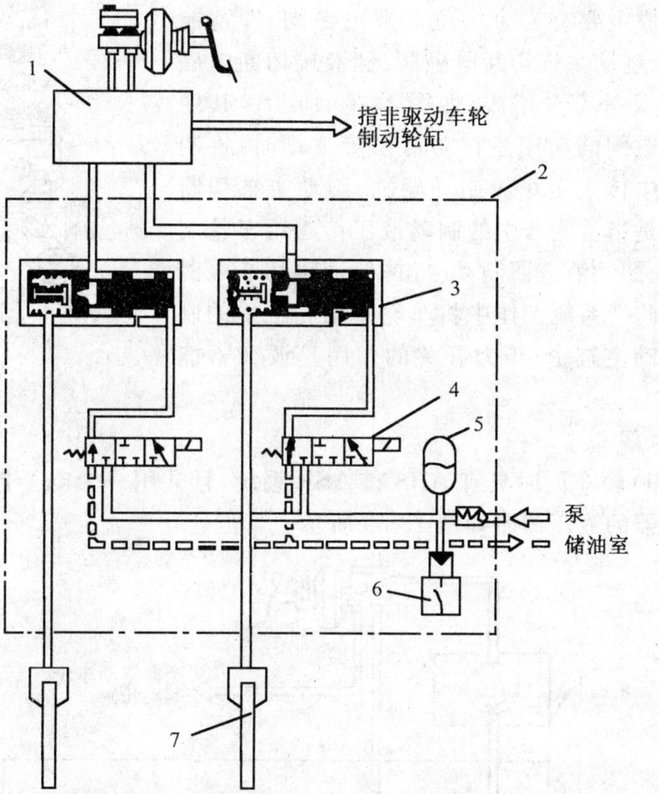

图 13-47　独立式 ASR 制动压力调节器

1—ABS 制动压力调节器　2—ASR 制动压力调节器　3—调压缸
4—三位三通电磁阀　5—蓄能器　6—压力开关　7—驱动车轮制动器

两种类型的 ASR 制动压力调节器在结构上虽然有所不同，但都离不开液压泵总成和电磁阀总成。

(1)组成

液压泵总成由一个电动机驱动的液压柱塞泵和一个蓄能器组成，如图 13-48 所示。其中电动柱塞泵的功用是从制动主缸储液罐中吸取制动液，升压后送到蓄能器。蓄能器的功用是储存高压制动液，并在系统工作时向车轮制动轮缸提供制动液压。

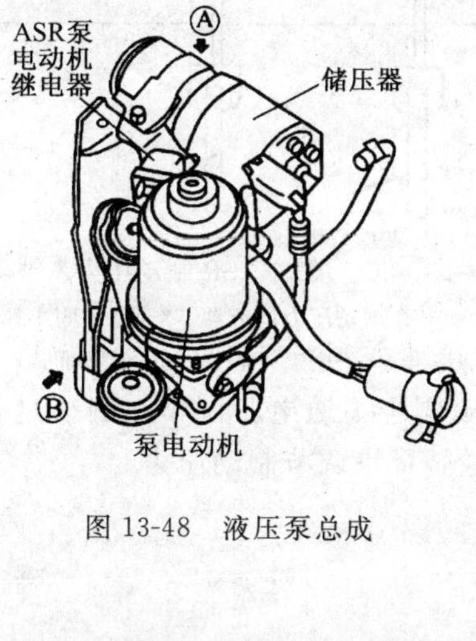

图 13-48　液压泵总成

电磁阀总成主要有 4 个二位二通电磁阀，即蓄能器切断电磁阀、制动主缸切断电磁阀、储液罐切断电磁阀以及压力开关等部分组成，如图 13-49 所示。其中蓄能器切断电磁阀的功用是在防滑系统工作时，将制动液由蓄能器中传送至车轮制动轮缸；制动主缸切断电磁阀的功用是当蓄能器中的制动液压传送给车轮制动轮缸后，防止制动液流回制动主缸；储液罐切断电磁阀的功用是在防滑系统工作中将车轮制动轮缸中的制动液传送回制动主缸中；压力开关的作用是调节蓄能器中的压力。

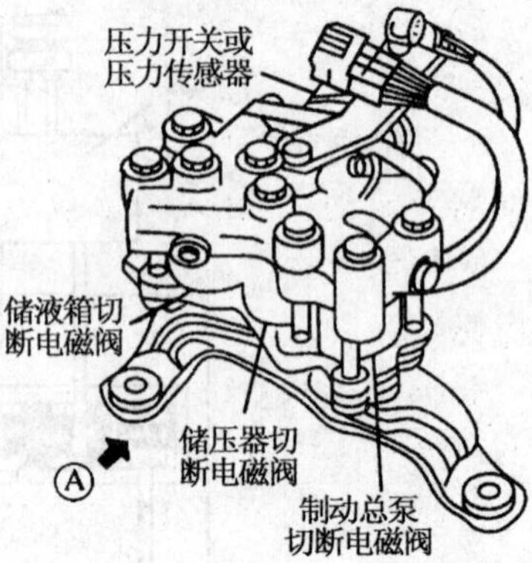

图 13-49　电磁阀总成

(2)工作原理

凌志 LS400 轿车同时具有 ABS 和 ASR 系统，且共用一个电子控制单元。其组合式制动压力调节器的液压回路如图 13-50 所示。

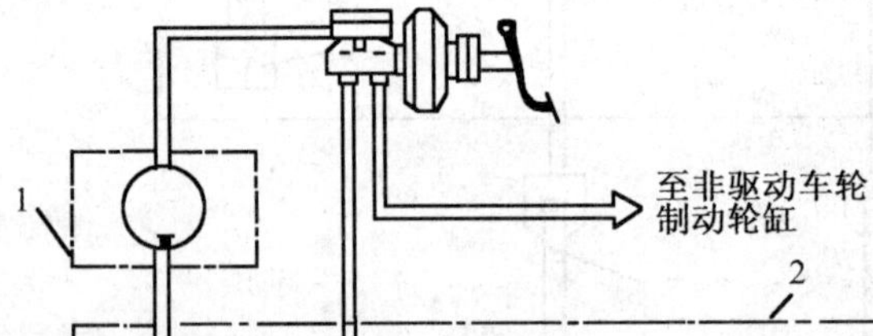

图 13-50　ABS/ASR 制动压力调节器

1—电动液压泵　2—ABS/ASR 制动压力调节器　3—电磁阀Ⅰ　4—蓄能器　5—压力开关　6—循环泵　7—储液器　8—电磁阀Ⅱ　9—电磁阀Ⅲ　10—驱动车轮制动器

1)ASR 不起作用时，电磁阀Ⅰ不通电。汽车在制动过程中如果车轮出现抱死，ABS 起作用，通过电磁阀Ⅱ和电磁阀Ⅲ来调节制动压力。

2)当驱动轮出现滑转时，ASR使电磁阀Ⅰ通电，阀移至右位，电磁阀Ⅱ和电磁阀Ⅲ不通电，阀仍在左位，于是，蓄压器的压力通入驱动轮轮缸，制动压力增大。

3)当需要保持驱动轮的制动压力时，ASR使电磁阀Ⅰ半压通电，阀移至中位，隔断了蓄能器及制动主缸的通路，驱动车轮轮缸的制动压力保持不变。

4)当需要减小驱动车轮的制动压力时，ASR使电磁阀Ⅱ和电磁阀Ⅲ通电，电磁阀Ⅱ和电磁阀Ⅲ移至右位，将驱动车轮轮缸与储液器接通，于是，制动压力下降。

如果需要对左、右驱动车轮的制动压力实施不同的控制，ASR分别对电磁阀Ⅱ和电磁阀Ⅲ实行不同的控制。

3.电子控制单元(ECU)

一般地，ABS和ASR共用一个电子控制单元。对于驱动防滑系统，它根据驱动车轮转速传感器输送的速度信号计算判断出车轮与路面间的滑转状态，并适时地向其执行机构发出指令，以降低发动机的输出转矩和车轮的转速，从而实现防止驱动轮滑转的目的。

此外，电子控制单元(ECU)还具有初始检测功能、故障自诊断功能和失效保护功能。

(1)车轮防滑控制

电子控制单元不断地监测由驱动轮轮速传感器传来的速度信号，并不断地计算出每个车轮的速度，同时也计算出汽车的行驶速度和车轮滑转率。当汽车在起步或突然加速过程中，若驱动轮滑转，电子控制单元(ECU)立即使防滑系统工作。

例如，当踩下加速踏板后，主节气门迅速开启，驱动轮加速。若驱动轮速度超过设定的控制速度后，电子控制单元即发出指令，关闭副节气门，减少发动机进气量，从而使发动机转矩降低。同时，电子控制单元发出指令接通ASR制动压力调节器电磁阀，并将ABS压力调节器电磁阀置于“增压制动”状态，于是ASR蓄能器高压制动液使制动轮缸的液压力迅速升高，实现对滑转驱动轮的制动。

当制动作用后，驱动轮加速度立即减小，电子控制单元将ABS压力调节器的三位电磁阀置于“保压制动”状态；若驱动轮速度降低太多，电磁阀就处于“减压制动”状态，使制动轮缸中的液压降低，驱动轮转速又恢复升高。

(2)初始检测功能

当汽车处在停止状态，自动变速器选挡杆处在“P”或“N”位置而接通点火开关时，电子控制单元(ECU)即开始对副节气门驱动装置和ASR制动压力调节器电磁阀的工作状态进行检测。

(3)故障自诊断功能

当电子控制单元检测到防滑转系统出现故障时，即点亮仪表盘上的ASR警告灯，以警告驾驶者ASR系统已出现故障，同时将故障以代码的形式存入存储器，供诊断时重新显示出来。

(4)失效保护功能

当电子控制单元(ECU)检测到ASR有故障时，电子控制单元(ECU)立即发出指令，断开ASR节气门继电器、ASR液压泵电机继电器和ASR制动主继电器，从而使ASR系统不起作用，而发动机和制动系统仍可以按照没有采用ASR系统时那样工作。

实训 13.4　丰田凌志 LS400 轿车 ABS/ASR 系统的故障诊断

一、实训目的与要求

1. 熟悉解码器、汽车万用表等工具的使用。

2. 掌握雷克萨斯 LS400 轿车 ABS/ASR 系统的检测方法及故障自诊断的方法。

二、实训仪器和设备

通用工具、解码器、汽车万用表、雷克萨斯 LS400 轿车。

三、实训注意事项

点火开关打开时，不要随意插拔电控系统的插接器。

四、实训步骤

雷克萨斯 LS400 轿车同时具有 ABS 和 ASR，且共用一个电子控制单元，其 ASR 和 ABS 的控制原理简图如图 13-51 所示，系统控制电路如图 13-52 所示，电子控制单元各端子排列及名称如表 13-5 所示。

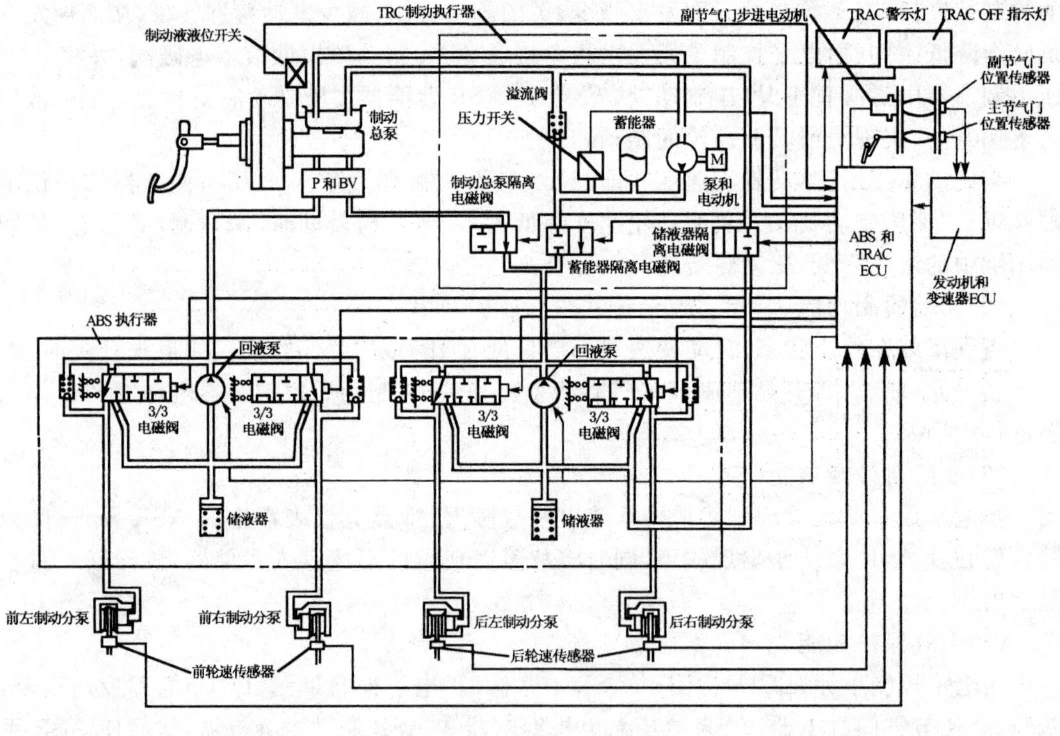

图 13-51　凌志 LS400 的 ASR 和 ABS 控制原理简图

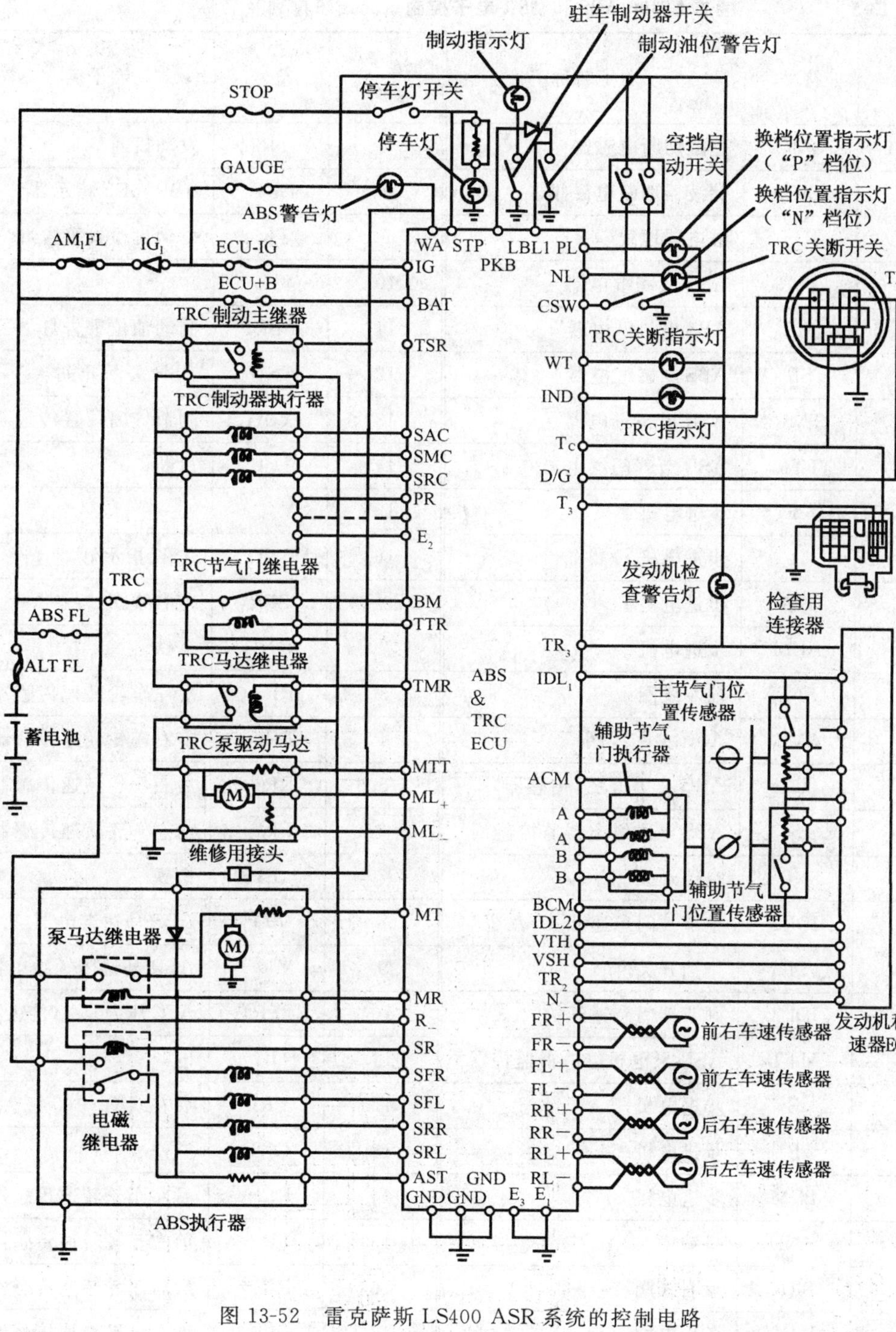

图 13-52　雷克萨斯 LS400 ASR 系统的控制电路

表 13-5　凌志 LS400 ABS 和 ASR 电子控制单元端子排列及名称

端子编号	符号	端子名称	端子编号	符号	端子名称
A18-1	SMC	主缸切断电磁阀	7	TR2	发动机通信
2	SRC	储液器切断电磁阀	8	WT	ASR OFF 指示器
3	R－	继电器地线	9	TR5	发动机检查警告灯
4	TSR	ASR 线圈继电器	10		
5	MR	ABS 电机继电器	11	LBL1	制动油位警告灯
6	SR	ABS 电磁继电器	12	CSW	ASR 关断开关
7	TMR	ASR 电机继电器	13	VSH	副节气门位置传感器
8	TTR	ASR 节气门继电器	14	D/C	诊断
9	A	步进电机	15		
10	A	步进电机	16	IND	ASR 指示灯
11	BM	步进电机	A20－1	SFR	前右线圈
12	ACM	步进电机	2	GND	搭铁
13	SFL	前左线圈	3	RL＋	后左车轮转速传感器
14	SVC	ACC 关断线圈	4	FR－	前右车轮转速传感器
15	VC	ACC 压力开关(传感器)	5	RR＋	后右车轮转速传感器
16	AST	ABS 电磁继电器监控器	6	FL－	前左车轮转速传感器
17	NL	空挡开关	7	E1	搭铁
18	IDL1	主节气门怠速开关	8	MT	ABS 马达继电器
19	PL	空挡开关	9	ML－	ASR 马达闭锁继电器
20	IDL2	副节气门怠速开关	10	PR	ACC 压力开关(传感器)
21	MTT	ASR 泵电机继电器监控器	11	IG	电源
22	B	步进电机	12	SRL	后左线圈
23	B	步进电机	13	GND	搭铁
24	BCM	步进电机	14	RL－	后左车轮转速传感器
25	GND	搭铁	15	FR＋	前右车轮转速传感器
26	SRR	后右线圈	16	RR－	后右车轮转速传感器
A19－1	BAT	备用电源	17	FL＋	前左车轮转速传感器
2	PKB	驻车制动器开关	18	E2	搭铁
3	TC	诊断	19	E1	搭铁

续表

4	Neo	Ne信号	20	TS	传感器检查用
5	VTH	主节气门位置传感器	21	ML＋	ASR马达闭锁传感器
6	WA	ABS警告灯	22	STP	停车灯开关

1. ASR系统的故障自诊断

(1)系统的自检

当点火开关接通时，仪表板上的ASR警告灯会亮起，3s后ASR警告灯熄灭。如果点火开关接通时，ASR警告灯不亮或3s后不熄灭，应为不正常，需进行检查。

(2)故障码的读取和清除

由于与ABS共用一个ECU，所以ASR故障码的读取和清除同ABS。ASR故障码的内容及检测部位如表13-6所示。

表13-6　凌志LS400轿车ASR系统故障码

故障代码	故障原因	检测部位
11	ASR制动主继器电路断路	主继电器触点不能闭合或接触不良；主继电器与电子控制单元间、主继电器与制动压力调节器间、主继电器与蓄电池间的线路或接线端子接触不良或松脱；电子控制单元有故障
12	ASR制动主继器电路短路	主继电器触点不能张开或线圈与电源短路；主继电器与制动压力调节器间的线路或接线端子与电源有短路；电子控制单元故障。
13	ASR节气门继电器电路断路	节气门继电器触点不能闭合或接触不良；节气门继电器与电子控制单元间、节气门继电器与蓄电池间的线路或接线端子接触不良或松脱；电子控制单元故障。
14	ASR节气门继电器电路短路	节气门继电器触点不能张开或线圈与电源短路；节气门继电器与控制线路或接线端子与电源短路；电子控制单元故障
15	因漏油ASR电动机工作时间过长	压力开关或压力传感器故障；制动压力调节器与电子控制单元间线路或接线端子故障；电子控制单元故障
16	压力开关断路或压力传感器短路	
17	压力开关(传感器)一直关断	
19	ASR电动机开关动作过于频繁	
21	主缸关断电磁阀电路断路或短路	制动压力调节器故障；调节器与电子控制单元间的线路或接线端子；调节器与主继电器间的线路或接线端子；电子控制单元故障
22	蓄压器关断电磁阀电路和断路或短路	
23	储液室关断电磁阀断路或短路	

续表

<table>
<tr><td>24</td><td>副节气门执行器电路断路或短路</td><td rowspan="4">副节气门驱动器故障;节气门体卡住;副节气门传感器故障;电子控制单元故障</td></tr>
<tr><td>25</td><td>步进电机达不到电子控制单元预定的位置</td></tr>
<tr><td>26</td><td>电子控制单元指令副节气门全开,但是副节气门不动</td></tr>
<tr><td>27</td><td>步机电机断电时,副节气门仍未达到全开的位置</td></tr>
<tr><td>44</td><td>ASR 工作时,滑转信号未送入电子控制单元</td><td>发动机电子控制单元故障;电子控制单元与发动机电子控制单元线路或接线端子故障;电子控制单元故障</td></tr>
<tr><td>45</td><td>当怠速开关断开时,主节气门位置传感器信号≥1.5V</td><td rowspan="2">主节气门位置传感器故障;电子控制单元与发动机电子控制单元间的线路或接线端子故障;电子控制单元故障</td></tr>
<tr><td>46</td><td>当怠速开关接通时,主节气门位置传感器信号≥4.3V 或≤0.2V</td></tr>
<tr><td>47</td><td>当怠速开关断开时,副节气门位置传感器信号≥1.45V</td><td rowspan="2">副节气门位置传感器故障;电子控制单元与发动机电子控制单元间的线路或接线端子故障;电子控制单元故障</td></tr>
<tr><td>48</td><td>当怠速开关接通时,副节气门位置传感器信号≥4.3V 或≤0.2V</td></tr>
<tr><td>49</td><td>与发动机电子控制单元信息交换电路断路或短路</td><td>电子控制单元与发动机电子控制单元间的线路或接线端子故障;电子控制单元或发动机电子控制单元故障</td></tr>
<tr><td>51</td><td>发动机控制系统有故障</td><td></td></tr>
<tr><td>52</td><td>制动液面过低报警开关接通</td><td>制动液泄漏;制动液液面过低报警开关故障;制动液液面过低报警开关与电子控制单元间线路接线端子故障;电子控制单元故障</td></tr>
<tr><td>54</td><td>ASR 电动机继电器电路断路</td><td rowspan="2">电动液压泵继电器故障;电动液压泵及继电器与电子控制单元间或接线端子故障;电子控制单元故障</td></tr>
<tr><td>55</td><td>ASR 电动机继电器短路</td></tr>
<tr><td>56</td><td>ASR 电动液压泵不能转动</td><td>电动液压泵电动机故障;液压泵电动机与搭铁间、与电子控制单元间线路或接线端子故障;电子控制单元故障</td></tr>
<tr><td>57</td><td>ASR 灯常亮</td><td>电子控制单元故障</td></tr>
</table>

2. ASR 系统的检测

(1)电源电压

在点火开关断开和接通时,BAT 端子上的电压均应为 10~14V;在点火开关断开时,IG 端子上的电压应为 0V,点火开关接通时,该端子电压应为 10~14V。

(2)空挡起动开关两端子 PL、NL 上的电压

PL、NL两端子上的电压在点火开关关断时，均为0V；当点火开关接通、变速操纵杆在P或N时，均为10～14V，其他位置时为0V。

(3)制动开关STP端子上的电压

在制动灯开关接通时，STP端子上的电压应为10～14V；制动灯开关断开时应为0V。

(4)制动液液面高度警告开关LBL1端子上的电压

在点火开关接通和制动液液面高度开关断开时，LBL1端子上的电压值应为10～14V；液位开关接通时，应小于1V。

(5)ASR切断开关CSW端子上的电压

在点火开关接通时，按下ASR切断开关，其端子电压为0V；放开ASR切断开关，则应约为5V。

(6)ASR制动主继电器TSR端子上的电压

点火开关接通时，TSR端子上的电压应为10～14V。

(7)ASR节气门继电器BTH和TTR两端子上的电压

在点火开关接通时，BTH、TTR两端子上的电压均应为10～14V；点火开关断开时均为0V。

(8)ASR制动压力调节器各端子上的电压

在点火开关接通时，SMC、SAC、SRC三端子上的电压值均应为10～14V；PR、VC两端子上的电压值均应约为5V。

(9)与发动机和自动变速器电子控制单元相关的端子电压

1)IDL1和IDL2两端子上的电压。在点火开关接通时，节气门关闭，电压应为0V；节气门开启，电压应为5V。

2)VTH和VSH两端子上的电压。在点火开关接通、节气门关闭，电压约为0.6V；节气门开启，电压约为3.8V。

3)TR2端子上的电压。在点火开关接通时约为5V。

4)TR5端子上的电压。在点火开关接通和发动机检查灯打开时，约为1.2V；若发动机运转且发动机检查灯关闭时，约为10～14V。

5)NEO端子上的电压。在点火开关接通且发动机停熄时，其电压约为5V；怠速时约为2.5V。

(10)ASR关闭指示灯WT端子上的电压。

在点火开关接通时，若指示灯断开，电压应为10～14V；若指示接通，电压应为0V。

(11)故障诊断插座TC、TS和D/G端子上的电压

1)TC端子上的电压。在点火开关接通时，其电压应为10～14V。

2)TS端子上的电压。在点火开关接通时，其电压应为10V。

3)D/G端子上的电压。在点火开关接通时，其电压应为10～14V。

复习思考题

1. 简述 ABS 系统与 ASR 系统的组成及功用。
2. 如何进行 ABS 系统的常规检查?
3. ASR 系统的控制方式有哪些?
4. ABS 系统与 ASR 系统的异同点是什么?

主要参考文献

孙虹.《捷达轿车》.北京:国防工业出版社2001年版。

麻友良,赵英勋.《广州本田雅阁轿车维修手册》.北京:机械工业出版社2001年版。

张红伟,王国林.《汽车底盘构造及维修》.北京:高等教育出版社2004年版。

散晓燕.《汽车底盘机械系统检修》.北京:人民邮电出版社2009年版。

张宝生,邵林波.《汽车底盘构造及维修》.北京:冶金工业出版社2009年版。

余文明.《汽车构造与拆装实验教程》.北京:中国电力出版社2007年版。

曾鑫,魏登科.《汽车底盘拆装技能实训》.北京:人民邮电出版社2008年版。

李春明,焦传君.《汽车构造》(第2版).北京:北京理工大学出版社2008年版。

董宝承.《汽车底盘构造及维修》.北京:机械工业出版社2005年版。

王忠良,陈昌建.《汽车底盘电控技术》(第2版).大连:大连理工大学出版社2010年版。

舒华,姚国平.《汽车电子控制技术》.北京:人民交通出版社2008年版。

谭锦金.《汽车底盘构造及维修》.大连:大连理工大学出版社2007年版。